涵芬香远译丛

尼克松
——孤独的白宫主人

〔美〕理查德·里夫斯 著

吴雯芳 译

商务印书馆

2016年·北京

Richard Reeves

PRESIDENT NIXON:
Alone In The White House

Copyright © 2001 by Reeves-O'Neill, Inc.
Chinese (Simplified Characters) copyright © 2014
by The Commercial Press
Published by arrangement with International Creative Management, Inc.
Through Bardon-Chinese Media Agency, Taiwan
ALL RIGHTS RESERVED

图书在版编目(CIP)数据

尼克松：孤独的白宫主人 ／（美）里夫斯著；吴雯芳 译.—北京：商务印书馆，2014（2016.9 重印）
（涵芬香远译丛）
ISBN 978-7-100-10487-6

Ⅰ.①尼… Ⅱ.①里…②吴… Ⅲ.①尼克松, R.M.（1913～1994）—生平事迹 Ⅳ.①K837.127=5

中国版本图书馆 CIP 数据核字(2013)第 286637 号

所有权利保留。
未经许可，不得以任何方式使用。

尼克松
——孤独的白宫主人
〔美〕理查德·里夫斯 著
吴雯芳 译

商 务 印 书 馆 出 版
（北京王府井大街36号 邮政编码100710）
商 务 印 书 馆 发 行
北 京 冠 中 印 刷 厂 印 刷
ISBN 978-7-100-10487-6

2014 年 11 月第 1 版　　开本 787×1092　1/16
2016 年 9 月北京第 2 次印刷　印张 47½
定价：90.00 元

谨以此书献给我的父亲

尊敬的福尔曼·W.里夫斯

目　录

引　言　　　　　　　　　　　　　　　　　　1
序　幕　1974 年 8 月 9 日　　　　　　　　10
第 1 章　1969 年 1 月 21 日　　　　　　　18
第 2 章　1969 年 2 月 23 日　　　　　　　35
第 3 章　1969 年 3 月 17 日　　　　　　　42
第 4 章　1969 年 4 月 15 日　　　　　　　59
第 5 章　1969 年 6 月 19 日　　　　　　　79
第 6 章　1969 年 7 月 20 日　　　　　　　92
第 7 章　1969 年 8 月 8 日　　　　　　　109
第 8 章　1969 年 10 月 15 日　　　　　　127
第 9 章　1969 年 12 月 8 日　　　　　　　150
第 10 章　1970 年 1 月 22 日　　　　　　162
第 11 章　1970 年 4 月 8 日　　　　　　　181
第 12 章　1970 年 4 月 30 日　　　　　　197
第 13 章　1970 年 5 月 4 日　　　　　　　219
第 14 章　1970 年 6 月 30 日　　　　　　233
第 15 章　1970 年 9 月 23 日　　　　　　246
第 16 章　1970 年 11 月 3 日　　　　　　273
第 17 章　1970 年 12 月 31 日　　　　　286
第 18 章　1971 年 3 月 29 日　　　　　　308
第 19 章　1971 年 6 月 12 日　　　　　　327
第 20 章　1971 年 6 月 30 日　　　　　　349
第 21 章　1971 年 8 月 12 日　　　　　　359

第22章	1971年8月15日	376
第23章	1971年9月8日	388
第24章	1971年10月21日	396
第25章	1971年12月16日	407
第26章	1972年1月2日	432
第27章	1972年1月25日	445
第28章	1972年2月22日	457
第29章	1972年4月7日	485
第30章	1972年5月1日	493
第31章	1972年5月15日	506
第32章	1972年6月17日	514
第33章	1972年6月23日	530
第34章	1972年8月22日	547
第35章	1972年11月7日	557
第36章	1972年12月19日	578
第37章	1973年1月23日	592
第38章	1973年3月23日	613
第39章	1973年4月30日	631
尾声		646
注释		652
书目随笔		738
致谢		751

引言

> 一个永远航行于奇思异想之海的头脑，寂寞孤单。
> ——威廉·华兹华斯，《序曲第三部》

2000年5月17日，200多名男女聚在华盛顿的首都希尔顿酒店，参加一个组织的25周年庆生宴会。他们把这个组织叫做"二月集团"，因为它是1975年2月成立的。这个组织成员众多，他们看起来都已经不年轻，其中很多人看起来还有点儿眼熟，你似曾在电视上见过他们。是的，你的确见过。这个团体是由曾经为第37届总统理查德·M.尼克松工作过的人组成的一个非正式联谊组织。已故总统的外孙克里斯托弗·考克斯（Christopher Cox）带领这群人宣誓效忠于美国国旗。在那里，许多男人的西服翻领上佩戴着国旗别针，就像1969年到1974年他们的领袖所做的那样。克里斯托弗的母亲，特里西娅·尼克松·考克斯（Tricia Nixon Cox），现在已是中年妇女，但成千上万的美国人永远记得她年轻时的样子，她1971年6月12日在白宫里举行的婚礼；还有主讲人、前参议员罗伯特·多尔（Robert Dole）所做的开场白。在尼克松执政期间，罗伯特曾任共和党全国委员会主席。

"刚刚结束的本世纪后50年可以叫做'尼克松时代'，"多尔说，"就他的总统生涯而言，最不同凡响的事情不是其结束的方式，而是其发生的方式。"

尼克松——孤独的白宫主人

尼克松总统应当是同意这个说法的。他升任总统是一次令人惊异的意志力和智力的胜利。他生性并不适合那份工作。实际上，他有时将自己描述成一个身在外向型事业中的内向的人。这个描述相当准确。大部分政治家，无论是好是坏，都是不能忍受独处的人。然而，尼克松却不喜欢与人相处。我想起多年来浏览他的文献时见到的许多古怪的短信笺，其中有一份写给其幕僚头目 H. R. 霍尔德曼（H. R. Haldeman）的备忘录，写于1970年4月13日，内容有关他在惠特学院时的同班同学来访之事。该学院是位于加利福尼亚州奥兰治县的一所小型贵格会教徒学校。上面写道："你可以安排他们到一个特殊的场合：我们正好在白宫做晚祷或者在做礼拜……这会比单独接见他们更好，如果单独接见我就不得不参与太多的谈话。"

他总是一个人独处。这是一个奇怪的人，总有些尴尬的羞怯。只有带着他的思想和他所钟爱的黄记事簿独处，或者拿着逐字记下他必须得说的每一个字的稿纸，他才能表现出最佳状态。如果准备就绪、轻松自如，[1]他的形象是令人敬畏的，而不是很多人记得的那个虚伪的人。聚在希尔顿酒店的那些人交谈了许多有关那位老板活力四射的事，就像他们在那些著名的岁月里所度过的每日、每时那样。

曾一度担任尼克松的国内委员会主席，后来成为大通曼哈顿银行副总裁的约翰·普莱斯（John Price）[2]跟我讲过他乘坐空军一号的一次飞行经历。当时他正好坐在罗伯特·芬奇女士的后面，她的丈夫与尼克松共事了将近20年，被视为总统最亲密的政治盟友，甚至可以称总统为儿子尼克松。这可是前所未有的事儿。"你们非常了解他，"普莱斯说。卡罗尔·芬奇似乎感到很惊讶，回答说，"我们根本不了解他。"霍尔德曼，这个每天好几个小时跟尼克松待在一起的人，也总是声称尼克松不知道他有几个孩子或者他们叫什么名字。

德怀特·D. 艾森豪威尔总统（Dwight D. Eisenhower）的私人秘书安·惠特曼（Ann Whitman）[3]保留了一本日记。上有一则写于1960年8月30日的日记记录了艾森豪威尔探访副总统尼克松的情形，当时尼克松因膝部感染正在住院治疗。她写道："他又一次说到，副总统只有很少的朋友。这话他已经说了好几遍了。当然，对我来说区别是显而易见的——总统是个诚实的人，他所有的行动都表现出真诚。他有这样的品质，所有的人都了解这一点，所有的人都信任和热爱他。但是，副总统却有时看来像是个表现得像个好人，而不是生性就是好人的人。"

他已经熟知如何表演。尼克松熟记自己的台词，就好像为了弹奏钢琴而记住数百首曲谱[4]——它们全都在 G 键———般。他不是一个表现自然的人；全靠艰苦、孤独的工作。尼克松还要记住全部的演讲。他独自记诵讲稿，然后再抛开讲稿。同样，为了与人交谈，他也要努力将讲稿熟记在心。他曾经对自己说："我找到一个记诵的方式。[5]我是一个读者，而不是个讼师。在法学院里，大部分学生在长时间漫谈案例。我却是独自研究我的案例。"

而且，在他思索或者注视别人的时候，也是孤独的，他琢磨他们的言辞和行为，推测他们的动机。如同我们大部分人一样，他也只能凭借他对自己的了解来对别人做出判断。多半时候他认为别人也是像他一样。然而，他们却不是。总统的权力和机会有时使他表现出最好的样子，但是更多的是使他表现出最坏的样子，因为他几乎不信任任何人。他对人作最坏的假设，并且他也使他们表现出最坏的一面。他过于猜疑，他的判断太严苛、太消极。他坚持采用"强硬的"字眼和思想。他认为正是这些才使他达到伟大的边缘。但是，也正是这些出卖了他。他不能向别人敞开内心世界，他也不能向伟大敞开内心世界。

如同以前写作《肯尼迪》一样，在本书里，为了从舞台中心的视角来重构尼克松总统任期，我塑造了一个每天都表现出总统尼克松风度和形象的人。我对他的所知、何时得知、以及他的实际所为——有时是每天，有时是每时，有时是每分钟——都感兴趣。如同以前一样，我希望更近距离地了解当总统是怎么回事，这种只有42个男人知道的事情。但是，身处舞台中心的理查德·尼克松看起来并不外向，其风格与肯尼迪以及大部分政治家不一样，尼克松看起来还是内向的。正因为如此，本书才决定，从他与他自己的

尼克松——孤独的白宫主人

对话，从他在僻静的办公室、深夜在书房（亚伯拉罕·林肯曾在那里睡觉）独处时在黄记事簿上涂写的希望和忧虑以及推断开始，展开叙述。

他独处时所写下的词句表现的是一个不安、奋发努力的男人对成就的探求。就他自己觉得最好和最大的向往而言，他信奉尼克洛·马基雅维利（Niccolo Machiavelli）所说的那种君王的生活目的："承担伟大的事业和突显卓越能力最能使君王赢得尊敬"，他希望以此作为他的生活目的。

尼克松能力非常强。他的手下讲述了许多事，都证明了他的睿智和洞察力。他的第一任国会联络员布莱斯·哈洛（Bryce Harlow）说，"固定不变的指令不用劳烦他就可以发出[6]……他会带着备忘录、专题文章、报告，斜靠在休息室，半卧半坐着，阅读、研究、做笔记，在记事簿上写下所有的要点。做完这些，他会扔掉笔记。现在他已经精通那个问题，一切了然于心。这就是尼克松。这种天赋使他能够比那些天赋不及者取得更多的成就。"

赫伯特·克莱恩（Herbert Klein），一位为尼克松工作了30多年的圣地亚哥新闻记者告诉我："他能感觉到这里的一滴雨，那里的另一滴雨，他能知道在某个地方有洪水到来。"埃利奥特·理查森（Elliot Richardson）说："他了解所有事情的合适程度……他清楚地知道内政和外交这两个领域的体系结构。"[7]理查森在尼克松执政期间曾三度担任内阁职务，最后因拒绝按总统命令解雇一名水门事件特别检察官而辞职。

"他想做他时代的设计师。"

那不是个平常的年代。1968年年底美国正深陷战争。在不宣而战的越南，每周都有200多名年轻人被杀害。一个新的民权动乱和反对浪潮正在倾覆为执行立即废止公立学校种族歧视的法院命令而实施的校车方案。在尼克松的人搬入白宫期间，其中一人，约翰·埃里希曼（John Ehrlichman）接待了斯坦福法学院同班同学沃伦·克里斯托弗，行将离任的林顿·约翰逊总统政府司法部副部长的访问。"他带着一大包文件来到我的办公室，建议我们随时都让他们在场，"埃里希曼回忆说，[8]"这些都是要填写的文告。你们可以填上城市名称、日期，然后由总统签署并宣布戒严令。"

引 言

新总统知道他还要做什么——而且他自己有重大的秘密计划——选民们会根据他是否能做到足不出户就使大街小巷秩序井然来判断他的能力。他的就职演说，文体源自肯尼迪1961年的演说，构思源自他在俄亥俄州竞选时看到一个女孩举着的一幅标语："让我们团结在一起"。但是，尼克松不能做到那一点。他将人看作群体，被团结起来，然后按政治目的进行划分。他的政治设计，如同他的外交政策设计一样，总是基于操纵不同群体和利益、平衡不同群体和利益或者让他们彼此斗争，只要是符合他某时或他时代的目的就行。他从部落和遗传的视角看各个地方的人。他以文化战争为荣耀，从地理、世代传承、种族、宗教的角度来划分这个国家。他相信所有的政治家都会这么做。他的"沉默的大多数"，也就是工薪阶级和中产阶级基督教徒中的一大批愤慨的民粹主义者，之所以爱他，不是因为他本人，而是因为他的敌人。

尼克松总统自认为是个理想主义者，相信他这代人的确能够做更大的事情，因为他们经历了大萧条时期，为第二次世界大战做出过贡献。他认为他属于"最伟大的一代人"。这个短语在很久以前，在20世纪90年代曾非常流行。因为这些，不能把他归入眼光狭隘的保守主义者一类。但他只有很少几个爱好，诸如外交政策、竞选管理、体育运动等，甚至可以说他只在意捕获。从这个角度来看，他是心胸狭隘的，他的思想意识天性是中间偏右的。但是他相信实用主义的行动主义者统治方式，因为他相信，无论如何美国人都更喜欢采取行动。

也就是说，他对选举他的人寄予很少的期望。他更像是马基雅维利，一位失意的政治战略家的现代翻版，而非君王。1513年马基雅维利写道：

所以，对于一个深谋远虑的统治者来说，在信守诺言对其不利的时候，在种种原因使他的承诺不复存在的时候，他不能、也不应当恪守诺言。因为如果所有的人都善，则信守诺言的戒律不适用；而由于他们都不善并且不会对你信守他们的诺言，所以你不必对他们信守你的诺言。从来都不缺乏掩饰

5

尼克松——孤独的白宫主人

你漠视诺言的合法理由。……所有人都知道,一个信守诺言、保持诚信、没有诡计的君王是多么值得赞美。但是,经验证明,如今那些已经成就伟业的君王很少因信守诺言而受到尊敬,并且他们都懂得如何用诡诈去混淆视听。最后他们都战胜了那些宁可践行诚信的人。

尼克松的白宫谎言不是偶然。正如我在本书中极力证明的那样,他策划避开美国宪法所构建的制衡机制以及民众、国会及媒体的监视,力图通过出人意料的事件来实施统治。他最重要的成就——1971年对国内及世界经济的重构、1972年对中国的开放——都是以戏剧性的方式,通过电视讲话公之于众的。通过一种对宪法以及他自己的政府发起突然行动的方式,尼克松总统确实在没有任何公开辩论或公众参与的情况下改变了这个世界。结果到头来,在白宫谎言事件中,也只有少数人知道在发生什么。有时尼克松本人也失去了线索,无以判断什么是真的,什么是假的。正是这样令他最终走向了毁灭。曾作为国家安全顾问基辛格的主要助手的温斯顿·洛德(Winston Lord)告诉我:"他们故意借用守口如瓶的对手。在中国,只有两三个人参与决策……就外交政策而言,自尊受伤只是一个小小的代价。"[9]

然而,蒙骗和迷惑自我最终危害的是总统自己。需要用这么多层的谎言去保护多层秘密,以至于白宫里没有人知道应该相信谁或者应该相信什么。在最高层也有乱七八糟的谎言。为了使他们自己不受"反对改革的保守当权派"的伤害,在总统、基辛格、霍尔德曼、埃里希曼的周围建起了欺骗的帮派。所谓反对改革的保守当权派是尼克松想象出来的,指的是逐渐使他孤立的内阁以及他的许多幕僚。同事变成不足为信的、可恨的官僚和敌人,必须用谎言作为护身符来加以防范。开始目的是想保证总统的世界安全,不受外人干扰。但最后结果却是,就连内部人自己也不再能了解真实情况了。尼克松的椭圆形办公室里的许多谎言,在录音带中都有许多线索,但是有两个杜撰和捏造的阴谋是力图在澄清谎言的同时极力掩盖过去的谎言。为了消除以往大大小小的谎言所造成的混乱,有时候,总统和基辛格好像要全神贯注地

引 言

努力编造事实去告诉国务卿威廉·罗杰斯（William Rogers）和国防部长梅尔文·莱尔德（Melvin Laird）。所以，在得知所有的头头脑脑都在互相收集情报、互相偷窃文件、互相窃听电话、在自己的办公室安装窃听器的时候，人们并不感到惊讶。很难全然了解骗局，即便是骗人者本人也是如此。在总统、霍尔德曼以及埃里希曼用录音进行的暗中操纵中也出现了同样的混乱，因为他们极力同时发现和掩盖数百件令人惊恐的事情，而正是这些事情最终酿成了所谓的水门事件。结果，没有人知道谁讲的是真相，是整个全都是真相，还是根本不是真相。

那间椭圆形办公室里还隐藏着另一层欺骗。总统的手下并不总是遵从他的命令。实际上，霍尔德曼不理睬尼克松的一些显然比较愚蠢或比较危险的口头命令。这类命令大部分是带着怒气发出的，其中许多是涉及开除什么人或者轰炸什么国家的。哈洛永远记得他刚到白宫时霍尔德曼告诉他的第一件事情："你永远都必须做尼克松要你去做的事情，但是，在做的过程中你必须发挥判断能力。"

大部分命令、谎言、真相，最终都落在了纸上或者录音带上，尽管其中许多可能永远也找不到了。它们是如此之多，单是在国家档案馆里就有4,400万页。这些东西的记录和保存方式，也是尼克松总统与其他总统不同的一种行事方式。那些录音带录制于椭圆形办公室、行政办公楼175室那间僻静的总统办公室，以及林肯书房。只有一部分录音带是在戴维营录制的。光是听这部分录音就得花掉许多年的时间，更不用说誊写下来和弄明白了。在我们第一次讨论本书的时候，基辛格对我说："记住，故事并不在录音带上。可以在纸上发现真实的理查德·尼克松。"可以将这种说法当作一种试图减少录音语言的卑鄙和粗俗的努力而不予考虑，但是，这也是一个重要的提醒，暗示尼克松是一个用图书、摘要以及备忘录去了解和构建他的世界观的人，而鲍勃·霍尔德曼则具有某种准计算机式的组织管理天赋。

在霍尔德曼的白宫里，就是这样组织管理的：以一种也许永远也不会被重复的强迫行为，纪实性地、描述性地记录下总统的活动。对总统偶然碰到任何一个人,都要由当时在场的工作人员做出详尽的报告。有时候,关于椭圆形办公室或行政办公大楼175室里面所发生的事情,会有六七个版本的报告。如果在特定时间内没有收到报告,行政秘书就会发出催交信。这种催交信通常都非常奏效,因为再下一步就该是霍尔德曼的勃然大怒了。霍尔德曼认为,要让人效率高就必须让人害怕。以下是一封标准的催交信,是行政秘书戴维·C.胡普斯(David C. Hoopes)发出的成千上万的催交信中的一封:

已经发现,关于1972年4月12日星期三下午3点29分总统与前司法部长约翰·N.米切尔的会见还没有形成归档总统卷宗的备忘录。

我们的记录表明,在此次会晤期间,你在现场。由于总统希望这个重要的文档卷宗尽可能完整,我请你起草一份概要,说明会见时谈到的内容,所做的承诺(如果有),以及会见时的心情或氛围。

你所撰写的总统卷宗备忘录不必过长,但是你应当谨记你的报告的历史意义,并且明白它的意义会与日俱增。我们希望你能完成这份备忘录,并在(5)日之内将它交到本办公室。

除了这种正式报告之外,还有霍尔德曼和埃里希曼的许多摘记,他们每天都会写满几十页纸。而且,还有霍尔德曼的日记(其中有些部分已经被出版,有些部分首次出现在本书中),日记有的是他写的,有的是后来每天晚上他口授的。另一类记录总统心情和想法的活页卷宗是总统收到的每日新闻摘要。每日新闻摘要是从报纸、杂志和晚间电视新闻节目中摘编的当日新闻,每份10到15页的篇幅。大部分日子里,总统都会在每日新闻摘要上批示意见和命令,由霍尔德曼当作行动备忘录传达给工作人员。有时,还有"搜集奇闻轶事小分队"中的某位成员坐在某个角落里做笔记。这个小分队当中有威廉·萨菲尔(William Safire)、帕特里克·布坎南(Patrick Buchanan)、雷蒙德·普莱斯(Raymond Price),以及其他卓有才华的作家,因为总统确信别的人所做的记录不能把他所讲的典故中的热情和风趣传达给记者和专栏

引　言

作家，于是就把这些作家组成了这么一个小分队。

1972年9月，大选临近，霍尔德曼命令从白宫卷宗里剔除每天制造的文稿中最重要、最敏感或者可能令人尴尬的部分，包括总统的所有手稿。那些文稿被单独归档，标明为"白宫特别卷宗"，以备随时检查；如果尼克松落选，则可能随时销毁。当然，他没有落选，但是，正是那些文稿、那些真材实料，在水门事件期间被联邦调查局抓了个正着，后来移交给国家档案馆编制索引。在水门事件调查期间，很多白宫文稿被销毁或失踪了，但是更多的则是留作了历史的见证，这大大超出了尼克松原来的打算。

本书记叙了尼克松总统在执政期间关键时刻的所作所为。我所搜集的材料都是总统本人所知、所闻、所说或所阅读的东西。有关他所说的以及他所听到的内容，都来自于录音带、文件、日志、笔记以及访谈。我之所以能够写下所提到的那些人的实际想法，是因为人们告诉了我他们在想些什么，或者当时他们告诉别人他们在想些什么，或者他们在日志或备忘录上记下了他们的想法。在某些事例中，尤其是从录音会议和电话谈话中，我删除了"嗯"、重复的话以及乱七八糟的语法错误。我以"1973年4月30日"这个主要部分作为本书的结尾。在那个时候，尼克松总统认识到他对水门事件已经完全失控。"在他告诉我今天是4月30日的时候，他是说今天他还在总统任期，"新闻秘书罗纳德·齐格勒（Ronald Ziegler）说，"那是最低点。"

那时，尼克松知道，他的敌人已经赢了——向他证明了他自己看待世事运行方式的阴暗视角——但是，他却还在挣扎，将自己的时间和精力耗费在一个失败的诉讼案上。二月集团在追忆后面那几年的时候，鲍勃·多尔说，他曾经告诉总统，他认为他注定会被误解，因为他是一个太复杂的人，人们通常不能理解他。尼克松对此热情地回应说："啊哈！你现在有点进步了。"他并不想被理解。如果别人认为他是难以理解的，那么他们就一定会认为他有非常丰富的内心世界，而不仅是一个强大的头脑在愤怒和自我怀疑中孤独地航行。不过，他也对多尔说过一些非常简单的事情："我每天早晨起床只是为了去击败我的敌人。"

序幕　1974年8月9日

　　1974年8月8日午夜，美国总统的私人秘书斯蒂芬·布尔（Stephen Bull）走进总统的办公室，那间椭圆形办公室。此时，白宫的西翼一片寂静、黑暗。电视摄像机已经撤走。记者和技术人员都已收起设备离去了。两个小时前，第37届总统理查德·米尔豪斯·尼克松宣布，他将于8月9日中午辞去总统职务。布尔决定不开灯。透过走廊那边昏暗的光线，他能看得见。他走进办公室，收起尼克松的公文包，把它放在门口，然后开始收拾书桌上的东西。明天，总统将乘飞机回加州的老家，布尔决定把书桌上的东西按原样摆放好，就好像什么事情都没有发生一样。开始，他摆放好尼克松阅读时用的眼镜，以及总统的两个女儿——特里西娅和朱莉——的照片。在收捡记事簿的时候，他的手偶然碰到了女儿们在总统就职那天送给他的那个银质香烟盒。盒子磕到了书桌掉到地毯上，打开了，里面的音乐盒开始用尖细的声音演奏"向总统致敬"的曲子。10

　　过了一会儿，总统的秘书罗斯·玛丽·伍兹（Rose Mary Woods）来了。她在他身边工作了23年，其间有他境况好的时候也有不好的时候。一位名叫玛吉·阿克（Marge Acker）的助理也来了。他们开始把抽屉里的东西都放进硬纸箱。大楼的走廊上到处都放着搬家的纸箱。楼里闻得到烧纸的气味，因为这个国家权势最大的一些人将备忘录和卷宗扔进了他们办公室的壁炉。尼

序幕　1974年8月9日

克松的最后一任办公厅主任，亚历山大·M.黑格将军（General Alexander M. Haig）把切碎的文件装满巨大的透明塑料袋。"再来一个。"他说。在椭圆形办公室里，女人们把"威尔逊书桌"里的所有东西都打了包。尼克松用这张桌子是因为他崇拜伍德罗·威尔逊。然后，他们又去收拾另外两张书桌。其中一张是德怀特·D.艾森豪威尔总统在椭圆形办公室里用过的书桌，那时尼克松任副总统。桌子放在紧邻白宫的行政办公楼的175号房间，尼克松经常独自在那里办公。最后一张书桌比较小，是"林肯书桌"，放在生活区楼上紧邻总统卧室的总统起居室里。亚伯拉罕·林肯曾在其避暑胜地用过这张书桌。那个避暑胜地只不过是宾夕法尼亚北部的一所方圆一英里的农舍。

伍兹小姐开始收拾威尔逊书桌的中间抽屉。这个抽屉里有一个夹标，上面注明："未经批准公开此中文件所含信息可能会有害美国国防利益。"[11]……请拉开总统书桌的中间抽屉。"中间抽屉里放着尼克松的葬礼方案，六页玫瑰色的纸，一些照片，一张 Avis 汽车租赁公司的地图，附有加利福尼亚州惠蒂尔镇玫瑰岭墓地的描述，"玫瑰岭以南加州最辽阔、自然景色最美丽的陵园而著称。"总统就是在惠蒂尔镇长大的。还有一份荣誉护柩人员名单，以及一份供选用乐曲目录，上面列有六个曲目，包括"上帝保佑美国"，"加利福尼亚，我来了"等等。在加利福尼亚曲目旁边，那个已经成为总统的惠蒂尔男孩注明："轻柔、缓慢地演奏。"

把这些放进纸箱，又把信件、剪报和投票摘要、口述听写机的塑料传送带，甚至万圣节晚会上戴过的面具，都放进了纸箱。但这些纸箱里放的大部分还是总统自用的备忘便笺，那是在5年多的时间里总统在黄记事簿上手写的或者夜晚口述第二天誊写下来的。主要是"要做的事情"的清单和"要成为的人"的清单，包括他想了解的历史事件，他想成为一位什么样的总统，他想成为一个什么样的人等内容。他对自己所做的"美国的自我改善"的演讲，是白宫里最重要的对话，是一个内向人格者的自我对话。

从艾森豪威尔书桌上拿来的第一批清单中，有一张写于尼克松就任总统的第17天，1969年2月6日的深夜，是为休·赛迪（Hugh Sidey）采访而准备

的。赛迪为《时代》杂志和《生活》杂志"总统"专栏写文章。为了应对他的采访,总统为自己写了一份三页纸的应对提纲:

富有同情心,勇敢无畏,思想新颖……充满工作热情(不孤独但令人敬畏)。目标——改组政府。想法具有吸引力……

尼克松夫人——富有魅力,端庄……

开放发表异议的渠道。……进步——参与,值得信赖,思想开放。

最强大的办公室。每天都可能做些令某些人难忘的事情。必须知道如何把事情做好。……在任期结束时我们国家的精神一定会更强大。必须愉快、沉着、自信、鼓舞人心。

在那间僻静的办公室里,在那张老旧的艾森豪威尔书桌的一个抽屉里装满了信件。这些信件尼克松都看过,出于某种原因他将它们保留了下来。它们和口授录音带放在一起。保留这些信件的原因与其他任何人保留信件的原因是一样的:因为它们是重要的信件,或者因为它们曾经令收信人感动或仅仅只是令收信人感到愉悦。这个抽屉里最老的一封信后来成为最重要的一封信,它来自佛罗里达州州长克劳德·柯克(Claude Kirk),写于1969年5月31日。信中写道:"关于替换福塔斯法官之事,我想请您注意这个地区的一位联邦法官,我认为他符合您所提出的经验、人生观以及个性特征标准。他就是哈罗德·卡斯韦尔法官……我可以借用《永远走红的人》这个剧的剧名来跟您讲,卡斯韦尔法官就是一个走红于各'地区'的人……"1969年6月还有来自西奥多·H.怀特(Theodore H. White)的奉承,同时他的书《1968年总统特辑》首版印刷发行。同以往一样,这位作者的散文修辞浓艳:"本书所描写的英雄是理查德·M.尼克松……现在,不同的是,不是有一位新的理查德·尼克松或者一位新的西奥多·怀特,而是他们以真理的力量在影响着我们所有的人……本书力图描写一个勇敢的和富有良知的人的竞选过程。"

1970年元月的第一天,尼克松独自待在行政办公大楼175室,给自己准

序幕　1974年8月9日

备鼓舞士气的讲话。他写道：

每次出场都添加鼓舞人心的元素……努力工作——想象力——同情心——理解年轻人——智力的扩展

冷峻——强势——有条理——温和——令人兴奋……激动——生活快乐——分享。鼓舞人心——简洁扼要，令人难以忘怀的短语。

一段时间以后，在椭圆形办公室找到的一张未注明日期的纸上，他写道：

外交政策＝优势。1.战争是艰难的——但是我们的成功被掩盖了——而且结束战争将会否定我们。2.必须强调——勇气、独立……比其他任何人都知道得更多。超越顾问。世界领袖。

恢复尊严。居家男人——不是花花公子——过于关心办公室——然而乐在其中。

智力非凡——记忆力——理想主义——热爱国家——关心老人——穷人——拒绝剥削。

还必须表现得亲和而热心。

1970年11月15日，他给自己写了两页纸的提示。这两页纸一直放在行政办公大楼175室里，直到最后被布尔打包拿走。它们的开头是这样的："差一周两年，或者差一周六年。"接下来的内容是：

我已经了解我自己以及总统身份。从这段经历中我得出的结论是：

一位总统可以做出的主要贡献是在振奋精神方面——而不是在物质的解决方案方面。

尼克松——孤独的白宫主人

1. 与我积极合作的幕僚——尤其是 K 和 H*——在纯粹物质决策方面已经占用了我太多的时间,而这些决策是可以留给别人去做的。

2. 哈洛等人已经把我拖进了太多的国会问题。

3. 我的演讲和策划班子是不称职的——但是部分问题在于我跟他们相处的时间太少。

4. 媒体、智力发达的当权派、民主党徒都完全对我不利——必须找到更好的办法去让人了解他们。

5. 我必须找到一种方式去同内阁、幕僚、国会、形形色色的政治人物周旋,他们耗费时间,但他们可以抛开我自行其是。象征性的会议应当就是答案。

首先——我必须认识到在还没有人能有效运作的领域中把权力用到极致的责任……

然后,他列出了新的解决方案清单:

1. 除纯粹的逢场作戏之外,停止娱乐活动……

2. 需要更多阅读……

3. 需要更多小型的社会活动……

4. 需要振奋精神——每个星期日……

5. 需要积极乐观的心理……

6. 需要更多地激发人们讲话……

这么少的时间,这么多要做的事。独自坐在白宫或戴维营(位于马里兰州的总统度假胜地)的某张办公桌旁,或者独自待在位于加利福尼亚州和佛罗里达州的家中(当时被称为"西白宫"和"南白宫"),总统一直在琢磨同

---

* 尼克松总统的私人文稿中的名字和首字母包括:"H" 代表 H. R. 霍尔德曼,"K" 代表亨利·基辛格,"Z" 代表罗恩·齐格勒。姓氏只被用于国务卿威廉·罗格,国防部长梅尔文·莱尔德,劳工部长乔治·舒尔茨,以及埃利奥特·理查森,其曾在国务院,卫生、教育及福利部,国防部以及司法部四个部门任职。"哈洛"代表布莱斯·哈洛,尼克松的国会联络员。EOB 是指行政办公楼,有时也称作 OEOB。

序幕　1974年8月9日

样的这些主题：带有敌意的媒体，不顺从的幕僚，不称职的演讲稿撰稿人，这些人在跟局外人谈起他时不欣赏他工作多么努力或者不着重强调他的礼貌、他的热情、他的体贴。在他连续的自我分析中，也有痛苦的感觉。他可能是快乐的，但是他可能不觉得快乐。

在1970年最后那些天里，尼克松独自待在林肯起居室里，他写道：

每一天都是最后的日子。争分夺秒。今天我是否有什么事情还没有做？——在我不再有权做的时候还希望能做的那些事情。

那张纸条被叠放在一张来自他弟弟的便笺里面。他的弟弟唐总是好像有一笔买卖快要做完似的，那时美国驻马德里使馆职员托马斯·A.布雷迪（Thomas A. Brady）一直在帮他。"西班牙人的特点是，他绝不会忘记恩惠或者友好的作为。"布雷迪在便笺中告诉总统的弟弟，他还说，那里的人总是很欣赏理查德·尼克松对共产主义者阿尔杰·希斯的追捕，因为希斯（当时的一名国务院官员）1945年成功地抵制了西班牙加入联合国。在布雷迪便笺的最下方，尼克松总统潦草地写道："H——让我们看看，布雷迪得到了升迁。"

……

1971年3月，在盖洛普民意调查中尼克松的支持率从56%下降到51%——他的书桌抽屉里装着美国公共调查研究领域最赫赫有名的人物乔治·盖洛普（George Gallup）和路易斯·哈里斯（Louis Harris）私下提供的以及他自己的民意测试专家提供的预计数字表单，他用许多银行账户以及为他秘密储存的政治经费为此付账。他极力想弄明白为什么数字是这样的，他写道：

人民渴望领袖……我们的重大失败在于受困于方案。能力胜任的白发老人。我们缺乏色彩……保持神秘。RN（译者注：理查德·尼克松）不会成为好出风头的人——他的行为……他的长处必须得以发扬光大。

尼克松——孤独的白宫主人

　　不久以后，尼克松藏起了一封注明为1971年4月15日的信。此信来自一个以阿谀作为礼物的男人，也就是哈里·S.杜鲁门总统手下的国务卿、尼克松的老对手迪安·艾奇逊（Dean Acheson）。作为加州的一颗共和党新星，尼克松曾抨击那位民主党人总统是"迪安·艾奇逊怯懦的共产主义遏制政策学院的毕业生"。事实上，艾奇逊对共产主义的强硬程度一点也不亚于尼克松，他与尼克松有过接触，在越南问题上给过尼克松支持。尼克松曾送给他《转折点》（一本有关共和国早期历史的书）作为报答。艾奇逊向他道谢，写道："对我来说，杰斐逊是一个难以理解的人物……他拥有巨大的才能——一个真正的18世纪的人，其天赋甚至超过了富兰克林。但是他似乎总是对言辞与言辞背后的真实情况同样感兴趣。而乔治·华盛顿则更为冷静，不那么才华横溢，但正是这些特质才使得这个国家得以启程。"

　　尼克松在"不那么才华横溢"这句话下面画了一道线。也许，总统保存这封信是因为他看到了将"肯尼迪"和"尼克松"与"杰斐逊"和"华盛顿"相提并论的说法，而这几乎正好是艾奇逊让他读这封信的用意所在。尼克松在这封信上写了一个词："确实。"

　　那个月的晚些时候，他还在一位名叫戴维·布朗（David Brown）的影评人1971年4月28日的来信上做了注释并保存了这封信。信中写道："你以你自己的方式取得了像戴高乐将军在法国所取得的那种成就……"总统在这句话下面画了一道线，并且还亲手加上了一句话："一个好主题。"

　　从来年，也就是1972年大选年起，总统在写给自己的备忘便笺中开始详细表述对其本人公众形象的更严重的失望，他通常写很长的文字来表达这种感受。而且，还总是在夜晚写，他在试图对自己的形象做详细的描述。1972年10月10日，在从佛罗里达基比斯坎的家飞回华盛顿的途中，他担心（不是第一次了）在他所有的选举都结束之后人们会记住他什么样的形象。他写道：

　　有记载的总统形象特征：富兰克林·D.罗斯福——有魅力，杜鲁门——勇敢，艾克——微笑、有派头，肯尼迪——有魅力，林顿·B.约翰逊——有

序幕　1974年8月9日

活力，理查德·尼克松————？

他所想到的一个形象特征是："富有献身国家的良知。"

然后，在提醒自己给南斯拉夫的铁托元帅送一盒礼品雪茄之后，尼克松总统写下这个问题给"K"（基辛格）去解答：

我们从一开始就对V.C*.做出了错误的判断——1."自投罗网——精疲力竭"。2."停止美国的异议，他们会谈判"。3."给他们一个震惊，他们会谈判"。

接下来，两周之后，1972年10月23日凌晨1点，他独自在林肯起居室对自己写下以下文字：

我已经确定我的主要角色是作为道德领导。除非我更经常、更雄辩地大声讲话，否则我就不能发挥这种作用。问题是做准备需要时间。……我必须拿出时间做准备，而把技术问题留给别的人去解决。

1973年1月9日，他60岁生日那天，他写道：

寿命——并非跟时间一样多。不要旋转你的车轮。但愿身体健康……老年人——戴高乐、艾克、吉田、阿登纳、丘吉尔、周恩来、胡佛……没有一个人是被拉下台的——直到其离任。

---

*是指南越的越共游击队员。

第1章 1969年1月21日

1969年1月20日下午两点之前,理查德·M.尼克松到达白宫。就在几个小时前,他刚宣誓就任美国第37任总统。他对他办公厅主任问的第一句话是:"狗在那里吗?"

他所说的狗是一条爱尔兰长毛猎犬。那是他的工作人员送给他的礼物。[12] 它是一条大个头的、很上镜的总统狗,此时正与尼克松的法国贵宾犬维基和一条名叫帕夏[13]的约克夏梗犬在一起。它们都参加了尼克松的竞选活动,这让人觉得尼克松是个温和的人。新总统在备忘录中这样对霍尔德曼说:"我希望你提交一份完整的报告,说明你是如何完整保留有关我所参加的各种会议的记录的。[14]我现在所说的不是那种要记载决定的正式记录,而是有关会话、背景、色彩等等的叙述。"

"他就像一个小孩儿。"这天晚上霍尔德曼在他的日记中这样写道。关于就职典礼,他写道:"他脸上的表情令人难以忘怀。这真是恰逢其时!他来了,他大权在握,有人说觉得看到了从他眼里放出的光芒。"

第1章 1969年1月21日

在身为总统的头一整天，尼克松早上7点30分就到了办公室，此前他只睡了4个小时的觉。在巨大的威尔逊橡木书桌[15]的中央，放着一个棕色的皮面活页夹，里面装着一天的工作日程安排。[16]第一个正式约见安排在7点50分，是同他的国家安全顾问亨利·基辛格的会晤。

这天他们的第一次会谈成了新外交决策框架的象征。自大选以来，这两个男人在11个星期的时间里起草了这个新的外交决策。关键是，在就职阅兵的前一天宣布了《国家安全决定二号备忘录》，取消了国务院控制的所谓部门间高级联盟。部门间高级联盟原来的功能是审议提交给国家安全委员会——并且由此提交给总统——的外交政策备选方案，并且作为国家安全决策的"代理执行者"。根据《国家安全决定二号备忘录》，国家安全委员会要制定备选方案，还要执行决议。信号很明确，这位新总统打算把权力集中在他自己的办公厅。因此，从第一天起，就有了一个新的决策框架。尼克松打算起用这位前哈佛大学教授作为他的外交和安全政策代理人。最终的决策权已经转移到这两个与众不同的人手中。他们俩都有守口如瓶、疑心很重的特点；而且，他们俩都已经准备就绪并且急切希望摆脱以国务院小心谨慎的人和仪式为标志的旧外交政策当局。

尼克松给基辛格讲了那张书桌的故事，他说，他钦佩伍德罗·威尔逊，他是那么一位既有思想又有行动的人。其实这也正是他对自己的看法。在1953年到1961年当副总统期间，尼克松曾用过那张书桌。而在那以后，它被搬去了得克萨斯，尼克松的前任林顿·B.约翰逊把它带到LBJ农场办公室。现在，它回来了。桌面上几乎什么都没有，只有一个文件筐摆在桌角，还有一部四键电话放在六英尺开外的另一个角上。

现在，这个地方比林顿·B.约翰逊时期更为简朴。[17]尼克松已经让他的人清除了约翰逊的42键电话、3台电视监控器、用以连接约翰逊所用的系统与电话及会话录音机的电线，以及约翰逊用来听取其新闻秘书每日简报和询问的扬声器。尼克松对了解报告者内心在想什么没有多大兴趣。

"新闻摘要在哪里？"第一个早上他问霍尔德曼。

尼克松——孤独的白宫主人

没有新闻摘要。在竞选和政权交接期间，以总统的政治随从、30岁的《圣路易斯环球——民主党报》前社评作家帕特里克·布坎南（Patrick Buchanan）[18]为首的少数工作人员曾编过一份来自6份报纸和3大电视网的新闻汇编。次日早上，第一份白宫新闻摘要，一部蓝色皮面烫金[19]的活页书就放在那张巨大的书桌上了。总共只印制了5份，其中两份存档，一份给霍尔德曼，一份给基辛格。这天，第一份新闻摘要的头条是当地的一则消息：总统新领域中的犯罪行为。《华盛顿每日新闻》在头版社评中说，可怕的事情正在悄悄靠近这个首都的街道。这天的《纽约时报》说，"尼克松总统今天清晨在这样一个城市中醒来，在那里，在上一个星期，81岁的哥伦比亚特区'当年年度母亲'遭到抢劫，并且在抢夺皮夹的过程中被扔下了楼梯。著名的社交夫人格温卡夫·里茨太太就是这宗25万美元武装抢劫案的受害人……"

总统在页面间潦草地写下他的想法，一开始写道："约翰·米切尔和约翰·埃里希曼。让我们宣布某些48小时行动……我们要做极大的努力去减少这个国家中的犯罪行为[20]——从华盛顿特区开始！ RN。"

下一条新闻是，《华盛顿明星报》社评谴责游行示威者在总统就职检阅期间对尼克松的轿车高声咒骂、投掷啤酒罐。社评最后说，"尽管有警察、国民警卫队和空降兵在场，但是暴徒们还是高声叫喊着污言秽语，并且冲着尼克松总统和夫人做下流的手势。当时，似乎并没有进行拘捕……"

尼克松写道："为什么不呢？我想我们错过了一个机会——在人们支持采取强硬措施的时候……给我一个报告，说清楚是怎样把事情搞糟的。"他还像一个迷恋细节的看守者那样保存了他的记录，同时还一直抱怨说自己没有时间思索。在这个第一天里，他逐字逐句地口授了致参加就职游行和庆典的人的信。他说：

我们以往的难题之一是，[21]我们的感谢信总是因缺少工作人员而迟迟发不出去，总是在两三个星期甚至一个月以后才发出。现在，我们将坚守一种

第1章 1969年1月21日

不同的标准，我希望这些信在48小时内发出，因为我们有足够多的工作人员，能够做到这一点。现在我将口授一下有关感谢信基本格式的规范。给部长的信，大概要像这样：……亲爱的＿＿＿＿：我想就您参加＿＿＿＿（不论什么事情，即便是晨祷之类的事情）表示深深的感谢。美国和世界所面临的问题如此严重，以至于我们都需要神圣指引才能有效应对。……

他还口授了一份给他妻子的备忘录：

致：尼克松夫人
来自：总统
……关于尼克松的房间，[22]最合意的东西是一个类似于床右边所摆放的床头柜那样的一个茶几，上面要能安放两部录音机和一部电话。……此外，他需要一张更大的桌子以便他晚上能在上面工作。现在摆在房间里的那张桌子太矮，以至于他的双膝不能放在桌子下面。

在这个第一天的下午6点钟，尼克松和霍尔德曼穿过白宫和原行政机关办公楼之间的小径，在那座1888年为陆军总部而建造的、装饰华丽的灰色大楼里寻找一间僻静的办公室。[23]总统选定行政办公大楼175房间作为他所说的"脑力工作平台"——让他有时间思考、有时间在黄便签簿上记录他的想法。"我必须在我周围立起一堵墙"，他对他最重要的助手霍尔德曼说。他和其他所有的人一样，称呼霍尔德曼这位40岁的宣传主管叫鲍勃。霍尔德曼的工作就是在白宫里充当理查德·尼克松的面孔、声音和肌肉。总统想要独处，其实独处的时候也是和霍尔德曼在一起。这位幕僚头目最重要的工作是在总统与人对话和自言自语时做笔记，然后口述尼克松的想法和命令，作为行动备忘录传遍这座大楼，继而传遍政府各部门。

尼克松喜欢独处，这是一位美国政治家古怪的嗜好。但是，他视作国家领袖的角色楷模却不是美国人，而是法国的夏尔·戴高乐。多年来，在政治

尼克松——孤独的白宫主人

流放生涯中，尼克松总是将自己的命运与1946年辞职下野的法国总统戴高乐的命运相比较。在阅读戴高乐的回忆录《剑锋》的时候，尼克松在这句话下面画了线："伟大的实干家毫无例外都拥有很高的独处的才能。"他痴迷于独处，痴迷于利用属于自己的时间，他写道："时间是一个人最重要的个人财产。一个人如何利用时间将决定其成败与否，而无论他在做什么。"晚上的时间对于尼克松来说很有用。他认为，睡眠是敌人，或者说是弱者用以逃避面对危机的一剂药。每隔一段时间他大概就会滔滔不绝地跟他的手下讲这个话题，这些讲话往往会变成行动备忘录。比如，在就职典礼之前，尼克松对演讲稿撰稿人威廉·萨菲尔说："我提议，我们利用当选总统的工作习惯，长时间工作，推迟进餐，每天工作18个小时，晚上阅读，没有午睡，早餐和午餐简单对付一下就行（通常只用五到十分钟时间）。"在说这些话的时候，尼克松提到他自己时用的是第三人称。

在这些话里，只有关于快餐的那部分内容是真实的。他的手下，特别是霍尔德曼——他断断续续跟随尼克松已经8年了，最开始是在尼克松第一次竞选总统时担当先遣助理人员——都知道疲劳才是尼克松真正的敌人，他不能一次紧盯着工作三到四个小时。他要打盹，然后再回来工作两个多小时。但是，打盹是个秘密，在他的日程表上通常都用"工作人员时间"作为标注。霍尔德曼的工作职责之一就是保护尼克松，让他免于过分劳累。在尼克松感到太累的时候，会睡不着觉，可能会吃药，或者喝一两杯酒，但他又不胜酒力，喝了酒比较麻烦，有时只喝一点酒就口齿不清了，而且第二天还不能集中精力。但是尼克松从来不承认这一点，甚至对他自己他也不承认。他是一个意志坚定的人，有时他让自己相信正常人的极限是衰弱的标志。他认为睡觉、休假也是浪费时间——他大约就是这么说的。实际上，他需要在行政办公大楼175房间打盹和思考问题。这个僻静的办公室是一个二室套间，没有设接待区。除了霍尔德曼、国内事务顾问约翰·埃里希曼以及亨利·基辛格之外，他很少在那里见别的什么人。百叶窗关着。总统常常坐在一张老旧的褐色天鹅绒面安乐椅上。那张椅子是从第五大道一所公寓的书房搬来的，他

第1章 1969年1月21日

1963年到1968年在纽约当律师时曾经住在那个公寓。

大部分时间，尼克松都是蜷在那张椅子里，把脚抬高搁在长沙发上。没有人见过他脱掉外衣坐在那里的样子。只有那么有限的一两次，斯蒂芬·布尔曾经看见他戴着阅读眼镜，或者抽着烟斗，或者拿着一杯马提尼酒坐着。他的助理亚历山大·巴特菲尔德（Alexander Butterfield）（大部分时间在为总统跑腿办事）跟其他很少能见到尼克松的工作人员说，他不仅从没有见过总统不穿外衣，而且也从没有见过总统解开外衣扣子待在那里。

1月23日，布坎南和一位名叫汤姆·查尔斯·休斯顿（Tom Charles Huston）的助理将头天晚上的电视网调查报告摘编成15页篇幅的白宫新闻摘要。汤姆曾经是保守团体"自由美国年轻人"的头儿。这期新闻摘要的第一篇报道是关于美国海军法庭调查普韦布洛号美国军舰被扣押事件的。该军舰是一艘间谍船，一直在拦截朝鲜海岸以外的无线电信号。"布赫表现得像一位正派体面的官员，"布坎南和休斯顿这样描写该舰的舰长，"三大电视网都对布赫表示同情，对海军表示反对。"尼克松在这些话下面画了线，然后潦草地写下批示："致莱尔德。理查德·尼克松同意——不要让海军自己愚弄自己。"*

这是第一份行动备忘录。总统希望将他的那些旁注变成霍尔德曼备忘录发给其他幕僚人员，并且通常命令他们在24小时内做出回答或解释。第二份行动备忘录写在一篇关于法国学生占领巴黎索邦神学院办公室以及包括东京、科隆、内罗毕、达卡等在内的世界各地几个城市街头的青年示威者的报道旁边。与此同时，美国学生正在十几所大学校园，包括旧金山州立大学、马萨诸塞大学、宾夕法尼亚州立大学、莱斯大学以及霍华德大学，进行示威或撒野。总统写道："K——我想听听中央情报局对世界各地青年骚乱活动共同因素的深入分析。"

---

* 普韦布洛号美国军舰是一艘906吨重的电子侦察舰，共有83名船员，只装备了两挺50口径的机枪。1968年1月23日，它被强制停靠和扣押在朝鲜海岸外。劳埃德·M.布赫中校及其手下被朝鲜拘留了一年，于1968年12月23日在间谍供认书上签字后被释放。

尼克松——孤独的白宫主人

在大部分日子里，上午9点钟开始，尼克松兴冲冲地跟霍尔德曼谈话，一个半小时之后，是跟基辛格谈话。根据霍尔德曼在黄记事簿上所做的记录，这些谈话又会形成第二份来自高层的笔记草笺。仅在一两天之内，幕僚人员和内阁成员开始猜测，"老板"（其中某些人对尼克松的称呼）可能要单独会见他们中间的少数几个人，很可能就只有这4个人：带着黄记事簿的霍尔德曼和埃里希曼，带着厚厚的、写满摘要的文件的基辛格，以及罗斯·玛丽·伍兹。

他们猜对了。老板已经跟霍尔德曼讲过，他的职责就是不让其他人靠近他的两个办公室。霍尔德曼备忘录是总统偏爱的沟通媒介。这位办公厅主任要去做尼克松所不喜欢做的事情，比如当面处理问题、批评人、处罚人等等。霍尔德曼要当挡箭牌和防火墙，如果有人想亲眼见到总统，那么他首先必须见霍尔德曼。"RN"（尼克松在纸上这样称呼自己，在谈话中也常常这样称呼自己）草拟的日程表中可能只包括在他的"公共时间"中安排的一个大的会议（公共时间通常是指从上午十点到下午五点），为他的五分钟午餐留出两个小时。在这两个时间里，他几乎总是独自一人待着，吃的几乎总是每周从洛杉矶的努森乳品厂空运来的农家鲜干酪和菠萝罐头。[24]午餐过后就去行政办公大楼175室那个僻静的地方思考问题或者小憩一下。

1月23日这天的会议是城市事务委员会[25]的第一次会议。总统建立这个委员会的目的是把它作为国家安全委员会的一个模糊的国内影子。这次会议的官方记录说，一开始，总统签署了一项批准成立该机构的行政命令，内容包括："当总统……谈到改革的必要性以及行使判断的必要性的时候，气氛非常令人激动……'我'希望看到更多的决定是由负责任的人做出的。约翰·昆西·亚当斯（John Quincy Adams）和格罗弗·克利夫兰（Grover Cleveland）阅读了每一份议案并且几乎无一例外地毙掉了它们。除非你把责任交给他们，否则你就完全不可能培养出有担当的人。"然后，尼克松介绍了该委员会主任，一位陌生人，丹尼尔·帕特里克·莫伊尼汉（Daniel Patrick Moynihan）。此人是纽约人、天主教徒、肯尼迪民主主义者、哈佛大学教授。41岁的莫伊

第 1 章　1969 年 1 月 21 日

尼汉自诩为64岁的哥伦比亚大学经济学家亚瑟·F.伯恩斯（Arthure F. Burns）的竞争对手和老朋友，在变革期间他曾领导过一个国内政策特别工作小组，并且有望负责国内政策的实施。会议纪要表明，伯恩斯曾试图让莫伊尼汉下不来台，但未能如愿："伯恩斯博士和副总统问莫伊尼汉博士是否能为国内某个城市起草一份政策纲要，总统也同意这么做。莫伊尼汉博士说，'我很高兴承担这样一项任务，如果是有条件的接受——但我也意识到任何人通常不能对美国总统强加什么条件——如果是有条件的也没有人把条件当真。'在场的所有人都爆笑不已，包括总统本人，他先是眨眨眼，然后便也大笑起来。"

次日，1月24日，新内阁经济政策委员会[26]举行第一次会议。会议开了大约半个小时，同时，在尼克松没完没了地来回踱步的过程中，约翰·埃里希曼冷静地写完了一道行政命令。尼克松准备继续此事，[27]但是在他的白宫里，程序依照常规，霍尔德曼的常规。城市事务委员会的成立有一道行政命令，因此经济小组也得有一道行政命令。经济顾问委员会新任主席是保罗·麦克拉肯（Paul McCraken），他是从保守党的芝加哥大学经济学院破格提拔上来的。他正在准备将在国会联合经济委员会面前发表的他的首次证词，总统立即建议他与萨菲尔一起准备。40岁的萨菲尔是纽约的一位公共关系工作者，也是尼克松演讲稿撰稿人中的一名老写手。萨菲尔将总统的建议当作一个信号，并且有鉴于尼克松在竞选时对肯尼迪和约翰逊时期经济发展成绩的批评，确信麦克拉肯没有花太多时间去赞美约翰·F.肯尼迪和林顿·B.约翰逊这两位民主党总统任下的经济增长。

麦克拉肯说，当前经济正以3.5%的增速健康发展，而且增速有可能会达到4.5%。

"为什么？"尼克松问。

"第二次世界大战以后人口出生率暴涨时期出生的人现在正逐步进入劳动力队伍，这意味着一种巨大的资本需求，"这位经济学家回答说，"多年来住房需求起点的平均正常值一直保持在150万套。而今年这个数字应当是170万，到1970年会更多。而住房建设需要花很多钱……尼克松时代应当是经济增长极快的时代。而如果我们经济管理得当的话，这种时代就会出现。"

新任农业部长克利福德·M.哈丁（Clifford M. Hardin）开始讲一些有关美国饥荒的情况："成千上万的美国人……"总统打断他的话，说："说这里的人正在挨饿，这不是积极的说法。我们对面的朋友们会盲目相信这种情况。"一桩琐碎的小事，但这个回答却揭示了这么一种迹象：尼克松对国内事务的兴趣很有限。他曾经把国内事务视为"在皮奥里亚建造外屋"，只有在媒体关注国内事务或者当这类事务成为国外政策问题的时候，他才会去注意它们，就像在肯尼迪和约翰逊执政期间，在全世界人都从电影片段和静态照片中看到了民权游行示威的情况下，民权游行示威才得到重视一样。

1月25日，上台的第五天，总统向约翰·埃里希曼口授了一系列备忘录，[28]表示他想把这届政府转变为一个政治架构。他说，第一步是绝口不提政治，至少在纸上不提。他的想法（用第三人称称呼自己）包括以下这些：

应当改变给内阁第3级雇员的信，删去任何涉及政治的内容……你永远都必须假设这种备忘录最终会流散到新闻媒体。……内阁官员的倾向将会是：选择阻力最小的过程，跟着一个被以往政治活动证实其具备胜任能力的职业政治家。这是一个严重的错误。……内阁官员职务应当至少有90%是由新人担任，而无论那些不受公务员管理条例约束的老人的胜任能力如何。……这正是肯尼迪上台后的做法，也正是因为如此他才能为人们展现出一个全新的政府形象。……这也正是我不断地重提就职典礼的原因所在——必须尽一切可能做到这一点，结果是，当人们最终回忆此事时会认为它是一个具有前所未有的重大意义的宣言。冷眼看看他们依照肯尼迪就职演说所做的事情吧。……

尼克松每天念叨着肯尼迪。他模仿肯尼迪1961年的演讲设计他自己的就职演说，但是肯尼迪讲话是冷战的战斗号令，而尼克松是在呼吁和平和秩序。他的言辞没有大肆声张。它们必须要发挥的最大作用就是结束噪音："如

第 1 章　1969 年 1 月 21 日

果我们要战胜分裂我们的东西,那么简单的东西就是今天最需要的东西,以及将我们团结在一起的黏合剂。降低我们的声音就是简单的东西。在那些艰难的岁月里,美国深受狂热一时的言辞之苦,诸如承诺超出能力所及的浮夸的言辞,将不满煽动成仇恨的愤怒的言辞,以姿态替代说服的空洞的言辞……如果我们不停止彼此相互大喊大叫的话,我们就不能互相学习。"

这位新总统在上任后的第 17 天,也就是 1 月 27 日的上午召开了第一次新闻发布会。456 名记者及技术人员与总统面对面。来自国际合众社的海伦·托马斯提出的第二个问题直奔使尼克松得以当选总统的这次竞选:"总统先生,现在你成了总统,那么你的越南和平计划是什么?"

他没有计划。他只是重复了一下在上一届总统约翰逊执政期间已经广泛讨论过的一系列议案:"恢复 1954 年日内瓦大会提出的非军事区;[29]相互撤回军队;双方有保证地撤军;交换战俘。所有这些问题都是我们认为可以周密考虑并且都可以取得进展的。"过了一小会儿,在回答另一个问题的时候,他又补充了对这个问题的回答,他说:"我想,在这个问题上,本届政府认为更好的方法是……在双方有保证的基础上相互撤军。"

在问及有关保持"对苏联明确的军事优势"的竞选誓言时,他说,也许"优势"是一个不合适的词。"我认为,"他说,"'充分(的准备)'这个词更好,实际上……"

尼克松的回答是冷静的。关于通货膨胀,其正在以将近 5% 的速率运行,他回答说:"我不认为应当在新闻发布会或其他任何一种会议上以即兴的方式来制定政策……我们将对我们的政府财政和货币事务进行某些微调,以便控制通货膨胀……"然后,他明确说不谈任何情况下的政府工资或物价方针。在私下会见共和党的国会领导人时,[30]他复述了共和党人关于通货膨胀的教义,他说,"肇事者是政府。"他结束了会议,向外面的玫瑰园走去,摄影师们正聚在那里为新白宫之狗——蒂马胡之王——拍摄第一张照片。这条爱尔兰长毛猎犬以爱尔兰蒂马胡镇的名字命名,[31]因为尼克松母亲的贵格会祖先曾经在那里居住。

尼克松——孤独的白宫主人

总统的第一次严格意义上的政治会议[32]是在他上任的第十天，也就是1月30日举行的，与会者为霍尔德曼和两位年轻的助理，弗雷德·拉鲁（Fred LaRue）和约翰·西尔斯（John Sears）。首先，总统告诉他们，他想在共和党全国委员会之外为其连任竞选建立一个竞选委员会——分开筹资。然后，他表示同意他们关于全年连续性投票的建议。

即使对近臣，尼克松也很少采取坦率的态度——他是一个难以想象的人。执政一个星期之后，他想去佛罗里达度周末。他和霍尔德曼一起经历了一场精神芭蕾。霍尔德曼对埃里希曼说："他马上开始[33]设法编造借口和幌子。他天生开不了口说他要休息，他必须得显出在工作的样子……然后他开始担心齐格勒是否已经发表了有关他一直在如何努力工作的报道……"

不过，看着他当众的样子，霍尔德曼认识到[34]尼克松喜欢隆重的仪式和典礼。1月31日，在东厅举行的外国使节招待会（对旗帜和鼓号要求很严格的一种正式场合）上，霍尔德曼想，他的上司看起来像个士兵木偶，胳膊僵直地垂放在身体两侧，极力掩饰着他内心高兴得像个小孩儿的事实。遗憾的是，这个小孩儿有一条不喜欢他的狗。这天，同头些天一样，蒂马胡之王拒绝靠近总统的书桌，即使助理们用狗饼干铺出一条小径引它去到尼克松那里它也不去。

到2月的第一周，这条狗开始沿着饼干小径一步一步地靠近它的主人。在尼克松与他的科学顾问李·杜布里奇（Lee DuBridge）第一次会晤的时候，它因为离书桌太近以至于推倒了总统书桌后面的一面大国旗。国旗把椭圆形办公室的古董老爷钟磕了一个小裂口。[35]尼克松的两个快乐的随从，也就是霍尔德曼的手下，正在那里努力逗引蒂马胡，这时也撞到了那口钟上，停止了互扔饼干。所幸的是，此时老板在游泳池里准备锻炼一下，他戴着游泳帽，因为白宫的理发师曾经告诉过他，游泳池里的氯对他的头发不好。

白宫的日常工作好像走上了正轨。霍尔德曼和埃里希曼主持上午的会议：第一个会于7点30分开始，十几名工作人员在罗斯福厅向埃里希曼汇报工作。接着，8点15分，在霍尔德曼的办公室里召开了一个比较小范围的会议，参加会议的有埃里希曼、基辛格、国会联络员布莱斯·哈洛，以及一两名其他人员。他们向办公厅主任简要介绍了自己当天与"自由世界领袖"第一次见面的情况。霍尔德曼喜欢称总统为"自由世界领袖"，这句话一半是开玩笑，一半是表示敬畏。

这位幕僚头目是身体和形象的管理者，他每天做数小时笔记，然后将总统随时发出的热情、威胁、怒气转化为冷静的正式备忘录署上自己的名字发下去。很多日子里尼克松都在生气，并且在大多数日子里他都在啰啰嗦嗦地说着同样的事情，通常都是有关解雇官僚和阻止记者之类的事。但大部分工作人员对此一无所知。霍尔德曼不让总统和工作人员互相接触。但有时候他碰巧忘了这位自由世界领袖的长篇大论和污言秽语，总统的某些命令就成了内部的笑话。其中一个命令是，在第一次乘坐空军一号飞行经历了一次糟糕的降落过程之后，总统怒气冲天，脱口而出说："够了！再也不要在机场降落了！"[36]

"我想把所有的人都解雇了，[37]这次我是来真的。"是个主要内容。2月5日，在读到经济机会办公室拒绝向某个国会委员会公开约翰逊执行时期的记录时，尼克松讲了这么一句话。次日，他对通讯主任赫伯特·克莱恩大光其火，因为他将尼克松准备做定期投票的打算告诉了某个专栏作家。1946年克莱因作为负责尼克松在南加州首次国会竞选活动的记者时他们曾见过面。

"没有投票。不关心媒体、电视或个人风格。"尼克松一边为《生活》杂志的休·赛迪当天的采访做准备，一边在一页短信笺的顶端写下这行字。尼克松继续做准备，写出他想表达的要点，从"热情地工作"开始往下写："责任感很强的总统。积极进取。预防犯罪的措施……敏锐机警。诚实。"在写下这份工作令人敬畏但并不孤独之后，他加上了一句：它也给他带来了"最好的朋友——我从未见过的。"

"明显的轻松和愉快的感觉，"[38]赛迪在采访后写道，他称尼克松为"权力中心"。总统喜欢这天读到的内容，但是他还是在草拟给埃里希曼的短笺上发了一点牢骚："E——我们为 RN 的工作提供了足够的服务了吗？（从早上 7 点 45 分开始，到下午 6 点 30 分或 7 点以后不停地工作。）"稍晚一些，他在给埃里希曼的另一个备忘录中更多地表达了有关社评的想法："我认为可以强调的一点是，[39]反驳我在几个专栏中反复看到的这样一个主题：RN 已经做得很好并且一帆风顺，但在需要做出重要决策的困难时刻他挺不住。在需要做出重要决策的困难时刻表现得体而坚定的人是赫鲁晓夫——在加拉加斯，他心脏病发作；而在竞选中必须做出艰难决策时，屋子里最冷静的人是 RN。"同一天，他在新闻摘要中一篇关于《芝加哥论坛》宣布不再刊登有关学生反战游行示威者情况的新闻报道旁边批示道："干得好！"他通常在每天上午 8 点 15 分的会议之后、霍尔德曼进来之前阅读新闻摘要。

仅在其首次亮相会十天以后，2 月 6 日，总统再次与媒体见面。在被问及有关美国从越南撤军的问题时，总统有点直率地回答说："我不想让任何一个美国男孩在越南待哪怕比我们国家利益所要求的时间多一天的时间。在我们战场指挥官确定南越人能够为保卫他们自己的领土承担更大一部分责任的时候，军队就会撤回。但是，此时，我还没有得到有关撤回军队的通知。"

这次见面记者们提出了一些关于学校废除种族隔离的问题，以及有关本届政府对黑人的态度的问题。1 月 29 日，新任卫生教育与福利部长罗伯特·H. 芬奇（Robert H. Finch）命令，延期 60 天终止对 5 个以往没有制定法院所要求的废除种族隔离计划，还在实行种族隔离的南部学区的联邦援助计划。

"我支持国法，"尼克松说。但是又补充说他更喜欢有关法院命令的当地解决方案。"在使用拒绝提供资金和关闭学校这个最后武器之前，我们要尽一切可能去了解当地学区遵守法纪的情况。"这是一种经过深思熟虑并且故意含糊不清的回答。尼克松告诉提问者，他知道黑人会不相信，但是他希望他作为总统的行为能证明他是所有美国人的总统。

次日早上的新闻摘要的开头是这样写的："所有广播电视新闻网都以总统的新闻发布会作为头条报道……对这次会议的评价用语包括'伟大的'、'绝妙的'等等。在 ABC 新闻中，弗兰克·雷诺兹说，有一种品质是美国人民希望他们的总统具备的，那就是一个负责任的人。'总统就是这样一个人……今天他在东厅的讲话表现出自信而不傲慢。在他走进会场的时候，乐队没有演奏'向总统致敬'，但是在他走出会场时他们应当已经演奏了。'"

尼克松的回应（写在新闻摘要的这条新闻上）是："弄一些不显眼的读者来信如何……？"

他痴迷于写给报纸、杂志以及电视网的信件，无论是真实的还是编造的。目的是让共和党全国委员会以及州、地方委员会逐渐累积一份忠诚分子名单，可以号召这些人通过邮件去传播本党的活动，或者可以把这些人的名字签署在白宫口授的信件上。后来，他在一份涉及他的另一个着迷点——肯尼迪——的备忘录中刺激埃里希曼说：

我仍然没有得到[40]任何进展报告说明建立了什么程序去继续以多种方式开展读者来信项目以及给电视台打电话的活动。……它给我们提供了肯尼迪曾经大量使用过的方式——一种不断出现在读者来信栏目的表现方式以及一种对电视评论员非常恰当的影响。……个人可以表达他们自己非常喜欢RN的华盛顿治安计划、RN的新闻发布会技巧。以后，在他们对我们横加不正当的指责时，可以把信写成是给各种专栏作家和社评主笔的。我不想弄一个厚厚的备忘录发给数百人让他们知道这个项目，而是要建立一个谨慎而有效的尼克松网络。

新闻发布会之后，总统感到很兴奋同时也感到筋疲力尽。为一次会议他通常要独自做一两天的准备，阅读幕僚和内阁就可能的提问和参考答案而提供的备忘录。在他说"晚上好"的时候，才意味着他已经完成了资料的编辑或改写，并且熟记了很多答案了。在这次新闻发布会之后，他离开白宫，踏上了他的首次周末之旅，去基比斯坎度周末，20年来他一直说要去那里。在那里，他将住在一个朋友——实业家比贝·雷博佐（Bebe Rebozo）的房子里。尼克松一直失眠，他很少一次在同一个屋子睡眠一周以上。这次他在佛罗里达要待3天。白宫医生沃尔特·特卡奇博士（Dr. Walter Tkach）随行。[41]他同他的病人进行了一次长时间的谈话。医生说，他读过一些医学报告说有些人的确不需要睡眠，但他不相信有这种事。总统对此非常感兴趣。他说，他总是认为大部分人是利用睡眠来回避面对问题和做出决策。他说"醒着"比放松休息的状态更好。他还告诉医生说，他从来没有过头痛。他似乎认为头痛是虚构的，是懦弱者的借口。特卡奇点点头，但是后来他告诉霍尔德曼，他从来都没有听说过有什么人没有头痛过。

在2月6日的新闻发布会上，尼克松回答了一个关于以公平的方式解决以色列与阿拉伯国家之间争端的提议，他谈及"双边"磋商和"四方谈判"，但没有表示必然会支持以色列。这导致2月13日一个两党代表小组到访白宫。该小组由六位众议院议员组成，其中有四人来自纽约。他们带着一份三页纸的声明，说他们相信他们代表了众议院和参议院大多数议员的意见。"有一种担心[42]是，"这些国会议员写道，"中东利益可能会被作为全球和解谈判的一部分条件而牺牲……以色列被要求从其所占领的领土撤出军队，这不符合美国的最大利益"——指的是1967年阿以战争以来被以色列占领的约旦河西岸及西奈半岛。

这个小小的代表团没有受到尼克松的接见，而是由亨利·基辛格单独出面接待，这使他们感到惊讶。这位国家安全顾问对他们说："总统觉得美国在和解中有某种利益。我们正在努力做的事情是，'确定这个问题的位置'，以便使美国人民能够理解它。在越南，我们让自己陷入到我们对参与战事的解释得不到美国人民支持的境地。在中东，如果前去参战，我们不能辩解为什么插手保护以色列的征服地。我们希望能够解释我们在保卫世界和平方面的政策……"这令他们再次感到惊讶。

这些国会议员中有些人第一次注意到外交政策将从白宫发出。几天后，霍尔德曼被派去[43]通知国务卿威廉·P.罗杰斯，在总统会见苏联代表团的时候，不需要该部的服务。尼克松与罗杰斯是老朋友——那可能也正是造成这个问题的部分原因所在。他们的关系曾经非常亲密。1955年艾森豪威尔总

第 1 章　1969 年 1 月 21 日

统初犯严重心脏病之后的几个月里,时任副总统的尼克松实际上搬进了罗杰斯的屋子。[44]1962年尼克松在加州州长竞选中惨败,搬到纽约,罗杰斯是当时纽约少数几位欢迎尼克松的重要律师之一。但是,尼克松对他平日也有不满:罗杰斯英俊潇洒,富有魅力,举止得体可靠。而尼克松就是尼克松,他怀疑罗杰斯在背后是不是瞧不起他。

尼克松也认为罗杰斯肤浅、有点儿懒,而且对外交事务也没多少了解。罗杰斯是尼克松的第三选择;这个职务曾经提供给罗伯特·墨菲（Robert Murphy）,[45]其已退休,不再当外交官,而去担任康宁玻璃公司董事长;提供给贵族出生的前宾夕法尼亚州州长威廉·斯克兰顿（William Scranton）,[46]但他说"我不接受有关我们赢得国家或失去国家的棋盘理论",他指的是接管国家的事,"我赞成美国承担一种更自然的角色,这符合我们的性格和能力"。

但是,尼克松决心已定,他要让美国的外交政策服从他自己的性格和能力。并且,下棋是基辛格的爱好。由于冷战循环,政府一直被操纵。国防部也被削弱得只剩下顾问的角色,与指挥官以及其他用得上的兵卒一起执行全球战略。实际上,总统嫌麻烦,没有告诉他的国务卿,基辛格与苏联大使安纳托利·多勃雷宁（Anatoly Dobrynin）已经秘密会晤,并且确定以东翼门作为这位大使每周秘密进入白宫与这位国家安全顾问会面的幕后通道。

总统与多勃雷宁大使的第一次官方会见是在2月17日。罗杰斯没在场,但是,为了安抚国务卿,过了一会,让该部苏联事务主任马尔科姆·图恩（Malcolm Toon）进了会场。但很快,尼克松就让图恩退下,并且再次跟多勃雷宁说,基辛格是负责人。这位大使向尼克松递交了一封来自莫斯科的七页纸篇幅的信。信中基本同意尼克松三天前通过基辛格提出的建议,两个伟大的核武器竞争对手将试图在从军备控制开始,包括柏林、越南及中东问题在内的一系列超级大国关注的问题方面同时采取行动。"联动"这个词被尼克松用来描述这种非正式协定。这个俄国人暗示苏联愿意考虑举行一次高层会议,这是美国总统很少拒绝的一种提议。反过来,尼克松暗示说,如果美苏关系方面的一些事情完成得不好,他可能会探索向"其他国家"开放,多勃

33

雷宁认为那是指中国，另一个共产主义大国。

"亨利，我做得如何？你是怎么想的？"总统在多勃雷宁离去后打了四个电话问基辛格。在几个小时内，有时是数分钟内，这位顾问的助理、朋友以及挑选出来的记者们就得知了总统的不安——以及这位顾问冷静的意见。

总统与多勃雷宁会晤的时候，霍尔德曼正在处理国内问题：传达尼克松关于为1970年和1972年竞选建立一个秘密的政治基金的指示。[47]在给埃里希曼的一个备忘录中提到了总统的朋友比贝·雷博佐[48]和油商首富J. 保罗·盖蒂（J. Paul Getty），霍尔德曼写道："总统已经要比贝·雷博佐与伦敦的J. 保罗·盖蒂联系有关大笔捐赠之事……该基金应当转往全国委员会以外的其他实体，以便我们对基金的使用保持充分控制权……"

在同一天，总统看到了来自其演讲稿撰写人、《时代》杂志前编辑詹姆斯·基奥（James Keogh）的一份备忘录。他传达了总统的前法律合伙人伦纳德·加门特（Leonard Garment）的意见，建议他在白宫尽可能展示一些艺术作品，以作为接触全国各地创作团体的手段。尼克松写道："E（埃里希曼）和H（霍尔德曼），一个小代价——让我们来做这件事——（但是白宫不要现代艺术品！）"

基奥还写道："总统对待媒体的态度几乎得到一致的交口称赞……媒体对总统的描述通常是'高效'、'冷静'、'自信'、'有条不紊'。"

在就任总统第27天，尼克松对基奥的意见做出了这样的回答："你不了解，他们正等着毁灭我们。"

第 2 章　1969 年 2 月 23 日

2月底的一个早上，鲍勃·霍尔德曼拿着一些准备签署的文件走进椭圆形办公室。与平常一样，总统被简报和文件包围着。但是他此时正在阅读的是水管装置目录，正翻到喷头图片[49]及说明那一页。看起来尼克松不能理解总统浴室里为约翰逊总统安装的那个复杂的动力淋浴器是如何工作的。这个东西就像个消防水带，[50]他第一次拧开它的时候差点儿被它击倒。

该重新装修了。这位曾明确表示他只想参与很大的决策的总统正在谈论地毯和五金器具之类的事情。每天每隔几个小时就开一次会，最后新总统被说服使用与为威廉斯堡[51]制作的一样的、再现弗吉尼亚旧殖民主义国会大厦风格的家具、灯具之类的东西。"好主意，"尼克松说，"真实的复制品。"

在那个星期他所发出的行动备忘录中有以下这样的命令：

请查查我五年级时的老师巴鲁姆小姐以及我儿时从婴儿车掉到地上时曾照看过我的那位医生的女儿达格夫人，是否收到我对他们来信的回信了。[52] ……在

尼克松——孤独的白宫主人

总统选举日1968年11月5日给我的那支银质派克钢笔非常好，[53]我想得到另一支与那支完全一样的钢笔以备不时之需。……在椭圆形办公室重装修的时候，我希望用一张不会挡住从书桌看壁炉的视线的咖啡桌换掉现在壁炉前的那张咖啡桌。[54]……我们需要一份在大选中支持我们的所有艺术家和乐队领导人的名单，作为一份基本的研究文件。

尼克松想利用肯尼迪年文化活动的顶尖音乐派对。在1961年那次白宫派对上，西班牙大提琴演奏家巴勃罗·卡萨尔斯将近30年来第一次为美国听众演奏。但是尼克松想要一个美国之夜而不想要那么高深的东西。他喜欢一个对美国黑人杜克·埃林顿70岁生日的提议。"就是它了，"尼克松一边说，一边兴奋地站起身来，"我们要让所有的爵士乐大腕儿都来，比如盖伊·隆巴尔多……"[56]

1969年2月22日，他给国务卿罗杰斯和亨利·基辛格发了一个备忘录，主题是他比较了解的中东问题：

在阅读由国务院和由安理会审议委员会起草的有关中东问题的文件时，我注意到时不时有"国内政治考虑"的提法。这个备忘录的目的有两点：（1）在任何情况下我对中东问题所做的任何决策都与国内政治考虑无关。（2）只有美国的安全利益是唯一会对我这方面决策产生影响的考虑因素。……今后，我不希望在任何文件中看到"国内政治考虑因素"之类的提法。……

从一个层面上看，这个命令是有关以色列的，因此也是有关美国犹太人对以色列的强烈支持的。尽管其私下会用更粗鄙的措辞，但理查德·尼克松不喜欢"我们的犹太人朋友"或者"纽约犹太人"或者"该死的犹太人"之类人们私下常用的短语，认为这些短语反映出在他那个时代的共和党人中并不少见的反犹太主义的修辞方式。他有时候称基辛格为"犹太男孩"或者"我的犹太男孩"，那通常是在他的外交事务伙伴不在屋里的时候，但是偶尔他

第 2 章　1969 年 2 月 23 日

在屋里的时候他也这样称呼他。他已经跟他的国家安全顾问说过，中东将是罗杰斯拥有基本权力的一个世界地区。尼克松决心改善与阿拉伯国家的关系就等于是决心毁灭以色列。阿拉伯国家变得越来越依赖苏联的援助和武器。尼克松认为阿拉伯国家领导人不可能欢迎一位来自美国的犹太人使节。而且，基辛格也从未到过阿拉伯国家。此外，如总统对所有听众所讲的那样，"犹太人的投票中有95%是反对我的。"

一如既往，苏联的影响是尼克松考虑的另一层面关键因素。他希望在中东建立一种新的权力平衡，不仅是在以色列与阿拉伯国家之间，而且也在美国与苏联之间。"在中东问题上，我们与苏联之间的目标分歧非常简单也很重要，"[57]他对罗杰斯说，"我们想要和平，他们想要中东。"

在一份口授给基辛格的备忘录中，总统谈到了以色列总理戈尔达·梅厄（Golda Meir）以及该国驻美大使伊扎克·雷宾（Yitzhak Rabin），表达了他自己对以色列的立场和态度，在提到他自己的时候他采用的是第三人称：

他们必须认识到，[58]从根本上讲我们的利益是高于自由的，而且不仅仅高于以色列的犹太人表决。……所有这些总括起来就是说格尔达·梅厄、雷宾等人必须完全信任RN。……他将会保证以色列总是有一种"优势地位"。……但是他必须带着60%的美国人，他们属于所谓沉默的大多数，而且是在强力阻止苏联在中东扩张这个事件中我们所必须依靠的人。……我们要在越南、北大西洋公约组织以及中东站住脚，但问题这样的：要么全站住脚要么全都站不住脚。是该让我们的以色列朋友明白这一点的时候了。这将成为这个国家的政策。除非他们理解这一点，并且立刻表现出他们已经理解了的样子，否则他们会一落千丈。

2月23日总统的小信笺中流露出另一种倾向。他不希望国内政治推动外交政策。而是恰恰相反。正如他1967年对西奥多·H. 怀特讲的那样，"我一直在想，就国内管理而言，国家可以在没有总统的情况下自行运转[59]……而在外交政策方面则需要有总统。"他对国内的主要关心首先是秩序，因为他认为意见分歧和动乱，尤其是学生动乱，削弱了总统的权力以及对世界的影响力。

在他吩咐基辛格和罗杰斯不要顾及国内政治的同一天，他给首席演讲稿撰稿人雷·普莱斯发了一份备忘录，称赞赫斯伯格在发出两次警告之后便当场命令立即开除示威游行的学生。当时普莱斯正在起草一封致西奥多·M. 赫斯伯格神父的公开信。在给总统的一份备忘录中，普莱斯提到了汤姆·威克（Tom Wicker）头一天在《纽约时报》上发表的一篇专栏文章，主题是关于压低声音以及当权者与学生之间的对话的。尼克松说，把威克放在一边，然后他继续说："我强烈质疑他无视一些打着'他们在努力告诉我们某些事情'以及'听听他们的意见，把他们当成年人对待'的旗号所做的一些令人不能容忍的事情。正如你们从竞选中所熟知的，极端主义分子并不想要别人听取他们的意见，也并不想理性地讨论他们的问题。有些人只是想制造混乱，别的人则是除了想要一个会完全摧毁高等教育体系的协议之外别无他求。"

白宫宣布过，尼克松将于2月初进行他就任总统仅一个月后的首次外交出访，去欧洲会见英国、法国、西德和意大利等国领导人。但是在临行之前，他给国会发出了他的第一条口信，这大大缓和了他在竞选时所发表的关于消除反贫困计划的激烈言辞，这令许多人感到惊讶。该计划由就业工作团（Job Corps）提出，仅仅在四个月之前他还曾认为那是一种"无法维系的"计划。事实是，作为支持或者至少不怎么反对外交政策的代价，总统愿意给自由主义者提供他们想要的许多条件，以便他们能够维持从富兰克林·D. 罗斯福时期到林顿·约翰逊时期的民主党人所建立的福利国家。但是在白宫内部，有些人对这么重要的解释却是一笑置之，"老板又落入情网了。"比尔·萨菲尔说，然后又马上补充说尼克松的热恋更多的是出自头脑而非内心。

当时尼克松所喜欢的人是肯尼迪的旧部莫伊尼汉。[60]尼克松喜欢有思想并且自信的人，强势的人。他身边似乎总是有一个新面孔，一个善于思考的反弹板，某些给他留下深刻印象的人以及他想留下深刻印象的人。按萨菲尔

第 2 章　1969 年 2 月 23 日

的说法，罗杰斯曾一度是一种"新的火焰"。在尼克松参议员要他陪同他一起进行1952年副总统竞选之旅的时候，罗杰斯还是一位年轻的国会职员。那时的情形有点像尼克松在尼克松、马奇、罗斯、格斯里和亚历山大的律师事务所会见约翰·米切尔（John Mitchell）时的情形，尼克松是在1962年加州州长竞选失败后加入这个曼哈顿律师事务所的。

尼克松读过莫伊尼汉的一些著作，尤其是他对肯尼迪·约翰逊反贫困计划的失望的分析以及1966年他在《公众利益》杂志上的一篇文章。该杂志是莫伊尼汉帮助创立的。在那篇文章中他写道："共和党人即将去治理……"尼克松的旧部，在亚瑟·伯恩的率领下，试图准备摧毁这个新来者，然而这个纽约人是个老白宫，而且值得一提的是，他在阿谀奉承方面的天赋甚至还略胜基辛格一筹。就如何与新闻媒体打交道，他对他的9位聪明的、毕业于常春藤院校的幕僚的忠告是："说一件事，重复说，再重复说，[61]什么都不说。"他给尼克松提供了作为总统非常想要的某些东西：一种根深蒂固的自我形象，一种知识分子的适当定位。尽管是平民主义者反知识分子的积极性使他在政治上取得了成功，并且造成了他与阿尔杰·希斯、迪安·艾奇逊等人作为政治人物的长期斗争，但是总统还是渴望得到他所憎恨的名人的敬重。他想向莫伊尼汉及其聪明的年轻幕僚炫耀一下，如同其当年对基辛格及其聪明的幕僚所做的一样。他想，如果有一天给国家安全委员会工作人员配发蓝色的运动夹克衫并在前胸衣兜上佩戴证章[62]的话，一定会引起新闻媒体的注意。基辛格极力扭转了他这个想法。

在大选之后，尼克松就开始了他与莫伊尼汉的谈话，他声称他并非真的是保守者所想象的那种人。他成长在大萧条时代，是一个对贫困潦倒者带有真诚同情心的贫穷的男孩。他告诉莫伊尼汉说，他对国内事务的主要看法是，现代政府不在工作状态，而他决心要让政府运转起来。他将他自己的大选视为新政以及富兰克林·D. 罗斯福对美国民意的绝对影响的终结。莫伊尼汉没有表示不同意，但是他把谈话推回原处，他说，取消新政和约翰逊总统大社会方案中表现不尽如人意的计划会给美国社会造成难以忍受的紧张状

尼克松——孤独的白宫主人

态，并且尼克松因此会成为一个失败的总统。

"不要这样做，总统先生，"[63]教授一边说，一边在他的新主顾面前摇晃着、踱着步，"所有的大社会活动家选民都在那里埋伏等待着，如果你试图跟踪他们，专业的福利主义者、城市规划者……他们就会抓住你。我恐怕这个想法调转方向的速度太快了。城市贫民区会被毁于一旦……"

反过来，莫伊尼汉给尼克松提出了一种很有说服力的观点：成为保守党改革者。本杰明·迪斯雷利（Benjamin Disraeli）就是榜样。[64]莫伊尼汉给总统一本19世纪中叶英国首相罗伯特·布莱克（Robert Blake）的传记。布莱克是现代保守党的创始人，他曾推进了公共卫生和福利领域的伟大改革，这些改革首先是由他的自由党前任威廉·格拉德斯通（William Gladstone）发起的。历史认为那是个进步，并且这两个人都荣载史册。

在尼克松白宫的第一张霍尔德曼式严格的组织结构图上，只有三个人有资格直接进入椭圆形办公室，他们是霍尔德曼、基辛格和莫伊尼汉。总统用他最高程度的赞美表示了他对这个纽约客的厚爱，赞美词出自体育运动："他是个重量级人物……他是在决定胜负的时刻能显示威力的击球员。"[65]

2月17日，在与多勃雷宁第一次会晤之前，总统与莫伊尼汉的新城市事务委员会进行了一小时零十分钟的会晤。"我正让苏联大使等着，"他说。这是一种高级别的礼遇，"但是我不在意让他等一会。"[66]望着忙活中的莫伊尼汉，尼克松觉得印象不错：即使此人有时掌握的答案比要提问的问题更多，但这位健谈的纽约客才智不凡的谈吐很有趣。而且从本质上看，莫伊尼汉所讲的内容对尼克松都是有意义的：主张变革的思想和目标越来越取决于保守派的手段和价值观。尼克松和莫伊尼汉还分享了推动社会福利决策权从华盛顿下放到各州、自治市以及个人的愿望。即便是尼克松认为这个国家可以自行运转，可以让他和基辛格没完没了地去与其他国家周旋、折腾，但总统的确也很想减弱他一直所鄙视的华盛顿官僚当局的权力。

2月19日，离他计划动身进行首次外交旅行、出访欧洲几国首都的日子还有四天，总统召开了首次国会共和党领导人和民主党领导人联席会议。[67]他

第 2 章　1969 年 2 月 23 日

首先做了一个14分钟的独白,他说,作为一个礼节问题,他希望与盟友而非敌手进行他的首轮外交会议。然后,共和党领导人埃弗雷特·德克森（Everett Dirksen）问尼克松打算如何处理与戴高乐总统的关系。如果这位法国领导人公开敦促他去巴黎参加有关越南的和平谈判,他会怎么说？如果戴高乐问他,在法国拒绝向以色列出售幻影战斗机之后、美国还在向以色列派出鬼怪喷气式飞机的情况下,美国人会如何批评苏联向中东发送武器,他又如何作答？

尼克松支支吾吾的。室内一片静寂。最后,根据布坎南办公会议记录,总统的回答是:

总统说,他会用他的观点给法国领导人留下这样一种印象,……在中东,战争的威胁并非来自以色列可能发起的先发制人的攻击,战争也不是他们的利益所在;相反,战争的威胁来自于阿拉伯国家因复仇而发起的可能的进攻。为了制止这样一种进攻,为了保卫和平,总统认为中东的权力平衡应当是符合以色列的利益的。并且总统认为戴高乐会对这个回答感到满意。

关于第二个问题,总统说,他会谢绝有关参加巴黎和谈的邀请。一位政府首脑不应当参加这种谈判,除非他知道这种谈判的结果是些什么。总统职务是一种含有令人敬仰的资本的公职,我们不应当将它浪费在没有成果的投机活动中。

最后,在会议结束前,总统反复表达了他对波澜不惊的苏美合作关系的希望,并警告说:"所有的消息都应止于这间会议室。"然后,德克森插进最后一句话说,6月14日是美国国旗纪念日,应当敦促全体美国人都在其西服翻领上戴上一枚小型的美国国旗,再一次向世界表明这个国家是团结一致的。参议院外交关系委员会民主党主席 J. 威廉·富尔布赖特（J. William Fulbright）打断了这种煽动式的讲话,他说:"我们在一些问题上,比如不明智的越南政策,是有分歧的。如果总统消除了造成这种分歧的原因的话,他为这个国家的团结所发挥的作用会更多。"

第 3 章 1969 年 3 月 17 日

2月23日上午7时58分，[68]空军一号从距华盛顿12英里的安德鲁空军基地起飞，机上载着总统以及由300名参加总统为期八天的欧洲之行的男男女女组成的先头部队。[69]第一站是布鲁塞尔，然后是伦敦、巴黎、柏林和罗马。

在将近7小时的飞行中，身着灰褐色夹克衫[70]的尼克松，一直独自坐在那里阅读和修订行程文件，[71]最开始是一份"声明：布鲁塞尔"的卷宗。其间他只中断了一次，叫基辛格前去讨论越南问题，具体讨论了北越避难所和柬埔寨补给线——从那个小王国边界到南越的几英里长的补给线。[72]就职之后仅一个星期，尼克松就曾收到过美国驻越南指挥官克赖顿·艾布拉姆斯（Creighton Abrams）将军的一份报告，说边界附近有四万北越军队。[73]艾布拉姆斯想用B-52进行袭击。军方说没有柬埔寨人住在这个区域。事实并非如此。当时总统很犹豫。但现在，他说让基辛格去制订一个轰炸计划。

然后又独自待着。总统心中有些大事，一定不能通过欧洲民主盟国去做，而是必须要通过美国及其在苏联和中国等共产主义对手之间的重新结盟

第3章 1969年3月17日

关系去完成。甚至连最坚硬的"铁板一块的共产主义世界"也不得不注意到,在尼克松从华盛顿启程这天,苏联国防部出版的日报在一篇报道中对中国的领袖毛泽东进行了诋毁。

总统知道,可能有一个大机遇要来了,他的头脑在急速运转。但是他认为他的第一项工作是修复西方的统一战线,或曰曾经的统一战线,由北大西洋公约组织(NATO)维系的统一战线。1966年,NATO这个军事—政治联盟已被迫将其总部从巴黎迁至布鲁塞尔,因为戴高乐总统想发展法国的核武器而不想依赖美国的态度和武器。这位尼克松最钦佩的世界领袖实在不相信美国人会利用NATO的核武器去保卫欧洲,或者如某些人所说,在与苏联的核互换中拿芝加哥去换里昂或汉堡。

喷气式飞机在比利时着陆,[74]鲍德恩国王走上前来。在没有提醒的情况下,总统开始按萨菲尔撰写的讲稿做演讲,但这是一份启程讲稿。萨菲尔面色苍白,汗一下流了下来,尽管是在严冬里。他担心总统最后会说谢谢你们,再见。好在总统不喜欢事先准备好的抵达演说,他决定借用启程演讲稿中的一些内容做即兴演讲。霍尔德曼自豪地望着他的老板,[75]再一次注意到尼克松是多么喜欢典礼仪式。机场上铺就了长长的红地毯,在进城的路上身着红黑相间斗篷的士兵骑着马全程护卫在车队两侧,这些显然令尼克松感到兴奋。霍尔德曼这位幕僚头目有充裕的时间去考虑这样的事情,因为尼克松头天到凌晨3点还没睡觉,穿着宽大的睡衣在那里修改工作日程和讲稿,经常去敲霍尔德曼的门,问一些小问题。

这天早上,尼克松在开始对15位欧洲使节发表演讲时,以这种方式适当地表示了对NATO的恭敬:"我为工作而来,[76]而非为仪式而来;来征询意见而非固执己见;来商议而非说服;来聆听和学习,并且开始进行我希望持续下去的思想和观点的交流……"

在尼克松讲话的时候,基辛格和他的主要军事副手,一位名叫亚历山大·黑格(Alexander Haig)的陆军上校,以及霍尔德曼,回到空军一号[77]去完成轰炸柬埔寨的计划。该计划被称作"行动菜单"。这架飞机是唯一一个他们相信不会受到电子窃听的地方。

下一站是伦敦，在那里，尼克松获得了两次个人成功，两次都是私下的，或者至少是在对新闻媒体封锁的室内。第一次是工党首相哈罗德·威尔逊在唐宁街10号举行的一个小型男子宴会。左派分子更容易认同林顿·约翰逊的政见而非尼克松的政见。威尔逊不知道白宫已经将出席晚餐会的客人名单用电报告诉了美国大使戴维·K.E.布鲁斯。[78]这种决定现在属于原竞选宣传推广人员——霍尔德曼及其旧部——的职权范围，在这些人背后的人被称作"气球空降兵"。美国大使回电报说："无须解释，告诉英国首相他可以邀请谁去他家参加晚餐会是非常荒谬的做法。"

气球空降兵有一个目的：他们想把新任英国驻华盛顿大使约翰·弗里曼排除在外，此人是威尔逊在预知约翰逊第二任期结果之前任命的。弗里曼曾经编辑过社会主义的《新政治家》，并因十年来习惯性地经常激烈攻击尼克松而在英格兰受到称赞。他把尼克松竞选加州州长的失败描绘成争取公职正派的胜利，此外，他还补充说："记录表明，这是一个没有原则的人，[79]其为了迪克·尼克松而情愿牺牲一切。"

萨菲尔的妻子是英国人，所以他一直留意这种东西。他给尼克松写了一个在晚餐会上讲的双关语小笑话，但是总统马上就讲了："他们说有一个新的尼克松。他们想知道是否有一个新的弗里曼。让我把所有可能的尴尬事都置之不理，因为我们的角色已经改变。他是新的外交官，而我是'新的政治家（stateman）'。"[80]这个英国人重击桌子[81]表示赞同，过了一会儿，威尔逊在他的菜单上写了几句话交给尼克松："这是我在四分之一世纪的政坛上所见过的最友善、最宽宏大量的行为之一。正好证明了我的观点。你不能保证生来就是个君主。但是你可能——你已经表明——生来就是个绅士……H（注：哈罗德·威尔逊）。"

然后，总统私下会见了[82]19位著名的英国公民和学生领袖，这些人被告知可以以竞技场上的男人的方式提任何问题，尼克松曾在1968年竞选期间使用过这种方式。这次所有的情况都不宜公开报道。问题提得很好。尼

第3章 1969年3月17日

克松很享受这种自我感觉，他展开阐述了他对美国和世界的许多看法。一开始，他说，由于苏联与中国的关系紧张以及来自苏联自身消费者的压力，他预料未来几年能看到一个不那么充满危险的苏联。然后，他将话锋转向国内，他说：

今天，在美国，存在越来越严重的孤立主义，一种由我们在越南战争中的经历而产生的保护主义倾向。猛烈攻击我们在种族问题上的创伤，这往往使某些人猛烈抨击美国。但是，仅凭你们可能从电视上看到的暴力情节来评价今日之美国，可能是一个错误。……正如我看美国的"学生革命"一样——回到30年代，这些学生叛逆者也是有缘由、有信念、有信仰的。今天，造反没有那种形式——它对当局的态度更为消极。……当一个国家处在战争之中的时候，人们要拼命地争取活下去，在大萧条时期人们就是在拼命谋生。但是，在和平时期，我们必须提供某种方式去帮助年轻人把这个世界变成一个更加美好的地方。……

这个答案主要讲的是人类矛盾的天性。理查德·尼克松，海军军官，杜克大学法学院毕业生，国会议员，华尔街律师，副总统，美国总统，并没有把自己视为当局的一员。他成长于贫困、怨恨的环境，无论在现实中还是想象中，他似乎都仍然憎恨那些在新英格兰和纽约最好的大学接受教育、享有特权生活的人——他对诸如哈佛、国务院以及《纽约时报》之类的机构常常怀有一种引而不发的怒气。除了那些在政治活动和拍照时能活跃气氛的士兵和满面阳光的年轻的共和党人之外，他对美国青年也没有什么特别的喜爱。他最根本的误解之一是：由于受到征召入伍和派往越南的威胁，大部分美国年轻人并不认为自己成长在"一个和平时期"。

总统在这次旅行的下一站西德通过电传收到了他2月27日的新闻摘要。这期新闻摘要中提到了保守杂志《国家评论》的创始人小威廉·F.巴克利（William F. Buckley Jr.）的一篇专栏文章。巴克利引用经济学家米尔顿·弗里德曼关于平息美国学生动乱的想法说:"要求确定一个截止日期,在那个时期之后总统将不再派应征入伍者去越南,而用志愿者去打这场战争。弗里德曼认为这样做可以在很大程度上刹住反战言论的风头。"在页边空白处,尼克松写道:"让莱尔德就这个有趣的主意发表看法。"

在西德,在抵达仪式上,德国仪仗队整齐划一地行进、转圈儿,霍尔德曼低声对萨菲尔说:"你认为我需要用多长时间[83]才能让白宫的工作人员表现得像这个样子?"然后,尼克松去西柏林例行参观柏林墙。[84]这堵高高的混凝土屏障将这座城市的东边和西边分隔开来,东边实行的是共产主义,西边实行的是民主统治,但仍然由美国、英国和法国军队占领。大街上到处都是欢呼喝彩的柏林市民,其中许多人挥动着美国国旗,但尼克松来去只用了两个小时。在他心里,他认为这是肯尼迪的城市。[85]尼克松不想要求比照1963年肯尼迪总统所受到的盛大欢迎仪式来欢迎他,那时成千上万的人为他所宣称"我是柏林的公民!"而欢呼。

从柏林飞往罗马,又是急急匆匆的一站,与意大利领导人有那么几次正式会议,尼克松健谈但是很不高兴。萨菲尔在那里追忆其1958年随同尼克松首次来欧洲的情景,总统以幽默的方式阻止他却无济于事。这位演讲稿撰稿人描述了伊丽莎白二世女王与当时的副总统尼克松在圣保罗大教堂与唱诗班一起缓慢吟唱"巴特尔共和共颂歌"的情景。[86]

尼克松打断了谈话,他要萨菲尔和基辛格在任何讲话中都不要再提那个细节,说这话的时候他的男中音带有几分咆哮,"那是肯尼迪的歌。"然后,他开始抱怨到机场去的美国外交官把他的照片交给了他本人,[87]那些照片原本是他要作为礼物送给外国领导人的。"我真想揍他们,"他跟罗斯·玛丽·伍兹说。在说到照片的时候,他的声音压得更低,再次发出咆哮声,"我不在乎他们是否顿足。如果下一次国务院再让人把要送给别人的我的照片交给我……我就把它卷起来缠在他的脖子上。"

尼克松转过脸去,透过窗户望着欧洲灰色的天空。萨菲尔看着他,过了一会儿,他看见尼克松抬手做出一个虚构的镜框,然后把它打烂,他猜想上

第 3 章　1969 年 3 月 17 日

面是一个虚构的人头。

"现在我们走[88]——到法国去筑堡垒！"尼克松一边说，一边向门口走去，准备去会见站在飞机活动梯尽头的戴高乐总统。他看到他的东道主没穿大衣[89]站在严寒中，因此，在走出机舱门之前他也脱掉了自己的大衣。要单独会见这个令他如此钦佩的人，他感到有点紧张，但是他也有个议事日程。他相信，这位冷漠而专横的法国总统在帮助美国在越南找到"体面的和平"——迪斯雷利创造的一个短语——方面具有独特的地位，因为越南这个东南亚国家的中心曾叫作法属印度支那。

在巴黎，也有气球空降兵的愚蠢行为。尽管霍尔德曼的旅行特工试图说服美国驻当地大使萨金特·施莱弗（Sargent Shriver）[90]收好他已故姐夫肯尼迪总统的照片，但是，尼克松身边的这些从前的先遣人员对世事如何进行也有其自己的看法。这天晚上，一辆车停在法国外交部外面的凯道赛码头上，埃里希曼亲自缩成一团待在这辆车的后座上。他觉得有什么尖利的东西扎到他的大腿。他跳了起来，发现有一枚帽饰针别在他雨衣的衬里上。"这是怎么回事？"回到美国大使馆之后他问一个特工。"看起来像是个遥控麦克风。"[91]那个特工说，后来他告诉埃里希曼，霍尔德曼和他应当假设法国人正在监听每一次谈话。

尼克松，这位勤奋学习法国领袖风格的学生，询问戴高乐个人对欧洲局势的评价。然后，在戴高乐纵横谈论历史、预言未来的 45 分钟[92]时间里，尼克松一直是俯身向前的姿势坐在那里听。两天来，尼克松是个发问者和倾听者，其关注的有四个主题：苏联，中国，欧洲军事战略，以及越南。他还亲自做了笔记。尼克松所记录下来的戴高乐的话如下：[93]

俄国人正在考虑与中国可能发生的冲突，他们知道他们不可能同时与西方战斗。因此，我相信他们可能最终会选择与西方恢复友好关系的政策。……

关于中国，我对他们的意识形态不抱幻想，但是我不认为我们应当继续孤立他们，让他们愤怒不已。西方应当争取慢慢了解中国，与中国取得联系，并且渗透到中国。……就你而言，与其被中国的发展迫使去这样做，还不如先承认中国。……

我们相信，俄国人知道美国不会允许他们去征服欧洲。但是，我们也相信如果俄国人进军了，你们也不会马上使用核武器，因为那是要杀死对方所有人的一次总攻。如果苏联和美国双方都使用战术性核武器，则欧洲就会被毁灭。西欧和英国会被苏联的战术武器所毁灭，东德、波兰、捷克斯洛伐克以及匈牙利会被美国的战术武器所毁灭。而同时，美国和苏联却不会受到损害。……

我不认为你应当过于匆忙地从越南撤出。……我承认法国在这方面也有份儿，因为法国没有尽早地给越南人以自由，从而使共产主义分子得以表现出国家独立捍卫者的姿态，先是反对我们，然后是反对你们。但是你们美国人可以达成这种和解，因为你们的实力和财富如此之大，因此你们能够体面地做到这一点。

这是尼克松毕生最重要的一次经历。他有实力去做戴高乐所预想的事情。戴高乐又说了一些话，进一步展开了关于越南问题的回答：在制定美国军队撤出的时间表的同时，美国人有能力同时就政治问题和军事问题进行谈判。尼克松一边听，一边频频点头。

在巴黎，也有些令尼克松和基辛格感到失望的事。再看华盛顿，国务院正在抵制轰炸柬埔寨的想法，他们说，他们将不能解释这个想法或者为这个想法辩解。3月的第一天，尼克松让步了，取消了 B-52 袭击计划。[94]基辛格一整天都在生闷气。他也感到很失望，戴高乐不赞成在两位国家元首会晤时有助手在场，因此只参加了三次尼克松与戴高乐的会晤。尽管在一次宴会上这位法国元首曾指名让这位美国助理回答一个问题："你们为什么不撤离越南？"[95]

"突然撤退可能会损害我们的信誉。"

"哪里的？"戴高乐说。

第 3 章 1969 年 3 月 17 日

"中东。"基辛格回答。

"多么奇怪呀。我认为恰恰是在中东,你们的敌人有信誉问题。"

空军一号在3月2日深夜启程回国。"再看美国,新闻媒体的状态一直不错。"埃里希曼说,他一直在阅读新闻摘要的电传稿。

"关于总统首次出访的所有行程都有充分的报道,"疲倦的尼克松说,"这些行程对于宣传来说并不重要,但它们对于从今往后的一年很重要。"总统对他自己以及霍尔德曼、埃里希曼、基辛格、萨菲尔以及新闻秘书罗纳德·齐格勒五名手下人员说,同时他有点儿生气,抱怨从前在华盛顿的国家安全人员,说他们是撒谎者和泄密者。有些人说卫生教育与福利部长罗伯特·芬奇正在去以色列的途中。尼克松咕哝着说:"我不会去以色列。爱尔兰,或许。不是以色列。我已经去过那里,两次。他们是伟大的人,做非常艰苦的工作,但是到那里访问纯粹是为了国内政治,我已经得到了我曾经准备去那里争取的所有选票。"[96]

回到华盛顿,经过八天出访的总统显得非常兴奋、充满活力,他只睡了两三个小时的觉,[97]3月4日早上8点半就向国会两党领导人做情况简介。[98]在将近两小时的谈话和答疑的过程中,大部分时间他内心所想的主题都是苏联与中国[99]之间的关系。他说,在英国,威尔逊首相曾告诉他,苏联总理阿列克谢·柯西金私下跟他讲过其对付中国盟友的手段,其侮辱程度他闻所未闻,令人震惊。

总统还讲述了法国文化事务部长安德鲁·马隆在一次谈话中所表达的几个观点。马隆于1930年第一次会见毛泽东,并且就在上一年他还拜见过这位中国元首。"美国绝不可能消灭我们。"毛告诉他,马隆说,但是毛也绝没有想到过美国并不想消灭他。至于苏联人和美国人,在毛看来,只有一个区别:"俄国人'是通过陆路来侵略我们的外国人',而美国人则是'通过海路来侵略我们的外国人。'"

"也许我们应当对中国大陆提出一些经济建议,"参议员乔治·D.艾肯说,他是一位来自佛蒙特州的76岁的共和党人,在国际关系委员会中属于少数派。"现在还不是时候,"尼克松说。他的意思是说现在承认中国共产党或与之做贸易或让他们加入联合国还为时过早。"与苏联站在一边反对中国人如何?"总统自问,然后回答说,"不。那可能有益于短期政策,但就长期政策而言这会是致命的。"

不过,他知道,时机正在到来,时机正在改变。尼克松回国这天的《纽约时报》头版上的两个大标题也指出了新的方向:

苏联与中国在边境发生冲突;各方公布在西伯利亚交战中的死亡人数
苏联人入侵曾是西方逞强之地的阿拉伯半岛

这天晚上,总统举行电视直播的新闻发布会,这是一次对他有益的活动,只允许提外交事务方面的问题。有30多人参加。在整整一个小时的时间里,尼克松处在其最佳状态,没有制造要尽量解释的新闻,也无需解释总统任期本身的事情。在问及公众舆论以及越南问题时,他回答说:

我们的目标是,在不给我们未来留下另一场战争的遗患的基础上,尽我们之可能迅速地让这场战争结束。……这不会是件轻易的事情。我可以说,自从这个国家参战以来,美国人民一直非常反对这场战争。他们会欢迎任何新的举措。……另一方面,研究我们所面临的各种选择也正是总统的职责所在。而且,如果他发现他所必须采取的行动路线不是受大众欢迎的,那么他必须就此向美国人民做出解释并且获得他们的支持。……

下一个问题是:"你认为分阶段撤军的希望有可能实现吗?"他回答说:

还没有在目前或不久的将来撤出任何军队的计划。……在南越兵力能够接管更大的战事负荷的情况下,以及在战事强度可能减弱的情况下,是有可能撤军的。……

第 3 章　1969 年 3 月 17 日

"新闻发布会是一个杰作，"[100]次日早上他的新闻摘要报道说，"大概有五千万电视观众成为忠实听众，总统'利用'全国媒体军团衬托他极其强大的形象：博学、冷静、富有能力、思想深刻。主要的成就不是表现在新闻中，而是将总统的形象更加深刻地铭刻在美国人的心中。……"

新闻媒体对总统的关注似乎胜于总统对他们的关注。后来几天社评版通栏标题[101]有"干得漂亮，总统先生"（《纽约每日新闻》），"一件利国之事"（《迈阿密先驱报》），"尼克松的欧洲成功"（《纽约时报》），"还原欧洲视野"（《夏洛特观察员》），"已尽使命"（《费城问询报》），"尼克松总统的成功之行"（《基督教科学箴言报》）。《新共和》杂志曾经的重要作者理查德·斯特劳特（笔名TRB）说："令人眼花缭乱。……挑战死亡的走钢丝表演。……他敏捷、巧妙地演讲，……是一次出色的表演。"

赛迪在《生活》杂志上抒情地写道："综观过去十年，总统职位一直被包裹在那种操纵和神秘的气氛里，虽然那些例行做法每天都在成千上万的PTA会议上采用，全国到处可见的商务会议和麋鹿午宴一旦被应用于白宫，便被夸赞得好似天才的做法一般……由于尼克松，华盛顿似乎已经重新发现，了解你们在谈论些什么是一个很好的想法，甚至在椭圆形办公室也是如此……首都及其附近地区急于恢复常态的人们正好利用了他平静的态度，并且使这种态度成为一个即将征服一切的男人形象的组成部分。"

尼克松所不能征服的是他本人。在48小时之内他的情绪又低落了下来[102]——等待，可望它们再次使他兴奋起来。这是霍尔德曼非常熟悉的一种格局。在他早晨第一次见过总统之后，这位幕僚头目的举止和语气就给整个白宫发出了无声的信号：椭圆形办公室的那个人是情绪高涨，还是情绪低落，通常是令人讨厌的低落。在有些日子里，因为被大大小小的事件弄得心烦意乱或兴奋不已，总统的情绪时时都在变化。在总统极力关注国内事务和政治的时候，白宫就成了一个紧张不安的地方。他注意力非常集中，问题是他集中专注的是什么，事无巨细一律加以考虑，抑或对一切事情都置之不理。这个幕僚头目已经认识到，尼克松正在回头关注有关"抢先起步"（Head Start）或"就业工作团"（Job Corps）等持续性项目的国内报告和建议，[103]以往他甚至没有看过这些报告和建议。但是与此同时，尼克松能够发现某份简报中一句推测大学和中学暴力活动增多的话，然后便随手写道"好！（预测它？）。"[104]他想要行动，致信NBC，抗议3月9日"斯马瑟斯兄弟喜剧时间"中的一句台词。总统给埃里希曼写道："它们有这样一组镜头，一个人对别的人说，关于越南以及这些城市等等，他发现难以找到什么可笑的事情，但是'理查德·尼克松正在解决那些问题……那真的是很可笑'。"

在阅读新闻摘要时，尼克松禁止用"官邸"这个旧词[105]来称呼白宫的生活区，吩咐工作人员将白宫生活区叫做"住所"。他否决了让国务院专业人员菲利普·特里塞斯[106]出任驻加拿大大使的任命，因为后者1967年在阿根廷工作时曾在家看反尼克松的漫画。他注意到俄亥俄国会议员保尔·芬德利打算将33,000多名死于越南的美国人[107]——这个数字比死于朝鲜战争的美国人还要多——的姓名录入到《国会议事录》中，接着他便草批道："哈洛，别让他再来见我。"一则ABC新闻报道说，如果久而未决的巴黎和谈没有进展的话，总统正在考虑对北越进行空袭，对这条报道，他的意见是，"好……RN赞成此事。"[108]类似这样的新闻，无论准确与否，都符合总统所谓的"疯子理论"。[109]他相信在说服国内外对手方面都有些优势，认为他身上有一些不合常情的东西，他是一个危险的人，能够不择手段地进行报复，甚至以及包括使用核武器。

其他的制度也正在制定。首先，总统希望白宫里的工作井然有序。基辛格正在建立外交政策方面的秩序。而莫伊尼汉和伯恩斯则不然，他们正在争夺国内政策控制权。"这两个疯狂的人当着我的面争斗，"他告诉霍尔德曼。他想要一个国内大权独揽的人，[110]与基辛格互为表里，而莫伊尼汉是不适合担任这种指挥工作的。霍尔德曼推举了埃里希曼。先是伯恩斯然后是莫伊尼汉不得不去找埃里希曼或者霍尔德曼或者绕过他们进入椭圆形办公室。在总统就职后第44天，霍尔德曼和埃里希曼（秩序管理人）已经开始在伯恩斯和

第3章 1969年3月17日

莫伊尼汉之间进行调和。尼克松厌烦了伯恩斯的演讲，想要他离开。伯恩斯被迫恳求埃里希曼，说他必须让总统了解莫伊尼汉宏大的福利改革计划并不符合尼克松的保守哲学，从根本上讲就是认为应当给穷人提供金钱而非社会服务的思想。埃里希曼笑了。"难道你不知道总统并没有一种哲学吗？"[111]他说。

"如果真的是这样，"伯恩斯对布莱斯·哈洛说，"我们的国家就有大麻烦了。"这两个尼克松近20年的忠臣感到非常心烦意乱。他们分别得出结论，认为埃里希曼和霍尔德曼是仗势欺人、说谎话的人，[112]只在意表面文章。哈洛决定，只要有机会他就要离开白宫，也许就在一年之后。但是，他认为伯恩斯应当留在政府中，尼克松曾许诺一年后让他当联邦储备委员会主席。而他的心将会破碎。

在总统就职的第48天，3月9日，星期日，尼克松在佛罗里达的基比斯坎。大选一结束他就为海湾小道（Bay Lane）500号和516号的房子付了258,000美元。基辛格正在非常愤怒地打电话，说一定不要让罗杰斯去见多勃雷宁。他告诉霍尔德曼，如果总统不对罗杰斯加以控制，他将不得不辞职。这位国务卿已经跟这位苏联大使说过，美国开放政治和军事两个方面的谈判，同时立即与北越人进行这两方面的谈判。对基辛格而言，那完全不是白宫的政策。他想进行平行谈判，而总统在北越人炮击西贡没有结束的情况下不想谈判，而基辛格则认为这次军事行动是对他自己所做的有关对付共产党的决定的一次精心策划的测试。[113]在有关是否动手执行"行动菜单"的内部辩论中，基辛格与罗杰斯之间的紧张状态继续发展。"行动菜单"是尼克松在柏林时推迟了的轰炸柬埔寨的秘密行动。基辛格赞成袭击，而罗杰斯反对袭击。两个星期以来，由于他们在分别施压，尼克松不止一次地改变自己的想法。3月15日，总统决定动手，下午3点35分跟基辛格打电话说了这个决定，几分钟之后回电话说："只到无法回头的地步才告知国务卿。"

总统已经与基辛格这个内心坚强的硬汉站在了一边。于是，在次日下午，他叫罗杰斯和莱尔德——这位国防部长赞成轰炸但反对秘密轰炸——到

尼克松——孤独的白宫主人

椭圆形办公室来辩论表决。"先生们，"他说，"炸还是不炸，我们已经到了需要做决定的时刻了。"[114]

他也没有说明，在他们谈话的时候，启动"行动菜单"计划第一阶段的命令正在被传达，通过海底电报告诉关岛的安德森空军基地"执行行动早餐"；[115]而且，为了伪装成某个中立国的轰炸，一个伪造的记录系统[116]正在被安装到位。目的是不仅让柬埔寨统治者诺罗敦·西哈努克没有理由公然声明他国家的中立地位[117]——他也不愿意北越军队在他的国家内采取军事行动；而且还要极力预防美国的抗议和示威游行。保密和说谎能换取时间，这就是人们之所以说谎的原因所在。

3月17日，60架B-52轰炸机[118]起飞奔向越南。第一批出动的飞机试图通过老挝和柬埔寨在名为"胡志明小道"的北越补给线的终端消灭武器、人和总部。*次日，基辛格匆忙赶来，一边舞动着情报电报，一边说："非常富有成效。"[119]两天之后，在第二次内阁会上，[120]总统直截了当地说，这场战争将在下一年结束，但他还说，公开的说法必须是这个前景是非常艰难的，这是在秘密谈判期间继续保持公众支持的一种方式。

不是第一次了，北越人、柬埔寨人，以及可能还有苏联人和中国人，对美国在那场战争中正在做什么的了解，比美国人或者承担宪法所赋予的宣战责任的机构（即国会）要多得多。在国内问题上，尼克松愿意迎合国会。在外交问题上，他力图依据"必须了解"的原则来对待人民以及民选代表。他不告诉他们真相。他更尊重迪安·艾奇逊[121]之类的老对手，他在3月初曾邀请他来讨论如何利用苏联与中国之间的分歧。这位前国务卿反对与这两个共产主义强国中的任何一个进行谈判，但是他和尼克松对越南战争演化确实有同样的看法。艾奇逊说，他认为约翰逊总统1965年派出大批部队是错误的。尼克松表示同意，他说他曾经支持约翰逊，但是现在他说他是不对的，那是一个错误。

---

* 菜单行动一直持续到1970年5月，总共3,874架次B-52轰炸机在柬埔寨投掷了108,823吨炸弹。"早餐"、"午餐"、"晚餐"以及"早午餐"分别代表柬埔寨国内的地理区域。

第3章 1969年3月17日

总统的确召见了国会两党领导人,[122]但是没有向他们咨询而是向他们通报。他告诉他们,他已经决定支持修改版的森第纳尔计划（Sentinel）,1967年约翰逊为力图保护美国20多个城市免受苏联或中国的导弹袭击而提出的一个800亿美元的反弹道导弹系统计划。尼克松用"防御计划"（Safeguard）这个名称来指代对一种廉价得多的更有限的反导弹系统的研究开发。他说这种系统被用于保护美国战略性弹道导弹发射井和设在北达科他和蒙大拿州的两个轰炸机基地。随着时间的推移,将在美国十多个导弹场地部署"防御计划"。

富尔布赖特参议员打断他的讲话,询问是否可以改用潜艇发射导弹。"难道我们不能加倍采用北极星舰队吗？我们知道它如何运转,并且准确地了解它的成本如何。难道更多使用这些导弹还不能保证美国威慑力量的可靠性吗？"

"不能,"总统回答说,"造更多的北极星导弹可能表明我们在考虑一次首先进攻。这种反弹道导弹没有首先进攻的能力。没有首先进攻的含义。"而且,总统补充说,陆基导弹比较便宜。

参议院共和党领导人、伊利诺伊州的埃弗里特·德克森从另一端施压,他问尼克松为什么放弃保护城市的反弹道导弹发射场而采用发射井。

"如果它们向我证明了它们完全能够保护我们的城市,我早就批准它了,"尼克松说,"就目前的'科技水平'而言,我们所讨论的是将首次攻击中的伤亡人数从6,000万到8,000万减少到邻近地区的2,000万到4,000万；我们最好能做到城市防御反弹道导弹……这种系统不是一种带赘生物种子的系统。我们有一种有限的目标,那就是保护我们的'民兵'导弹发射场,保护我们的威慑力。"

这听起来很有逻辑性。总统振振有词地论证道,美国不得不对苏联在导弹方面的进步做出反应。"我不相信,一位美国总统能冒险让我们裸露在苏联导弹攻击之下……现在不是1962年,那时我们在导弹方面对苏联有五比一的优势。今天我们是强大的,但是情况已经发生了变化；不是因为我们所做的任何事情,而是由于苏联所做的事情；他们决心缩小1962年时候的战略差距；

他们沿着那条道路已经走近了很多；他们在常规军备方面已经进一步领先于我们；他们已经开发并部署了世界上唯一的反弹道导弹系统。而我们则没有。他们已经提高了潜艇部队的数量和素质……至于说中国人，我们对中国部队的所有估计都过于保守。"

这是一场引人入胜的表演，但是总统并没有以任何方式将全部事实告诉他们。"防御计划"是一个盾牌，其所包含的措施远远超出能够阻止进犯之导弹的设施，它甚至可能创造一个保护城市或导弹基地的保护伞。在尼克松心里，它的作用是作为一个讨价还价的筹码，从来就没去开发它，但有一天要用它去换取苏联的武力妥协。从与苏联进行核武器对抗一开始，用国家安全的行话说，美国导弹和轰炸机的真正保护设施是MAD——相互保证毁灭。"民兵"导弹实行自我保护，因为一旦美国卫星发现进攻的敌方导弹，就会发射民兵导弹。成百上千的B-52轰炸机在空中飞或者随时在跑道上待命。苏联不可能在自身不遭毁灭的情况下攻击美国。至少从理论上讲是这样。"防御计划"的真正目的是要让苏联相信，美国准备将核武器提高到一个新的水平，迫使苏联去与之竞赛，如果其能够做到的话；或者是单独协商，以相应缩减其自身的陆地及潜艇导弹的水平提升作为交换。这是一种虚张声势的做法，但是苏联不能去冒那个风险，尼克松大约就是这样估计的。30多年来一直受美国技术的激发、对美国技术钦佩不已的苏联，不能无视美国再做它一次的可能性。尼克松计算过，可能的机会是，苏联会愿意放弃许多以阻止美国的任何反弹道导弹项目。

富尔布赖特没有被说服。他认为反弹道导弹系统是一种挑衅，除非苏联相信它决不能发挥作用。比尔·萨菲尔担任会议记录员，其作为这些高赌注的三维棋游戏中的一名初学者，他走出会场，向基辛格问了一个显而易见的问题，是有关新武器系统与测试禁令之间矛盾的："反弹道导弹会起作用吗？你怎么知道我们是不是不能测试它？"

"俄国人绝不会知道这两个问题中的任何一个，"基辛格说，"里面可能是滑石粉，[123]但如果他们不知道是那样的，那么它就是具有威慑力的东西。"

第3章 1969年3月17日

3月18日，总统单独会见了参议院共和党领导人，[124]与他们讨论政治，一度向他们询问了有关更多暴力活动在大专院校卷土重来的可能性。科罗拉多州的戈登·阿洛特说，"活动方式与20世纪30年代希特勒的活动方式相去不远。"缅因州的玛格丽特·蔡斯·史密斯认为这种说法夸大其词，她说问题不是学生，而是学校的教职员工、董事以及行政管理人员的虚弱。尼克松点点头，说，巴黎圣母院的西奥多·赫斯伯格神父和旧金山州立大学校长S.I. 早川嘉美都跟他说过，真正的捣乱者是资历较浅的教职员工。"法西斯主义的管理方式。"参议院领导人助理，宾夕法尼亚州的休·斯科特说。

曾经身为教职员工中一员，并且曾经在希特勒时期德国的法西斯主义统治下生活过，基辛格感到非常愤怒但是不太害怕，他多次跟尼克松说，美国的问题是纵容的父母和被宠坏了的孩子。同样，总统与年轻的众议院共和党人也就全国各地校园中喧闹的示威游行以及肆意破坏公物的行为等问题进行了讨论。之后，基辛格回到他自己的办公室，他嘟嘟囔囔地说，"这些蠢货以为这是早先法国大革命的日子。"[125]

一周之后，3月24日，总统举行其首次国宴，[126]招待加拿大总理皮埃尔·特鲁多。次日早上他对霍尔德曼抱怨道："我们得加快这些晚宴的速度。它们要花很长的时间。那么我们为什么不省去那道汤菜呢？"

"好吧……"霍尔德曼开始讲话。

尼克松打断他："男人真的不喜欢汤。"

直觉上觉得有问题，于是这位幕僚头目叫来总统的贴身随从马诺罗·桑切斯（Manolo Sanchez）问道："昨晚宴会之后总统的套服上弄上了什么东西了吗？"

"是的。他把汤洒在背心上了。"

于是，出台了这样一条行动备忘录：再不要有汤，永远。

3月27日，在中午刚刚结束与全国制造商协会官员的简短会见时，尼克松突然把那些实业家叫回来，说他头天晚上去过沃尔特里德军队医院，看望了前总统艾森豪威尔，[127]他睡得非常沉，但他睁开眼睛并且大声说："噢，迪克，你好吗？很高兴见到你！政府干得怎样？"

"我们会做得很好。"倒是尼克松惊愕地回答说。

"你打赌！"艾森豪威尔说，然后便陷入了昏迷状态。

次日上午，总统花了相当多的时间[128]与霍尔德曼以及其他人讨论有关在舞台上、电影里以及图书和杂志里的淫秽和色情的问题。在每天的新闻摘要中好像都有一两条有关道德的内容，通常是由布坎南塞进去的。这个年轻的演讲稿撰稿人这天加上他自己的意见说："年轻的头脑被污染，一个极其普遍的问题；抓住这个问题的人可能可以获得绝大多数美国人的支持。"有一天放映一部瑞典电影，名为"我好奇"（黄色），[129]第二天迈阿密举行了"社会风化集会"，[130]在那里，3,500人到场听喜剧演员杰基·格里森和流行歌手安妮塔·布莱恩特呼吁整顿娱乐的演说。《新闻周刊》说[131]，"纯数字能说明这个事实：有越来越多直接暴露的色情电影，越来越多直言无讳的色情小说，越来越多裸体的舞台表演……我们比以往任何时候更需要来自成熟领导人的指引……"（该杂志的封面采用了一对裸体拥抱的男女的照片，以防有人不理解这个观点。）

尼克松准备担任那个领导人。"准备。"他在布坎南的另一份备忘录上写道。另一天，他写道："色情作品和淫秽书刊、电影是关乎数百万人的核心舞台。"总统告诉霍尔德曼，他有一个主意：他想去纽约看戏剧"毛发"[132]（该剧有一场裸体戏），并且大张旗鼓地走出剧院。[133]

在那之后，他参加了国家安全委员会的一次会议，主题是苏联与中国在中国东北边界的炮火交锋。中午之后，他与国防部长莱尔德一起走回椭圆形办公室。过了一会儿，霍尔德曼和特卡奇医生走了进来。"总统先生，"医生说，"艾森豪威尔总统刚刚去世了。"

尼克松开始谈论葬礼安排，讲得不是很明白，然后，他走到窗前，望着花园，然后开始哭。他呜咽着走向浴室。从浴室回来后，他说，"他是那么强大的一个人。"其他人都紧张地注视着他，不知所措。

第 4 章 1969 年 4 月 15 日

在德怀特·艾森豪威尔逝世的那个傍晚，尼克松总统去了戴维营，[134]为这位在1952年改变了他一生的伟大的战争英雄写下了一篇祭文。这个位于华盛顿以北75英里马里兰州卡托克廷山上的总统度假胜地曾经是艾森豪威尔最喜欢的地方之一。富兰克林·D.罗斯福也喜欢那里，根据一部讲述一片隐匿于喜马拉雅山的神秘土地的流行图书和电影中的背景，称之为香格里拉。那时它真的是一片营地，属于美国海军。它是1,900英尺高的山顶上的200英亩乡村，只有几个小木屋，靠壁炉取暖。艾森豪威尔用他孙儿——尼克松现在的女婿——的名字戴维给它重新命名。在尼克松一家搬进白宫的那天，戴维曾拉开生活区的地毯，找到他在他祖父离任那天藏在那里的一张小纸片，那时他11岁。"我会再回来。"[135]纸片上写着。

尼克松最认真的演讲稿撰写人雷·普莱斯在那里帮忙。他说，他认为艾森豪威尔曾经是全世界最热爱的人。"是的，"尼克松回答说，"所有的人都爱艾克。[136]但反过来说，艾克也爱所有的人……艾克不恨任何人。那种事情使他感到困惑。他不认为与他意见不一致的人就是'敌人。'他只是认为：'他们不同意我的看法。'"

尼克松告诉普莱斯，"在政治上，平常的反应是要有强烈的憎恨……"或许他就是这样认为的。无论尼克松说到他恩人的逝世时是多么的悲伤，他都是一个怀恨在心的人。而且他认为其他大部分人都像他一样。他的世界观反映出一种糟糕的自我形象以及他特有的阴暗心理。他不喜欢人，因为他常常扭曲他们的动机去适应他自己的动机。

艾克的葬礼于1969年3月30日举行，为此有75位世界各国领导人来到华盛顿。从戴高乐开始，从3月31日上午10时起，总统在生活区的椭圆形房间——在椭圆形办公室楼上——一位接一位地会见这些领导人，[137]直到第二天傍晚6点半。尼克松处在最佳状态，倾听和应答，至少是充满知性的。如果说戴高乐是啰啰嗦嗦的，那么尼克松就是有耐性的。显然他希望再次得到这位老人的智慧。他们的谈话集中在两个话题上：对付俄国人，撤离越南。

一开始，总统说他从来没有见过苏联现任统治者，很想知道戴高乐对他们的印象。这位法国人说，他们看起来像是比较直率、坦率和真诚的，尽管那可能是一种姿态。

"我是否应当与他们见面呢？"尼克松问。

"当然应当见，"戴高乐说，"整个世界都在等待着……"

关于越南，这次谈话的官方记录是这样的："戴高乐将军说，形势的真正关键在于总统做了什么，美国做了什么。美国是形势的主导者……他认为，美国撤离的迹象明确得越快，则阮文绍政权与NLF见面并且制订某种解决方案的意愿就越强烈。相反，他们相信美国留在越南的时间越长，他们就越不可能得出某种解决方案……他重复说，是否结束这场战争，根本的问题在于美国的态度。如果我们这样做，则美国的势力和威望就会大大提高，全世界对美国的信任也会恢复。"*

---

* NLF——民族解放阵线——是越共的正式名称，是南越共产主义叛乱分子。在官方看来，北越人在战争中是民族解放阵线的支持者。

第4章　1969年4月15日

总统不止一次点头称是，最后，他说，到今年年底美国在减少投入方面会有进展，但是他不会指定任何时间限制或日期。在戴高乐之后，各国领导人开始列队会见[138]：土耳其总理苏莱曼·德米雷尔，荷兰外交部长约瑟夫·鲁恩斯，日本前首相岸信介，突尼斯总统哈比·包格巴，韩国总理钟日昆。

经过这两天的活动，尼克松已经认识了其中许多领导人。1953年，在包格巴（Borguiba）[139]当选突尼斯第一任总统之前几年，尼克松就曾见过他。现在，这位突尼斯领导人已65岁，他提出了一个令人动容的请求。他说目前阿拉伯国家的领导人是"小人"——领着他们的国家蒙受羞耻和打败仗，能将他们的未来抵押给苏联。他请求尼克松在他死后尽其可能保护突尼斯。"这一点你可以放心。"在他们两人向外面候着这位老人的车走去的时候总统说。

尼克松与钟日昆的谈话是最具体的。这位韩国领导人说话强硬，官方记录为："让北越达成和解协议的最有把握的方式是采用武力强制。如果在北方用轰炸收复失地不能如愿以偿，那么就封锁海防港口并且在那里布地雷，从而切断来自苏联的补给优势……还应当考虑派兵通过非军事区进入北越。如果中国共产党威胁干预，总统应当写信给毛泽东，告诉他，如果他们干预，美国会用核弹对付他们。"

尼克松客气地说他会考虑这个看法。然后，身体疲惫但心情愉快的总统回到住所，同他的弟弟唐和女儿共进晚餐。在总统从各国领导人那里听取建议和看法的时候，霍尔德曼和埃里希曼一直在与唐·尼克松以及百事可乐公司总裁唐纳德·肯德尔（Donald Kendall）[140]谈判。唐纳德主动为唐提供一份工作。唐是个不喜欢靠尼克松这个姓氏过活的人。这天晚上，霍尔德曼在自己的日记中写道："埃里希曼下午7点进来报告了唐·尼克松的问题。唐·肯德尔为此费了半天时间。唐·尼克松还是拖延时间以求得到更多的钱，加上业余的收入和酬金。一个真正的蠢货——总统的真正负担。"

艾森豪威尔哀悼期结束后，总统去看球赛。他后跃开出全美联棒大联盟赛季——华盛顿参议员队对纽约扬基队——的第一个球。[141]这个球是由尼克松投下的。报纸上的照片永久记录了这个场景：在参议员队主教练，伟大的击球员泰德·威廉斯（Ted Williams）的注视下，尼克松蹲下把球捡了起来。总统专席前的大封条上拼写着"总统"这个关键词。

次日，尼克松会见了约旦国王侯赛因，[142]他带来了阿拉伯联合共和国（埃及）的贾马尔·阿卜杜勒·纳赛尔的信。这位33岁的国王说，他和埃及统治者在阿拉伯国家中一直是极端对立的，但是1967年与以色列的战争的惨败，内政威胁以及在自那次惨败以来他们国内的阿拉伯极端主义压力的日益加剧，使他们互相靠拢了。他说，纳赛尔委托他告诉尼克松，阿拉伯联合共和国愿意与美国重新建立外交关系，并且，所有的阿拉伯国家都愿意与以色列议定一份"公正而体面的"和解文件——任何短期的正式和平条约。"阿拉伯国家已经知道，"侯赛因说，自1967年的战争以来，他的国家成为更多巴勒斯坦难民的家，他们比约旦公民还多，"以色列的生存权现在不成问题。"

总统很感兴趣。他说，美国希望和解，他要侯赛因准备一些有关该地区边界问题的非正式提案，强调一下如何对付耶路撒冷。1967年以前，耶路撒冷被以色列和约旦分别控制，但现在，连同约旦河西岸的所有地盘一起，都被以色列占领了。侯赛因给尼克松留下了深刻的印象。当他在白宫外面挥手告别的时候——如果是他喜欢的其他国家领导人，他会陪同他们径直走到其车停在的汽车道旁——他转过身对国务院的一名官员说："我们一定得帮助这位国王。[143]我们不能让美国犹太人主宰政策。"

同一天，一位名叫杰克·考尔菲尔德（Jack Caulfield）[144]的前纽约警探被埃里希曼带到他在行政办公楼的新办公室里。他们在大选期间曾经见过面，那时考尔菲尔德被指定为与尼克松的随从人员联络的秘密联络员，他们两人相处很融洽。在3月17日会议上总统说了想要秘密政治基金和情报之后，埃里希曼就与考尔菲尔德取得了联系。3月26日，总统批准了埃里希曼的全天候监视[145]爱德华·M.肯尼迪参议员的计划。于是，埃里希曼便回头去找考尔菲尔德，雇他来开展白宫的情报活动，不在联邦调查局、中央情报局以及共和党全国委员会的视野之内。开始是想用1968年大选未用完的资金来支

第4章 1969年4月15日

付侦探费用。但他坚持要有白宫里的一份职务，最终他得到了。

4月15日，总统的一天开始了。上午7点20分基辛格打进一个电话告诉他，据未被证实的报告，一架缓慢飞行的海军侦察机被击落在朝鲜海岸。"我们正在受到检查，"尼克松和基辛格互相重复说。尼克松的思路乱了："用武力对付武力……谋杀……名誉。"[146]

无独有偶，人们想到了某种类似的政治事件。一年前，朝鲜曾夺取了普韦布洛号美国军舰，候选人尼克松曾经攻击约翰逊总统没有以牙还牙，那时他说，"在……像朝鲜这样一种毫无价值的军事势力[147]要在公海上夺取一艘美国海军军舰的时候，正是新领导人重建美国尊严的时候。"

但是现在有一个不同之处。1968年的电子情报拦截[148]似乎表明这次行动是蓄意的，是受朝鲜政府指使的。而这一次，国家安全局用无线电截获的情报——仅供总统知晓——指出，飞机被击落可能只是一个错误，只有一架朝鲜喷气式飞机被卷入，并且是由于飞行员与其直接指挥官之间的沟通错误，该飞行员可能已经被解雇。

总统遵守其上午的工作时间表。他正在主持召开一个预算会议，有十几位内阁成员和其他官员与会，审查国内资金拨付申请。此时基辛格急急忙忙地走进会议室，打算跟他耳语几句。尼克松打断他说："亨利，你可以把我们已经知道的事情告诉他们。"

"今天凌晨一点，我们丢失了一架侦察机。"基辛格开始说。布坎南在做记录，他记录道："它正在以与过去在朝鲜附近飞行的飞机'完全一样的方式'飞行。它在90海里的海上受到两架米格战斗机的攻击。我们所问的第一个问题是关于雷达监视的问题。这架飞机随时处在直接雷达控制下。在攻击发生之前半小时，我们收到情报说，有两架米格战斗机从朝鲜特殊场所起飞。一架救援飞机在一架战斗机的护送下到达该地区……两艘舰艇全速驶往该地区。现在我们相信它们是苏联的。我们现在正在国务院进行一项有关在朝鲜之外的地方朝鲜人还有什么资产的研究。该地区没有美国海军的舰艇。此次行动是由情报部门和司法部长组成的一个委员会批准的。"

尼克松——孤独的白宫主人

总统打断他说:"它是一个坐以待毙的目标,它没有战斗能力,它正在飞一个椭圆形的图案。"该飞机是 EC-121 军用4引擎洛克希德星座飞机(一种螺旋桨驱动的客机),是一架带有六吨重的收听设备的电子侦察机,用以监听朝鲜的无线电通信。

在预算主任罗伯特·梅奥接着做情况简介的时候,尼克松和基辛格离开了会议室。这位国家安全顾问正在推动轰炸计划的实施,他故意激怒尼克松,说:"窝囊废……他们会认为你是个窝囊废。"轰炸是尼克松所想要做的事情,但是,罗杰斯和莱尔德两人从一开始就反对,他们起初不知道国家安全局的情报。这两位部长及其助手嘲笑基辛格的想法是一次"外科手术式的打击"。在尼克松说美国不能表现得软弱时,罗杰斯说,那是约翰逊总统就越南问题所说的话,而且现在我们不能撤离。莱尔德将朝鲜半岛附近侦察机的问题暂时搁置起来,没有告诉总统。副国务卿 U. 亚力克西斯·约翰逊(U. Alexis Johnson)说,朝鲜可能将爆炸视为战争的开端并再次袭击韩国。美国驻韩国大使威廉·波特电话说,如果美国进行轰炸,韩国会将这个机会作为入侵北部的信号。[149]

甚至霍尔德曼和埃里希曼也站出来反对报复行动,或者起码是反对基辛格。他们看到,在他们冷静的白宫里,这位怒气冲天的国家安全顾问在第一次危机中就像是一个失控的男人。一次,基辛格问埃里希曼国内对报复行动的反应如何。

"什么报复行动?"埃里希曼问。

"打掉那些飞机起飞的基地。"基辛格回答说。

"哦,但是如果他们打掉我们的一些东西怎么办?"

"那么报复行动可以逐步升级。"

"可以走多远?"

"唔,可以到动用核武器。"基辛格说。[150]

总统想了一个又一个主意,包括俘获或打沉朝鲜的财产,比如说公海上的一艘船,但是,没有发现船。最后,三天之后,总统本人决定反对直接报

64

第 4 章 1969 年 4 月 15 日

复行动。作为替代措施，他派了两艘航空母舰在日本海上绕朝鲜海域边界巡航，展示美国国旗。而且，他还宣布要用战斗机为该地区侦察飞行护航。他不知道没有战斗机护航，因为莱尔德已经取消了它们。[151]

因此，什么事情都没发生，至少没有军事行动。但是，实际上尼克松正在做出抉择，他不能依靠罗杰斯或莱尔德去执行他的命令。这天晚上，他大发雷霆，在与基辛格通电话时，说话有点儿含糊不清，[152]他说他要除掉这两个部长。[153]而在罗杰斯回答美国报纸编辑学会有关这次军事冲突的问题[154]时说："弱者可能冲动。而强者则必须更克制"的情况下，尼克松便再一次怒不可遏了。

这是一个危急时刻，是对总统权力的一个明确限制。无论尼克松做什么决定，美国都没有随时可用的兵力。甚至一次空袭竟然需要规划5天时间。[155] "这一次他们侥幸逃脱惩罚，[156]但以后他们绝不可能再逃脱了。"他对基辛格说。此时基辛格正在告诉他，全世界会将这次军事冲突看作是美国道德败坏的证据。[157]

那是椭圆形办公室的氛围。EC-121冲突前几天的新闻摘要中收录了一则英国战略研究院报告摘要，它说："美国丧失了成为这个世界的主导力量的'愿望和能力'。在过去几年里，俄国在军事和政治方面已经变得完全与美国'平起平坐'，而且，到1969年中期在洲际弹道导弹方面可能会超过美国……'近来在国内外的所作所为已经耗尽了他们对目的和能力的自信感。'"

"H.K.——非常重要和准确。"尼克松草批道。

他是一个愤怒的、有挫败感的人。他似乎甚至不能找到办法引起河内注意。他仍然坚信通过莫斯科和北京可以找到北越领导人。他草签了一份准备送交北越人的一页纸秘密备忘录，[158]几乎是恳求进行秘密洽谈："和平是可以实现的……总统愿意探讨各种途径，而不限于现有的协议框架。"基辛格将这份文件交给了苏联大使多勃雷宁，后者说他可以保证在48小时内将它交给河内，但他不能保证其他任何事情。而没有事情就是正在发生事情。

"北越人的外交风格令人发狂，"[159]基辛格认为是这样，"无礼。"然而，最令人发狂的还是北越人什么都不说，或者在私下说的话跟公开说的一样："美国佬，滚回去。"河内希望美国无条件单边撤军并废除南越政府。

尽管比较了解，但尼克松似乎还是在重操反共产主义的旧业，表现得好像所有的共产主义和地形都是一样的情况似的。在4月18日的新闻发布会上，他有三次把"南越"说成了"韩国"，尽管他的第一次危机在没有采取实际行动的情况下正在逐渐消散。在报复EC-121[160]冲突方面他充其量所能做的事都是隐秘的、极其间接的，除他本人之外其他人几乎没有什么感觉。4月19日，他下令对柬埔寨境内疑似北越人所在地进行了更多次、更严重的菜单轰炸。这次行动被称作"手术午餐"，其仍然是被故意伪造的空军记录档案所保护的一个秘密。

轰炸过后，尼克松去戴维营度剩余的周末，[161]与司法部长约翰·N.米切尔（John N. Mitchell）及其夫人玛莎一起看电影《日内瓦医生》，然后，于4月21日星期一返回华盛顿，做总统的例行工作。作为总统，有一些工作是学习体验，即便对一个已经几乎将其成年生活的全部时间都用于政治游戏的人来说也是如此。4月22日上午，他会见了南卡罗来纳州代表、非常保守的民主党人、众议院军事委员会主席孟德尔·里弗斯（Mendel Rivers）。[162]尼克松希望说服他从委员会的角度同意他的反弹道导弹提议——防御计划。里弗斯马上说，他无意于那样做，因为让参议院对众议院的行动置之不理会是令人尴尬的。但是……

里弗斯停顿了一下，然后表示，如果总统为海军现代化建设给予38亿美元的支持性拨款，如果总统停止罗伯特·S.麦克纳马拉任国防部长期间实行的由联邦雇员进行军事系统分析的做法，如果总统就他行政区的军事和建筑合同以及有关南卡罗来纳州学校的废除种族隔离方针的任何预期变化给他以提前通知的话，他同意这么做。尼克松说不行，但只是在里弗斯离开之后才说。

这天总统从"一次历史性开端！"——他所钟爱的措辞之——中获得了更大的满足感，这次是邀请内阁成员的夫人出席会议。[163]总统坐在他的夫

第 4 章　1969 年 4 月 15 日

人和梅厄文·莱尔德夫人中间，他让摄影师记录下这次活动，他说，"当新闻记者进入会议室的时候，碰巧我们正在讨论污染问题。"

同一天，他为与邮政部长温顿·"雷德"·布朗特（Winton "Red" Blount）[164]的会见而写的短笺上标明："目的：治疗——让雷德曝曝光。……你很少见到他。"霍尔德曼也告诉尼克松，副总统斯皮罗·T. 阿格纽（Spiro T. Agnew）和运输部长约翰·A. 沃尔普（John A. Volpe）都在问例会的事儿。[165] "他快要把我逼疯了。"尼克松说。副总统有个习惯，总是在晚餐时间给总统打电话，"急茬儿！"就像一个人对着某个空间理事会[166]叫他所需要的一个朋友一样。当时还有他的住房与城市发展部长乔治·罗姆尼（George Romney），美国汽车公司前总裁兼董事会主席，密歇根州前州长，一位过去经常让别人听他讲的人，他偶尔在会上打断总统的讲话。关于这三个人，尼克松指示霍尔德曼："让他们离我远点。"[167]

那正是霍尔德曼的工作。而且他喜欢做这类工作，非常准确。亚瑟·伯恩斯，这位与尼克松相识达 20 年之久的国内顾问在那个星期三正好与总统在一起。离开椭圆形办公室的时候，他突然想起布朗特曾经让他告诉总统一些关于邮政改革的事情，于是他又转身走回办公室。霍尔德曼拦住他，说："你的约见已经结束，[168]伯恩斯博士。"这位经济学家向前走了一小步，霍尔德曼又拦住他说："发备忘录吧。"

"现在，就连约翰·米切尔[169]也不得不经过我这道关，"霍尔德曼对埃里希曼的一位助手说，"将它写在备忘录里，我或者约翰才能确定事情是否重要到应当占用总统的时间。……总统的时间是宝贵的。这是制度。这正是总统所想要的办事方式，也是顺理成章的做法。"

……

总统已经使白宫井然有序。但是，白宫外面还在混乱。数百所大专院校的数万名学生和数千名教授正在咏唱着革命。《财富》杂志的民意调查报告说，准确地讲，全国 12.8% 的大学生持"革命性的"政治观点，或者说是"根本上持不同政见的人"。乔治敦大学校长埃德温·奎恩神父说，"新生比高年

尼克松——孤独的白宫主人

级学生要激进得多，据说即将进大学的中学生更是如此。"在加利福尼亚州奥克兰的米尔斯学院，斯蒂芬妮·米尔斯做了一个题为"未来是一场残忍的恶作剧"的告别演说，她发誓绝不生孩子。《时代》和《生活》杂志援引来自马萨诸塞州韦尔斯利学院班级演讲人比较柔和的话："太长时间以来，那些领导我们的人一直把政治看作可能性艺术，"准备去耶鲁大学法学院上学的希拉里·罗德姆说，"现在，他们（以及我们）所面临的挑战是如何使政治成为一种使看上去不可能变为可能的艺术。"在宾夕法尼亚大学的毕业典礼上，英国经济学作家芭芭拉·沃德勉励说："请保持愤怒。我恳请你们下决心去让政府官员们不得安宁。我说，去吧，去咬他们！"[170]

在《华尔街日报》上，《记者》杂志的编辑马克思·阿斯科利[171]评论说："即使胡志明进入了西贡，所有的美国士兵都从越南撤回，也应当把林肯常常记在心间。他用国家法律形式接受了极端自由，但是他拯救了美国。尼克松总统面临更严峻的任务，因为他必须将美国从一场游击战争而非内战中拯救出来。"在当天的新闻摘要上，总统在阿斯科利那段内容旁边写道："米切尔，芬奇，埃里希曼——RN 共享这个看法。我们可能不得不勇敢面对超出'对话'的形势。"

的确。前两个星期，在学生抢占建筑物和进行暴力罢课期间，警方曾经被召进哥伦比亚大学和哈佛大学校园。在几所学校，包括纽约城市学院，都发生了火灾。[172]实际上，《纽约时报》定制了一个题为"学生动乱简报"[173]的头版专栏，列出每天的游行示威和破坏活动。《时代》周刊报道大学在那个粗暴吵闹的四月周的情况说："美国校园抗议活动逐渐演变，越来越像近来中国'文化大革命'的强迫性狂热。"在康奈尔大学，[174]125 名黑人在一天清晨 6 点占领了威勒·史佳特楼，他们高喊"开火！开火！"在寒冷的黎明中将住在那里准备参加双亲周末的客人赶出楼外。这些黑人属于一个拥有 13,000 名成员的学生团体，该团体有 250 名黑人，闹事者占其中一半。他们强烈要求在该大学设置一所由黑人管理的美国黑人学院，为此他们先控制该大楼达两天之久，然后斜背装有弹药的子弹带、手持步枪和猎枪游行。

第 4 章 1969 年 4 月 15 日

在白宫谈话之后,《纽约时报》的詹姆斯·莱斯顿(James Reston)注意到黑人地区和大学社区的选民都反对尼克松,于是他在4月27日写道:"康奈尔大学的黑人事态……使整个国家震颤,康奈尔和哈佛的教职员工以及行政人员对在使用武力的校园激进分子的妥协让步已经使人确信,在这里,让大学教师及官员去主持正义是一件过于严重而无法做到的事情。……荒谬的是,左派学生和教职员工确实正在助长他们最为担心的事情。……他们正在支持他们所反对的政治当局去使用政治权力以及他们所憎恨的警察权力。"

莱斯顿这位华盛顿最重要的专栏作家得出结论说,"一些权威必须反对无政府状态。"那正是尼克松看问题的方式:一个有关秩序与混乱的问题。具有讽刺意味的是,次日,伟大的秩序捍卫者之一,尼克松心目中的英雄戴高乐辞去了法国总统职务,[175]他发誓,如果法国选民不支持一个有关法国中央政府与地方政府之间权力平衡的比较例常的问题的全民公决,他就辞职。除发表表示遗憾的官方声明之外,尼克松还给戴高乐发了一封私人短信:"历史会表明你的辞职是法国的一大损失,是全世界自由和正义事业的一大损失。"戴高乐读此信后的回复是:"你是一位真正的同志。"

同一天,尼克松让霍尔德曼分发了他曾经阅过的一篇演讲,首页上的批示写道:"我认为,密歇根大学的S.A.托瑟教授于4月1日在华盛顿所做的一次演讲中,对我们在高等教育问题处理方法方面的错误做了极为重要的、敏锐的分析。我敢肯定,'对这篇演讲的'权威反应'会是'嘘,嘘,这是顶旧帽子,'但是,这正好与我的观点不谋而合。"

这篇演讲一开始将哥伦比亚大学学生示威领导者之一马克·拉德(Mark Rudd)与阿拉巴马州州长、种族隔离主义者乔治·华莱士(George Wallace)相比:"二者……都站在教室门内并且从学院的有利地位看问题,二者同样不看好理性的说教。他们认为,应当用取悦取代强制,应当用说服取代权力,只有'被社会认可'的意见和观点才应被听取。他们认为,在知识探索过程中忍受是一种缺点而不是一种长处,并且他们对反知识分子这个词有极深的感受。他们完全以毁灭理性生活为目标。大学和家长协会除了镇压别无选择。"

美国情报局向白宫报告,[176]康奈尔大学的照片被再次发表于世界各地。在伦敦,《新政治家》杂志说:"美国正处在种族革命的边缘。"在BBC节目中,阿利斯泰尔·库克(Alistair Cooke)评论说,这些照片就好像是来自于几年前的刚果,他们的话语令他想起当年那些以其骚动为希特勒铺平了道路的德国学生的呼喊。在冷战分隔的另一方,北京的看法是:"美国统治集团……吓得魂不附体,但还在图谋更疯狂地镇压学生。"

4月29日,中国人又对尼克松增加了这样几个描述:"一个表里不一的祭司,一个手持血淋淋屠刀的歹徒。"尼克松将这条新闻传给基辛格,加上一句说:"K——相当生动!"[177]这天——以及当晚他过得很高兴,因为迪克·尼克松胜过了杰克·肯尼迪。艾灵顿公爵(Duke Ellington)70岁生日宴会[178]是白宫历史上最盛大的黑人活动,艾灵顿的父亲曾在白宫任兼职管家。没有邀请加埃·拉姆巴多(Guy Lombardo),但是邀请了包括迪兹·吉莱斯皮(Dizzy Gillespie)、比利·埃克斯汀(Billy Eckstine)、凯伯·凯洛威(Cab Calloway)、理查德·罗杰斯(Richard Rodgers)、戴夫·布鲁贝克(Dave Brubeck)、玛哈莉雅·杰克逊(Mahalia Jackson)在内的一批音乐明星。全场演奏着摇滚乐,尼克松面露喜色,艾灵顿亲吻屋里每一个人的双颊。宴会一直持续到凌晨两点,这也可能是一个尼克松纪录。

1969年5月6日是尼克松就任总统第170天。当天晚上CBS新闻[179]播送了一个长达一小时的特别新闻,"新闻记者报道:理查德·尼克松的第一个百日。"同时,如同大部分印刷出版和电视播送的报道一样,这个报道总体上是为人称道的。经常以该广播公司白宫记者丹·拉瑟(Dan Rather)身份出现的主持人沃尔特·克朗凯特(Walter Cronkite)说:"举止慎重、从容、冷静、沉着,至少表面上是这样的。深思熟虑而非摇摆不定的形象。坦率、目标明确而非多言多语、闪烁其词。在国际事务中活力充沛。……相比而言,在国内事务中活力不足。总统做得更少,而非更多。相信没有实现的建设性理论。……出人意料并令人耳目一新。"

第4章 1969年4月15日

三天之后的5月9日，在基比斯坎出现了更为令人吃惊的事情。美国对柬埔寨的秘密轰炸不再是秘密了。

《纽约时报》以头版头条标题："美国突袭柬埔寨无人抗议"配发五角大楼新闻记者威廉·比彻（William Beecher）撰写的报道。该新闻报道说，诺罗敦·西哈努克亲王对在他的国家已狂轰滥炸了两个月之久的菜单行动什么也没说。该报道一开始写道："美国 B-52 轰炸机已经对越南南方和北越人在柬埔寨的军需品存放处进行了几次突袭……"

早餐时亨利·基辛格极其兴奋，大喊大叫、上蹿下跳，在基比斯坎酒店的游泳池边走来走去，而霍尔德曼和埃里希曼则在一边看着。以前他们曾经见过他生气，但这一次他快要气疯了。"令人发指！令人发指！"他叫喊着。他跟霍尔德曼说，他必须马上去见总统。

"我们必须做些什么！"基辛格对尼克松说，他们的屋子相距几个街区，"我们必须镇压这些人！我们必须消灭他们。"

他没有直接说出他们是谁，但是基辛格真正想消灭的是罗杰斯和莱尔德。他认为是他们走漏了消息而使他受到怀疑。他打电话让国防部长到华盛顿附近的焦树乡村俱乐部高尔夫球场去，他开口便骂："你这个狗娘养的。"莱尔德当即就挂断了电话。尼克松也很生气，但是他说："你应当查一查你自己的人。"

"他们就是坏消息，"尼克松说。他不是第一次这样说那些为基辛格工作的常春藤成员了。总统最不信任的人之一是莫顿·霍尔珀林（Morton Halperin），他曾经师从基辛格，现在在基比斯坎帮助起草五天后总统将发表的有关越南问题的演讲。到午餐时分，基辛格已经以总统的名义跟联邦调查局说了至少三遍，内容都是关于窃听装置的。联邦调查局局长 J. 埃杰·胡佛（J. Edger Hoover）记下了基辛格的话："国家安全……危害特别严重。……危险……消灭进行破坏的人。"[180]

午餐之后，基辛格要霍尔珀林[181]同他一起去海滩散步。他把尼克松的怀疑告诉了他，并且说，他有一个主意。他想否认霍尔珀林接触过保密材料，这样，再出现泄密事件的时候，他就能证明那不是霍尔珀林所为。这天傍晚，在霍尔珀林打电话叫他妻子回贝塞斯达的时候，联邦调查局的一个特工监听并记录了那个电话。在他同基辛格一起散步的时候，窃听就已经在进行了。

次日，回到华盛顿，基辛格的军事助理亚历山大·黑格带着另外三个人的名字去了联邦调查局。[182]"就几天。"黑格告诉胡佛的副手，警告说应当没有书面的窃听记录。新的目标是基辛格的助理[183]赫尔穆特·索南费尔特（Helmut Sonnenfeldt）和丹尼尔·戴维森（Daniel Davidson），莱尔德的军事助理罗伯特·珀斯利上校（Colonel Robert Pursley）。与此同时，杰克·考尔菲尔德接到了他的第一份任务：准备对一位普通公民，约瑟夫·克拉夫特（Joseph Kraft），进行电话窃听。[184]约瑟夫是一名密切关注外交政策的联合专栏作家，他曾经报道说尼克松的越南和平努力在巴黎进展不顺利。这一次考尔菲尔德的窃听是严重违法的。没有尝试通过法院、联邦调查局或者任何一种执法机构。考尔菲尔德打电话给55岁的共和党全国委员会安全主任约翰·拉根（John Ragan），其爬上了克拉夫特在乔治敦的屋子外面的电线杆上。"老大想要这个，"考尔菲尔德告诉拉根。在1968年大选期间，拉根曾经作为联邦调查局最好的线路工为尼克松所在之处排除电话线路故障，[185]现在他已经退休。*

5月11日星期日，总统一行返回到华盛顿，在空军的空中指挥所[186]举行会议。这是一架绝密的喷气式飞机，它随时待命，以备总统在华盛顿受到核紧急状态威胁时使用。首先，官员们讲解了空中加油如何可以让这架飞机无限期地在空中停留，并且开始在指挥控制下做压力测试，假设美国受到导弹袭击时这架飞机如何使用。这时尼克松看起来好像有点迷惑不解。但是，接下来，他突然明白了并且提出了一个又一个有关核能力、投射重量、杀伤率的问题，在听到死亡1,000万，2,000万，5,000万，7,000万这样的数字时，他沉默起来。"非常可怕。"霍尔德曼说，"演习"证明，当俄国人要发起一次进

---

* 克拉夫特电话窃除了听到女佣们的交谈之外别无所获，因为这位专栏作家和他的妻子波莉在巴黎。应尼克松的要求，法国当局对克拉夫特下榻的酒店房间实行了电话窃听。

第 4 章 1969 年 4 月 15 日

攻时，我们的选择非常有限，我们的报复性攻击能力非常弱。

接下来的三天，白宫全神贯注于有关越南问题的演讲。"和平计划演讲"——就是这个。星期一下午，与总统一起开了几个会之后，基辛格把普莱斯和萨菲尔这两个主要写手叫到他地下室的小办公室。[187]

"雷，总统觉得你可以写得温和一些、有人情味一些，"基辛格说，"而萨菲尔，你要表现出强硬、讥讽的风格。那正是我们所需要的领导风格……"

"一个温和、强硬、有人情味、讥讽的开端。"萨菲尔幽默地说，但基辛格没有意识到幽默。

"总统希望全都用人员伤亡数字来证明我们在以往战争中遭受痛苦，却总是宽大为怀地对待我们的敌人。"

"我们打败了德国人，我们没有打败北越人。"萨菲尔打断说。

"你说到点子上了。"基辛格点头称是，"我们对我们所打败的人一直都是宽宏大量的，而现在，你不知道打败我们的人会如何宽宏大量地对待我们。"

5月13日星期二，总统坐下来讨论征兵改革方案的最后一稿。[188]计划在未来一周里提出一项政府法案。米尔顿·弗里德曼（Milton Fridman）早就向尼克松提出过这个主意，作为平息学生激进行动的手段（约翰逊总统和爱德华·M.肯尼迪参议员也曾早在1967年就提出过），现在国防部长莱尔德完善了这个想法并力主实施。这些关键措施会从根本上减少年轻人义务服兵役的时间，从七年减至一年。按规定，服兵役的那一年应是在一个人19岁的时候（而不是从19岁到26岁都行）或者是其大学毕业或肄业后的第一年。这项命令规定，征召19岁的人入伍根据每年抽签结果来决定，抽签的号码为365个与从1月1日到12月31日的出生日期相对应的号码。哪个日期被先抽到，则相应生日的人就先被征召入伍，依此类推。而抽到大数字签的人（比方说从250号到365号）几乎肯定不会被征召入伍。这就是抽签的运气。

总统日程安排表上的下一个议程是会见城市事务委员会。这是由拉尔夫·拉伯内西牧师（Reverend Ralph Abernathy）领导的一个小组。[189]拉伯内西是小马丁·路德·金的继承人，现任南部基督教领导会议首脑。他们正在

尼克松——孤独的白宫主人

罗斯福厅等候。这位传教士模仿马丁·路德·金做"我有一个梦想"的演说的调子，朗读了一份精心准备的九页纸篇幅的声明。"我关心，"他在每一段的开头都这样说：关心越南，关心反弹道导弹，关心军费开支，关心工作，关心饥馑，关心学校废除种族隔离，关心学校一号专项资金，关心平等就业机会……

拉伯内西最后援引一位由尼克松任命的官员所说的话："本届政府不欠黑人什么。"并且断言，任何一届政府对全体美国人民都欠公正。

"你说得对，"尼克松回应道，他特别说明，有关不欠什么的说法只是针对90%以上的黑人选民给他投反对票这个事实而做的政治性注释。然后，他继续说，"你们想要和平，我也想要和平。我们要争取得到和平。我们正在取得进展。但是我必须对和平的性质承担责任。我不得不为下一位坐在这个位子上的人着想。我必须为本世纪剩余的日子考虑和平的问题。"

他说，他希望拉伯内西了解，虽然他的人，管理这个国家的白种人，身着昂贵的套服，顶着显赫的头衔，但是他们中许多人是在贫困中长大的。"我极力想说清楚的是，"他继续说，"你带领这一群人到这里来真的是想找到答案。我们大部分人不知道你们看到了什么样的贫困。我们不希望其他的美国人知道这些。我们不知道你们看到了什么偏见。我们不希望其他人知道这些。"

"你是我们的总统，你会得到我们的支持，"拉伯内西说，"我们希望帮助你领导。"他说了十多分钟——这是一个很难让他住嘴的人——说他的人希望与个别内阁成员见面。

"你有一个小时，那么你们就赶紧干吧。"总统说着，对围坐在大会议桌另一边的部长及幕僚做了个手势。然后便起身离去了。

这个会又开了三个小时，帕特·莫伊尼汉向总统汇报了具体情况。这完全是一场表演。一名来自俄克拉荷马州的印第安妇女说，政府正策划把她的人都消灭掉。一名黑人妇女说："尼克松先生离开是为了避免听取我们的意见……尼克松先生说我们应当回到非洲去。"然后，她又说，关于人登上月球的报道都是撒谎:"如果你们上到那里,上帝就会摧毁你们。如果上帝没有摧毁你们,我们也会摧毁你们。现在我最好是不说了,免得我说得太多。"

会后,约翰·沃尔普和乔治·罗姆尼将拉伯内西领到印第安人条约厅会见新闻记者。在电视效果灯打开的时候,这位民权领袖说:"这是我们在华盛顿所举行的会议中最令人失望和最没有成果的一次。"

会议记录雷·普莱斯得出结论说:"一个自高自大的、令人生厌的骗子。穷人应得到更好的报答。"莫伊尼汉到椭圆形办公室向总统道歉说:"他走进新闻发布室,亵渎了美国的总统。[190]这太过分了。我向你保证今后不会再有此类事件发生。"

"在老牌白宫新闻记者记忆中,这是在历任总统中,总统在自家门前受到的一次最严厉的斥责,"沃尔特·克朗凯特这天晚上报道说。在次日早上新闻摘要中的那行文字旁,尼克松写道,"E-H,这证明我关于不见这种人的判断是对的。此类事不会再有!"

总统也告诉莫伊尼汉,[191]他对拉伯内西的所作所为并不感到惊讶,因为黑人就是认为他不在乎他们。而他并非如此。他对大部分黑人几乎没有一点儿政治用途——这是一次又一次白宫会议,包括第二天的一次经济会议反复表明的一个事实。

关于内阁经济政策委员会会议[192]一开始,总统就提出,可以通过削减联邦援助和住房建设贷款抑制通货膨胀。"当然,我知道需要有更多的住房,但是,如果我们能够在现在这个物价形势下搞一场演唱会的话,我们都会感觉好得多。我们不能把它放到明年——从政治上看,这是不可能的。必须是在现在。……让我们现在就面对这个坏消息,不要再等了。但是我们希望明年春天有一个很好的回应。……明年7月要解决那些难题"。明年是大选年。

总统和他的两位经济学家,伯恩和劳工部长乔治·P.舒尔茨反复斟酌试图放缓住房建设的影响。但是,副总统阿格纽改变了讨论的方向并且说服了他们,也证明了他作为一名郊区政治家之所以能取得成功的原因。他说:"任何在该领域实施削减的进一步紧缩行动都意味着你们正在打击与年轻人、白

尼克松——孤独的白宫主人

人、中产阶级有关的因素,你们不仅影响他们的今天,而且你们影响到他们的整个生活。从政治上讲,再挤压住房建设是一件非常棘手的事。"

尼克松的反应很明显。经济学使他感到厌烦。而政治则不然。谈到以往的经济不景气以及每两年一次的国会选举年,他跟内阁会议在座者说过:"我记得是1958年。我们让经济冷却下来,同时也让15名参议员和60名国会议员冷静下来。"[193]

因此,这一次,他被阿格纽的论据说服了。"好吧,"他说,"我感觉我的直觉是不对的。我可以认为,如果你的住房起点量低于150万,你就有麻烦了。"

然后,主题转到了国际贸易和国内反垄断法。

"我们建议废除《公平贸易法案》,"司法部长助理理查德·麦克拉伦(Richard McLaren)说,"废除是反通货膨胀战的一个步骤。根据公平贸易法,零售价通常要高15%。"

尼克松打断他说:"《公平贸易法案》使某些商人得以继续生存,否则他们会破产。"

"小零售商?"麦克拉伦说。

"对,"尼克松说。他没有说他的父亲就是其中一员并且已经破产。"这是不是意味着夫妻店行将灭亡——我们将只有超级市场? 在这里,存在着一个社会学问题。我们可能是在帮助消费者,但是我们没有帮助我们人民中的大人物。这是一种过时的态度,迪克,我知道——但是我宁可跟一个小企业家打交道而不愿跟一个大商店的小经理打交道。"

这就是他所在乎的。他继续说:"更深层的问题是,社会政策应当是什么? 遗憾的是,这么多年以来,社会政策所表达的都是上层人物自私的利益。从一名华尔街律师的观点来看,我看到巨大的利润都被那些悉心经营这些大型联合企业的人赚去了。我们代表了大陆银行(Continental Banking)、斯通和韦伯斯特公司(Stone & Webster)。当其被我们的客户所接手时,我们赞成大型联合企业,而当有人在接手我们的客户时,我们反对大型联合企业……我

第 4 章 1969 年 4 月 15 日

不喜欢把它留给反垄断律师去处理。在较低层次所做的决策中，每一个决策都反映出一个人对其所希望的那种社会的看法……超级市场可能能够便宜一两分钱出售麦片，但是我不认为我们需要一个只有超级市场的国家。"

财政部长戴维·M.肯尼迪（David M. Kennedy）重新提起会议主旨，说道："我听说实施反垄断行动的人还是以前的那帮人。"

麦克拉伦感到有点儿不爽，插话说："但是我正在做决定。"

"你和米切尔审查过了？"

"他签署了所有的命令。"

"他阅读过它们没有？"总统说，"我就签署过我没有阅读过的东西。"

5月14日晚上10点钟，尼克松做完他首次有关越南问题的演讲从白宫回来。在此之前他整天都待在生活区的林肯起居室里反复修改那篇演讲稿，而基辛格则花了一天时间向专栏作家和时事评论员们介绍将要讲到的主要内容及其主要意义。当电视灯打开的时候，总统抛开了他的官方说法，讲话很强硬：

来自河内的报告表明，敌人已经放弃了在南越取得军事胜利的希望，但是他们正在指望美国方面出现意志崩溃的情况。在判断上可能没有更大的错误。……我们的作战人员不会被耗损；我们的调停人不会被说服；我们的盟国也不会让我们失望。

获得新的主动权的时候已经到了。

他简要阐述了八个要点，最重要的一点是："同时从南越撤出外国军队。"

对方没有立即做出反应。北越人没有把自己看作是外国人。美国似乎可能要单边撤军，一种战火下的撤退。这天晚上总统也做了暗示："时间越来越近，南越人将能够接管现在由美国人控制的某些战斗前线。"

次日早上，尼克松心情不错，这种状态始于内阁与国家安全委员会的一次联席会议。[194]当他步入会场在座位上坐下时，与会者全体鼓掌欢迎。他示

尼克松——孤独的白宫主人

意中央情报局长理查德·赫尔姆斯讲一下北越的反应。赫尔姆斯首先说："最重要的一点是，我们不会临阵脱逃……他们的看法是国内的意见分歧会迫使美国撤出。……范文同……"

尼克松打断了他，改变了在会上作秀的做法。"当你在说到那些名字的时候，你应当对其身份做些说明以便在座的每一位都了解你所谈论的人。"

对。"范文同是北越的总理，"赫尔姆斯说，"你们可以说他是北越政府中年轻的胡志明。……"

"哦，你是说他是他们的芬奇。"尼克松说。全场人员，包括罗伯特·芬奇在内都大笑起来。罗伯特·芬奇是卫生教育与福利部长，前加州副州长，在这间会议室里，可能没有人比他认识尼克松的时间更久。

赫尔姆斯还提到，北越发言人照常将南越人称作"傀儡和走狗"，将亨利·卡伯特·洛奇（Henry Cabot Lodge）——他也在会——叫做"令人作呕的新殖民主义者"。

"咳，卡伯特，"尼克松插话说，"你可能是一个新殖民主义者，但你不是令人作呕的。"

然后，他严肃起来，就在越南所处的危急处境阐述了他自己的观点，比前一晚所讲的更为直接：

现在处于战斗准备状态的不仅是南越。问题是亚洲的平衡以及世界其他国家发生了什么情况。如果我们不能以美国人不会战败的方式结束这场战争，不能以否定其侵略国目标的方式结束这场战争，那么共产主义国家的鹰派人物就会竭力进行更多和更广泛的攻击……如果一个大国不能实现其目标，它就不再是一个大国。当一个大国目光向内的时候，当它不能兑现其承诺的时候，其伟大之处便消失殆尽了。和平的道路会很艰难，但是我们一定要实现和平。

他的手下再次起立鼓掌。

第 5 章　1969 年 6 月 19 日

5月15日，内阁与国家安全委员会联席会议结束时，[195]总统确认了与会人员所了解的内容。约翰逊总统所希望的联邦首席大法官人选，最高法院大法官艾贝·福塔斯（Abe Fortas）[196]遭到严厉的批评，提出辞职。一年前，有人对其个人财务来源问题提出质疑，此后，他撤回了为争取得到联邦首席大法官任命而提交的确认书。现在，一个新的指控被新闻媒体发现，并且被共和党人抓住：看来他每年从由名为路易斯·沃尔夫森（Louis Wolfson）的股票诈骗犯罪分子所经营的一个基金会收取两万美元。忽然之间，尼克松得到了其总统生涯中的一个重要机会：在最高法院的春季任期结束时联邦首席大法官厄尔·沃伦（Earl Warren）就该退休了，新总统可以任命两名联邦大法官，其中一人就是新的联邦首席大法官。

出于一些个人的而非政治的原因，几个月来总统一直在密切注视[197]福塔斯的麻烦事。那个基金会的结构令他非常感兴趣。他认为他自己是一名娴熟的税务律师，一名能使客户缴纳税额最小化的专家。他曾经考虑建立一个基金会为其正在协商购买的、位于加州圣克利门蒂太平洋边上的一所房子支付房款并作为产权所有方。

有一份七页纸的备忘录中提出了罗斯福和杜鲁门所任命的人仍然控制着联邦大法官任命的政治观点，尼克松自5月25日收到之后就一直将这份备忘录放在自己的书桌里。作者是汤姆·查尔斯·休斯顿，[198]他写道："通过其司法人员的任命，总统有机会对在其离任之后四分之一个世纪的国家事务进程施加影响……越来越普遍的对法院的幻灭感很可能可以追溯到最近最高法院对犯罪和种族隔离的裁定。一般人认为法院对罪犯和黑人很'软弱'。然而，对思维缜密的法庭评论家来说，这个问题就更重要了——法院选择了在政治舞台上积极斗争。"

这份备忘录陈述了总统很少亲自介入的较低层次联邦法院任命——一个传统上由个别参议员控制的过程——并且坚决主张尼克松应当找到一种方式去收回这方面的权力。在这份备忘录提交两天之后，总统在其封面页上写道："RMN（注：即理查德·M.尼克松）同意。在进行司法人员任命时记住这个分析。"

还有一个事实是，这种任命是这个王国的硬币。也就是说，总统可以用司法人员的任命作为讨价还价的筹码。实际上，尼克松已经在尝试玩那种古老的游戏以争取赢得对"防御计划"的单一投票。他告诉他的国会联络员布莱斯·哈洛，要注意他是否可以做一个交易，用一个人的任命换取肯塔基州共和党参议员马洛·W.库克的一张赞成票："我注意到，霍华德·贝克[199]担心他的那个联邦第六巡回上诉法院空缺职位田纳西州候选人会被库珀和库克所提名的肯塔基州候选人挤掉……除非我们能让库克转向在反弹道导弹计划上支持我们，否则这个任命就应该给贝克的人……"

尼克松去戴维营度周末，但是当他看星期日早上的报纸的时候，他变得愤怒、焦躁不安了。报纸上没有刊登有关他越南演讲的长篇分析文章，也没有郑重其事——无论积极还是消极——地提到它。霍尔德曼正坐在游泳池旁边、在春日温暖的阳光下享受午餐，突然接到电话说，总统让他立刻回华盛

第 5 章　1969 年 6 月 19 日

顿。回到白宫，尼克松把霍尔德曼叫到椭圆形办公室，接着度过了不愉快的两个小时，他说 98% 的外国评论都对演讲表示称赞；如果是肯尼迪发表这个演讲，美国的评论会是心花怒放的。"戴高乐是对的，"他接着说，"跟新闻媒体结成密友关系是没有意义的。"[200]

新闻媒体中没有人认为尼克松是密友。新近出版的《新闻周刊》在一篇有关记者抱怨没有机会接近帕特·尼克松的文章中随意劝告说："具有讽刺意味的事情是，如果说有个东西是尼克松夫妇所需要的，那就是更通情达理。……帕特说，她很奇怪为什么人们不知道迪克的幽默感。咳，我们这儿正在他们门口的台阶上喘气，而他们却当着我们的面关上了门。"从新闻摘要上看到这一条内容，尼克松写道："RN 不同意——如果我们能侥幸摆脱社会记者接近的话，我倒宁愿不让他们接近。"

总统还要霍尔德曼想出一个借口取消计划于 6 月初在俄亥俄州立大学[201]进行的演讲，因为联邦调查局警告说那里正在组织大规模的反战示威游行。早上，尼克松有了自己的答案。他要基辛格安排在那个星期在加利福尼亚州与南越总统会面。就连霍尔德曼也觉得很滑稽，他说："重大新闻就会是那个重要的会晤，但其实整个事情都是出于逃避俄亥俄州的那个想法而产生的。"

后来，结果是阮文绍总统想在夏威夷而不是加利福尼亚举行会晤。"他有个女朋友[202]在夏威夷，"基辛格告诉总统。无论这是真是假，尼克松都不想去夏威夷，因为 1948 年 7 月阮文绍曾在那里与约翰逊总统[203]举行过磋商。他们商定了一个折中计划，[204]定于 6 月 8 日在中途岛、夏威夷西北 1,000 多英里的美国海军基地举行会晤。至于阮文绍，如果他想去，他可以继续去夏威夷度假。5 月 20 日星期二《华盛顿邮报》的一篇报道披露了原定是由两位总统同时公布那个日期的。

尼克松感到非常愤怒。他下令霍尔德曼断绝与邮报的一切通讯。[205]头一天，他曾下令禁止与《纽约时报》及《圣路易斯邮报》往来。他一边在办公室踱步，一边将白宫的那个《纽约时报》记者与苏联总理进行比较，他说："我知道，我们的人会说鲍勃·森普尔是个好人，而且柯西金可能也对他母亲

尼克松——孤独的白宫主人

很好，但是所有这些都是不相干的。"接着，尼克松说，他不会将他选定的联邦最高法院首席大法官人选[206]告诉任何人，包括他的发言人罗纳德·齐格勒。最后，他让霍尔德曼回家去。

晚上10点，尼克松把这位幕僚头目召回白宫。总统身着蓝色丝绒便装，仍然在办公室里来回踱步。他想谈谈他所选定的首席大法官人选，哥伦比亚特区上诉法院的沃伦·E.伯格（Warren E. Burger），后者曾经做过一次有关法律与秩序的演讲，该演讲稿在《美国新闻与世界报告》上转载并且被收入新闻摘要。"给我把《名人录》拿过来。"他跟霍尔德曼说。然后他大声诵读了关于伯格以及他本人的条目。

伯格的条目比较短：沃伦·E.伯格，61岁，于明尼苏达州圣保罗夜校取得法学学位，曾参加1952年艾森豪威尔竞选工作，来华盛顿担任司法部长助理，1956年被任命为联邦法官。尼克松所念的那篇演讲稿中的关键句子是："在街上、在家里有安全感以及保障人身安全的权利是应当保护的重要的个人治安权利。"与厄尔·沃伦首席大法官一样，伯格也是一个满头白发、引人注目、身材高大的人。他看起来好像就是这个角色。5月21日，他与总统联合主演了公布首席大法官任命的黄金时段电视节目。[207]在那个时刻，总统是个快乐的人。这一次他的秘密保守住了，伯格是通过一个地道从隔壁的财政大楼进入白宫的。

评价不错。佛罗里达州州长克劳德·柯克[208]写信说："总统先生，你的选择……在佛罗里达受到交口称赞……关于福塔斯大法官的接替者，我想请你注意一下该行政区的一位联邦法官，我认为他符合你提出的经验、人生观以及个人人品标准。他就是哈罗德·卡斯韦尔法官……"尼克松在那个名字下面画了一道线，然后将这封信放进他书桌的中间抽屉。

次日，又有一个好消息，这是一个从远方传来的好消息。在阿波罗11号宇航员尝试实现世纪之梦、实实在在地登陆月球之前，阿波罗10号[209]宇航员在第一次和最后一次演练中在动身返回地球之前，进入月球9.4英里。但在周末时，总统还是满腹牢骚，尽管他取得了小小的个人胜利。他跟他的妻子帕

第 5 章　1969 年 6 月 19 日

特以及比贝·雷博佐一起去戴维营度周末，然后，独自去总统场区打保龄球。[210] 他快乐地回到山杨木屋，宣布他一场打中了 204 球，这是他最好的成绩。

回到白宫，总统照样是焦躁不安，几个小时地独自待着，或者只跟霍尔德曼在一起，再一次抱怨说工作人员写的报道没有表述出他工作得多么努力，一如既往地抱怨新闻记者在如何试图诋毁他。"这是一个新的阶段。"霍尔德曼跟提出询问的任何人都这么说。尼克松在会上讲话有点东扯西拉，不断挖苦人。5 月 28 日，在内阁委员会一次有关经济政策的会议上，当在座的人讨论数字的时候，他对他的经济顾问委员会主席保罗·麦克拉肯提出质疑，说："也许统计学家天生就是不诚实的人。保罗，有天生诚实的人吗？你不必回答这一点。"稍后，在讨论对外援助时，他援引路易斯安那州民主党人艾伦·J. 艾伦德（Allen J. Ellender）的话打断了讨论："同样的陈词滥调！"他接着说："22 年来我一直支持对外援助。但是，我在 1956 年就听到过同样的项目以及同样的错误论点——更多的技术援助，更多的私营企业。难道现在不是该采取新做法的时候了？不要只盯着项目，要打碎这种机构，把它扔到天上去，把它放进新的体系中去。"

尼克松对政府项目的细节有一种犀利的目光，但是大部分时间他都不理睬这些事情，因为他认为试图去改变它们是没有用的。看了有关拨款为"处于不利地位的年轻人"提供 861,000 个工作岗位的联邦夏季就业计划的报告——花费 750 多万美元让年轻人不在街上游荡，他问道："为该计划要实现的目标花这么大一笔钱[211]值得吗？除非它能产生某种长久的成效，否则它就是一笔非常大的贿赂。"

6 月 3 日，《纽约时报》发表了一篇报道，披露通过秘密谈判，要归还日本冲绳岛[212]政治控制权，但要在那里留下 55,000 多名美国军事人员以及许多美国军事基地。总统的情绪完全无法控制了。在那篇署名赫德里克·史密斯的文章中，《纽约时报》披露了一份绝密的国家安全委员会决议备忘录的详细内容，包括在日本首相佐藤荣作 11 月访问华盛顿期间宣布权力移交的计划，以及从该岛撤除美国核武器的计划。

为了平息日本日益高涨的反美情绪,[213]基辛格制订了这个冲绳岛计划。此时,他立即带着一份新的窃听[214]对象清单进来了。清单上的第一个名字便是史密斯。总共有八个窃听对象,最早的四个是5月9日和5月12日确定的,加上5月20日增加的国家安全委员会的两名助理,理查德·穆斯(Richard Moose)和理查德·施耐德(Richard Schneider),以及5月28日增加的伦敦《星期日泰晤士报》的亨利·布兰登(Henry Brandon)。最后的一个人是埃德加·胡佛早先提出的,此人研究尼克松,寻找基辛格,在参加布兰登家里的一次晚餐会时找到他。

到第二天,角色反转过来了。基辛格正在平静下来。他告诉霍尔德曼,如果电话窃听被揭露,可能会有"激烈的反应"。但是尼克松却变得越来越狂怒。他正乘坐改型的空军一号在美国国内飞行,准备去科罗拉多州科罗拉多斯普林斯的空军学校演讲。"新机型很棒,"霍尔德曼说,"把新闻记者甩在了后面。"霍尔德曼告诉他,当晚《华盛顿明星报》和《纽约时报》都在报道,美国与南越马上会联合宣布美国军队首次撤出,6年来共有55万美国人在南越。为此,尼克松大发雷霆。这一次,尼克松不仅要《纽约时报》住嘴,而且他还要基辛格停止召开国家安全委员会会议,他们两个人要单独、秘密地商量事情。[215]

在空军学校,总统比较适当地表达了愤怒:"在美国某些所谓最杰出者的圈子里……将军事计划嘲弄为不必要的东西,如果没有说成是深思熟虑的废物的话。爱国精神被某些人看成是缺乏教养者和幼稚者的一种落后的盲目崇拜。"

然后,他对他的政治对手的判断或胆量提出质疑说:"我与怀疑论者以及孤立主义者的分歧是根本性的。他们失去了作为伟大领导者所必需的洞察力。他们看到我们面前所面临的问题,他们衡量我们所拥有的资源,然后他们便感到绝望了。当第一艘船从欧洲出发去往新大陆的时候,这些人会衡量风险,并且留在原地不动;当拓荒者从东海岸殖民地出发进入内地的时候,这些人会计算成本并且留在原地不动。"

这个所谓最杰出者的圈子恰好在这个时候做出了反应。专栏作家约瑟

第 5 章　1969 年 6 月 19 日

夫·克拉夫特写道："在我看来，总统一直在表现他最糟糕的一面。这一面为他赢得了狡猾的迪克的名声……"尼克松在新闻摘要上读到这条内容，看到《时代》杂志援引匿名的白宫工作人员的话说有些骂人的话是"粗野的"，他草批道："E. 1. 很紧急，我想就这个问题质询所有的工作人员。2. 告诉他们，如果他们不能做到忠诚，那么就闭嘴。"

事实上，在那个演讲之后，尼克松感觉很好。他说了他所想要说的，他告诉萨菲尔："你设身处地地为俄国人想想。[216]他们在美国所听到的都是否认反弹道导弹和多弹头分导重返大气层运载工具（MIRV）的说法：'削减150亿美元的国防预算'；'从越南撤军'；'强国的傲慢'。……现在如果他们从美国政府所听到的都是我所提出的有关我们如何真正希望和平的意见，那么他们很可能会把这种意见理解为软弱。我们不能让这种情况发生。"

6月8日上午尼克松总统的飞机和阮文绍总统的飞机在15分钟[217]之内相继到达中途岛，与尼克松随行的有他的家人，还有一个由500名助理及新闻记者组成的团队。实际上，一天前他在檀香山希尔顿酒店会见了军事人员，[218]告诉他们，他们的总司令打算逐步从一场不宣而战的战争中撤军，在过去五年中，有36,000美国军人在这场战争中遇害。美国正在轰炸和新说辞的掩护下开始慢慢撤退。不会再说什么对美国国家安全构成威胁的废话。

中途岛是一个指定地点，但是尼克松很紧张。他讨厌面对面的接触。他不能确定阮文绍会如何表现。这位南越领导人本身是一位将军，是一个骄傲的人，正处在难以对付的地位。他相信，因为他在位有两年多时间，因此，如果他公然反对美国人的话，他会被美国人暗杀。像檀香山的美国将军和海军将领一样，他知道他此行来讨论的决定其实已经定了。在"战争越南化"的旗号下，美国人的使命正在从争取胜利变成为总统建设"体面的和平"换取时间。阮文绍走进粉刷一新的美国基地司令部的屋子，看到尼克松的椅子[219]比他的大，他一言不发，走进另一间房间，找到一张同样大的椅子，亲自把它搬进谈判室。然后，他坐下来，面对着他的庇护人。

这是一次古怪的会晤，持续了五个小时，在头一个半小时宣布预定结果之后中间休息了一次。联合声明宣布立即从在越南的50多万美国军队中撤回25,000人，接下来"每隔一段时间"撤回更多军队。在报纸和广播公布截止时间之前这个联合声明被发到远隔七个时区的纽约和华盛顿。尼克松虚构了整个故事，他说他是在根据阮文绍总统和美国在越南的指挥官格雷夫顿·艾布拉姆斯将军的建议行事。[220]

实际上，在屋子里面，[221]阮文绍的确选择了表现得好像整个主意都是他的。他说美国撤军——他称之为"重新部署"——是必要的，因为要证实西贡和华盛顿的定期声明，表明战争在顺利进行。他最大的担心好像是在政治方面。他担心美国会赞成在西贡设一个联合政府，或者会秘密地与北越协商一个军事协议，在交易达成之后才跟西贡商量。

阮文绍说，由于美国准备与民族解放阵线达成政治妥协，西贡有一种精神沦陷感。说到这里，尼克松回应说，政治敌人和新闻媒体都在试图挑起他们二者之间的不和。这次谈话的美方备忘录记载了尼克松的话："除非阮文绍总统直接从他本人这里听到什么，否则就不应理会之。最近有许多关于美国人施压建立联合政府的猜测，那全都是无稽之谈……对攻击行为不能有奖赏……"

这份备忘录最后说："总统提到，我们在美国有一个政治难题。他还说，他欣赏西贡方面对他关于国内问题的理解……尼克松总统阐述了国会的形势以及1970年大选的重要性。美国的局势是这场战争中的一种武器。（关于这一点，总统要亨利·基辛格讲解了柬埔寨袭击。）"

然后，两位总统各走各的路。起初尼克松感到很高兴。阮文绍比他预期的更为通融，没有什么冲突对抗。事实上，这位南越领导人似乎放弃了他国家的命运，从他所说的就能看出这一点。他说："我知道，你们要走，但是在你们走之前，作为朋友你们必须留给我们一些东西。留下一些东西帮帮我。"他说，他所想要的是金钱、培训和设备，以便他能创建两个足以灵活应对北越从柬埔寨或老挝发起的进攻的新精英陆军师。这次会议之后他对他自己的人说，他所构想的是在他的国家实行朝鲜解决方案，在南越和北越之间设一个非军事区，让两个师的美军士兵，也就是40,000人驻守在南方，[222]以阻止

第5章 1969年6月19日

北方的侵略。

阮文绍取道台湾飞回国。在台湾他会见了蒋介石。[223] 他把蒋介石看作是朋友，有时候看作是导师。"这么说，"蒋介石说，"美国人就要离开越南了。你为什么让他们走？"

"在尼克松决定要撤军的时候，我一点儿办法也没有，"阮文绍回答说，"就像当年艾森豪威尔、肯尼迪、约翰逊决定来的时候我们什么办法也没有一样。一旦你知道你不能改变美国人的决定，那么随遇而安更好。"

蒋介石向阮文绍询问尼克松的情况，阮回答说："他告诉我，他遇到了国内问题……国会不友善，新闻记者不友善，学生示威游行……他承诺给我八年的强大支持。在他第一届任期内四年的军事支持，在他第二届任期内四年的经济支持。他说，在第一届任期实现军事越南化，在第二届任期内实现经济越南化。在大部分美国人撤走后，北越人也会撤走。到那时西贡应当强大到足以进行自我防御，只需要来自美国的物质支持。"

蒋介石给了阮文绍一个告诫。他告诉他，美国人有个癖好，那就是用政治手段解决军事问题。

离开中途岛之后，尼克松相信他已经取得了对越南未来事件的控制权，他的战略性撤退会抵消国内的反战运动。在读到《波士顿环球报》一篇关于中途岛"悬而未决的问题"的报道之后，尼克松在一份新闻摘要上写道："亨利——实际上所有的新闻记者都在借酒浇愁，因为他们关于尼克松与阮文绍纠纷的可怕预言并没有兑现！"

回到华盛顿，尼克松又开始花更多的时间独处，口授行动备忘录。6月16日，他待在生活区的林肯起居室里，一份接一份地发出行动备忘录，所有的内容都是消极的，包括以下这些：

在就职典礼之前，[224] 我曾下令在USIA、AID削减三分之一的人员，除越南、韩国和西欧战区之外削减三分之一的军事人员。但迄今为止什么都没

87

尼克松——孤独的白宫主人

有落实……我知道所有幕僚都不同意我这种做法，但是这正是我特别在意的事情，我希望立即落实……我认为我们应当让哈特菲尔德担任我们主日崇拜仪式的发言人之一。这会是一个对付那些"狗娘养的"人[225]的良策。*

"米切尔——追着他，"在看过《华尔街日报》一篇关于曾经对卡车驾驶员工会主席吉米·霍法（Jimmy Hoffa）提出不利证明的路易斯安那卡车驾驶员工会官员爱德华·帕廷的报道之后，他写信给司法部长，说他"在某种程度上可谓是为罗伯特·肯尼迪工作的人中的一个英雄"。新一期新闻摘要的一篇报道说古巴正在取代阿根廷在联合国经济及社会理事会中的地位。就这一报道，他批示道："K——让美国退出这个理事会。"《纽约时报》的一篇报道说，他的政府处在不能搞到对外援助所需的26亿美元的危险之中。就这篇报道，他命令说："哈洛，不要干得太费劲。"

几个星期来，尼克松一直处在一种愠怒、失意的情绪中。他对《基督教科学箴言报》称赞内政部长沃尔特·J. 希克尔（Walter J. Hickel）的文章的回应是给埃里希曼的这份备忘录："E——这令我烦恼——他可能太屈从于他的评论家。"巴尔的摩《太阳报》报道说，美国可能撤回罗德西亚领事代表团以抗议白人少数民族统治。他写道："K——不——我不同意——如果我们有个代表团在匈牙利，我们就要有一个代表团在这里。这是命令。"就《迈阿密先驱报》的新闻标题"如果红色革命分子加剧冲突，尼克松又要轰炸了"，他写道："K——好！"就一则关于通货膨胀的报道，他写道："尼克松将只能求助冻结工资和物价，否则就是死路一条……"在一份有关两党参议员代表团要求详细查看军费开支的简要备忘录上，他写着："E——难道我们就不能渗透到这些人中间去吗？"

6月19日，他在同一个房间里待了一天，为他的第六次新闻发布会做准备，这次晚间活动将通过电视向全国直播。他的新闻摘要中的第一条提到约

---

* USIA 是指美国新闻署，其包括美国之音和世界各地的图书资料室。AID 是指国际开发署，其管理对外援助。俄勒冈州的参议员马克·哈特菲尔德是一位反战派共和党人。

第 5 章　1969 年 6 月 19 日

翰逊总统的最后一位国防部长所撰写的一篇文章:"今天所有的报纸都报道了克拉克·克利福德要求到1970年年底美国的地面部队全部撤出南越……"

在这篇文章的引导下,新闻发布会上提出的第一个问题就是:"总统先生,前国防部长克拉克·克利福德建议到今年年底,10万美国部队应当撤出,我们应当说,到1970年年底地面部队全都将撤出。我想知道你是否认为这是一个实际可行的时间表?"

尼克松有思想准备,正等着这个问题,显然生气地说"在上一届他任国防部长的那届政府的五年里,我们经历了这场战争的持续升级,我们有50万美国人在越南;我们有35,000人被杀害;我们有20万人受伤。……在那一年,在他担任国防部长的整整一年里,我们的伤亡人数是那五年期间最多的。……他的确有机会做到这一点,但是他当时没有采取行动。……我倒是希望我们能抨击克利福德先生的时间表……"

尼克松对自己的表现很满意,熬了好几个小时的夜,叫来霍尔德曼和其他十几个人,问他们他表现得如何。早上7点30分,他牵着皮带拴着的蒂马胡之王,微笑地在白宫庭院里散步,走过行政办公大楼,甚至出了门沿着宾夕法尼亚大道漫步。他带着狗走进霍尔德曼上午八时的工作人员会会场,没有多说话,只是咧嘴笑了笑。几天后,《新共和》杂志的约翰·奥斯本(John Osborne)[226]注意到其中某些事件,并撰写了一篇文章表述了他认为过去几个星期发生了什么,最显著的部分还探究了总统的精神世界。奥斯本表示,这不是平常的政治评论,在写作有关尼克松的报道时最难的是记住他是个"人"。

"那并非易事,"奥斯本写道,"大部分在白宫为他工作的人都尽量装糊涂,掩盖这个事实,使他被看成是一位从未——但是决不——屈服于官职压力的总统,一位无论以哪种可想象的方式看都没有缺陷或怪癖的总统……在生活和工作中镇定自如,游刃有余……"

"我被告知,几个星期以前,总统陷入一种暂时性极端沮丧状态。据说用'消沉'这个词来描述他当时所表现出的情绪是过于强烈了。……大约就是在那个时候,新闻中开始强调总统数小时独处静思的孤僻习惯。在尼克松白宫的禁区内得知这些，使我感到非常吃惊。"

尽管是个不留情面的评论家，但是奥斯本在白宫内部所拥有的消息来源似乎比他的同仁以及竞争者的都要好些。当然，这个来自《新共和》杂志的人的目光肯定比大多数人都更为冷静。他断定，不管怎么样，通过在空军学校的一番宣泄以及在6月19日新闻发布会上的更多宣泄，总统重新振作起来了。奥斯本选择用"冷嘲热讽"这个词来描述总统对待克利福德和所谓最杰出者的圈子的态度。

"所得出的合理结论是，与其他人一样，尼克松也需要时不时地做一回他自己，"这位作家断定，"当然，并不是表现出整个本性。但是，他以往生性刻薄，在总统任期内他也会再次表现出这一本性。我认为这也是一种治疗方式，有益于他，尽管不总是有益于这个国家。"

一个星期之后，奥斯本的文章片段被摘录到总统的新闻摘要中。尼克松在有关他宣泄他的刻薄情绪的内容下画了线，最后一句话是："看到这一点的助理们感到很困惑，一时间感到很惊愕。"然后，他随手写道："E 和 H——又来了。毫无疑问我们应该能够找出在我们的工作人员中是谁在谈论这个性格问题。"

"E，"埃里希曼，实际上也参加了与奥斯本以及其他想要探究理查德·尼克松内心世界的人的谈话。[227]这种思索一定会不胫而走，变成街谈巷议的话题。而当《看客》杂志发表一篇题为"尼克松总统以前的医生撰文谈我们的领导人的心理健康"的长篇文章时，这种老调便又被重弹了。

在20世纪50年代初开始为尼克松治病的时候，阿诺德·胡茨查奈克（Arnold Hutschnecker）[228]医生是纽约帕克大街上的一名内科医生。后来他转行从事精神病治疗，后自认为是领导力方面的专家。在《看客》杂志中，他的确分析了尼克松，还分析了恺撒、拿破仑、希特勒以及林顿·约翰逊。但是他很谨慎，说他给尼克松所做的只是身体方面的专业治疗。但是，言外之意，他看起来好像既同意白宫里某些观察力比较敏锐的尼克松观察家的意见，也同意这是一个"新的尼克松"的想法。

胡茨查奈克用希波克拉底以及巴甫洛夫（研究人类和狗）的著述来表述

第 5 章 1969 年 6 月 19 日

他自己的想法，写道：

> 巴甫洛夫称他们为：1）强健、兴奋型；2）充满活力型；3）沉着冷静型……
> 第二种类型代表最理想领导者，因为他们面对压力时表现出有节制的反应……第一种类型的人，受敌对挑衅行为的驱动，占各行各业领导人的大多数。第一种类型和第四种类型的人最可能被压力打垮。因此，在承担社会责任和政治责任的情况下，他们肯定会成为一种风险……

接下来，这位医生特意提到他原来的病人，专门讲述了1962年尼克松的一次发怒——"你不要让尼克松再考虑了！"——在1962年落选加州州长之后。胡茨查奈克试图将它扯到一起：

> 对于一个人来说，遭受似乎令其所有未来政治希望全部破灭的个人挫败并且情绪上对其做出反应是一回事；而对于一个有权有势的人来说，正视一种与个人无关的危机则是另一回事。……在事件和顾问的帮助下，他可以客观地权衡问题。……在4月朝鲜飞机军事冲突期间，尼克松先生对事实和后果做出了客观的评价，并且实行了有节制的判断和控制。……他的行为表明，作为总统，他可以成为第二种类型的领导者，有节制、经过调适的个性，通过谈判、发挥优势去争取和平。

他将亚伯拉罕·林肯作为学会这种自我控制的第一种类型领导者。这位医生的结束语读起来就像是他从前的病人，亦即现在的总统的午夜黄记事簿记载的沉思：

> 这种变化能够发生在一个可能觉得自己受抱负驱动，而在目标实现之后能够放松下来的人身上。

第 6 章　1969 年 7 月 20 日

5月末，美国宇航员弗兰克·波曼（Frank Borman）代表美国出席了在捷克斯洛伐克举行的国际空间研究委员会的一次会议。这是一次少见的著名美国人士对共产主义国家的访问，尤其是这个国家仅在一年前曾经公开背叛过苏联的统治，这次背叛以苏联入侵和占领告终。这位宇航员的到访没有得到被控制的捷克电视台或报纸的报道，但是消息还是传了出去，这在某种程度上要归功于自由欧洲广播电台。这个美国人在布拉格机场走出美国空军一号机舱门的一瞬间便被人群包围，到处都是欢呼声。6月6日从新闻摘要中看到一张表现激动人心的场面的照片，尼克松草批道："K——我相信，我们可以通过派更多人到东欧访问来刺激我们的莫斯科朋友。……派内阁成员？是时候了，我们要开始给他们找一些麻烦了。"

6月28日，白宫宣布，总统本人已经接受了访问罗马尼亚[229]的邀请。这令新闻媒体以及尼克松的许多选民感到吃惊。罗马尼亚是一个试图表现出独立于莫斯科的顽固的共产主义警察国家。总统将在从7月底开始的环世界旅

第 6 章 1969 年 7 月 20 日

行期间访问罗马尼亚。在白宫国宴厅早餐会上，他向两党国会领导人[230]解释了这次东欧之行的安排以及更多情况：

我们必须向那个古老世界中的1.5亿人表明，美国没有把他们一笔勾销。……我们去那里不是为了与苏联对抗或者开创一种我们从未给予过帮助的革命形势；我们去那里是为了给东欧人民以希望。

然后，他透露了他带着黄记事簿独处时考虑成熟的一些内容，表明他比在座的其他政治家不止超前几步。这次早餐会的备忘录还记载了如下内容：

关于中国与苏联的形势，总统说，当然，有些人力劝美国加入某种与俄国人的非正式联盟以抑制共产主义中国。总统再次说，他觉得这是一个英明的短期战略，但却是一个灾难性的长期战略。他说，这会使白人世界陷于与亚洲非白人世界的对抗，并且共产主义中国会成为有色人种（其中有些是我们的朋友）援助的自然继承人。"如果我们要避免被拖进未来亚洲战争的话，我们必须在亚洲扮演某种角色，"他说，"从根本上讲，我们的角色应当是为亚洲国家提供核保护伞。……我们已经使我们自己致力于在不发达国家中实施大大增强人口控制的项目。没有这样一种项目，我们对这些国家的援助就毫无价值。……"

这是尼克松做得最好的一件事：从全局看世界，高屋建瓴地思考和采取行动。他接着分析了一个又一个国家，但是他没有表明他对西方与东方关系的最终看法。实际上，他认为，有一天，由于苏联分解为欧洲和亚洲两半，白人世界与有色人种之间几乎肯定会爆发一场种族战争，避免那种战争的方式只能是尽可能使那些地方实现经济成长、人口控制、民主化，以及美国军事存在。

尼克松一生大部分时间为之奋斗的工作，大部分结果都令他不满。在他所写的孤独的自我对话中，几乎没有什么快乐可言。当选之后才八个月时间，他就经常感到沮丧或生气，焦躁不安。他也常常感到厌倦，尤其是常常被国内政策以及与国会关系方面错综复杂的事情和非理性行为弄得很烦。他在白宫与戴维营之间穿梭，计划避开华盛顿的旅行，抱怨幕僚人员和新闻记者。他抱怨没有充分的自由时间去考虑诸如种族、文化战争以及近在眼前的人类在月球上漫步之类的大事——阿波罗11号计划于7月17日发射。他抱怨得越多，他通过霍尔德曼发出暴风骤雨般的琐碎行动备忘录就越多。

7月8日在为埃塞俄比亚国王海尔·塞拉西举行国宴前后，总统曾通过他床边的答录机接二连三地发出短小的备忘录：

未来我希望看到给我提交国宴乐曲选集。[231]……在 Chez Vito[232] 有一个优秀的乐队。他们不是非常高雅，但是他们有他们自己的高雅之处，并且能很好地鼓舞听众。

无论客人是谁，都首先为总统上菜。我不喜欢这个习惯，特此指示改变之。将实行以下规则：1.如果是男性参加的宴会[233]或午餐，没有尊贵的客人出席，则首先为总统上菜。2.如果是男性参加的重大活动，有尊贵客人出席，则首先为尊贵的客人上菜，然后为总统上菜。3.如果是一个有男性也有女性参加的宴会，没有尊贵的客人出席，则尼克松夫人将……

7月8日宴会之后，尼克松去了戴维营，[234]那里开始看起来像个建筑工地。总统动用了数百万美元来修缮这个度假山庄。总统的小木屋，山杨小屋，曾经是负责清除火道的年轻平民护林队队员的营房，是一处多年来逐渐修缮的原木建筑。在上任后头六个月里，尼克松花费了大约200万美元移栽周围的树木，在他木屋隔壁增设了保龄球道和一个价值55万美元的新游泳池。这个游泳池替代了森林里的那个小游泳池，它令人震惊的成本包括：花15万多美元对一个旧采石场进行重新开发，以保证游泳池周围的石头与山杨屋周围的石头相配；花261,000美元加固总统的防空洞奥林奇一号。这个新的

第 6 章 1969 年 7 月 20 日

温水游泳池正好位于尼克松曾经随手一指的地方——尼克松与霍尔德曼一起在那里巡视的时候指过的一个地点，实际上它直接建在那个防空洞之上，于是不得不重建。没有人跟总统讲过这个情况。他把这个命令下给霍尔德曼，他说什么霍尔德曼就做什么，不管海军工程师说什么。与在基比斯坎的总统新佛罗里达度假村附近建造总统直升机机场的 411,000 美元一样，这项工程的经费也是来自秘密的军用资金。

尼克松每个月来戴维营三到四次。这一次他忙活的是他真正感兴趣的事情：战争与和平。他在审阅国家安全委员会的一份秘密计划。该计划被叫做"鸭钩"[235]计划，是由基辛格和他聪明伶俐的年轻人亚历山大·黑格快速地从一些旧的应急计划选编而成的。黑格能在不惊扰国防部长莱尔德的情况下从五角大楼收集到旧计划，这给尼克松和基辛格留下了深刻的印象。国家安全委员会的团队迅速拼凑了一个看似有道理的计划，说是如果巴黎和谈仍然没有进展并且北越对尼克松和基辛格所发出的反向通道试探没有反应，就让北越屈服。总统心中有个截止时间，如果在 11 月 1 日之前，也就是 1968 年大选前约翰逊总统下达停止轰炸令的首个周年纪念日之前没有进展，他想用军事手段惩罚北越。旧的应急计划包括密集轰炸河内市和海防市，轰炸进入中国的铁路线以及越南的灌溉堤坝。海防市的海港和越南的河流会被布雷。鸭钩计划可能采取的一个做法是用核武器封锁胡志明小道，一条由山口、公路、隧道以及小径构成的南北向盘根错节的道路，用于将部队和给养从北部运往西贡的湄公三角洲南。

总统精心起草了一份致北越主席胡志明的最后通牒，[236]上面说："我认识到，要让跨越四年之久的战争鸿沟达成有效的沟通是很难的。……我想庄严地重申，我愿意为公正的和平而努力，……朝着早日解决这场悲惨的战争的方向努力。"尼克松还想让胡志明知道，如果到 11 月 1 日还没有进展，美国会采取"重大的武力措施。"7 月 15 日，在白宫，尼克松将这封信交给了前法国驻河内总代表让·萨蒂尼[237]，1953 年他妻子克劳德在一次国际研讨会期间曾在哈佛见过基辛格。

尼克松——孤独的白宫主人

在山上,尼克松总是在谋划、规划大大小小的革命,有时是要建设一个更好的世界,而更多时候则是策划对付他自己的幕僚和内阁的"政变"。他认为自己是个有见解和行动令人惊讶的人,他真正的工作都是他独自与他的黄记事簿一起,或者与他的控制和组织代理人霍尔德曼以及埃里希曼一起完成的,他将他们两人视为他的左膀右臂。霍尔德曼是看门人,给总统的电话要先经过他,和他的简短对话的结尾通常都是他说"参议员,你可以稍后再打给我吗?如果我不在,我的助理的名字是……"之类。霍尔德曼和埃里希曼,他们在大学时就成为了朋友,是总统的多个分机。他们两人,再加上基辛格,就构成了尼克松的环境。

因此,霍尔德曼、埃里希曼和总统一起在戴维营度过了从7月17日开始的长周末。他们有一个议程:沿用基辛格外交事务机构的做法,继续执行总统还举棋不定的重组白宫国内决策机构的计划。

面对他的老友亚瑟·伯恩斯与他的创新派新欢帕特·莫伊尼汉[238]之间的分歧和接连不断的推推拉拉、纠缠不清,总统变得越来越急躁易怒。这两个人都想被人视为负责国内事务的副总统,如同基辛格自视为外交事务副总统一样。在外交事务方面,基辛格这个新人已经智取了总统的老朋友、国务卿罗杰斯。正如尼克松所认为的那样:"罗杰斯觉得基辛格是[239]马基雅维利主义的权谋政治家,不诚实、自负、傲慢、无礼。基辛格觉得罗杰斯是爱慕虚荣的、信息匮乏的、不能保守秘密的、不可救药地受制于国务院官僚体制的。"这两个人都是对的。但是基辛格由于投合总统喜欢保密以及一直以来憎恶国家官僚体制的倾向而占据了优势。

如果尼克松想要得到秩序和安静,埃里希曼在霍尔德曼的支持下可以成为国内方面的冲突解决方案。埃里希曼是气球空降兵,由于对在西雅图从事房地产法律执法工作感到厌倦而当了一名先遣助选员。[240]他将伯恩斯与莫伊尼汉之间的争执,口头辩论或甚至纯粹的旧日谈话综合成总统比较喜欢的简明扼要的政策文献,这给尼克松留下了深刻印象。[241]如果尼克松听从莫伊尼汉的,正如他喜欢做的那样,他就得相应地忍受伯恩斯没完没了、滔滔不绝的讲话。"我再也不能忍受听亚瑟的唠叨了。"尼克松说，于是霍尔德曼和埃里希曼就开始行动。

埃里希曼接管的手段[242]是一份利顿工业公司总裁罗伊·阿什（Roy Ash）为尼克松准备的有关行政分支机构的文件，一份针对总统的喜好而精心定制的文件，它包括这样的评价："动用许多部门[243]、采取多方面计划去实现国内目标会阻碍总统在国内事务中像在外交事务中那样发挥个人作用。总统不能也不应当是'国内事务司务员'。"

霍尔德曼和埃里希曼抓住那些话，将它们作为将城市事务以及其他国内政策的控制权和职责转移到他们自己手中的一种借口。霍尔德曼几乎不关心政策的基本内容，一心只想控制。埃里希曼想要职责和权力。伯恩斯和莫伊尼汉以及劳工部长舒尔茨将变成向埃里希曼而非总统报告的职员和清客。舒尔茨是芝加哥大学的经济学家，他坚持认为美国最需要的是"一个从福利过渡到工作的桥梁，"尼克松接受了他的观点。在这个长周末结束之前，尼克松同意埃里希曼放弃"总统法律顾问"的头衔，接管"国内委员会"[244]，让总统的耳朵根子清净，不再听国内政策的争吵声。莫伊尼汉正在被边缘化。伯恩斯可以坐等到1970年1月，总统打算在那时兑现承诺，让他当联邦储备委员会主席。

那正是总统所想要的方式。什么也不宣布，既不告诉伯恩斯也不告诉莫伊尼汉发生了什么。经霍尔德曼同意，伯恩斯带着一个仔细起草和更新的老共和党人的方案去见总统时，知道有些事情糟了。[245]他带去的方案是"收益分享"，也就是说给各州提供非强制性联邦援助而不是告诉他们如何花每一美元。尼克松只听了一两分钟，然后抬头看了看说："好。把它交给埃里希曼吧。"

伯恩斯差不多是最后一个知道的。他非常震惊地得知，尼克松没有对这个方案的细节甚至这个想法本身提出任何批评意见。尼克松所想要的是引人注目的国内公告，以便让国会和新闻媒体那些说他对国内事务的兴趣在政治而不在国家治理的批评家们安静下来。而这些批评的确是准确的。

尼克松——孤独的白宫主人

　　与伯恩斯不同，莫伊尼汉不完全反对埃里希曼僭越式的接管。这个来自纽约的精力充沛的民主党人对行政管理不感兴趣。他是一个永恒的思维机器。他和埃里希曼相处得不错，而后者知道莫伊尼汉早晚会感到厌烦并且认识到他的工作已经完成了。

　　莫伊尼汉把精力用于精心制订一个计划，一个勇敢的计划，用以取代作为罗斯福新政的主要福利计划《对抚养子女的家庭的援助》（AFDC）的计划。从本质上讲，AFDC计划就是每月为抚养孩子又没有工作的母亲提供支票。当政治家或人民抱怨"福利"或"救济"的时候，AFDC通常就是他们的靶子。莫伊尼汉的计划被叫做"家庭保障制度"（FSS），结合了古老的自由思想（为适应尼克松对令人惊讶的事情以及新颖性的偏爱，莫伊尼汉重新进行了措辞），包括为吃福利的穷人和"有工作的穷人"（舒尔茨短语）提供有保障的年工资。总统激烈地斥责这些措辞，认为它们可能被用于调动工作家庭选民。他希望这些选民不再依赖并远离民主党[246]和乔治·华莱士。在1968年总统大选中，乔治·华莱士作为第三党派候选人赢得了13%的选票。在他心中的想法是形成一个新的政治大多数。总统要舒尔茨对与工作相关的需求进行更为具体的研究，[247]舒尔茨带回来两个主意：领受健康福利的人必须得到工作或工作培训，低收入工人将有资格获得与领受福利者同样的金钱和福利。

　　尼克松对政府救济的态度与他小时候他贫困的家庭曾经拒绝政府帮助这个事实有关。他蔑视传统的监护福利并且憎恨社会工作者。他的双亲曾经拒绝送他的兄弟哈罗德（死于肺结核）去免费的公立医院治疗，因为他们认为接受政府帮助是降低身份，[248]他们想"装门面"。但是，作为总统，他的目标与所有支持创建社会福利制度的人的总统一样，都是想废除这个该死的东西。"我所追求的是[249]完全取消救济金，"富兰克林·D.罗斯福总统在1934年的一封信中写道。"我还不能大声地这样说，但是我希望能够用工作代替救济。"尼克松仍然着迷于迪斯雷利比较，他准备大声说出这一点。他甚至考虑使用一个新词："工作福利制"。[250]

第 6 章　1969 年 7 月 20 日

莫伊尼汉本人是一个罗斯福自由主义者。他事先已经用数小时对尼克松进行指导，提供了大量带有统计数据的文献，诸如[251]在国家救济制度下，一个三口之家可以得到每月 39 美元到 263 美元的救济，救济金额的多少取决于其居住地点；纽约市 69% 的福利分娩为非婚分娩；93% 的福利家庭没有父亲在家，其部分原因是 AFDC 只针对单身妇女及其子女。

"'家庭保障制度'会消灭社会工作者吗？"尼克松问莫伊尼汉。

"消灭他们。"[252]他微笑着回答说。

莫伊尼汉在一份备忘录中详尽地向总统说明了这一点："在社会上提供服务的人[253]包括教师、福利工作者、城市规划师、营养专家等等，他们完全专注于处理黑人问题，有时甚至似乎怨恨听说白人处于困境……贫穷的黑人似乎比接近贫穷的白人得到更优惠的待遇，高声谈论的人声音越来越大，温度也就升高了。"

在尼克松重新排列白宫里的职位的时候，在他敌人的阵营里发生了极其令人惊异的事。爱德华·肯尼迪参议员，肯尼迪总统最小的弟弟，尼克松预料的 1972 年总统大选劲敌，在马萨诸塞州马撒葡萄园岛沿海的一座名叫查帕圭迪克（Chappaquiddick）[254]的小岛上驱车坠下一个木桥后失踪了八个多小时。十个多小时之后，事故潜水员发现在沉没的轿车中找到了一具尸体，是罗伯特·F. 肯尼迪参议员办公室 28 岁的前任秘书的尸体。这名女子名叫玛丽·乔·科佩奇尼。总统当然想知道所有的细节。[255]比尔·萨菲尔跟尼克松说，他认为这个事故会在对"鹰"登陆的兴奋中被人遗忘。"鹰"是阿波罗 11 号太空飞行任务登月舱的名字，它已经在绕月球飞行。"不，"尼克松说，"这件事很难掩盖。[256]有太多的记者想赢得普利策奖。"

"他显然是喝醉了并任由她淹死的，"尼克松说，"他跑了。在他的人格中有一种严重的缺陷。"埃里希曼派他的在编侦探杰克·考尔菲尔德伪装成记者去马撒葡萄园岛。"我们希望确信肯尼迪没有逃脱这个责罚，"他跟这个前警察说。考尔菲尔德带着埃里希曼雇用的另一名前纽约警察托尼·乌拉塞维奇（Tony Ulasewicz）一起去。托尼每年从尼克松的一个秘密基金领取 22,000

尼克松——孤独的白宫主人

美元，这个基金由总统在加利福尼亚的私人律师赫伯特·卡姆巴克负责打理。[257]

尼克松在处理新闻媒体和玛丽·乔·科佩奇尼神秘死亡的问题上是错误的，至少在刚开始的时候是错误的。起先，《纽约时报》打算在横贯双栏的标题"女乘客遇害，肯尼迪车祸逃生"下刊载报道。在这个报道的上方是横贯八栏的大字标题：

宇航员转入月球轨道
准备今日登陆

次日，鹰号登月舱登陆的报道不仅占据了整个报纸的头版，而且成为头版整个前半部分唯一的报道，以《时报》从未用过的特大号字体印刷的标题开头：

人类月球漫步
宇航员登陆平原
拣石块，插国旗
来自月球的声音："鹰已经着陆"[258]

1969年7月20日星期日晚，总统与霍尔德曼和宇航员弗兰克·波曼一起坐在椭圆形办公室背后那个私密的小办公室里，观看宇宙飞船指挥官尼尔·阿姆斯特朗[259]在月球表面，在一个被地图制作者叫做宁静之海的地方漫步。在这间正式的办公室里有电视摄像机自动拍摄尼克松，在史上距离最遥远的电话通话中，尼克松向阿姆斯特朗及其机组人员表示祝贺，他说，"这一定是白宫打出的最具有历史意义的电话。……由于你是从宁静之海跟我们谈话，因而激发我们要加倍努力去为地球带来和平和安宁。"

他为此而受到攻击。《纽约时报》在一个恶毒的短篇社评中，宣称尼克

第 6 章　1969 年 7 月 20 日

松打的电话是"不得体的",会浪费宇航员宝贵的时间。它还说,总统试图窃取其前任约翰·肯尼迪和林顿·约翰逊的荣誉,他们两人都曾发誓说美国人会率先登上月球。

这天晚上,尼克松是一个愤怒的人。在观看电影《西区故事》的时候,总统在电影结束之前就走出了放映室,低声抱怨说"我再也不能忍受这种宣传。"这是一部根据《罗密欧与朱丽叶》改编的歌舞剧,讲述的是现代纽约城里意大利裔美国人与波多黎各人之间的爱恨情仇故事。

四天之后,[260] 在夏威夷南太平洋美国大黄蜂号航空母舰的甲板上,海军乐队演奏着"哥伦比亚,大海上的明珠"乐曲,总统亲眼看到在海上降落才两小时零五分的宇航员的时候,兴奋地跳了起来。他透过大黄蜂号检疫室的玻璃跟阿姆斯特朗、"巴兹"·奥尔德林和迈克尔·科林斯谈话。尼克松不善于闲聊,但是他喜欢讲大道理,他说:"这个星期是这个世界开天辟地以来最伟大的一个星期!"

尼克松的一位朋友,福音传教士比利·格雷厄姆马上说,哎呀!有三个比较伟大的日子:"1. 第一个圣诞节。2. 基督受难日。3. 第一个复活节。"从他的新闻摘要看到这个内容时,尼克松随手批示道:"H—告诉比利,RN 说的是一个星期而不是一天。"

这份新闻摘要本身也有新闻,由联合专栏作家马奎斯·蔡尔兹(Marquis Childs)负责报道一些传闻,专供尼克松阅读,每天只有一页。

实际上,新闻摘要通常会有 20 多页,因此总统看到的篇幅可能已经多于他所需要或者想要的内容。有时他抱怨新闻摘要的内容并且猜想有太多的人正在看跟他每天所看的相同的东西。"正如我在以前的一份备忘录中所指出的那样,以后新闻摘要中不要收录纽约《时代》杂志和《华盛顿邮报》的社评和专栏文章,"尼克松在《时代》杂志刊载攻击他给宇航员打电话的文章这天的新闻摘要上写道。日复一日,新闻摘要越来越成为白宫生活的中心。有一天,在有人问到有关总统隔离状态的问题时,他在他的新闻摘要上随手批示道:"H 和 E:要记住,从今以后,这个新闻摘要只发给尼克松、霍尔德曼和埃里希曼，不要发给克莱因、基奥、齐格勒或其他任何人。"

霍尔德曼认为，那样做也许太过了。次日总统发了一个备忘录给埃里希曼、齐格勒、克莱因、基辛格以及哈洛："正如你们每个人都知道的那样，总统相当仔细地阅读他每天的新闻摘要，并且，……根据新闻摘要中的报道发布日常指令，白宫工作人员的行动指令。在收到这个备忘录之后，总统会假设你们在十点钟已经阅读了布坎南的新闻摘要，并且至少在中午之前已经针对影响你们部门的问题采取了行动。"

这天的新闻摘要也提到了纽约市长、共和党人、反战的自由主义者约翰·V.林赛的一次演讲，说他的讲话赢得了热烈的掌声，他说："纽约每年有90亿美元用于死亡的工作。我们的资源不应该归入越南。这些钱应当用于这个城市的大街小巷、家庭以及创造这个城市的希望。"尼克松在这条新闻上做的批示是："E——让我们停止对这些我们一直在帮助的愚蠢的投机商的帮助。"看到罗斯科·德拉蒙德的一篇联合专栏文章说，除非他能摆脱越南问题，否则"公众舆论会让他站不住脚，就像当年对约翰逊那样"，尼克松写道："E 和 K——告诉他，尼克松比最近几届总统都更不会受新闻媒体批评和舆论的影响。"

阿波罗11号降落之后，空军一号继续进行它的环游世界之旅。飞行中的第二天，总统查看了对他上任头六个月的一些评论——新闻媒体的成绩报告单。评价是常规性的：外交事务方面评价为良好，国内事务方面的评价为差强人意或不及格。《生活》杂志说：

外交政策：尼克松逐渐结束越南战争的决心是显而易见的。他在与共产主义国家谈判、说服阮文绍政府以及在两年期限内撤军等方面所做的努力是一种错综复杂的策略，迄今为止这些策略实施得相当熟练。……不太明显的，但也是他头脑中所想的，是与苏联达成某种武器限制协定，以及可能的话与中国达成谅解，他的这个决定是值得赞许的。……如果这些全都能做到，可以想见，这将是一个共和党人所取得的最佳成就。

第6章 1969年7月20日

通货膨胀：他遵循了一条强硬路线和坚定不移的方针，除了口头上有些摇摆不定的说法之外。……这个计谋是为了避免经济衰退和过多的失业。迄今为止表现良好。

国内骚乱：……在黑人骚乱方面，他给人的印象是他没有多少介入；在政治上他没有将他们作为要争取的对象，他只是希望在集合美国中产阶级大多数的同时，他们不要造成太多麻烦。在学校废除种族歧视和投票权的问题上，他采取了规避的策略。

国会：总统要求得很少，得到的更少。

在"黑人"问题上，他们说到点子上了。那周的一份新闻摘要收录了一篇报道，说伊利诺伊州州长理查德·B.奥格尔维希望联邦政府废止关于在芝加哥学校废除种族歧视的最后通牒。尼克松回应说："在这种情况下我们为什么不能放松一些呢？"

《时代》杂志给尼克松的评分更高。[261]在就月球飞行发表评论时，这个新闻周刊预见性地分析了它所演化的战略意义。《时代》杂志说，这次飞行任务所代表的是"可靠的、或许老式的美国式美德。……以总统为灵魂的'美国中产阶级的成就'"。然后，引用《时代生活》杂志驻白宫记者休·赛迪的话说："他对那个还不知道其为大多数的大多数说，……他们抓住了要去打球，……和带着小男孩般的热情去跟随太空飞行的尼克松。他是美国青年会的会长、基尼俱乐部的支持者、环绕世界飞行的拉拉队队长，他为美国中产阶级所取得的成就而感到荣耀。"

尼克松的环游世界之旅就这样开始了。在大黄蜂号上度过兴奋的凌晨之后，第一站到达关岛，一个通常作为例行军队加油站的岛屿。这是个没有电视的地方。在波士顿，爱德华·肯尼迪参议员正在电视上[262]极力解释在查帕圭迪克岛所发生的事情。霍尔德曼坐在电话旁——在白宫，他的一个手下在另一端拿着电话冲着电视机——一字一句地做记录，然后马上把记录念给尼克松听。总统接过随行记者的几个问题，回答了其中一个有关越南的问题。

103

他说:"我们必须回避那种让亚洲国家过分依赖我们的政策,否则我们会被拽进冲突,一如我们在越南所遇到的麻烦那样。"

记者们雀跃起来。他们以变化为生,对分歧或矛盾格外警觉。"被拽进"不是尼克松在说到战争时常用的一个短语。他做了详尽的说明,披露了他与基辛格有关三种亚洲冲突的数小时谈话的主要内容。亚洲有三种冲突:第一,国内颠覆活动或内战;第二,邻国攻击;第三,中国或苏联攻击。"就军事防御问题而言,"他说,"除拥有核武器的某个大国的威胁之外,美国都将鼓励并且有权期望越来越多地由亚洲国家自己处理这类问题和承担相应的责任。"

在一个小时之内,在尼克松睡觉的时候,用速记记录下来的这些话正作为"关岛主义"在世界各地广播和出版。美国将只给盟国提供少量物资而非人员,给养而非士兵。解释是杜鲁门主义现在已经过时。杜鲁门主义曾被肯尼迪总统重新阐述为在全世界反共斗争中美国将"承担一切重担"的决心。7月26日,《纽约时报》的大字标题为:"尼克松打算削减美国在亚洲的军事作用。"

基辛格被尼克松大范围的轻率言行惊呆了[263],他认为总统只是因为太累无法避开新闻记者才出此下策。对于总统的命令,霍尔德曼的反应是,通知内阁成员,他们应当做他们力所能及的事情,让人立即将"关岛主义"更名为"尼克松主义"。[264]就这样,偶然之间,尼克松那么梦寐以求的那种公关胜利就到手了。

次日上午,[265]总统一行继续飞往马尼拉,然后飞往印度尼西亚、泰国和南越。在西贡与阮文绍总统进行了例行会晤之后,尼克松乘直升飞机去了位于迪南(Di Nam)的美国第一陆军基地,该基地在西贡城外12英里处。他一边走,一边同十多名美国士兵交谈,问他们来自什么地方,然后又跟他们谈论体育运动。他在一对一谈话时的呆板风格很容易让人取笑,但是那一天真的对他很有影响。他把霍尔德曼叫到他在飞机上的办公室里,说他被这些士兵的品质折服了。他接着说,"再也不要让那些嬉皮士大学生来见我了。……"

再下一站是印度的新德里和巴基斯坦的拉合尔。这一行人行进得非常之

第 6 章　1969 年 7 月 20 日

快，远不止是观光的速度。飞进新德里的时候，霍尔德曼坐在基辛格旁边，递给他一份为总统抵达而准备的三页纸篇幅的讲话稿。"总统说这个太长，把它缩成两页纸，"霍尔德曼说。基辛格瞟了他一眼，把那些纸递给打字员；说："将这个打在两张纸上。"[266]

从拉合尔飞往罗马尼亚布加勒斯特途中，尼克松告诉霍尔德曼和基辛格，巴基斯坦总统穆罕默德·叶海亚·汗（Agha Mohammad Yahya Khan）[267]将军，这位于1969年接管该国的前陆军司令给他留下了多么深刻的印象。他是一个爽快的家伙，胳膊下总是夹着一根马鞭，没完了地喝酒，说话直来直去，营房里的乐天派。"一个真正的领袖，"尼克松说，"非常聪明。"他认为汗显然已经洞察到苏联作为印度的支持国与中国的关系，而中国与巴基斯坦保持着比较紧密的关系。正如叶海亚·汗所认为的，苏联领袖很害怕中国，因为苏联人中有很多人是亚洲人，如果让他们选择的话，他们可能更愿意作为中国的一部分。"他可以成为通往中国的重要渠道，也许还可以通往苏联，"在他们离开巴基斯坦的时候尼克松对基辛格说。

两年前，尼克松曾经作为一名普通公民友善地会见过罗马尼亚总统尼古拉·齐奥塞斯库。[268]后者也是少数几位向中国共产党领袖毛泽东伸出援手、曾使苏联大为不满的东欧国家领导人之一。尼克松与齐奥塞斯库讨论了苏联与中国的紧张状态。在离开华盛顿这天，尼克松曾给基辛格讲述过1967年的那次访问，他说："到我们完成这次旅行的时候，苏联人会认为我们在玩一个中国游戏。"

此外，齐奥塞斯库与北越也有良好的关系，尼克松想让他递个口信。他在给胡志明的口信中改变了说法，重申了他的秘密期限："我们不能无限期地任每星期在越南死200人、巴黎和谈没有进展的局面继续下去。今年11月1日。……如果没有进展，我们必须重新评估我们的政策。"

在布加勒斯特，人潮涌动。这是二战以来美国总统首次访问共产主义国家。成千上万的人在雨中等候，挥舞着政府提供的罗马尼亚国旗和美国国旗，在大街上起舞并齐声欢呼"Oora! Oora! Oora!"[269]

尼克松——孤独的白宫主人

"历史性的！[270]……历史性的！"尼克松一次又一次地用这个词，他一边在他下榻的罗马尼亚首都贵宾别墅的花园中散步，一边抽着雪茄。第二天是星期日，早上当他同齐奥塞斯库一起周游这座城市、驻足于集市甚至城里几乎每一幢新楼房的时候，又发生了同样的事情。尼克松感到很高兴。在去机场的路上和回国的旅途中，他一次又一次地跟霍尔德曼回味那个时刻。霍尔德曼看到基辛格，跟他说："你知道，他实际上非常想在第二任期结束之前去访问中国。"

"机会渺茫。"[271]基辛格说。

这位国家安全顾问没在回国的飞机上。新闻媒体被告知，他正在飞往巴黎，准备向法国官员介绍尼克松出访的情况。他在空军一号上的位置被埃里希曼占了。埃里希曼从华盛顿飞来向尼克松汇报有关家庭保障制度立法的最终稿的情况。

基辛格的通告是一个幌子。他去巴黎的真正目的是试图建立与北越谈判的幕后通道，与戴维·K. E. 布鲁斯在国际会议中心所进行的官方谈判分开。8月4日，基辛格去瑞弗里大道的让·圣太尼公寓，充当信使将尼克松有关截止期限的信的原件送交胡志明。半个小时之后，北越外交部的低级官员春水（Xuan Thuy）[272]来到公寓。他们两个人谈了三个多小时。基辛格，通过翻译，介绍了草拟的从南越共同撤出"外围军队"的计划。春水，也是通过翻译，系统地复述了河内的立场：他们不是局外人，他们会战斗到最后一个美国人撤出为止。关于未来接触的可能性达成了模模糊糊的协定。如果说有什么好处的话，那也是对北越来说有好处：他们可能认为有没有协议美国人都会撤军。不过一直以来无论如何他们都是这样认为的。

在华盛顿，总统在大暴雨中到达安德鲁空军基地，走出空军一号的舱门，[273]接受3,000名官员的迎接。其中为首的爱德华·肯尼迪参议员与尼克松握手。次日上午，总统是"乐观的"，在有关他在8月4日两党立法领导人早餐会所做的简要报告的官方会议记录中使用了这个词。尼克松再次处在其最佳状态，高瞻远瞩，知识渊博，比平常更为直率。众议院和参议员的领导人，包括参议院多数党领袖迈克·曼斯菲尔德和外交关系委员会主席 J. 威廉·富尔布赖特参议员，都一再为总统鼓掌。

"美国的亚洲政策正处在转折阶段，"尼克松开始讲，"美国必须从整体划一的方法转变为针对不同国家国情的有差异的方法。"接着，他说，这次绕半个地球去会见巴基斯坦的叶海亚和罗马尼亚的齐奥塞斯库是值得的，因为美国在这些地方一直没有情报机构。说到越南问题，他说，历史会证明美国的努力是正当的，如果没有美国的干预，1.15 亿印度尼西亚人民现在还会在共产主义的统治下。关于阮文绍总统，他说："他是我所见过的最难忘的南越领导人。"不过他又补充说："这不是说这是一个很合算的买卖。"

其后，他详细阐述了他在关岛匆匆宣布的原则，也就是现在宣传的尼克松主义："如果一个大国公然进入某国边境，这会是一场不同的球赛，但是由于那会导致某种与美国的对抗，因此其可能性很小。……在亚洲国家因内部威胁而导致困境的事件中，这些国家将被要求完全靠他们自己去处理之。在由外部因素导致内部侵害的事件中，我们将为这些国家提供武器和物质形式的美国援助，但是我们不会提供军队。"

根据这个会议记录的记载，他还给与会领导人简要介绍了他关于全球种族互动的想法。"他说每位亚洲国家领导人都问他如何看待苏联提议的亚洲集体安全协议。他的回答是绝对不行。……一个反对中国的安全协议会导致中国控告苏联人与美国人联合组成反对有色人种的白人同盟，并且使中国人取得非白人领袖的地位。……我们必须找到与中国人沟通的途径。"

"开展东西方贸易如何？"众议院多数党领导人黑尔·博格斯问。

"尼克松说，"根据会议记录的记载，"他过去曾经认为，每一次你与共产主义国家做贸易时，你都巩固了其对受蹂躏的人民的控制。现在，他说我们应当与他们开展贸易，以便使这些国家打开大门。……给这些国家增加消费品会有助于对他们的社会产生潜移默化的影响。"

"你考虑过让外国宇航员上美国的宇宙飞船吗？"来自印第安纳州的国会议员罗斯·阿代尔（Ross Adair）问。

"好主意。"总统说。

显然，这个人好像知道他自己在做什么。"RN 感到非常自信，"他在一份备忘录中对霍尔德曼和埃里希曼说，他让他们一定要把有利的民意调查结果送给国会议员，"他们可能已经认为现在向他们内心最大的愿望让步和公然对我们落井下石是安全的。"[274]

会后，总统要特德·肯尼迪[275]到他的办公室去。霍尔德曼坐在角落里记录道："他告诉他，他听说情况非常艰难，等等。他说他很惊讶地看到新闻媒体那么无情地对待他，尤其是因为他们喜欢他，他就更觉得惊讶了。但是你不得不意识到他们在内心里还是你的敌人，即便是他们表现出喜欢你，因为他们的主要动机是抓新闻。"

第7章 1969年8月8日

在迪斯雷利传记中，罗伯特·布雷克写道："1874年至1880年通过的社会措施在某些方面使许多城市平民更不高兴、更不安定、更不健康。即使迪斯雷利本人与这些具体措施没有什么关系，但他毕竟是造成这种局面的政府的首脑。"

"正是这位托利党人（译者注：英国保守党源于托利党）采用了扩大民主的自由主义政策，"[276]总统说。或者说至少这正是帕特·莫伊尼汉四处告诉人们尼克松是这么说的。莫伊尼汉推广总统和计划，他说："《家庭保障制度》是一个真正的、明白无误的新尼克松计划……可能会持续影响这个社会的几代人。"[277]

主张变革的《新共和》杂志[278]看来是表示赞同的，其发表评论说："它表现出两个革命性原则。一个是联邦政府负责为福利受益人、家庭以及成年人个人提供最低国家标准的生活费。另一个是为谋生而工作的家庭人口以及所挣收入低于公布的最低收入（低于'贫困水准'）的家庭人口，有资格得

尼克松——孤独的白宫主人

到联邦补助使其家庭收入达到所公布的最低收入标准。根据这个计划，第三个原则完全不是革命性的。在很多批评家，包括为尼克松思想贡献了重要想法的一些官员看来，这个原则是极端保守、弄巧成拙的。这个原则就是应迫使有受雇能力的福利受益人去工作。"

"托利党人"式的总统不必相信这个计划或者同意去处理什么与之相关的事情。他已经断定，表面上的公共平等对于公共秩序是必不可少的，尤其对于维持城市黑人聚居区的治安来说是必不可少的，而且，表面上的国内和平和关怀对维护他自己的政治地位也是必不可少的。实际上，他相信黑人在基因上比白人要低劣。在办公室外与莫伊尼汉讨论福利改革过后，[279] 尼克松告诉霍尔德曼和埃里希曼说："你们不得不承认这么一个事实——整个问题其实就是黑人。关键是要设计一种既承认这一点同时又不表现出这一点的制度……"私下里，他断言，历史上从来没有过一个成功的或令人满意的黑人国家。"非洲是不可救药的，"他跟埃里希曼说，"最糟糕的是利比里亚，我们建造了……" *

---

* 1969年5月24日，霍尔德曼写道："看完了他的整篇论文。其中提到，黑人及其基因劣势，以及在这种情况下以往任何变革的绝望。必须等待内部培育，与此同时只好照料他们并帮助其中少数素质良好的人脱颖而出。我坚决相信他是对的。"在出版之前这些内容被删去了。但是，总统显然认为，无论他个人相信什么，他的义务都是建立一种不同的秩序。在1973年2月28日给霍尔德曼的一份长篇备忘录中，他写道："我为新一届政府没有坚定不移地执行我有关各种族及其他少数民族就业的指示而感到非常哀伤。……我认为，有时候我们过于强调用非常有能力的人，而同时有些能力可能不很强的人也能适当完成工作，在较低层次上提供支持。最近我告诉过你，五分之一的这种任命应当从少数民族群体中选择人选。也可能应该是五分之二。将此确定为一个目标，然后我们就能结束单一用人状态。大致说来，我所想要的是多一些波兰人和墨西哥人。……当然，我们不想形成那么一个局面：把不合格的黑人放到工作岗位上，尤其是因为我们正在撤销经济机会局许多人的职务。但是，应当绝对优先权给我前面提到过的那些群体。就所关注到的少数民族群体而言，黑人代表的比例已经过大，在这方面无论我们做什么，我们似乎都只能得到很少的信任。"最后，9年以后，1982年，在两个小时的谈话中，尼克松告诉我，他认为"黄种的"亚洲人在基因上优于白种人，至少在智力上优于白种人，而黑人则显然劣于亚洲人和白种人。因此他说，他预计到21世纪中叶亚洲人会统治这个世界。在家里，他提出了这样一些想法："人们所怨恨的是这样一种交易：一些大学出于自身利益而过分鼓励黑人，让他们做医生以及其他各种职业。……我想，种族主义已经逐渐弱化，但是种族主义还存在并且永远都会存在……许多人现在只是种族主义者，但种族主义已不再流行，并且我认为那是非常重要的，你不能像过去那样谈论黑人了。"

第 7 章　1969 年 8 月 8 日

但是那些不是对公共消费的看法。8月6日，他在戴维营召集内阁成员会，[280] 推广"家庭保障制度"，他说："在这里，我们正在努力做的事情是打破那种一代又一代人除了福利之外什么都不知道的死亡循环。这个计划的一大要点是给家庭一点儿尊严。我记得在大萧条时期许多家庭不再继续依靠福利。这种心理现在已经改变了，尤其是在我们现在所讨论的那个群体中。我们不确定我们是否能重建那种自尊。但是我们正在努力做的是提出这个最佳的新计划，并希望它能奏效。"

罗伯特·芬奇在卫生教育与福利部的副助理罗伯特·帕特莱斯利（Robert Patricelli）[281] 介绍了"家庭保障制度"的细节。帕特莱斯利是一名29岁的哈佛大学法学院毕业生。他介绍完毕的时候，尼克松向他致谢，并且说："你是怎样变得这样聪明的？"

会议持续了四个小时。副总统阿格纽主导了反对意见，他说，50位州长中有40位会反对这个计划。"这在福利名册上增加了1,300万人。难道不能在不增加这1,300万人的情况下，通过工作激励和日间护理等措施，来弥补现行制度的不足吗？"

但是阿格纽不能继续留在那里为他的观点辩论。他必须得回华盛顿去参加为结束导弹防御计划拨款而制定的修正案的参议院投票。内阁预计投票票数均等，这样会否决反对反弹道导弹的修正案。副总统匆匆忙忙结束了他的发言，唯恐没有他的反对意见这个计划就会立即生效。看到阿格纽失望的样子，总统极力缓和气氛，开了个玩笑说："我猜想我们可以指望你投一票。"[282]

阿格纽同样也开玩笑地回答说："总统先生，如果是平局，我会打电话给你，看你是不是改变了你对'家庭保障制度'的想法。"

大部分内阁成员都站在副总统一边。与阿格纽一样，住房和城市发展部长罗姆尼原来也是州长，他重复地说了几遍，他认为中等收入的人会对帮助工作中的贫民感到愤怒，因为这个群体过去一直憎恨靠吃福利为生的人。国会联络员布莱斯·哈洛好像是唯一一个理解总统在做什么的与会幕僚成员。在这周之前给埃里希曼的备忘录中他曾经写道："如果总统的目标[283]是抛出

111

这个计划，而不考虑（1）共和党人的不满，或者（2）国会认可的可能性，那么我当然理解并乐于接受。……但是，如果他希望通过家庭保障制度而不只是提议，那么，我认为目前的计划是不合适的。"

很久以前尼克松就已经决定要提出引人注目的福利改革计划，并且对他来说这个激动人心的计划本身比改革的具体细节或计划获得通过的可能性更为重要。早在4月中旬，他就已经将莫伊尼汉的备忘录发给了埃里希曼，同时还附上批示说："E——保密[284]——我已经决定继续推进家庭保障制度。不要告诉芬奇和莫伊尼汉。"

在四个小时的会议结束的时候，肯定就连最愚笨的人都认识到，这个磋商会——用霍尔德曼所偏爱的词来说——只不过是"心理治疗"。他们花时间跟总统讨论，但总统并不怎么在意他们在想什么。实际上，他很享受作为一个领袖的感觉，这个领袖不能被顾问们的论点所左右。他计算了一下，一次诚实的内阁投票会有14票反对他，11票支持他。这令他想起了一个关于亚伯拉罕·林肯与"解放宣言"的故事：在其内阁成员都投反对票的时候，据称林肯会说，"一票赞成，九票反对，赞成者获胜！"

尼克松所说的是："我知道我们所走的福利之路是错误的道路。它完全是一个灾难。我并非只是想对它进行修修补补。我们必须走向一个新的方向。我们不知道我们所决议的这个计划是否会解决这个问题，但是我希望工作与保障之间达成平衡。现在，这个决定已经做出，那么我要求所有参与这个决策过程的人都将这个计划当作一个非常令人兴奋的新计划去推广。……"

两个晚上之后，8月8日，总统在电视讲话中将这个计划公之于世。在最后一刻，这个计划的名称被改为"家庭援助计划"（Family Assistance Plan, FAP）。它是一个负所得税方案，它保证每个领取福利的四口之家每年从联邦政府领取1,600美元的现金。但是在说明这一点之前，尼克松抨击了福利国家："三分之一个世纪以来，华盛顿积聚的权力和责任已经生产出一个庞大的官僚体系，笨重累赘，反应迟钝，效率低下。……这是一个巨大的失败。"

接着，他正式宣布了一个建立在"收入分成"基础上的联邦制：联邦政府将终止对州及地方政府某些特定项目，比如道路建设项目的补贴，而且，作为替代，让这些政府以联邦税的名义征收资金，第一年10亿美元，五年之后提高到50亿美元，这些资金可用于现有项目，也可用于开创新的项目，还可以作为免税额返还给纳税人。"权力和责任已经流向华盛顿，而且华盛顿也已经认为自己是最佳的收入来源。我们准备把这一面翻转过来。"

这个演讲的大部分内容集中于"家庭援助计划"及其工作或工作相关培训的要求。"现行制度往往使人可能从福利制度得到比低收入工作更多的钱，"他开始说，"因此，我提议我们要废除现行的这个福利制度。福利金要发给有工作的穷人，以及没有工作的人。……要提供基本的联邦最低福利金，所有的州都一样。……领取福利的人还必须接受工作或者培训。唯一例外的只有那些丧失工作能力的人以及学龄前儿童的母亲。"

总统最后说："消除贫困、结束依赖，就像几十年前登月一样，可能看起来好像是不可能的。但是，发扬阿波罗精神，我们就能提高我们的眼界，……走向新的独立。"

盖洛普公司的一次快速调查表明，[285]65% 的美国人支持这个想法。95% 的报纸社评表示赞许。"尼克松先生已经向前迈了一大步，"詹姆斯·莱斯顿[286]在《纽约时报》上写道，"他用保守的语言掩盖了一个非常开明的福利政策。……他坚持认为，在一个繁荣兴旺的国家里必须消除贫困。"*

次日，总统全家飞往南加州，准备在他4月份买的那座有14个房间、能俯视太平洋的有54年历史的老房子里过一个月。La Casa Pacifica，尼克松称之为"和平之宅"（the House of Peace），尽管更准确的翻译是"安宁的房子"（the Peaceful House）。它大约位于洛杉矶和圣地亚哥中间，靠近圣克利门蒂，

---

* 根据这个计划，一个领取福利的4口之家将从联邦政府得到1,600美元的福利金，并且各州根据情况提供补充福利。有工作的家庭成员可以保持每月60美元的收入。他们也可以维持50%的上述收入。有工作的贫困家庭也会得到根据一个复杂的等级计算的直接联邦补助。尼克松总统使用了两个例子：一个年收入2,000美元的5口之家会得到1,260美元的联邦补充福利金；一个年收入3,000美元的7口之家的收入会提高到4,360美元。

尼克松——孤独的白宫主人

听得到彭德尔顿营地准备赴越南的海军陆战队训练的枪炮声。他对这个地方有个宏大的计划，因此将它命名为"西白宫"。[287]

尼克松到达那里的时候情况正是那样：在距尼克松的房子400码处曾经的海军雷达设施上，部署了小型直升机机场、临时办公楼、草坪和花卉植物。总统开着一辆库什曼高尔夫球车——非官方称呼为库什曼一号——来来回回地跑。政府已经在圣克利门蒂花费了100多万美元，其中50多万美元用于建办公室和改善海军和海岸警卫队所拥有的以及邻近土地。修缮工作包括为那所房子建一套新的供暖系统，办公室家具陈设，挡风玻璃，防弹窗户，以及所有的安全必需设备。同样的住宅修缮也在基比斯坎的"南白宫"进行。在那里，政府花费62.5万多美元进行主体结构大修和添置设备，包括用621美元置换制冰机，因为根据白宫食堂记录，"总统不喜欢冰块上有洞孔。"飞行人员及其他官员往返于华盛顿和这两处房屋之间的旅行成本一年花了700多万美元。

尼克松从来就不很喜欢华盛顿或华盛顿的人。现在，他正在3,000英里以外创建一所隐秘的白宫，恰如他在75英里以外的戴维营以及1,000英里以外的基比斯坎所做的那样。在佛罗里达，政府与总统的两位最好的朋友雷博佐和罗伯特·H.阿普拉纳尔普（Robert H. Abplanalp）一起买下了附近的四所房子，以保证总统的隐私和安全。阿普拉纳尔普是一位富有的发明家和喷雾剂罐喷雾阀门经销商。一般民众几乎没有人注意到大西洋和太平洋东西海岸的白宫建设工作，尽管那个夏天尼克松在圣克利门蒂工作的时候，《华盛顿明星晚报》曾经刊载一则题为"华盛顿节拍"[288]的短文："在华盛顿政治沙龙内，好事者和喜欢八卦的人正在极力弄明白尼克松总统何以能够负担得起他本人以及他家人挥霍无度的花销。"

白宫新闻办公室勉强地回应了这类问题，采用半真半假的陈词和最低报价回答说，总统为和平之宅和六英亩地产支付了34万美元，其中包括10万美元现金定金和24万美元的按揭。但是事实上作为整体打包出售的这个房地产包括28英亩的总面积。在真实文件中秘而不宣的实际价格至少是140万美元。

第 7 章　1969 年 8 月 8 日

在上任时总统个人资产净值才 30 万美元出头，他向阿普拉纳尔普借了 45 万美元，然后用其中 40 万美元支付首付定金，办理 100 万美元的按揭。*[289]

现在，在上任才七个月之后，尼克松就在离开华盛顿、离开新闻媒体、离开他的内阁以及他的大部分幕僚。在总统西行的第二天，霍尔德曼发布了一份新的内务工作备忘录[290]："总统希望他的电话得到重新设计，他想在电话上装一条直拨线（外线），以便在需要的时候可以直接拨出电话。……他还希望安装直拨埃里希曼、基辛格和霍尔德曼的电话线。"

在总统的篱笆和围墙外边，这个国家比较平静。全国各个城市中发生了不到 100 次种族骚乱，而 1968 年发生了 135 次，1967 年发生了 138 次。在英国军队进驻北爱尔兰力图平息新教徒与天主教徒之间的暴乱和暴力活动，以及以色列及其邻国似乎结束了另一场战争的同时，《美国新闻与世界报告》这样说美国："战争正在逐渐结束，城市中的暴力活动正在被平息，校园可能会更加安静，太空已经带给这个国家更多的尊敬，生意兴隆，人们的生活格外好。"

《时代》杂志头版头条文章开头写道："一个罕见的时刻，[291]大多数美国

---

* 圣克利门蒂房地契的实际持有情况在信托公司的档案中有记录——新闻媒体和公众看不到这个记录——是与阿普拉纳尔普合伙投资的。有关尼克松加州和佛罗里达州住宅的某些具体的资金情况在 1973 年春国会调查期间公之于众。圣克利门蒂和基比斯坎两处住宅的柱顶大修费用、设备费用、运营成本以及维护成本为 3,350,688.87 美元。其中包括 34,000 多美元用于朱莉·尼克松·艾森豪威尔在马里兰州贝塞斯达的住宅的保安措施，一所属于比伯·雷博佐的住宅的保安措施，以及特里西娅·尼克松·考克斯 1971 年结婚后在剑桥、马萨诸塞州以及纽约市居住的公寓的保安措施。几乎与此同时，圣安娜注册报告说，国会调查员还有证据表明 1968 年竞选基金被用于购买和平之宅，但是那份报告从来没有被形成正式提交的官方文件。竞选基金的剩余经费中，有些被用于购买个人物品，其中有 4,562.38 美元用于购买总统送给他夫人作为 60 岁生日礼物的钻石耳环。阿普拉纳尔普贷款后来被放贷方免除。除了提供贷款和礼物之外，阿普拉纳尔普还花 100 多万美元在他位于 Grand Cay（他在巴哈马群岛买下的一个珊瑚岛）的住宅附近修建了一个直升机机场以及其他设施，以便总统到访。到尼克松离任时，他的资产净值已经上升到 100 多万美元，但是当时他被核定欠税大约 467,000 美元，主要是其拿走的非法扣除，这些资金大部分与他这两处新住宅的返修有关。最后一点需要说明的是：威廉·格利（William Gulley），4 位总统任下的白宫军事办公厅主任，曾经下令用一个秘密军事应急基金支付修缮费，在我的采访最后，他说："我不认为金钱是尼克松所追逐的。与其他某些人相比，他真的是一个正直坦率的人。"

人好像感到平和、安宁。……在加利福尼亚，尼克松总统打过高尔夫球，并且倾向于用同样平和的方式处理这个国家的问题。……在夏天，美国的校园大多时间都是空荡荡的。孜孜求索的年轻人——40多万血气方刚的人——聚集在纽约州的北部，参加一个周末摇滚音乐节（伍德斯托克音乐节），没有暴力，只有太空时代的快速交流和发现。……贫民区也是一片宁静。……越南不再是陷阱，覆盖着国旗的棺材不断地运回奥斯威戈和奥克兰。现在，国家已经决定，总统没有那么精确地讲，除了还有零星的射击活动之外，一切都结束了。"

事实上，总统绝不是一个容易安慰的人。霍尔德曼用大量的时间、几乎是逼迫他的老板走出新的西白宫去打高尔夫球或者到海边散步，有时他尾随着，思索着尼克松的沉默和偶尔的言论。尼克松抬头看了看他的房子所在的75英尺高的峭壁，然后说，要是在那里能看见酒店和公寓会很好。听到此言之后，霍尔德曼对他妻子说："天哪！"[292]

总统开始每天早晨长时间开例会。通常例会是由基辛格和米切尔主持。这位国家安全顾问报告了一个军队公告：驻越南特种部队司令绿贝雷帽上校罗伯特·B.里奥尔特（Robert B. Rheault）及其几名手下，在一名为美国军队工作的南越平民失踪案中可能被指控谋杀。而且，有更多报告称美国部队拒绝执行派去作战的命令。[293]

在米切尔进来的时候，正在谈论可能的最高法院被提名人。在伯格被批准为首席大法官之后，尼克松决定任命一位南方人去接任福塔斯的职务。这些谈话总是变成有关过去和未来南方政治的闲聊。尼克松相信他可以让南方未来变成共和党人的天下，扭转一个世纪以来由民主党人控制老美利坚合众国七个州的政治的趋势。[294]他已经取得了一些成功，让其中五个州——弗吉尼亚州、佛罗里达州、田纳西州、北卡罗来纳州和南卡罗来纳州——参加了1968年大选。时代正在改变：1950年，共和党有两名参议员，7名下议员，没有地方长官，南部有263名州议员；到1970年，共和党有8名参议员，36名下议员，6名地方长官以及477名州议员。

第7章 1969年8月8日

自18世纪70年代后期南方民主党崛起以来依法实行了种族隔离。在华盛顿，南方学区种族融合问题成为许多政治谈话的主题，其重要程度超出太平洋问题以及数百个其他话题。在种族问题上曾经被视为共和党自由主义者的尼克松，量身定制自己的观点以适应形势，恰如为更暖和的气候缝制服装那样。最为著名的是1968年8月6日在迈阿密举行的共和党全国代表大会上与南方代表的一次秘密会晤，[295] 当时他的任命受到威胁，因为南方人以及其他保守派人士更青睐1966年当选州长的加利福尼亚政治新星罗纳德·里根。在一次秘密会晤中，一位北卡罗来纳的代表问："在南方的种族问题上，你能说你赞成强制性用校车运送学童是种族融合的唯一目的吗？"

尼克松漫无边际地说了一些话，但说出了他们想听的话。南卡罗来纳的参议员斯特罗姆·瑟蒙德（Strom Thurmond）（1948年其曾经作为一名种族主义者参加总统竞选赢得过南方四个州的支持）在常规竞选活动中在南方各地传播尼克松的回答：

> 这个问题在北方也有。……我不认为你们应当将南方作为替罪羊或者将北方作为替罪羊。我的看法是：我认为用校车运送学童到陌生的社区……我认为你们摧残儿童。……关于这个国家的法院我要说另一件事，……我认为解释法律是法院的工作。……我不认为在这个国家中有什么法院，有什么法官，无论是在地方法院还是在最高法院，……能够胜任某个地方学区的工作，像地方学校董事会那样做决策。

在其大选前后，尼克松一直在宣传说南方人所偏爱而现在被视为非法的种族隔离是："选择的自由"。这些话说起来比实际结果要好。学生，无论其属于哪个种族，都能够上这个国家或地区的任何一间学校。但事实上，学生中几乎没有人改换学校。白人不会去上黑人学校，而黑人则怕去上白人学校。"选择的自由"在废除种族隔离方面的作用很小，以至于1968年5月最高法院裁决说它"不适当"。这份裁决认为："今天学校董事会的重任是主动提出一个承诺切实有效的计划,并且承诺现在就切实生效。"

在该法院的裁决中,"现在"这个词是用斜体字打印的。在约翰逊总统时期,卫生教育与福利部制定的行动纲领说,"现在"最迟截止于1969年9月,亦即1969—1970学年开学的时候。但是,许多南方人,也包括尼克松,假装以为自由选择方案仍然还是一种选择。与他们的许多同胞一样,他们还赞同最糟糕的选择——比划设学区线或者在白人和黑人相邻地区"配对"设置学校更糟糕——是"用校车运送"白人学童去黑人学校、黑人学童去白人学校。

南方的贵族、政客以及教育工作者——不是所有人,但有许多人——得知了尼克松的迈阿密回答,把它当作尼克松政府承诺结束或努力结束校车送学童的做法,以为尼克松政府会温和对待南方。而美国黑人也有同感。1960年尼克松与约翰·F.肯尼迪竞选的时候,得到了20%的黑人赞成票,但在1968年他与休伯特·H.汉弗莱竞选时,黑人赞成票下降到12%以下。

从其任期一开始,尼克松总统就尽其所能保持与南方的交易。尚未被列入法院命令的废除种族隔离计划的北卡罗来纳、南卡罗来纳以及密西西比的五个学区,[296]在尼克松就职一周之后,被列入要削减联邦经费资助之列。罗伯特·芬奇的卫生教育与福利部批准了一个60天的延迟期,瑟蒙德参议员[297]发表了一个声明,声称这个延迟期表明尼克松会确保信守其在大选时对南方的承诺。这位参议员的行政助理哈里·登特(Harry Dent)被任命为白宫工作人员,并且,总统下了口令,"未经登特核实,关于南方的任何事情都不得进行。"在5月15日与芬奇私下会面时,总统定下了这条规矩,并记录在一页纸的备忘录中。总统说,他希望芬奇和他的行政助理L.帕特里克·格雷亲自监控废除种族隔离计划,以保证这些计划的方法和内容是"以使无害于南加州"——以及南方其他各州——人民的方法制定的。新闻摘要中的一条报道说,得克萨斯州国会议员詹姆斯·柯林斯(James Collins)认为政府是反对用校车接送学童法的,总统写道:"我没有反对这类法案——叫这些无赖走开。"

被无赖所围绕的人是芬奇,在尼克松任副总统期间,他担任尼克松的行政助理。卫生教育与福利部是一支巨大的平民军队,是美国福利国家的维护

第 7 章　1969 年 8 月 8 日

者。那些军队不准备放弃，因为一位新总统想要与他们全力实施的法律玩游戏。这位总统站在了法律和历史上错误的一边。他知道那一点，但是他看到了一个独特的机会，借此可以站到政治上正确的一边。也许他可以操纵种族问题，就在现在，在1972年以前，把支持乔治·华莱士的选民争取过来，重新组合总统政治。他现在已经以43.3%的选票当选总统，但是1968年尼克松与华莱士合起来的选票为57%。尼克松可以发出与华莱士同样的讯息。

卫生教育与福利部和司法部顽固不化的官僚主义正在阻碍白宫在种族问题上另辟蹊径的尝试。联邦法院也是如此。清一色终身任命的法官们正在执行最高法院的命令，尽快废除南方学校的种族歧视。总统的策略是尽可能不执行那些决定——同时因废除种族隔离问题而指责法院。但是，卫生教育与福利部和司法部桀骜不驯、理想主义的部队正在以他的名义与他斗争。其中最突出的战士是一位30岁的名叫利昂·帕内塔（Leon Panetta）的加州共和党人，他是芬奇委任的卫生教育与福利部民权办公室主任。当时，存在一些民权组织。7月，在全国有色人种协进会年会上，该会行政秘书罗伊·威尔金斯指责白宫违反法院命令，蓄意不履行法律。"这种行为简直是令人作呕。"[298] 威尔金斯说。

帕内塔立即就威尔金斯提出的问题做出反应，他告诉记者说，尼克松致力于维护民权和法治。两个小时之后，白宫打来电话，是埃里希曼打来的，他说："利昂，冷静一点！"[299]

后来埃里希曼又补充说："黑人不在我们投票的地方，那么我们为什么要跟那些可能在政治上帮助我们的人作对呢？"在首席民权检察官助理杰里斯·伦纳德（Jerris Leonard）告诉记者1972年尼克松可能实行一种忽视"南部腹地"的"北方战略"时，总统在新闻摘要上随手批示道："给我一个调查报告。这真是愚蠢透顶！"

"从现在起，所有的政府发言人都要用这个说法，[300]"总统写了一个备忘录。"我们反对任何形式的隔离，包括法律形式的和道德形式的，在发现这种行为的地方，在这种行为侵害个人权利的地方，我们将采取行动——但是，我们反对隔离并不意味着我们喜欢强迫或强制融合，而且，我们仍然反对为了在公立学校系统达成某种随意的种族平衡而动用联邦经费。"

废除种族隔离的战略——说说法院命令而已，实际上无所作为——在那年夏天开始瓦解。其中送到西白宫的第一份文件是用电传发给总统的一封四页纸、不空行打印的私人信件。它来自68岁的保守民主党人、参议院军事委员会主席、密西西比州参议员约翰·斯滕尼斯（John Stennis）。斯滕尼斯是反弹道导弹立法的现场主管，负责确保该立法在最终多项军事授权议案中的地位。信件的主题是第五巡回上诉法院的一个裁定。该裁定命令在新学年开始时，也就是9月11日，密西西比州33个学区废除种族隔离，而且还命令在8月11日之前将废除种族隔离计划上交该法院。斯滕尼斯写道："当务之急是，现在提交的这个计划将破坏我们的公立学校体系。[301]……作为军事委员会主席，我在这里对涉及我们国家安全的立法负有重大责任，但是，为了保卫密西西比州的人民和保护我们的公立学校体系，任何时候我都会毫不犹豫地放下我在这里的职责，到密西西比州去做必须做的任何事情。虽然我还没有对赛明顿参议员说，但是我有把握，作为高阶成员，……如果我离去，他会乐于承担委员会的那些职责。……"

这是一个威胁。他没有说得很明白，因为没有必要。密苏里州参议员斯图加特·赛明顿（Stuart Symington）是反对为反弹道导弹项目提供经费的，接着他会接手防御计划授权论战的管理。

总统的回应是，命令卫生教育与福利部和司法部去法院起诉[302]废除这个种族隔离命令。在最高法院一致同意命令在"明确的截止日期"之前结束学校合法的种族歧视的情况下，联邦政府竟会反对1954年以来的第一次废除种族隔离。同一批政府律师头一天为支持立即执行废除种族隔离命令而辩护，第二天又回到法院为反对执行这个命令而辩护。[303]尽管卫生教育与福利部已经批准了密西西比州的废除种族隔离计划，但是，芬奇在没有通知其教育厅的情况下，直接写信[304]给第五巡回法院请求将时间延长到12月1日，以便有更多时间去考虑这个问题。他声称，这些计划会对"135,700名学童（不论黑

第7章 1969年8月8日

人还是白人）造成混乱、困惑以及灾难性的教育障碍。……"法院同意暂时停止执行，[305]这实际上意味着至少延迟一年实行废除种族隔离计划，全国有色人种协进会法律辩护与教育基金会立即去最高法院起诉。

8月18日，全国有色人种协进会去法院这天碰巧是总统宣布其为填补因福塔斯法官辞职而出现的职位空缺的人选的日子。司法部长米切尔汇集了一份包括171名候选人的名单，总统只选中一个符合他的非正式标准的人。他的非正式标准为：南方人、严格的法律解释者、在任的法官。第五巡回上诉法院首席法官克莱门特·弗曼·海恩斯沃斯（Clement Furman Haynsworth）[306]，56岁、南卡罗来纳律师世家第五代传人、哈佛大学法学院和弗曼学院（其由其家族建立）毕业生，符合尼克松在共和党全国大会上确定的人选类型："支持民权但承认美国人的首要民权是免遭本国暴力侵犯的人。"

那个夏天一直是波澜不惊的。但是尼克松收到了国防部长莱尔德的一份警告。他写道："我认为这可能是一种虚幻的现象。据我判断，实际上对这场战争的反感是很严重的，而且反感还在与日俱增。"与此同时，汤姆·查尔斯·赫斯顿收到另一份要转交总统的长篇备忘录。[307]这一次的言辞比莱尔德所用的言辞更加激烈。他预计在秋季学期开始的时候，校园里会有麻烦："我想毫不含糊地说，今天秋天，我们会亲眼得见学生们的动乱超出我们以前曾经见过的任何情况。学生战事将遍布各大校园并且还会出现在我们各主要城市的大街上。……到10月15日你可能会看到这种情况，到11月15日你肯定会看到这种情况。……人们会坚持迅速采取行动平息之，而且，一旦这种危机来临，我们将别无选择，只有镇压之。……行动是必需的，而时间正在流逝。"

挑出这些日子不是偶然的。反战群体，在支持1968年尤金·麦卡锡竞选总统的年轻退伍军人率领下，成立了一个越战暂停委员会（Vietnam Moratorium Committee）。有望出现的情况是：在10月15日这天，700万美国大专院校师生中的大部分人走出教室，[308]去参加反战游行示威。并且，自此以后，他们会每月抗议一次，直到取得和平。

8月21日，在离开西白宫往北去旧金山出席在圣弗朗西斯酒店为韩国总统朴正熙举行的国宴和会晤时，尼克松当选总统以来第一次看到示威者。6,000人聚集在联合广场高喊反战口号达三小时之久。而与此同时，应邀访美的238位客人正在接受美国海军乐队和陆军巡回管弦乐队的款待，这些乐队是从华盛顿乘飞机来到此地的。"外面有点噪音，"[309]尼克松对韩国领导人及其随行人员说，"但是请记住，98%的美国人民都是韩国的朋友。……"

总统私下对朴正熙说，如果与北越的巴黎和谈没有进展，他打算重新开始轰炸——可能在11月1日开始所谓鸭钩计划（Duck Hook）。他一直在私下对外国领导人吹风说这些威胁的话，显然是希望他们把这些话传给河内。但是美国人民对那个截止期限却一无所知。

次日早上，两位总统又见面了。[310]尼克松提到四个月前的EC-121事件，他说他没有进行军事报复是不对的。他接着说，但这种事情不会再有，任何类似的事件都会遭到"大规模的报复"。

然后，他陈述了他对朴正熙那个世界的美式目标的看法：

> 对于我们来说，注意亚洲由于苏联对共产主义中国的控制而可能导致的损害也很重要。这将暂时排除共产主义中国的威胁，但是我们还必须考虑如果苏联得到人口数量巨大的中国的支持会带来的更大的威胁。……我们正在提前考虑从今往后25年而非两三年里将会发生的事情。我不想给八亿中国人留下他们除了与苏联合作之外别无选择这么一个印象。……有许多策略可以让我们的敌人一直处于分裂状态。

8月25日，城市事务委员会[311]成员飞到圣克利门蒂，就新联邦主义的一系列问题与总统进行了长时间的、漫无边际的讨论。"我们必须推销这个方案，并且不断地转售这个方案，"尼克松开始说，"我们必须让这个国家记得，这个方案是我们的而不是别的什么人的。民主党的自由派会提出他们自

第 7 章　1969 年 8 月 8 日

己的提案。……所有这些就像是一场战役。"然后,他就跑了题,去进行他个人所偏爱的道德分析了。他告诉他们,他刚刚见过了洛杉矶的大主教卡迪纳尔·詹姆斯·弗朗西斯·麦金泰尔(Cardinal James Francis McIntyre)。

麦金泰尔告诉我,墨西哥裔美国人比黑人更糟糕。他们理应具有拉丁人反复无常的天性,如果他们闹事,黑人的情况就显得不严重了。在亚利桑那州和得克萨斯州同样都有这个问题。……与法官一起,利用洛杉矶,检查黑人和棕色人种使用大麻的情况。它是一种镇静剂。不要忽视墨西哥人的问题。我不喜欢这个问题在我们面前闹出来。……

说到其他领域,我从来就不认为教育是某些人所认为的神圣不可侵犯的东西。设想每一个人都应当上大学,这是一种该死的荒唐可笑的想法。我不是说应该有更多的体力劳动者,我是说,就强烈的挫折感而言,白人或墨西哥人远胜于黑人,有大学学位的男人或女人的挫折感是最大的,因为他们不为任何事做好准备。他或她除了参加这场革命之外没有任何事情可做。

在那之后,商务部长莫里斯·斯坦斯(Maurice Stans)展开了一次"负预算"讨论,探讨取消或削减政府项目。"在 18 个月里",提到他为艾森豪威尔政府工作的时候他说,"我们只完成了一个项目,一个每年用 5 万美元为印第安居留地除杂草的项目。"

"那可怜的印第安人吃什么?"尼克松调侃地说,转了转眼睛。

但是,两周之后,在准备新闻发布会简介的时候,尼克松写了整整一页,都是有关印第安人为抗议歧视而占领旧金山湾的监狱阿尔卡特拉斯岛[312]的,他写道:"一个小小的政治问题,但却是一个大大的道德问题。……一个国家百年来的耻辱。……"

解读尼克松成了一种不断发展的研究活动。白宫在处理和发布新闻方面放缓速度,以此作为一种策略,记者团开始把注意力转向其他方面,用其他人的嘴说出记者的想法。他们所了解的白宫是空的,一些新想法都在总统的

尼克松——孤独的白宫主人

脑子里，正如《新共和》杂志的约翰·奥斯本一直所说的那样。

约瑟夫·卡拉夫特[313]在专栏文章中写道，白宫最大的问题在于尼克松与世隔绝，他那种"在独自幽思和阅读中自得其乐"的倾向。他提供了一份名单，列出了出于最基本的白宫原因而辞职或正在另谋他职的国家安全人士，这种原因就是：他们不能见到总统，这意味着没有一位当权者有兴趣见他们或者听取他们的意见。

为了解读"尼克松其人"，《纽约时报》和《时代》杂志找到了美国政治科学协会年会上的一篇论文。作者是一位39岁的耶鲁大学教授，名叫詹姆斯·戴维·巴伯（James David Barber）[314]。《时代周刊》于9月4日，《时代》杂志则稍晚几天，刊登了巴伯论文的主要内容，该文认为理查德·尼克松是一个带有强烈但可预见的情绪波动的危险的人。《时代周刊》援引这篇文章的内容说："危险是理查德·尼克松将无可救药地投身于某些灾难性的行动过程。"

在研究尼克松和其他四位总统的过程中，巴伯提出了一个独特的体系，根据每个人的特性（积极或消极）及其生活道路（主动或被动）对他们进行了类型划分。巴伯把尼克松列为"主动－消极型"。

尼克松的问题，巴伯说，是沟通方面的失败。这个问题源自于"一种非常强烈的个人权力——尤其是自主权力——的驱动，这促使他对其他所有人都失去信任。"在协商会议中，尼克松注意地听，然后退回他自己的房间，在那里他可能完全与外界隔绝地待上数小时，然后他"现身并宣布决定。"

在巴伯看来，是重大的性格缺陷造成了这种行为方式的缺陷，尼克松在经历了非常紧张的时期之后通常会陷于行为轻率的状态。……巴伯甚至描述了一个由尼克松的"危机综合征"所导致的未来情景：在一次新闻发布会上，政府被某个关键问题难住了。……他被陷进这种局面并倍受打击，然后便采取了过度的政策立场。巴伯说，这就是"悲剧：危险在于他可能拒绝根据后来由此发生的一系列事件去修改他的行动过程。"

第7章 1969年8月8日

《时代》杂志在所发表的文章中援引了许多同样的内容，并且加了这么几句话："在尼克松开始觉得轻松愉快或快乐高兴的时候，我想，某些危险的征兆就出现了，某种内心的戒条对他说不行，于是他觉得在呼唤他去争取征服世界。"*

9月7日，尼克松开始从西白宫迁回华盛顿。虽然《纽瓦克晚报》刊登了一幅比尔·坎菲尔德的漫画[315]，上面画着总统在去西白宫的旅途中，一位向导说："就在这里，先生，你将找到你的书桌"，但是人们对于总统不在首都几乎没有什么批评。《迈阿密先驱报》[316]发表社评提到它的所有费用，并且说有一种"不安的感觉，……我们有一位兼职总统。"但是那就像基比斯坎令人羡慕的特征一样被搁在一边，无人理会。

在回华盛顿途中，空军一号先在得克萨斯州德尔里奥停了一站。在那里，总统和墨西哥总统一起主持了格兰德大桥落成仪式。然后，飞机在路易斯安那州被卡米尔飓风的风雨毁坏的地区上空盘旋了一圈，才降落在密西西比州的格尔夫波特市[317]机场，在那里停留10分钟。

这是一次有预谋的活动——在那个时刻，总统看到了他从未见过的最多、最热情的美国人。《时代》杂志说，这是自罗伯特·F.肯尼迪开始其总统竞选以来记者们见过的最激动人心的政治招待会。在那个炎热、潮湿的夜晚，至少有30,000人在等候——当地人说有75,000人。这个数字随报纸所做的计算而定，但是为什么出入如此之大呢，原因就在种族：这个人群实际上都是白人。有一条标语上写着："这里没有许多共和党人，但是有许多尼克松

---

* 另一项研究，由心理学家理查德·E.唐利和卫斯里大学的戴维·G.温特所做的研究，发表于1970年，对现代历届总统的权力或成就"需求"进行了评分。根据对就职演说的内容所做的分析，他们断定，尼克松不喜欢积累影响的"权力游戏"，而追求立竿见影的成就。唐利和温特将西奥多·罗斯福评为权力饥渴最强的总统，评分为8.3，而哈里·S.杜鲁门为7.3分，林顿·约翰逊为6.8分。在成就需求项，尼克松名列第一，为8.5分，而约翰逊为7.5分，肯尼迪为6.8分，特迪·罗斯福为6.2分。

支持者。"他们包围着总统和总统夫人。他在那里待了一个半小时，开怀大笑，汗流浃背，头发上的黑色染料开始褪色，端庄的鬓角露出本来的灰色，心中怀着由他长年政治生涯中已经久违了的欢呼和感动而带来的喜悦。

这天晚上，空军一号在夜空中飞行的时候，尼克松独自坐在座位上，掏出他的法定记事簿，开始写道：

H——特里西娅工作

K——古巴劫机计划

最强大的办公室

每天有一次机会为某些人做些值得记忆的事情

必须乐善好施

必须快乐、宁静、自信、鼓舞人心

目标：树立榜样，启迪思想，灌输自豪感

1.总统的个人形象——坚强，有同情心，富有能力，勇敢无畏——乐在工作

2.在任期结束时国民的精神状态变得更好

第 8 章　1969 年 10 月 15 日

9月12日，[318]在华盛顿，总统与基辛格和其他三位美国在南越的最高领导：埃尔斯沃斯·邦克大使、克赖顿·艾布拉姆斯将军以及太平洋美军司令海军上将约翰·S.麦凯恩在一起待了一个上午。讨论的主题是撤军。尼克松想在圣诞节前再撤回35,000人，这就意味着在尼克松上任第一年总共撤回了6万人，还有484,000人仍在前线。中间休息时，基辛格探了探艾布拉姆斯将军的口气，看他对停止预定对绿色贝雷帽小组进行军事法庭审判是什么态度。该小组被指控谋杀了一名涉嫌为北越人充当间谍的越南翻译。基辛格说总统认为军事法庭审判对军队和国家都不好。艾布拉姆斯将军说他想让那些人去受审，因为在案件调查期间，贝雷帽小组的指挥官雷奥特当着他的面撒谎。

从加州回来还不到72个小时，白天的公务忙完之后，总统带着他与霍尔德曼确定的最新幕僚班子"HEHK"[319]前往戴维营。这个班子就是霍尔德曼、埃里希曼、哈洛、基辛格。意图是这四个人将成为平常环境下能见到总统的仅有的幕僚成员。加上哈洛是为了让总统花更多时间关注国会的事情以及国内的一般事务。

计划是用晚上的时间讨论白宫的组织以及国会关系问题，尤其是最后确定海恩斯沃斯法官。自从一个月前宣布提名之后，总统差不多已经忘了这事儿，毕竟，在过去40年里最高法院的提名人还没有被否决过。司法部长米切尔挑选了海恩斯沃斯，[320]他跟总统说过别担心。米切尔自己也不担心。他把职位留给两位来自南方的保守派参议员：密西西比州的詹姆斯·O.伊斯特兰和南卡罗来纳州的欧内斯特·F.霍林斯，这是一个错误。这位来自南卡罗来纳州的法官在华盛顿几乎无人知晓；他没有朋友但却有重大的敌手，敌手包括民权组织和有组织的劳工。全国有色人种协进会的罗伊·威尔金斯对这位法官的工作很了解，尤其是1963年他所做的一个裁决，其认为弗吉尼亚州的普林斯爱德华县没有违反保护平等的法律规定，因为当时所有的学校，无论是黑人学校还是白人学校，都严格防止废除种族隔离。白人学童回到了他们的公立学校教室（这些学校现在被叫做"私立学校"），而17,000名黑人学童则无学可上。美国劳联—产联主席乔治·米尼（George Meany）说这位法官"不称职"，他引用了在1963年美国纺织工人工会长期而痛苦的劳动争议中该法官所做的有利于南卡罗来纳州达林顿制造公司的裁决来说明这一点。这位法官是个小个子的、旧式高贵的人，一个富有的社会骨干，其偶尔买卖少量涉及第4巡回法院案件的公司的股票。反对派人士似乎首先从形式上排除少数民主党自由派人士，他们在印第安纳州的参议员伯奇·贝赫的领导下，无视该法官的老式南部法律资格证书，而专挑财务状况披露的问题。

总统一行一到戴维营电话铃便开始响。新闻记者在越来越多地询问有关绿色贝雷帽事件的问题。尼克松认为它是"一个重大的公共关系问题"，正好是反战的典型素材。[321]基辛格试图跟海军上将麦凯恩通电话，了解他个人对这件事的看法，但是回电却是来自于莱尔德的，他对白宫背着他与军事指挥官联系感到很生气。

"你认为他是怎么知道那个电话的？"埃里希曼带着一脸的坏笑说。总统摇摇头。"他是一个窃听者。"尼克松说。[322]陆军通讯部队负责管理白宫的通讯机构，J. 埃德加·胡佛在就职典礼那天就曾提醒他说，他们在偷听总统的电话。

绿色贝雷帽[323]报道在8月初就已经出现了，而在戴维营会议之后它变成了一周的头条新闻。9月19日，《纽约时报》头条新闻标题为：

陆军将对越南谋杀案八名贝雷帽中的六名进行审讯

这天早上，总统的新闻摘要上的标题是"未来的麻烦！"这一则由布坎南编撰的新闻开头写道："有关军事法庭对六名涉嫌谋杀的贝雷帽进行审判的决定，不会给我们提供什么对政府、绿色贝雷帽、美国陆军或者美国在越南的活动有利的东西，但是很有可能会对这四者都造成损害。"

尼克松用异常大的手劲儿在这页纸上画了两道："K——我们必须推迟时间——与米切尔、埃里希曼以及莱尔德一起设计解决办法——一种策略。"

Thai Khac Chuyen，官方记录为"间谍SF7 – 166"，曾经以芽庄市特种部队总部翻译的身份出现在工资册上。5月10日，福隆省的一次战役之后，一名南越士兵从一名阵亡的越共战士身上找到了一卷胶卷。在芽庄冲洗出来之后，从照片上看到在一个丛林前方医院中北越官员的一次聚会，其中有一人是或者看起来很像是Chuyen。绿色贝雷帽小组对Chuyen进行了几个星期的审问，使用了测谎仪和"真相血清"——硫喷妥钠，但是他们也没能让他承认他是一个双重间谍或者证实他是照片上的那个人。最后，美国在越南的4,500名特种部队士兵的指挥官雷奥特，派他的三个手下去美国驻西贡大使馆里的中央情报局总部。中情局的人告诉绿色贝雷帽小组，非官方的意见，他们只有三个选择：解雇Chuyen，让他回来工作，或者"除掉他。"

贝雷帽小组除掉了他。6月12日，Chuyen被注射了巨量的吗啡，并且三名官员放行一条小船半夜驶进中国南海。船长罗伯特·马拉斯科用中情局特制的长筒.22口径手枪对着他的头部开了两枪。然后他们把卡车车胎轮毂拴在尸体上，把尸体沉入大海。

129

次日早上5点钟，雷奥特收到中情局西贡站站长西奥多·沙克利的电报，说到了这个所谓"带有极端偏见的结束"行动："这不是对这个问题的解决办法。它是不道德的并且极有可能引起公众批评。……除非你可以给我们保证在这个间谍身上什么问题都不会发生，否则我们就别无选择只有将这件事上报美军顾问团指挥层，包括艾布拉姆斯将军。"

当然，这个间谍已经死了。雷奥特回电说，联系不到Chuyen，因为他在执行任务。沙克利不相信这个说法，于是上报了艾布拉姆斯和邦克。将军把雷奥特，一个来自波士顿显赫家族的43岁的西点军校毕业生，叫到美军顾问团总部。这位上校反复说他对Chuyen一无所知。在他离去的时候，艾布拉姆斯转身对一位助理说："他对我说谎。他说他们没有杀害这个人，但是我确信他在撒谎。……这是谋杀。"

到8月的最后一周，新闻媒体传闻满天，说雷奥特和其他七人被关押在一所军事监狱中，正在与来自美国的民事律师进行商议。其中一名律师（亨利·罗斯布莱特[324]）在ABC新闻上说："我不打算危及这些重要官员的民主权利。……身处高位的人犯了一个错误并且在拒绝承认这个错误。……"

从新闻摘要中看到这些内容后，尼克松写道："K——我认为应当让赫尔姆斯分担这个罪责。"接着，他给霍尔德曼下达命令，在备忘录中他写道："从中情局搞一封信，说他们将拒绝为中情局的审讯——行政特权——提供目击证人。"那是后备计划——引用"国家安全"——因为基辛格和他都没能说服艾布拉姆斯或是陆军部长斯坦利·里索结束调查和放人。这两个人自从1944年在巴尔格战斗中第一次见面以来就成了朋友。事实上，是艾布拉姆斯少校领导的美国坦克部队营救了被德军坦克部队围困的陆军中尉里索的排。他们不会向白宫屈服，而且里索告诉基辛格和埃里希曼："中情局和美国陆军部没有像这个案子中的人那样做交易。不经过正当的法律程序，不能抓捕、处死间谍。"

"谁会相信那种说法？"埃里希曼后来说。

同一天，一面注意大学开学，一面注意预定于10月15日的"暂停"计划，总统宣布了一个削减5万人的征兵计划。他还说，对1970年1月至2月征

第 8 章 1969 年 10 月 15 日

兵计划的审议将在晚些时候进行，并且可能根据这场战争继续"越南化"进程来进行修改。

暂停计划的主要组织者是萨姆·布朗和戴维·霍克这两个年轻人，他们曾经在吉恩·麦卡锡的总统竞选工作中共事。霍克是康奈尔大学毕业生，曾经为全国学生联合会工作，[325]曾经说服全国253名学生会会长同意拒绝当兵，如果他们被征兵的话——并且要求尼克松总统会见这群人。结果，总统没有接见，但是4月里霍克和一些学生被邀请到白宫，与基辛格和埃里希曼见了面。国家安全顾问给他们做了一次外交政策与公信力的讲座，然后就离去了。埃里希曼说："如果你们的人认为就因为你们不喜欢法律你们就可以违反法律的话，那么你们就将迫使我们把这个赌注提高到对交通违章提出死刑的程度。"然后，他用拳头捶了一下桌子，走了出去。

9月20日，星期六，尼克松会见了学生领袖，[326]225名学生会会长，其中大部分来自规模不大的学院，其中大部分人是由其大学校/院长陪着来华盛顿的。他们可能是这个国家有史以来被检查、审查得最彻底的学生。经过数月的准备和筛选，从学生自治协会的13,000名机构代表中挑选出了这225人。然后，邀请他们到首都参加一次题为"进化而非革命：一个建设性激进主义的时代"的会议。

但是，甚至在那个星期六，总统在东厅进行的这次预定会晤也非常紧张。被选来的225名学生来华盛顿后，一天一夜粗暴地对待政府官员，尤其是教育专员詹姆斯·艾伦，表达了对越南战争和征兵、毒品以及种族主义的种种质疑和愤怒的主张。但是，在白宫里，他们彬彬有礼地聆听了总统的主题发言。对此，《新共和》杂志的描述是"有效的方式就是平静"。

"没有用，"在听学生们说了1小时40分钟——其中有人甚至教训他如何当总统——之后，总统对霍尔德曼说，"看来请他们来本身就是个错误。"然后他动身前往焦树乡村俱乐部准备和他最搞笑的朋友鲍勃·霍普打一场高尔夫。[327]

关于这次会见或削减征兵的目的没有什么秘密。《纽约邮报》上，自由

131

专栏作家马克斯·勒纳（Max Lerner）写道："可能是有史以来第一次，政府的军事政治战略为适应学校开学而做调整。……总统希望撤军和暂停增兵双管齐下能给他更长一些时间缓解国内对抗。"

看到引用这篇专栏文章的内容，尼克松写道："H——正好迷惑一下这位自由主义者——把他列入白宫客人名单（和艾尔索普等人一起）。"也许他对该邮报的这位坦率的纽约自由主义者有一点儿好感。两天之后，年轻的邮报专栏作家皮特·哈米尔（Pete Hamill）赞扬了竞选纽约市长的共和党候选人约翰·马基（John Marchi）的智慧，在共和党初选中马基已经击败了市长约翰·林赛。关于哈米尔，尼克松写道："H——这家伙是一名莫伊尼汉自由主义者——我还是认为他可能是我们幕僚班子的一个很好的增补人选。"

但是，三位来自政界而非新闻媒体的人加入到这个幕僚班子。尼克松的这几位新随从是：富兰克林（林恩）·诺夫齐格［Franklyn (Lyn) Nofziger］，45岁，曾在加州担任罗纳德·里根的新闻秘书；杰布·斯图亚特·马格鲁德（Jeb Stuart Magruder），34岁，化妆品公司执行官，与霍尔德曼很熟；查尔斯（查克）·科尔森［Charles (Chuck) Colson］，38岁，华盛顿的律师，曾服务于马萨诸塞州共和党人莱弗里特·索顿斯托尔参议员。"我们找到了一只猛虎，"哈洛说。[328]他曾经见过科尔森在参议院大厅的行为，"这个科尔森会把某些人嚼碎。"

9月23日，宣布那个消息的日子，尼克松将白宫新闻兵团[329]——吵吵嚷嚷的、好管闲事的、不修边幅的一群人——召集到西翼前厅，自从1901年的某一天，在一场很冷的暴雨之中，西奥多·罗斯福把他们邀请到这栋大楼以来，他们就一直在那里工作。在尼克松政府执政之初，他们曾抗议和阻止实施让他们搬到隔壁的行政办公大楼去的计划。这次的计划还包括排水游泳池——尼克松称之为"肯尼迪的游泳池"——并且还给记者们提供小卧室和一个播放电视的简报室。在霍尔德曼的陪同下，尼克松在巡游中亲自接见了白宫新闻兵团的头儿，合众国际社的梅里曼·史密斯（Merriman Smith）和另外两名记者，与他们谈了这些新计划。史密斯很喜欢增加人员的想法。"一个既成事实。"霍尔德曼高兴地汇报说。

两天之后，霍尔德曼得到了另外一个好消息："基辛格觉得他最终控制住了绿贝雷帽问题。中情局已经接到命令，不让他们的人出庭作证。赫尔姆斯真的开始行动了，但是最终他还是让了步。……"中情局已经就范，尼克松相信里索也会就范：在孟德尔·里弗斯（Mendel Rivers）[330]打电话给白宫这天，他说一位被捕的贝雷帽官员的妻子正在他的办公室，总统说："告诉她别着急。那些人会被释放的。"

9月26日，尼克松举行了两个多月来的第一次正式的电视直播新闻发布会。果然不出所料，第一个提问是关于越战的，第二个提问是有关海恩斯沃斯法官的。

美联社的弗兰克·科米尔询问了美国从越南撤军的截止日期，而总统以他自己的方式避开了这个问题。他说，这种日期可能会拖延这场战争。假想他的对手提出的是1971年中期撤军，尼克松说："那样做会让我完全没有可能实现我现在正在努力实现的目标：在1970年年底或者1971年年中之前结束这场战争。"在那之后，记者们的问题蜂拥而至，促使尼克松比原计划回答得更多。在回答NBC新闻台赫伯·卡普罗的一个问题时，他说："一旦敌人认识到不能靠等我们撤军去赢取其目标，那么敌人就会来跟我们谈判，那我们就能在1970年年底结束这场战争。"

关于海恩斯沃斯，他说："我没有打算撤回提名。……我也已经注意到，在参议院听证会期间有关他的各种各样的消息。但是我还是信任海恩斯沃斯法官的资格和品格。"

尼克松被问及这天早上报纸上的头条新闻。"尼克松力图实现社会保障与生活成本对接"是《纽约时报》的头条。在一项基本上不属于共和党但政治性极强的改革上，总统请求国会将社会保障金提高10%并且规定生活成本每年自动提高。《纽约日报》的保尔·希利（Paul Healy）问，由于认为这种做法肯定会导致通货膨胀，因而这种主张在历史上曾被否决过，在这种情况下，他是否能说服国会这么做？尼克松回答说："我会努力。"总统还被问及有关学校，尤其是密西西比州，废除种族隔离的问题，以及有关他在那个夏天已经与斯滕尼斯参议员达成交易的报道。他回答说："斯滕尼斯参议员没有跟我说。……但是任何了解斯滕尼斯参议员的人和任何了解我的人都知道，他会是最后一个说'看着吧，如果你不做我想在密西西比州做的事情，我就不去做对这个国家最有益的事'的人。他没有那么说，那么当然，无论在什么情况下我都无从同意之。"

但是，当然，斯滕尼斯的确说过了——并且尼克松也做了。

最后，他被问到了关于10月15日的"暂停"计划。"就所关心的这种活动而言，我们料到它会发生，"他说，"但是，无论在什么情况下我都不会为其所动。"这是一个糟糕的回答。于是，记者们的提问又蜂拥而至，指责总统无视人民的意志或人民的情绪。

9月29日，霍尔德曼的日记最后写道："基辛格让他的绿贝雷帽审判改变了方向，由于没有中情局的证词，里索摆脱了指控。"新闻刊登在第二天早上的文章中。这次《纽约时报》的头条是："由于中情局阻止其间谍出庭作证，陆军中止绿贝雷帽案件。"里索部长发布了一个简短的声明："我今天已经得到通知，尽管没有直接卷入该事件，但中情局已经做出决定，出于国家安全方面的考虑，它不会让其任何人员作为证人出庭作证。……我的判断是，在这种情况下，被告不能受到公正的审判。……"在白宫，新闻秘书罗纳德·齐格勒声明说："总统本人没有参与对这些人提起公诉的最初决定，也没有参与对他们停止指控的决定。"在加利福尼亚圣莫妮卡，国防部最偏爱的智库兰德公司的研究分析师丹尼尔·埃尔斯伯格（Daniel Ellsberg）[331]确信，陆军部长说在停止指控方面没有来自白宫的压力，他这是在撒谎。他感到愤怒，并且他的怒气集中在有关越南战争起源的一项极为机密的政府研究上。他知道，这份7,000页的报告的15份副本有一份存在兰德公司的保险柜里。他打电话给朋友安东尼·拉索（Anthony Russo），问道："托尼，你能不能弄一台复印机？"于是，这天深夜，他们便开始复印那份由时任国防部长罗伯特·麦克纳马拉（Robert McNamara）下令进行的这项研究的报告，每一页都复印了。

第8章 1969年10月15日

那个星期，总统召集了他称为"1970年政治小组"的第一次会议。共和党国会领导人宾夕法尼亚州参议员休·斯科特和密歇根州国会议员杰拉尔德·R.福特应邀与哈洛、登特、诺夫齐格、布坎南一同去戴维营。"绝对不宜公开报道，"会议记录这么开头，然后，援引总统的话，"八年来，民主党谈论征兵改革，而我们在征兵改革方面已有所作为；八年来，民主党谈论福利改革，而我们在福利改革方面已有所作为。……在继续进行邮政改革以及收益共享等方面。我们必须让我们的党站出来支持一些什么，而不是攻击一些什么，攻击更容易，而且长时间以来攻击已经成了一种习惯。"

尼克松接着说："我不打算成为第一位输掉一场战争的美国总统。就世界舆论来说，我们已经'使之好转了。'……到1970年选举的时候，不管怎么说，它都会结束。……"然后，他向布坎南询问了有关暂停计划的情况。这位演讲稿撰稿人说，总统不应参与这件事。尼克松微笑着说："据估算，反对者充其量可能达到2,500万人。……如果他们到不了这个数，我们会认为这件事是失败的。"

他们都因此而大笑起来。这次会开了两个小时才结束。

两天之后，总统在白宫会见共和党领导人，[332]一起讨论海恩斯沃斯的任命问题。密歇根州的罗伯特·P.格里芬参议员作为代表带来坏消息。他说，他在代表几位共和党参议员讲话。一开始他使用了博比·贝克的名字，后者是林顿·约翰逊的门生，因被指控犯有贪污罪而撤销参议院秘书职务；贝克和海恩斯沃斯尽管从未谋面，但他们二人在南卡罗来纳一个房地产交易中都有小额投资。"总统先生，"格里芬说，"你已经提名博比·贝克的一个商业伙伴为美国最高法院的候选人。……让我们来看看，总统先生，海恩斯沃斯不是无可怀疑的。事情究竟如何没有事情看起来如何那么重要。"

格里芬（少数党派组织秘书）向总统保证他和少数派领导人休·斯科特会是最后离开这条船的人。"船长会一直在舰桥上，"尼克松说，"我不会撤退。"

然后，与往常一样，他话锋一转，又去谈论外交事务，主题是苏联的核导弹。总统说："从百万吨级核导弹来看，苏联现在已超过美国；从导弹总量来看，他们已经与美国齐头并进。如果他们以发展分导式多弹头导弹的速度那么推进，在一两年之后他们会大大超过我们。……"

尼克松让基辛格将这种导弹平衡与1962年底古巴导弹危机时期的情况作一个比较。这位国家安全顾问说，那时苏联人只有35枚战略导弹，而美国有400枚——接近1∶12。总统再次接过话头说，一周前他会见以色列总理戈尔达·梅厄时，她曾猜测，如果苏联试图捣毁以色列，美国会采取行动反击苏联人。"总统说，过去我们可能会那么做，"布坎南写道，他正在做记录，"但是，现在是否那么做就难说了。"

这些令国会领导人感到非常震惊。众议院共和党副首领，亚利桑那的众议院议员约翰·J.罗兹（John J. Rhodes）说，必须让公众知道苏联在导弹方面的发展。"这样做有个问题。"尼克松说。他用即将到来的西德大选作为事例，论证了如果社会主义者得知美国处于劣势的迹象，他们会受到鼓励，会与左翼党派进一步联合赢得对政府的控制权。

最后一个问题是越南。总统取笑共和党成员的"撤退决议"，尤其是在罗伯特·肯尼迪参议员被暗杀后由地方长官纳尔逊·洛克菲勒指定的纽约人查尔斯·E.古德尔，以及密歇根州的众议院议员唐纳德·雷格尔（Donald Reigle）。"行了。时不时我们必须得带上这些小男孩，给他们指指路。"提到雷格尔，他加上一句，"我知道他很幼稚，但是我不知道他那么幼稚。"

此后，总统动身去基比斯坎度长周末。10月3日星期五，[333]他把霍尔德曼和埃里希曼叫来。他身穿游泳裤和运动衫跟他们开会。他告诉他们，今后六个星期他想集中处理外交事务。"你们处理国内事务不用我参加。"他说，他一度将他们俩当副总统对待。他说他需要更多专门的时间去思考越南问题。

实际上，基辛格一直在跟他说，"越南化"可能不灵，他只有两个选择，要么"撤退"要么"加速进攻。"这位国家安全顾问希望加速进攻。第二天早餐的时候，基辛格和比尔·萨菲尔坐在一起，[334]跟这位演讲稿撰稿人表述他

第 8 章　1969 年 10 月 15 日

对这场战争的沮丧感。

"我们有什么进展吗？"

"你想知道我的官方观点还是个人观点？"

"个人观点。"

基辛格摇摇头说："没有。"

星期一，《时代》杂志和《新闻周刊》[335]好像在证实这个判断。在关于海恩斯沃斯、学生以及战争的报道，以及关于反战民主人士在马萨诸塞州一个共和党普通选区的一次特殊的参议员选举中获胜的报道上，《新闻周刊》采用了通栏大字标题"尼克松有麻烦了！"。报道中援引一名未署名的共和党政客的话说："主要的问题是人民对这场战争感到厌恶和极其疲惫。"《时代》杂志"国家事务"栏目的标题是"尼克松最糟糕的一周"。《美国新闻与世界报道》[336]的标题是："尼克松幕僚陷入混乱。" 10 月 6 日的《华盛顿邮报》在戴维·布罗德的专栏文章上配发的大字标题是："总统的崩溃。"布罗德写道："过去的每一天，情况变得越来越明显，1968 年摧毁林顿·B. 约翰逊当局的人和运动 1969 年正在力图摧毁理查德·M. 尼克松。这一次他们很有可能再次取得成功。……"

比较小的事情进展得也不都是很顺利。这一周，霍尔德曼高调下达的每周命令包括给他的助理劳伦斯·希格比的这份备忘录："总统所关心的事情是，好像有越来越多的鸟儿撞到他椭圆形办公室的窗户上——[337]特别是门廊外的门上摔死。他想知道是否有一些办法。……尽快给我一个报告。"

星期一下午，马萨诸塞州共和党人，参议院唯一的黑人议员，爱德华·布鲁克（Edward Brooke）宣布，他准备对提名海恩斯沃斯的确认书投反对票。于是，格里芬参议员[338]也随之反水，他给总统寄去一封信，告知他将对确认书投反对票。尼克松的反应是，派哈洛去争取让他改主意，然后跟霍尔德曼说，格里芬不得不被干掉。这天稍晚一些时候，格里芬参议员作为共和党国会领导人[339]之一来到总统办公室。没有说一句刺耳的话。"坦诚的异议，"尼克松说，冲着参议员笑了笑。后来，他告诉这些领导人，"哪怕参议

137

院只有一个人投票支持，我都会力挺海恩斯沃斯。……如果我们在这件事上投降，他们就会认为，只要你踢尼克松，你就能得逞。……我不是靠逃避斗争走到今天的。"

"转移注意力"[340]是尼克松在10月10日的一个关于暂停计划的备忘录中给霍尔德曼的书面命令。埃里希曼[341]刚给他转发了行政办公楼侦探杰克·考尔菲尔德写的一个备忘录。考尔菲尔德正在暗中监视暂停计划，他报告说："邮寄名单、传单以及运输的巨额经费来自于社会主义工人党。共产党保持一种背景身份，但是据悉已经提供邮寄名单以支持该联盟的活动。……九名政府要员和军事组织领导人最近48小时内在纽约市举行了一次非常秘密的会议。声称美国参议员贾维茨和古德尔出席了会议。……他们请求，但显然没有得到与会军队领导人关于不动用暴力的承诺。"

"优先考虑的事是把这个消息放给所有专栏作家，"尼克松在这个备忘录的部分内容下画线强调之后写道。这天晚些时候，白宫宣布了一个转移视线的消息：总统将于11月3日发表一个有关越南问题重大政策的演说。恰好在暂停计划执行之前宣布这个消息，看来显然是一个花招，但是总统心中确实想让约翰逊总统选举周年纪念前夕的轰炸——以及7月他给胡志明的最后通牒——暂停在心中。但是9月3日73岁的胡志明去世了，而且美国人民不知道什么最后期限，甚至极力主张派军队进入越南的基辛格也说，他只是在巴基斯坦总统8月份访美期间无意中听[342]到尼克松对叶海亚·汗总统提到此事才偶然得知给胡志明的这封信。

基辛格真正知道的全部内容是鸭钩计划[343]，"最高机密——高度敏感"的计划：如果在11月1日之前什么进展也没有，则要对北越发起进攻。"猛烈的、摧毁性的"是在他的幕僚们设计这个计划——一个尽可能在四天之内摧毁那个国家的方案——时他用来鞭策他们的说法。"我们需要一个结束这场战争的方案，不仅仅是撤军。"基辛格在初夏的时候就告诉过尼克松。这就是那个方案：轰炸北越的城市，在海港布雷，破坏水利堤坝，甚至从陆地入侵北越以及使用战术性核武器。"我不能相信，像北越这样一个没有什么价值的政权就没有一个断裂点。"基辛格对他的手下说。

基辛格是一个极其难对付的人,在合乎他的意图时,他表现得精明、可爱,但是在白宫内他非常严厉、喜怒无常、两面三刀——而且也很恶毒。"我们烂醉的朋友,"[344]基辛格会对他的手下说,在夜里喝了一两杯酒之后在尼克松来电话时用手捂着电话听筒,说话含糊、口齿不清。但是他已经成为必不可少的人了。他并非在所有事情上都跟总统意见一致——基辛格担心分阶段撤军是一个必败之举。非常重要的是,像霍尔德曼一样,基辛格已经成为总统借以操纵的一种系统。

无论基辛格对尼克松的最后通牒知道些什么,美国公众对此或者有关鸭钩计划都一无所知。国务卿罗杰斯不知道,国防部长莱尔德也不知道,他们在继续卖力地推行战争"越南化",将它作为解决越战问题的唯一出路。也不清楚北越领导人知道多少。直到认识到(如果都只是留在自己的头脑中)这个最后通牒和攻击计划就没有什么意义,于是,总统自己泄露了[345]鸭钩计划的一些具体内容——或者他对九位参议员讲了这个计划,这其实是一回事。就在暂停计划实施之前(也就是他演讲之前两周),这些具体内容通过罗兰·埃文斯和罗伯特·诺瓦克的专栏文章已传遍全国。基辛格让北越人屈服的计划从尼克松的大秘密变成了吹牛。总统在10月中旬启动了部分鸭钩计划,命令战略空军部队的核轰炸机处于最高警备状态[346]以引起世界各国间谍的注意。这样做的出发点是,某些人(据说是苏联人)会警惕和恐吓北越人。

尼克松的"疯人理论"。他想让河内领导人害怕他像一个能够将他们国家化为灰烬而不是看起来像个失败者的疯人。但是,北越领导人既没有注意也不在意。他们正忙着发表声明为暂停计划组织者喝彩。最后一个声明的结尾是:"越南人民与反对美国侵略的进步的美国人民的斗争一定会取得全面胜利。[347]祝愿你们的秋季攻势取得辉煌成功。"

尼克松的时间似乎在逐渐耗尽。国会的64名议员公开表示支持暂停计划。6月的盖洛普全国民意调查表明,47%的被调查者支持总统的越南政策,45%的反对。9月的调查结果为35%的支持,57%的反对。支持率下降的一个原因是,《生活》杂志夏季版刊登照片说明,在越南几乎每个星期每251名美国年轻人中就有一名遇害,该杂志还说:"我们必须暂停[348]查对这些面孔。"

在暂停越战计划执行前,在公众认识层面进行争夺期间,总统发出了给一个学生的公开信。这个由总统的演讲稿撰稿人挑选出来的学生是乔治敦大学的一个二年级学生,名叫兰迪·J.迪克斯(Randy J. Dicks)。[349]他给白宫写了一封信说:"最近你在新闻发布会上说'在任何情况下'你都不会为即将发生的反战抗议,包括'暂停越战计划'所动,这种说法至少可以说是欠考虑的。在我看来美国总统留意人民的意愿不是不明智的。"

总统用基辛格的助理安东尼·雷克(Anthony Lake)所写的话作为回答,表明他正走在和平之路上,他回答说:"听取公众意见是一回事,而为公众游行示威所左右则是另一回事。……无论是什么问题,允许在大街上制定政府政策都会毁灭民主进程。……这会招致政治混乱。"不出所料,新闻记者突然造访乔治敦大学,找到了正在上法语课的迪克斯。他重复了他对尼克松的批评,然后也对民主制提出了一些批评。结果他成了学生君主制主义者学会[350]的会长。

1969年10月15日,暂停越战行动日,两万多人在华盛顿游行示威,从华盛顿纪念碑到白宫后院栏杆,一路上,他们手持蜡烛,一度在林荫道上构成一大片摇曳的烛光。在全国各大城市,成千上万的人举行了更多的示威游行:波士顿10万人、纽黑文30,000人、纽约至少有5万人参加了示威游行。小马丁·路德·金的遗孀科雷塔·斯科特·金在华盛顿发表演说。尤金·麦卡锡参议员和查尔斯·古德尔参议员以及演艺界人士雪莉·麦克莲恩和伍迪·艾伦在曼哈顿中城演讲。在华尔街上演讲的是比尔·莫耶斯(Bill Moyers),他曾经担任林顿·约翰逊的新闻秘书。电视网在黄金时段播放了90分钟的特别节目,彬彬有礼地向萨姆·布朗和戴维·霍克以及其他暂停越战计划重要人物提问,请他们谈谈自己的看法和目标。[351]这天晚上,CBS新闻台的沃尔特·克朗凯特说:"史无前例。以往从来没有这么多人示威游行表达他们对和平的期望。"

关于克朗凯特,尼克松在新闻摘要上写道:"一个废物!"[352]

白宫是一个紧张的地方,是为战争准备的地方,不是为成千上万衣着讲究、谈吐文雅的美国人唱着歌、点着蜡烛向总统讨要和平而准备的地方。基辛格的情绪完全随着总统的情绪上下起伏,以至于尼克松不得不嘱咐霍尔德曼去跟这位国家安全顾问谈话,[353]说他对任何批评的悲观反应过度正在拖垮工作人员的士气,因为他们从他脸上读到了战争和抗议的消息。埃里希曼在白宫地下防空洞作战室[354]里,收听年轻的组织者在步话机上的谈话。通过步话机向他报告的人是在街上执勤的司法部工作人员、米切尔的助理约翰·迪恩。他开始说:"他们看来似乎是好人。"

埃里希曼的两个孩子正在他们学校参加示威游行。霍尔德曼的女儿苏珊和埃里希曼的儿子彼得一起在加州帕罗奥图的斯坦福大学示威游行。副总统阿格纽14岁的女儿金也想参加游行,但他还能够阻止她。基辛格的助理,负责撰写11月3日的演讲稿的威廉·沃茨,从国家安全委员会办公室走出来休息一下,却看见他的妻子和女儿正手持蜡烛在白宫栅栏外面行走。[355]

"暂停越战行动是一个成功,"[356]帕特·莫伊尼汉在一份坦率的备忘录中向尼克松报告说,"就行为方式和内容而言,它令组织者们如愿以偿。这些年轻的中产阶级白人性情温和、考虑周到,有时甚至容光焕发。……我相信政府已经被伤害了。……如果我们要结束这个时期,那么我们就不得不采取比不久前所采取的行动更为聪明的许多行动。"

靠近白宫政治谱系另一端,帕特·布坎南写信给尼克松说:"现在,越南战争是赢是输取决于美国的前线。[357]……美国人感到困惑和不确定,并且开始相信他们可能错了,开始觉得自己的道德水准不及那些现在就想走出去举着蜡烛示威游行的反战分子。"

与此同时,美国前线战事还在继续。越战暂停活动计划定于每月15日再示威游行一次。11月15日就是下一次游行示威日。总统极力将10月15日

尼克松——孤独的白宫主人

当作平常工作日一样来打发。他在一个长达两小时的会议中度过了下午的时光，与十几位他平常避之不及的经济顾问一起讨论1970年预算。但是，他也被弄得心绪不宁，觉得这天他被打败了，相信他对北越绝密的最后通牒和鸭钩计划都已作废，如果他采取军事行动，街上那成千上万的人可能就会变成数百万人了。

次日，政治反攻开始了。总统召集了一个他称为"美国中坚委员会"[358]的秘密团体。该团体的自我描述为："本委员会由白宫工作人员组成，他们了解政策，并且非常乐于为总统和共和党的长期利益而去联络美国中间阶层人士。成员包括帕特·布坎南，克拉克·莫伦霍夫，马丁·安德森，汤姆·赫斯顿，巴德·克罗，林恩·诺夫齐格，哈里·登特。我们将时常向外部人员和白宫内部的其他人员寻求帮助，但是在寻求帮助时不会泄露本委员会的存在或者损害本委员会内部的坦率讨论。……"*

第一次会议的记录界定了支持者范围："大量政治上强大的白人中产阶级深感忧虑，主要对他们所认为的他们存在的价值被侵蚀而深感忧虑。他们相信，作为个人，他们已经失去了对一个结构复杂的、冷漠的社会的控制，这个社会用高税收、不断上升的通货膨胀率和强制性的种族融合压制他们，而奖赏很穷的人和很富的人……"

三天之后的10月19日，在新奥尔良举行的共和党百元基金筹集会上，副总统阿格纽[359]代表总统——但讲话稿大部分是他自己写的——开始采用了尼克松划分美国社会的强硬措辞，他说："最近出现的暂停越战行动反映出当今美国社会所存在的困惑。……在一群阴柔的、自诩为知识分子的厚颜无耻的势利小人的鼓动下，国民受虐精神盛行。"

当他讲到一些热点问题的时候，掌声不断。阿格纽接着说："持异议的中坚分子和专业的无政府主义者在这场所谓的'和平运动'中，……不让自

---

* 安德森，保守派斯坦福大学教授，是亚瑟·伯恩斯的助理。莫伦霍夫是《狄盟市注册报》前记者，埃吉尔"巴德"·克罗是埃里希曼的门生。

第 8 章　1969 年 10 月 15 日

已脱离河内的敌人所确定的目标。……我们好像在靠近一个明显恶劣的时代。……那些声称代表年轻人讲话的人用毒品和人为的刺激征服了他们自己。……教育正在被重新定义以适应缺乏教育的理念。……以往的教训被忽视和抹煞在被称为代沟的当代对抗之中。"

次日晚上，在密西西比州首府杰克逊市，百元基金会的另一次晚宴引来了 2,400 位客人，他继续发表演说，这次的讲稿出自回到华盛顿的萨菲尔和布坎南，他说："太长时间以来，南部一直在为那些自诩为自由派知识分子的人打印袋子。……在我们中间有油腔滑调的积极分子，……喋喋不休、阻抗行动的富豪，……势利小人，他们大部分人不屑于与为谋生而工作的平民交往。……美国人不能承受因他们的煽动而产生分歧——或者被他们的两面派行为所蒙蔽——或者任由他们去破坏自由。但是，我们可以做到将他们从我们社会中区分出来，不会比我们因为从一个桶里剔除了腐烂发酵的苹果感到更后悔。"

总统已经开始准备他自己的演讲，11 月 3 日将对全国发表的有关越南战争的演讲。独自待在行政办公大楼那间密室之中，他在他常用的记事簿上端随手写道："不要慌乱[360]——不要摇摆——不要做出反应。"

实际上，他感到得意的是，他自己撰写大部分演讲稿，或者对撰稿人的稿子大加编改以至于他们的作品完全变成他的作品，而做这种事情的现代政治家越来越少了。事实上，与他的英雄伍德罗·威尔逊一样，尼克松相信写作——清楚地阐述思想并将其转化为具有启迪性和说服力的修辞——是总统最重要的一部分工作。这也正是耶鲁大学政治学家詹姆斯·巴伯[361]曾经捕捉到的某些东西。"在对尼克松的个人风格进行分析的过程中，最简单的起点就是排除个人关系，而主要聚焦于他的能力与政治角色的适应性。"他写道，"尼克松一直是一个非常努力工作的人，在准备和发表演讲方面也是如此努力，鲜有例外。他在修辞推敲方面的刻意投资是巨大的。……尼克松倾其心力琢磨如何演讲和行动才能给人留下一种理想的印象。他非常注意自己的表现。"

这一次他也是这样。总统在华盛顿和戴维营12个小时昼夜不眠地研究，形成了他自己的战争思想——他至少起草了12份演讲稿[362]——向幕僚、朋友、政敌询问一些基本问题，尽管大部分时间他是在自问。其他人（包括基辛格在内）都不知道他在想什么或者准确地说他在问什么。外面的人以及他自己的幕僚猜想总统有两种主要的选择，其中最引人注目的一个选择是：竭尽全力执行鸭钩计划，迫使北越谈判——或者就顺势离开那个鬼地方。

他所得到的许多建议是正好相反或者矛盾的。"如果我们决定逐步升级你觉得怎么样？"他问罗伯特·汤普森爵士（Sir Robert Thompson），[363]这位曾在20世纪50年代在马来半岛打败共产主义叛乱分子的英国将军。汤普森回答说，他认为国内外的反对会破坏尼克松的政府。不过他补充说，他认为美国可以通过战争"越南化"，建立南越武装力量，就像50年代建立韩国武装力量去抵抗朝鲜那样，就能赢得这场战争。

"我们应当干到底？"尼克松问。

"绝对应当，"汤普森回答说，"在我看来，以你们自己对付越南的方式，西方文明的未来非常危险。"

在另一个极端，参议院多数派领导人迈克·曼斯菲尔德[364]在一份备忘录中告诉他："在我看来，越南战争的继续危害到这个国家的未来。……最严重的是，这种可疑的起因与目的的冲突正在使我们的社会产生严重的分歧。"

尼克松总统自有主张。独处，带着他的黄记事簿和思想独处。那些离他最近的人还是不知道他将会说什么，也不知道他会采取什么方式。他很少有放下手头工作去休息的时候，其中一次是与苏联大使安纳托利·多勃雷宁待了一小时，[365]生气的一小时。这次会晤很重要，因为大使在传递这样一个消息：他在莫斯科的上司准备前往限制战略武器会谈，以限制战略核武器的生产和试验。限制战略武器会谈——原计划于1968年末由约翰逊总统主持首次谈判，但由于当时苏联军队入侵捷克斯洛伐克而被取消——将于11月中旬在芬兰赫尔辛基重启。美国代表团将由美国军备控制和裁军署署长杰拉德·C.史密斯（Gerard C. Smith）带队，团员包括：国务院高级苏联问题专家卢埃

第 8 章　1969 年 10 月 15 日

林·汤普森（Llewellyn Thompson），为尼克松工作多年的国防部前副部长保尔·H. 尼采（Paul H. Nitze）。总统叫来尼采并告诉他，他不信任史密斯，也不信任国防部长罗杰斯。他要尼采向基辛格报告在赫尔辛基发生的事情，说基辛格会把报告转给他。尼采说那样会对代表团造成破坏。"好吧，"尼克松说，"我已经说过了，你可以通过幕后渠道传递信息。[366]如果你看到什么事不对头，就联系基辛格，或者通过基辛格跟我联络。"

与多勃雷宁的谈话很快就转到越南问题上。大使所带来的书面命令包括这行文字："莫斯科觉得应当坦率地告诉总统，通过使用武力解决越南问题的办法不仅是没有前途的，而且也是极其危险的。……"

尼克松把黄记事簿推过书桌那边，让这个俄国人记笔记。他发表了一通长篇独白。他说他本人感到很失望，在上任九个月期间美苏之间在任何问题上——以越南问题为开端——似乎都没有达成合作。他说他相信俄国人不希望这场战争结束。

"你们可能认为你们可以背弃我，"尼克松接着说，"你们可能认为美国国内局势难以操纵。……你们所做的一切不过就是重复北越人在六个月以前就使用的同样陈腐的口号。你们非常清楚地知道他们不可能有什么前途。是该启动讨论的时候了，因为我可以让你们确信，战败的耻辱是我的国家绝对不能接受的。"还有更多。最后，总统说："让我再次重述，我们不会在越南坐以待毙。"

当多勃雷宁试图做出回应的时候，尼克松站起身，绕过书桌，同他握手，把他送到门口。列席在一旁的基辛格感到很兴奋，一关上门便说："了不起。……没有哪个总统曾像这样对他们直言不讳。"

很快，基辛格本人也得到了一点同样的待遇。这位国家安全顾问反对撤军计划并且担心尼克松可能会向反战抗议屈服。总统已经知道他的想法，10月29日他打断了基辛格的上午例行简报会，站起身说："好吧，今天就到这里，赶快开始工作吧。"[367]

他不想说闲话。他专注于演讲稿，给基辛格发去了两份简要的备忘录：

我想要一段简要的内容，[368]100字以内，说明我们首先插手越南的理由。我不确定我是否会涉及这一点，但是我想要你提交一两段供我思考。……

"在越南问题上我们是否有可能从一开始就错了？"[369]

尼克松是一个自律的人。他独自写作。他没有因其反校车接送学童方案和计策的失算就改弦更张。10月30日，最高法院宣布了对全国有色人种协进会法律辩护基金反对总统亲自批准的废除种族隔离计划延期命令的裁决，令大半个华盛顿为之震惊。在斯滕尼斯威胁要放弃为反弹道导弹系统而战之后，总统曾下令延期实施废除种族隔离计划，当时33个密西西比学区仍没有执行法院命令。这个裁决是一致同意的，是自从沃伦·伯格担任首席法官以来宣判的第一个重大裁决。法院命令密西西比州各学区以及其他任何二元学校制学区"立即"实行废除种族隔离。这是"任何从容不迫的速度"——1954年沃伦法院的表达方式——的法律结果。

《纽约时报》解释说："对于尼克松政府来说，这个裁决是一个强烈的挫折。不到一个星期之前，司法部一直在辩论是否允许在某些学区延期。……在这段时间里法院考虑了不让南方学校实行民族融合的各种借口，今天的裁决结果将为这段时间画上一个法律句号。现在其基本信息是融合，以后再谈诉讼的事儿。"

白宫的主要反应是来自新闻秘书齐格勒的一个声明："政府将执行法院的命令。……"总统没有发表意见，也许是考虑到现在白宫终于没有危险了。在霍尔德曼将那个裁决告诉他的时候，尼克松微笑着说："现在让我们看他们如何实施它。"[370]

这天晚上，他独自待到黎明前，他写道："在越南他们不能从军事上打败我们。[371]他们不能毁灭南越。写进一段文字说明我们为什么要在那里。他们不能毁灭我们。"11月1日上午8点，尼克松从戴维营给霍尔德曼打电话说：

第 8 章 1969 年 10 月 15 日

"婴儿刚刚出生了。"[372]

为了背诵这个演讲，他离开华盛顿一天多时间。能够像温斯顿·丘吉尔、戴高乐那样脱稿演讲，这对于尼克松来说是件非常得意的事。他很喜欢引用丘吉尔的儿子、传记作家伦道夫·丘吉尔（Randolph Churchill）与他谈话中所说的话，他说："我父亲用他生命中最好的时光写出了他的即席演讲。"尼克松的助理兼前法律合伙人，曾一度做职业音乐家的伦纳德·加门特告诉白宫的其他人，他认为尼克松在钢琴上学会了背诵。总统不识乐谱，但是记住了[373]以"牧场是我家"为首的数百首乐曲的指法和节拍。

在这次演讲前他与国会领导人的最后一次会议上，[374]总统耐心地听完了基辛格关于苏联的战略导弹建设和试验的详情介绍。"他们的进展令我大吃一惊、目瞪口呆。"基辛格开始说，然后说了一连串的数字，一口气讲了半个小时。但是，主题一转到越南和演讲，尼克松立即就接了过来。一开始他讲到昨天是 1965 年以来没有美国人在越南遇害的第一天。接着他说，没有为任何人，包括他们在内，准备这次演讲稿的副本。"这次演讲将是直言不讳的，"在会议结束之前他补充了一句，"美国人民要得知事实。"

如尼克松 11 月 3 日晚上 9 点 30 分在三大电视网上所讲述的，"事实"是这样的："让我们来看看，摆在我们面前的问题不是是否有某些美国人支持和平，某些美国人反对和平。要讨论的问题不是约翰逊的战争变成了尼克松的战争。"然后，他确确实实把它变成了尼克松的战争。

"有些人极力主张我马上结束这场战争，"他说，"这会是一种受欢迎的、容易采取的行动方针。……但是，我的责任要大于只考虑我本届政府和下届选举期间的利益。我必须考虑我的决策对于下一代乃至美国和世界和平和自由的影响。……我国有史以来的第一次战败会导致亚洲乃至全世界对美国的领导力失去信心。"

然后，他非常详细地介绍了美国的一系列解决措施，包括他给胡志明的信，并且断言，如果没有和平，那是因为河内不想要和平。他再次概述了尼克松思想。美国应当在经济上和军事上支持朋友，但是不应当直接参与他们的战争。回顾历史，他说，现在的出路就是战争越南化和撤回美国军队。他补充说："如果我断定敌人增强行动会对我们留在越南的部队造成危害，我会毫不犹豫地采取强有力而有效的措施去应对那种局面。"

最后，他讲到了最艰涩的内容，那些话是他一次又一次反复琢磨过的。一开始他对年轻人讲："我敬佩你们的理想主义。我分享你们对和平的关心。我跟你们一样希望和平。"接着他说，他实际上是极力想把年轻人与其他反战积极分子区别开来：

不要让历史学家记下，当美国身为世界上最强大的国家之时，我们走在了道路的另一侧，让千百万人对和平和自由的最后希望被极权主义势力给憋死。那么我今天晚上，向你们——美国人民中伟大的、沉默的大多数——请求支持。……我能从人民这里得到的支持越多，和平的誓言就能践行得越快。

让我们团结起来争取和平。让我们团结起来避免被打败。……北越不能打败美国或令美国蒙羞，只有美国人自己才能使美国失败或蒙羞。

7,000万美国人看着他请求"沉默的大多数"去平息少数人的鼓噪。在尼克松演讲结束后，在众多进行电视直播分析评论的记者中，有一名记者对所发生的情况做出了准确的诠释。他就是ABC驻白宫记者汤姆·贾里尔（Tom Jiarriel）。他说："也许今晚总统对这个国家的人采取了分级化的态度，超出了以往将人群分为支持他和反对他的人的态度。"

总统不确定自己演讲得怎么样。在电视拍摄灯还在被搬出椭圆形办公室的时候，甚至还没看一眼电视演讲后分析，尼克松就让霍尔德曼去确定出自共和党全国委员会和行政办公楼内读者来信写手的100封抱怨电视分析的信件是否发出。"我希望有些肮脏、狠毒的信[375]是针对《时代》杂志和《华盛顿邮报》社评的。"他加上一句说——这要在社评写出来之前做到。

他不必担忧。这场赌博正在决定他是否拥有大多数。他赢了。

第 8 章 1969 年 10 月 15 日

盖洛普全国民意电话调查表明，77%的听众[376]赞成尼克松的讲话。几天之后，盖洛普民意调查表明，总统的总体支持率由越战暂停行动前的52%攀升到68%。435位众议院议员中有300位，100位参议员中有58位签署了表示两党支持总统立场的国会决议。[377]总统采取了一个惊人之举，没有通知两院联席会议成员就去了国会大厦："在事关我们的年轻人生命的情况下，[378]我们不是民主党人，也不是共和党人，我们是美国人。"

55,000多份电报发到白宫，稍后，又有30,000多封信到了白宫，[379]它们几乎无一例外都在称赞总统。的确，在共和党全国委员会、一些工会组织、美国退伍军人及海外战争退伍军人协会的帮助下，白宫组织了写信运动。[380]不过，信件的数量很大，足以证明大部分信件来自非组织范围的真实的人，来自那些尊敬和信任总统的公民。次日，联邦通讯委员会主席[381]迪安·伯奇打电话给电视新闻网，让他们把分析稿副本寄给该委员会，以便判定其公正性，这是一个不利的暗示，表明政府在控制电视行业，并有权延长或取消电视台的牌照。

"极度兴奋的情绪在继续。"霍尔德曼在日记中写道。次日，共和党人在新泽西和弗吉尼亚赢得了势均力敌的地方长官竞选，在以前总统已经在这两个州赢得了竞选。秘书们还在源源不断地收电报，把电报堆在总统的书桌上。它们在那里堆上几天之后总统才允许人挪走。"50年前在这张非凡的书桌旁，伍德罗·威尔逊总统说的话抓住了一个厌战世界的想象。"尼克松告诉他厌战的国家。他不知道使用这张书桌的那个威尔逊是亨利·威尔逊，[382]一位鞋匠出身的马萨诸塞州参议员，尤利塞斯·S.格兰特总统任上的副总统。没有关系，尼克松让自己徜徉在那些电报中，他告诉每个进来的人说："现在我们把那些自由主义的混蛋打跑了！"

第 9 章　1969 年 12 月 8 日

　　1968年尼克松选择让马里兰州长斯皮罗·T.阿格纽作为他的竞选伙伴，这是个错误。这位州长看上去很不错，似乎足以给那些对他不甚了解的人——包括尼克松在内——留下深刻的印象。"这个人有些神秘。……"尼克松说，"你可以就看着他，看他把'它'弄明白了。"[383] 阿格纽，这位希腊移民的儿子以他自己的方式完成了大学教育。二战时期他曾是一名步兵连长，回家完成了法律夜校教育，并且脱离了希腊东正教教堂和民主党。在此过程中成为一名圣公会教徒和共和党人。他恰逢其时地从巴尔的摩郊区的家庭教师协会会长进入选举政治，那时那些郊区正在转向尼克松的政党。他成为一名县执行官，并于1966年被选为一个介乎于南部与北部之间的州的州长。[384] 这时这位民主党候选人变成了一名种族主义者或者说做了一个很好的假象。接着，1968年4月在巴尔的摩发生了种族骚乱，阿格纽打电话给温和派黑人领袖、部长以及全国有色人种协进会要员，明确告诉他们这是骚乱行为，说他们默默地与"巡回审判、河内访问[385]、抱怨、煽动暴乱、领导毁灭美国的

第 9 章 1969 年 12 月 8 日

人"串通一气。这使他得到了一些国民的注意。

对那些比尼克松的观察距离更近或更远的人来说，他并非看起来不错。其中也包括《华盛顿邮报》。《华盛顿邮报》近距离报道马里兰州的政治活动。在该报明星记者沃德·贾斯特（Ward Just）撰写的一篇社评中，《邮报》对1968年大选提出了这么一个观点："尼克松任命阿格纽的决定可能会被视为自罗马君主卡利古拉任命他的马为领事以来最为异乎寻常的政治任命。"[386]

阿格纽是一个学得很快的人，但是从根本上讲他也是一个愚昧的人。他的任命是一件令人极其惊讶的事，但尼克松喜欢那样。尼克松只跟这个人交谈过几次。[387]在任命的那一周，阿格纽正在用20世纪50年代即约瑟夫·麦卡锡时代搞政治迫害、给人扣赤色分子帽子的说法进行竞选，说休伯特·汉弗莱副总统"跟共产主义黏黏糊糊"。在芝加哥，为了说明他是无偏见的，他使用了"波兰人"这个词。在问及他为什么没有在贫困地区竞选时，他说："如果你见过一个贫民窟，你就算见过所有的贫民窟了。"[388]

关于这一点，尼克松的有关助理透露了这样一件事。说是他们的人有一种135智商测试。被派去观察阿格纽的竞选助手斯蒂芬·赫斯被问到有关"神秘"和"它"的问题。他回答说："无论'它'是什么，我都希望它不是被相中。"[389]民主党人有一个解释。在竞选运动中他们的最后一则电视广告是一段30秒的镜头，在黑色的屏幕上打出"阿格纽总统"几个字，同时配上笑声。

尼克松总统完全不知道如何处理"特德"阿格纽副总统。但是他的确很同情他，在默默无闻地担任艾森豪威尔总统的副总统时他曾经亲历过这样的痛苦。尼克松喜欢受压迫者，他也总是自认为是一个受压迫者。而且，阿格纽是一个非常有进取心的人，无论是不是要他来，他总是会露面。帕特·布坎南和比尔·萨菲尔这两位演讲撰稿人都喜欢与阿格纽一起工作，因为这个人不像总统那样拿他自己当回事儿，无论他们为他写什么稿子，他大部分都会采用。

一次，帕特·布坎南带着一个想法去见总统。他引用11月3日越战演讲之后电视新闻网现场分析[390]中的说法刺激了"这位老人"。CBS的埃里克·塞

尼克松——孤独的白宫主人

瓦赖德说,"他看起来似乎与约翰逊先生或者腊斯克部长毫无二致。"该新闻网的外交新闻记者马文·卡布尔认为,总统误解了北越对致胡志明的信的反应。ABC的弗兰克·雷诺兹说"没有新的倡议,没有新的提议,没有宣布任何新的撤军计划"。说完之后他便转身面向客串分析员W.埃夫里尔·哈里曼。后者曾经是肯尼迪总统和约翰逊总统战争政策的一位激进的设计师。

"让阿格纽去追击这些家伙!"[391]布坎南对尼克松说。

初夏时节,这位副总统曾拒绝了定于11月13日在爱荷华得梅因中西部地区共和党大会上讲话的邀请。但在那次活动举行前两天,白宫打去电话说副总统将会出席——并且他会谈到电视新闻的问题。布坎南起草了演讲稿,尼克松亲自加以编辑。[392]演讲稿[393]被发送给三个要求直播报道的电视新闻网。以下这段内容下画了线以示强调:

<u>一小撮人,电视节目主持人、时事评论员、执行制片人,人数也许不到十来个,决定这种向大众传播的影片和时事评论。由他们决定四千万或五千万美国人了解这个国家和这个世界今天都发生了些什么。</u>

"这一小撮未经选举的精英,"阿格纽这样称呼他们,他继续说,"今晚我对你们所说的是,内容是否为全国人民所闻所见,不由我决定,而是由他们决定的。"三个电视新闻网都决定直播这次演讲。"今晚我讲话的目的是要让你们聚焦这一小撮人。……他们掌握着自由选择、呈现和解释我们国家最重大问题的权柄。"阿格纽开始在美国地图上指出他们的位置,"在人们看来,这些时事评论员和制片人生活和工作在华盛顿或纽约的地理和知识分子范围里。……他们不断地互相交谈,由此来人为地强化他们共同的观点。"

至于他们的角色,阿格纽提到了一点儿。

在温斯顿·丘吉尔聚合民意、坚持到底、抵制希特勒德国的时候,他不必对付一群时事评论员质疑他是否正确了解民意或者英国是否有耐力打完那

第 9 章　1969 年 12 月 8 日

场战争。

依靠电视了解新闻的美国人可能断定，大部分美国学生都是心怀怨恨的激进分子，大部分美国黑人都不关心他们的国家，暴力和目无法纪就是规则。……如同其他的美国机构一样，也许是时候了，应该让电视新闻网对国家意图更加积极响应，对其所服务的人民更加负责了。

这篇演讲轰动一时。阿格纽说过："他们可以在一个星期之内让在本地默默无闻的人变成全国家喻户晓的人，"而他自己这次新的声名鹊起肯定就证实了这一点。总统很喜欢这个演讲。"真是击中了要害。"[394]他第一遍看完讲稿之后对布坎南说。

11 月 20 日在阿拉巴马莫比尔，阿格纽做了第二次攻击新闻媒体的演讲。[395]这一次，他针对的是全国政治领导人阅读最多的两份报纸：《华盛顿邮报》和《纽约时报》。他的语气比较温和，他的观点引起了共鸣：华盛顿邮报公司不仅有该城最大的报纸，还控制着《新闻周刊》杂志、华盛顿电视台，以及该市所有的新闻广播站。《时报》对来自政治家的批评实际上拥有"外交豁免权"。

在莫比尔演讲之后向总统汇报时，布坎南说："三个星期前发笑的那些人现在在撰写论述阿格纽主义危险性的专栏文章。……他已经成为公认的美国中产阶级的发言人、伟大的沉默的大多数的罗伯斯庇尔。……另一个积极作用是副总统成功地迎头痛击了这两份全国性新闻杂志头版的'动员'专栏。"

"对！"总统在备忘录上写道。《纽约时报》的报道是一幅照片，表现的是 11 月 11 日华盛顿纪念碑周围的一些纯真无瑕的年轻人（他们是 15,000 名纯真无瑕的年轻人中的一部分）和许多许多美国国旗。11 月 11 日这天不是新结束越战动员委员会的活动日，而是退伍军人节。照片的标题是："持异议者的反击。"[396]与此同时，由一个数据处理公司创建者、年轻的达拉斯百万富翁 H. 罗斯·佩罗资助的一场 50 万美元的广告战促使举国上下给白宫寄发支持函。

尼克松——孤独的白宫主人

新结束越战动员委员会（大部分人称之为"the Mobe"）[397]正在组织第二次计划每月一次的反战示威游行。越战暂停行动基本上一直是由尤金·麦卡锡参议员的反战总统竞选老手在运作。Mobe计划吸收了诸如民主学生会、社会主义工人党以及"望风者"（一个打算"领导年轻白人参加武装革命"的特别团体）之类的团体，因此更为粗暴。这些示威在阿格纽在得梅因发表讲话之前几小时就发生了，它们也是以环白宫的烛光游行——反死亡游行——的方式开始的。虽然华盛顿有更多的抗议者——白宫根据航拍人群情况计算这次示威人数超过了30万，但曾经对越战暂停行动计划表示支持的参议员爱德华·肯尼迪、埃德蒙·S.马斯基和雅各布·K.贾维茨却拒绝支持Mobe。游行者反复有节奏地高喊："二、四、六、八——组织起来，捣毁政府！"

新闻报道也是不同的。对周末的示威游行没有电视新闻直播。《时代》杂志接受了尼克松的断言，报道说："从本周全国各地的活动中可以进一步看出，那些希望不顾结果、立即结束这场战争的人仍然只代表少数人。"

总统把自己的时间用于打保龄球和从电视上看俄亥俄州与普渡大学的足球赛，间或与霍尔德曼聊几句，后者正在协调白宫地下深处防空洞的活动。尼克松说，这就像看电影一样，不知道接下来会发生什么。他提议用直升机去吹灭示威者的蜡烛。然后他就登上了他自己的直升机海军一号，去肯尼迪角看阿波罗二号起飞——人类第二次飞向月球，而将被空巴士路障包围的白宫留在了身后。

有一些暴力行为。由望风者率领的1,000多名年轻人和其他一些宣称革命的人冲击了南越大使馆，向使馆投掷石头，随后被警察和催泪瓦斯驱散。在司法部周围有几百人，其中有些人拆毁了美国国旗并升起一面越共的旗帜，随后这些人被驱退。

但是，那只是附带的节目。在林荫大道上，成千上万的美国人，不分男女老幼，唱着甲壳虫乐队的《给和平一次机会》，淹没了学生争取社会民主运动团体的污秽言行，他们还像大学的拉拉队队长那样反复有节奏地喊："我们想要什么？""和平！""我们什么时候想要和平？""现在！"

第9章 1969年12月8日

不管游行群众人数多少，Mobe 来来回回游了48个小时。次日，很凑巧，一年半以前约翰逊执政期间在越南发生的一次军事冲突被浮上水面。一位名叫西摩·M. 赫什（Seymour M. Hersh）的记者，其已于1968年离开美联社成为尤金·麦卡锡的竞选新闻秘书，发表了一个报道，仅在全国30家报纸上发表。报道讲的是美国的一个军事单位屠杀平民、妇女和儿童的事。报道细节含糊，甚至村庄的名称也是乱七八糟的。报道中这个村庄的名字被美军部队叫做"粉红镇"并被指定为"任意开火区"。但是，赫什的报道声称有350到500名越南人被美国步兵师第十一团第一营 C 连所杀害。同时，军队报纸《星条旗》将美莱村[398]大屠杀当做一个胜利进行了报道，其大标题为："美国军队包围赤色分子，杀死128人。"这次行动也上了《纽约时报》的头版，报道说："昨天在主要沿海平原的一次钳形运动中，美国军队遭遇一支北越部队，在一天的战斗中杀死敌人士兵128名。"

赫什的报道指控说，陆军一直掩盖这次军事冲突，直到4月份一个名叫罗纳德·莱登霍的士兵写信给报社，此事才公之于众。尽管公众不知道这个指控，但是陆军部的确进行了调查，没有透露任何细节，于9月5日要求军事法庭审讯迈阿密的小威廉·L. 考利中尉，他是 C 连的一位26岁的排长。该军事法庭指控考利与109名平民"非法"死亡有关。国防部长莱尔德说他8月份在圣克利门蒂时已经向总统通报了调查结果，总统说继续进行。两天之后，《纽约时报》重新接续这个故事，来自越南的报道称，村民们说死亡人数为567人，包括妇女和儿童。几天之内，陆军部部长里索在参众两院军事委员会联席会议上露面，这是一次秘密会议，会上放映了陆军部收集的美莱村屠杀事件彩色幻灯片。有些委员出来时脸色很难看，其中在第二次世界大战的战斗中失去了一条胳膊的夏威夷的丹尼尔·K. 印欧耶参议员说："我以为我会变得冷酷无情，但是我必须说我感到恶心。"[399]

Mobe 行动之后的首次盖洛普民意调查表明尼克松的支持率创出新高，为68%。但是这个数字无助于海恩斯沃斯。11月21日，参议员投票，55票对45票反对他担任最高法院法官。总统感到很生气，如同他新近受到大众欢迎一样。总统对法院和海恩斯沃斯的事情,还有美莱村屠杀事件调查以及越来越多的新闻报道发了几次脾气,其中有一次他猛击书桌说:"都是那些卑鄙的纽约犹太烂货搞的鬼。"[400]

实际上,如果说要为海恩斯沃斯的任命落空而指责什么人的话,那个人便是米切尔。出于对伊斯特兰参议员和霍林斯参议员的信任,这位司法部长将海恩斯沃斯的抗辩的核心任务交给了他法律顾问办公室的负责人,一位45岁名叫威廉·H.伦奎斯特的亚利桑那律师。"小丑。"[401]尼克松这样称呼伦奎斯特,因为他鬓发凌乱并穿着鲜艳的衬衣(通常是粉红色的)。但是米切尔觉得这个年轻人跟自己脑子里想到的律师一样聪明。伦奎斯特的重大成果是一份反驳利益冲突指控的16页摘要,[402]一份针对政治攻击的法律抗辩文件。这篇引用了判例和刑法的摘要被递交给白宫的约翰·埃里希曼,他于10月中旬转交给了总统。在将它放进威尔逊书桌中间抽屉之前,尼克松在这份文件上做了标示。总统对其提名者所做的主要努力是,在阅读了伦奎斯特的摘要之后叫了40名记者到他办公室。这次会议上最值得注意的事情[403]不是尼克松说了什么,而是官方的记录副本无意间被做了手脚,改变了他的原话和含义。他讲了一个关于海恩斯沃斯私有房地产的笑话,说他应该买紧邻边防站的房地产,就像尼克松在圣克利门蒂买的那样。然后,他说,他不会让海恩斯沃斯在投票之前撤出。在记录副本中,这个笑话和保证直接被删掉了,可能是因为它们有点儿令人难堪。

总统想在投票之后进行报复,尤其是对那17位[404]与民主党人联手否决海恩斯沃斯或投票反对为反弹道导弹拨款的共和党参议员。11月24日,他给"HEHK",即霍尔德曼、埃里希曼、哈洛、基辛格发了一份三页纸篇幅的备忘录:"对于所有那些反对者,[405]我想毫无二致地遵循一个总体规则。毫无疑问你们要准备实例,说明像格里芬、施韦克(Schweicker)、珀西(Percy)等人(密歇根州的罗伯特·格里芬,宾夕法尼亚州的理查德·施韦克,以及查尔斯·珀西,他们是有时投票反对白宫路线的共和党参议员)可能与白宫工作人员联系,表明他们愿意在下次任命上或者其他可能出现的问题上支持我

第 9 章 1969 年 12 月 8 日

们。当然，在我们肯定获胜的情况下，他们会支持我们。我想在任何情况下都采取这样的回答：'非常感谢你，但是总统希望你完全根据自己的政治意愿来对这个问题进行表决。他不需要你跟他保持一致。'……我想未来与他们相处所要采取的最佳路线是不与他们讨论任何事情，如果他们抱怨的话，就说我们希望尊重他们的要求，我们不施加白宫压力，……他们都不应当看我的眼色行事。"

但是，总的来说，尼克松以他自己的方式表现出心情很好。海恩斯沃斯被否决后一两天，基辛格来到椭圆形办公室说，他收到了许多来自哈佛的电报，[406]赞扬 11 月 25 日宣布的美国打算销毁其库存生物武器和致命性化学武器的总统声明。尼克松似笑非笑地抬头看看，说："亨利，如果我让美国向柯西金投降，哈佛的电报真的会汹涌而至。"接着，在感恩节，[407]11 月 27 日，他主办了一次白宫午餐会，邀请了 230 位老乡，其中有些人已年过 90。他的全部家人和艾森豪威尔总统的儿子约翰及其妻子儿女都出席了午餐会。帕特·尼克松和女儿们以及艾森豪威尔家族的人及其客人一落座，总统就上楼去了，在那里独自进餐，吃他通常吃的乡村干酪。

这天下午晚些时候，他飞往基比斯坎与他的家人共度周末，四天之后，为另一个历史性创举回到华盛顿。根据他所推进的新《义务兵役法案》，首次征兵抽签[408]定于 12 月 1 日进行。为此，准备了一个巨大的玻璃盆，装上了 365 枚蓝色的胶囊。这些胶囊一个一个被抽出、打开。抽取的第一个日期是 9 月 14 日，第二个是 4 月 24 日，然后是 12 月 30 日；在 1951 年的这些日期出生的 19 岁的人将成为首批应征入伍者。在中点线 182 之后其生日被抽中的人大部分（如果不是全部的话）几乎肯定绝不会被征用。

在回来这天，总统向霍尔德曼发出了他在这个新年——一个大选年的第一道出发令："1970 年我们最重要的计划之一，就是去了解我们的主要捐赠人如何通过我们提供他们所有的资金。……我们可以了解这些资金有没有被浪费在日常开支上或者被竞选委员会某些可能的贪腐行为所榨取。……我们还可以了解这些资金的使用是否能比候选人直接获得资金的情况下更为有效。"

霍尔德曼，富有经验的政治募捐者、商务部长莫里斯·H. 斯坦斯，亨利·登特，以及登特的助理约翰·格利森（John Gleason）在白宫碰头，安排了一个秘密的资金募集活动，目的是绕开共和党全国委员会。计划是为总统所支持的共和党候选人提供1970年竞选资金，并且让这笔资金远离"坏共和党人"，也就是那些对海恩斯沃斯投反对票的人。12月初他们为这个项目取名为"城内住宅项目"，[409]因为该项目必须得在私人办公室里进行。第一批可能的捐赠人包括芝加哥保险业巨头 W. 克莱门特·斯通（W. Clement Stone），百事可乐公司的唐纳德·肯德尔，以及 H. 罗斯·佩罗（H. Ross Perot）。这个计划是总统控制的7个秘密筹钱计划中的一个。一个由比贝·雷博佐负责执行的计划，包括9月中旬由霍华德休斯公司一名雇员所提供的5万美元。

总统将第八次，也是其上任第一年的最后一次新闻发布会定在12月8日举行。他去戴维营度周末时为此做了些准备，然后，在星期一回来之后又在行政办公楼他那间僻静的办公室里独自工作了六个小时。这天晚上的第一个提问是，为什么他举办的新闻发布会这么少——真实的答案应当是因为他需要花很长的时间做准备。然后，丝毫不出人意料，记者们提了一些有关阿格纽与新闻媒体、最高法院与南部、军队与美莱村的问题，这三个主题在过去几个月中占据了主要地位。

问——在最近几周里，副总统阿格纽发表了两次演讲，其中批评了新闻媒体，尤其是电视广播。对他的演讲内容你是否有不同看法？如果有，你的看法是什么？

答——副总统讲话没有经过我批准。……但是，我认为副总统在讲话中以一种高贵而勇敢的方式表达了一个公职人员对许多美国人所关心的一个问题的看法。

问——在最高法院命令学校立即实现种族融合之前，你说你愿意采取一

第 9 章 1969 年 12 月 8 日

种中间道路政策，也即是介乎于种族隔离与立即融合之间的政策。那么你现在的政策是什么？

答——要执行最高法院的规定。即使我可能不同意，比如我对这个立即融合命令的看法……但我还是认为要执行这个法律，我们还是会执行这个法律。

但是，在第二天的新闻中占主导地位的提问是关于美莱村的提问。《生活》杂志曾经刊登过 10 页令人恐怖的彩色图片，[410]那些照片是由一个名叫罗纳德·L. 黑伯利（Ronald L. Haeberle）的随军摄影师拍摄的，曾秘密地给国会成员看过。照片上是成堆的妇女、儿童以及老年男女奇形怪状的尸体。美联社的道格拉斯·科奈尔问总统是否认为这次杀戮是一场大屠杀或者一个军事事件。

"看起来肯定是一场大屠杀，并且是无可辩解的。"尼克松回答说。

我们在越南作战的一个目标是让南越人民免于接受一个强加于他们的、以对平民施暴作为其政策之一的政府的统治。我们决不能容忍或者利用对平民施暴去实现那个目标。……我只能再强调这样一点：看看事情的另一方面，我们有 120 万美国人在越南。其中有 40,000 人已经献出了他们的生命。实际上，他们都在以这种或那种方式帮助越南人民。他们修路建学校、教堂和佛塔。……现在，一定不能允许因为这样一个事件而对这种慷慨、正直的行为记录加以污蔑和诋毁。也正是因为如此，我要尽一切所能去了解这个事件的全部事实真相，对这个事件的责任人，如果他们犯罪事实确凿，那么将加以惩罚。

"他最成功的一次新闻发布会。"《亚特兰大宪章报》说，"一次令人印象至深的表演。"《波士顿环球报》说。CBS 新闻快速投票结果表明，[411]尼克松的支持率飙升到令人震惊的全国 81%，南部 86%。

"非常重大，"总统在其新闻摘要上写道，"又一个电视信用差距的证据。"

159

尼克松——孤独的白宫主人

同一天，在阅读《基督教科学箴言报》"北越对指控其虐待美国战俘的问题表现得非常敏感……"的报道摘要时，尼克松随手批道："H——继续对这个问题组织大规模宣传……"乔治·华莱士与加利福尼加州长里根以及其他几位共和党人一起回应了美莱村指控，指责新闻媒体"沽名钓誉"和使用"未经核实的照片"。从新闻摘要中看到引用的那些论点，尼克松写道："干得好！"

就这样，这一年走到头还不那么糟糕。不管反战示威游行的规模如何变得越来越大，总统还是拥有大部分国民的支持，而且反战运动也难以形成整体之势。总统让传阅一份新闻摘要，上面批示说："K——很敏锐。"这篇新闻报道由自由主义专栏记者约翰·罗氏（John Roche）于12月18日撰写。报道说："民主党在美国的越南灾祸中有……一种既得利益……如果美国人民曾经认可自由民主党人支持美国在南亚战败，那么，这些民主党人将在本世纪余下的时间里在政治上畅行无阻。"《华盛顿邮报》的戴维·布罗德（David Broder）[412]断定，"总统的破坏"已经失败，并且尼克松已经"恢复了对政府治理能力的信任。"在其年终回顾中，约翰·奥斯本说，过去理查德·尼克松一直令他反感，接着他写道："在我看来，尼克松总统似乎[413]已经变成了一个更为强大的人，一个更为正派、可信的人……"

在白宫内，囊括了这一年最后几天新闻的帕特·布坎南的新闻摘要总结说："我们将继续在一个高高的、优越的高原上稳定地滚滚向前……那位抱怨说在出席新闻发布会时'我们从来没有碰过他一根毫毛'的东部权势集团新闻媒体黄口小儿的话已经被引用、再引用……副总统在盖洛普民意调查中入选美国第三位最值得尊敬的人就足以证明他在大部分美国民众中仍然具有非常强大的影响力……埃文斯·诺瓦克报道说，整体来看，在南部总统比华莱士更强大，副总统正在把华莱士搞得筋疲力尽……"

布坎南有一种尼克松式的发现新敌人的本领，他注意到国防部长莱尔德正在成为新闻媒体的宠儿——"一个有金子般的心的强硬派……为自由主义新闻媒体扮演主和派。"尼克松认为这种说法的目的具有讽刺意味，表示怀疑说："K——注意——我们必须当心这个！"

第9章 1969年12月8日

布坎南的结论是:"总而言之,总统在对战争的处理以及战争政策方面得到了新闻媒体的最高评价。美国伤亡人数不断下降就是其影响的结果。广播电视新闻网上广泛报道,每个星期伤亡人数都在下降。"

到这年年底,尼克松已经将美国在越南的军队人数减少了115,000人。他正在指挥军事演习中最难的行动,战火下的一次撤退——从那里撤出435,000人,将日历退回到1967年中期。还有另一个数字上的第一:总统已经去过14个国家,飞行了75,443英里,比前任总统约翰逊的飞行记录高三倍。

还有一个星期就要进入1970年1月了,理查德·尼克松独自在他的黄记事簿上写下了他的新年打算:

目标:

个人:1. 让人民每一天都有值得记忆的体验——2. 配得上国家和世界第一人的身份——3. 利用好每一天

国家:1. 向和平迈进:越南——苏联——中国——欧洲——拉丁美洲——中东……军备控制2. 向国家目标迈进:环境——福利——通货膨胀——犯罪——政府机构

精神上的:给每个人增加提振因素——努力工作——想象力——同情心——理解年轻人——扩展智力

冷静——强势——有条理——有节制——令人兴奋……

第 10 章　1970 年 1 月 22 日

　　假日期间，总统和家人在加利福尼亚待了一些时间。在那里的时候，他最小的弟弟，39 岁的爱德华·尼克松告诉他汽车赛[414]非常受欢迎，是国内观众最多的运动，比棒球、篮球、橄榄球的观众都多。爱德华告诉她，许多赛车手都是狂热的尼克松支持者，尤其是两位最大牌的赛车手：安迪·格兰奈特利（Andy Granatelli）和马里奥·安德烈蒂（Mario Andretti）。1 月 9 日，尼克松从圣克利门蒂回到华盛顿第二天，霍尔德曼发出一份备忘录说："总统要求我们考虑用某种方式承认汽车赛是一种体育运动，尤其是对格兰奈特利和安德烈蒂表示认可，以这种方式表达总统与数百万人一样认为观看汽车赛是一种快乐地消磨星期日下午时光的方式。"

　　在这数百万人中间有许多人，尤其在南部，是支持乔治·华莱士的人。他们大部分是尼克松想纳入其"沉默的大多数"的人。实际上，总统在国内的主要目标是把 1968 年在选他还是选华莱士之间摇摆的 57% 的美国人团结

第 10 章　1970 年 1 月 22 日

到他的旗下。如果1972年华莱士不作为第三党派候选人参加竞选，那么尼克松就有希望获得那个大多数，而不是1968年与华莱士竞争中所获得的43.4%。共和党全国委员会1月份的投票结果使他感到非常兴奋。这次投票结果表明，两党73%的选民认为自己属于沉默的大多数。"很有意义，"他在给霍尔德曼的备忘录上标注了这个数字，"应当让所有人都读一读……"

华莱士也知道在发生什么事。他公开鼓励南部地区各地方长官反抗联邦学校废除种族隔离命令，同时预言说，如果尼克松不能做到让南部——南部的白人——感到满意，则他将会成为以一届任期告终的总统。"所谓的南部战略全都是空话，"做煽动宣传的人说，"现任政府在一年里对公立学校所进行的破坏比上届政府在四年中所做的还要多。"

这段话被1月13日南卡罗来纳查尔斯顿《新闻信使报》社评抓住："华莱士指控现任政府说一套做一套，并且他有一个强有力的事例……如果总统不让卫生教育与福利部停止毁灭公立学校体制的做法的话，他将会失去他在1968年大选中赢得支持的南部那些州的支持。"

读到华莱士的声明和《新闻信使报》社评，这些内容出现在他不在的那一周的新闻摘要中，尼克松在那篇社评上潦草地写下了类似的信息："E——我想知道对此我可以做些什么。难道我们不能做或者说些什么给这种对话赋予某些意义吗？我只是完全不同意法院幼稚、愚蠢的做法。我认为我们有责任去探究缓解这个问题的方式……我不在乎南部战略——我非常在乎教育，而且我知道这没用。给我一个计划……"

哈里·登特在白宫的工作就是制定和落实南部战略。他刚刚与南部共和党主席开完一系列会议回来。他用怀疑性的备忘录向总统报告了情况："做到由州民主党领导人主要负责按联邦法院命令在1970年在南部实现全面废除种族隔离并且不归咎于本届政府，那我们就算创造了这个时代的奇迹了。"[415]

总统对这种事件的看法比表面看起来的更为复杂。无论从哪个方面看，尼克松都是一个真正的国家政治家，即使在加州他没有明显的地理基础，他也知道"向南部投降"——当时的一种说法——是1972年取得大选全国胜利

163

的一个保证。对他而言同样真实的是"向黑人的要求投降"。他想要实现的最后一个目标是赢得黑人的支持。在卫生教育与福利部和司法部的官员为本届政府在学校废除种族隔离方面的成绩进行辩论的那一周里,总统写道:"我们的人民已经开始停止吹嘘学校废除种族隔离的成绩了。我们只是按法律的要求行事——仅此而已。这是政治,而我是这种学校政治的裁判员;相信我,所有这方面的吹嘘都于事无补。它没有使黑人冷静下来。他们一定不会——未来不会——突然参与赞美我们的伟大功绩。"

后来,在会见其演讲稿撰稿人时,他补充说:"这个国家处在一个历史时刻[416]……你们不要去解决这个历时百年的种族问题。诸如异族通婚、同化等,都会发生,但不是在我们现在。然而,现在不得不废除种族隔离……将来的某个时候,我可能不得不执行这个法律。我不能把这个挑战扔给法院。"

他别无选择。他告诉他们:"在这里做正确的事情没有好处,只会对蛊惑人心的政客有好处。这么说吧,对任何想成为统治者的人有好处,对任何不得不当总统的人没有好处。"当然,他说的是乔治·华莱士。他希望不让华莱士再次参加总统竞选——或者以某种方式说服他作为民主党人参加竞选——实现这一目标的最佳方式是在南部建立足够强大的尼克松基础,以使华莱士相信,如果他与总统竞选的话,他有可能在以往结盟的州中遭遇惨败。实际上,尼克松的邮政总局局长温顿·布朗特(Winton Blount)(其来自阿拉巴马州)已曾告诉总统,他认为华莱士会接受不参与1972年总统竞选的某种交易。

在《纽约时报》关于黑人支持尼克松的可能性的报道上,总统写道:"H——确信我们的公关代表已经讲清楚了,我们没有采用向黑人承诺100%以赢得他们的选票的政策——我们知道这是不可能的。"当看到《萨凡纳新闻》的一个标题"废除种族隔离最后期限不会被强制执行"的时候,他写道:"棒极了。"在看到新闻摘要关于民权领袖要求国会宣布将小马丁·路德·金的生日定为一个全国性的节日的报道时,他用比平常大一倍的字写道:"不!绝不!"他告诉霍尔德曼:"那就像是造黑人耶稣基督。"[417]但是,有一种黑人政治想法是他喜欢的。在读到阿拉巴马州成立了一个黑人领导的政治党派

第 10 章 1970 年 1 月 22 日

的消息时，鉴于该党必然会分走民主党人的选票，尼克松给霍尔德曼写道："H——现在就给它资助。"在"现在"二字下面画了两道线以示强调。

尼克松的希望是一个比登特的构想更大的奇迹。他想做富兰克林·罗斯福曾做过的事：把北部和南部的白种工人和家庭团结起来。形成这种希望的部分动力是因为相信帕特·布坎南所构想的文化战略。布坎南正在将这种文化战略写入阿格纽的演讲稿。布坎南让总统看《新闻周刊》的民意调查和理查德·斯卡蒙（Richard Scammon）的分析。斯卡蒙是人口调查局的前任局长，他正在撰写一部有关政治人口统计的书。他在该杂志上写道："从统计学上看，尼克松先生在将近三分之一的美国中产阶级人口中得到了'非常有利'的评级……在1968年11月，所有这些群体都没有投共和党人的票……大佬党（译者注：美国共和党的别称）的新目标显然是体力劳动者。"

"我们必须对阿格纽的支持率急剧上升进行研究。"尼克松在1970年首次会见他的演讲撰稿人时对他们说。尼克松想探讨的是行动的计划。他已经告诉过霍尔德曼，让副总统避开他。在1月13日的新闻摘要中，布坎南插入了前一天《华尔街杂志》刊登的未署名社评[418]的全文，标题是"抨击贵族精神。"

准确地说，阿格纽现象的核心就是，在这个国家里，一个自认为具有独特知识的阶级（"有识之士"）已经崛起，并且相当愿意以绝对藐视的态度摒弃普通的美国人（"乡巴佬"）。

"妙极了！……非常敏锐。"尼克松在这些话旁边写道。社评继续说：

阿格纽先生的目标——媒体、反战者、反叛的年轻人——是在整个20世纪60年代一直享受异乎寻常的道德和文化权力的阶级的代表。那些文化修养高的人，那些智力超群的人——东部自由主义精英，从前很少施加这么广泛的影响。然而这个精英群体的成员将这种权力行使得如何呢？经济是否得到

尼克松——孤独的白宫主人

了良好的管理？城市是否兴旺发达了呢？……在上帝之死的探讨中，谁的宗教观念达到了顶峰？在色情作品中，谁的艺术忠告达到了顶峰？在"任何伴随"性和毒品的东西中，谁的道德忠告达到了顶峰？谁的孩子洗劫了大学？

尼克松命令将这篇社评复制、分发给白宫上下。他还告诉霍尔德曼说："看看你能否让这篇社评的作者（可能是一个年轻的编辑）成为我们的工作人员。"作者是一位名叫罗伯特·巴特利（Robert Bartley）的《华尔街杂志》年轻编辑[419]，他谢绝了邀请。* 与此同时，在读到威廉·S.怀特撰写的有关电视暴力与街头犯罪之间可能的联系的专栏文章时，尼克松批示说："这是阿格纽可能抨击的一个好主题。电视和电影容易受到批评。"

1月19日，总统宣布了他为填补由于艾贝·福塔斯离职并否决克莱门特·海恩斯沃斯提名而造成的最高法院职位空缺的新任命人选。"进一步在南部和右派中寻找一位适当的联邦法官。"在海恩斯沃斯被否决后的日子里尼克松曾告诉过哈里·登特。其实目的是，无论是输是赢，都要在这个旧的同盟中传送一个信息。那位法官的名字过去一年都放在总统书桌的抽屉里，他就是佛罗里达州州长柯克（Kirk）的朋友，第五巡回法院的G.哈罗德·卡斯韦尔（G. Harrold Carswell）法官。七个月前，在5月份的时候尼克松已提名卡斯韦尔为巡回法院法官候选人，并且参议院已经批准了这个提名，没有人太注意这件事。此人相当年轻，才49岁，并且有足够的南部资格，这使登特很满意，但是他的首要资格是他似乎没有利害冲突问题。为了再战海恩斯沃斯战役，白宫找到卡斯韦尔的旧银行存折。巴德·克罗赫（Bud Krogh）在行政办公大楼走廊上挥动着账单[420]和FBI的记录说："我们了解有关他的所有情况，我们审查了他的每一份账单。他是干净的，让他们来调查吧。"

但是他错了。在48小时之内，被揭示出：1948年8月2日，作为乔治亚州立法机关的一名28岁的候选人，卡斯韦尔曾经在讲话中说："种族隔离是适

---

* 巴特利留在该杂志社，后来获得了普利策奖，并成为整个20世纪90年代保守主义运动的一名主要代言人。

第 10 章 1970 年 1 月 22 日

当的，是唯一实用而正确的生存之道……我一直这样认为并且将永远这样行事。"这段话被转载在他自己主编的一份报纸上。

卡斯韦尔立即否认这些话，说他现在痛恨[421]这些话。实际上，过去的讲话并不是大问题。但是，在带着这个候选人一家一家地拜访参议员办公室之后，布莱斯·哈洛痛苦地向总统汇报说："他们认为卡斯韦尔是个笨蛋、蠢货。[422]对此有什么可反驳的呢？他就是个蠢货嘛。"

尼克松不顾哈洛的警告。他正在准备定于1月22日的首次国情咨文演讲。通常在重大讲话和新闻发布会之前，他的注意力都非常集中。1月9日雷·普莱斯已经完成了演讲稿的初稿。尼克松希望清晰地确定他未来13天的时间表，并且在这段时间中，他许多时间都会待在原林肯卧室的书房里，不去他的办公室。他把自己锁在行政办公大楼175室，最后又躲到戴维营。他独自与他的黄记事簿待在一起，等他回来的时候，又将记事簿推进了书桌抽屉。1月14日在戴维营他写道："提振人们的精神……精辟的、值得记住的警句。需要一个名字——公道交易，公平交易，新交易，新境界，大社会。"1月16日写下的是："最重要的（1）必须热情——快乐——乐于接受这项工作——演讲或新闻发布会的挑战。"

所付出的时间和孤独的内心独白并没有使总统变成一个有效率的人，而是正好相反——如霍尔德曼和埃里希曼所认为的。埃里希曼猜测，尼克松将其一半时间用在了被他所谓"非实质性领域"。[423]"我看到尼克松用了一个早晨构思这天傍晚的沃尔特·克朗凯特的头条新闻，[424]然后派罗纳德·齐格勒、亨利·基辛格或者我去新闻简报会，以一种克朗凯特不可忽视的方式发布这条新闻，"埃里希曼说。霍尔德曼补充说："他用来讨论他时间不够这个问题的时间跟他切实去做他说他没有时间去做的那些事情的时间一样多[425]……他真的需要危机……自创动力不合适。"在临近国情咨文演讲的日子里，霍尔德曼的笔记写道："时间表上只有很少的时间可用来准备演讲了，但他并没有用这些时间去做准备"（1月12日）；"看来又过去了一天……但是工作又没有完成"（1月13日）；"今天时间表上没有安排什么事情，所以又白

167

尼克松——孤独的白宫主人

白耗费了一天"（1月14日）。就这样一天又一天过去了。就在1月17日午夜之后，在尼克松准备演讲稿的时候，从林肯起居室冒出的烟使白宫响起了火警警报。[426]尼克松试图在壁炉里点火。他待在烟雾中——"我喜欢这个气味"——写作到凌晨2点30分。

总统以同样的工作强度为新闻发布会做准备。他讨厌这些会议，与其说是因为他与新闻媒体的问题，还不如说是新闻媒体令他筋疲力尽。在他与新闻媒体对质15个到20个问题之前，他要编辑、修订工作人员所准备的厚厚的答案书，还要熟记其中许多内容。到1969年底，这部答案书中有多达178个可能的问题和相应的答案。然后，在每次表演之前他要用一两天的时间静下来，克服他内心的紧张情绪。通常他会经过高兴、怀疑、生气这么一个循环，无论他准备得如何——但他通常会准备得很好。他在一个备忘录中告诉霍尔德曼，他决定每年只做五到六次，他写道："现在我已经得出了这样一个结论，鉴于为这么多的涉及这么多方面的问题准备好答案的过程要付出大量的努力和承担巨大的风险……为此付出这么大的努力实在是不值得的……"[427]

1月21日总统完成了他的国情咨文演讲稿，这天下午他召霍尔德曼和基辛格去阅读一下。然后，他把霍尔德曼叫回去，要他去看看演讲稿撰稿人或者国会图书馆是否能找到托马斯·杰斐逊的一段语录，[428]意思大概是："不是为了我们自己，而是为了整个人类。"研究人员能找到的意思最接近的一段话很复杂。"不，不是，"尼克松说，"继续查。"他告诉研究人员去找一找信件，他说杰斐逊常常一边实践一边斟酌他的想法，直到使之正确为止。

1月22日的演讲只讲了36分钟，但是尼克松讲到了所有有关细节，剽窃了几个民主党人认为是他们的观点的观点。《纽约时报》贯通四栏的头条是：

尼克松强调生活质量，
在国情咨文中要求为拯救环境而战

他再次令他的对手惊诧，在空气和水污染这种问题，也就是"生活质量"

168

第 10 章　1970 年 1 月 22 日

问题上占据了主动,这几乎一直都是自由主义者的一个保护区。在准备演讲稿的两个星期里,尼克松要求做了几次民意调查,[429]他记录下了这样一个事实:公众对环境问题的关注度已经从1965年的25%上升到1969年底的75%。他认为可能作为其1972年竞选对手的民主党人埃德蒙·马斯基（Edmund Muskie）是即将举行的一次全国集会活动的领袖人物,这次集会被叫做"地球日",计划于4月份举行。很难说尼克松对这个新承诺投入得有多深。与许多加利福尼亚人一样,他曾经被1969年1月联合石油公司圣巴巴拉沿海的一个油井井喷所震惊。那次井喷使绵延200英里的海滩上遍布黑色的黏泥和死鸟、死鱼。但是跟埃里希曼——其自认为是个环境主义者——私下相处的时候,总统谈论过:"如果要在烟尘与工作职位之间做个选择,[430]我们会选择工作职位……但是要让我摆脱环境问题的困扰。"

他的首次国情咨文演讲听起来像是一次竞选演说,"今天,和平的可能性比一年前要大得多,"他说,"控制通货膨胀"——通货膨胀率6.1%,处于十年来的最高点——是他现在的首要任务。接下来,模仿小马丁·路德·金1963年的演讲"我有一个梦想"的韵律,尼克松承诺花100亿美元"使水变得洁净,"以往这从来没有作为他的考虑重点。他开始说:"我看到这样一个美国,在那里,我们已经消灭了饥饿,为全国每一个家庭都提供了获得一份最低收入的手段,在提供更好的住房、更快捷的交通、更好的健康状况和良好的教育方面取得了巨大的进步。我看到这样一个美国,在那里,我们已经抑制了通货膨胀并发起了一场胜利的反犯罪斗争。"

在演讲即将结束的时候,他引用了托马斯·杰斐逊1802年写给朋友的一封信。尼克松说:"我们的行动不是为我们自己,而是为整个人类。"

"鼓舞人心的演讲。"《纽约每日新闻》说。始终如一的批评家、《圣路易斯邮报》的理查德·达德曼（Richard Dudman）说了一段讽刺挖苦的恭维话:"温和而乐观是尼克松总统业已成功地安抚人民的努力中的又一个举措。"在CBS新闻的演讲后分析中,白宫记者丹·拉瑟说:"这可以归结为,总统撞见民主党人在洗浴并顺手牵羊拿走了他们的衣服。"

169

演讲之后这天，与霍尔德曼单独在一起，尼克松又谈到了犯罪问题，尤其是华盛顿的犯罪问题。华盛顿有一个黑人陆军少校，是约翰逊总统1967年任命的，名叫沃尔特·华盛顿。尼克松说："一个白人陆军少校如何？一个白种的阿拉巴马黑人杀手又如何？"[431]

国情咨文演讲过后几天，民主党人和新闻媒体终于得到了一个嘲弄尼克松的机会。这个机会就是英国首相哈罗德·威尔逊的国事访问——以及受尼克松在欧洲看到的仪仗队的启发而举行的白宫新警察制服官方发布仪式。警察们穿着双排纽扣的白色束腰服，佩戴五星肩章，拿着金色的管乐器，披挂着绶带，戴着高高的黑色塑料帽，帽子上装饰着一个大大的白宫纹章。"他们看起来很像旧式的电影院引座员。"《水牛城日报》说，"学生王子，"《芝加哥每日新闻》说。在《芝加哥论坛报》上，尼克松的朋友，专栏作家沃尔特·特罗安比较严肃地说，这套制服适合上台表演穿，说它们是"直接从衰落的欧洲君主国借来的，与这个国家的民主传统格格不入"。[432]

总统在新闻摘要上发出指令。"H——让克莱因对我们觉得衣冠不整的白宫警察发起攻势……我希望我们的工作人员在这个问题上与RN立场一致，无论他们自己的看法如何……"这套制服维持了两个星期。

1月30日，总统没有什么安排。他花了一天时间为晚上的新闻发布会做准备。"总统先生，"从一个不可避免的问题开始提问，"如果你知道他曾主张白种人至上主义，你还会提名卡斯韦尔法官作为最高法院的候选人吗？"

"是的，我会，"尼克松说，"我不在意卡斯韦尔法官在22年前作为州立法机构候选人时所说的话。我非常在意的是他18年的记录——正如你们所知，他当了6年联邦检察官，12年联邦地方法院法官——这是一个无懈可击的记录，没有任何种族主义污点……"

次日的《华盛顿邮报》报道说，在卡斯韦尔任初审法官的那些年里，其三分之二以上的民事判决都被上级法院推翻了。

在新闻发布会上，提出了四个有关经济的问题。第一个问题是由美联社的道格拉斯·科奈尔提出的，开始时他背诵了一系列新闻标题，包括"1969

第 10 章　1970 年 1 月 22 日

年贸易平衡取得了微小进步";"大公司1969年利润下降";"道琼斯平均股价触及三年来的新低";"国民生产总值停止上升";"美国钢铁公司将于2月1日提高报价。"接着，他问道："先生，你如何评估这种可能性，我们可能不可避免经历可能最糟的那种经济环境——通货膨胀和经济衰退？"

"自从一年前我们上任以来，我们经济政策的主要目的一直是遏制通货膨胀，"尼克松开始说，"现在，作为一个结果，我们现在处在一个位置，一个关键的位置，在这个位置上，我们在下个月或后两个月的决策将决定我们是否能赢得这场战役……我只能说，我不认为会发生经济衰退。"后来，他被问到什么是他所提到的关键决策。他回答说，他认为他的 1970—1971 预算会说服联邦储备委员会在衰退形成之前放松货币供应。"我并不是说联邦储备委员会应当做什么；不过，我的确知道，如果严格限制货币供应保持太久的话，则我们会有经济衰退；除非联邦储备委员会和那些负责货币政策的机构确信财政政策是负责任的，否则就会一直采取严格限制的货币政策。"

尼克松认为政府本身对通货膨胀负责，这个想法是他为数不多的经济信念之一。而且，他不喜欢谈论钱或者生意。在纽约的那些年里，有关金钱的谈话一直阻碍着他，但是他的确知道用哪些语言足以避开新闻发布会上的提问。私底下，他常常回想在战时当海军和第一次参加国会竞选之间他在物价管理办公室任联邦官员的岁月，他说："限制？哦，上帝呀，不！战争期间我是物价管理局的一名律师，我知道关于限制的一切。它们意味着限额配给、黑市、不公正的行政管理。我们决不会去搞限制。"

在接下来的内阁会议上[433]出现了争议。这次会议异常活跃，住房和城市发展部的罗姆尼与邮政总局局长布朗特主张开放价格限制，而经济咨询委员会主席保尔·麦克拉肯和劳工部长乔治·舒尔茨则表示反对，他们支持现行政策。

"我们的政策以一种慢于预期的速度奏效。"肯尼迪说，他一直担任芝加哥的大陆伊利诺伊国家银行总裁。"但是它们正在奏效。如果没有经济衰退我们就会解决这个问题……由于利润下降，公司更难进行谈判和达成合理的协议。"

171

尼克松——孤独的白宫主人

"今年我们可以看到某些通货膨胀倾向非常严重的工资协议出台。"罗姆尼说，他在进入密歇根政界之前一直担任美国汽车公司总裁。舒尔茨赞同肯尼迪要有耐心的说法。但是罗姆尼不会屈从，最后他说："我们必须有一个工资—物价政策。"

这时，总统打断他，问道："什么工资—物价政策曾经奏效过？"

"英国的方案。"

"哦，不。现在，乔治，不要告诉我英国的工资—物价政策。我知道那个。它也没有奏效。无论如何，这里的情况完全不同。"

接着，总统说他希望谈谈经济政策的政治学，一开始，他说了他的第一原则："通货膨胀从来没有击败过一个政府，但是经济衰退击败过。"

他接着说，公司并不是真正关心经济衰退，因为艰难时期提供了大量的劳动力。"我想，如果我处在他们的位置我也会有同样的感觉，但是……如果政府在经济衰退和国内广泛存在害怕经济衰退的心理时进入大选，那么处在边际地区的候选人就会落选……如果我们的候选人被击败并且我们不能在众议院和参议员拥有自己的席位，我们就不会有足够多尽责的议员去进行抵抗通货膨胀的斗争……因此我们必须做的是预防害怕经济衰退的心理。我们必须与另一方为说明本届政府已经使国家陷入经济衰退而孤注一掷的努力进行斗争。"

然后，尼克松转而谈论种族问题和南方与北方的问题，试图指出他在学校废除种族隔离问题上他想要走的高空钢索是如何精巧，但是从这个事实中又分析出这个问题的政治观点。"现在，谈一谈政治学，"他说，"我们必须了解我们的民主党朋友在做什么。这里是里比科夫参议员，前卫生教育与福利部长，一位伟大的自由主义者，他正在呼吁在全国采用同样的种族融合政策……他正在迫使本届政府在北部看到南部的困境……在即将到来的大选中，没有任何民权问题的愤世嫉俗的北部自由党人会极力刺激本届政府去激化这种情况。"

他继续说："实行种族隔离的教育是劣等的，因此，不可能存在任何双重

第10章 1970年1月22日

体制。"并且,他还说,他认为1954年最高法院是正确的。但是他同样肯定地认为用校车接送学生有害于教育。"仅仅为了达到种族平衡而去接一个学生,用校车把他送到14英里开外的另一所学校,这种做法是错误的。"

"14英里"不是一个任意的数字。奥托·帕斯曼(Otto Passman),一位来自路易斯安那州的支持尼克松的民主党国会议员,曾经在椭圆形办公室里抱怨校车接送,并且他还拿出了一张照片。他说,"这是我的金发小孙女[434]正在校车上经过她住处附近的学校。"她被分派到城市另一端的一所原全黑人学校。

尼克松对《新共和》周刊上的一篇文章印象深刻。那是布坎南给他看的一篇文章。在那篇文章中,耶鲁大学法律教授亚历山大·比克尔也试图将种族、政治和教育分开。"必须用一种更好的方式[435]去利用联邦政府的资料和政治资源,"比克尔强调说,"在这个国家里学校不会很快实现大规模种族融合,善意地说,这是因为没有人确信这种代价是值得的。所以,让我们努力去继续进行教育。"尼克松在给埃里希曼的一个备忘录中引用了这段文字,他写道:"我已经决定扭转这个过程。我们将忍受民权运动专业人士的责骂,但是教育是第一位的……这就是我的决定。如果政府中有人不同意,他们可以辞职。"

担心埃里希曼不明白他的意思,总统补充说:"我想以星期一放在我书桌上的帕内塔的辞职书作为开端。"

这不是总统第一次说他希望年轻的卫生、教育和福利部民权办公室主任离开那里。出于不同的原因,埃里希曼、霍尔德曼和芬奇已经不止一次不理会这个同样的命令。埃里希曼和霍尔德曼预料会有一次总爆发。芬奇,总统的门生,正在被挤压,他以一种非常个人的方式,试图让他的导师满意,并且得到所有像利昂·帕内塔这样仅仅一年多以前曾持相同立场的民主党人同样深信种族融合的年轻共和党人的认可。最后,在2月17日,帕内塔得到了消息,[436]他在《华盛顿每日新闻》的首页上看到:"尼克松力图解雇持自由主义观点的卫生、教育和福利部民权负责人。"

173

尼克松——孤独的白宫主人

他急忙去芬奇的办公室弄清楚发生了什么事，此时罗纳德·齐格勒正在白宫的早会上告诉记者："就我所知，帕内塔先生已经向芬奇部长递交了辞职书……我认为辞职已被接受。"在帕内塔本人坐在芬奇办公室的休息室里的时候，一位秘书告诉他说他妻子来电话找他。他用力按下一个闪光按钮，说："西尔维娅——"但是电话另一端的声音却是《华盛顿邮报》记者彼得·米利尼斯的，他问帕内塔是否知道要发生什么。

"见鬼，不知道，"帕内塔回答说，"现在我正试图把这件事告诉我妻子。"

次日，这个民权办公室六人辞职。当晚的 CBS 新闻中，丹尼尔·肖尔报道说，卫生教育与福利部的其他人员也感到很生气。尼克松在新闻摘要中看到这一条之后，写道："解雇他们。"但是，这天的另一条报道却无法使他的情绪好起来。报道说，一个名叫朱利安·邦德的黑人乔治亚州立法委员，在访问阿姆斯特丹的时候，在荷兰电视访谈节目上说："如果你们可以把阿道夫·希特勒称作犹太人的朋友的话，你们可以把尼克松总统叫作黑人的朋友。"帕内塔接受了几次访谈，其间他说到，霍尔德曼、埃里希曼和哈洛一直在整他，因为他们都反对种族融合。埃里希曼私下的回应是："那个可怜虫不知道其实是总统要整他。"[437]

尼克松努力继续行动和改变。他发表了一份160页的"提交国会的有关1970年外交政策的第一份年度报告"，也就是他的第一份"世界现状"报告。报告开头这样说："在国际关系方面，战后时期已经结束……"这份报告的思想是新的——部分地表达了尼克松解决他所认为的新生的美国孤立主义的决心——《纽约时报》采用了一个贯通五栏头条标题，并且在2月19日星期四用一个特殊的10页版面发表了这个40,000字的文件。它就是最纯粹的尼克松产物，不是全体委员而是他自己沉思以及与基辛格共同讨论的产物。

报告的风格是高屋建瓴的，内容是实用主义的——"框架"和"结构"是用得最多的词汇——但是也有一种个人的潜在情感，这也许流露出这个人自己的风格。报告的观点认为国家就好像个人一样。总统得出了一个"确凿的结论"：

第10章 1970年1月22日

和平一定远不只意味着没有战争。和平必须提供一种持久的禁止或消除战争起因的国际关系结构……国家的不安全感，那么多战争冲突由此而产生，将得到缓解，自我节制和互让的习惯将得到培养。最重要的是，持久的和平将提供充分的机会去强有力地推动经济变革和社会正义。

在如此大的一张画布上，越南必然只是一个很小的主题。也许，尼克松显然喜欢这样想。现在，他好像知道了四个月前他曾经问过基辛格的那个问题的答案："在越南问题上我们是不是从一开始就可能错了？"诸如"胜利"之类的词汇不再出现在他的修辞中。在这份报告中，他只说"我们追求一个合理的解决方案"。

他确定，不是越南，而是中东和苏联的武器发展才是对全球和平最大的直接威胁。看似没完没了的冲突和对抗——炸弹突袭，空中混战，以色列与其阿拉伯邻国之间不宣而战，差不多每天都有炮击，以色列有美国的支持和补给，那些阿拉伯国家，尤其是埃及和叙利亚，越来越多地求助于苏联的同等支持——在以色列越过苏伊士运河两岸的戈兰高地和埃及与叙利亚交火的时候，构成了一种几乎常态的大国对峙威胁。

前一天，在就这份报告为共和党国会领导人举行的私下吹风会上，他相当直接地阐述了他自己对中东问题的看法。在这次吹风会上，他特别指出，美国不再只是根据以色列的国家生存状态来制定政策，因此实际上是将美国对这个犹太国家的立场从道义责任提到战略盟友的高度："美国的中东政策旨在增进美国的利益……那些利益包括在地中海地区和伊朗的关键利益；还包括在阿拉伯国家的石油利益……我们准备做到不让以色列被占领，因为以色列目前能最有效地制止苏联在中东的势力扩张……"

他对欧洲持类似的看法。他对那些领导人说："我们的确有一种新的看法。我们必须记住，我们在那里、在欧洲不是为了保卫德国或意大利或法国或英国，我们在欧洲是为了保存我们自己的藏身之处。"

尼克松——孤独的白宫主人

最后，在报告中，他直接阐述了美国需要《核不扩散条约》之外其他武器控制协约的理由。《核不扩散条约》是由约翰逊总统谈判达成的，在三个月前由尼克松与苏维埃联盟主席尼古拉·V.波德戈尔内（Nikolai V. Podgorny）共同签署。尼克松说，苏联人在核导弹方面已经赶上了美国。以下是他提供的数字：1965年美国有932枚洲际弹道导弹，苏联有234枚；到1970年年底，美国将有1,054枚，而苏联将有1,290枚；1965年，美国有464枚潜艇发射弹道导弹，苏联有107枚；到1970年年底，美国将有656枚，而苏联将有300枚。

关于共产主义中国，总统说美国的利益是："与北京政府建立一种更为正常的、建设性的关系。"

这些决不是空话。总统对共产主义中国的秘密求爱正在华沙进行。在互不理睬多年之后，从12月中旬开始，美国和中国的代表团已经在那里见面。在12月，基辛格告诉尼克松，苏中关系非常糟糕。他预料在4月中旬之前苏联会入侵中国。根据霍尔德曼的记录，1月8日，这位国家安全顾问曾告诉总统说："中国没有俄国那么危险[438]……俄国领导人是恶棍，在对外战争或武力威胁中有既得利益，因为……这个国家愚钝、沉闷，人会需要刺激。而中国领导人聪明而成熟，并且不太可能莽撞地参与战争或者愚蠢的行动——从内部消耗来看……俄国真正害怕的是他们的'肯尼迪'可能会出现并且促使我们赶快行动起来。问题是我们还有多少时间。目前这位新领导人拥有一些优于美国的军事领域，并且可能会试图利用这种优势。"

两天之后，由前国防部长小托马斯·S.盖茨领导的一个委员会参加讨论，告诉尼克松一些有关他想知道的另一个主题的事情。总统的纯自愿武装部队委员会建议于1971年6月30日取消义务兵役，而以职业陆军、海军和空军取而代之。"我们一致认为，纯志愿兵役制的军队，辅之以一种有效的备用制征兵，能更好地服务于国家利益，"该委员会的报告开头这样写道。不再实行义务征兵。军人的薪酬堪与平民的薪资福利竞争。也许不再有年轻人在校园和大街上抗议示威。

总统的好心情终结于2月26日。"他这是发疯了，我过去曾经见过他这

176

样,"这天霍尔德曼对埃里希曼说。总统在椭圆形办公室一边踱步一边咒骂犹太人,因为全国上下为反对法国总统乔治·蓬皮杜而举行了示威游行。这位法国领导人对美国进行了为期八天的国事访问。其最初的两天是在戴维营和华盛顿,与尼克松商谈,然后再前往旧金山、芝加哥和纽约出席宴会和发表演说。在到访的每一站,蓬皮杜及其夫人都遭到了愤怒人群的嘘声和嘲笑,人们抗议法国决定出售110架幻影喷气式战斗机给由27岁的陆军上校奥马尔·穆阿迈尔·卡扎菲领导的利比亚新革命政府,同时拒绝出售50架飞机给以色列。在芝加哥,示威者靠近他们,对他动粗,对他夫人吐唾沫。

"这真是太过分了,"[439]尼克松愤怒地说,"那些混账的犹太人以为他们能够左右这个世界。啊,……"他不停地说。他当即决定推迟向以色列出售和提交25架美国幻影战斗机和8架天鹰战斗机,这个销售计划是他两周前在会见首相戈尔达·梅厄之前秘密批准的。他转身对基辛格说,"我不想再在这里跟犹太人谈论中东问题。"

后来,他看到有关纳尔逊·洛克菲勒(Nelson Rockefeller)州长和约翰·林赛(John Lindsay)市长正在抵制美法学会在纽约的华尔道夫酒店为蓬皮杜夫妇举办晚宴的消息。"到时候我要去,该死的。"[440]他说。关于这个城市及其市长,总统签署了一份给埃里希曼的长篇备忘录,开头是这样一道命令:"砍掉你能找到的所有为纽约市提供援助的联邦项目[441]……中断或推迟直接援助该市政府的自主基金计划,将注意力集中在对该市需求至关重要的三个部——卫生教育和福利部,住房和城市发展部,以及运输部。"

3月2日总统飞往纽约出席美法晚宴。示威者在酒店外面齐声呼喊,而尼克松拿他们换得了几次笑声。在向法国总统祝酒的时候,尼克松说:"在我得知蓬皮杜总统及其夫人即将来美国的时候,我希望他们看我们的国家,美国,就像一位美国总统看到的它那样……"[442]

他停顿了一下,在场的1,700名听众也停顿了一下,然后,爆发出笑声和掌声。尼克松接着说:"而且我必须说,我们做得有点过分,像我们通常所做的那样。"笑声更多了。次日早上《纽约时报》头版刊登了四则有关这次晚

尼克松——孤独的白宫主人

宴的报道。头版的通栏标题是："尼克松表示道歉。"这个标题之下是一则标题为"犹太人冒犯了"的报道，报道了蓬皮杜取消原定与美国犹太人领袖会见的消息。

在早些时候为蓬皮杜举办的白宫晚宴的迎宾队列中，有得克萨斯州前任民主党州长小约翰·B.康纳利（John B. Connally Jr.）。[443]尼克松注意他已有相当长时间。在尼克松就职前其曾经谢绝出任国防部长或财政部长的邀请。这次，他说，如果尼克松仍然有意的话，他愿意为本届政府做任何事情。在3月2日给霍尔德曼的备忘录中，尼克松写道："他是个顶级人才，无论在内阁任职还是担任其他任何重要职务，他都会是很卓越的……他精明、强干、富有智慧，足以把工作做得非常好。"

这天以及接下来的一天，尼克松还急速发出了另一份备忘录。他给霍尔德曼发了一份清单，列出了出于不同原因他想要惩罚的各个州（比如纽约）的名单。"在你的预算计划中……"他写道，"我想让密苏里州、纽约州、[444]印第安纳州、内华达州、威斯康星州、明尼苏达州得到比其以往少的预算。由于洛克菲勒，纽约是唯一一个你必须玩一种稍有不同的游戏的地方……可以明确表达这样一个信息：与那些有不停地猛烈攻击我们的民主党参议员的州相比，有共和党参议员的那些州的意见更会受到白宫的重视。"

他对霍尔德曼写道："考虑到财政状况，我认为你应当做的是在全国找出20名能捐赠10万美元及以上[445]的人的名字。我们应当把精力集中在他们身上。让他们参加一次小型晚宴，让他们知道他们是尼克松的个人资助人……克莱姆·斯通（Clem Stone），可能还有埃尔默·博布斯特（Elmer Bobst）、约翰·罗林斯（John Rollins），南卡罗来纳纺织业人士。"在另一份备忘录中他写道："我希望你建立一个程序，根据这个程序可以及时对现实问题进行电话民意调查，[446]以便我们能够做出及时的反应。"在另一份备忘录中他说："比利·格雷厄姆（Billy Graham）告诉我，[447]来自得克萨斯、亚利桑那和其他几个州的一群人正在考虑筹集资金使他们得以控制哥伦比亚广播公司的可能性。"

第10章 1970年1月22日

然后，他坐下来，比较平静地对着录音机解释——按他自己的时间和重点排序组织他的想法。在给霍尔德曼、埃里希曼和基辛格的一份备忘录中，他说：

经过对我们上任第一年工作情况的许多考虑，[448]我确定，我们的弱点在于我的时间被弄得过于分散……在竞选、战争或政府方面，真正的问题在于将注意力集中于重大战役并打赢这些战役。

在外交政策领域，未来我想集中精力关注以下问题：

东—西关系。

对苏联的政策。

对共产主义中国的政策。

对东欧的政策，倘若其真的影响到最高层次的东—西关系。

对西欧的政策，但是只针对影响北约的地方以及受到影响的重要国家（英国、德国和法国）。

在下一个层次……对中东的政策，最后，是有关越南的政策以及与越南、老挝、柬埔寨等有关的任何事情的政策。

在未来，关于我认为重要程度较低的问题，我希望看到的是半年度报告，说明发生了些什么。当然，关于新闻发布会的安排要给我提供充分的信息，以便我能做出适当反应……

关于国内事务，我对以下领域承担个人责任：

经济问题，但只包括决策影响到经济衰退或通货膨胀的领域。我不希望受国际货币问题的打扰。

犯罪问题：我认为在这个领域我们真的是很不足，也许我们所做的不是很少，但是宣传得很不够。

学校种族融合：在这方面我必须承担责任，因为在可预见的未来它将成为争论的重大问题。

你们会注意到，我已经排除了环境问题。我认为这一点会很重要……我不想让细节所打扰。只想看到所完成的工作结果。

我也没有包括将家庭援助、收益共享、工作培训，构成"新联邦主义"的整套东西。我认为这一点会很重要，但是……不要打扰我。

尼克松就是这个意思。几天之后，他看到一份有关环境问题的简短备忘录，然后就把它放到一边去了，他写道："我认为这方面的兴趣[449]将会淡化。"在3月3日的立法领导会上，根据布坎南的笔记："福特谈到了议会将接受《劳工与教育提案》的问题。这是一个难缠的问题。总统打断这个问题，说：'喂，听我说，杰里，这件事拐来拐去弄的时间已经够长的了……在这个问题上无论你做什么决定，都可以说得到了我们的支持。'"

"让我悄悄地给你解释一些事情……"这句话是总统最喜欢的开头语之一，通常接下来会有一段深思熟虑的阐述。再一次说他希望有更多独处的时间之后，他叫来霍尔德曼，平静地对他解释了他想告诉内阁成员和幕僚人员的态度。主题是"消息泄露"，霍尔德曼的笔记包括内容：

如果发生了重要消息泄露，[450]必然会对总统的行为表现造成不利。这方面的一个主要事例是LBJ（林顿·贝恩斯·约翰逊）综合征，也就是采取这样的姿态：一旦有什么消息泄露了，他就自动推翻那个即将做出的决定，这样就使得被泄露的消息成为不实之词……总统的反应会不同，但可能也是相当不利的；他通常的反应会是拒绝谈论可能泄露的事情，这就意味着我们不能举行我们已经在举行的各种会议。

总统通常认为要求他旁听的会议是浪费时间……如果有什么泄露，就不再开会了。总统完全有能力独自做决定，并且也更愿意这么做……

第 11 章 1970 年 4 月 8 日

3月6日，2,000多名卫生教育与福利部的雇员[451]向他们的老板，罗伯特·芬奇部长请愿，声明："我们严肃关注并且确实困惑于卫生教育与福利部未来在民权方面的领导角色……"此时芬奇正在加州度长周末，力图为参议员竞选争取支持——或者只是力图逃避政府在种族问题谈判和行动中的矛盾所形成的压力。在椭圆形办公室里，尼克松谈到另一个指定负责学校废除种族隔离问题的人："他所不能理解的是这种困惑是故意的。"

的确如此。同一天早晨，21位民权领袖[452]介入谴责帕特·莫伊尼汉，现在的"总统顾问"。在给总统提交了一份1,650字的备忘录之后，埃里希曼已经接任国内事务幕僚。不知怎么搞的，这份备忘录的内容上了《纽约时报》。"时机可能到了，"这位新顾问写道，"在种族问题能得益于一段'善意忽视'的情况下……黑人问题已经被谈论得过多……过多地被歇斯底里的人、偏执狂以及受贿分子所利用。"但是，报纸没有得到有总统书面意见——"我同意"的备忘录原件。

尼克松——孤独的白宫主人

尼克松并没有因这次消息泄露而感到困窘；相反，这次泄露有助于造成他所想要的混乱局面。他更关心的是肯尼迪旧部劳伦斯·奥布莱恩已经同意担任民主党全国委员会主席这个新闻。尼克松一如既往地害怕肯尼迪，他认为奥布莱恩是民主党最有效的特工。他叫来霍尔德曼，吩咐他去让默里·乔蒂纳（Murray Chotiner），尼克松的一名声名狼藉的老特工，伪装出一个"奥布兰恩公司"[453]，以图败坏奥布莱恩的名声。"从他的收入税申报表开始入手。"总统命令道。

这天中午，纽约市格林威治村最好的街道之一，西十一街十八号的一所城镇别墅在烟雾和火焰中消失了。起火原因被认为是燃气泄漏，但是调查表明，那所不复存在的漂亮房子曾经是气象员派成员的地下炸弹厂。[454]所谓气象员派是一个极力煽动青年白人反战分子激进暴力行动的地下团体。在瓦砾中，警方找到了一个名叫西奥多·戈尔德的年轻男人的尸体和一具无头和无手的女性尸体。现场到处都是钉子以及自制杀伤性炸弹的碎片。没有发现足以辨认的第三具尸体。其他几名气象员派成员活下来，在烟雾和混乱中消失在大街上。其中一个是卡西·威尔克森（Cathy Wilkerson），该房房主、商人詹姆斯·威尔克森25岁的女儿。当时詹姆斯和他的妻子正在加勒比海度假。警方还找到了60支未爆炸的甘油炸药。

3月12日《纽约时报》头版刊登了有关那所别墅爆炸的调查结果；关于马里兰州坎布里奇的一所法院爆炸的报道；关于曼哈顿市中心区办公大楼的三起清晨爆炸的报道；以及有关政府在设计开发用于侦测机场行李中爆炸物的设备方面的进展报告。3月13日，仅纽约市，就又有三起市中心区爆炸以及超过300起打电话给警方和报社的爆炸威胁。在曼哈顿，15,000人在警方防爆小组开始搜查前撤离办公大楼。

这天，赫斯顿将一份题为："主题：革命的暴力"的备忘录放在总统的书桌上。它警告说："在最近48小时里，我们已经经历了5次单独的爆炸事件……纽约的爆炸发生在三个大型公司的办公室——对美国银行的袭击见证了革命分子的一个新目标……你应当知道，对于这些人来说，在某个时点最

第 11 章　1970 年 4 月 8 日

合乎逻辑的目标是总统和白宫……扪心自问，一个23岁的美人在参观白宫的过程中将她装有五支甘油炸弹的手提包放在白宫的女盥洗室会很难吗……那些年轻人有一座地下炸弹制造厂。"

三分之一以上18岁到20岁的美国人，也就是说780万年轻的男人和女人，在大专院校。他们中间，有些人在校园图书馆烧书、焚烧预备军官训练团大楼。有些人威胁说，如果总统敢参加他女儿朱莉在史密斯学院的毕业典礼，[455]他们将组织20万人游行示威。尼克松被激怒了。令他狂怒的一件事是，一份通讯社报道说威斯康星大学的学生偷窃了一架空军预备军官训练团的训练飞机，并且用它往麦迪逊以外的一座军火工厂空投了3枚自制炸弹。那些炸弹没有爆炸，但是该大学的学生报纸赞扬那些投弹手，说他们的所作所为是失败了的合法抗议。

《纽约时报》看起来好像很理解，在头版的一段分析中暗示说这种暴力行动部分地反映出反战激情的破坏性："那种曾经由越南战争引起的激发人心的呼吁作用……看来已经被尼克松总统的撤军，选秀抽签的来临，去年秋季的越战暂停计划行动所造成的总体精神释放，以及普遍觉得反战抗议变得无效的感觉所削弱。"

"忘掉它们，"[456]当霍尔德曼递交对年轻人的建议时，尼克松对他说。第二天他在一段新闻摘要上看到《华尔街日报》报道说，少数从美国和平部队服役归来的美国年轻人正在抱怨说，和平部队只是这个国家外交政策机构的另一个组成部分，"一个帝国主义研究所。"总统写道："基辛格和霍尔德曼——我已经决定，该悄悄结束和平部队和 Vista 计划了。从削减拨款入手——让哈洛悄悄地进行。"

这天，总统弹了一个多小时的钢琴——和另一位客厅钢琴家，也就是副总统一起。尼克松对定于次日，即3月14日的晚上举行的烤架俱乐部[457]年度聚会有个想法。自1885年以来，每一年的这一天都有100位记者和客人对当权人物进行"烤问"，总统首当其冲，并且通常总统会做一个幽默的餐后演讲。回溯至1950年，尼克松已经多次参加这个聚会，但是这并不意味

尼克松——孤独的白宫主人

着他喜欢这个聚会。这一次他提出了与阿格纽演奏钢琴二重奏这个想法。没有人知道在演奏之后他会做什么。演奏以有关白宫南部战略的玩笑和歌谣为特色。一段对白说："没有人知道我所看到的麻烦；没有人知道，只有海恩斯沃斯知道。"这时灯光亮起，而总统已经离去，他的座位上没有人。然后，听众们听到熟悉低沉的声音并再次朝舞台看去，尼克松和阿格纽正分别坐在两架钢琴旁。

"副总统先生，"尼克松说，"我想要你坦率地回答几个问题。第一，你以为我们经常听到的'南部战略'如何？"

阿格纽脚后跟"咔嗒"一声，敬了个礼，用刻意模仿的南部口音说："是的，总统先生，我完全同意你的南部战略。"

尼克松在他的钢琴边坐下，说他要弹奏以往的总统最喜爱的乐曲，从富兰克林·D.罗斯福最喜爱的"牧场是我家"开始。在弹了几个音符之后，阿格纽坐下来，开始猛地发出一声："Dixie"（译者注：美国南部各州的意思）。尼克松开始弹奏哈里·杜鲁门最喜爱的"密苏里华尔兹舞曲，"阿格纽又开始喊"Dixie"。接着弹奏林顿·约翰逊的"得克萨斯的眼睛都注视着你"。响起更多声"Dixie"。听众狂笑、喝彩。

"慢着！慢着！"尼克松大声地说，"现在，我们将演奏我最喜爱的乐曲。"他开始弹"上帝保佑美国"。阿格纽加入演奏，听众起立，跟着一起唱。他们欢呼，再欢呼。"我永远也不能超过这一次了，"这天晚上尼克松跟霍尔德曼说，"因此这是我最后一次参加烤架俱乐部聚会。"

格林威治村爆炸这天总统在基比斯坎。他正在研究基辛格及其国家安全委员会工作人员起草的解释老挝 B-52 轰炸的一篇 8,000 字声明。在老挝 [458] 有 6,000 多北越人在进行反对老挝皇家军队的战斗。2月16日，轰炸偷偷开始。美国报纸早在2月19日就报道了此事。报道导致民主、共和两党反战参议员发表了一系列演说，要求了解在那个国家里是否有美国军队。总统的声明断定："在老挝没有美军地面作战部队……在地面作战中，驻老挝的美国人没有被杀害的。"

184

第 11 章 1970 年 4 月 8 日

在数小时之内，新闻记者开始挖掘美国在老挝的十年行动。首先，《洛杉矶时报》详细报道了约瑟夫·布什上尉在 1969 年 2 月 10 日与老挝人民军突击队交火中遇害。NBC 新闻接下来采访了身着便服的美国飞行员，报道说有 50 到 60 个美军军事设施，包括几个密林停机坪。《华盛顿邮报》头条标题为："老挝：同样的老骗局。"《费城询问报》社评说："鉴于政府关于美国介入老挝问题的声明没有充分说明实际情况，信任差距正在扩大。"

自肯尼迪任总统初期以来，在老挝，无论是穿制服的还是不穿制服的美国人，都一直在秘密观察、训练，有时还参加战斗。这个国家虽然从来没有被宣布为战区，但自 1966 年以来，那里的美国军人一直在领取战乱补偿金。《新闻周刊》提供了一个比总统声明更清晰的介绍，专门针对美国空军，一个拥有 150 架飞机的航空系统，600 名年薪 25,000 美元的飞行员，一个主顾，即美国政府："它是中央情报局的一个操纵杆……当轰天神鹰飞行几百英里去帮助中情局所支撑的王宝（Vang Pao）将军的'秘密'军队去保卫受到共产主义攻击的龙城（Long Cheng）前哨站的时候，它就成了公众注意的中心……这条航线大部分工作是在老挝，在那里，其根据与国际开发机构的合同，将数以吨计的大米空投给 Meo 部落成员，将部队运往前线，以及撤离难民……飞行员戴着粗大的金手镯，以便他们在边远地区迫降的情况下可以用金手镯换取食品和医药。"

在 48 个小时之内，白宫承认在过去 6 年中至少有 27 名美国人在老挝行动中遇害。尼克松勃然大怒。但是这一次他的目标不单单是新闻媒体。他归咎于基辛格和国家安全顾问委员会。"让亨利离开这里。"[459] 他跟霍尔德曼说，而基辛格确实就被挡在门外。

"亨利快要疯了。"霍尔德曼回来报告说。基辛格指责罗杰斯和莱尔德，说他们向他提供假情报。不管怎样，他说，在老挝遇害的美国人，无论是军人还是平民，实际上都是被"派驻"越南的。

"你知道，在对罗杰斯的看法上，他就像一个精神变态的人。"[460] 总统对霍尔德曼抱怨道。好几天，尼克松不用听基辛格每天、有时甚至每时对

185

尼克松——孤独的白宫主人

国务卿在努力继续中东谈判方面的卓越地位的抱怨，以及他对老挝爆炸事件的反对。

两个奇特的人连在一起。如果没有尼克松，基辛格不能存在。而如果没有基辛格，尼克松总统不能做他想做的事情——构建他所谓的和平结构。这位国家安全顾问过着双重人格的生活。他一边在国内打着地盘战，同时，从2月20日以来，他在周末和节假日秘密地往返巴黎，与同样秘密旅行的北越政治局委员黎德寿谈判。[461] 罗杰斯对这个谈判一无所知。莱尔德也同样一无所知，至少在官方是这样。基辛格乘白宫波音707飞行——飞行的官方记录为训练任务——在法国中部阿沃尔降落，然后转乘蓬皮杜总统的私人喷气式飞机飞往巴黎。他会被送到一所位于劳工阶层密集的近郊区舒瓦齐—勒鲁瓦的小房子——并且通过同样的道路返回。但是，任何解决方案都还是没有任何实际进展。

3月11日，总统让基辛格回到椭圆形办公室，努力打消他的疑虑。用了整整一天时间。总统的其他约见和幕僚会议都一推再推。这天深夜，霍尔德曼在家里在日记上记载了一些有关这件事的情况："基辛格终于上道了。他对老挝事件还是感到战战兢兢……样子很糟糕，觉得他出了大错，因此让总统感到失望，以至于让国防部和国务卿介入，失去了总统的信任。这次训斥是为了解开这个疙瘩，让他回归正常，但是我不认为这有什么用。"

他是对的。另一个星期里，基辛格一天几次在白宫四处叫嚷，在椭圆形办公室出出进进，一天大怒两三次，说罗杰斯企图干掉他。"背后中伤我"[462] 成了他的口头禅。在那个星期里，总统通过霍尔德曼力劝基辛格休假，稳定一下情绪。与此同时，在柬埔寨[463]首都金边，两万名年轻的示威者攻击了北越大使馆和南越临时革命政府大使馆。3月11日，那些暴民强行进入大楼，把家具扔出窗外，焚烧了他们在院子周围发现的所有汽车。柬埔寨士兵和警察袖手旁观，让人觉得示威很可能是由政府组织的。

该国政府首脑诺罗敦·西哈努克亲王正在巴黎治疗，同时进行他一年一度奢靡的度假。他打算从那里直接去莫斯科和北京。那些群众集会是反西哈

第11章 1970年4月8日

努克政变的前奏。1945年西哈努克18岁的时候由法国殖民政权加冕为国王。1954年法国殖民主义者在越南被打败以来，他一直以这样或那样的头衔，以这种或那种方式统治这个国家。在尽可能保护他弱小的国家的独立性、避免落入其传统的敌人（即越南人）和美国人控制的过程中，这位变成亲王又变成首相又变成国家元首的国王一直表现出色且反复无常。在宣布他本人以及他国家700万人民"中立"之后，多年来他巧妙地玩了各种联合反对对方的游戏。但是，这种游戏的代价是高昂的。北越士兵随意在柬埔寨与南越之间边境的"避难所"里活动，而美国的B-52飞机则用每天菜单式轰炸——一年秘密出动3,630架次——力图找到他们。一个结果就是北越部队从这个边界撤离，进入比较大的村庄和城镇，离金边越来越近。

在这位国王不在期间——自1月7日以来，他一直不在国内——由他的首相，一位名叫朗诺的将军主持国内政务。根据美国国防情报局关于外国军事领导人的记载，"朗诺是西方国家的朋友……在20世纪50年代期间与美国官方有合作。"许多人认为这种措辞意味着他是一名美国的"情报线人"——付费特工。西哈努克对反共产主义暴乱（在省级地区实际上三天前就已经开始）的公开反应是一份从巴黎发出的声明。声明开头说："这是由别有用心的人组织的。这些人的目的在于彻底摧毁柬埔寨与社会主义阵营的友谊，将我们的国家投入某个资本主义、帝国主义强国的怀抱。"

在西哈努克看来，这种"友谊"是国家存活所必需的。到世界共产主义首都去——这弄得克赖顿·艾布拉姆斯将军很苦恼——的原因是，请求苏联和中国的领导人对北越施压，使北越将其成千上万日益深入柬埔寨领土的部队大部分撤回去。3月12日，朗诺对这些部队采取了行动——口头上的。他命令所有北越部队——按他的估计有6万人——在72小时之内离开柬埔寨，然后宣布关闭暹罗湾的西哈努克港口——北越军事补给线的一个基本组成部分。

这天，西贡的美国中情局工作站给华盛顿发了一份电报，开头是这样说的："有迹象表明金边可能政变。"电报说，朗诺和第一副总理索普威斯·斯

187

尼克松——孤独的白宫主人

里克·马塔克（Sisoweth Sirik Matak）王子已经决定"对西哈努克的追随者采取摊牌政策"。电报继续说："这次是得到了所有反西哈努克的人的支持，过去两年多来这些人一直群龙无首……军队一直保持高度戒备，准备政变……如果西哈努克拒绝支持现政府或对政府施压就反对之。"

同时，能够接近朗诺的柬埔寨消息人士告诉国防情报局特工，他们预计持续示威会迅速升级为政变，因为朗诺认为西哈努克打算从莫斯科和北京访问回国之后撤他的职。对北越的 72 小时撤军最后通牒转瞬即逝，没有任何结果。北越保证继续尊重柬埔寨的独立。新政府关闭了这个国家的中学和大学，在一个高尔夫球场对一万名学生和农民进行了几天的训练，然后用可口可乐货车将他们分派到由北越人和越共控制的地区，其中有些人甚至没有制服或武器。

3 月 18 日，金边与外界的通信线被切断。两个小时之后，白宫国家安全委员会战情室收到美国中央情报局从该国以外地方发来的一条消息："据监听到金边广播电台的消息，应政府要求……柬埔寨立法两院举行秘密会议。接着，立法院通过无记名投票收回对西哈努克担任国家元首的信任。"

西哈努克亲王在莫斯科从苏联总理阿列克谢·柯西金那里得知这个消息。柯西金与艾布拉姆斯一样不喜欢这位爱慕虚荣、反复无常的小个子柬埔寨领导人。柯西金驱车将西哈努克送到机场。直到轿车停在等候送西哈努克去北京的飞机边上的时候，这位苏联领导人才将已经发生的情况告诉西哈努克。回到柬埔寨，在金边之外的地区有愤怒的西哈努克支持者举行示威。在距首都金边市 50 英里的磅湛镇，将其王室视为上帝的农民们找到了朗诺的一个兄弟并杀了他。他们剖开他的肝脏，拿到中国餐馆，强迫厨师为他们烹制并切成一片一片，然后他们回到街上将这些肝片分给示威的人群。

次日，3 月 19 日，《纽约时报》头版头条用三栏篇幅刊登了柯西金与西哈努克在飞机旁握手的照片，并配发标题："西哈努克被告知其首相政变；柬埔寨机场关闭。"第二条消息来自华盛顿，它这样写道："美国政府似乎对这场颠覆感到惊讶……"

第11章 1970年4月8日

在白宫，尼克松总统向国务卿罗杰斯询问有关中央情报局的情况："是那些小丑在兰利干的吗？"[464]在这天给基辛格的备忘录中尼克松写道："让我们制订一个援助新政府的计划……我希望中央情报局制订和实施一个计划，最大限度地援助柬埔寨那些支持美国的派别。不要把这个消息透给那些官僚。像处理我们的空袭那样。"但是基辛格却难以集中精力处理手头工作。国务卿出现在白宫就足以使基辛格陷入新一轮暴怒发作。罗杰斯来到尼克松的办公室争论有关基辛格要求在老挝实施更多轰炸的问题。于是，总统叫来霍尔德曼，让他告诉基辛格继续进行轰炸，不用告诉国务卿，对公众和罗杰斯的人保密——"那些难以忍受的男同性恋者在那里。"尼克松有时这样称呼国务卿的手下。"告诉他就这么干，"总统说，"跳过争论。"[465]

这天《时代》杂志头条新闻不是有关东南亚的，而是紧扣国内的。一个贯通四栏的标题写道："邮政系统的首次罢工使这里的邮政服务瘫痪：业务开始感到吃紧。"全国75万邮递员和邮政职员中，有20万人上街游行，其中大部分在东北部城市。自1962年以来他们的薪资一直没有涨过。起点薪资为可怜的每年6,167美元，一名邮递员在工作21年之后才能得到每年8,442美元的薪资。就这个问题而言，政府想要制定一个新的薪资等级表，作为将邮政局从政府机构转变为公众公司的一个交换条件。

"把他们都解雇了！"[466]这是尼克松私下里的第一反应，"如果可以调动军队，就调动军队。"

48小时之内，罢工变成了全国性的。由于支票和证券到处堆积在巨大的邮件包里，因此银行和股票交易所也在谈论停业的事。3月20日，总统在他的办公室召开新闻发布会，没有照相机，没有麦克风。新闻发布会这样开始："我们准备协商……但是在任何情况下都不会与举行非法罢工的政府雇员讨论什么苦衷……星期一我会履行我的宪法责任，设法使邮路畅通。"

3月23日下午两点，总统在全国电视台发表了一个7分钟的声明，宣布他正在派遣2,500名正规军人，1,200名陆军和空军国民警卫队队员，以及15,500名海军及海军陆战队预备役军人去纽约市恢复基本的邮政服务。"问题的关键是，"总统告诉全国观众，"一个依法治国的政府的存在。"

霍尔德曼从来没有见过总统比现在更高兴。他突然明白了，他的领袖只有在危急中才会变得生气勃勃。"非常冷静、强硬、坚定，完全是在指挥……并且热衷于做这些。"星期一晚上11点30分，第一批800名士兵、海员、飞行员开始在纽约的邮政总局工作，按邮政编码的前三位数字分拣邮件。[467]它们本应该按医疗用品和处方，社会保险、养老金及薪资支票，财务及法律文件，以及寄往越南的信件来分拣和寄出。

总统很投入，在对付邮政罢工策略会和为起草有关学校废除种族隔离问题的总统声明而召开的演讲稿撰稿人会议之间来回穿梭。霍尔德曼在军队开始分拣邮件这天的日记中最后写道："可怜的基辛格，没有人注意他的战争……"

次日，基辛格不情不愿地去巴哈马群岛度假，是总统命令他去度假的。他没有被人惦记，至少没有马上被人想起。尼克松对基辛格的助理亚历山大·黑格上校的每日简报印象深刻，他曾经劝他不要对河内附近的地对空导弹场地发动突然袭击，等基辛格在巴黎再次与北越讨论过后再定。总统也定期与罗杰斯会面，[468]他认识到基辛格曲解了国务卿的立场以及国防部长莱尔德有关常规事务的看法。

事实上，总统全神贯注地关注的战争是罗杰斯的中东战争。由于几乎每天要袭击和防御埃及和叙利亚，以色列一直不断地催促美国提供飞机，而尼克松则不断地推迟提供。他在平衡一个好像总在他脑海中萦绕的结构的压力。1月31日，他曾收到一封来自莫斯科的信，他认为这封信是一个威胁。柯西金总理写道："我们想坦白地告诉你，如果以色列继续其冒险主义，轰炸阿拉伯联合共和国和其他阿拉伯国家，苏联将被迫设法帮助这些阿拉伯国家处理自己的局面，借助这种帮助他们可以理所应当地回绝傲慢的入侵者。"六个星期之后，3月12日，尼克松收到戈尔达·梅厄首相的一封私人信件，她写道："我们的飞行员确实很好，但是他们只有在有飞机的时候才会很好。"

第 11 章 1970 年 4 月 8 日

最近我听到一些传闻,说你的决定是拒绝或至少是拖延。我绝对不愿相信这种传闻。如果事实如此,但愿不会发生这样的事,那我们会觉得真的是被抛弃了。"

传闻是真的。3 月 23 日,罗杰斯宣布,[469] 总统认为以色列目前有足够的空中力量,向其出售幻影战斗机和天鹰战斗机的决定现在暂不执行。这是一个"临时决定",罗杰斯说,还说美国批给以色列一亿美元的新短期贷款。

总统和国务卿在 3 月 18 日的内阁全体会议上陈述了他们的想法。官方记录是这样的:

罗杰斯说,以色列在中东具有优势兵力,它可以打赢中东战争,并且这种情况可能会持续多年。罗杰斯说,阿拉伯不可能赶上的原因是,因为"他们不能操纵设备"。因此,如果美国现在提供以色列人所要求的飞机的话,政府理所当然地会被指责为军备竞赛升级,然后,苏联可能为阿拉伯国家提供更多的武器。所以,意图是现在不在提供飞机,但是可以考虑更换以色列所损失的飞机,并给予更多的经济援助。

总统补充说……罗杰斯简单介绍的这个政策一定会引起"犹太社会相当猛烈的抨击"。他告诉内阁要做好准备应对对政策的批评,因为媒体主要偏向犹太人的观点。"如果他们没有就此直接责备你,那么他们会就与此有关的其他事情指责你,所以你们要准备好防空洞。"

在同一天口授给基辛格的备忘录中,总统说他希望私下里给梅厄夫人及其驻华盛顿大使伊扎克·雷宾传递一个政治信息:

以色列在依靠[470]不惜以和平为代价的民主党人……他们必须认识到的是,这些人是意志薄弱的人。在筹码越来越少的情况下,这些人就会慌忙逃跑……另一方面,他们真正的朋友(令他们非常吃惊)是古德沃特、巴克利、RN 等人,他们在以色列问题上被视为鹰派人物。我们的兴趣主要在支持自由，而不只是想要犹太人投票而支持以色列……总而言之就是说梅厄夫人、雷宾等人必须完全信任RN。除非他们理解这一点并且从现在起就按这样的理解去行动，否则他们就会每况愈下。

3月27日，总统和新闻媒体的注意力转回到东南亚。[471]在行使白宫称之为"自我防卫的固有权利"的时候，小股越南共和国军队（ARVN）开始攻击柬埔寨境内的北越阵地。越过这个边界来到被美国武装直升机控制的一个南越突击营。B-52和南越飞机也在轰炸柬埔寨境内10英里的目标。在地面上，金边市以外的地方，内战还在继续。在磅湛，支持西哈努克的农民向朗诺的支持者发起进攻，杀害了至少两名国民议会议员。3月29日，在靠近南越边界被称作鹦鹉嘴的柬埔寨东部地区的战斗中，有13名美国人被杀害。4月3日，在该地区，其延伸到越共控制的南越地区，北越军队的三个营攻击了柬埔寨的军事设施，这是两国之间发生的第一次重大的军事冲突。

4月7日，总统认为他必须去全国电视台重述："战争越南化政策已经成功。"基辛格（认为他在为自己的生存而战）递给尼克松一张便条："在你今晚进行演讲之前，我希望你看到这个便条上的内容——无论结果如何——各地自由的人们都将永远感谢你。你在危机中的沉着冷静，你在压力下的坚定不移，所有这些都阻止了集体歇斯底里的胜利。"[472]

4月8日对G.哈罗德·卡斯韦尔的最高法院提名进行了最后投票。[473]他被以51票对45票否决，有13名共和党参议员对这位法官投了反对票，部分原因是他年轻的时候曾公开宣扬种族主义。但是致命的问题还在于卡斯韦尔所做的裁决几乎都被上级法院推翻了。卡斯韦尔最后的拥护者之一，内布拉斯加州参议员罗曼·L.鲁斯卡为他辩解说，普通人与其他人一样有权代表高等法院。

最后的投票结果令白宫有些吃惊。投票头一天和投票之后，总统打了一连串电话，与不受约束派共和党人进行了几次会晤，然而参议院还是以52

第 11 章　1970 年 4 月 8 日

对 44 的投票结果否决了将此候选人重新提交司法委员会审议的动议。结果表明，白宫是在为错误的投票进行游说。尽管尼克松进行了 11 个小时的游说，可能也正因为如此，白宫失去了几个温和派和不受约束派共和党人，最重要的是缅因州玛格丽特·蔡斯·史密斯和肯塔基州马洛·库克的支持。

史密斯参议员在得知布莱斯·哈洛曾告诉其他参议员她投了赞成票之后，愤怒地投了反对票。4 月 2 日，在长达一个小时的喝咖啡面谈（这对尼克松来说是非常少见的举动）中，总统曾私下请求库克投赞成票，两天后还邀请他到白宫参加为越战牺牲者颁发荣誉奖章的仪式。驱车回到国会大厦，库克想到那些年轻人——总统称他们为"出类拔萃的人"——之死，那些倒下的英雄，然后又想到卡斯韦尔，一个不优秀的人，于是下定决心，不能对他投赞成票。

这件事了结之后，总统感到既生气又难过——"谈起这件事他就像个魔鬼一样，"[474]霍尔德曼说——从他在电视上宣读的一份事先准备好的声明中可以看到：

> 卡斯韦尔法官和海恩斯沃斯法官以其令人钦佩的尊严忍受了对其智力、诚信和品格的恶毒攻击。在我看来，若不是因为其出生在南部某个州，他们不会遭到否决……我将不会再提名另一位南部人，让他再受海恩斯沃斯法官和卡斯韦尔法官所受到的那种恶毒的人身攻击……我理解成千上万生活在南部的美国人对昨天在参议院所发生的地域歧视行为的痛苦感。

"华盛顿今天被总统风格中的这种异乎寻常的变化所惊醒，"马克斯·弗兰克尔在《纽约时报》上写道，"他决定放弃调解人的角色和尊重批评者意见的态度，这引起了紧急的政治分析和心理分析潮。"

《时代》杂志的报道上打出的标题是："理查德·尼克松的第七次危机。"该杂志的封面标题是："卡斯韦尔挫败——尼克松的白宫四面楚歌。"在短短的两个星期之内，盖洛普民意调查显示总统支持率下降了11个百分点，降至53%的新低。霍尔德曼通常负责提交民意调查信息，他决定，除非总统直接提出要这个信息，否则他不告诉总统。相反，他告诉尼克松，他认为他不上电视不行，因为人民必须定期看到总统才能相信他真的在掌管国家。尼克松与霍尔德曼就这个主题争论了不止一次，他认为没什么话要说，上电视没有用。总统说，他的想法是有重大事件，比方说登月、战争、种族隔离、经济问题之类他才上电视。[475]"这种时候才值得让领袖露面。"他说，"你应该去看看电影《巴顿将军》。"[476]尼克松说，他刚看过这部电影。电影呈现了乔治·S.巴顿这位二战时期著名将军的英雄史诗。"他鼓舞人们，激发他们的斗志，鲍勃，那才是参谋长应该做的事情。"

尼克松本人正在打几个战役。正如《时代》杂志所分析的那样，[477]他的问题是"持续的通货膨胀代价……人们普遍担忧经济衰退……失业率上升至4.4%……11个主要行业中劳工动乱……学校种族融合方面的冲突……犯罪率无情地持续升高……柬埔寨的新战斗预示着这场战争的扩大……在国内，反战呼声再次四处响起……"

最重要的劳工问题仍然是邮政劳工纠纷。工人们拒绝了一个又一个提议，拒绝就将美国邮政服务公司从政府机构转为公众公司的政府方案细节进行协商。最后，政府同意了最近几次中最高的一次工资增长：14%，[478]其中第一个6%从1969年底开始计算。这个6%的涨薪率也适用于560万联邦雇员（包括民用和军用）——比总统在其1970年预算咨文中所提出的多5.75%。劳工部长舒尔茨知道，总统可能是用目前的劳工和睦换来了以后的通货膨胀。但是总统宣布胜利达成了邮政服务私有化协议。

在邮局危机逐渐平息的同时，国际卡车司机协会也赢得了一个在两年期间使45万卡车司机涨薪27.5%的合同。2,000名拖轮操作工和在纽约港工作的雇员通过60天的罢工赢得了三年期间涨薪50%以上。[479]

《时代》杂志提到"通货膨胀代价"的说法。总统也公开提到这个说法。但是在私下他担心的是经济衰退。他再三打断内阁重温在经济增长缓慢或下

第 11 章　1970 年 4 月 8 日

降的情况下共和党失败的历史的讨论，通常在谈到共和党的1954年和1958年国会失败时讨论就告结束。卡斯韦尔斗争期间，在一次会议上，在再次提到亚瑟·伯恩斯和美联储这个主题的时候，乔治·舒尔茨引起了总统的注意。舒尔茨说："亚瑟有一种像控制人质那样控制货币供应量的方式，[480]也就是说'如果你行为不规矩，我就收紧货币，'他就是用这种方式与美联储一起运营行政部门的。"

说着，总统用手猛击了一下桌子，说："在我们达到目的之时，我在这个办公室要做的唯一一件事就是这个美联储将不会独立存在。"接着，尼克松提出了一种政治经济理论：缩减联邦预算对通货膨胀其实没有什么直接作用。但是它会影响美联储思维，他说，并且他们会以收紧货币供应量来应对预算不平衡。"在1954年，"他说，"美联储等了太长时间以至于不能善意地放宽限制——干得很愚蠢。"[481]

4月中旬，白宫给内阁成员和各部首脑发了一份备忘录，指示说："所有行政机构发言人都应当慎重起草有关经济政策预测的台词并照本宣科。坚持将我们目前的困境归咎于1965年至1968年。坚持认为我们现在所做的是正确的……"对舒尔茨，尼克松说："关于货币政策，无论如何，我认为，告诉亚瑟'温和地'走向减少限制政策会是一个错误。他会表现得过于谨慎。鼓励他放开一些去做，最终他会做得适度……"[482]

在卡斯韦尔被否决后不到一个星期时间，4月14日，宣布了尼克松对最高法院空缺将近一年的职位的第三个人选提名。总统曾经有个很草率的想法，想让西弗吉尼亚参议员、保守的民主党人罗伯特·C.伯德（Robert C. Byrd）作为提名人选。然后他征求首席大法官伯格的意见，伯格推荐了第八巡回上诉法院成员亨利·A.布莱克蒙（Henry A. Blackmun）法官。此人1933年曾作为伯格婚礼的男傧相。这个公告由新闻秘书罗恩·齐格勒起草，没有来自总统的任何意见。

尼克松心事重重——至少可以这样说。与这个世界上的许多人一样，4

195

尼克松——孤独的白宫主人

月14日，他在一场致命惊险剧——阿波罗13号在执行第三次载人登月任务中面临困境——中醒来。[483] 就在4月14日午夜之前，基辛格曾打电话到霍尔德曼家，告诉他，在按计划进入月球运行轨道之前五个小时，一个氧气管爆炸和火灾使航天器受到严重毁坏——并且可能注定三个宇航员被永远丢失在太空的厄运。"一个技术问题，不需要决定。"这位幕僚头目说，拒绝叫醒总统。

飞船与休斯顿地面指挥中心之间反复沟通情况，控制人员比宇航员对整个情况看得更为清楚。地面指挥中心总结整体情况说："我们有一个明显的严重问题，由燃料电池提供电力并为工作人员提供呼吸用氧气的服务舱出现了氧气泄漏。我们现在正在操纵登月舱。由于任务改变，登月舱将作为救生艇将阿波罗13号上的全体人员带回地球，也就是说，利用其所有的消耗品、氧气和电力完成这一使命。"

"明白，"指挥长、海军上校詹姆斯·洛威尔从206,000英里之外回答说，"我没想到会回来得这么快。"

航空器主体，指令舱中燃料电池和人员呼吸所需的氧气严重泄漏，三名宇航员爬进被称为"宝瓶"的登月舱，其原定用于在其中一名宇航员在指令舱轨道上运行的同时将另外两名宇航员送到月球表面。登月舱里有48磅氧气，如果不发生其他事情的话，这足够供他们乘小宇宙救生船返回地球。救生计划是要将附件舱推进环月轨道，并利用轨道运行冲力作为一个弹弓将它们推回地球。回家的轨道取决于利用那些打算用于引导小飞船去月球和返回指令舱的小火箭。回家之旅要用62个小时，而且宇航员要在进入地球大气层之前爬回到指令舱。因为那个比较小的登月舱没有防热罩帮宇航员防御以每小时25,000英里速度再次进入大气层时产生的高温，因此，如果他们没有回到指令舱，就会窒息而死；如果他们再次进入登月舱，就会被烧死。

他们没有任何犯错的余地。最后，凌晨四时，霍尔德曼决定打电话给总统——然后打电话给齐格勒以确定新闻媒体已被告知：总统彻夜都在亲自指挥应对这场危机。在太空中，洛威尔正在调转船头，告诉休斯顿："宝瓶正在到达。"

第 12 章　1970 年 4 月 30 日

阿波罗 13 号似乎从一开始就受到诅咒。[484]发射前六天，4 月 11 日星期六下午，佛罗里达肯尼迪角的工程师已经发现氦气罐有一条裂缝。接着，一位与吉姆·洛威尔指挥的三人任务组同样接受培训的后备宇航员开始发高烧，国家航空航天局的医生发现他患上了风疹，也就是通常被叫作德国麻疹的儿童传染病。三名准备进 S－4B 火箭顶端上的登月密封舱的宇航员的血液测试表明，洛威尔和弗莱德·海斯儿时曾患病，因此具有免疫力。但是指令舱飞行员肯·马丁利从未患病，因此，在离发射不到 24 小时的时候，国家航空航天局官方决定用后备飞行员约翰·斯格威特换下马丁利。

现在，正设法让受创的飞船回到地球，总统踱着步，跟霍尔德曼、埃里希曼和基辛格交谈着。"你可以到休斯顿去。"埃里希曼说。在休斯顿的前宇航员弗兰克·波曼对这次旅行安排表示反对，认为总统去那里也无济于事。

"取消一切安排。"尼克松说，包括公布从南越撤军新进展的电视节目计划。接着，他被告知丹麦首相希尔玛·保恩斯格德正在来白宫的路上。他勃然大怒，骂霍尔德曼不该邀请丹麦人来。在尼克松与保恩斯格德交谈的时候，霍尔德曼得知在进行中西部旅行的副总统阿格纽在得梅因机场——准备飞往休斯顿。霍尔德曼命他不要动身，待他与总统商议后再定。

这位副总统在跑道上坐等了一个多小时，才得到折返华盛顿的命令。他也很生气，但这一点儿也不让霍尔德曼感到不安。这位幕僚头目仍然对大约两个星期前3月31日阿格纽与总统见面的事感到非常生气，因为他再次认为副总统拿一些微不足道的琐事打搅尼克松。这一次阿格纽是抱怨负责大部分联邦建筑物和修建事务的总务管理局将建筑和维修合同给了东部的一些州。"我们的朋友正在受到歧视。"阿格纽说，并且补充说有些人不得不接管这些赞助。"不可思议，"霍尔德曼跟埃里希曼说，他了解到阿格纽已经侥幸得手，通过他的办公室命令总务管理局取消了马里兰州、弗吉尼亚州和宾夕法尼亚州的所有合同。[485]

4月15日午餐后，休斯顿发来的报告使总统精神一振，总统决定不公开信息，驱车13英里去马里兰格林贝尔特的戈达德航天中心看一系列简报，那里收集来自世界各地17个NASA工作站的跟踪信息并发送给休斯顿。接着，他还得返回白宫出席为希尔玛·保恩斯格德首相举行的国宴。

"再见，宝瓶，我们谢谢你。"当洛威尔和他的队员们爬回到带有手持氧气瓶的指令舱、准备重新进入大气层的时候，休斯顿太空航行地面指挥中心说。宇航员们将登月舱分离，将这个小救生艇抛弃在太空。4月17日东部夏令时下午1点07分这个废弃的飞船安全地落入太平洋。整个世界都在观看。据欧洲电视网估算这次全世界观看的观众为史上最多的一次。教堂的钟声响彻美国各地以及其他许多国家。

总统站在亚历山大·巴特菲尔德办公室里一台小电视机旁，紧挨着一个与国家航空航天局连线的音箱。他与两名前宇航员——威廉·安德斯和迈克尔·科林斯——在一起。"雪茄！"他高呼，发现在成功登陆之后休斯顿在分发雪茄。他立即与三位宇航员的妻子接通电话，然后在宇航员本人

第 12 章　1970 年 4 月 30 日

与其妻子通电话的时候等待着。但是尼克松无法控制自己,他要白宫电话接线员接通一位又一位宇航员的电话——跟他们一个又一个地干杯——反反复复地说着同一句话:"今天真是个好日子,不是吗?今天真是个好日子,不是吗?"

他通电话的人之一是众议院共和党领导人杰里·福特。尼克松非常兴奋,以至于他跟福特说,他应当打电话把这个好消息告诉最高法院大法官威廉·O. 道格拉斯。他忘记了四天前他曾劝说福特公开要求弹劾这位极端自由主义的法官道格拉斯,作为对否决卡斯韦尔的报复。到下午 4 点 15 分,总统喝醉了,[486]在行政办公大楼 175 室的长沙发上睡着了。

次日早上,总统飞去休斯顿,在一个尴尬的小仪式上与阿波罗号工作人员的妻子见面,接着向 NASA 官员和休斯顿载人宇宙飞船中心控制室的工作人员表示祝贺。然后去往檀香山看望宇航员,抓住这个伟大的摄影机会,以钻石山为背景与他们合影。[487]这一切都是由霍尔德曼安排的,包括用海军的推土机连夜将机场改造期间堆放在那里的大堆泥土运走,因为它们挡住了完美的拍摄角度。霍尔德曼想要的高山和大海让海军付出了两万多美元的代价。在高山和大海的映衬下,总统为每一位宇航员颁发了自由勋章。"伟大不单来自于胜利也能来自于逆境,"尼克松说,"有人说过,逆境让人看清自己。"

4 月 19 日星期日,在夏威夷,总统决定与美国太平洋部队司令,海军上将小约翰·S. 麦凯恩[488]共进早餐。麦凯恩被认为是海军中最有活力和影响力的信息通报官,他儿子是一位海军飞行员,也是河内的一名战俘。经过一个小时四十分钟,他让总统几乎完全听从了他的意见。他告诉总统,艾布拉姆斯将军和驻西贡大使埃尔斯沃斯·邦克认为柬埔寨的朗诺政府正面临注定被北越人打败的局面。他说如果剩余的美国部队受到来自柬埔寨安全的攻击——长时间大规模伤亡,则"战争越南化"有可能失败。当然,总统知道这些论点,但是他似乎带着一个新的决心——狠狠反击共产主义——从夏威夷归去。他任总统一年多了,在这段时间里他大部分时候都是一个失意的总统。早在 1969 年北越就已经脱离了西贡,他无所作为;朝鲜击落了 EC–121,

他也无所作为。苏联人正在进入中东地区，美国不能阻挡他们。巴黎和谈没有结果，共产主义者正在老挝大行其道，现在还威胁说要夺取柬埔寨。是时候了，该向世界表明他可以以武力对付武力了。"这就是我一直在等待的结果。"[489]他跟基辛格说。

如果他真的下定决心让美国继续侵犯柬埔寨，也就是麦凯恩和艾布拉姆斯所力劝的，那么，这天在他向东飞往圣克利门蒂的时候他就不会那样做了：实际上，此刻要做的事就是一个电视声明，重新安排在星期一晚上，有关进一步撤军的内容。但是海军上将麦凯恩正在空军一号上，因为总统要他去向基辛格介绍基本情况，其正从华盛顿向西飞。

星期一，尼克松正在圣克利门蒂修改演讲稿的时候，基辛格和麦凯恩带着报告走进他的书房。报告称共产主义部队正在攻击柬埔寨的斯努和茶胶两个城市，[490]并且已经占领了Saang，一个离金边仅20英里的省会城市。没有斗志，柬埔寨军队一枪不发就撤退了。北越与越共联合部队所做的第一件事是分发AK-47步枪和弹药给当地的越南族居民，让他们自卫。柬埔寨人，无论是士兵还是农民，开始驱逐定居的越南人——有40万越南人定居在柬埔寨，将他们驱赶到丛林或者杀掉。尸体漂浮在湄公河上，[491]他们大部分是被其邻居打死的越南平民。在一个叫做Prasaut的地方，有89名越南村民被杀害，官方报道说他们是在北越人的一次进攻中死于双方交火之中，但是很显然，他们是被柬埔寨军队残杀的。[492]

具有讽刺意味的是，美国也正准备给柬埔寨士兵分发AK-47步枪。美国正在空运缴获的6,000支半自动步枪，还送给金边一万支卡宾枪，这是尼克松根据艾布拉姆斯将军的建议亲自批准的一次行动。在雅加达，[493]美国特工正在与印度尼西亚领导人苏哈托将军一起制定一个空运印度尼西亚武器装备的计划，以后美国会归还这些武器装备。最后，在南越军队中有一些美国训练和控制的民族柬埔寨小分队——几千名被叫做红色高棉和客店高棉的人。美国准备将他们空运到金边。

当越共在Saang巡逻的时候，柬埔寨军队围捕了金边附近一个难民营里

第 12 章　1970 年 4 月 30 日

的越南人，将他们塞进从 20 英里开外向 Saang 驶来的卡车。卡车停在离这个城镇两英里的一条路上。然后，士兵们用棍棒打那些朝 Saang 走去的难民，而同时越共官员则向这些人投掷石块让他们继续前进。柬埔寨人手拿扩音器跟在这些官员后面，命令越共军队回越南去。"心理战。"[494]柬埔寨指挥官说。当这队衣衫褴褛的人走近 Saang 的时候，开始射击，数十人被杀害——大部分人都是背后中弹。

其中有些情况，但无论如何都不是全部情况，被汇报给了白宫。中央情报局起草的一份国家情报分析——"对印度支那长期前景的评估。"被该局局长理查德·赫尔姆斯封锁了。该报告断定朗诺没有能力阻止越南人。报告说，只有靠"持久、猛烈的轰炸和由美国和南越出动的大量步兵"才能阻止越南人。赫尔姆斯知道那恰好是总统正在考虑的事情。但是，这个分析报告最后说："但是，无论怎样成功，都可能不能阻止他们以其他某种方式进行斗争。"赫尔姆斯把这个分析报告打回去，批示说："让我们 6 月 1 日再看一看这个报告，看我们是继续坚持这个分析还是要做某些修订。"[495]在中情局内部，这想当然就意味着现在不是给总统传递坏消息的时候。

军队也在算计其机构利益。4 月 21 日，陆军参谋长威廉·C. 韦斯特莫兰将军发电报给在西贡的艾布拉姆斯将军说："你肯定知道，柬埔寨的局势在这里得到了最高级别的关注。金边的威胁和高阶权威人士目前的担忧可能导致在某种程度上放松对我们某些活动的约束。如果这种情况出现，我们应该准备利用这个机会。"[496]

也有其他一些情况把注意力吸引回华盛顿，其中有些情况非常令人惊讶。在华盛顿，越战暂停运动的最初组织者山姆·布朗宣布该运动结束[497]。他说，这场运动显然对政府的战争政策没有产生影响，并且，尽管示威游行的规模越来越小，但是示威游行还是为激进分子组织革命暴力活动的企图提供了掩护。在迈阿密，G. 哈罗德·卡斯韦尔从第五巡回法院职位退休并且宣布他会争取参议院共和党提名。总统听说了卡斯韦尔的事，正值 4 月 20 日他

尼克松——孤独的白宫主人

从加利福尼亚开始演讲之前,"他感到很爽。"[498]霍尔德曼说。

这次演讲证明了作为一种异乎寻常的人的胜利:尼克松愚弄了新闻媒体,也愚弄了国民。他曾向《纽约时报》和《华盛顿邮报》透露说下一次撤军会在4万到5万人,但是他却在电视上宣布从在越南作战的434,000部队裁减15万人,改变了撤军数字而且通过直接延长撤军时间而改变了本次撤军的影响。这15万人将在整整一年后撤回,但没有具体的时间表。没有时间表的原因是,至少在最近两个月总统完全没有打算撤军,因为在西贡的艾布拉姆斯说他那里需要人防御或攻击柬埔寨东部的北越人保护区。

加州时间下午五点,尼克松结束了15分钟的演讲,决定要飞回华盛顿。霍尔德曼感到很惊讶,因为尼克松不喜欢夜间飞行,所以他猜测尼克松已经决定对柬埔寨采取行动。在空军一号向东飞行的过程中,尼克松说,"删掉我日程表上那些无聊的安排。[499]我正在这里忙活。"接着他又说,"撤军是小男孩的活儿,而柬埔寨却是男人的活儿。"

凌晨1点26分,[500]飞机降落在安德鲁斯空军基地。然后他在自己的办公室待了差不多七个小时,说他想见基辛格和中情局长理查德·赫尔姆斯。但是在他们进来之前,他口授了一些备忘录,让他的秘书罗斯·玛丽·伍兹将它们连同记号一起发给霍尔德曼:"所附备忘录中有许多可能属于'阅后——如果不是阅前——烧毁'密级的文件。[501]除非我们能够杜绝泄露我们的机密备忘录,否则让其中某些内容到处流传似乎相当危险⋯⋯"

第一个备忘录的内容是关于胡茨查奈克(Hutschnecker)医生写给卫生教育与福利部有关早期教育计划问题的信函被泄露的。[502]尼克松命令霍尔德曼执行他称之为"德国选项"的指令:

首先你要查明这封信被发给了多少人。然后你应当给鲍勃·芬奇打电话,问他在他机构的非公务员中谁是最可能拿到这封信副本的人⋯⋯可能会涉及六个人。然后他要告诉他们,给他们48个小时让其中某人站出来说自己泄露了此信。如果他们没人自首,他就会让他们六个人都辞职。这就是战斗

第12章 1970年4月30日

方案。去执行之。

下面几份备忘录的内容是对新闻媒体的一连串抱怨：

我希望你制止（当然是口头上的）[503]所有可能接到《华盛顿邮报》社会版记者马克辛·切舍（Maxine Cheshire）电话的白宫职员回应他的电话。"不给邮报的任何记者回电话……"

当RN在电视上陈述其对卡斯韦尔的看法时，《纽约时报》报道说他感到"很痛苦"。[504]我们有大批全国各地的来信说他们从电视上看到了我，并且说《时报》的评价完全是错误的……这将是对他们的一个提醒：他们不能随意描述总统在讲话时的表情，尤其是在他们描述之前或之后会转播总统讲话实况的情况下更是如此，他们难逃责罚。

今后60天内或直到我另有指示为止，我想完全停止让《时报》做有关我的报道，只有赛迪除外，[505]只有他可以设法为他所负责的栏目得到一些内容……我不想在这份备忘录上说明也不想口头讨论我这么做的理由。就这么执行就是了……

你可以做的一件事是，指出年轻人使用表示胜利的V手势是很愚蠢的。指出这是不合时尚的做法。毕竟这是丘吉尔和第二次世界大战的遗物……至于发型，你真的可以就这个事儿损损他们。指出他们落后时代25年到50年了。老汤姆·康纳利，孟德尔·里弗斯，北卡罗来纳的克莱德·霍伊参议员，以及莱斯·阿伦兹那样的保守人士，如今都已经戴了至少半个世纪的长发了。让戴长发、抽大麻和注射毒品成瘾成为"过时"。让沉迷小恶习、吸烟（最好是不含尼古丁的香烟）和适量饮酒成为"时髦……"

他发给基辛格的一份备忘录是有关一个比较重要的主题的：

假使在我们的会议上我也与我今天早上（也就是4月22日清晨五时）有

同感，要表明我们与朗诺站在一边的话，我认为我们就有必要在柬埔寨采取一个大举措。[506]但我不相信他将会继续存在下去。在这方面我们真的犯了错误，事实上我们被误入歧途，由于帮助他我们会破坏他的"中立性"，给北越人进入提供借口……

当天，也就是4月22日星期三，成千上万的美国人在全国各个城市里游行，不是为支持或者反对这场战争，而是因为一个新的缘故：地球日[507]庆祝新环境运动。环顾全球，南越部队驻扎在柬埔寨边境，正对着鹦鹉嘴。美国部队和更多的南越部队正在从南部的另一个突出区域，即被称作"鱼钩"的区域进入阵地。这天下午总统随意走入国家安全委员会的一次会议，冲着基辛格咧嘴笑了笑、点点头，他说："他玩得很愉快……玩俾斯麦号。"[508]

会议结束之后总统脸上没有了微笑。他把基辛格叫到椭圆形办公室，对他大喊大叫，近乎狂怒失控。他指责这位国家安全顾问，因为通常在这种会上一言不发的副总统阿格纽，突然无视差别微妙的论点，说："让我们停止这种谨小慎微的做法，[509]去做我们必须得做的事……"这是阿格纽冒犯的话在两个星期内第二次让总统感到难堪，使总统看起来很软弱了。尼克松说，因反战示威和可能发生暴力行为，他决定不出席他女儿朱莉在史密斯学院的毕业典礼。这时阿格纽说道："别让他们恐吓你，[510]总统先生……你是她的父亲，而一位父亲应当是能够出席他女儿的毕业典礼的。"

基辛格回去工作的时候，创建了一个系统，让有关柬埔寨的讯息只能在华盛顿十几个人的新圈子里传播。这个系统的名称叫"Nodis/Khmer"。[511] "Nodis"的意思是"不得散布"，正如基辛格的助理威廉·沃茨4月24日给基辛格的一份备忘录中简要描述的那样："在国务院，包括国务卿在内，将只有九名官员能收到这些信息。根据绝密的原则，这种信息将直接发给迪克·赫尔姆斯。这些消息将不会发给国防部……"

实际上，由于基辛格，莱尔德和尼克松被卡在有关总统反对削减国防预算和决心对北越采取更严厉惩罚的暗战中。4月17日，基辛格签署了一份最

第 12 章 1970 年 4 月 30 日

高机密/绝密/不得散布的备忘录给莱尔德，说："总统指示[512]……对东南亚的战术性空袭、B-52飞机出击水平以及平均载荷不应当有任何进一步的降低。"4月29日，基辛格的手下劳伦斯·林恩发给其老板一份同等机密等级的备忘录。这份文件说："国务卿莱尔德的回答无视你的备忘录[513]……面对国务卿莱尔德的反抗，你可以：（1）让黑格将军给莱尔德办公室去电话，告诉他们再次设法提供一种可接受的答复；（2）你本人亲自给莱尔德写信或者打电话；（3）将莱尔德的回答报告给总统，让他发一个新的指令。"

这天晚些时候，发给驻金边和西贡的美国电台的一条"Nodis/Khmer"信息确定了一种反现实的模式：来自该战场的报告要经过精心编制以符合华盛顿新闻简报的要求，而不能采取相反的方式。这个来自华盛顿的第一份备忘录说："以下是从今天的白宫和国务院简报副本上摘录的4月23日《纽约时报》关于向柬埔寨运送AK-47步枪的报道。"在摘录中，齐格勒和一位国务院情报官声称，运送枪支是南越与柬埔寨政府之间的安排。"命令你们尽快约见越南政府和适当层级的柬埔寨官员……要求越南政府和总指挥官别公开说任何与上述摘录内容不一致的话[514]……要求越南政府和总指挥官在其公开声明中不要出现超出美国发言人所讲的内容。当然，金边和西贡大使馆全体人员也应完全遵照上述摘录内容向新闻媒体发表有关该主题的意见。"

在另一份电报的最后一行补充说："白宫的命令强调指出，要严格遵循美国说法，绝不允许添加任何其他意见、解释或推测。"[515]

至于在白宫的尼克松本人，大部分时间他都在独处或者与参谋长联席会议成员谈话。他在扮演巴顿，大概偶尔似乎有很少的白宫职员知道他又在看那部电影。"美国人从未输过一场战争，也绝不会输掉一场战争，因为美国人憎恨想到失败"是电影中巴顿最喜欢说的一句台词。现在，总统在办公室里、在玫瑰园外边背着手走来走去，方式跟演员乔治·C.斯科特扮演的巴顿将军一样。一天早晨，总统站在通向玫瑰园的法式门旁边，注视着霍尔德曼走进来的时候，说："可恶的约翰逊，[516]如果他做了正确的事情，我们现在就不会陷在这个困境之中。"

尼克松说到约翰逊和正确的事情时，他想说的是对北越的轰炸，那是在1968年大选之前约翰逊总统下令停止的，而由于持续的和平谈判，包括公开的和秘密的，尼克松一直也没有恢复轰炸。然而，具有讽刺意味的是，由于西哈努克被推翻，这个备受争夺的地区遭受了历史上最多的轰炸。在过去13个月里，有30,000多吨[517]美国炸弹被投到鱼钩和鹦鹉嘴地区，也就是胡志明小道尽头的避难区。

4月24日星期五，总统开始每天接见基辛格、赫尔姆斯、中央情报局副局长罗伯特·库什曼将军，以及计划于5月份就任参谋长联席会议主席的托马斯·H.穆勒上将。尼克松跟穆勒上将说，他只以总司令顾问的身份出席会议，[518]并且他不会让国防部长莱尔德知道这个会议。到正午的时候，显然，总统已经准备好在两天后，也就是4月26日，让南越部队在美国的空中掩护下继续入侵鹦鹉嘴地区。那次会议之后，基辛格会见了华盛顿特别行动小组（WSAG），成员包括赫尔姆斯、穆勒和国防部副部长。该小组成立于一年前EC-121危机之后，是模仿肯尼迪总统在1962年10月处理古巴导弹危机而组建的特别顾问小组。但两者有一个关键区别。肯尼迪的小组成员包括其国务卿和国防部长，而尼克松—基辛格小组的特别目的是不让罗杰斯和莱尔德参与军事抉择的最终规划。

就在运送步枪到柬埔寨以代替入侵该国的行动几天后，华盛顿特别行动小组对话逐步升级了。这次会后，基辛格给莱尔德打电话，[519]向他灌输了总统的一些想法和命令，要求他提供鹦鹉嘴入侵原计划。莱尔德提出应当向国会咨询。关于这一点，这位国家安全顾问说，总统本人会去处理。尼克松只跟军事委员会主席约翰·斯滕尼斯参议员进行了电话交谈。下午两点钟之后，尼克松和比贝·雷博佐一起前往戴维营去了。基辛格独自跟霍尔德曼在一起时[520]告诉他，他认为总统可能会决定用美国的地面部队去对抗鱼钩地区，但是如果他决定继续让美国部队去战斗的话，那么这场战争在一年后是赢是输，就取决于北越人的对抗方式了。

4月24日傍晚，基辛格将他年轻的幕僚召集在一起。[521]他们共有五人，包括威廉·沃茨，温斯顿·洛德，安托尼·雷克，罗杰·莫里斯，劳伦斯·林恩。每隔几分钟电话就响一次。是尼克松在电话里厉声下命令，然后挂断。每一次基辛格都转转眼睛，最后告诉他的手下说："我们无与伦比的总统已经暴跳如雷了。"

这是一个漫长的夜晚。总统再次看完电影《巴顿将军》之后又打电话来。他在给基辛格下命令——沃茨在一个分机上听——的时候急匆匆、口齿不清。尼克松最后说："等等，比贝有些事要跟你说。"

"总统想要你了解这是否行不通，亨利，"雷博佐说，"它是你的蠢驴。"[522]

这位国家安全顾问仍然没有告诉他年轻的手下柬埔寨实际上在发生什么，而只说了南越人在美国侦察机帮助下的行动。基辛格的助手都反对这个想法，他们时而喊叫着说，它会是一个军事灾难，它会使国内的和平激进主义者重返街头。在这次会议结束的时候，基辛格要沃兹去协调国家安全委员会职员在入侵方面的工作。沃茨拒绝了。

"你们的看法代表了东部权势集团的怯懦。"基辛格告诉他。沃茨威胁性地向他走过去，好像要撞开他似的，然后猛然转身走出会议室，走到他的书桌前，写了一封辞职信。黑格在那里碰到他，他说："你不能辞职……你刚接到顶头上司的命令。"

"去你妈的，阿尔，"沃茨说，"我刚辞职了。"[523]

雷克和莫里斯[524]讨论了一下，然后他们也决定辞职。"如你所知，我们对在柬埔寨动用美国部队的重要性持有严肃的保留意见，"他们在辞职联名信中写道，"但是，我们辞职的原因，包括与本届政府与日俱增的疏远感，也早于和超出柬埔寨问题。现在，在公众对我们的柬埔寨政策做出反应之前，我们将辞职决定通知你，为的是表明我们的决定显然不是在事实发生之后做出的，也不是由那些事情的后果所导致的决定。"

他们将辞职信交给黑格并建议他在入侵行动开始之后递交上去。他采纳了这个建议，因为在行动完成之前他不想让基辛格感到更心烦。在莫伊尼汉听说这个决定的时候，他也说要辞职，但是在尼克松跟他说如果没有他就不会有家庭援助项目之后，他便留下了。莫伊尼汉22岁的私人助理亚瑟·克莱巴诺夫[525]辞了职，他告诉他的老板说，他觉得自己是在这场争论的错误一方。"我希望我能有论据说服你，"莫伊尼汉说，"但是我没有。"

次日，4月25日，基辛格用了一上午时间核查艾布拉姆斯将军的鱼钩地区美国—南越联合攻击的计划，然后乘直升机去戴维营与总统共进午餐——雷博佐也默默地坐在那里。然后，这三个人乘海军陆战队一号飞回华盛顿，乘总统的红杉号游艇进行傍晚巡游。当晚8点30分回到白宫，总统又看了一遍电影《巴顿将军》。[526]

星期日，4月26日，总统在行政办公大楼175室待了将近三个小时，为下午5点30分召开的国家安全委员会会议做准备。只有国务卿莱尔德和罗杰斯在那时才得知[527]总统已经或者将要决定派美国部队在接下来的72小时之内进入柬埔寨。艾布拉姆斯将军说需要这段时间在沿边境做好部署。在这次会之前，莱尔德和罗杰斯被封锁在有关这类问题的辩论和决策之外，即使他们的副手有时也参与过尼克松的秘密计划和辩论。莱尔德没有极力反对，但他继续提醒总统说美国伤亡人数可能会高达一周500人死亡，国内的抗议示威可能会无法控制。新闻媒体对正在发生的事情一无所知或知之甚少，大部分报道都关注着给朗诺运送步枪的事，这正是令尼克松感到高兴的情形，这证明将莱尔德和罗杰斯屏蔽在圈外是正确的。

最后，莱尔德和罗杰斯来到总统隐身的办公室，[528]不再邀请阿格纽来了。会开了三个小时，罗杰斯继续反对美国部队参与。"高伤亡，低获益。"他说。他也反对反复使用"COSVN行动"这个短语。"COSVN"是"南越中央办公室"的缩写。认为它就是一个位于柬埔寨境内五到十英里处的混凝土炮台与地下洞室综合体。北越人坚持认为不存在这个机构。的确，正如罗杰斯告诉总统的那样，也如外国情报人员和记者确认的那样，这个共产党的指挥部是可移动的。"这个该死的东西随时都在移动，"国务卿说，"我们永远找不到它。"

莱尔德不愿以任何方式表态。他将矛头指向华盛顿特别行动小组，说白宫，其实是说基辛格在执行总统决定的过程中篡夺军权。总统将"执行"这

第 12 章 1970 年 4 月 30 日

个词改为"协调",避开了这个话题,并且说他还没有做出决定。这几乎肯定不是真的,莱尔德可能也知道这一点,但是他继续极力反对动用美国军队,说艾布拉姆斯将军反对这样做。这也不是真的,但是尼克松的反应是,命令基辛格去详细询问艾布拉姆斯的意见。于是,基辛格(一位擅长词令的人)将这个询问发给了在西贡的这位指挥官:"你能保证只动用南越部队就能成功吗?"

会议结束时总统同意将进攻延迟24个小时。原因是预定第二天罗杰斯计划要在参议院外交关系委员会的一次非公开会议上作证。罗杰斯说,如果被问到有关入侵的问题他不愿说谎,但是他可以说还没有决定。接着,他提及游行示威和校园暴力的可能性。尼克松说:"现在我想听这些,但是如果我决定要进攻,我就不想再听到这些了。如果我决定去做,那将意味着我已经决定付出代价了。"

然后,总统带着他的思想和黄记事簿独自待在行政办公大楼175室,列出了有利因素和不利因素清单。关于第一个有利因素,他首先写下的是:"时间在耗尽……"

他接着写道:"援助柬埔寨只能是象征性的……继续激怒金边?……如果他们现在不动,我们也不动,柬埔寨政府可能会受共产党的控制或影响。这可能会导致不能守住西哈努克城或随后对避难区发动空袭。"

他一边走一边修改利弊清单,考虑到同时动用美国军队和南越军队的影响,他写道:

有利因素:
1)减小避难区对战争越南化政策的影响。
2)可能转移共产党对金边的进攻。
3)可能破坏北越南的领导,或者可能导致河内或苏联去谈判。

不利因素:
1)可能激起共产党进攻金边。

2）将会在美国造成严重分歧。

3）可能导致巴黎和谈中断。

4）可能激起共产党攻击非军事区……

总统把这个清单给基辛格看，基辛格也起草了一份类似的清单。其后基辛格把它给《新闻周刊》专栏作家斯图尔特·奥尔索普看。[529]在其笔记本上端，奥尔索普写道："HK（亨利·基辛格）——基本原则：直接引用此中内容均须经 HK 审查，不得透露 HK 本人的名字……"

那正是基辛格风格。奥尔索普的笔记继续写道：

（HK）（未被提及）于4月26日早上第一次看到这些黄色的纸片，在上午八点他向尼克松介绍基本情况时，他说，他从来没有对国内问题提出过意见，但是他确实对大学生活有些了解，他担心如果总统用美国军队去对付柬埔寨，有些大学就会被烧毁，整个学界都会被激怒。

总统说，"相信我，我已经考虑过那种风险。"然后拿出他的黄纸片，指着他所写的第二条不利因素……

奥尔索普继续写，在他的笔记中引用了基辛格的话：

西哈努克政府垮台完全出乎意料，并且改变了整个游戏规则。假使总统什么都没有做，柬埔寨和老挝到仲夏的时候就已经沦陷了。而且，反对派的反应是完全可以预测的：在柬埔寨和老挝已经沦陷的情况下为什么还要为南越而杀美国人？"（如果那样）它应该就已经对新年防线发起了一次大的共产主义攻击使我们整个儿站不住脚。"现在我们有时间，有机动性，我们可以向任何方向移动，遵循某种基本原则，我们可以非常迅速地撤出……如果我们有两年时间……

斯图尔特·奥尔索普："亨利，你没有两年时间了。"

第12章 1970年4月30日

亨利·基辛格："是没有，但是我们要像有两年时间那样采取行动。"

我们的问题是，整个保守的当权派憎恨尼克松，在他极力拯救这个当局的非常时刻却已经背叛了他。尼克松不是傻子。他充分意识到没有办法大张旗鼓地撤离南越。"但是我们作为一个政策问题——美国的政策，我们必须得撤离。我们不能胡乱地被推出去。如果我们被北越推出去了，这会在国外产生很严重的影响，会使国家分裂，会将这个国家拱手交给那些顽固的保守派。这就是尼克松处在这种极力拯救一个鄙视他的保守当局的古怪地位的原因之所在。"

接着，基辛格将尼克松的想法与1962年戴高乐从阿尔及利亚撤出法国军队的做法进行了比较，称这位法国领导人是一位伟大的魔术师，其以一种使法国看起来比其实际上要更强大的方式上演了从北非的撤退。根据奥尔索普的笔记，他认为：

"英雄所见略同——我将尼克松对越南的做法与奥斯之巫进行了比较，他使用大段大段雄辩的言辞，目的是为了掩饰他已经在着手进行的史上最伟大的撤退这个事实。"亨利·基辛格笑着点点头表示同意。他说，实际上，这个计谋就是要上演一次伟大的撤退，同时还对国内显示巨大的权势和适当的凝聚力……

在黄记事簿上写了一半，尼克松暂停了一下，他打电话给霍尔德曼，说他断定白宫生活区的日光浴室太小了，放不下他所想要的一张台球桌，让霍尔德曼叫其助手去行政办公大楼找一间房摆放那张桌子。"绝对令人惊讶，"这位幕僚头目当晚在其日记中写道，"在即将进行迄今为止他采取的最大步骤的时候，他竟然能够细想琐事。"

星期一下午，罗杰斯在参议院外交关系委员会秘密会议上被质询了两个半小时；随后，他向总统汇报了有关军事援助和给朗诺政府运送武器的提问。

会议室门打开的时候，该委员会主席，威廉·富尔布赖特告诉在外面等候的记者，委员会全体成员一致反对发送武器给金边。他和记者都没有提到动用美国部队的事。

总统成了孤家寡人。他已经决定，如果美国军队参与鱼钩地区行动，则他们也可能参加鹦鹉嘴行动。在4月28日星期二的一次20分钟会议上，他把这一决定告诉了罗杰斯、莱尔德以及司法部长米切尔。米切尔起草有关这次会议的报告，他写道："总统进一步指出，在形成他的决定的过程中，他已经考虑过国务卿和国防部长反对动用美国军队的立场……"[530]

总统注意到米切尔好像心事重重，最近以来一直如此。在给霍尔德曼的一个口授备忘录中，总统说，"我确信你已经注意到，玛莎·米切尔[531]给《华盛顿邮报》的迈拉·麦克弗森做了一次独家专访，并且又进行了细谈……看他能否给她的新闻顾问施加什么压力，让她别冒这个险。"米切尔夫人是个酒鬼，她没日没夜地打电话，跟电话线另一端的人一会儿逗乐一会儿辱骂。白宫的军事助理威廉·格利[522]凌晨4点30分接到她一个电话，她在那头半天不说话，然后突然尖叫道："你这个小婊子养的还不回去睡觉。记住，我丈夫是他妈的美国司法部长。"

进入柬埔寨的命令由参谋长联席会议主席厄尔·惠勒将军于星期二夜晚用电报发给艾布拉姆斯将军："上级当局已授权[533]采取某些军事行动，以保护参加南越行动的美国军队的某些军事行动。授权同意对352/353根据地采取美国和越南政府联合行动。"

这天晚上10点09分，总统打电话问基辛格，南越部队——美国支持的部队——是否已经进入鹦鹉嘴地区。回答是："是，总统先生。"南越政府打算到次日早上丙宣布。利用"Nodis"渠道，罗杰斯发给驻西贡使馆的一份最高机密/绝密电报命令说："不要让人们将此设想成一次大规模作战，[534]而要通过西贡的宣传使人觉得这是迄今为止已经发生过的一种浅表边界渗透……要尽量努力阻止媒体代表随军，建议柬埔寨尽其一切可能预防或阻止柬埔寨境内记者进入该地区。"在一个小时之内，美国的金边事务负责人劳埃德·里

第 12 章　1970 年 4 月 30 日

夫斯给予回答说："柬埔寨政府将采取措施保证不让新闻记者太快冲进鹦鹉嘴地区。我推断 Neak Leung 渡口可能已经瘫痪。"[535] 柬埔寨士兵会阻止记者和摄影师利用这个渡口，从而使他们不能开展行动。

次日早上，柬埔寨没有出现在新闻上。这天的《纽约时报》报道说，美国律师协会发表了一个提名布莱克蒙作为最高法院大法官的声明，说他符合专业能力、性格和诚信的"高标准"。头版另一篇报道的标题是"民主党人迫切要求政党改革"，报道说，以南达科他州乔治·麦戈文参议员为首的一个由 28 名成员组成的政党委员会声明："我们认为民主党的广泛控制对其生存是必要的。""广泛控制"是一种委婉的说法，其含义是要极大地减少地方和州的党领导人对 1972 年民主党全国代表大会的影响。

那个星期三的晚上，为了在美国军队进入柬埔寨之后发表演讲，尼克松在林肯起居室写演讲稿写到午夜。其间他给基辛格打了十几次电话——厉声下达诸如"开掉里夫斯"[536] 之类的命令，然后挂断电话——他还给纽约州长纳尔逊·洛克菲勒[537] 和比利·葛培理牧师打过电话。他告诉洛克菲勒，国防部的建议实际上有些找茬儿的意思，他说："如果你准备接受这个后果，那么你就竭尽全力吧……我做过一些糟糕的决定，但是这是一个好的决定：如果你咬紧牙关，就坚决咬住——努力当大玩家。"

睡了一个小时之后，他在凌晨 1 点 15 分又起床——这时已经是 4 月 30 日星期四了——准备演讲稿，直到凌晨 4 点 45 分才又上床睡觉。到那时候，西贡的南越人已经宣布进入鹦鹉嘴地区。他的新闻秘书罗恩·齐格勒正在详述头一天尼克松口授的说法：这与过去两周南越人的边境通道是相同的——只是更大一些，仅此而已。这天早上《纽约时报》头版头条刊登了以下内容：

美国用飞机、大炮和顾问帮助西贡闯入柬埔寨；
此举激起参议院反对尼克松在今晚电视讲话中将此举称为有限制的行动。

尼克松——孤独的白宫主人

4月30日总统大部分时间在独自工作，继续为预定在晚上九时开始的电视演讲做准备。大约下午三点的时候，他在椭圆形办公室外的小书房里对基辛格和霍尔德曼朗读他的最新演讲稿。此二人表示赞同——虽然总统并非真的在请教他们或其他任何人。在基辛格离开书房的时候，尼克松让霍尔德曼训他一顿，告诉他在组织新闻发布会方面的工作不是去表演，而是去推销。[538]

下午六时，总统与国会两党领导人坐在内阁会议厅，告诉他们，至多三个小时之后，美国军队会在鱼钩地区穿越边境。一位国会议员（显然是想让尼克松难堪）问道：如果穿越边境是如他所告诉他们的那样的有限制行动，那么为什么代号是"全面胜利行动"。基辛格接过这个问题，说："全面胜利"是南越的代号——美国的代号是"碎石机"——还说他们将每次行动都叫做"全面胜利"。

"这次行动，"他说，"是全面胜利42号行动"。[539]

25分钟之后总统离去。后来他告诉霍尔德曼，唯一聪明的提问来自爱德华·肯尼迪参议员，在尼克松开始往外走的时候其他领导人站起来鼓掌，这时爱德华参议员悄声问，这些钱从哪里来。尼克松在门口停住，又走回会议厅说，1960年他输给约翰·肯尼迪之后，在伊利诺伊州的一次宴会上，一位女士走到他面前，说她给他投过票，并且补充说："尼克松先生，电视真是太糟糕了，它使你不能粉饰一下你的面容。"[540] 与会的领导人们大笑，再次鼓掌。

接着，霍尔德曼和基辛格在罗斯福厅主持了白宫工作人员情况简报会。[541] 这位幕僚头目分发了一页题为"柬埔寨军事行动要点"的文件，其开头说："在过去10天里，敌人在'柬埔寨口袋'增加了大量的活动。"其结尾说："在这种情况下只有总统了解全部事实。他必须采取他认为符合我们国家和我们军队最大利益的行动。"

基辛格的演讲更具有挑衅性。有人提出了有关国内反响的问题，对此，这位国家安全顾问耸耸肩说："如果我们结束这场战争，我们就扭转了国内的反响，而不是如果我们啰啰嗦嗦地讲什么和平就能扭转国内反响。关键

第12章 1970年4月30日

点在于我们不会按共产党的规则去玩这个游戏。任何人如果想进行和平谈判，就必须坚持到底。如果我们渡过了这一关，在7月或8月我们应该就能进行谈判了。"

经济机会办公室负责人唐纳德·拉姆斯菲尔德插嘴说："我们不应该说这不是一种扩张，那样说是不可信的。"基辛格闹了个大红脸，但很快就平静下来："那正是我本人以及制度上不能容忍的东西。现在，北越有40,000军队在向柬埔寨首都推进，而一个糟糕的50人美国顾问团昨晚进入，并且你听到参议员们说我们是在使战争逐步升级的人。"

会议要结束的时候，比尔·萨菲尔问基辛格，动用美国军队是不是一种违背尼克松学说的行为。回答是："我们写了该死的学说；我们可以改变它。"会议结束时，埃里希曼半开玩笑地提到纽黑文市的黑豹谋杀案审讯——一万联邦部队包围了该市，随时准备进入——以及演讲之后可能在耶鲁大学遇到的麻烦，用嘲笑基辛格的德国口音说："明天，就在这里，在纽黑文附近会有一次行动。"

"我们"并没有写演讲稿。但尼克松有讲稿，他透露了许多他自己的想法和他对这场战争以及他总统任期的看法。他夸大了国内和国外的危机，还撒了几次谎，他说："五年来，无论美国还是南越都没有采取针对这些敌人避难区的行动，因为我们不希望入侵中立国的领土。"他没有提及13个月的秘密轰炸。

总统不接受罗杰斯国务卿关于不要强调南越中央办公室——秘密的共产党最高总部——的建议。这天晚上当尼克松出现在全国电视上的时候，他的背后有一张巨幅地图。他说：

红颜色所显示的是避难区……这些被共产党占领的领土上有营地、训练场地、后勤设施、武器及军火工厂、机场跑道和战俘收容所……今晚，美国和南越部队会对这整个共产党军事活动总部发起攻击……这不是一种入侵柬埔寨的行动。所要攻击的这些地区完全被北越军队占领和控制。我们的目

尼克松——孤独的白宫主人

不是占领这些地区。一旦将敌军赶出了这些避难区并且捣毁了他们的军需物资，我们就会撤出。

接着，他改变了口气和主题，描述国内的战争：

我们生活在一个混乱的时代，我们看到对由至少过去500年的自由文明所创建的所有伟大体制的盲目攻击。即使在这里，在美国，极为著名的大学也正受到有组织有计划的破坏。世界各地的小国发现他们自身受到来自内部和外部的攻击……如果在紧急关头来到的时候，这个世界上最强大的国家——美国——表现得像一个可怜无助的庞然大物，那么极权主义和无政府主义势力就会威胁到全世界的自由国家和自由体制。……我宁愿做一个一届总统，做我认为是正确的事，而不愿以任由美国成为一个二流大国为代价做一个连任总统，看着这个国家承受其190年自豪的历史上的第一次败局……它不是我们的权力，但是今晚我们的意志和品质在受到检验。

在这个屋子里，伍德罗·威尔逊做出过通向胜利的伟大决定……富兰克林·罗斯福做出过通向我们胜利的决定……德怀特·D.艾森豪威尔做出过结束战争的决定……约翰·F.肯尼迪，在他最辉煌的时刻，做出过伟大的决定……

来自白宫的演讲在结束时通常会要求人们支持总统。而我所要求的东西则重要得多。我要求你们支持今晚在另外半个世界中战斗的我们的勇士。

在金边，劳埃德·里夫斯从美国之音听到总统讲话时才知道这次入侵是一次全面的美国行动。他冲到朗诺家，后来又给国务卿发电报说："快速发送……绝密：在总统讲话前不能与朗诺讨论。[542]朗诺在0900接待我……我为不能警告总指挥官而表示遗憾……柬埔寨人对美国政府的情报和所采取的行动都怀有浓厚的兴趣和感激之情。朗诺正在接待包括NBC电视台和《纽约时报》在内的新闻媒体……我们讨论了他就显而易见的问题所提提议的回答。

第 12 章　1970 年 4 月 30 日

他会非常坚持以往的设想，解释说对现在发生的事件一无所知……而且大体上认同这些行动能把敌军赶出柬埔寨国土。"

朗诺将军还当作笑话跟新闻媒体说，美国人令他想起了越共——他们两者都是柬埔寨的不速之客。里夫斯告诉他，公布的美国部队人数是5,000人。实际上，在入侵的军队中，美国有31,000多人（南越有43,000多人）。他们遭遇了一些抵抗。第一天有三架美国直升机被击落，但是伤亡报道却说只有6人受伤。

根据次日也就是5月1日早上齐格勒所做的第一次公告，打给白宫的第一波电话[543]和电报对总统表示赞扬的比例为六比一。他被总统叫到椭圆形办公室，被告知当天对外的态度："冷峻坚定，没有弹性，只字不提谈判……保持强势，总体强调'支持那些当兵的小伙子'；宣扬总统的勇气。"

齐格勒开始做情况简报的时候，总统正在去五角大楼的路上，去强调"支持当兵的小伙子"的思想。在走廊上人们对他喝彩："上帝保佑你，先生！""你说得对！"有一位年轻的秘书（她丈夫在越南）走到尼克松面前说："我很喜欢你的演讲，总统先生。它使我觉得作为一名美国人很自豪。"

"我是为在那里战斗的那些年轻人写的，"尼克松回答说，"我见过他们。他们是最伟大的人。"

接着他谈了对反战的年轻人的看法。"你们看看这些无赖，你们知道，他们毁掉了校园。听着，今天还在大学校园里的年轻人是世界上最幸运的人，在那些最好的大学上学，而他们却烧毁图书，就这场战争的争论而没完没了地狂闹……你们说说吧。了结了这场战争还会有别的理由再闹。"

在与五角大楼情报官的一次秘密会议上，[544]总统察看着柬埔寨地图，询问了鹦鹉嘴和鱼钩地区以外的四个地区的情况，这些地区用红色标注，表明是敌军所在的最主要地区。"我们是否能够清除所有这些避难区？"他问道。

官员们开始谈论更大规模的反战示威游行，但是总统插话说："至于谈到政治反应，让我来当裁判……我希望清除所有那些避难区。制定任何必要的方案，然后就去实施。让我们去痛打他们，把他们统统打倒，这样他们就不

217

能再被用来对付我们了。"

这是华盛顿一个温暖、阳光明媚的春日。在离开五角大楼之后，总统决定和他的妻子、女儿朱莉及其丈夫戴维·艾森豪威尔一起乘船游览波托马克河，随行的还有比贝·雷博佐，罗斯·玛丽·伍兹以及总统的一名武官——海军上校约翰·V.布伦南。伍兹认识尼克松已经20年了，她回想了一下，她从来没有见过他如此耗尽心力或者说如此精神旺盛。

酒过三巡，总统故意用一种生硬的声音对布伦南说："你同意我昨天晚上的讲话吗？"[545]

"那是我一生中感到最为自豪的时刻，"他回答说，"我只但愿我是在那里帮助执行你所下达的命令。"

"我也这样想，"总统说，"我想我会辞职，而且我们会一起去。"

在游艇靠近弗农山庄——在那里海军舰艇总是会奏国歌向乔治·华盛顿的陵墓致敬——时，总统命令船长："全速前进！"他全神贯注、坚定地站在船头，然后满面笑容地转向船员，竖起右手大拇指指向空中。

五点钟，他乘直升机去戴维营，再次坐下来观看《巴顿将军》。[546]

第 13 章　1970 年 5 月 4 日

5月2日星期六，尼克松总统大部分时间都在与霍尔德曼通电话。[547] "数据不错。"幕僚头目报告说。为白宫进行的奇尔顿民意调查显示，对总统演讲表示赞同的占65%。盖洛普民意调查显示赞同者占51%，不赞同者占35%。尼克松跟霍尔德曼说，他应该让大家都回去休息一下。

"不，"霍尔德曼回答说，"现在还不行，我们的很多事情已经启动了。以后我会减轻他们的工作压力。"

这天晚上总统又看了一遍《巴顿将军》，而且，星期日一大早[548]他就回到华盛顿，临时出席霍尔德曼的柬埔寨行动小组会，还做了10分钟的讲话。"这将为我们赢得实行战争越南化政策所需要的时间……用了10个月时间去构建这种复杂状况，我们正在辟开生路，摆脱窘境，"他说，"在弹幕射击和B-52袭击之后，任何能走动的东西都会消失……"

他接着说："不要搞什么温和政策——这里没有援助也没有安慰。头等大事就是要胜利完成这个任务。要大胆行动，富有想象力，谁也不许混日子。

尼克松——孤独的白宫主人

国会议员，真的把这事交给他们，他们中的一些人又没有胆量——在部队背后捅刀子，不支持总统……给敌人提供援助和安慰——用那种说法。不要担心分歧——剑已出鞘，就不要顾忌——努力刺杀，打击他们的要害。"

　　这天上午《纽约时报》披露了对北越的新秘密轰炸。由曾经披露过柬埔寨秘密持续轰炸的威廉·比彻撰写的头条新闻，报道了自1968年大选之前约翰逊总统暂停猛烈袭击以来对北越的首次猛烈轰炸。横贯三栏的大字标题为：

128架美国飞机对北越执行攻击；以补给线为攻击目标。

　　听说比彻在华盛顿四处打听这些问题，基辛格在星期六就曾打电话给《纽约时报》华盛顿分社社长马克斯·弗兰克尔，要求为了国家安全起见按住这篇报道。比彻在一个电话分机上听。《纽约时报》执意继续，而且国防部长莱尔德也是从这份报纸上得知这次轰炸的人之一。尼克松通过基辛格直接与参谋长联席会议新任主席海军上将托马斯·穆勒打交道。

　　在《纽约时报》见诸报摊之前，亚历山大·黑格已经正式通知联邦调查局发生了一次"严重的安全妨害"，要求安装四个新的窃听装置，针对比彻、莱尔德的首席助理罗伯特·珀斯利上校、国务卿罗杰斯的助理理查德·佩德森，以及前任驻老挝[549]大使、现任副助理国务卿威廉·H.苏利文。

　　在比彻的报道下面，有一个两栏大字标题是："盟军在柬埔寨的搜索几乎没有发现敌人踪迹。"在鱼钩地区，美国和越南部队向柬埔寨纵深推进了20英里，没有遭遇大量的北越或越共人员。8名美国人被杀害，32名美国人受伤。侵略者发现了大型军火和设备仓库，但是敌人已经走了，已经向西进入柬埔寨。

　　5月4日星期一，总统宣布对北越的突袭已经被"结束。"同一天，美国最有名望的37所大学——包括哥伦比亚大学、纽约大学、圣玛利亚大学——的校长，发给白宫一封"紧急"公开信，警告说将发生新一轮校园示威游行。

第13章 1970年5月4日

学生罢课已经导致一些学校关闭，并且有100多所大学也计划罢课。在斯坦福、普林斯顿和堪萨斯大学，学生们正在进行暴乱。他们热衷的目标是后备军官训练队大楼和办公室。

5月1日星期五晚上，在俄亥俄州，肯特州立大学[550]的两三千名学生情绪激愤地在肯特城里闹腾，他们打破橱窗，与试图清扫街道的警察打仗。次日晚上，该校古老的木结构后备军官训练队大楼起火，大楼被夷为平地，而欢呼雀跃的学生们则在一旁观望。州长詹姆斯·A.罗兹已经命令国民警卫队进入到哥伦布市的俄亥俄州立大学，又召集第145步兵团部队，俄亥俄州国民卫队，说他们的任务就是"铲除共产主义元素"。"纳粹冲锋队……比纳粹冲锋队还坏。"罗兹这样称呼这些示威者，将肯特州立大学学生与希特勒青年团相提并论。5月4日星期一，肯特地区两万名学生中大约有两千人聚集在校园，其中一些学生嘲弄那些国民警卫队队员，那些戴着防毒面具的与他们年龄相仿的人。成千上万更多的人聚集在远处观望这场对峙。士兵们试图用催泪弹驱散示威的人群。学生们投掷冒着热气的霰弹筒作为反击。后来，士兵们跪着形成一道射击线，试图吓唬学生，但是并没有开枪射击。然后，在学生们一直追赶下，部队撤退到一个小山丘上的另一条路线。这次他们开枪射击了。在13秒内连射67枪，走在前面的示威者立刻掉头逃跑。

总统一个人待在行政办公大楼175房间，下午三点钟刚过，霍尔德曼匆忙赶来说："刚来电话报告了俄亥俄肯特州立大学示威情况。[551]国民警卫队开枪射击，有些学生中弹。"

"他们死了吗？"尼克松问。

4名学生死亡，11名受伤。

尼克松大吃一惊。"这是因为我，因为柬埔寨？……我们怎样才能扭转这种局面？"

"我希望是他们挑起的事端。"他说。可能不是，霍尔德曼告诉他，只是有些学生投掷石块。白宫发表了总统的一份声明：

221

尼克松——孤独的白宫主人

这个事件应当再次提醒我们所有人，在意见分歧转变为暴力行动时，会引发悲剧。我希望，这个悲惨、不幸的事件将加强全国各大学校园、管理人员、教师及学生同样的决心，坚定地维护允许在这个国家里存在和平异议的权利，同时强烈反对以暴力作为表达异议的手段。

次日早上，美国几乎所有报纸都在头条报道上采用了同样的照片。一张照片显示戴着防毒面具的国民警卫队队员，刺刀出鞘，向着被一团团催泪瓦斯笼罩着的学生推进。另一张照片显示在一所校园的走道上，一个女孩在地上，伸展的手臂揽着一名死去的学生。报道引用了一位亡故学生的父亲话说："我的孩子不是游手好闲的人。"

由于各州都爆发了新的学生示威，全国各地的空气中都飘散着催泪瓦斯气体。有一所学校，也就是波士顿大学，干脆关闭了，学校通知其毕业典礼演讲人爱德华·肯尼迪参议员，典礼取消了。

5月5日总统的正式工作日程开头和结尾都是与国会各委员会就柬埔寨问题召开秘密会议：与参众两院军事委员会共进早餐；下午五时与众议院外交事务委员会和参议院外交事务委员会开会。他的讲话稿，是由国家安全委员会起草的，报告说杀了2,000多敌人，占领了837处掩体，夺取了27吨军火弹药和395吨大米，但是与此同时大大压缩了总统原来的说法，强调了限度，降低了期望："我们的主要目标不是人员，而是敌人的后勤基础设施……限制措施——它们只应当持续六到八个星期，在此期间盟军将被撤出……"

在这些会议上，尼克松进一步做出"坚定的承诺"：美国军队将在三到七个星期内撤出柬埔寨。接着，他说，部队在柬埔寨推进不会超出21英里。他对进入柬埔寨还有一个合法辩护，后来由助理司法部长威廉·伦奎斯特撰写成一份14页的短文。[552]

在那些会议之外，还正在划设政治斗争路线，甚至在行政机构内部也是如此。次日的《纽约时报》在一篇标题为"罗杰斯和莱尔德称之可疑"的报道中报道了华盛顿电话和午餐的结果。马克斯·弗兰克尔写道："越来

第 13 章 1970 年 5 月 4 日

越多的证据表明……关于在柬埔寨动用美国军队存在严重疑虑……一种混乱和意见分歧的氛围。"这篇报道还质询了总统关于南越中央办公室的说法。马克斯·弗兰克尔说,国务院和国防部官员曾告诉他,由于南越共产党担心 6 月份雨季到来之前柬埔寨避难区会遭到攻击,那个所谓总部已于 3 月末迁入南越。

基辛格再次召来《新闻周刊》的斯图加特·奥尔索普,这次是应尼克松的命令。这位专栏作家是这样记录这次会见的:[553]

《新闻周刊》第 32 页所表达的内容大概是说,在越南问题决策方面,莱尔德是"不知情的",基辛格绕开他直接向参谋长联席会议传达命令。"这完全是谎言,我不知道怎样更有力地驳斥这种说法。"……

基辛格不是尼克松虔诚的崇拜者。但是你不得不称赞他在国家利益方面的所思所想。他没有得到什么——如果他决定只是悄悄开溜的话,那么反对改革的保守当权派——克利福德、万斯、加德纳、邦迪等人——会对他拍手称道,至少到事情变糟为止……亨利·基辛格对"反对改革的保守当权派"的衰弱很在意——"他们就是在为给他们自己的失败提供一次宣泄机会而对总统的当局发起进攻。"*

在与国会委员会开会期间,总统用一个多小时时间与他的六位经济顾问讨论了进入柬埔寨的另一个即时效应。在美联社发布肯特州立大学枪击事件新闻之后的两个小时内,纽约股票市场道琼斯工业股票平均价格指数下跌了 17 个点,是 1963 年 11 月 22 日肯尼迪总统遭暗杀以来跌幅最大的一天。

在尼克松任内到现在为止,道琼斯指数已经从 1968 年 12 月 3 日的 985 点跌至 700 点以下,[554] 创七年来最低点,并且还在以 1938 年以来最快的速度下滑。物价上涨,差不多上涨了 6%,失业率从 3.3% 上涨到 4.8%,从当年第一

---

* 前国防部长克拉克·M.克利福德,前副国务卿塞勒斯·R.万斯,共同目标协会主席约翰·W.加德纳以及前国家安全顾问麦乔治·邦迪都曾供职于约翰逊政府。

季度的情况看，全年国民生产总值下降3%。各大报纸都在嘲笑他在就职演说中关于国家经济状况的一句话："我们至少已经学会了管理一个现代经济体系，能确保其持续发展。"由路易斯·哈里斯所做的一项调查报告说，78%的公司高管人员[555]将市场下滑归咎于尼克松的政策——或无知——尤其是他在结束战争方面的无能。自由主义经济学家和民主党政治家几乎每天都在从另一方面抨击他。被视为1972年民主党总统提名第一人选的埃德蒙·马斯基参议员说[556]："在20世纪20年代，共和党人用了八年时间从经济繁荣走向失业，而今他们学会了用一年时间做到这一点。"麻省理工学院经济学家保尔·塞缪尔森在《新闻周刊》上发表专栏文章，阐述华尔街危机与这场战争的关系时说："如果尼克松先生宣布在越南战败并努力削减我们的损失的话，股票市场会暴涨50个点。人民不信任……他们想要和平，而不想要我们将要用两年去争取得到的胜利，他们现在就想要和平。"

在一个大选之年，这个国家正在坠入经济衰退。总统自认为是一位经济保守派人士，但是，实际上他是一位带有单一目标的政治家。他的目标是：做任何必要的努力将经济衰退拖延至1970年国会大选之后出现。会见其经济学顾问的目的是向美联储的亚瑟·伯恩斯施压，迫使他忘掉自己的保守主义而努力去实现那个目标。提交给总统的会议备忘录推断："伯恩斯博士……将会同意，只要支出水平被控制在1,970.9亿美元范围内，一个小赤字是可以接受的。"那个预算案是针对1970财年的，尼克松曾经许诺保证收支平衡，但是现在他想在11月之前用那个方案刺激经济增长。伯恩斯报告说他已经说服美联储董事会将购买股票的保证金要求从80%降至65%，这样做能促使道琼斯指数上升几个点。"这不是正路子，"[557]伯恩斯后来跟尼克松说，"但是我甚至还在考虑工资和物价控制。"

次日，5月6日星期三，关闭的大学数量达到了八所，内政部长瓦尔特·J.西凯尔（前任阿拉斯加州长）给总统寄了一封信说："参加抗议活动的青年人的声音必须得以听取，"并援引几位伟大的美国"青年"的名字——帕特里克·亨利，托马斯·杰斐逊，詹姆斯·麦迪逊——指责尼克松及其政府

第 13 章 1970 年 5 月 4 日

令这个国家的青年人感到失望。尼克松在这封信到达白宫之前就看到了它，因为该信的内容，刊载在下午的《华盛顿明星报》头版，信的结尾署名"您忠实的"。总统非常愤怒。他的第一道命令是立即取缔白宫网球场，[558]西凯尔和内阁其他成员经常使用这个网球场。

这个星期结束的时候，16 个州的 21 个校园进驻了国民警卫队，关闭的高等院校的数量已达 448 所。在 110 多个校园里举行过示威游行，有 200 万学生罢课。至少发生过一次反击。在纽约市中心，华尔街地区头戴安全帽的建筑工人[559]冲进了一次反战示威游行队伍，他们打着旗帜，挥动着拳头、铅管和铁锹，打伤了至少 70 名参加抗议示威的年轻人。另一群建筑工人袭击了市政厅，要求把为向在肯特州立大学遇害的四名学生志哀的降半旗的美国国旗升复原位。在华盛顿，200 多名外交人员和国务院其他雇员在一份请愿书上签名，谴责对柬埔寨的军事行动。尼克松对此的反应是，在凌晨 1 点 30 分打电话给副国务卿 U. 亚力克西斯·约翰逊说："把他们都给开除了！"[560]

安全帽们的猛攻使总统感到很高兴。它似乎证实他的观点是一种新的政见，一个他所希望形成的重新组合的影子。引述工会领导人的话说，他们支持总统并非因为他支持劳工——"因为他不是代表劳工的。"纽约建筑行业理事会的彼得·布伦南说，而是因为他是总统。一位名叫詹姆斯·拉帕姆[561]的 27 岁的电工，他正在攻读欧洲历史专业的研究生学位，他这样看这件事："现在不是 20 世纪 30 年代。劳工是中产阶级并且持中产阶级的立场。我们不喜欢学生们来告诉我们什么事情已经对我们造成了影响，那种方式非常令人讨厌……"43 岁的钣金工，二战退伍军人华莱士·布藤霍夫[562]说："他们有些人往我们的旗帜上吐唾沫……不要以为我们支持这场战争。没有人支持……我不想要战争。但是我们选举了尼克松，我们就必须要支持他。"

尼克松尽管尝试了许多次，但都不能把它讲得更好了。在一次极具讽刺性的活动中，总统的纽约安全帽们走在一个手绘的标语牌后面，上面写着："上帝保佑反对改革的保守当权派"。说话声来自芝加哥，然而广受欢迎的无线电广播员保尔·哈维，其在反对政府保守主义方面的看法有点儿像尼克松,他告诉其全国各地的听众:"占全球母亲6%的美国母亲无法生养足够多的男孩去维持亚洲的治安——而且这个国家不能拼死而搏,流尽鲜血。"

尼克松非常憎恨精英们表露心声的一个媒体——《纽约人》杂志,[563]其在文雅的"街谈巷议"栏目中放纵地发出机智的警告:"200岁的美国体制处在当代最严重的攻击之下,这攻击并非来自穷人、黑人或是学生,而是来自白宫……漠视宪法,漠视我们历史锻就的约束,漠视美国的民主原则……篡权行为……放任战争……我们的民主政治不是一种选举型的专制……现在总统公然宣称他凌驾于人民、立法机构以及法律之上。"

在戴维营独处了一天半之后,在5月8日那个星期五的晚上,总统返回华盛顿参加电视直播新闻发布会,这是他三个月里的头一次新闻发布会。他显得紧张不安,开始的时候他都出汗了。记者们提了26个问题,其中一个是有关股票市场的,一个是有关仍然悬而未决的向以色列出售喷气式飞机的,24个是有关柬埔寨、越战和示威游行的:

"总统先生,你对抗议示威的强烈程度是否感到惊讶?"

"总统先生,你认为学生们在试图说些什么?"

"总统先生,有些美国人认为这个国家正在走向革命……?"

"总统先生,副总统阿格纽被引证……?"

"总统先生,你在使用'无赖'这个词的时候……"

"总统先生,我们在柬埔寨取得了什么成果?为此是否值得冒这样的风险,如果他们重建那些避难区,我们会做什么?"

"先生,如果没有要你监视内政部长……?"

"总统先生,关于肯特州立大学事件……?"

对于柬埔寨行动取得了什么成果这个问题,尼克松的回答是:

我要说,它是我的信念,根据我们已经实现的目标去计算日期,我们已经为越南共和国军队——南越的军队——的训练换得了至少六个月也可能是

第 13 章　1970 年 5 月 4 日

八个月的时间。我认为，我们也已挽救了数以百计（如果不是数以千计的话）的美国人……数以千计的火箭弹和数百万轻型武器弹药已被缴获，在接下来的几个月里那些火箭弹和轻型武器将不会杀害美国人了。而且，我们还实现了换取时间的目标，也就是说，如果下次敌人真的再回到那些避难区，南越人会强大得、训练有素得足以自己解决这个问题。

关于学生的问题，他说：

他们试图说他们想要和平。他们试图说他们想阻止杀戮。他们试图说他们想结束应征入伍。他们试图说我们应当撤离越南。我同意他们试图实现的所有目标。

在总统上楼回住所后，工作人员留守到半夜 12 点半，接听普通公民的电话。退出会场，走进炎热的夜晚——星期六凌晨时分气温仍在 80 华氏度以上——秘书、接线员们从数百名第三集团军演习部队士兵身边走过。这些士兵从卡车上跳下来，[564] 去占据行政办公大楼里面的隐藏阵地。来自国防部的命令说："他们应当能够做出快速反应，但是，做到能见度最小化应当是关键。"他们演习用公共汽车形成一道围墙，围在白宫庭院的铁艺栏杆之外。晚上，首次万人反战示威者开始聚集，向从白宫背面可以看到的环绕华盛顿纪念碑的草坪和灯柱聚拢，这时候，5,000 多名士兵正在进入这个城市各处的政府办公大楼。在林肯起居室里，[565] 总统正在一个接一个地打电话讨论新闻发布会的问题——从晚上 9 点 22 分到凌晨 1 点 55 分共计打了 47 个电话。他跟基辛格谈了七次，跟霍尔德曼谈了七次，跟罗斯·玛丽·伍兹说了四次。他给两位全国最著名的牧师——比利·格雷厄姆和诺曼·文森特·皮尔打了电话，给两名记者——合众国际新闻社的海伦·托马斯和 NBC 新闻网的南希·迪克森打了电话。[566]

"我真的喜欢那些孩子，"凌晨 1 点半时他对迪克森说，"我已经让霍尔德曼和埃里希曼请他们进来,我想见他们所有人。"

他甚至打电话给希克尔。[567]他给萨菲尔回了一个电话。萨菲尔正在亚特兰大与副总统阿格纽在一起。他与之漫谈了七分钟,他说:"这里的事情就这样了,会处理好的。如果这些疯子试图搞什么名堂,我们会狠狠地揍他们——放心吧,每当我说有点儿像把人逼到绝境时,我知道……你们在亚特兰大做什么?……你知道,我父亲的祖父被葬在那里。我父亲的父亲是在他父亲在南北战争中遇难之后出生的……我母亲的祖父经营一个地下铁路……所谓南部战略,就是我们正在做的一切,就是用尊重北部的态度同样对待南部。但是我在纽约的朋友们不会这样认为……"

就这样滔滔不绝地讲。尼克松在凌晨两点之后才上床睡觉[568],但是在凌晨3点24分又起床了,给电视节目"罗文与马丁搞笑集"(Rowen & Martin's Laugh–In)的制片人保尔·基斯打电话,接着又给基辛格打电话。凌晨4点22分,他把拉赫曼尼诺夫的第二钢琴协奏曲唱片放在唱机上,然后打电话给他的贴身侍从马诺洛·桑切斯。

"你可曾在晚上去过林肯纪念堂?"他问桑切斯,一个刚刚成为美国公民的古巴人。"穿上衣裳,我们走!"

凌晨4点35分,总统和他的贴身侍从走出门,把特勤局的特工吓了一跳。"探照灯"(尼克松的代号)"探照灯"在草坪上,保安扬声器发出轻微的噼啪声。

"哦,我的上帝呀!"巴德·克罗赫说。他当晚值班,在战情室收集和整理有关示威游行的情报。接着他身后的扬声器再次响起来:"'探照灯'要了一辆轿车。"克罗赫给在家里的埃里希曼打电话,问他该怎么办。"出去,到那里去做自我介绍,"埃里希曼说,"问他是否有什么你能做的事。"

但是,到这个年轻的助手出去的时候,尼克松已经走了。克罗赫命令另一辆轿车向林肯纪念堂驶去。几分钟后,当他到达那里的时候,总统正站在纪念堂的台阶上跟八到十个男男女女小声说话。景象非常安详静谧,拂晓第一缕微光依稀可见。克罗赫觉得,即使被一群头发野性蓬松的男青年围着,

第 13 章 1970 年 5 月 4 日

总统好像也没什么不适感。这种情形下最显眼、最紧张的人是特工。在那里观望的示威者起初彬彬有礼、手足无措。尼克松，既疲倦又兴奋，一个避免与人沟通的内向的人，却几乎一直都在说话。

有些学生曾经整晚都在推动抗议战争和总统。而现在，当这个人亲自出现在他们面前时，他们又似乎怀着某种敬畏之情。克罗赫为侍奉尼克松而感到自豪。

总统问他们来自哪里，多大年龄了。接着，他问他们是否听过新闻发布会。没有。他说他曾试图证明这么一个观点：他的目标与他们的目标是一致的，就是要结束战争，阻止杀戮。"我知道你们大部分人可能认为我是个很坏的人，但是我希望你们明白我非常了解你们的感受……"然后，他谈及他年轻时的贫穷生活，谈及他是贵格派教友，不想去打仗或参军，认为内维尔·张伯伦是一位与希特勒对抗争取和平的英雄。"我认为温斯顿·丘吉尔是个狂人……但是我错了……"

他自说自话，如同他一向对年轻听众所做的那样，说到旅行的重要意义：在伟大的美国到处看看，在有可能的时候到世界各地看看。在年轻的时候，他和帕特曾借钱去墨西哥观光。不知怎么搞的，说这些又使他谈到了对美国印第安人的虐待——"我们必须想办法让他们过上体面的生活"——他力劝白人学生学会与黑人沟通，不要跟他们隔离。有什么话触及到环境话题，他说，他已经下令海军陆战队允许在圣克利门蒂附近的彭德尔顿营以外的海滨做冲浪运动。他开始描绘世界各地的城市，一开始讲到灰暗的莫斯科，又说他希望到中国去看看，并且把中国的七亿人民带入这个世界。

围着他的那群人已经增加到几十人，包括罗恩·齐格勒，他在试图把他带走，催促桑切斯告诉他轿车电话上有个紧急电话。新来的人中有一个身着军队剩余销售给民用的夹克（也是当时具有讽刺意味的制服）的人说："我希望你能意识到我们愿意为我们所相信的事去死。"

"当然，我意识到了这一点，"尼克松说，"你认识到没有，我们许多人，在你这个年龄的时候，也愿意为我们所相信的事情去死，而且到今天也同样愿意这样做。关键要点是，我们正在努力建设一个这样的世界，在这个世界里，你将不必为你所相信的事情去死。"

半个小时之后，总统说他必须得走了，他转身说道："不要痛苦地离去。"一个长着红胡子的年轻人走下台阶，用一个小照相机拍了些照片。总统跟他借来那个照相机，对跟齐格勒一起来的特卡奇医生示意，让他给他和那个年轻人照一张合影。他停下来跟三名女青年握手，问她们是哪里人，在哪里上学。"雪城大学。"其中一名女青年回答说。尼克松说他知道那座城市，并且问她那里的足球队踢得怎么样。

快到早上六点钟的时候才回到车上。总统问克罗赫，齐格勒和特卡奇是怎么知道他在哪里的。"我给埃里希曼打了电话。"克罗赫说。尼克松盯着他看了一会儿说："像这样午夜时分把人叫醒是不对的。"

"我们去国会大厦。"总统说。他们走进国会大厦参议院一侧——让值夜班的卫兵和警卫惊吓不已——尼克松想进20世纪50年代他当副总统时用过的那间办公室。但是办公室被锁上了。在这座大厦的另一侧，一位名叫弗雷泽的管理员有众议院会议厅的钥匙，让他们进去了。尼克松找到1947年他来众议院时曾坐过的座位并且坐下。"马诺洛。"他叫道，并且派桑切斯到众议院发言人使用的演讲台去。

"讲啊，讲啊。"总统说。桑切斯说他现在为作为一名美国人而感到自豪。尼克松在空旷的会议厅里拍手喝彩。

在尼克松和桑切斯离开会议厅时，三名保洁女工走到总统跟前，其中一个保洁女工卡莉·摩尔请他在她的《圣经》上签名。"这些日子里我们大部分人都没有好好地读它。"他一边签名一边说。

"总统先生，我一直都在读。"摩尔女士说。

他拉过她的手，握着说："你知道，我的母亲是一位圣徒。两年前她去世了。她是一位圣徒。"克罗赫以为他要哭了。接着他说："你也是一位圣徒。"

"我会努力的，总统先生。"

总统出来的时候，白宫的那帮人，在霍尔德曼的带领下，在国会大厦外

第13章 1970年5月4日

面等候。时间是早上6点40分。这位幕僚头目知道这种做法。在大选期间，他曾在许多个漫漫长夜里走在陌生城市的大街上寻找候选人尼克松。这位候选人会在午夜之后失踪几个小时，霍尔德曼常常会发现他蜷缩在咖啡馆角落上的火车座，独自喝着咖啡。现在的尼克松想去做同样的事情。他说他饿了，想去康涅狄格大街上的某个地方吃早餐，他知道那个地方。但是那个地方没有营业，于是他们走进同一条街上的五月花酒店的牛排屋。这是尼克松当选总统以来第一次在华盛顿的一家餐馆用餐。他点了荷包蛋和腌牛肉碎，对目瞪口呆的女服务员说上次他是五年前在火车上吃过腌牛肉碎。

总统想步行回白宫，但是特工人员最后还是采取了自己的方式，在早上7点30分用车把总统送回白宫大门口。《华盛顿明星报》的记者加尼特·霍纳是尼克松的一个亲信，几分钟后碰巧到了。"你不会相信有这种事，"齐格勒说，估计他可以给霍纳简要介绍一下，然后霍纳可以写一篇通稿给其他媒体。但是，这位新闻秘书一开始讲，总统就走了进来，开始自己讲这件事。他说："他们是来自全国各地的优秀青年。"

8点30分，尼克松还在白宫漫步，跟他见到的人交谈。霍尔德曼带他去行政办公大楼与隐藏在那里的一些士兵握手。当总司令突然出现的时候，[569] 有些士兵慢慢爬出睡袋，试图马上集中精神。总统问他见到的第一个人打鼾多么糟糕，接着又问他们是从哪里来的。

"伯班克，长官！"尼克松重复强尼·卡森在"今夜脱口秀"中讲的晚间笑话："你们真的来自美丽的伯班克市中心吗？"

"特克萨卡纳，长官！"尼克松说他在第二次世界大战期间曾与一个来自特克萨卡纳的人在太平洋上共事。"整个海军中最擅长攒钱的人，听说他回家开了一家酒吧。"

接着，当他准备离开时，他转过身，紧握拳头说："这是一个很好的国家。"

"然而这是最不同寻常一天，"霍尔德曼口授的日记写道，"我很担心他的健康状况……长时间以来他睡眠很少，所以他的判断力、脾气和心情都变

231

得很糟……他依旧处在危机的风口浪尖，然而失望也近在咫尺，而且会是巨大的失望。"

与此同时，尼克松在给霍尔德曼口授一份备忘录：

在今后的两个月里，我会深陷于柬埔寨局势和国内经济问题，我希望你能负责有关新闻摘要的工作……我本人不会花时间去阅读这些摘要……我想建议你每天阅读这些新闻摘要，在我们开晨会的时候把新闻摘要中你认为应当引起我注意的内容，无论是有关外交的还是内政的内容，带到会上让我注意……这将会节省我很多时间……

第 14 章　1970 年 6 月 30 日

　　新闻通讯社和多家报纸选择引用的有关总统清晨漫游华盛顿的报道来自雪城大学的一名学生，记者们从 6 万多名在那个火热的星期六聚集在椭圆广场的人中发现了她。"我希望那是因为他累了，但是他所说的话大部分是荒谬的，"她说，"我们来自一所整体局势很紧张、处于罢课中的大学。但是当我们告诉他我们来自哪里的时候，他却谈论什么橄榄球队，还有冲浪。"

　　"他所谈论的都是体育运动，这真是太糟糕了。"几天后约翰·埃里希曼说。尼克松听到那种议论时非常恼火，以至于坐下来口授了一份八页纸篇幅的备忘录，详细讲述他本人对所发生事情的看法。备忘录封面上注明是给霍尔德曼的。

　　我可以理解[570]约翰·埃里希曼为什么会由有关我很累以及我所谈论的都是有关冲浪之类的荒谬之事的新闻报道得出这种想法。当然，这体现为两点——即使在我很累的情况下我也没有谈论荒谬之事，而且，进一步从根本上讲,恐怕我们大部分工作人员,对物质的东西以及记录在案的我们所取得的成就等非常感兴趣,但是似乎很少关注重要得多的问题,比如精神、情感的特征,生命的深度和神秘性特征等,而这些正是整个儿这次探访的真正目的之所在……我们好像缺少真正能理解或欣赏我正努力说明的有关一位总统对人民应当具有的意义的工作人员。

他在这份冗长而偏执的备忘录中探索生命的深度和神秘之后,[571]说他希望编造一些故事,详细报道华盛顿示威游行中的暴力行为和消耗:"打伤警察、打破窗户的数量,造成华盛顿纪念碑5,000美元损失的事实真相,等等。"他还希望找一位专栏作家来说有些学生领袖曾在古巴接受过训练,正在一个又一个校园里组织暴乱。5月12日,在回应参议院以94比0批准任命最高法院法官布莱克门的新闻时,他写道:"我希望提到这样一个事实:就作为一位严格的宪法解释者而言,布莱克门与海恩斯沃斯以及卡斯韦尔秉承相同的传统。这篇专栏文章的目的是让其在南部各州广泛传播……"

总统独自一人,对着录音机说呀说。"他爱上了这台机器。"[572]霍尔德曼一边说,一边找来更多的秘书去抄录录音机所录下的想法和牢骚。"总统本人,"总统说,"最终得出的这个结论应当会引起媒体的某种担忧。他认识到他不必得到他们的支持……这是要他们接受的一个微妙的观点,但是我认为就是这个观点可能对新闻媒体产生相当大的影响,如果他们最终认识到他们正在失去他们最重要的听众和观众——读者——美国的总统。"

"给我提供有关国防部研究基金在各主要大专院校分配的情报,"他在另一份备忘录总说,"我想总额是两亿美元……我认为不应当给任何大学提供国防部研究基金,除非其大多数教职员工对这些基金的目的和用途投赞成票……说明获得这类基金的学校的教职员工情况,而不是大学校长的情况,立即。"

无论总统的心情怎样,他都在相当有效地指挥两个阵线——柬埔寨和美国——的战役。每一天,白宫都公布高收益和低伤亡,每天都报告说缴获了

第 14 章　1970 年 6 月 30 日

成千上万的步枪、手榴弹、迫击炮弹，以及藏在林地和地面掩体中的大量稻米，每天都重复说美国军队马上就要撤出那个国家。美国人的伤亡人数——4 月 30 日至 5 月 13 日 110 人阵亡——不像预期的那么多。尼克松也在重新定义他的用语和降低他的决定的调门。[573]"侵入"（invasion）变成了"袭击"（incursion），并且再也没有说起发现或甚至寻找"南越中央办公室"，共产党的丛林总部。官方文字变成了"换取时间"以便训练更多的南越部队，让美国士兵回家。

国会是个第三阵线。在参议院，有精力充沛的两党努力切断对柬埔寨行动乃至越南战争的拨款。肯塔基州共和党人约翰·谢尔曼·库珀和爱达荷州民主党人弗兰克·丘奇正在准备一个 6 月 30 日之后禁止为柬埔寨的美国军队拨款的议案。南达科他州的乔治·麦戈文和俄勒冈州共和党人马克·哈特菲尔德提出了一个军事拨款修正案，其确定了所有美国军队撤出东南亚的刚性时间表。在两院，有一种将参加选举年龄从 21 岁降低到 18 岁的倾向，理由是，如果这些年轻人的年龄够格参军去越南赴死，那么他们的年龄就够格参加选举。"给某人直接下令，让其负责阻止这种趋势，事不宜迟。"总统给埃里希曼的手谕说。他知道如果一个议案送到他手上，他几乎肯定会不得不签署。

这并不是说美国人民在接受他们的年轻人。在对肯特州立大学谋杀事件的最初震撼感渐渐淡化之后，学生们本身就成了大众的争议点，这个国家的大部分人并不喜欢他们，不喜欢他们的忘恩负义，不喜欢他们的傲慢自大，或者他们的衣着打扮和发式。"干理查德·尼克松！"——一句常见的战斗口号——没有赢得为子女付学费的家长的支持，更不用说那些没有能力为其子女负担学费的家长了。

在《生活》杂志上，[574]有一周的封面故事是一幅令人惊愕的图片实录"我们所遗忘的伤者"。照片摄于退伍军人医院，展示的是受伤的年轻的越战退伍军人。休·赛迪在其专栏文章"总统"中写道："民主政治分析家理查德·斯卡蒙对自己的计程车司机进行了调查，发现这个国家转为反对这些学生。他马上建议将游行示威从污秽的坎布里奇区带进哈佛校园,把学生赶出去,把他们的房间给贫困家庭居住。斯卡蒙认为,这种姿态肯定既满足那些需要住房者的愿望,也满足那些想为人类的利益做点事情、内心痛苦的青年的愿望……"6月5日,该杂志另一期所发表的有关肯特州立大学谋杀事件的读者来信包括:

对于拥护无政府状态和革命的本国国民来说,无论其年龄老少,这都是一个值得谨记的教训。——小菲利普·A.史罗斯,弗吉尼亚州亚历山德里亚

他们只是再三拒绝按合法政府的直接命令解散的骚乱暴徒中的一部分,然而他们也是被动的……人们不妨也可以说一个马克思主义者在抢劫一个加油站的钱以继续其事业时遭枪杀,他是为了自己的政治信仰而被杀害的。——拉尔夫·米勒顿,田纳西州孟菲斯

总统的支持率又上升了。为《新闻周刊》所做的盖洛普民意调查显示,58%的被调查者就所发生的事情指责肯特州立大学学生,只有11%的被调查者指责国民警卫队。民意调查还显示,文化差异正在带来一个行业的发展,这个行业就是美国国旗制造业。前一年,在《读者文摘》给其1,800万订户寄送国旗小贴花——并且收到3,100多万封索取信——时,国旗制作生意就已开始红火。石油公司也做了同样的事情,又分送了2,200万面国旗。稍后,"美国——热爱它还是舍弃它"的汽车贴纸便出现在汽车的保险杠上,同时国旗贴纸也出现在建筑工人的头盔上。全国各地大部分警察的衣袖上也出现了国旗补丁。美国国会大厦上竖起了三个新的旗杆,当然,一时间可以有更多的国旗飘扬,而且国会议员也给爱国的选民分发了更多的国旗。在柬埔寨行动期间,在白宫,总统幕僚成员开始佩戴国旗图案的翻领别针。

在《新闻周刊》上,斯图尔特·奥尔索普发表了一篇题为"尼克松与反对年轻人投票"的专栏文章,文中说:"在他过去时常称之为'摇摆、重击'的竞选运动中,尼克松先生一贯使用同样的政治手法。这是为了确定反对党

第 14 章　1970 年 6 月 30 日

所支持的一个少数民族是：a）广泛遭人厌恶的，b）在投票人数方面实际上也无能为力的，c）无论如何都一致反对他的……这种旧手法换上新装，能比对上一代人更为有效吗？在两个其他令人嫌恶的少数民族——黑人激进分子和'左翼媒体'——填充辅助角色的同时，难道'焚烧国旗的大学激进分子'就不能填充以前的共产主义者角色吗？……已经有迹象——比如他无意识说出的大学'流浪汉'——表明这种想法已经出现在他的脑海。"

5月14日星期四，总统上午为既往国会荣誉勋章获得者主持了一个颁奖仪式，午饭后会见了经济顾问，接着飞往基比斯坎。比贝·雷博佐在那里迎接他。尼克松问他，他的女朋友简·勒克是否能为他缝点东西。颁奖仪式使他想到要给霍尔德曼、埃里希曼和基辛格发奖章。在飞回华盛顿途中，他授予这三个人"蓝心"奖。[575] 尼克松把他们叫到机舱，说："我创造了一个新的奖项，给那些真正永不言弃的人发一颗蓝心。"

"这将作为我们的秘密，"他说着，给他们每个人发了一个由勒克小姐用布料缝制的蓝心，"我想让你们知道我是多么感谢你们所做的一切。"

到6月4日，总统觉得有足够的自信再次在电视上公布柬埔寨行动的进展。在那时候，美国在东南亚的阵亡人数已经又开始下降：5月27日那个星期的美国阵亡人数从前一个星期的217人下降到142人。而且5月26日道琼斯平均指数从降至最低点631点之后重新上升到700点。此外，在一次基督教复兴集会上（由比利·格雷厄姆组织的一次改革运动），总统在田纳西大学橄榄球场还受到了8万多欢呼喝彩的年轻人的欢迎。尼克松跟随从人员说，这证明他可以到全国各地去，甚至到大学校园去。

这天晚上在电视上，总统再次发誓说在本月底所有的美国人都会撤出柬埔寨。接着他放映了呈现在柬埔寨缴获的一箱箱、一堆堆武器、弹药和稻米的影片。他说："在影片中你们也将看到所缴获的15,000多支步枪和机关枪。它们再也不会被用来对在越南的美国士兵射击了……现在我可以确定，这已经是这场旷日持久而艰难的战争中最成功的军事行动了。"

在讲的过程中，他力图勾销柬埔寨问题而最大限度地渲染成功，改写历史和意图，说进入那个国家的31,000名美国人中有17,000人已经回到了越南。实际上，自肯特州立大学枪击事件以来，他的主要目标一直都是平息国内的意见分歧。这天最重要的事实是，大学生们正在回家的路上，准备寻找暑期打工机会。

　　一连几天，总统都没有关注国内事务。他曾一直都在阻止乔治·华莱士当选阿拉巴马州州长。[576]年初的时候，局势看起来有利于尼克松，也就是说华莱士的运气看起来不好。从1963年到1967年他曾连任两届（每届两年）蒙哥马利市市长。1964年他曾入围民主党总统初选四大候选人，最后虽然落选但得到了相当于预期三倍之多的选票。后来，1966年，由于该州的反连任法使他不得参加竞选，因此他设法让妻子——勒利恩，也就是他的继任者——参加竞选并充当其竞选代言人。毫无疑问，他继续参加州长竞选并计划1968年参加总统竞选。1968年5月勒利恩·华莱士患癌症去世，此时她的丈夫作为美国独立党候选人正在全国各地参加竞选。1970年，副州长阿尔伯特·P.布鲁尔，一个忠实于华莱士的人，当选州长，华莱士承诺不与他竞选。但是他还是与他竞选了，即使全州民意调查表明布鲁尔的支持率遥遥领先于他。

　　那些民意调查结果使总统相信，华莱士有可能落选，而且这次失败可能会使其在1972年的大选中彻底失败，从而只剩下尼克松作为全国各地中间派和右派的候选人。3月25日，总统曾经跟霍尔德曼说要给10万美元给邮政总局局长温顿·布朗特，[577]阿拉巴马州的一位共和党人，其会有办法让这笔钱去帮助布鲁尔竞选。4月1日，前《蒙哥马利广告商报》政治专栏作家罗伯特·英格拉姆飞到纽约，走到一位抱着公文包坐在雪莉尼德兰酒店大堂的男子面前。

　　"你是巴尔的摩的延森先生吗？"[578]英格拉姆按照事先告诉他的那么说。

　　"不，我是底特律的延森先生。"那个人说，他实际上是总统的私人律师赫伯特·卡姆巴克。他递给英格拉姆一个装着10万美元的马尼拉麻纸信封，这些钱都是百元大票，是这天上午刚从尼克松控制的一个保险箱里拿出来的。

第14章 1970年6月30日

与此同时，总统通过霍尔德曼命令克拉克·莫伦霍夫[579]对华莱士全家进行调查，集中调查乔治的弟弟杰拉尔德·华莱士。有些人说，实际上是很多人说，其是乔治的政治资金筹集人，这个家伙操纵着阿拉巴马州的资金。于是，莫伦霍夫把税收情报移交给负责管理总统的杰克·安德森账户的默里·乔蒂纳，由他把情报泄露给安德森。而安德森在帮助和损害尼克松及其敌人方面采取不偏不倚的态度。在三个星期之内，杰克·安德森的全国辛迪加专栏文章（其在阿拉巴马州传播广泛），开始公布有关美国国税局对杰拉尔德·华莱士调查的详细信息和准确资料。

5月5日，在阿拉巴马州州长首轮初选中，布鲁尔以8,000票打败了华莱士，但是并没有赢得必要的多数。为了第二轮初选，总统批准卡姆巴克为布鲁尔竞选活动提供30万美元现金。一个名叫吉姆·鲍勃·所罗门[580]的布鲁尔的人在雪莉尼德兰酒店取走20万美元，在洛杉矶从卡姆巴克那里拿走其余10万美元。所罗门非常担心从阿拉巴马返回的飞机会失事，又担心他公文包里那1,000张百元大票被人发现，因此他在内衣里别了一个小纸条，说那钱不是他的，他只是为美国总统递送那些钱。

华莱士把布鲁尔称作[581]"30万黑鬼的候选人"并且以32,000张选票赢得了决胜选举。这次选举结束后总统从居所打出的第一个电话是给霍尔德曼的。他没有问选举结果。头一天晚上，他问过并且从他所熟悉的几个选区，包括阿拉巴马州杰斐逊县得知了数字，确信布鲁尔被打败之后，他便去睡了。他想知道的是，那秘密的40万美元是如何被花掉的。

于是，华莱士再次成为1972年的一个竞选对手。所有关于南部战略和新大多数的演讲归根到底将1968年尼克松和华莱士的选票——尼克松43%的选票，华莱士13.8%的选票——结合成一种1972再选年共和党总统的独裁型选举结果。尼克松曾经希望华莱士在阿拉巴马州落选从而使他本人成为全国中右派选民的唯一选择。这天早上他跟霍尔德曼说，他希望所有共和党评论都设法排斥华莱士，把他称作胜利的种族歧视者。

在他的对立面，华莱士宣称："阿拉巴马州依然保持阳光普照……我们会再次看到全国所有的新闻记者。"次日，在尼克松对全国发表有关柬埔寨局势的讲话时，华莱士被记者问到他是否计划再次竞选总统。他回答说："如果尼克松不恢复我们的学校。"

6月5日星期五上午，总统与联邦调查局的J.埃德加·胡佛，中央情报局的理查德·赫尔姆斯，以及国家安全局和国防情报局负责人开会，[582]讨论整合一个新的国内情报系统的问题。他在那次会议的讲话稿由年轻的汤姆·查尔斯·赫斯顿起草，此人被某些职员在背后叫做"特工X-5"。讲话的开头是这样的："现在我们的国家中，我们正面临一场新的严重危机———场我们知之甚少的危机。肯定地讲，有数以百计，甚至数以千计的美国人——大部分在30岁以下——决心要毁灭我们的社会……"

总统继续动情地讲，抱怨着，还列举了一些证据，说情报机构好像是在互相争斗，而不是在与那些试图颠覆国内外现有秩序的势力作战。用他们花费的所有经费，用他们所有的资源，为什么他们就不能由华盛顿大街上的反战势力联想到巴黎或河内的马克思主义者呢？与共产主义者的联系是什么呢？在古巴，在朝鲜，在阿尔及利亚。像黑豹党这样由青年人组成的组织如何能从经济机会办公室得到联邦工资呢？警察正在成为攻击的目标。有炸弹工厂，劫持飞机。他对在场的人说，他们会被组建成跨部门情报委员会。他需要做一次"威胁评估"，并且想得知可用来对付国内安全威胁的措施。总统要胡佛担任这个特别委员会的主席。赫斯顿要担任白宫联络官。他使他们了解总统的想法是：真正的问题是美国的家长们勇敢地面对这样一个事实，那就是他们的一些子女正在试图毁灭他们的国家。

赫斯顿被晋升为四级白宫副官，[583]与胡佛和赫尔姆斯一干人平起平坐，这是一种故意而为的侮辱。尼克松相信联邦调查局和中央情报局都没有找到国内困境与外国共产主义之间的联系，而他确信二者之间有密切关联。但是让他们来白宫也是尼克松一个更大计划的一个组成部分。他决心已定，要对他最在意的一些政府部门——涉及外交政策、军事问题、情报、法律、刑事司法以及正常秩序的机构——实施总统控制。在许多机构里，"请随时见告"

第14章 1970年6月30日

是指在公布决定之前,在进行人员录用和晋升之前与白宫协商,通常也就是与基辛格或埃里希曼商议。国家安全委员会只对总统负责,不仅是尼克松和基辛格官僚政治技巧的一种体现,也是一种集权化的模式,也是对执行控制的进一步强化。

总统对危险的看法有个人因素。次日,6月6日星期六是朱莉·尼克松·艾森豪威尔在史密斯学院毕业的日子,但是她不能去那里参加毕业典礼,因为有游行示威者会攻击她的父亲。因此,尼克松和艾森豪威尔家的一些人就待在戴维营。[584]比贝·雷博佐带着向乔治·舒尔茨借的礼服出现在晚餐时分。舒尔茨上个星期接受了诺特丹大学的荣誉学位。总统穿上礼服并且对朱莉、朱莉的丈夫戴维(毕业于阿默斯特学院)、戴维的妹妹苏珊·艾森豪威尔(正值从宾夕法尼亚中学毕业)念了一小段帕特·布坎南写的"毕业典礼演说"。

三天后,总统又在讨论执行控制。这一次与霍尔德曼讨论了三个小时。霍尔德曼在日记中记录当天的会见说:"无疑,对国内项目本身并没有兴趣,但这给埃里希曼敞开了一个宽广的领域,如果他想利用它的话。"通常,只有在国内政策直接影响到国内政治的时候尼克松才会对其感兴趣,种族问题和国民关心的空气及水污染问题就是例证。但是,不管怎么说,行政部门的响应速度和忠诚度困扰着尼克松。他批准了罗伊·阿什的一个提议,建立了一个新的行政管理与预算局,其将预算局的制定预算职能置于中央控制之下,并且给白宫带来大量的新职权,尤其是持续监控各行政部门的权力。总统任命乔治·舒尔茨为首任局长,卡斯珀·温伯格为联邦贸易委员会主席,舒尔茨任副主席。与此同时,6月中旬,芬奇被调到白宫任顾问,埃利奥特·理查德森被任命取代他在卫生教育与福利部的职务。总统还有一张他想除去的内阁成员的黑名单,首当其冲的就是内政部的希克尔。他想除去的其他人有财政部的戴维·肯尼迪,运输部的约翰·沃尔普,住房和城市发展部的乔治·罗姆尼。罗姆尼这位前密歇根州州长,是一个全国著名的有本事的人物,他很快就失去了总统的欢心,因为如同大部分前州长(瓦尔特·西凯尔也属其中)一样,他习惯于别人对他言听计从,而且习惯于自作主张。5月底,曾任美国汽车公司董事长的罗姆尼,对通常与通货膨胀高企相伴的华盛顿平衡预算积极行动做出了反应,发表了一篇新闻稿宣布他自愿减薪以降低预算。"行了,"[586]尼克松跟埃里希曼说,"哗众取宠的表演,没什么用。他该走了。"

两个星期之后,6月9日,总统给埃里希曼发了个备忘录,问是否可能把他的年薪从10万美元降到75,000美元。他补充说,埃里希曼也应当查看一下以后他是否能将这25,000美元作为养老金拿回来。

总统的心思在转向金钱,[587]一如往常选举临近时那样。1970年的国会竞选开始了。备忘录开始快速传递,同样,共和党候选人在城里与总统一起拍仪式照的速度也很快。在备忘录中,尼克松的角色被描写为:"候选人会被分别一个个地带进你的办公室,[588]拍照的时候候选人坐在你书桌左边的黄色座椅上与你交谈……会对候选人做简要介绍,但时间有限,不能进行握手、寒暄问候之类的社交礼仪。"

同一天,总统的律师兼竞选资金筹集人赫伯特·卡姆巴克转来一张名单,列有64个人名,其中几个被确定为尼克松的"天使",也就是其竞选资金的主要捐赠人。这是一张令人印象深刻的名单,其中包括[589]控制美国许多巨额财产和公司的男人(和一个女人)的名字。它包括许多著名的美国人,比如W.克莱门特·斯通,沃尔特·安能伯格,理查德·梅隆·斯凯夫,亨利·萨尔夫托尼,亚瑟·K.沃森,J.霍华德·皮尤,马克斯·费希尔,罗伯特·H.阿普拉纳尔普,海伦·克雷·弗里克女士,罗伯特·O.安德森,小威拉德·F.罗克韦尔,威廉·J.凯西,德维特·华莱士,F.K.韦耶豪泽,A.C.尼尔森,埃尔默·博布斯特,约翰·海·惠特尼,约翰·奥林,以及查尔斯·佩森。名单上最后一个人名是托马斯·帕帕斯,是一位来自波士顿的希腊裔美国人,有报告说,其从军事独裁统治的希腊情报部门为1968年尼克松—阿格纽竞选提供了549,000美元。

6月25日,总统飞往西白宫去度两个星期的"工作假",途中在圣路易

第 14 章　1970 年 6 月 30 日

斯停留，参加由密苏里州青年商会主办的一个热情洋溢的集会。在离开华盛顿之前，他痛苦地签署了《1965 年投票权法案》（肯尼迪任总统期间通过的最重要的民权法律之一）的延展议案。这是他一直反对的另一个议案，直到显然阻止不了它，他才签署使之成为法律。不过，这个议案是不同的，因为爱德华·肯尼迪参议员设法附上了一个条款：从 1972 年 1 月 1 日开始，将参加联邦选举投票的年龄从 21 岁降到 18 岁。由此，不经过漫长的宪法修改过程就批准了 110 万新选民。共和党人很生气，知道有许多州也会采用这个新选民年龄，并且担心年轻的选民会支持民主党。在签署这个议案之后，总统要求对他刚签署的这个法律条款的合宪性提出法院质疑。他宣称，他赞成这个想法，但是反对这种做事方式。然后，他私下会见了国会共和党领导人。"由于是《选举权法案》并且今年夏季可能会有黑人动乱，所以我不得不签署，"他开始讲，"但是我心里确信无疑，它是违反宪法的……"

这天他的最后一次谈话是与基辛格谈话，他们大部分时间是在谈论报纸猜测基辛格爱上了年轻的电影演员吉尔·圣约翰[590]的报道。是的，他曾经与她约会，基辛格说，但是这些报道的含义可不止这些，说到他的时候很不严肃。他跟总统说，他确信这些报道是国务卿罗杰斯对他的栽赃陷害。

7 月 26 日，在圣克利门蒂，[591]尼克松所做的第一件事就是对 40 名记者、编辑和新闻主管，包括三大电视网新闻部总裁，详细介绍柬埔寨战况。"在白宫，"文件写道，（这个白宫是指在从 La Casa Pacifica 增加的几百码临时建筑中的一个小礼堂。）一开始，尼克松翻来覆去地讲，直到美国军队撤出柬埔寨之后，预定在五天后，才能公开信息。"有人会说，'这值得吗，即使可能取得成功，严格地从军事上来说，从对美国人民的影响的角度看这值得吗？'"

他一如既往地争辩说，这次行动会减少美国人的伤亡，并有助于更快地结束越南战争。他提及在圣路易斯看到的"即刻和平"标语牌时说："这个屋子里的每个人都希望现在就看到和平……重要的问题——而且这个问题也是美国人在第二次世界大战中，在朝鲜战争中必须回答的重要问题——不是现在要和平的问题,而是要有持久和平的问题。"

接着,他表达了他的主要观点,说得有点不着边际:

如果美国表现虚弱,如果我们表现出从已占领的阵地撤出的倾向……在给我们增加压力的时候,如果我们国内表现虚弱……真正的问题是:它可能在别的什么地方给我们带来麻烦——因为不管是苏联领导人还是中国领导人——而且这不是冷战的修辞,这就是事实陈述——还有世界其他国家的领导人,世界上其他一些想要扩张其体制的人……当今世界,如果不是因为美国的强大,其他任何国家岂能乐得保持中立?这是唯一的原因。

这是事实。印度人民知道这一点。印度尼西亚人民知道这一点……

6月30日,白宫发表了一篇7,000字的"国家报告",题目为"柬埔寨行动终结:现在是谈判的时候了"。报告声称美国和南越军队缴获了22,000多单兵武器,1,500万套弹药,1,400万吨大米,摧毁了11,688个掩体地堡和建筑物。战斗中杀死敌军在册者11,349人,俘虏2,328人。总统没有提到在柬埔寨遇难的344名美国人或818名南越人。也没有提到南越中央办公室,尽管在圣克利门蒂背景情况介绍会上,一位"高级官员"(通常是亨利·基辛格)曾经提到过北越人的战役五角大楼。这种替换是有益的。"南越中央办公室现在在哪里?"一位编辑开始质问。

基辛格看了看新闻秘书罗恩·齐格勒回答说:"罗恩一直不让我说起我们找到了一个五角形木制建筑物……"笑声停止后,基辛格说,发现那个共产党总部不是一个意外收获,而是一个从未侵入的目标。他不顾这个事实——而且记者们也没有追问他——总统两个月以前在全国电视上宣布入侵时曾将它称作一个主要目标。

回到东部,新闻媒体更棘手难缠。《纽约时报》头版"新闻分析"赫然刊登题为"美国入侵柬埔寨好像是为了团结敌人"的四栏头条报道。报道引用外国外交官的话说,美国人的行动使越南、柬埔寨、老挝的共产党经过数十年敌对状态之后又坐在了一起，而且使他们更可能与其历史上的敌人——中国——结盟。然而，尼克松却比平常更轻松自在。他喜欢待在加利福尼亚。根据莫伊尼汉的建议，他花了些时间阅读总统传记。然后他跟霍尔德曼说："干这一行的全部技巧就是做些不同的事，[592]现在唯一的不同就是你不得不适应电视。"

同一天，在华盛顿，参议院以58票对37票通过了《军火销售法案库珀－丘奇修正案》。该修正案禁止批准或使用资金去供养在柬埔寨的美国军队。它可能没有立即生效——并且预计众议院会否决它——但是它对总司令的权力是一个极大的挑战。

次日总统乘车去洛杉矶接受CBS、NBS和ABC三大广播电视网主持人为时一小时的有关外交政策的联合电视采访。在问及美国军队是否可能重新进入柬埔寨时，总统说："我们没有打算这样做。"问及库珀－丘奇修正案和哈特菲尔德－麦戈文修正案时，他说，没有哪位总统能接受如此这般的限制。他用1962年古巴导弹危机期间肯尼迪总统的行动为例，说明在白宫内部必须有某种个人领导权。他还补充警告说，苏联越来越频繁地出现在中东，包括为埃及和叙利亚提供武器和顾问，"一旦在以色列比其邻国势力薄弱的地方打破了势力平衡，就会发生战争……因此，我们将尽一切必要的努力去维持以色列相对于其邻国的优势。"

245

第15章　1970年9月23日

"特别机构间情报委员会（特设）"[593]的报告长达43页。不出三个星期，汤姆·查尔斯拿到这份报告后，立即交给了总统。该报告开头说："以'新左派著称'的反叛青年运动，牵涉和影响了大量的高校学生，正在对陷于潜在严重国内冲突的当代社会产生严重冲击。如果审查其对马克思列宁主义的认同，新左派的革命目标便昭然若揭……"

赫斯顿附了一个备忘录给总统，推荐该报告中提出的六大措施：（1）增加国内电子监视，（2）监听美国人的国际通讯，（3）放松对公开邮件的限制，（4）在大学校园安插线人，（5）提高"暗中进场"的限制，（6）建立一个新的国内情报和内部安全跨部门团体，由白宫控制。

这些措施大部分是从第二次世界大战期间政府所从事的但在战后数年逐步停止的活动中延伸出来的。关于政府机构的"暗中进场"，赫斯顿在备忘录中对尼克松说："使用这种技术显然是不合法的，相当于入室行窃。它的风险也很高，如果暴露可能导致极大的困境。然而，它也是极其有效的手段，

第 15 章　1970 年 9 月 23 日

可以提供以其他任何方式都不可能得到的情报……"如果用这种技术去对付气象派成员和黑豹党人会特别有效。"情报部门和军事机构都在这份报告上签了字，但有一个条件：像这样的非法进入行动应当得到总统的批准。

7 月 14 日总统批准了这个计划。

"你所提出的建议[594]……已经得到了总统的批准，"霍尔德曼写信给赫斯顿，命令他起草一份正式决定便函给联邦调查局长，中央情报局长以及国防部五个情报机构的负责人，"不过，他不想遵从你所列的程序……关于执行的。他更喜欢根据这个批准直接采取行动。"*

赫斯顿被告知所有的联系沟通都只对霍尔德曼而不是对总统。给这位白宫幕僚头目的第一份备忘录一开始就提出了一个计划，要利用国税局去骚扰被认为不利于白宫的智囊机构和其他免税的研究或慈善机构，从布鲁金斯学会和福特基金会入手。[595]

"在国税局进行敏感的政治调查就好像一种确认妓女安全的程序，"赫斯顿的备忘录说，"表面上是这么说，其实我们在国税局没有任何可靠的政治盟友……除非我们完全掌控国税局的三个最高职务，否则我们就不能控制政府，也不能有效地发挥杠杆作用……如果我们到了真希望开始玩这个游戏的程度，那么你可能愿意考虑一下我几个月前所提出的建议，我们可以进入布鲁金斯学会去寻找他们所藏匿的分类资料。我们可以有多种方式处理这件事。当然，各种做法都会有风险。但是，任由一个流亡政府随着每一天时光的流逝而变得越来越自大和强大也是有风险的。"

7 月 26 日，胡佛请赫斯顿到他办公室。这位中情局长从他巨大的办公室另一端平台上的书桌边轻视地看这个年轻人，宣读他在那份决议备忘录页边上所写的大量的注释。这位老人一开头就声明那种"旧方式"现在是"太危险"了。接着，念到他对该计划具体内容的每一条注释，他抬起头来，在问话时故意把这个年轻人的名字叫错："你理解吗，霍夫曼先生？……我说得够

---

* 所涉及的机构有中央情报局，联邦调查局，国防情报局，国家安全局，以及陆军、海军和空军的情报及反间谍机构。

清楚吗，哈奇森先生？"次日，胡佛去找他的名义上司司法部长米切尔，跟他说，时代已经变了，到处都有更多的警察和保安，秘密情报人员迟早都会被逮住，而且这种逮捕会招来公民自由团体和"新闻媒体的野狗"，泄露很久以前和现在的非法或令人尴尬的政府监视公民的事件。他反对与其他机构共享联邦调查局的情报，他说，如果没有见到来自总统的明确的书面命令，他不会批准他认为违法的行动。

次日，霍尔德曼命令赫斯顿收集该决议备忘录的全部副本。14天之后，这个"赫斯顿"计划被收回。总统没有政治胆量去解雇这位最受人敬仰的美国律师，即使75岁的胡佛正在走向衰弱，正在变得越来越缺乏理性。

总统仍然时刻受着年轻的持异议者的颠覆和危险之困扰。"我们必须找到能控制他们的人，"在收回赫斯顿计划后他对霍尔德曼说，"让我们的人在示威游行时对他们动粗。"[596]关于这一点，他很不理性。实际上，义务兵役抽签和战争越南化正在发生作用，至少国内的异议正在减少。海外的情况则不一样。在巴黎，黎德寿公然对质基辛格："南越军队在50万美国军队的协助下都不能取胜，你们怎么能指望它孤军取胜呢？"[597]不论公开还是私下里，北越人继续直言不讳、严厉尖刻地讲同样的话："如果美国人想结束战争，他们就应当滚出去——并且带上阮文绍。"

7月1日，举行第二轮义务兵役抽签。从滚筒中抽取装有1951年出生日期的人选，抽出的第1个日期是1951年7月9日。生于这天的19岁青年将首批应征入伍。绝大多数美国年轻男人不再有去越南打仗的危险了。号码在195以上的年轻人被免于非自愿征兵，而那些应征入伍者中的大部分人将在欧洲或美国服役。

"我们正在结束这场战争，"再次在圣克利门蒂进行工作度假期间，总统于7月30日在洛杉矶的一次新闻发布会上说，"我们将结束义务征兵，实行志愿兵役制。我们将会净化空气和水……我们正在对政府进行改革使之更好地适应民众的需求，赋予人民更多的权力……但是完成了所有这些事情，许多高校学生在高校课程中发现的空虚、肤浅和浅薄仍然还会存在……那不是政

第15章 1970年9月23日

府造成的问题——我们不可能解决它——它是高校行政管理者和教职员工必须正视的一个问题。"

接下来的提问是:"总统先生,你是否担心你的幕僚可能让你孤立,就像某些新闻专栏文章中所指控的那样?"

"这样说吧,"他开始说道:"我令他们孤立"——这是真的。"不。实际上,我不仅考虑我的幕僚的看法,而且我也考虑许多代表各种观点的人的看法……我的一些幕僚成员认为,也许我的工作日程安排已过于沉重……顺便说一句,我通常是一个很好的聆听者,除了在新闻发布会上之外。"

由于三个多月后就是中期选举,所以总统在听取更多国内顾问的意见和了解更多的民意调查结果。7月初,他下达行政命令创建了一个新的环境保护署,从而兑现了他在国情咨文中的承诺。但是,这个机构只有名字是新的,因为他是在现有的预算限额内,主要是从农业部、内政部和卫生教育与福利部调集了 5,650 名现有员工和 14 亿美元。但是也有一个重大差异,那就是:环境保护署直接向白宫报告而不是通过内阁向白宫报告。当他征求运输部长沃尔普(他也为环保署输送了一些员工)的意见时,沃尔普回答说:"一位内阁官房长官说'无可奉告',可以吗?"[598]

"行,"尼克松说,"时间差不多了。"

现在,环境成了大事,它将许多有关国内异议和种族问题的报道挤到无关紧要的版面或者完全使之从新闻中消失。实际上,有关学校废除种族隔离的报道已经以约翰·米切尔一开始就策划好的方式发展:行动已经从白宫和司法部转向联邦法院。

尼克松曾经跟他的手下讲了更多:"我们的人民不得不放弃学校废除种族隔离的吹嘘。[599]我们按法律的要求办事——仅此而已。这就是政治,而我就是学校政治的法官……我们与地方官员合作,我们没有强制他们。'混合元帅'不会被送进南部。南部人不会被当作二等公民……所有谈论学校问题的管理人员都必须直截了当地说:我们反对用校车接送学生。否则他们就会被炒鱿鱼。"针对南卡罗来纳鲍勃琼斯大学——一所私立学院——的具体案例,

尼克松——孤独的白宫主人

他叫停了一名幕僚的建议。此人建议说："几乎没有疑义，鲍勃琼斯明显违反了法律……我建议我们再继续审查研究一下。"

在最后一名美国人撤离柬埔寨这天，政府"高级官员，"亨利·基辛格在白宫举行了一次新闻发布会，告诉记者们，东南亚不再是本国的一个主要对外政策问题，中东才是。这个说法的理由是，因为苏联直接参与了为以色列周边阿拉伯国家的军队提供武器装备和训练。报纸和电视以不署名方式传播了这个说法。基辛格说，美国人所担心的不再是以色列的国家主权和生存，而是担心莫斯科正在激化阿拉伯国家政府（尤其是埃及和叙利亚）的情绪，并且可能正在企图对该地区石油生产国，包括美国的盟国沙特阿拉伯和伊朗，建立控制权。这位高官讲得太多了，甚至讲到了美国的政策目标是要将苏联从埃及"驱逐出去"。[600]

基辛格走得太远了。7月20日在椭圆形办公室举行了一次新闻发布会，没有电视摄像。在此次发布会上，总统努力澄清基辛格的讲话，他说"驱逐出去"这个词并没有动用武装力量的含义。接着他说："保持军事平衡非常重要，以至于在这个地区中没有哪个国家会被鼓动去对另一个国家发起攻击，或者被驱使去发起先发制人的袭击……我已经指出过，苏联不仅向越南（他的意思是说埃及）运送武器而且还运送人员，给人配备武器便引起了我们的担心……"尼克松的担心是，在中东，一场军备竞赛会将美国拉进这样一种状态：先是提供更多的武器，然后将美国军队的人也拉进以色列。"这就是为什么，"他说，"我们此时没有宣布给以色列出售或提供飞机的原因所在……"

"他们在考验我们"是尼克松与基辛格私下谈论苏联时常说的一句话。总统相信，共产主义世界的领袖会不断地挤压他们所认为的美国可能的薄弱之处——用尼克松的话说就是"软弱"。他相信，如果美国及其盟国表现出坚决的决心，苏联会撤退并恢复现状，保持平衡。"成为交战国实属无稽之谈，"在7月的一次有关导弹系统的会议上他说，"俄国人，仅仅只知道信念和兵力。"

第 15 章 1970 年 9 月 23 日

尼克松相信有可能与苏联做交易——事实上，他过高地估计了他们对其在许多地方的盟友的影响力，从河内开始——从而他曾经利用多勃雷宁和其他渠道开始与莫斯科就许多主题进行商谈。其中最重要的主题是战略性武器限制。在削减巨大的导弹开发成本方面双方都有经济利益。4月中旬 SALT（《限制战略武器协定》）会谈就已经开始在维也纳进行。[601] 到7月底，美国提出了其首次正式建议，基本内容是全面限制洲际导弹系统，维持现有的战略武器平衡，并且将新反弹道导弹防卫系统的开发限制为一套保卫莫斯科，一套保卫华盛顿。

为了突显实力，总统需要国会批准他的防卫计划——他改进的反弹道导弹系统，只是为了用它来表明美国的决心，并且以此作为军备谈判的一个筹码。[602] 到7月23日，他的国会联络官布莱斯·哈洛报告说，估计参议院投票结果为50比48支持防卫计划。这个比分太接近了，结果难测。于是尼克松召来他的两位最紧密的盟友，一位是得克萨斯州共和党人约翰·托尔参议员，另一位是华盛顿州民主党人亨利（"斯库珀"）·杰克逊，讨论此事。"为什么就这么难以让这些参议员明白一些对于我们来说如此显而易见的事实呢？"[603] 尼克松问。

杰克逊回答说，许多参议员实际上是赞成俄国人的。"有个参议员曾走到我面前跟我说，"他告诉尼克松，"这不可能是真的，俄国人在说过他们不会那么做之后还继续开发 SS-9 和 SS-11。" "参议员们与俄国大使馆人员有交往，每天都跟他们交谈。"托尔补充说。三个人都认为联邦调查局应当制止这种情形——总统叫来科尔森，让他去查明此事。

三人分手的时候，尼克松想知道他是否应当亲自去争取新墨西哥州民主党人克林顿·P.安德森参议员的投票。杰克逊说这倒是个好主意，但是必须恰好在投票前做这件事，因为否则安德森就会记不住。尼克松笑了。在参议院老人中常有记性不好的人。次日，尼克松努力争取到另一位保守民主党参议员，西弗吉尼亚州的罗伯特·伯德的投票。他在那次会议的背景文件中说："伯德已经表示他不关心反弹道导弹这个主题……他表示有两件主要的事情他愿意讨论——（1）我们将融合到哪里去，（2）最高法院的任命……兹通知你，我们刚为他的女婿在海军研究实验室安排了一份工作。"

苏联可能没准备在中东考验美国。从历史上看，他们只是曾经到达那里。但是对于国家独裁者的后代来说这是一段沉重的日子。俄国人历史上首次被邀请到地中海港口和沙漠油田。那是以色列1967年六日战争全面胜利的一个始料未及的后果。阿拉伯国家领导人认识到，如果没有他人帮助则不能对抗以色列从美国获得的现代武器和技术，于是，苏联人就得到了埃及（阿拉伯联合共和国）总统纳赛尔的邀请。那六天阿拉伯国家得到了惨痛的教训：在以色列用巨大的先发制人的袭击从地面上摧毁了埃及空军之后，他们在人力方面的巨大优势便毫无价值了。现在，在他的国家里有多达上万名苏联顾问、教练和技师，纳赛尔重获信心，决心去收复在那场战争中失去的阿拉伯土地。在尼克松7月20日新闻发布会前的一个星期之内，三架以色列幻影喷气式飞机被改良的苏联SAM-2导弹击落。以色列大使雷宾告诉白宫，以色列的喷气式飞机遭遇的MIG21飞机不是埃及人驾驶的，而是俄国人驾驶的，而且苏伊士运河30英里内的14个SAM-2发射基地已迁移。他说，那些SAM-2发射基地受三个更为先进的SAM-3发射基地控制，而这些基地则是由俄国工作人员控制的。

白宫和国防部坚持认为以色列人在夸大这种威胁。但是，以色列人请求这种帮助已不是第一次了。3月里，雷宾曾经来陈述他国家的情况。他告诉总统，[604]俄国人头一次出现在现场。尼克松说："你们考虑过攻击他们吗？"[605]这令他大为震惊。

有一会儿说不出话来。

"攻击俄国人？"雷宾问，他在1967年之战中曾任以色列军指挥官。

但是，尽管有这些打断其私密交谈的强硬论调，但是总统还是在发挥秘密管制的作用，更换以色列损失的武器，提供F-4部件、弹药以及先进的通讯设备。无论以色列对来自埃及对其西部边境的威胁描述得是否准确，其东部边境都受到了约旦内战可能性的威胁。在约旦，侯赛因国王这位最温和的

第 15 章　1970 年 9 月 23 日

阿拉伯统治者，以阿拉伯团结的名义，勉强接受了1948年、1956年和1967年至少120万巴勒斯坦难民，而这个国家总人口只有220万。至少有两万巴勒斯坦人是反以色列的阿拉伯突击队战士，决心有一天利用约旦作为基地开始展开毁灭以色列的圣战，无论是否有侯赛因的帮助。

美国方面，尼克松决心不屈从美国犹太人的压力去满足以色列的任何要求，基辛格与国务卿罗杰斯之间互相轻蔑和怀疑，这些就使得这场游戏复杂化了。从一开始，总统就让罗杰斯负责控制中东政策，出于基辛格对这部分世界事务的无知，同时也因为总统不喜欢看到一个美国犹太人就阿拉伯与以色列犹太人战争所提出的看法。事实上，美国在该地区的政策被称作"罗杰斯计划"——他建议重新恢复诸如以1967年前该地区的边界换取阿拉伯国家对以色列国家主权（这个犹太国家的生存权）的认可之类的政策，也就是以土地换和平。

当然，总统知道正在发生的事情。他告诉萨菲尔："亨利认为比尔[606]不是很深刻，而比尔认为亨利是个权力狂。从某种意义上看，他们俩都是对的。"

基辛格——"他几乎就是个精神病人"[607]（霍尔德曼说）——感到非常烦躁，因为罗杰斯正享有很高的出镜率：在欧洲旅行，优哉游哉地在伦敦会见新保守党政府首相爱德华·希斯，一直在推行他的中东临时和平计划。他在提倡一个沿苏伊士运河地带停火90天的计划，这个地带是1967年以来以色列与埃及之间实际上的边界。苏伊士运河是焦点，而这位国务卿其实是提出了一个整个中东地区停火三个月的计划——阻止以色列与埃及之间跨越苏伊士运河的阵发性战斗。自1970年初以来，以色列的战斗机就一直在轰炸建在埃及一边的场所，有时轰炸会持续好几天，试图破坏新俄国导弹和大炮的部署。在停火期间，美国将根据罗杰斯的计划敦促联合国进行调停。

7月23日，[608]在与莫斯科磋商之后，纳赛尔总统宣布准备接受罗杰斯的停火建议。在特拉维夫，以色列人进行了辩论，让人相信纳赛尔会利用这三个月时间，在没有以色列飞机威胁或以色列地面入侵可能性的情况下，继续加强阿拉伯的武力。背地里，尼克松准备每个月给以色列提供四架幻影式战斗机和四架空中之鹰战斗机，如果他们同意的话。在48小时之内，约旦也接受了停火建议。这个小王国正在经历一种内战，国王侯赛因的军队与基于难民营的巴勒斯坦军事组织之间小规模交火。叙利亚宣布拒绝这个建议，但只做决定不做更多的宣传。8月7日，罗杰斯宣布，在联合国监督下，埃及与以色列之间实行沿苏伊士运河一带停火。

但是，在其他前线战事还在继续。宣布停火两天后，以叙利亚为基地的巴勒斯坦游击队员袭击了以色列戈兰高地前哨，以色列战斗机在轰炸黎巴嫩的巴勒斯坦基地。在约旦首都安曼，由前工程师亚西尔·阿拉法特领导的巴勒斯坦解放组织中最强大的游击队法塔赫宣布，在任何停火期间，它都会进一步加强针对以色列的游击行动，以图破坏这个和平进程。

8月底之前，联合国在纽约开始了中东和平谈判。但是，这个以罗杰斯为中间人的协议已经有了一些麻烦。由梅纳赫姆·贝京领导的以色列右翼党嘎哈（Gahal）从梅厄总理的执政联盟中撤出了其国会的六名成员，政府内部也在抱怨埃及正在运河东岸继续扩大导弹基地，一些影像证据支持了这种说法。8月15日是个星期六，基辛格会见了雷宾。雷宾告诉他，梅厄夫人"濒临绝境"，想来美国与总统见面。这是尼克松不想要的会见，因为他不想公开做任何有可能给苏联以口实从而向阿拉伯国家提供更多军事援助的事情。

基辛格去椭圆形办公室准备汇报与雷宾会晤的情况时，迅速改变了话题，他说："苏联正在集结准备进攻中国。"[609]这使尼克松大为震惊。

这位顾问及其幕僚根据有关共产主义盟友在中国东北边境发生小规模冲突和炮兵部队弹幕射击的情报报告，在地图上标出了双方部队所在位置和铁路末端，了解到苏联部队全都在俄国铁道线终点附近，而中国军队则离他们自己的铁路末端和道路有数百英里。苏联军队在运动，中国军队在回应。基辛格的结论是：苏联打算用核武器捣毁中国的导弹设施，并且正在调动部队的位置以防御中国人从地面入侵进行报复的可能性。这个想法对于尼克松来说似乎荒谬可笑。

第 15 章　1970 年 9 月 23 日

次日，基辛格发现总统和国务卿罗杰斯乘直升机去了戴维营，一起在那里度过了那个周末的剩余时间。他摁下对霍尔德曼的怒火和猜疑，却无意中吐露出他对总统的蔑视。霍尔德曼记录下这些话："（他）说总统的问题是他不愿意了解战术可以转变为战略。你不能任由事情发展，然后又试图用聪明的谋略去收拾它们的烂摊子。（他）认为真正的利害关系（在中东）是尼克松对苏联人的可信度。"

"怪诞，"[610] 尼克松回应道，他告诉霍尔德曼，他担心基辛格的效用是否已经差不多用尽了。"我猜想，他是值得一用的……"但是总统也深信基辛格正在向以色列提供情报。"他正在极力故意把和平协议搞砸。"总统告诉霍尔德曼。尼克松认为，他正在这样做，因为他无法接受罗杰斯因一个协议而获得信任的前景，而且有可能他认为那个协议无益于以色列。

尼克松极力让霍尔德曼和黑格去说服基辛格不要管中东谈判，一点好处也没有。他们俩从基辛格那里给总统带回一系列打印好的要求："1. 对基辛格的攻击，[611] 无论直接的还是间接的，都必须停止。对基辛格的攻击就是对总统的攻击……2. 所有包含政策含义的电报，尤其是涉及中东的，在白宫都必须说明白……3. 与多勃雷宁的所有接触都必须提前说明白。"

基辛格已经在去巴黎与北越代表进行秘密会谈的路上。这些人在抵制了九个月之后又回到了法国首都，再次出现在与以戴维·K. E. 布鲁斯为首的美国代表团的官方谈判会上。布鲁斯对基辛格的单独谈判一无所知。

这是白宫组织的一个骗局。[612] 有大大小小的秘密，不止是用两套账簿隐瞒对柬埔寨13个月的轰炸，也不只是基辛格去巴黎会见北越代表的秘密之旅。威斯特摩兰将军访问越南后，基辛格于 8 月 17 日会见了国防部长莱尔德和威廉·威斯特摩兰将军。基辛格在向总统简要汇报这次会见情况的备忘录中写道："威斯特摩兰将军旅行报告副本……刊登在国防部《技术文摘简报 A》上。国防部长莱尔德应当不知道我们手里有这份报告。"同时，尼克松和基辛格以为，在备战入侵柬埔寨的过程中他们有一个安全的背后信道通向在西贡

255

的克赖顿·艾布拉姆斯将军,但是,在艾布拉姆斯将军回答白宫质疑之前,莱尔德看到了所有的内容并且告诉了艾布拉姆斯。与此同时,参谋长联席会议在基辛格的幕僚中安插了一个密探,一位28岁名叫查尔斯·拉德福的头等海军义勇兵,[613]其公开身份是速记员。但是他真正的工作,如参谋长联席会议与国家安全委员会之间的联络官、海军上将伦布兰特·罗宾逊对他讲解的那样,是为参谋长联席会议复制和发送他所见到的每一页文件。

关于7月22日开始的有关备战国会选举的政治会议,也有两套账簿和假备忘录。[614]这天总统与霍尔德曼、芬奇、哈洛、哈里·登特、默里·乔蒂纳以及唐纳德·拉姆斯菲尔德(被召进白宫之前,其是负责经济机会办公室的前伊利诺伊州国会议员)开了两小时会。总统的文件夹里有登特起草的一份三页纸篇幅的报告,内容涉及诸如总统访问南部和戴维及朱莉·艾森豪威尔的活动安排。这份真备忘录一直妥善存放在登特的办公室里,记录了总统命令,确定了在执政头两年里筹集的秘密竞选资金的初步分配,包括"阿拉斯加:我们现在要给一万美元(包含已给付的3,500美元在内),可能最多给到25,000美元……新泽西州:我们现在要25,000美元,可能最多给到20万美元,取决于以后登特对该州的评价……新墨西哥州:乔蒂纳要查明是不是很久以前做过民意调查,如果必要最多可给20万美元……内华达州:20万美元……北达科他州20万美元……田纳西州:20万美元……犹他州:这次投入犹他州的资金不超过5万美元。总拨款为10万美元。以后可能会更多"。

就这样给各州分配资金。总统断定不应给密歇根州、纽约州及其他几个州派资金。在密歇根,初选获胜的共和党参议员是乔治的妻子勒诺·罗姆尼。[615] "她不是我们的人。"总统说。在纽约,共和党在任者是查尔斯·古德尔。他曾经是个保守的众议院议员。在受洛克菲勒州长委派去完成被刺杀的罗伯特·F.肯尼迪参议员的参议院任期之后,他本人转变为国内最引人注目、最高调的反战自由主义者。"我们正在弱化古德尔那边的势力,"[616]总统说有三人参加角逐,包括自民党国会议员理查德·奥廷格和保守党提名人小詹姆斯·巴克利,其作为威廉·F.巴克利的弟弟而出名,尼克松想帮巴克利,但

第 15 章　1970 年 9 月 23 日

如果不公然出卖共和党人就很难做到。而这种背叛的事却是他以前从未做过的。尼克松有一个主意是，把副总统阿格纽[617]派进纽约，跟他说他不能用巴克利的名字——或古德尔的名字——但是他应当一再重复"为支持总统的人投赞成票"。

巴克利竞选时总统非常感兴趣，因为他一直想让共和党以一个第三党派的身份或者一个新的名称去把保守的南部民主党人带进来。9月8日，在行政办公大楼那间僻静的办公室，壁炉燃着，空调也呼呼地开着，尼克松独自坐在壁炉前，在一张大小适合书写法律文件的纸上写下了他的政治想法："需要新的党名，对民主—自由党这个名称做个民意调查……必须处理华莱士……华莱士证实了南部获益的谬误——除非种族和种族问题的势力……给民主党挂上种族—自由主义—学生的标签……"

同一个星期，总统在他的新闻摘要页边上随手批示的意见中强调了那些想法。"柬埔寨和肯特州立大学导致我们自己的人反应过度，去证明我们是支持学生、黑人、激进分子的。""我们必须扭转这种情况，不然就太迟了——强调——预防犯罪——反对示威游行——禁毒——反对淫秽下流的言行。"新闻报道说住房与城市建设部官员罗伯特·阿费尔特说政府是"在助长并让人铭记种族歧视，"在这段内容边上，总统写了一个字："好"。

那些想法不是无稽之谈。司法部长米切尔在全国女记者俱乐部的一次鸡尾酒会上说了太多的话，被《女性时装日报》记者康提·斯特劳德无意中听到并引述为："到现在为止，这个国家将走向右倾，右到你会认不出它来……这些愚蠢的孩子……而且教授们也同样糟糕，甚至更糟。他们什么都不懂。这些正在管理我们教育机构的混蛋什么也不做。"

这篇报道发表后令人尴尬。但总统的反应却是："约翰——干得好——不要后退。"总统认识斯特劳德——"那个犹太女孩。"[618]他这样称呼她。但是，第二天，他就不那么高兴了，因为新闻摘要报道说，米切尔的妻子玛莎打电话给合众国际社的海伦·托马斯，大声申斥该社指责她丈夫身为大学教授却在把孩子们变成共产党人。尼克松的批示是："再一次！"私下里他惋惜地说，他的朋友将不得不走人，如果他不能控制他妻子酗酒和给记者及工作人员打电话的话。[619]

实际上司法部长想的是尼克松的政党路线——无论你如何称呼这个党。几乎与华盛顿所有政治家一样，总统正在阅读《真正的大多数》（*Real Majority*）这本书。[620] 这是由前统计局长理查德·斯卡蒙与温和的民主分析家本·J. 瓦滕伯格（Ben J. Wattenberg）合著的一部新书。该书的数字和论点都令人信服：美国政治上真正的大多数是"非穷人、非年轻人、非黑人"；是"中等收入的、中年的、受过中等教育的白种人。"斯卡蒙和瓦滕伯格形象地描述他们的调研结果说：一位名副其实的美国选民是"俄亥俄代顿市郊区的一位47岁的家庭主妇，她丈夫是个机械师。"[621]

作者说，这位代顿市的家庭主妇将1970年的政治活动分为两类问题：经济问题，在这方面从富兰克林·罗斯福时代以来基本上都是偏向于民主党人的；社会问题，包括看到街头犯罪威胁，校园混乱，嬉皮士，毒品，色情活动，以及对于许多白人而言，看到黑人日益增多。

以"两党最热门候选人"——再次竞选加州州长的保守派罗纳德·里根——为封面故事人物的那期《生活》杂志从代顿市郊区找到了一位47岁的机械师妻子，贝蒂·洛厄里女士，一名登记了的民主党人，她讲了这样一些事情："美国在越南做了个承诺，我感到非常遗憾，我们将不得不履行之……意见分歧是一回事，暴力是另一回事，如果学生们违反了法律，则他们应当受到惩罚……至于阿格纽嘛，你不得不喜欢这个人的这种方式。他想什么就做什么。"*

9月16日，总统去堪萨斯州立大学并对15,000名欢呼的观众讲话，同时数百万人收听或观看了全国广播电视。总统的讲话准确地表述了他1970年大选对本国政府的想法。

---

* 典型的"美国中产阶级"的想法对于尼克松的人来说完全不是新观点。8月18日，两名白宫幕僚被派到白宫东翼公共办公室去"找一个'合适的'家庭命名为1970年的第100万名来访者……（根据）适用性而非精确计数"。他们选中了爱荷华州韦伯斯特市的利昂·谢尔顿太太，她和丈夫以及四个子女正在参观华盛顿。他们被领到椭圆形办公室与总统合影。

第 15 章 1970 年 9 月 23 日

且看看几则新闻……最近五个星期里的：在一个法庭上观众掏出枪……给被告提供武器……转移到一辆等待逃亡的车上……打死四人，包括法官……一个人走进一个城市公园的卫兵室，对一名安静地坐在书桌边的警官连击五枪……一位从事癌症治疗的诺贝尔奖获得者回到关实验老鼠的笼子前……发现它们被毁坏了……有些被扔出了窗外……一名巡警接到一个匿名紧急呼救电话……他发现那所房屋已被废弃，但是留有一个手提箱……手提箱爆炸，他的头给炸掉了……

那些炸毁大学、伏击警察、劫持飞机的人……应受到所有美国人的唾弃……在我们中间总是有那么一些人会选择用暴力或胁迫去得到他们想要的东西……所不同的是他们的人数，以及被动默许的程度，或甚至巴结认可的程度，在某些时髦的圈子里那已经成了"跟上潮流"的标志……任何怂恿他们的人手上都沾着鲜血……其背后的原因完全都是一样的。

接着，这位政治消息制造大师话锋一转，他说：

在成千上万的人中，越来越多的人形成了一种危险的看法，认为所有的青年人都像那些晚间电视屏幕上出现的大声喊叫污言秽语的人……准确地讲，分裂者实际上所采取的一种最严重的伤害行为是对成千上万的学生横加不公正的指责，比如在这个屋子里的那些学生，他们确实是在上大学接受教育，他们确实是在学习，他们确实遵纪守法。

新闻中所说的"劫机事件"是国际性的。[622]9 月 6 日和 9 日，乔治·哈巴什（George Habash）（法塔赫的亚西尔·阿拉法特的竞争对手）领导的解放巴勒斯坦人民阵线劫持了五架载有 400 名乘客的飞机，并强迫三名乘务员将飞机降落在离安曼不远的约旦沙漠高原上一个废弃的二战时期的飞机场。劫机者要求释放关押在欧洲监狱中的巴勒斯坦恐怖分子。但是该事件直接影响到

尼克松——孤独的白宫主人

巴勒斯坦军事单位与侯赛因政府之间，以及以色列与埃及沿苏伊士运河的停火协定。

所有被劫持的这些飞机都是飞往纽约的，并且，在人质中有十多个美国人。总统的第一反应是命令地中海航空母舰上的战斗轰炸机攻击巴勒斯坦在约旦和黎巴嫩的基地。国防部长莱尔德不理睬这道命令，再三归咎于糟糕的天气条件。他第一个电话打给参谋长联席会议主席托马斯·穆勒上将："汤姆，我收到了这个命令……接下来的48小时里我们会在那里遭遇到非常恶劣的天气。"[623]

在首次劫机这天，以色列退出在纽约举行的联合国和平谈判以示抗议，要求埃及的导弹撤回到8月份谈判开始时他们所占领的位置。三天后，约旦再次爆发战事，政府军与巴勒斯坦部队用小型武器和大炮交火。同一天，在智利，马克思主义者萨尔瓦多·阿兰德（Salvador Allende）以36.3%的选票完成了首次总统选举，他的政党赢得了该国议会200个席位中的80个席位。由约翰逊总统任命的美国大使爱德华·M.科里（Edward M.Korry）发电报给华盛顿说：

智利冷静地通过表决成为一个马克思主义国家，世界上第一个自愿地、有意地做出这种选择的国家……没有理由相信智利武装力量会发动一场内战或者其他任何干预会奇迹般地颠覆它的胜利。它将会对拉丁美洲及其他国家产生极其深远的影响。我们遭受了一次严重的挫败，其后果将会对国内和国际都有影响……

在读这封电报的时候，尼克松在最后一句话下面画了一道线以示强调。他了解科里并且不喜欢他，认为他是肯尼迪的人。但是这位大使憎恨和害怕阿兰德，至少是跟总统一样感到不高兴。两天后他的电报是这样开的头："智利有一种墓地的气息，一种腐烂的民主国家的气味。1948年在捷克斯洛伐克，它们曾充斥于我的鼻孔，而且它们令人作呕的程度绝不亚于今日……"傲慢

第 15 章 1970 年 9 月 23 日

而坦率的科里已在告诉该国首都圣地亚哥的政客和商人："在阿兰德的领导下，连一个螺母、一个螺栓都不会被允许运到智利。一旦阿兰德当政，我们将尽其所能让智利和智利人最大限度地陷于贫困和贫穷……"

即便说得如此强硬，[624]这位大使也不认为美国能有什么手段或能力去遏制阿兰德。那个判断使他反过来更加怀疑在华盛顿，在白宫，受那些在智利有大量投资的公司（以亚纳康达铜业公司、百事可乐公司以及国际电话电报公司为首）的刺激和警告，正在敦促中情局去想办法干掉阿兰德。3月份中情局曾得到100万美元的拨款用于"破坏活动"。但是那次活动不及针对过去两次智利选举的破坏活动那么大，那时美国曾秘密花费两千万美元支持反共产主义的候选人。中情局告诉总统，在1970年大选期间古巴曾为阿兰德提供35万美元，这恰巧与国际电话电报公司为反阿兰德活动花费的资金一样多。但是1970年的整个努力是不协调、不认真的，也许美国人已经习惯了阿兰德诸如"与古巴革命团结一致"，结束"帝国主义剥削……美国垄断……对越南的侵略"之类的花言巧语。毕竟，这是一个只有950万人口的国家，一个远离冷战主战场的民主国家。

情报集团——其包括国务院、国防部以及中情局的代表，再加上国家安全委员会——的选举后分析说："本集团断定，美国在智利内部没有至关重要的利益，世界的军事力量对比也不会因一个阿兰德政权的出现而发生重大改变，阿兰德在智利的胜利不会对该地区的和平产生任何可能的威胁。但是，本集团注意到，阿兰德的胜利会威胁到西半球的凝聚力，会表明是美国的心理挫败以及马克思主义思想的显著发展。"

这个推断和国际电话电报公司以及其他美国公司，包括百事可乐公司（其由尼克松的朋友唐纳德·肯德尔经营）的担心足以影响总统和基辛格。他们想找到一种方式阻止议会批准阿兰德出任总统，虽然按照智利的传统，落选的政党总是靠边站以便让获得最多选票者能被选为总统。基辛格给中情局的秘密活动定了基调，他私下里说："我不明白为什么我们必须袖手旁观，任由一个国家由于其人民不负责任而落入共产主义阵营。"[625]

尼克松——孤独的白宫主人

9月15日，总统叫来基辛格、霍尔德曼以及约翰·米切尔，其在智利为国际电话电报公司做法律工作。过了一会儿，他把中情局长赫尔姆斯叫来开会。赫尔姆斯参会不到20分钟。他的笔记中写道："也许只有十分之一的机会，但是也要拯救智利！……不计风险。使馆不要参与。可以投入1,000万美元，如果需要的话还可以投入更多。全职工作——我们有最佳人选……让这个国家尖叫吧。48小时行动计划。"

这是这位中情局长第一次看见情绪激动的尼克松。他离去的时候，带着这样的理解：美国投资者担心阿兰德会将他们的产业和财产收归国有，而他的工作就是去尽一切可能推翻阿兰德。回到中情局总部，赫尔姆斯叫来高级官员。这次会议的官方记录如下：

局长告诉大家，尼克松总统已经决定，智利的阿兰德政权是美国所不能接受的。总统要求本局阻止阿兰德上台或者把他从总统位置上拉下来。总统批准用1,000万美元办理此事，如果需要的话。而且，本局将自行完成这个任务，而不与国务院、国防部合作……局长说，亨利·基辛格博士要求于9月18日星期五与他会晤，要他汇报有关本局将如何能完成这个任务的想法。

在国务院的一次独自行动中，总统同意给美国驻圣地亚哥使馆拨25万美元用于买10月24日选举中智利议会反对马克思主义的选票。中情局的第一个行动是提供5万美元给愿意绑架自己上司的智利军官雷内·施耐德（Rene Schneider）将军，其反对军事政变，让他离开几天。大使馆的计划被称作Track I。中情局的计划被叫做Track II并且对国务院保密。这两个计划似乎都没有什么作用，对美国友好的保守派政治领袖告诉美国外交官和机构原因何在：与马克思主义相比，智利人更害怕失去其民主制。大使科里的"绝密"电报发出了更严重的警告。在他了解到中情局特工正在他不知情的情况下接近智利军方领导人的时候，他写道："我认为我方任何积极促成一场政变的尝试都可能导致我们又一次遭到"猪湾"失败。（译者注：猪湾事件是指，1961

第 15 章　1970 年 9 月 23 日

年，1,400 多名在古巴革命后逃亡到美国的流亡分子，在美国中央情报局支持下，在古巴猪湾登陆，试图在古巴制造混乱，推翻卡斯特罗政府的一次行动。这次行动仅仅持续了 72 个小时便以失败告终。）我非常震惊地发现有与恐怖分子联络和政变密谋活动……这会是一个令美国和总统困苦的灾难。其后果会是强力迫使阿兰德现在和将来在拉丁美洲甚至其他地方做出严重伤害美国利益的事情。"

9 月 16 日在堪萨斯演讲过后，总统飞到芝加哥。9 月 17 日凌晨两点，基辛格给在总统下榻宾馆的霍尔德曼打电话。[626] 他想告诉尼克松，在安曼，约旦军队与巴勒斯特部队已经展开巷战——而且以色列和英国情报人员告诉他，叙利亚的坦克已集结在约旦边境。难言之隐是，国家安全委员会无法确认这个情报，因为尼克松，在基辛格帮助下，不让美国情报机构（无论军方的还是民间的）参与决策过程。霍尔德曼，总是保护在侧，觉得没有必要叫醒总统，但是他还是跟基辛格说，你去干吧，并且说他已经跟总统说过了——以总统的名义允许基辛格当晚行动。这就意味着他可以不知会罗杰斯和莱尔德。让他们也睡吧，而基辛格正在指挥作战室。然后，上午八时，他又给芝加哥打电话，一开始就反复说他在离开华盛顿之前就曾跟总统说过的话："看来苏联人正在逼迫叙利亚人，而叙利亚人正在逼迫巴勒斯坦人。"[627] 尼克松这个早晨的第一反应是："时不时有点小对抗、小兴奋最好。"

首次报告六个小时后，基辛格仍然依据以色列和英国的情报告诉总统，在与配备轻型武器的巴勒斯坦游击队血拼的过程中，约旦部队和坦克似乎正在取得对安曼的控制权。接着，这位国家安全顾问转换危机，重复一周前他就告诉过总统的一些事情：在古巴，尤其是在西恩富戈斯（Cienfuegos）小型海军基地周围，苏联人好像增多了。越来越多的苏联海军活动和对美国侦察机的飞行骚扰正好让基辛格相信，苏联人想利用这个基地作为在美国东海岸巡航的核潜艇的加油站。

尼克松在芝加哥与该市四家报纸的编辑记者和编辑委员会举行了非正式

会议，接着向60名中西部编辑记者和广播公司主管做了情况简介。这些活动是他为降低华盛顿特区和纽约新闻媒体主导地位而进行的部分尝试。基辛格乘飞机到那里去见他，并且给这些编辑记者举行了一次"高级官员"的新闻发布会。基辛格强调了"美国的可靠性，"也就是他将所有的问题都与美苏对抗以及越南战争联系在一起的方式。接着，他反反复复跟他们讲世界的重重危机，其中有些是秘密，有些只是推测或恐吓。"埃及人和俄国人妨碍了沿苏伊士运河的停火，确实从第一天开始……我认为，我们不应当再自欺欺人地认为阿兰德对智利的强行接管不会给我们带来重大问题……如果俄国人开始从古巴调动战略部队，比方说，北极星式潜艇，那就会成为我们要认真研究的一个问题……当今世界上最严重的对抗可能是在苏联与中国之间……世界的和平和稳定在很大程度上取决于其他国家的人对美国可靠性的信心。"

关于中东，总统插话说，"如果出现只有我们干预才能改变的局势的话，我们会去干预。"

总统的话理应是不宜公开报道的，但是《芝加哥太阳时报》却刊登出来了。基辛格的观点也被刊登了，作为针对苏联人、埃及人、古巴人以及智利人的来自白宫的匿名警告。24小时之内，全国各地的报纸都在大声报道警报和警告。事实上，因为没有证据，总统并不相信基辛格关于苏联人在古巴的作为的证据。但是次日，中情局的一位图片分析师报告说，侦察机新拍摄到的照片表明，西恩富戈斯正在修建一个足球场。据此，基辛格完全信服了他关于新危险的论断。在他看来，建足球场这件事就意味着俄国人已参与其中，因为古巴人更多的是打棒球而非足球。他急匆匆地走进椭圆形办公室，这时尼克松正在等候以色列总理戈尔达·梅厄到来，他递给总统一份一页纸的备忘录，开头写道："最高机密/绝密/亲启——今天上午对古巴进行的侦察飞行摄影分析证实，[628]在西恩富戈斯湾建造了一个可能调度潜艇的基地……"

梅厄夫人的说法简单扼要。令尼克松感到很不舒服的是，她说既然美国让她的国家停火，那么美国就该确保停火有利于以色列。关于这次会议的美

第15章 1970年9月23日

方记录如下：

总理说[629]……对于美国倡议的可接受性，以色列内阁成员的看法已经出现严重分歧。事实上，他们已经决定不接受这个倡议……但是在做出拒绝接受美国倡议的决定之后，尼克松总统来信力劝以色列接受。基于总统的来信，总理能够收集到大多数赞成票……以色列刚刚接受美国的倡议，总理继续说，对方便立即开始违反停火规定，将地对空导弹前移到停火地带。

以色列大使雷宾在地毯上铺开地图，盖住美国的明黄色部分。地图标明：8月11日，停火区域里有六枚SAM-2导弹和两枚SAM-3导弹；六天之后，有八枚SAM-2导弹；9月13日，在苏伊士运河30英里之内又增加了31枚SAM-2导弹和1枚SAM-3导弹。

梅厄夫人说，以色列最初反对停火的理由是它与罗杰斯计划相连接，而且她的国家不能接受回到1967年以前的边界，因为他们不能抵抗位于戈兰高地地区的叙利亚。"能防御的边界"是以色列的条件。根据美方对这次会谈的记录，她是这样说的：

以色列问题不是阿拉伯国家造成的，而完全是由于苏联。她说，俄国人既不关心阿拉伯国家的利益，也不关心以色列的利益，只关心他们自己在中东扩大红色影响的利益。正是苏联的军事装备和苏联的出现改变了局势。埃及人不能发射SAM-3导弹。苏联人员被分布在埃及军队的各个决策层，苏联飞行员一直活跃在苏伊士运河上空……以色列人支持本地区和平，他们不能接受目前所处的这种局面，也不能在俄国以SAM导弹为枪指着他们的头的情形下进入谈判。

当时，总统让其他人离开那间屋子，并发布了一些坏消息，说她不应该以为会撤走很多武器，现在太迟了。但是美国的援助和贷款会增加，无论是军事还是经济方面。

在以色列人走后，尼克松与基辛格谈论古巴问题，[630]说他还没有被侦察机拍摄的照片说服。他说，国防情报局曾报告说，对苏联潜艇队而言西恩富戈斯的水太浅了。他要基辛格下令进行更多侦察飞行，但又补充说他不希望古巴危机妨碍计划于几天后开始的欧洲之行。他认为即使最糟糕的情况属实，秘密说服苏联人退回去也比较容易。此外，他还说，他最需要的是一些"小丑参议员"要求再次入侵古巴。

关于约旦问题，基辛格更有说服力，[631]他改变了尼克松心中的一个重要观点。在危机开始的时候，总统曾经说过，他会使用美国的飞机和人员——第一次在中东这么做——在他允许约旦开始攻击受苏联支持的阿拉伯国家之前。基辛格坚决主张，如果侯赛因国王的军队遇到麻烦，就始终使用以色列军队。星期六尼克松从戴维营打来电话，最终同意那么做。到此为止，以色列对这两个人的美国计划一无所知。

9月20日星期日一大早，[632]基辛格打电话给戴维营，接通霍尔德曼。新闻是：叙利亚的坦克，有的坦克上绘有巴勒斯坦的标志，已经越过约旦边境，开过了几个村庄，穿越了不止15英里。但是在约旦人反击之后，据说摧毁了30辆叙利亚坦克，他们就撤退了。"'他们'在试探我们。"基辛格说。问题是罗杰斯，他说。他感到担忧，因为国务卿在纽约并且可能去联合国或者可能会见苏联大使多勃雷宁（他碰巧也在纽约）。他跟霍尔德曼说，必须得阻止罗杰斯。"我们正在挥霍18个月来我们所得到的一切，"他说，"也许那就是为什么对峰会所开列的条件以及多勃雷宁在埃及违反停火协定问题上的傲慢无礼未予回应的原因所在。"他告诉霍尔德曼，他担心，如果侯赛因国王倒台，以色列会采取行动。如果国务卿与多勃雷宁会了面，则俄国人会认识到，用基辛格的话说，"罗杰斯是个替罪羊。"[633]接着，基辛格说，"他会拒绝和我打交道。"

随着日子一天天过去，电传打字机发来越来越多有关叙利亚活动的相互

第 15 章　1970 年 9 月 23 日

矛盾的报告，它们大部分来自以色列的情报人员。尼克松在戴维营，靠电话联系。基辛格告诉他，以色列或美国部队将不得不做出响应。在德国，一个空降旅进入高度戒备状态，此举的目的更多是为了警告苏联人，而非帮助约旦人。尼克松在晚上八时前返回白宫。

到这时为止，以色列、英国以及美国这三个国家的飞行员和特工报告或估计，200 多辆叙利亚坦克已经重新进入约旦。基辛格打电话给以色列大使雷宾，其正在纽约陪同梅厄夫人出席犹太联合募捐协会的晚宴，告诉他侯赛因国王欢迎以色列帮助反击叙利亚——雷宾曾难以相信的一个想法。大使问美国是否建议以色列介入。"是，"基辛格说。次日早上，雷宾给美国政府的答复是：以色列正考虑对叙利亚阵地实施空袭，并且同时会启用地面部队。于是，基辛格回去向尼克松报告。"告诉他们去干吧，"尼克松说，"我已经决定……炸这些王八蛋！"[634] 这会儿基辛格却退却了，他没有把这个答复传达给以色列。

没有轰炸。第二天，[635] 以色列的坦克占领了以色列与叙利亚和约旦的边境——戈兰高地和约旦河——而美国的侦察机则绕开地中海飞行，侯赛因国王说他不需要或不想要以色列地面部队的帮助，他也不确定是否想要他们的飞机在他国家上空。事实上，他的人正在将叙利亚人赶回去，[636] 摧毁了他们一半的坦克，许多是从空中摧毁的，而同时叙利亚空军从未出来掩护其地面部队。到 9 月 23 日清晨，侯赛因已经控制住了他的国家。*

这天上午，国家安全委员会开了个长会。会上总统和其他与会者用训练有素的语言讨论了这个多重危机。会后，总统与基辛格以及霍尔德曼一起走回椭圆形办公室。关上门之后，他坐在书桌后休息片刻，然后又开始交谈。其实周围还有许多现实问题，但是他难以抑制兴奋的情绪。他说，看来叙利亚人是永远消退了，侯赛因执行停火协定了。他说在国家安全委员会开会前雷宾给他打了电话，说由于："第一，美国立场强硬；[637] 第二，以色列的威慑

---

* 由于精简美国情报机构，白宫本身好像不知道叙利亚内部发生了问题，陷入了一场内部权力斗争。叙利亚空军由哈菲兹·阿萨德（Hafez al-Assad）将军指挥，其在两个月之后在一场政变中成为该国统治者。

力；第三，俄国人因美国的立场而对叙利亚和伊拉克施加压力；第四，约旦部队的卓越战斗力，"事情已经圆满解决。

霍尔德曼一如既往地做笔记，他写道："另一场危机处理得很好——总统非常强硬、镇定——基辛格的系统，华盛顿特别行动小组等运作顺利，尽管罗杰斯无能——而罗杰斯在提醒谨慎行事方面也具有积极作用。"

然而，基辛格似乎认为这只是开始而不是结束。他告诉霍尔德曼，现在美国正在与苏联对峙，他确信苏联准备在全球范围决一胜负。他几近狂热地警告说有一场新的古巴导弹危机，如霍尔德曼所记录的："基辛格有一套真正的秘密计划——也就是整个苏联计划。（他）认为他们已经在利用各国首脑会议和埃及导弹掩盖他们在古巴的行动。采取了与1962年一样的方式。（他）认为这将在10天后浮出水面。不能坚持到选举之后，那是总统所希望的……苏联将消除他们对理查德·尼克松的所有担心害怕——于是总统就不得不走向另一个极端……俄国人很可能走向全面摊牌。埃及只是烟幕……古巴才是理查德·尼克松真正的命门。"

尼克松的反应是，如果苏联人真的企图在西恩富戈斯设一个核潜艇基地，那么唯一的解决方案可能就是美国封锁该港口。基辛格说他认为这种情况会马上出现，没有对付任何行动的应急预案——因为罗杰斯在拖累美国。总统让他再次召集华盛顿特别行动小组并且制订一个计划。尼克松让自己不理会危机的具体进展情况，由基辛格定期汇报，而总统通常只是点点头或者表现出对他视而不见的样子。这种行为方式令这位顾问感到问题很严重。这可不是在一次国宴前几分钟尼克松政府重新安排地方的小事情。中东危机期间，基辛格发现他在采取行动时迟疑犹豫，但是他对时机好像把握得很好，并且形成决定之后他表现得很坚决。总统好像很镇定但是郁郁寡欢，愿意听取辩论，完全不是平常日子里那个冲动、大喊大叫的人。

总统又有时间处理国内问题了，宣布联邦调查局将培训1,000名新特工。同时，基辛格邀集了其中的专栏作家约瑟夫·奥尔索普、约瑟夫·克拉夫特和休·赛迪并向他们吹风，让他们报道尼克松的领导才能以及他本人关于在

第 15 章　1970 年 9 月 23 日

美国与以色列之间进行调动的快速决策阻止了另一场中东战争。于是，赛迪在基辛格办公室和总统办公室之间来回穿梭，做了一次 30 分钟的采访。在此之前，基辛格通过备忘录对总统说："赛迪先生不会向你提什么重大问题，他只是想看看背景，感受一下在过去两个星期里你的例常工作状态。"[638]

那个星期《时代周刊》封面刊登了一帧富有英雄气概的尼克松肖像，配发标题为"面对中东，动用还是不动用武力之时"。在该杂志里面，除了总统关于赢得一代人的和平的谈话之外，还有一段事实报道："尼克松下令，不要用应当有多少艘舰艇开到哪里之类的琐事占满他的时间和头脑。'放眼长远是非常重要的，'他提醒说，'我不会拘泥于琐事。'"

那正是总统所希望见到的他本人的形象。这也是基辛格的权力越来越大的关键所在。虽然罗杰斯和莱尔德的形象仍然见诸报纸以及电视访谈节目，但是，却是这位国家安全顾问在指挥着舰艇开来开去，只不过因为他有德国口音，所以总统下令不让他出现在电视节目上。[639]基辛格派独立号和萨拉托加号（Saratoga）航空母舰进入地中海，C-130 飞进土耳其，甚至调动了北卡罗来纳的第 82 空降师，利用这些行动扩充通向莫斯科的电缆的公共信号，以警告莫斯科"后果严重"。

两天之后，9 月 25 日，全国各地的报纸纷纷发表有关西恩富戈斯的报道。因为没有人把总统的话告诉国防部首席发言人杰里·弗里德海姆（Jerry Friedheim），因此，在他每天上午的情况简报会上，弗里德海姆坦率地回答了一个记者有关这些天古巴是否在发生什么事情的模糊提问。基辛格很生气。这位白宫"高级官员"——当然，就是基辛格——立即将记者们叫来开了个背景情况介绍会，说已经警告苏联，建设潜艇基地是违反 1962 年古巴导弹危机和解协议的做法。为了澄清这一点，他朗读了肯尼迪总统 1962 年 11 月的一个声明："在充分核实和有适当防护措施的情形下，如果古巴撤除所有进攻性武器并且今后远离这个半球，如果古巴不被用于输出侵略性的共产主义目的，则加勒比海地区会有和平。"但事实上人们对这篇报道几乎没什么反应，部分原因是许多重要人物，包括总统，根本就不相信基辛格的警告。在

尼克松——孤独的白宫主人

其头条新闻报道的第三段里,《纽约时报》报道说:"在华盛顿,美国官员,包括情报部门的成员,对这些指控表示疑惑,指出这些指控是基于不确定的、过时的情报做出的。"

9月27日,[640]拘留在约旦沙漠中的最后一批人质——32名美国人——被巴勒斯坦释放,而他们此举则使得关押在欧洲和以色列监狱的巴勒斯坦人得以释放。第二天,侯赛因国王和巴勒斯坦领导人亚西尔·阿拉法特,被纳赛尔总统带到开罗,签署了一个停火协定,其他阿拉伯领导人作为证人也在此协定上签字。该协定强调,以色列是所有国家的真正敌人,并保证保护国王的王位和巴勒斯坦在约旦的持续存在。与此同时,基辛格打电话给以色列大使雷宾,向他转达尼克松总统的官方谢意:"美国感到幸运的是[641]在中东能拥有以色列这样的盟友。这些事件在未来发展过程中都会得到考虑。"雷宾认为这个表述意味着现在美国不只是将以色列视为一种道德义务;对他而言这些话意味着一种新的战略联盟,一种比以往的义务感和家长方式更为牢固的冷战盟约。

……

尼克松对自己的奖赏是一次欧洲旅行。他9月27日从美国出发,首先是去罗马会见保罗六世教皇。最重要的事是去观看第六舰队在地中海地区的海军演习。一场大规模的、喧嚣的烟火表演表明俄国人现在可能已在附近地区,但这是美国的一个湖。从安德鲁空军基地到罗马钱皮诺机场的八小时飞行途中,[642]他和霍尔德曼一起坐了一会儿,说他想创建一个"竞选攻击小组",由科尔森、布坎南、赫斯顿、乔蒂纳和林恩·诺夫齐格(Lyn Nofziger)组成,开始对可能存在的1972年民主党对手进行负面研究和骚扰。他提到了爱德华·肯尼迪、埃德蒙·马斯基和休伯特·汉弗莱等人的名字,并且想要这个小组开始在国税局收集所得税申报表。接着,他把话题转到罗杰斯与基辛格之间的持久战。此时国务卿在飞机上,而基辛格在巴黎。他问霍尔德曼是否认为时机已到,可以除掉他们中的一个人了。"没有。"霍尔德曼回答说。"好吧。"尼克松说。他又说,如果有一个人必须走,那么这个人会不会是基

第 15 章　1970 年 9 月 23 日

辛格，可以用亚历山大·黑格取代他。

总统乘美国萨拉托拉号航空母舰上的直升机于 9 月 28 日傍晚抵达。"这是艰苦的两到三个星期，"他告诉这艘巨大舰艇的 4,700 名工作人员，"实际上，你们在这里，这个事实就说明了我们的成功。在以一种不必经过最终检验的方式使用权力的情况下，那么权力就是确实有效的。"接着，他坐下来与舰艇上的军官以及随行的内阁成员一起用餐。然后他去他的船舱休息几分钟。这时，有人急速敲门，然后霍尔德曼走进来告诉他："纳赛尔死了！"[643]这位 52 岁的埃及领导人在开罗死于严重的心脏病发作。总统问了问有关埃及副总统安瓦尔·萨达特（Anwar Sadat）的情况，然后就上床睡去了。与此同时他的幕僚和内阁成员起草了相应的声明。

10 月 6 日这天，总统返回华盛顿，沿途经停南斯拉夫、西班牙、英格兰和爱尔兰。多勃雷宁大使带着苏联的一份声明来到白宫。[644]声明否认曾经有过在古巴建立攻击性基地的计划，并且说苏联重申其对古巴导弹危机之后与肯尼迪总统签署的非正式协定的承诺。与此同时，基辛格在和专栏作家们开会。他说总统相信白宫坚定——"确凿无误的坚定。"他引用总统的原话——地阻止了加勒比海地区的共产主义扩张或另一次美苏对抗。一个星期之后，10 月 13 日，《纽约时报》发表了标题为"美国现在对潜水艇基地将信将疑"的报道。报道称："今天国防部说，来自古巴的新证据表明，看来苏联现在不太可能计划在那里建立核潜艇基地……"

10 月 9 日星期五，[645]驻智利首都圣地亚哥的科里大使被告知下周回华盛顿。在向基辛格汇报之后，他被带去见总统。当时椭圆形办公室的门开着，尼克松站在那里说："那个狗娘养的！那个狗娘养的！……不是说你，大使先生。我知道这不是你的错，你总是说有这种迹象。我是说那个狗娘养的阿兰德。"

科里 1967 年在埃塞俄比亚见过尼克松，当时他们两人坦诚地交谈过很长时间。现在科里又一次坦诚直言。总统谨慎地避开有关政变之类的话题，但是他还是说了，美国可能以某种方式把阿兰德拉下台。

"总统先生，你大错特错了。"科里说。他还想设法说服阿兰德，告诉他别无选择。接着，这位大使谈到了政变策划者的活动，他说，"有些狂人在四处奔走。"总统镇定自若，基辛格怒目而视——并且把科里送走了。他确信总统甚至比基辛格更愤怒。

两天之后，在智利，中情局圣地亚哥站站长亨利·赫克歇尔（Henry Hecksher）发电报给华盛顿说："施耐德将军是所有军方接管计划的主要障碍。"中情局总部回电开头是这样的："白宫持续施压……让他下台变得前所未有地重要。"那是不言而喻的。这天给赫克歇尔的另一份电报说："微型冲锋枪和弹药由10月19日7时从华盛顿动身的固定信使直接送往圣地亚哥（亲启）……"不带产地序号的微型冲锋枪被装在美国的一个外交邮袋中寄送。华盛顿给该使馆军事处的电报说："华盛顿高级当局授权你处为尽其所能阻止10月24日阿兰德选举的智利武装力量提供武装干预所需的物质支持。"

10月19日至10月20日，绑架施耐德将军的尝试失败。10月22日上午8时，施耐德的轿车在途中受阻，他本人中弹身亡。在美国，这件事被报道为在另一起拙劣的绑架事件，将军举起自己的手枪时遭误会而被枪击致命。但是，在圣地亚哥，官方警署报告说："他的车被五个人包围，其中一人用类似于长柄大锤的一种钝器砸开后窗玻璃，然后向施耐德将军射击，射中其脾脏、左肩和左手腕。"

48小时之后，10月24日，智利议会接受了该国选举结果，批准萨尔瓦多·阿兰德为总统。八天前，在秘密提供的用于政变企图的机枪和其他武器发送到智利之后，位于弗吉尼亚兰利的中情局曾发电报给赫克歇尔：

通过政变推翻阿兰德，这是坚定不移、持续不变的政策。[646]在10月24日之前能完成政变会更好一些，如果不能，在此日期之后还要继续积极努力……极为重要的是，这些行动必须妥当、秘密地进行，这样才能使人难以看出美国政府和美国人在插手。

第 16 章　1970 年 11 月 3 日

"你们都读过斯卡蒙—瓦滕伯格的书吗？"[647]总统在9月26日与其政治攻击小组开会的时候问。"所有的民主党人都在读这本书。所有的民主党人都在极力淡化他们的印象——对犯罪，对学生……抨击他们想做极端自由主义左派的橡皮图章。紧紧抓住他们的这一点。"

他们都点点头。随着1970年竞选运动的展开，《真正的大多数》正在迅速成为政治阶层普遍接受的判断。但是，登特、萨菲尔、科尔森以及尼克松政治团队其余的人都已经无数次从尼克松那里听到大部分同样的想法了。过去一年左右，他的黄记事簿上诞生的"新多数"或"新政党"是根据斯卡蒙和瓦滕伯格所收集的民意调查结果精心制定的一种政治战略。在该书中，作者是这样说的：

就像民主党必须在社会问题方面继续努力以便与中间派保持一致那样，共和党也必须在经济问题方面做出努力以便赢得中间派的支持……一个被视

尼克松——孤独的白宫主人

为在解决失业或城市或交通或污染问题方面故意拖延，或者在建立医疗保险或社会保障制度方面不力的共和党将会是不堪一击的。70年代的美国中间派想要一个积极解决问题的政府。共和党人必须呈献这样一种形象或者处理问题。他们不能保持作为小城镇银行家的政党的形象。没有足够多的小城镇银行家去选举总统……共和党人必须证明他们是美国中产阶级的政党而不是富人的政党。如果想赢得总统大选的话，尼克松的党派必须俘获那些"小人"的感情。而民主党则可以继续保持诚信的角色，尤其是如果出现经济衰退、失业率上升或通货膨胀继续恶化，其更要保持此种角色。

换句话说，中产阶级选民在钱包问题上给民主党人以无罪推定，自从将近40年前经济大萧条初期富兰克林·罗斯福与赫伯特·胡佛总统竞选以来他们一直如此。在10月份第一个星期那一期的"工商业"栏目中，《时代周刊》开始用"滞胀"（stagflation）——经济不景气状况下日益严重的通货膨胀——这个新词总结了那一周的新闻，接着说："一年多以来美国经济所遭受的许多痛苦的严重性显然低于其多样性。这个国家已经有一个糟糕的恶性通货膨胀的基础，下降的生产率，上升的失业率，以及令人窒息的利率。所幸的是，情况似乎开始缓解……"

也许如此。但是即便如此，对尼克松1970年的目的而言，这可能也是太迟了。据《纽约时报》的调查，在35个参议院席位竞争中，共和党占据了10个，而民主党占据了25个，这意味着共和党要取得7个民主党人席位才能控制上院。从这些头条标题可见竞选情形：

两党挑选决定参议院竞选的问题
民主党人强调通货膨胀，共和党人在控制权之战中阵脚大乱
政治家给大佬党打10分，给它的竞争对手打22分，三轮竞选胜负未定

这些标题下的报道内容包括："副总统阿格纽陈述共和党情况……最重

要的问题,他说,是'美国的政策将会由其当选官员制定还是在街上制定'。对民主党人而言,其全国委员会主席劳伦斯·F.奥布莱恩以及其他发言人已在嘲笑'尼克松经济学'……"

但是尼克松经济学被尼克松以及一些坏运气打倒了。"尼克松竞赛计划"(起初是这样称呼)是很基本的共和党经济学。他的顾问们使用的是"渐进主义"这个词。想法是要压缩联邦开销,而同时联邦储备委员在限制货币供应量,足以减少需求,足以提高失业率,足以抑制工资和物价,足以稳定通货膨胀趋势。

尼克松在1954年和1958年国会选举中曾看到共和党人被经济衰退所毁掉,他也一直在给美联储施加压力,让其多挤出一点儿钱。从理论上讲,对于现任总统而言,通货膨胀的危险性小于经济衰退。作为实现一名老共和党人的梦想——邮政服务私有化——的代价之一,尼克松曾经勉强批准了与邮政工人签订的大趋势工资设定协议。1970年9月中旬,拥有344,000名会员的汽车工人联合会罢工反对通用汽车公司[648],拿走了一天1,200万美元的工资,供应商一周两亿美元的销售额,国民生产总值一周损失了20亿美元。

工资和物价还在上涨,但是经济却没有增长。而且,尽管拥有总统的一切权力,但尼克松也不能控制其老友亚瑟·伯恩斯。回想1月1日,在他发誓让伯恩斯当美联储主席的时候,听众都鼓掌赞成,尼克松笑了,带着令人为难的直率说:"那就得先坚持投票赞成低利率和发行更多货币……我尊重亚瑟的独立。但是,我希望他会独立地认为我的观点是应当得以听从的观点。"

但是伯恩斯比那还要独立。6月里,总统试图按他自己的意图行事,通过做他在其首次总统新闻发布会上所说的事情——他绝不会宣布一个自愿性工资和物价方案——扭转民主党控制工资和物价的需求。"通货膨胀警报"是一个专注于政府对过度的工资和物价需求的看法的计划。但是同时他重申了1945年他在物价管理局任职以来所发的誓:他绝不会提倡强制性控制企业或劳动力。绝不。正如尼克松所预测的,自愿性的想法失败了。实际上,就在他要求抑制之前会见顾问时,他说:"人们不想做好人。[649]他们想赚钱。我们不能让他们对经济范围以外的任何事情做经济决策。"

曾一度，尼克松的懊恼主要是针对肉食价格，这大概因为他是食品杂货商的儿子。肉食价格上涨时，他发布了一道比较横蛮的命令。这个命令发给农业部长克利福德·哈丁，告诉他，他希望到下个星期一肉食价格就降下来，否则就……当然，什么事儿也没发生，于是他命令经济顾问委员会给他一个关于超市"牟取暴利或勾结串通"的报告。在该委员会主席保尔·麦克拉肯汇报没有协定售价的证据时，尼克松愤怒地对副官彼得·弗拉尼根说："我认为你们会发现那些总体控制全国这类价格的连锁店主要是被犹太人的利益左右的。当然，这些伙计有权赚取所有他们想赚的钱，但是在这一行以阴谋策划见长，臭名昭著。"[650]

为了强调他们所认为的自身政治优势，国会两院中的民主党多数派给总统投票，违背他的愿望，伺机授权强行施加工资和物价控制。他再次发誓，他绝不会利用这个授权。绝不。《华尔街日报》准确地谴责了忠诚的反对党人希望得到最坏的结果："对于民主党政治家来讲，[651]快乐是更高的失业率、缩减加班费、抬高物价、提高利率和缩紧银根。"总统告诉埃里希曼，真正的目标不在1970年："我真正希望经济在'72年'7月开始激增。"[652]

到10月份，数据看来对白宫不利。自从尼克松上任以来，通货膨胀率[653]已经从全年3.3%增长到9月份5.5%的年通货膨胀率，而1970年第四季度该数据为7.5%、国民生产总值没有起色，1970年底与1969年初持平。

具有讽刺意味的是，在几个星期后，经济学家(无论是自由主义的还是保守主义的)都认识到那些指标大部分已经开始走向正确的方向：10月里的某个时候，温和的经济衰退已经降至最低点。但是代顿市的那位家庭主妇并不知道那一点。股票报升似乎对"经济问题"投票人没有什么影响。《纽约时报》没有一名固定的家庭主妇，但是在选举前几个星期里该报确实跟踪采访了一位来自阿克伦城名叫麦克·曼基尼的卡车司机，他告诉他们，他讨厌反战示威者，他认为国民警卫队在肯特州立大学开枪是对的，但是他的加班费在下降。

第16章 1970年11月3日

总统本人是共和党竞选管理者。马基雅维利比王子更多。他比这个国家的任何人都更了解政客和选区，这是除橄榄球和外交事务之外他真正喜欢坐下来闲聊的事情之一。他常常在办公室里重新计算以往竞选的选票，重述以往的教训，抱怨说如果他自己的手下留心听从且不给人留下话柄，现在一切都会是很好的。他们肯定听从了。一天又一天，尼克松召来这些年轻人——通常是科尔森或霍尔德曼或哈里·登特——听他一个人滔滔不绝地讲，有时还扮演候选人，对他所钟爱的策略进行详细讲解，在这个时候他们都做笔记：

民主党人正在试图给中间派腾地方，[654]让我们在经济问题上一直处于守势。即使像麦戈文这样的一个怪人也在跑向中间派。我们不得不迫使他们去拒绝左派抑或接受左派——让他们处于守势，说："我没有怀疑他的诚意——他深信这种激进的哲学。"……放纵是关键主题。所有这种放纵都始于该死的最高法院……78%的美国人们认为这些法院太过于放纵了。在这一点上给他们以猛烈抨击。

阿格纽应当是非常古板的，像隆巴尔迪，像米尼……我们要避免："阿格纽攻击这个人，攻击那个人"之类唠唠叨叨的抱怨……说："这些人不是坏人。尤其是这位候选人——我认识他父亲。他们非常信任左派。他们是真挚、热诚的激进分子！"

现在说说阿格纽本人。他没有参加这种竞选的能力。不要让他工作得太辛苦了。不要给他施加太大的压力。给他一个机会让他看起来不错并且感觉也不错……如果那些暴徒对这位副总统稍稍动一点儿粗，那对我们的事业来说是再好不过了。如果有什么人哪怕是跟阿格纽夫人发生一点儿小冲突，告诉她赶紧倒下。

关于小家伙们的事情——强烈反对扔炸弹……让别人说生活对于这些小混蛋来说很艰难，我们就听听而已……设法谈一谈工作的崇高性并向我们的天主教朋友致意。在劳动节宴会上我们可以举行一次弥撒，80%的人会觉得不错。

尼克松——孤独的白宫主人

关于计划中止问题——避开这个该死的问题。只说它是一个国家问题，尽快避开它。也不要涉及以色列。没有人会投赞成票……你们可以私下告诉你们的犹太朋友所有正确的事，但是在这个问题上全国人三比一反对我们。全国人都不想因以色列而陷入一场战争。*

布坎南、萨菲尔在法庭做一次演讲。像我所做过的那样赞美他们，但是这些法官把法律篡改得太过了。法院已经有一些可怕的判决。不要提到民权——南部人会抓住要点的。

现在，说说新闻媒体……请不要总是试图拿什么新鲜事儿去取悦新闻媒体。不停地说什么可行。汤姆·杜威告诉我，一些事情你们必须跟人家讲至少四次人家才能记住。我们都做过"这种"演说。林肯在库柏联盟学院做过上百次议院表决演讲。布赖恩曾在集会上做过259次黄金十字架演讲……

出去走走。伟大的电视，你们的确是刀锋，但是也要让他们看到温馨、有人性的人。不要只是盯着出席500美元一位宴会的人……如果激进分子出现，就站在极其下流的标语牌前面……如果副总统看见一个诸如"混蛋尼克松"之类的标语牌，他应当马上这么做：去跟拿标语牌的人交涉，给他一点颜色看看。

筹款会听众是所有人中最沉闷乏味的。他们富有、肥胖、醉酒、愚钝。你们希望跟一般人，而不是那些看起来像泡肿了的老混蛋，一起上电视。国会议员沃尔特·贾德曾经说过："你们必须向人民示爱。"这对我来说总是很难做到的，但是你们必须一头扎进人群。你们必须表示你们的关爱，而且你们必须关爱。

与此同时，在暮夏初秋的那几个星期里，目的明确的政治"小组"在椭

---

* 尼克松不相信他所看到的所有有关以色列情况的报道。他看到1970年9月14日的报道说，路易斯·哈里斯民意调查结果称，46%的调查对象说他们同情以色列，而只有6%的人对阿拉伯国家表示同情。就此尼克松在他的新闻简报上写道："这绝对是编造的。"读到在同一次民意调查中，对于如果以色列受到苏联的威胁则可动用美国部队这个问题，38%的人表示赞成，38%的人表示反对。就此尼克松写道："我们的民意调查结果表明3比1反对。"

第 16 章 1970 年 11 月 3 日

圆形办公室进进出出地照相，把总统的只言片语当作不断发出的战略和策略备忘录。科尔森带来意大利之子最高委员会（the Supreme Council of the Sons of Italy）的40名委员。总统告诉他们，他感到非常自豪，已经下令司法部停止使用"黑手党"（Mafia）和科萨诺斯特拉（Cosa Nostra——译者注：美国黑手党犯罪集团的秘密代号，意为"咱们的行当"）来描述有组织的犯罪。在掌声渐渐消失之后，最受尊敬的亚美科·柯蒂斯（Americo Cortese）感谢总统的道德领导。他说："你是我们人间的上帝。"[655]

备忘录公布的内容是，总统停止了一个汤姆·查尔斯·赫斯顿项目。备忘录是这样描述的："他已经建立了一个组织，公开支持自由主义激进派候选人，[656]出版某种可以塞到门下的小册子，在一些州最合适的地方分发这种小册子，赞美该候选人（我们的竞争对手）出色的投票记录及其坚决反对尼克松政府所有计划，包括法律与秩序的作为……"

不过，一如既往地存在着竞选经费问题。10月5日，在从他欧洲之旅最后一站爱尔兰返回的飞行途中，总统与霍尔德曼单独交谈，内容不是所到之处热情洋溢的人民，也不是他与南斯拉夫的铁托元帅以及西班牙最高统帅弗朗西斯科·弗朗哥的洽谈，而是与爱尔兰 Kilfrush 庄园的主人约瑟夫·A.马尔卡希的一次短暂的私人谈话。[657]马尔卡希是纽约辉瑞公司的一个事业部——奎格利钢铁公司——的总裁。前一天晚上，他用穿插有爱尔兰歌舞的六道菜奢华晚宴招待总统。宴会结束喝完咖啡后，这位东道主请尼克松到他的藏书室，跟尼克松说，他愿意为这次竞选提供100万到200万美元的现金，不拘具体用途。

回赠马尔卡希的礼物由霍尔德曼的助理负责去办。该助理来自加州大学洛杉矶分校，名叫亚历克斯·巴特菲尔德，前任空军上校，在越南当过战斗机飞行员并获得过杰出飞行十字勋章，是自己人。"重中之重。"把他找来的时候霍尔德曼说。但是总统的重点任务让巴特菲尔德有点犯晕。当时，他还在为霍尔德曼的 P-562 行动备忘录工作。重点任务备忘录标明："总统想尝尝61年和64年的法国波尔多葡萄酒，要拉菲酒庄和奥比昂酒庄的……让我们再看看到底什么是真正的好年份酒。你在阅读资料时还要跟一位来自法国巴斯克山庄的女孩联系，总统上周曾在那里吃过饭。她好像对这方面有些见地，令总统印象深刻。"

总统喝葡萄酒非常认真——关于特定年份葡萄酒的备忘录被巴特菲尔德称作"这些海狸巡逻项目"的一部分内容[658]——并且他喝过最好的葡萄酒。尼克松通常喝的是从裹着餐巾不让客人看见加州原产地标签的瓶子里倒出来的酒。礼物也是非同小可的事。他在椭圆形办公室书桌的中间抽屉里一直放着一个小活页夹，[659]上面记着他笨拙地塞到访客手上的礼品的价格。塞礼品的时候他笨拙地对客人开玩笑说："把这个给你妻子或者女朋友。我们不会说出去。"女用带镜小粉盒14.5美元一个，钥匙链4.4美元一个，烟灰缸4美元一个。总统的袖扣价钱为24.5美元一对。盒装的带有总统徽章压花的圆珠笔0.39美元一支，玻璃纸包装的0.15美元一支。这个抽屉里最贵的礼品是钻石别针，价格为212美元一个。他送出去了3个，分别送给了蒋介石夫人、艾森豪威尔夫人和约翰逊总统遗孀伯德·约翰逊女士。

到总统从欧洲回来的时候，副总统已经在路上跑了35天，一直在与"自由主义激进分子"，特别是田纳西州的阿尔伯特·A.戈尔参议员以及纽约州的查尔斯·古德尔参议员竞选。副总统没有发展到要支持纽约州保守党候选人詹姆斯·巴克利的地步，但是他说要为这个支持总统的人投票——并且说古德尔没有。他称古德尔为"该党的克里斯汀·乔根森"，[660]后者是一个在丹麦做变性手术后变成著名人物的年轻人的名字。这导致洛克菲勒州长打电话给白宫，说他希望阿格纽别介入他的州。其他州（包括加利福尼亚州的共和党领导人）都在表明同样的立场。

阿格纽变得不受欢迎了。民主党人调整了对"社会问题"的说法。他们的候选人也公开指责学生暴力活动，在国会高调提出十多份口气强硬的防止犯罪议案。在全国各地，自由主义者实际上也在发表与其竞争对手共和党人一样的"法律与秩序"演讲，而且在巡回警车或警察局里摄制电视广告。

第 16 章　1970 年 11 月 3 日

尼克松真正想做的事情是走出去，亲自参加竞选。但是他先得在基比斯坎度一个长周末，休息一下，还要修改一下 10 月 7 日演讲用的另一篇越战演讲稿。这一次他提出了静态停火建议，但马上遭到了河内的拒绝。10 月 10 日在从基比斯坎返回的飞机上，总统开出了一个质疑基辛格的问题清单，质问他们两人是否真的了解这场战争，假若是不了解，那么对越南共产党的想法的判断已经不灵："我们是不是从一开始就错误地判断了越南共产党[661]——1. 疲于奔命——精疲力竭……2. 停止美国的意见分歧，他们会谈判……3. 给他们一个震惊，他们会谈判。"两天之后，读新闻简报时，他看到巴尔的摩《太阳报》彼特·孔帕撰写的一长篇外交分析文章，说尼克松的最新计划完全合情合理，但是绝无机会实施，因为"河内领导人被信念和激情所驱使"。总统在这些词下面画线加以强调，写道："基辛格——这才是真正的问题。"

尼克松的第一轮竞选之旅只有一天，是去康涅狄格州，在纽约市以北的韦斯特切斯特机场做了一个短暂的、有目的的停留。总统走出机舱，停留了片刻，一群人挥舞着"支持巴克利竞选参议员"[662]的大标语跑到停机坪，拍照片。这位保守党候选人得到了这位共和党总统一次无言的支持。这群人在哈特德福（Hartford——译者注：康涅狄格州首府）很听话，尼克松高兴地对几个挥舞着越共旗帜的年轻示威者指指点点。

那些旗帜及其表示异议的形式在可控范围内是很有效的小道具。在威斯康星的格林贝机场，《新共和杂志》的约翰·奥斯本[663]在等候总统出现在空军一号门口，当一名警官带着白宫上峰的命令到来的时候，他正站在两名当地巡警旁边。"在总统走出机舱的那一刻，把灯光转向这群人，"他一边说，一边对那群假扮的人示意"一，二，三，四。我们不要你那狗娘养的战争！"那两个巡警大吃一惊，于是他们的上司说："这就是他们要我们做的。来，现在我们就来做！"

在尼克松参加竞选的时候，白宫宣布在圣诞节之前从越南撤出 40,000 军队，这是他在当年初宣布的撤军 15 万人的一部分。国防部长莱尔德举行了一次新闻发布会，宣布他预计在 1973 年夏天结束征兵。但是，与反战示威者相反，战争本身正在成为一个日益不为人关注的问题，至少从民意调查来看是这样。一方面，它让位于人们对法律和秩序的关注，另一方面，让位于人们对经济的关注。10月16日，国家大陪审团对参与肯特州立大学五月暴动和杀戮的25人提出控告，[664]被告人都是学生和大学行政人员。陪审团成员裁决不能让国民警卫队承担责任，因为他们只是在确实相信他们的生命处于危险之中的情况下才向人群射击。五天之后，10月21日，劳工部发布的9月份消费者物价指数统计表明，食品、服装、住房以及其他生活必需品价格上涨率减半。

在大选之前的那个星期，十几个国家领导人在纽约参加联合国开幕式。[665]尼克松只邀请了其中两位到华盛顿，一对奇特的组合。他分别设国宴招待了他最喜欢的非民选总统，巴基斯坦的叶海亚·汗[666]和他最喜欢的共产主义者罗马尼亚总统齐奥塞斯库。[667]他喜欢并信任叶海亚·汗（他的国家与共产主义中国有良好的关系），并且知道这位巴基斯坦领导人将在11月访问北京。餐后他们俩单独相处的时候，总统问叶海亚·汗是否愿意给中国领导人传个信，说尼克松本人有兴趣与北京讨论有关关系进一步正常化的问题。次日，10月26日的晚上，在向齐奥塞斯库敬酒时，尼克松用"中华人民共和国"指称中国。这是美国总统第一次使用这个共产主义国家1950年官方确定的这个国名。

但是头条新闻还是聚焦于糟糕的经济新闻。10月27日，各大报刊头版刊登劳工部统计特写说，在高失业率地区一览表中又增加了18个大都市地区，包括洛杉矶县和新泽西大部分地区。而在1969年底，该表中只列有六个地区。被列入此表者表明该地区失业率已达到6%并且有望继续上升。第二天发布了9月到10月的各项经济指标，所有的消息都对白宫不利。通用汽车公司的罢工被归咎于某些经济指标疲软，包括批发价格指数和制造业单位劳动力成本指标。

与此同时。总统每天都在研究民意调查结果和政治报道，常常命令派内阁成员去他们可能提供帮助的州或行政区，或者命令白宫送钱给接近赢得竞

第 16 章 1970 年 11 月 3 日

选席位的共和党人。"霍尔德曼——立即提供200人，"他在关于共和党人约翰·沃尔德（John Wold）在怀俄明州与盖尔·W. 麦吉（Gale W. McGee）参议员得票相差不超出12个点的报道上这样写道。"霍尔德曼——全力以赴。200人。"他在说明共和党人洛威尔·P. 韦克（Lowell P. Weicker）在康涅狄格州只落后于民主党人约瑟夫·达菲（Joseph Duffey）4个点的民意调查报告上这样写道。他在为最后两个星期的竞选奔波，计划从10月12日到大选日期间跑遍23个州。

10月29日，总统跑遍全国，从伊利诺伊州的芝加哥和罗克福德，到明尼苏达州的罗切斯特，到内布拉斯加州的奥马哈，以及加利福尼亚州的圣何塞。[668]霍尔德曼挑出了在加州的一个故事，准确地讲述了总统想要做的事情：

这是真正的大片。[669]在走进演讲厅途中，非常强硬的示威者高喊："一，二，三，四。"我们进去之后，他们试图撞开演讲厅的门。后来他们真的撞击了驶出的车队。我们希望有些冲突，但是演讲厅里没有出现激烈质问的人，所以我们在里面稍稍拖延了一小会儿，这样他们可能盯在外面，他们果然是这样。在上车之前。总统站起来并且做了一个"V"的手势，这让他们气疯了。一大队警车在前面以楔形强攻战术开路，我们紧跟着驾车驶出，他们向我们抛掷石头、旗帜、蜡烛之类的东西。石头击中了我的汽车，司机猛踩刹车，车熄了火，汽车让我们向后撞了一下，而不像到处飞着的石头之类那么可怕。但是我们赶上了，都下了车。车窗打碎了。制造一个巨大的冲突事件，我们努力挑起了这个事件，应当做成一个真正的重大新闻，这样可能会令人印象深刻。

尼克松心怀成功的快感。他的车被砸出了坑，玻璃也打破了。当特工听到暗杀警报跑进来的时候，他周围都是石头。这位警察局长说，总统能幸免于难完全是天意所为。当地和平党和自由党的领袖组织了2,000名示威者，他说："他是一个战犯，[670]他在加州不受欢迎……在对越南人民空投了许多炸弹之后，有什么人会跟着政府一起对那些向尼克松扔鸡蛋和石头的人表示不满呢？"

总统一行继续飞往圣克利门蒂，尼克松在他的小房子里给壁炉生火的时候差点儿把他房子给烧了。[671]霍尔德曼和其他人赶到的时候，那房子烟雾弥漫，救火队员正拉着水管一个房间一个房间地转。尼克松穿着浴袍和拖鞋转悠，大笑着说他喜欢闻这烟味，并且要进这个屋子去睡觉。凌晨一时以后他才平静下来——他在表演他在圣何塞是如何冲着后面的人做"V"手势的——清晨时分终于在客房里睡了。

两天之后，总统一行进入亚利桑那州的菲尼克斯，[672]参加在空港国际机场一个飞机库举行的集会。"上千名怀恨在心者，"他这样称呼圣何塞的民主党人，他的话在那个巨大的金属建筑物里回响，中午乘公共汽车赶到机场的人的欢呼声也在那里回响，"那些手上拿着'和平'标语，向别人扔着炸弹或砖头的人是我们时代的超级伪君子……让他们来识破这些人的真相。他们不是什么浪漫的革命者。他们跟暴徒和流氓一样，总是在折磨善良的人们……他们越来越对正派的公民构成威胁……如果你们允许被告凌驾于受害人之上的失衡状态存在，那你们就是在招引更多的暴力和繁育更多的恶霸。"

当他从讲台上走下来的时候，面对乘公共汽车来的信徒的欢呼声，尼克松跟霍尔德曼说，他想在大选前夕在三大全国电视网播放这次演讲的录影带。但是，这是个错误。那盘录影带剪辑得只剩15分钟，图像模糊，声音忽高忽低，一如在飞机库里那样。总统看上去有些狂躁。在华盛顿收看的时候，司法部长米切尔对朋友说："天哪，他看起来好像在竞选县长。"[673]

在民主党人得空做出回应的时候，相比之下这一切看起来就更糟糕了。该党决定选埃德蒙·马斯基参议员，他开放他在缅因州肯尼邦克港的避暑别墅，坐在一把摇椅上温和而沉静地谈论"令人恐惧的政治活动"。这位民主党人看上去很像林肯。他几乎马上就跑到了尼克松的前面，闪电般地形成了在1972年总统选举中与尼克松单挑的局面。

11月3日，大选当天，总统在圣克利门蒂投票，开车转了一个多小时，

第16章 1970年11月3日

然后回家打电话。在俄亥俄州阿克伦市,《纽约时报》的货车司机迈克·曼焦尼给民主党投票,告诉该报说他这样做是因为21年来头一次他妻子将不得不回去工作,要为他们在天主教学校上学的三个孩子交学费。

尼克松第一个电话打给比尔·巴克利,间接地祝他哥哥健康,他说:"我不知道你们急躁的麦克拉尔大鱼怎么看待别人,[674]但是如果一位平静的贵格派信徒的祷告会有帮助,那么你就已经得到了。告诉吉姆,选举之后,去酒吧喝点热啤酒,放松几个小时。"

次日上午,巴克利给尼克松提供了一次他为数不多的满足感。《纽约时报》,该报在他所挑选的州,刊登了一个贯通八栏的头条标题:

洛克菲勒和巴克利当选,
民主党人保住国会控制权
并新获更多的关键州长职位

总统助选的候选人大部分都输了,首当其冲的是得克萨斯州的乔治·H.W.布什(George H. W. Bush)和加利福尼亚州的乔治·墨菲(George Murphy)。共和党的确获得了参议院两个席位,在任的田纳西州民主党人阿尔伯特·A.戈尔和马里兰州的约瑟夫·D.泰丁斯(Joseph D. Tydings)成为输家,但是却失去了9个众议院席位和11个州长职位。这样,众议院便会是民主党的,254∶181。参议院也会是民主党的,55∶45。将会有29位民主党州长,21位共和党州长。从选票总数看,即使用非总统选举年投票率较低来解释,民主党在众议院选举中的选票差额也从1968年的110万张增长为1970年的450万张。

第 17 章　1970 年 12 月 31 日

中期选举过后，总统试图宣布胜利。来自白宫的公开说法是，在以往的中期选举中大部分其他总统做得更差。这是事实。他已经赢得了共和党人和保守民主党人思想上的大多数，这不是事实。总统内心执着地认为这次竞选结局大致上是个平局。11月7日，他回到基比斯坎参加一个长达六小时的会议，在讨论如何备战1972年大选时，他对埃里希曼说："错失了一个良机。"[675] 被挑选来参加这次会议的人不多，包括米切尔、芬奇、哈洛、霍尔德曼、埃里希曼、科尔森以及拉姆斯菲尔德。

这次会议从总统常用的独白开始。尼克松重复说到竞选主题，并且引述了令他感到满意的地方数字。但是，在其他人开始讲话的时候，他拟出了一个非正式问题清单。由于与会的某些人把他的笔记传给了专栏作家伊文思和诺瓦克，[676] 于是这个清单便成了公开的消息。专栏作家发表了其中一些要点："1. 总统……隐士领袖、与人民隔绝、与全国青年人为敌、着迷于外交事务的形象必须得到改变；2. 经济……比总统形象变化更大的是总统已经愿意考虑经济问题；3. 方案……必须要证明，总统还赞成除反弹道导弹和G.哈罗德·卡斯韦尔之外的某些观点；4. 内阁……西凯尔、罗姆尼、肯尼迪必须得走人；5. 国会……新说客，一种更温和的说法；6. 副总统……必须把调子降下来。"

当埃里希曼（其现在负责国内议事日程）敦促总统多花些时间去对国会施加影响时，尼克松厉声对他说："别总是说那些，[677]约翰。我知道我必须得做，我会一天工作22个小时而不是20个小时。"

他对内阁人事变动更感兴趣。他想让罗姆尼离开住房与城市发展部，如果他不辞职，就让他继续去谈论整体化住房，并且解雇他，以此取信于南部以及北部一些以工业为主的州。他想让西凯尔离开内政部，戴维·肯尼迪离开财政部，沃尔普离开运输部。他想让米切尔来管理1972年竞选。他想把莫伊尼汉调到联合国。[678]这年年底，他说，他想让罗杰斯离任，让纳尔逊·洛克菲勒当国务卿。他希望米切尔去处理罗姆尼、西凯尔和肯尼迪。科尔森可以去通知沃尔普离任。

最重要的是，尼克松希望到1972年7月经济出现大增长。他不停地说，倡导一个计划比实际改变规律更为重要。"让FAP销声匿迹[679]……它已被人忘却。"他谈到《家庭援助计划》（FAP）时说。有人说有些州和大城市的福利预算每年增长20%到50%。"哦，是吗？"尼克松说。他换了一种方式说，也许他们应当推行FAP，那样在该计划失败且领取福利金的人数持续增长的情况下，他们会因为尝试而得到信任。总统最终拿定了一个主意——开征增值税[680]，也就是全国的销售税，一年能征收到300亿美元，这些钱可以作为分类财政补贴拨给各州和城市。同时还要多撤销几个联邦机构。

11月9日，查尔斯·戴高乐逝世。尼克松决定去巴黎参加巴黎圣母院为这位伟人举行的纪念弥撒。他11月12日清晨到达，次日傍晚返回华盛顿。此间，他说他想去一家好餐馆吃一顿巴黎午餐，但基辛格和特工都劝他别去。他感到闷闷不乐。"我从没有做过什么有乐趣的事，"[681]他跟霍尔德曼说，"我必须时时刻刻都做正确的事。"

尼克松——孤独的白宫主人

11月15日回到办公室，一头看到伊文思和诺瓦克报道马拉松式的基比斯坎会议的专栏文章，尤其是当隐士那句话，令他感到心烦意乱。在同一期新闻简报上，有一段马奎斯·蔡尔兹专栏文章的摘要，[682]文章说："看来总统没有能跟他一起坦率交流思想的伙伴，据说他是从单页纸的文摘中获取新闻……无论白宫发言人对此否认多少次，这种与世隔绝的状态显然是个事实。"

"击败它。"尼克松在这页纸边上写道。

蔡尔兹关于新闻简报的说法不对，这天的新闻简报有29页，但是这天夜晚尼克松以他喜欢独处的方式证实了专栏作家所说的真相。他独自上楼走进林肯起居室，从计算他剩下的执政天数开始写起，写了一些有关他自己的东西。次日早上，他把写的东西放进楼下的书桌里。

两年差一个星期或者说六年差一个星期。我已经了解了我自己，也了解了总统这个职务。从这段经历我得出的结论是：

一位总统所做的主要贡献是在振奋精神方面，而非解决物质问题方面。

1. 幕僚，与我积极配合的幕僚，尤其是基辛格和霍尔德曼，在纯物质决策方面占用了我太多的时间，这些决策可以留给其他人去做。

2. 哈洛等人把我拽进了过多的国会问题。

3. 我的演讲和思想小组不能胜任，但是有部分问题是我跟他们在一起的时间太少造成的。

4. 新闻媒体、智力发达的当权派、民主党徒都完全对我不利——必须找到更好的办法去让人了解他们。

5. 我必须找一种方式去同内阁、幕僚、国会、形形色色的政治人物巧妙周旋，他们耗费时间，但他们可以抛开我自行其是。象征性会议应当就是这种周旋的方式。

就我个人而言，我必须承认在没有其他人能发挥作用的领域我有责任最大限度地使用权力。

第17章 1970年12月31日

停止娱乐活动，除了纯粹的体育锻炼活动——并且是有定期计划的……需要参加更多的社交活动……需要积极乐观的心态。

需要更多地激发人们讲话……需要端庄、仁慈、有干劲、有活力、懂得轻重缓急、注重精神品质。

无论他的心愿如何，在接下来的几天里总统被一连串的会见给缠住了。首先他会见了当选的参议员。这至少还是他喜欢的活动。他对詹姆斯·巴克利和劳埃德·M.本特森（Lloyd M.Bentson）印象最深刻，[683]后者是得克萨斯州的民主党人，其打败了总统所喜爱的一位共和党国会议员乔治·H.W.布什。但是布什很优秀。总统正在考虑给他几个安慰奖，包括让他担任白宫幕僚职务或共和党全国委员会主席。布什曾希望出任驻联合国大使，但是尼克松决定把这个职位给莫伊尼汉，后者接受了这个职位并通知哈佛大学说他不回去任职了。但是，《波士顿全球报》在这个任命宣布之前报道了此事，情况便发生了变化。这个报道令时任大使查尔斯·W.约斯特（Charles W.Yost）大吃一惊。此人是一位资深的职业外交官。当然，这个报道也引发了国务院及其传统盟友外交事务委员会联手展开了一场反莫伊尼汉运动。反对的理由是，这位变身为总统顾问的教授在国际事务方面几乎毫无经验。此外，莫伊尼汉的妻子伊丽莎白也说他不打算在纽约生活。在一个星期之内，莫伊尼汉收回了接受该职位的决定。

这天中午的时间是留作会见新参议员的，但总统接见了珀尔·贝莉（Pearl Bailey），[684]一名歌手兼演员。在为西德总理威利·勃兰特举办的一次国宴上，她的表现给总统留下了深刻的印象。尼克松很不擅长与陌生人打交道，即使是不太重要的约见他也需要有周密的谈话文件。关于与贝莉的会见准备了三张纸，其中部分内容是：

贝莉小姐可能提出的要点

贝莉小姐在白宫演出期间，总统授予她"爱心大使……"的荣誉。不知怎么回事,这一行动引起了对外交车牌的要求。(1)外交车牌只发给外国的外交官。(2)在华盛顿特区的美国外交官没有收到外交车牌。(3)在美国国内,没有美国人,无论担任什么职务,收到外交车牌。(4)贝莉小姐的汽车没有在华盛顿注册。(5)有外交车牌的车辆免于接受警方检查。(6)如果这样做了,那我们应当就是树立了一个范例,同时也为未来难题敞开了大门。比方说鲍勃·霍普(Bob Hope)可能是一位名气更大的名人……

11月18日贝莉小姐在福特剧院一台名为"向美国音乐致敬"演唱会上表演节目。总统和尼克松夫人曾一度计划出席。现在他们不打算出席了。不出席的原因是政治性的。这台节目是由安迪·威廉姆斯(Andy Williams,一个很热心的民主党支持者)赞助的……公开解释的说法是:"为了参加戴高乐将军的丧礼仪式,总统不得不极大地更改其日程安排表,这样一来,现在他日程安排表上的任务就极其繁重了……"

总统和贝莉小姐交谈了30分钟,谈话内容大部分有关美国青年人吸毒问题以及她赴东欧和苏联演出的可能性。他们两个人都没有提及外交车牌这个话题。几天之后,尼克松在出席为四位有勇敢行为表现的青少年颁发美国青年奖章的颁奖仪式时,遇到了一件不太愉快的事:一位名叫黛布拉·吉恩·斯威特[685]的获奖者对他说:"总统先生,我感到难以相信你颁发这些奖章的诚意,除非你让我们摆脱越南战争。"

同一天,《新闻周刊》刊登了斯图尔特·奥尔索普的一篇专栏文章,[686]其质疑了富尔布赖特参议员以及其他人所说的尼克松实际上在扩大越南战争的断言。但是奥尔索普的这篇题为"越南:结束得更快"的评论对这位三军统帅并无帮助。他看到有关在越美军吸毒的报道,还有关于士兵拒绝参加战斗并威胁说要杀了那些命令他们进入战斗状态的军官的报道。他写道:"没有人想做一场战争中被杀害的最后一个人。而且,任何军队都反射出大后方的态度,而大后方对这场战争已经毫无斗志……三四年前在越南的作战部队很专业,给人的印象非常深刻。现在的作战部队是由应征入伍的苦役构成

第 17 章　1970 年 12 月 31 日

的……他们丧命的比率差不多是非应征入伍者的两倍。他们争取尽可能少地参加战斗难道有什么奇怪的吗？"

米切尔负责的三个解雇人的任务中有两个没完成。只有财政部长肯尼迪愿意不声不响地离职。[687]罗姆尼要求约见总统。他想保住他的职位，说了些总统想听的话，说他会停止推进城郊一体化。尼克松内心对此的反应是可以想见的。"他说瞎话，[688]不过是迫于压力收敛罢了。"私下里，罗姆尼跟朋友们说，"我不知道总统相信什么。也许他什么也不相信。"剩下的是希克尔，他给总统写信后仍然坚持了六个月。"沃利，"米切尔坐在内政部西凯尔的办公室里说，"我们一直在商量这件事，如果你心平气和地提出辞职会更好。"

"约翰，"西凯尔说，"只有一个人能让我辞职，那就是总统。约翰，任何时候总统想撤我的职，他都可以撤我的职。"

11月25日，感恩节前夕，[689]总统玩了一个精心设计的帽子戏法。下午四时，乔治·舒尔茨给西凯尔打电话，要他来白宫参加内政部预算会。他到达的时候，舒尔茨却不在那里。白宫与内政部之间的联络员约翰·惠特克（John Whitaker）和三位预算官员在一间办公室里。西凯尔拒绝跟他们讨论数字，说他要等舒尔茨。过了尴尬的几分钟，电话铃响起。惠特克拿起电话回答说"是，"便挂机了，接着他对西凯尔说，"总统想跟你谈谈。"

西凯尔一走，惠特克便转身跟其他人说："这位部长不会回来了。"

尼克松在椭圆形办公室里神经质地走来走去。埃里希曼在那里做笔记。他交给总统一份打印的、说明让西凯尔离职理由的五页纸讲稿，其结尾写道："为了保证西凯尔部长充分理解……所有的意见都应当简单扼要……必须设想到西凯尔会向新闻记者复述所讲的每一句话……"一个军乐队正在南草坪上练习，所以有音乐声。

"我决定做些变动。"总统说。

"我知道。"西凯尔说。但是，他没有就此住嘴。他跟尼克松讲他的少年时代，为何他少年时他家离开了堪萨斯州，是因为他们那个地区由石油公司管理。他不停地讲——这个会谈持续了45分钟——最后，他说他会在1月1

291

日离任。

"不行,应当立即离任。"总统说。他告诉西凯尔,将由共和党全国委员会主席,国会议员罗杰斯·莫顿(Rogers Morton)接任他的职务。当这位部长回到他办公室的时候,为他宣布辞职而准备的麦克风已经安装好了。他只讲了几句话,然后长时间地看着地板,接着便走了出去。这成了第二天《纽约时报》的头条新闻。该报用一个贯通三栏的大标题,把总统接见大胆突袭位于距河内仅25英里的Sonday北越战俘营的美军直升机领导人的照片挤到了一边。这次突袭行动计划是尼克松亲自批准的,执行也得很圆满,但是由于90名犯人在突袭前几天已经被转移,所以这个战俘营变成了一个空营。

在感恩节周末的那个星期六,尼克松独自一人待在戴维营,制定另一个解决方案清单。总的来说这是个积极的方案清单,标题为"1971—1972年的目标"。他写道:"总统作为道德领袖——国家的良心……将国民团结在一起……结束战争。军备控制抑或增加国防预算……第三世界的新方法……新的税收方案……恢复法律和秩序……恢复对美国信念、希望和博爱的自豪感——向上进和向前进的……勇气,努力工作等……听取新愿景……"

他还口授了一份平静的备忘录,好像说明他知道白宫中期选举可能已经太过分。备忘录与选举期间他在椭圆形办公室内发表的有关共和党自由派的强硬说法相矛盾——并且展望了1972年,认为那时他自己的名字会列上选票榜首——现在他对参议院中的共和党自由派的说法是:

我们有埃德·布鲁克(Ed Brooke)(马萨诸塞州)、克里夫·凯斯(Cliff Case)(新泽西州)和查克·珀西(Chuck Percy)(伊利诺伊州)这样一些今年人气正在上升的人。[690] 无论他们可以给我们带来什么,我们的主要目标都是:在他们重选期间避免任何对他们可能造成伤害的行动或言论……我们通常不认为布鲁克、凯斯、施韦克(Schweiker)(宾夕法尼亚州)、萨克斯比(Saxbe)(俄亥俄州)、库珀(肯塔基州)、珀西甚至贾维茨(纽约州)等人有支持者,但是尽可能设法让他们和我们站在一起,在他们反对我们的时候不

第 17 章　1970 年 12 月 31 日

要让他们有能力反对我们。在此刻，在1972年我们需要他们每个人都跟我们站在一起的情况下，不要区分人们的党派。

一如既往，下一轮选举开始于选票计算完毕之后这天。缅因州的马斯基和南达科他州的麦戈文在为即将到来的民主党总统初选建立竞选组织。默里·乔蒂纳已在接收来自马斯基竞选团内部第一个尼克松间谍的报告，此人在白宫备忘录上被称作"查普曼的朋友"。[691] 实际上并没有什么"查普曼"；这个名字来自于共和党的传说：托马斯·E. 杜威打长途电话时用这个名字，因为他担心接线员如果知道总统候选人在打电话会窃听。在尼克松的活动中，查普曼有许多朋友。来自第一位为马斯基工作的人的第一天信息说，该参议员已经决定竞选总统，这是全国所有报纸的读者人尽皆知的事实。

10天之后，12月8日，总统在林肯起居室起得很晚，他又写道："坦率、有魅力、有胆量，有尊严……雄心不为输赢只为做大事……'张满风帆。'……'抢先占山头。'……'每天都是最后一天，分秒必争。'……今日我还有什么事情没有做吗——我会希望在我不再有权做的时候还能去做这件事吗？"

那么，还是一如既往地保持"热情。"[692] 总统有一个想法，并且已经被传达给了负责安排约见的秘书德怀特·蔡平（Dwight Chapin）。德怀特马上给周围人发了备忘录，说明创造了一个新职位和新说法："总统确定，所有实际上由他召集的会议（当然，那些私下交头接耳的会议除外）以及所有公开会议、所有宴会等，都要指派一名'讲述/搜集趣闻轶事的人（anecdotalist）'出席。你们应当准备列席指派你们参加的会议，但是除非要求发言否则不应当讲话。总统要求你们不要做笔记，但是应当非常善于捕捉会上可能产生的温暖的趣闻和猎奇故事……"

"讲述/搜集趣闻轶事的人"——演讲稿撰稿人普莱斯、布坎南，萨菲尔、李·许布讷和约翰·安德鲁斯是名角——被指派每天上午坐在总统所到之处的各个角落。他们的任务是注意捕捉可以传递给记者和载入历史的"韵味、音调、温暖和色彩"——尼克松原话。

293

这份备忘录是他晚间工作的成果之一。[693]在这天里，总统一直在关注人事和组织问题，收缩他希望围在他身边的人的圈子。总统行政重组顾问委员会的13份报告中最后那份令他着迷。该委员会由利顿工业公司的罗伊·阿什任负责人。这份报告建议将内阁中几个涉及国内和经济事务的部门和机构打散后纳入三个超级部。这三个超级部分别为人力资源部，社会发展部，生产力、就业及发展部，有15,000名管理人员，而目前只有4,000名管理人员。总统与阿什的团队一起开了两小时会，而后一起用餐。在此过程中，总统对其中一位委员，前得克萨斯州长，现在休斯顿从事法律工作的民主党人约翰·康纳利（John Connally）印象最为深刻。在会上，康纳利提出了尼克松很欣赏的政治观点。根据会议记录，他所说的是："这个提案无论通过与否，你都要站在改革的一边，而对手不得不认为现状很好。"

"总统又坠入爱河了。"[694]讲述/搜集趣闻轶事的人萨菲尔说。首先，尼克松跟基辛格说他想要康纳利进外交情报咨询委员会。接着，12月4日上午与康纳利见面时，总统开始谈他的内阁问题，并且说可能他应当考虑让康纳利亲自担任财政部长。到下午，他决定让比利·格雷厄姆打电话给康纳利，说服他接受这个职位。[695]接着他又改了主意，让霍尔德曼打电话，一字一句地告诉他打电话时要说的话：总统希望你不仅当财政部长，而且当参事、顾问、朋友——能一起交谈的人，一个同仁，一个要参与包括外交政策在内的所有事情的人。他会作为国家安全委员会的成员。而且，他还要霍尔德曼让康纳利放心，他不必转换政党，总统认为他是唯一能当下任总统的民主党人。实际上，总统经常思考的一个新政党或者一个新联盟非常突然地开始聚焦于1972年候选名单为尼克松—康纳利组合的可能性，共和党与民主党保守派的一种组合，为他确信存在的美国新大多数赋予了外形和声音。尼克松跟埃里希曼说，他有一个想法是，召开两党保守派和中间派当选官员全国大会，并且争取赢得国会以及（或许）少数州立法机构的控制权。

由于总统对阿格纽完全失去了信心，因而这个想法和康纳利对总统更有吸引力。尼克松在椭圆形办公室里来回踱步，设计情节，他告诉埃里希曼：

第17章 1970年12月31日

"我得摆脱这个家伙……他太可怕了。他随时都想到这里来打扰我。"[696]

康纳利看来有兴趣。他告诉霍尔德曼，他必须得做一些财务调整，卖掉房产，因为他每年要付8万到9万美元的贷款利息，而这靠政府给的薪水是做不到的。他还提议总统先为乔治·布什[697]——康纳利曾出现在本特森的反布什商业广告上——找个职位，因为尼克松不能在安置好得克萨斯州当地的共和党人之前雇用一名得克萨斯州的民主党人。三天后之后的早餐上，总统正式向康纳利提供了这个职位。这次没有提到布什，康纳利说："越早越好，这样新闻媒体攻击我的时间就越少。"

布什可以安置好他自己。总统决定让他担任共和党全国委员会主席。12月9日，布什被霍尔德曼召来时，他说他希望去联合国。于是他们两人走进椭圆形办公室，布什强调了他的意愿。霍尔德曼的笔记记载说："他解释说，他对联合国感兴趣的理由是，他觉得太长时间以来，那里没有什么人代表总统提出强有力的主张……在纽约市乃至整个纽约地区缺乏对尼克松的宣传，而他正好可以满足纽约社交圈的需求……"于是，布什得到了那个职位。

当科尔森拿着从他雇来跟踪爱德华·肯尼迪[698]参议员的私人侦探那里得到的照片进来时，关于布什的未来工作以及其他人事变动的谈话还在继续。照片是爱德华参议员在巴黎参加戴高乐葬礼时拍摄的。从照片上看，爱德华参议员在与据称像是意大利公主的什么人跳舞和调情。总统决定应当把照片副本发给马斯基参议员以及其他可能参加1972年总统竞选的民主党人，这样如果肯尼迪参加竞选的话他们就可以反对他。

共和党全国委员会主席的位置最后落到了唯一想得到这个位置的人——罗伯特·多尔头上，这个来自堪萨斯州的生机勃勃的人是尼克松在参议院最坚定的辩护者。

安排妥当后，总统叫来霍尔德曼，说他想出了一种办法能遏制NBC有损于竞选的新闻报道。他喜欢记者南希·迪克森（Nancy Dickerson），[699]他要霍尔德曼为CBS提供一次独家总统专访，条件是访谈要由迪克森来做。霍尔德曼没敢告诉尼克松，迪克森不在CBS工作。她过去一直为NBC工作，后来

尼克松——孤独的白宫主人

跳槽到公共广播公司（PBS）。接着，基辛格到霍尔德曼的办公室说，再一次说，他可能不得不辞职。这一次是因为他刚刚发现他没被邀请参加总统与以色列国防部长摩西·达阳[700]的会晤，而罗杰斯将会出席。

这天晚上六点差几分的时候，基辛格回他自己的办公室去见阿迦·希拉里（Agha Hilaly）。[701]自从10月份尼克松让叶海亚·汗回去与中国接触以来，白宫就再没有听到他的消息。总统和基辛格以为什么都没有发生，其实他是在忙于处理席卷东巴基斯坦的飓风和海啸灾害，这场灾难夺去了恒河三角洲地区成千上万人的生命，同时，他还忙于处理独立派政党——人民联盟党——获胜的省级选举结果。希拉利打开总统叶海亚·汗手写的信——总统11月15日与中国总理周恩来的谈话摘要。他慢慢地念，最后说："尼克松总统的特别使节将在北京受到热烈欢迎。"

在断交和敌对了20多年之后，世界上最强大的国家与人口最多的国家的领导人将要再次互相对话了。周恩来明确提出这次会晤期间应当"将台湾称作中国领土的一部分。"但是他继续说，毛泽东主席、国防部长林彪以及他本人，也就是中华人民共和国权力最大的三个人，一致同意这个会晤的提议。他们已经收到并且理解华盛顿通过巴基斯坦、罗马尼亚以及波兰发出的一些信息。那么现在："就是第一次，这个提议，从一位首脑，通过一位首脑，传达到一位首脑。"毛泽东通过叶亚海·汗传给尼克松。虽然英语表达生硬，但是用词清晰，这就是两年多以来尼克松一直想象的突破，为此他曾经一个小时一个小时地独自坐在那里思考美国、苏联、中国三个大国之间的三角路线，曾经连续几小时、几天与基辛格研讨如何接近中国人。这件事从未远离他的思想。在休·赛迪9月中旬关于中东战争的一次采访中，尼克松突然说道："如果说在我去世前有什么想做的事的话，那就是去中国，如果我不能去，我希望我的孩子能去。"

基辛格走到去往椭圆形办公室的大厅。总统与他谈了一个小时，最重要的是他们一致认为关于台湾的提法只不过是个起点。实际上，叶海亚·汗在信的最后加上了他本人的看法，说他确信关于台湾的提法是因为国内的需

第17章 1970年12月31日

要,而且周非常期望讨论有关两个大国的各方面问题。这天晚上,尼克松和基辛格开始起草对周恩来的提议的回答。这个回答的关键说法是"在中华人民共和国和美国之间存在着广泛的问题,包括台湾问题"。

对于尼克松来说,这是一个成功的时刻。这是他从1969年2月1日,他当选总统第12天的时候就一直在考虑的事情。那时他曾经给他的国家安全顾问写过一个备忘录,说:"我认为,我们应当尽可能用积极的态度表明,本届政府'正在探索与中国人恢复友好关系的可能性'。"基辛格在他自己的新幕僚面前模仿他老板的样子说:"我们的领袖已经脱离了现实。[702] 他认为现在是与共产主义中国建立正常关系的时机。他刚才已经命令我去实现这个异想天开的想法……中国!"

但是,现在看着他,基辛格并没有看到欢欣。尼克松是一个已经知道抑制或控制自己的希望的人。在内心深处,基辛格认为,[703] 尼克松总是料想会失败,总是料想他的报偿会被迅速夺走,总是料想他的敌人会占据优势。他习惯于接受排斥或失败,对成功感到困惑。在尼克松和基辛格谈论周恩来口授给叶亚海·汗的那个要求时,世界上知道这件事的人不到十几个。九天前,也就是11月20日,像往常一样,美国再次采用国会程序否决中华人民共和国在联合国大会的席位;而这一次,大会成员首次以51票同意、49票反对、25票弃权,同意中华人民共和国进入联合国。美国可以通过赢得多数成员同意一个有关必须获得三分之二成员国同意才能进入联合国的决议来阻止其进入联合国。

在第二天的新闻发布会,也是总统自7月份以来的首次新闻发布会上,有人提出了一个有关中国的问题,总统用一种机敏回避的方式回答了提问:

问:"总统先生,自从联合国就中国加入联合国问题进行投票以来,你觉得它有利于检讨我们对中国大陆的政策吗?"

答:"不,我们的政策不会以利己为基础,而是以原则为基础。我们没有

297

尼克松——孤独的白宫主人

打算改变我们有关此时红色中国加入联合国的政策。不过，我们要继续进行我已发起的行动：放松贸易限制和旅游限制，并且试图开放与共产主义中国的沟通渠道。记住，放眼长远的未来，我们必须与共产主义中国有所沟通，并最终建立关系。"

在12月10日新闻发布会之前的日子里，总统与新闻媒体之间没有掩饰真正的敌意，他本人当年只在电视上露了12次面，两年总共只在电视上露面18次面。与之形成鲜明对照的是，肯尼迪和约翰逊在总统任期内每年在电视上露面22次到27次。由《洛杉矶时报》的斯图尔特·卢里和朱尔斯·维特卡佛[704]组织的25名记者两天前开了会，试图制订一个计划迫使尼克松举办更多的新闻发布会。于是，在12月10日上午，《纽约时报》发表了马克斯·弗兰克尔[705]撰写的长篇"新闻分析"，列出了30个问题，涉及从"美国人要在越南战斗多久"到"尼克松是否秘密承诺由据称独立的美联储提供更多货币"等各种主题。

作家艾伦·德鲁里第一次参加新闻发布会。[706]在齐格勒喊"先生们，女士们，美国的总统！"时，德鲁里正坐在白宫通讯员中间。他听到一位记者轻声抱怨说："不幸。"

许多提问的说法都是消极的，比如"你认为说你的经济政策没有奏效公道吗？"以及"请你谈一谈，你认为你会是一位只能任一届的总统吗？"《纽约时报》驻白宫通讯员小罗伯特·B.森普尔问："在某些方面，不仅在黑人和学生中间……似乎有一种感觉，觉得你在许多问题上还没有表现出足够清晰、鲜明的方向感、想象力和领导力，不能像你在两年前所说你希望的那样做到结束这个国家的分歧……你承认这是由于你个人的原因造成的问题吗，如果是，那么你能为此做些什么并且你会为此做些什么呢？"

弗兰克尔问题列表上有一个问题得到了一个有趣的回答，且没有人继续追问。这个问题是，问总统是否认为苏联潜艇在加勒比海地区的活动是对国家安全的一个威胁，总统对这个问题给出了这个紧张的夜晚最简短的回答：

第 17 章　1970 年 12 月 31 日

"不，我认为不是。"

过后，齐格勒告诉总统，许多记者告诉他，他们不同意卢里会议以及这天晚上提的那种问题。尼克松在备忘录中把这些告诉霍尔德曼，并且接着写道："当然，这只是新闻媒体卖身的态度。[707]他们想两边讨好，齐格勒绝不应当忘记这天的事，也不应当被这种令人恶心的事后辩解态度所愚弄。这是所有的皮条客在知道其不得不取悦另一家的时候都会做的事……人尽皆知，在这个新闻发布会之后，他们在摇头，说'这是个倒霉的会，我们没有让那个狗娘养的陷于窘境……'"

这天晚上和次日，总统独自坐着，口授了冗长而复杂的致编辑记者的信，[708]谈对这次新闻发布会的感想，他让霍尔德曼找人署名并寄给他们。首先是给《新共和杂志》的约翰·奥斯本的信。[709]建议由耶鲁大学或乔治敦大学的一名研究生署名。尼克松口授的内容是："你对尼克松总统的尖刻攻击使我感到难以置信的高兴……我不知道什么时候我对电视节目的期盼能超出对这次新闻发布会的……我认为这次真是新闻媒体揭穿那个狗娘养的底细的好时机……它是一次令人震惊的失望的过程。难道你就不能努力从新闻团体中找出更聪明点儿的人吗？……他把他的提问者都劈成了碎片。""把它抄送给马克斯·弗兰克尔。"尼克松补充说。给《华盛顿明星报》的詹姆斯·多伊尔一封信说："我写这封信，不是出于什么愤怒而只是感到悲伤……你和你的同事在新闻发布会上试图向总统发难时却全都被打蒙了。"[710]

12 月 14 日，宣布由约翰·康纳利出任财政部长，[711]令朝野惊诧。用尼克松特别喜欢的一句话说就是："一个果敢的措施。"对于总统来说，这是一个美妙的早晨，他觊觎惊喜，将它看作是保持对人控制权的一种关键手段。亚瑟·伯恩斯的自我描述是："完全惊呆了。"尼克松后来也没有多费口舌做解释，只是跟伯恩斯说："在美国只有三个人懂得权力的用途。我懂，约翰·康纳利懂，我断定纳尔逊·洛克菲勒（Nelson Rockefeller）也懂。"

次日，在第一次参加内阁会时，装腔作势的康纳利部长就表现了他的风

299

格。这次会的主题是收入分享。尼克松说:"我们不要自欺,以为它是一个大胆的新方案,或者它将会通过……它没有缩减政府机构——它只是让它们发展得慢了一点儿。"这时康纳利插话说:"伟大的社会因为变革才有希望,否则就是地狱,如果你原谅我这样说的话,总统先生。一般人甚至不知道曾经提出过收入分享的建议。如果没有人知道它,它又有什么不同呢?我说,让我们来冒这个险。如果你输了,你觉得损失大,但是损失不大的感觉又是什么呢?"

萨菲尔,这位演讲稿撰稿人正忙着起草国情咨文演讲稿,从内阁会议厅一侧的一张椅子看过去,看到尼克松是多么喜欢这种发言。他确信总统现在将接受萨菲尔创造的一个说法——"新美国革命"——描述把相同的老计划连贯起来并称之为革命。他了解这个人。他在黄记事簿上记录了那个月他在戴维营的沉思默想,他写道:"我们的主要失败是受困于方案——能干、老练的人。我们缺乏色彩,在公众眼中只有米切尔和康纳利是一流的……理查德森和舒尔茨,有才干……莫伊尼汉——有一大堆方案但没有重点。"

革命是多姿多彩的。由于接触过莫伊尼汉的一大堆方案,尼克松对国内问题有些了解,他想超过那些老练的人。这天稍晚些时候,他会见了其中最老练的人之一,伯恩斯。[712]在会见的头20多分钟,这位经济学家一直在讲统计资料,其中大部分是为了证明美联储正在允许货币供给以历史上最快的速率(据他估算,大约为6%)增长。他说,"仅有四个年份,即1951年,1965年,1967年和1968年,货币供给增长率曾超过5%。这个国家的经济不景气不是一个货币问题,而是一个信心问题。美国人不确定经济复苏是否真的会马上到来,他们担心通货膨胀。""风险,"他说,"是在通货膨胀方面,货币政策必须是负责任的。"

接着,总统只说了一个重点:他希望在他的再选举年,也就是1972年,实现经济增长。埃里希曼这位记录员写道:"然后,总统告诉伯恩斯博士,我们必须不惜一切代价,在国内关系问题上,宁可犯货币政策过分自由的错误,也不能犯过于保守的错误。总统愿意冒通货膨胀的风险。"

尼克松反复说"犯通货膨胀的错误"这个想法。然后就走出去了。

总统说话像个民主党人,一个希望重新当选的民主党人。他的主要经济顾问现在是民主党人康纳利,而他的数字提供人是乔治·舒尔茨,管理与预算委员会主任,此人非常聪明,知道政策通常体现在细节中。他决定更注重实际统计数据和业绩而非意识形态。这位现代保守经济学神殿芝加哥大学经济学系前主任,私下里说话更像肯尼迪总统首席经济顾问沃尔特·赫勒(Walter Heller),而非他的朋友兼前同事米尔顿·弗里德曼(Milton Friedman),[713]一位紧缩银根的提倡者。舒尔茨在提倡一种"充分就业"预算——老自由主义方案,大部分共和党人视之为异端邪说,因为其为预算赤字辩护,如果失业率在4%或更低,预算赤字就不会存在。由于失业率实际上在6%以上,因此,实际上这种学说给总统提供了多达200亿美元的赤字开支可以在1972年大选准备阶段陆续使用。

总统喜欢它。"心理上的衰退"是他私下用于解释同时出现增长缓慢和通货膨胀的经济滞胀现象的说法。如果那些赤字开支能鼓励更多的个人消费,包括公司和消费者,那么这位共和党总统现在就准备去买进英国经济学家,自由主义经济学家和出手阔绰的政客的保护神,约翰·梅纳德·凯恩斯(John Maynard Keynes)刺激经济的政府投资学说。但是,这没有改变这么一个事实:围绕在他身边的人大多仍然是保守的人,他们总是把通货膨胀视为真正的魔鬼。在白宫内部的桌上还有另一个魔鬼,另一个异端:工资与物价控制。关于这个主题,在国会选举后的一次会议期间,米尔顿·弗里德曼曾去椭圆形办公室试图帮助总统梳理思想主干,他说:"民主党人在说,'我们尝试行动纲领而它们却失败了;为什么共和党人就不应当也尝试行动纲领和失败呢?'"

现在不仅是民主党人了。伯恩斯在整个职业生涯中一直反对控制,现在他公开要求成立一个联邦工资与物价审查委员会,只是一个短期的强制性控制机构,因为他非常担心随着总统对再选举的焦虑而增加的货币供给会导致越来越高的通货膨胀,他宁愿出现任何情况,包括控制机构在内,只要不是通货膨胀。与尼克松一样，舒尔茨反对强制性控制机构，但是确实支持尝试通过"(政府首脑向劳工界领袖发出的限制价格，工资等的)施工呼吁"，取消造成实质性通货膨胀的政府支持，诸如进口配额，特别是实行了40年的《戴维斯—培根法》(Davis-Bacon)，也就是规定对所有的联邦及联邦协助建设项目按工会规定的工资率付酬的新政立法，来限制工资和物价。那意味着大约全国三分之一的建筑工程，也意味着建筑业的工资一年增加18%。总统的安全帽、沉默的大多数没有理由不摇旗呐喊。

唐纳德·拉姆斯菲尔德是白宫主要的施工呼吁拥护者。施工呼吁就是试图用总统的说法去说服或呼吁公司和工会为国家利益而控制物价和工资。跟康纳利一样，拉姆斯菲尔德知道如何竞争职务，而且他是个政治辩论大师，如同一把打开总统内心的钥匙。12月2日，他在备忘录里告诉尼克松："在今后两年里，如果经济得以好转，并且我们有效地处理好失业和通货膨胀，施工呼吁会帮助RN获得信任。如果经济没有好转……施工呼吁可以帮助他防止承受各种指责。"

基辛格就越南这个不同的主题对总统说了同样的话。总统已经私下谈论说要在1971年春结束这场战争。霍尔德曼在12月15日的长篇日记中写道："亨利待了一会儿，总统与之商量了一下来年可能进行的一次旅行。他考虑4月或者我们决定宣布基本结束战争的什么时候去越南。他的想法是周游那个国家，加强阮文绍政权等，然后就宣布后来的事。亨利极力反对那么早撤出全部战斗部队的承诺，因为他觉得如果我们在1971年年底撤出的话，1972就开始有麻烦了……他宁愿继续慢慢拖延，到1972年秋天再撤军，那样，如果接下来有什么不良结果的话也来不及影响大选了……"

"他是个狡猾的混蛋。"基辛格走后，尼克松不无感情色彩地说。他告诉霍尔德曼，他担心基辛格在积极建设背后渠道，以为除了他之外谁也不知道。"总有一天会跟罗杰斯或者别的什么人有麻烦……托尼·雷克(Tony Lake)知道有关这一切。"尼克松说，提到了国家安全委员会的一名助手，其因美国入侵柬埔寨而离职。"现在他在为马斯基工作。"

第17章 1970年12月31日

12月21日在世界上是个重要的日子。在波兰，食品价格上涨导致发生暴乱。暴乱从北部港口城市格但斯克码头工人开始，持续了六天。此后，统一工党的一位新书记官，爱德华·盖莱克（Edward Gierek）接任该党领袖。但是，在白宫内部，新闻是埃尔维斯（Elvis）。一辆豪华轿车停在大门口，一位司机向那里的门卫递交了一张手写的纸条。它最后放在了巴德·克罗赫的书桌上，其现在负责协调政府的毒品管理政策。他读到：

亲爱的总统先生，

……我是埃尔维斯·普雷斯利，[714]我敬佩你，对你的政府深怀敬意。毒品文化、嬉皮士元素、学生争取民主社会运动、黑豹党等都没有把我当作他们的敌人或者他们所称的当权人士。我称它为美国并且热爱它。先生，我可以并且将会效力做任何事情，尽我所能帮助这个国家走出困境……我不想要得到什么头衔或者任命的职务。如果把我作为一名在野的联邦特工，我可以而且将会做更多正义之事，我将按我的方式通过与各个年龄层的人沟通，帮助摆脱困境……先生，我现在住在华盛顿酒店……我登记的姓名为乔恩·巴罗斯。我对吸毒和共产主义洗脑手段做过深入研究，我完全懂得你们那一套……

普雷斯利加上一条附言说，他有个礼物送给总统。这个礼物是一把装有银子弹夹的镀铬柯尔特.45式自动手枪，他戴着太阳镜、穿着黑天鹅绒紧身裤和一件相配的披风、白色的衬衣半敞着、胸前露着一个金质徽章，穿过大厅，这时特工从他身上拿下了这把枪。秘书们纷纷在门口窥探。"这位国王"与克罗赫一起走进椭圆形办公室，然后停下，含糊了一会儿。总统站起身，从书桌那边伸过手来说："很高兴见到你，普雷斯利先生。我很欣赏你在毒品问题上给我们提供的帮助。"

"总统先生，谢谢你能见我，"普雷斯利说，"我想让你看看我家族的一些照片和我的一些徽章……我从全国各地的警察部门收集的徽章。"他把徽章放在书桌上，解释他是如何得到每一枚徽章的。尼克松点点头，说真是不错的警察徽章。接着，普雷斯利说："我认为，甲壳虫乐队有点儿反美。他们到访这里，赚了很多钱。然后就回英格兰去了。他们回家时说了一些反美的言论。"

"你知道，"总统说，"那些吸毒的人是抗议者。你知道那些人被卷入了异议和暴力。"

普雷斯利谈了一些有关洗脑和毒品的内容，然后，他说："我可以打入一群嬉皮士和年轻人中间并且获得信任……总统先生，你能给我一枚缉毒局的徽章吗？"

"巴德，我们能给他一枚徽章吗？……务必给他一枚。"

普雷斯利伸出左臂搂着总统，和总统拥抱。尼克松走到书桌后面要拿个礼品领带夹。普雷斯利跟着他，他们一起把那个抽屉翻了个遍。

在尼克松和普雷斯利聊美国年轻人的时候，美国最高法院改变了允许年轻人做的事情。在一个五比四的判决中，最高法院判定，国会无权降低州和地方选举参选年龄，但是对联邦选举有裁决权。从1972年开始，18岁、19岁和20岁的人将有资格选举总统和国会议员。

一天前的12月20日，发布了有关尼克松头两年任期的政府官方总结。该文件的表述非常谨慎，白宫在试图避开使用过热的有关1970年竞选的措辞。而且，文件的标题也一样谨慎："平衡，方向，向前推进。"它从关于越南的报告开始讲："在理查德·尼克松上任时……在越南有542,500美国部队，没有带他们回家的计划。1968年每周平均伤亡280人，并且这个人数越来越多……到年底有34,000在越部队……每周只有26人伤亡……"

这个内部报告于12月21日在内阁年终会上发布。[715]国务卿罗杰斯和管理与预算委员会主任舒尔茨讲了外交和国内的成就和问题。然后，跟上一年一样，这个节目移交给了"清场"球手帕特·莫伊尼汉，其正在准备最终离开白宫回哈佛大学去：

第17章 1970年12月31日

就在两年以前,看起来是最糟糕的时代。当时,人们习惯于谈论这个国家的分裂,断言情况严重程度超过了南北战争以来的任何时候。这是一种误导,这个国家并没有到四分五裂的程度。它在瓦解……

战争的痛苦与这个种族的巨大阵痛交织在一起并且相互作用,其分裂程度并非是令这个社会断裂。种族的束缚和压迫是美国历史的一个巨大错误……政府不被信任,在这方面也没被寄予很多期望。政府开始去做完全不受欢迎的事情,例如,派间谍参加1968年的党代会。

从那以后,大规模的城市暴力几乎消失。非暴力反抗和抗议已经减弱。种族的说法已经平息。种族问题平息的显著标志是南部地区的双重学校制度已经完全、彻底废除,而在两年前,这种双重制度还是从未被触及的。总而言之,有一些好运,有许多真正的成就。

振作起来,相信良知。有些人正在散布对本届政府的一些令人沮丧甚至可怕的说法。但是它们不是事实。这是由一位在经常面对重大问题和可能性时表现出非凡胆量和同情心的总统领导的一群值得尊敬的、富有能力的人。

也是该发布总统年度体检信息的时候了,尼克松想亲自设计这个安排。他给罗恩·齐格勒写道:"让特卡奇医生把结果给他们[716]……到时候他应当说,他对总统身体健康方面的主要担忧是,他没有得到足够的娱乐消遣,在办公室里没有其他的消遣。他不打桥牌,去年只打了四次高尔夫,五次保龄球……他应当说,总统的每日工作安排在他所见过的头面人物中是最辛苦的。不过,他应当指出,由于极端斯巴达式的习惯,总统的身体健康状况仍然非常好……我认为特卡奇能够完全让人信服地做到这一点……"

最终,在1970年的最后几天,新闻媒体对这位第37任总统提出了一种怀疑的看法。新闻简报团队给总统送去他们关于CBS新闻广播的报告。从沃尔特·克朗凯特问记者们认为什么是美国这一年最重要的事件开始。尼克松看到以下回答:

丹·拉瑟说是对陆军中尉卡利（Calley）的审判。*它标志着许多构成今年美国的特征：关于我们将去往何处、我们是谁、我们的领导是什么，认识混乱、感觉困惑、看法多端。

年轻的约翰·劳伦斯说，是肯特州立大学事件——向美国中产阶级表明，对抗议的处罚可以是死亡。

丹·肖尔认为，关键事件是实际商品生产量和服务提供量12年来首次下降。

罗杰·马德将卡斯韦尔的任命称作"本届政府的转折点"，在这个事件中，国会剥去了理查德·尼克松的政治家姿态。

埃里克·塞瓦赖德指出，这是勒紧裤带和团结一致的民族情绪，一种不愿海外开支太多的情绪。

克朗凯特说，关键事件是1970年选举——不是因为发生了的事，而是因为没有发生的事。这个国家没有走向"右边。"

在演讲结束的时刻，埃里克·塞瓦赖德做了个总结：[717]

战争接近尾声；中东地区保持和平；通货膨胀呈现放缓的迹象；政治极端主义正在减弱。有许多坏消息，但是我们有时忘记了人们在做什么——他们在抚养儿女、旅行、保住工作。他们猜想未来。只有智者有时间思索天启，脑海里想着，这个复杂的社会如何能活下去呢？活下去其实更容易。

六点钟，总统为闲待在新闻中心的几名记者举办了一个小型的新年除夕晚会。[718]所有的参加者只有六位：美联社的弗兰克·科米尔，NBC的赫伯·卡普罗，两名摄影师，一名无线电技师。尼克松在其行政办公大楼僻静处的小酒吧里调制马提尼酒，海伦·托马斯开玩笑说："现在我知道你为什么在这里

---

* 从11月12日开始军事法庭指控这位部队领导人屠杀南越平民。

第 17 章　1970 年 12 月 31 日

待那么多时间了。"总统回答了半个多小时的提问。

霍尔德曼汇报说:"齐格勒觉得总统的这个说法特别有趣。总统说我和其他关键幕僚成员至少是自罗斯福以来白宫幕僚人员中智商最高的人,[719]作为一个小组,埃里希曼、舒尔茨、温伯格和我是最有才华的。出于某些原因,罗恩认为这个说法非常有趣。"

第 18 章　1971 年 3 月 29 日

尼克松总统喜爱橄榄球，多次在电视上观看，看的时候通常都是把声音关掉，这样他就可以同时做文字工作和打电话。像成千上万的美国同胞一样，他在元旦也是从午饭后开始看学院橄榄球赛，一直看到东部时间九点左右玫瑰杯橄榄球赛结束。1971年的第一天，总统及其家人（还有霍尔德曼和埃里希曼以及他们的家人）都在戴维营。这是一个晶莹剔透、一片雪白的日子：前一天一夜下了一英尺多厚的雪。但是总统并不高兴。他打电话给比利·格雷厄姆和鲍勃·霍普，宣布他第一次不为帕萨迪纳大赛中的西海岸队捧场。他告诉他们，他支持俄亥俄州立大学战胜斯坦福大学，因为他看了《华盛顿邮报》的一篇报道说斯坦福的四分卫吉姆·普伦基特[720]在旧金山搔首弄姿地与一些上身裸露的舞者照相。

两天后，他在新闻简报上看到的一条新闻说："唐·拉腊比在南卡罗来纳州的《格林维尔新闻》上发表文章说，理查德·尼克松在假期中在电视前观

第 18 章　1971 年 3 月 29 日

看橄榄球赛所花的时间可能已经创总统纪录。理查德·尼克松对体育运动的兴趣使他与大部分男人有共同的娱乐方式……白宫的副官们对理查德·尼克松在体育运动统计方面的知识感到震惊……"

理查德·尼克松本人并没有把这种说法当作恭维，他对科尔森发出斥责说："赶快让人知道我错过了 1 月 2 日的两场比赛。我从不允许电视妨碍国家的事务……提交一篇有关明天上午八时采取行动的报告……"

1 月 4 日，他从戴维营过来接受三大新闻网和公共电视记者的采访。他谈到结束越南战争的进展，谈及他对当年某个时候在莫斯科举行一次高层会议的希望，但是他像个很能干老练的人那样一直在谈问题和方案，最后他被问到他"进取梦想"的一个目标，持续 1968 年的竞选。他的回答既自卫又笼统，但是并不老练：

我们不得不摆脱我们所继承的某些噩梦……如果我们能让这个国家不考虑如何打仗，而考虑如何赢得和平——如果我们能让这个国家考虑洁净空气、洁净水、开阔空地，考虑一个福利改革方案，为美国所有有子女的家庭规定一个最低收入标准——政府的一种新方法，改革教育制度，改革医疗保健制度……那么我们就能提升进取梦想。

白宫 1970 年的官方《年终回顾》强调了这些方面："总统重新安排了开支的优先顺序。1971 财年的预算是 20 年来首次人力资源开支大于国防开支的预算。在 1968 财年，这个比率为 32∶48，现在为 41∶37。"所有这些听起来像是提升了一个自由的梦想，至少在帕特·布坎南这个众议院的保守派看来是这样。这个年轻人，他的信念真诚，足以给他提供批评"这位老人"的自由——他写了满满七页纸的批评意见。

既非自由派也非保守派，不伦不类，[721] 尼克松政府……是一个杂种，它的急转急变既没能赢得左派也没能赢得右派的热情和忠诚，却得到左右两派

尼克松——孤独的白宫主人

的怀疑和不信任……我们愿意根据老秩序的老措施来做出判断，而不是制定我们自己的成功和失败标准。因此，我们自豪地指出，我们对"人力资源"的开支大于对"国防资源"的……我们公布有关进行了多少"融合"的统计数据……坦然接受"赤字膨胀"……总统不再是大佬党保守政治传统的可靠看守人……事实上，自由派去游泳，而总统偷了他们的衣服——但是在这个过程中我们把放在游泳坑的旧保守派外衣留在那里让别人去拣。

快到结尾的时候，布坎南愤怒地补充说："保守派是尼克松政府的下等人。"布坎南认为，政治右派除了一个说法之外什么也没有得到。尼克松在布坎南的长篇大论的最后一页潦草地写道："你忽视了 RN 一贯强硬的外交政策内容。"

布坎南是对的，尼克松显然知道这一点。但是总统相信，他已经得到了老共和党右派的政治忠诚，他在争取赢得守旧保守派和中立派民主党人的支持，推动民主党自身向左走。他还有一个秘密：他不怎么在意这个新的议程是否被通过，只是使它看起来和听起来不错，足以让国会和新闻媒体去忙活，这样他就能把精力集中在他自己的进取之梦：美国政治与世界权力结构的改组。斯图加特·奥尔索普在《新闻周刊》的一篇题为"尼克松自己向左走"的专栏文章中表述了这方面的看法。奥尔索普指出，无论如何尼克松总统都会遇到某种麻烦，因为他比尼克松先生更自由。"自由派总统"（奥尔索普在专栏文章中所采用的称谓）正在提议一种穷人底薪和一个120亿美元的通用医疗保险计划，并且已"下令从越南撤出美国军队……宣布了一个意在减少美国全球承诺——中东除外——的新'声明'……采取了一种纯凯恩斯主义的经济政策……"

凯恩斯引文成了华盛顿的谈资。电视采访的重大新闻是总统说过停播的某些内容。ABC 新闻的霍华德·K. 史密斯说，他惊讶地听到一位共和党总统说在经济萧条时期联邦预算不平衡是可以接受的。尼克松微笑着说："现在我在经济学上是凯恩斯主义者。"[722]

第18章 1971年3月29日

史密斯惊讶得脱口而出说:"这有点儿像一位基督教改革者的话,'通盘来看,我认为穆罕默德是正确的。'"

次日,总统飞到圣克利门蒂,1月9日在那里庆祝他58岁生日。在摄影师的催促下,齐格勒说服总统沿海岸做一次生日漫步,总统照做了。全世界的报纸都刊登了总统的照片:身着蓝色风衣,佩戴总统徽章,穿着黑色的翼尖鞋,脚趾浸在太平洋中。

在那里,他确实有一个在经济上具有某种重要意义的成就,那就是向伯利恒钢铁公司发出了施工呼吁。不过,1月11日在向该公司宣布施工呼吁时,许多产品的价格提高了12%。1月18日,在白宫和政府抨击了一个星期之后,伯利恒公司宣布其会将涨幅控制在6.8%。为了定于1月22日的国情咨文演讲,总统返回华盛顿。演讲稿草稿已经完成,内容只涵盖国内事务,尼克松心情很好。这对演讲稿撰稿人理查德·穆尔有利,他被指定为总统"开门办公时间"这天讲述/搜集趣闻逸事。开门办公时间是一个星期五仪式,那时总统待在办公室里面,事先安排了一系列的短暂邂逅。这一次有一些笑料。穆尔开始说:[723]

所有的访谈都涉及为总统工作的中低层人员,只有一次例外。在任何人声称总统对其周围的人漠不关心时……这些都是非常生动的回答。

1. 七个从事编制预算的人战战兢兢地进来照相。总统领着他们,让他们排好队,见他们面色都很严峻,就开玩笑说:"看起来就好像你们刚发现什么东西要在预算中砍掉似的。"于是大家都大笑起来。

2. 两个准备结婚的年轻职员,黛比·默里和休·斯隆走进来,尼克松问她是否打算继续工作。在她回答"是"的时候,他说:"已婚妇女可以在这里工作。我读过所有有关妇女解放运动的资料。我完全了解这些事情。"

3. 美国地质调查局局长威廉·佩科拉把第一本新版《国家地图集》送给总统。"这本书多少钱?"尼克松问,"100美元,"佩科拉回答说。尼克松说:"把它拿过去吧。"

4. 霍尔德曼的跟班拉里·西格比被邀请来，因为总统听说他的妻子刚刚生下他们的第一个孩子。在照相的时候西格比紧张地看着地板，总统说："快来，看着照相机。你必须学会这样做。"

在国情咨文演讲中，[724]总统说，他打算努力取消三分之一的联邦资助项目，包括100个大社会项目，但是会用收入分享的项目来替代它们。160多亿美元的联邦收入和销售税收入将带有附加条件地返还给各州和各市。接着，他概述了一系列根本性自由主义计划，体现出埃里希曼的国内政策委员会的务实风格。"国会可能被记住的是，"他宣称，"为一场新的美国革命开道。这是一场和平的革命，在这个过程中权力将被交还给人民……"尼克松提出了"美国国家和美国人民的六个伟大目标：福利改革，和平时期的全面繁荣，恢复和改善自然环境，改进医疗保健并使之变得对更多人更为公平，加强和更新州及地方政府，以及对联邦政府的全面改革"——最后那个目标涉及阿什重组计划。它更像是雄辩术而不是革命，其中有些目标，比如福利改革，已经被否决。

尼克松的确偷了民主党人的说法，尤其是在医疗保健和环境方面。但是它多半是废话。"只是一种表决心的表示，"[725]演讲后他跟霍尔德曼说。总统、国会以及敌人也似乎处于僵持状态。没有什么动作。战争以及关于战争的辩论，此消彼长，依然耗费着这个国家大部分的政治能量。现在，尼克松备战1972年竞选的国内方案已经落在纸上，他不太关心它是否会变成法律。如果真的发生了这场革命，他可以得到赞誉；如果这场革命失败了，他可以指责民主党人。盖洛普民意调查和哈里斯民意调查结果表明，总统的支持率大约在50%。在为1972年选举而进行的首次民意调查中，从统计数据上看，他甚至是在和民主党总统竞选领先者马斯基参议员赛跑。在1月份的一次美国最受赞赏者民意调查中，[726]尼克松的支持率只有9%，落后于三位已故领袖：约翰·F.肯尼迪为34%，小马丁·路德·金为19%，罗伯特·F.肯尼迪为15%。

第18章 1971年3月29日

竞选方案已在顺利进行，关注重点主要集中在新闻媒体和募集经费上。大量的行动逐步转移到查克·科尔森的办公室，他的工作人员已经增加到23人。从1月25日开始，其中一位新助理，乔治·贝尔（George Bell）开始致力于落实尼克松的一个老想法：安排工作人员去起草朋友和敌人的名单。[727] 三天之内头三份名单就来了。一份来自新闻简报的编辑莫特·阿林（Mort Allin），他的名单分成两类："第一类包括那些偶尔写些说好话的文章，但在我看来，这些人不能信任，他们宁愿看不到尼克松1973年还在白宫；第二类则是由明显敌对者构成。"不能信任类以休·赛迪和约翰·奥斯本为首，还包括专栏作家杰克·安德森、罗兰·伊文思和《华盛顿邮报》的罗伯特·诺瓦克、乔·克拉夫特和戴维·布罗德，以及CBS的丹·拉瑟、埃里克·塞瓦赖德和哈里·里森纳。阿林的敌对类有18个名字，包括《纽约邮报》的马奎斯·蔡尔兹、格里·威尔斯、马克斯·勒纳，《华盛顿明星报》的玛丽·麦格罗里，以及《芝加哥每日新闻》的彼得·利萨戈。第二份名单要长得多，来自汤姆·休斯顿。名单所列的人大部分曾经说过不利于尼克松的话，从演员格雷戈里·佩克和卡罗尔·钱宁，到政客名单上的常客西奥多·肯尼迪、约翰·林赛等。第三份名单来自科尔森办公室，理出了"敌对"机构，包括布鲁金斯研究所、福特基金会、共同目标协会、全国有色人种促进会以及劳联产联。

这些名单所列人物如此之多，以至于亚历山大·巴特菲尔德发了一份备忘录给霍尔德曼说："我收到了科尔森先生和贝尔先生收集的非常敏感的绝密'敌手'名单副本。[728] 在名单的媒体部分我没有看到《女装日刊》的坎迪·斯特劳德、《华盛顿邮报》的朱迪丝·马丁或玛克辛·切舍的名字，据我的理解，这些人是列在目前的'封杀名单'中的。同时，我还要特别提到'封杀名单'中的其他一些人名，即参议员纳尔逊、肯尼迪和马斯基，国会议员罗伯特·卡斯滕迈耶和PBS的桑迪·瓦诺克尔。难道我认为'封杀名单'重于'敌手名单'的看法是不对的？……如果你帮我解决这个问题，我会把话传给科尔森、贝尔、罗丝·玛丽·伍德……以及其他需要知道的人。"

这些名单在低层面传播的时候，总统回到了高处，准备通过无线电演讲阐述他的世界现状报告。一个星期日的上午，他把演讲稿撰稿人比尔·萨菲尔叫到戴维营来写这个演讲稿。他们在山杨木屋的小办公室里谈了一会儿，总统提供了几个不会作为任何演讲内容的有关越南的想法：

以削弱努力目标的方式撤出，牺牲45,000人会成为一个大悲剧，在未来许多年它都会啃噬国人的良心。我想做的事是，有一天在回首往事时可以说："那对美国来说是个好时光。"当然，你不能说，人们现在急得发狂。但是我们不能在这个演讲中说"我们正在尽最大努力开溜。"[729]……这里有一种说法，我们的目的不是征服北越，我们的目的是给南越和北越一种不受别人控制、和平生活的权利……

现在，谈一下中东问题。我们来自我吹嘘一下。我知道亨利对此看法如何。他认为它不会有效，他认为我们在出卖以色列。我们来正视这一点，他有点儿嫉妒它是国务院的一个项目……我只是不喜欢合作关系这种说法。我知道它是亨利的想法，但是它恰好不是真的。我们与这些其他国家不是合作关系……上帝啊，我讨厌跟知识分子费时间。他们身上有些阴柔的东西。我宁愿跟运动健将说话。

在他们完成演讲稿时，[730]尼克松问萨菲尔认为这个讲稿如何。"很缜密，"他说，"但是没有重要新闻，所以它不会令世界震惊。"

即便如此，尼克松还是将其大部分时间用于另一个东南亚攻击计划。入侵柬埔寨已经成功地切断了从西哈努克港到西贡以南湄公河三角洲的共产党机关的补给线，现在总统对一个老计划表现出新的兴趣。这个老计划就是突击插入老挝，切断敌人的主要陆上补给线，也就是北越与南越边界以西1.2英里下方的胡志明小道。1月18日，召开了一次长达三小时的会议，主要是为

第 18 章 1971 年 3 月 29 日

了给国务卿罗杰斯简要介绍已经秘密做出的另一项决定。召集这次会议是为了避免柬埔寨行动期间浮出水面的公开分歧。总统在这次会上明确指出，动用的所有部队都必须是南越的。会有一万美国人参与其中，从南越内部提供炮火支援并且为两万越南精锐陆军部队提供空中支援。

事实上，除了抑制美国人之外，总统可能别无选择。库珀—丘奇修正案以及在柬埔寨行动最后一天通过的国会措施禁止为在柬埔寨和老挝动用美国地面部队提供经费。一如这天向罗杰斯简要介绍的那样，该计划类似于四年前时任越南指挥官的威廉·威斯特摩兰（William Westmoreland）将军提出的一个计划。但是他当时的建议是动用四个美国部门、6万人、切断这条充满污垢的小径。这条小径不是一条单一的路，而是由绵延400多英里的道路和小径交织起来的，其在旱季里污垢尘土硬邦邦，覆盖着遮天蔽日的竹篷，穿进山谷，环绕着多年来日复一日被炸毁的丛林密布的山脉。听着在这三小时结束时罗杰斯暗淡无光的目标，尼克松认识到，罗杰斯没有理解这次活动的真正目的是防止北越利用旱季运送充足的设备到南部以便在1972年总统竞选期间维持攻势。

会后，尼克松告诉霍尔德曼，尽管由于基辛格没完没了地抱怨罗杰斯，快把自己给逼疯了，但是如果让他选择的话，他还是会选择除掉罗杰斯。霍尔德曼问为什么。"自负"是总统用来描述罗杰斯的词汇。"忠诚"是他用来描述基辛格的词汇之一。尼克松说基辛格会为我倒在剑下，[731]而罗杰斯却不会。"我同意这个说法，"霍尔德曼说，"但是他会一边做一边大声踢打尖叫，并且设法确保血溅四处，使他自己因此而得到完全信任。"

1月26日，总统把基辛格、黑格和参谋长联席会议主席穆勒上将召来讨论这个计划的具体实施问题，推敲该计划四个阶段的细节。该计划的代号为"蓝山（越南语 Lam Son）719"。

在第一阶段，美国第五机械化旅会开辟和修整从南越溪生（Khe Sanh）到老挝边界的公路。与此同时，美国炮兵会沿边界建立炮火基地，其他美国部队将沿非军事地带（DMZ）占据阻塞地点。在第二阶段，也就是48小时之后，一万越南共和国军队会穿过边界朝省城车邦（Tchepone）进发。车邦有两万人口，是胡志明小道大部分支路的一个重要的中继站。越南共和国军队的第一空降师将由美国直升机空运进来去占领车邦机场。在第三阶段，越南共和国军队会包围车邦，开始摧毁当地的基础设施，包括道路、桥梁和通信中心等，摧毁该地区的卡车和补给品。第四阶段是在四到六周之后撤出。

"如果敌人战斗，[732]而且其很可能会战斗，美国空中力量和火力应当让他们遭受难以替代的惨重伤亡，"穆勒上将说，"从目前通过胡志明小道的物资和人力流量可以确认，在越南共和国军进攻期间，车邦地区会有大量的补给品和物资。"

罗杰斯没有参加1月26日的会议，但是总统决定把他推上前台。在这个问题上尼克松打算既不露面也不讲话。1月29日，在一次新闻发布会上，罗杰斯声明，如果南越部队决定进攻老挝的补给基地，美国准备提供空中支持。而实际上，第一阶段和轰炸已经在顺利进行。几个星期以来，B-52飞机在一直轰炸老挝南部，猛烈地轰炸。如果曾有任何美国部队向南越与老挝间边界运动的话，在1月31日《纽约时报》刊登头条新闻"美国对入侵老挝的传闻三缄其口……据传实行新闻封锁"的时候，保密就完全失败了。

1月29日之后，华盛顿和越南官方都拒绝讨论南越北部防卫区状态，而且美国记者被禁止乘坐从西贡飞往北部的军用飞机。在白宫内部，国家安全委员会的一系列会议在继续讨论是否发动第三阶段进攻。总统说这是美国发挥其影响力的最后一次机会，因为到1972年旱季，即10月至5月，不会有足够数量的美国人员在越南的土地上有所作为。

2月3日，尼克松取消了国家安全委员会的一次会议，把基辛格、霍尔德曼、米切尔和康纳利叫来。一个多小时之后，总统走进椭圆形办公室外的小书房，脱掉内衣，一边听其他人发言，一边让他的脊椎推拿治疗医生、肯尼思·里兰医生给他做背部推拿和按摩。[733]然后，他只穿了一条衬裤坐下来，回到讨论。他让基辛格和霍尔德曼发出命令：第二阶段，越南共和国军入侵"开始"。

第 18 章 1971 年 3 月 29 日

次日下午4点30分,在西贡(华盛顿时间凌晨3点30分),美国指挥部宣布,8,000美国部队和两万越南共和国军在老挝边境,但是它拒绝证实他们准备越过那道丛林中的路线。但是,这些部队确实允许摄影记者去到边境,这样他们就能拍摄到南越这边的标牌,上面写着:"警告:美国人员不得越过此处。"[734]

在老挝的行动进度滞后,因此总统有数小时的空闲时间。他把这些时间主要用来进行政治讨论,[735]包括与米切尔和霍尔德曼的一次两小时会谈。谈话开始有点儿漫无边际,然后就聚焦于两个话题:J.埃德加·胡佛和乔治·华莱士的未来。[736]总统想在1972年大选之前更换这个上了年纪的联邦调查局长。因为如果他落选,几乎肯定会有一位民主党人入主白宫并且有机会任命他自己的人当这个局长。另一个原因是,胡佛在执行尼克松认为非常重要的内部安全措施方面变得越来越古怪,他阻止1970年7月的休斯顿计划只是一个例子。这位局长越来越担心他的手下在进行非法活动时被地方警察或新闻媒体逮着。

尼克松跟米切尔说,是该独自动手的时候了,要尽可能多地启动内部安全方案,逐渐从根本上重建胡佛所反对的休斯顿计划。如果这位联邦调查局长发现了,总统就保持原状,私下里对峙可能形成迫使胡佛靠边站的氛围。接着,话题转向了华莱士,再任阿拉巴马州长。总统说他有这样的一种感觉,从认识华莱士的人(通常是指邮政总长布朗特)那里感觉到的,这位州长可能愿意做个交易,不参加1972年竞选。"我不希望他参加……我们应当解决这个问题。"尼克松说。接着,他说他还听说芝加哥市的民主党市长和政治老板理查德·达利(Richard Daley)可能也对做交易感兴趣。想法是,如果总统能阻止其最大的捐助人,芝加哥保险业巨子W. 克莱门特·斯通(W. Clement Stone)为伊利诺伊州长的共和党候选人筹款的话,达利在1972年就不会很卖力地去推动反对尼克松。

老挝的局势仍然处在焦灼等待阶段,因此总统决定去戴维营度周末。他和基辛格、霍尔德曼一起乘直升机离开。途中，他探身问坐得离他最近的霍尔德曼，周末能否照顾基辛格的饮食起居。[737] 整个星期这位国家安全顾问受到了威胁，再次提出要辞职，告诉霍尔德曼和萨菲尔："如果罗杰斯不屈服，[738] 我走。你们……不认为我这次是严肃的，但是我真的是要这样做！"做完这些事之后，总统独自去用餐和打保龄球。

　　第二阶段从2月8日早上7时开始。南越部队在那个时刻发起了进攻。在西贡，阮文绍总统宣布了这次行动，说的话几乎与九个月以前美军入侵柬埔寨时尼克松所说的一样。"这在时间和空间上将是有限制的，"阮说，"南越没有任何占有领土的野心。"

　　次日上午，在会见共和党国会领导人时，总统对老挝行动发表了一段冗长的、时而愤怒的独白，对他的人讲了很多他们从未听过的他对这场战争的看法。布坎南担任记录员："他说根据中情局的估计，自1965年以来，有63万多北越部队走过胡志明小道。这些部队造成了45,000多美国人死亡，25万美国人受伤……他说，我们所做的一切不仅是要撤离越南，而且我们要以一种证明迄今为止我们所做的投资的合理性的方式撤离……在这次行动中，北越将不得不负隅抵抗和战斗，因为我们正在切断他们的生命线。最后，我们可以回首追忆说，我们实现了美国在越南的目标……在许多国家，比如泰国，实现自由的可能性是无法估量的。"

　　蓝山719[739]——美国的角色是代号杜威峡谷II（Dewey Canyon II）——一个星期进展顺利。越南共和国军队在老挝行进了16英里，没有遇到有力的反抗，但是十天后他们遇阻，因为北越从西贡周边地区派来整个师的部队，在美军和南越部队面朝北部，准备迎击来自非军事区的反击时，从南面对他们进行了反击。在几个星期之内，40,000北越部队困住了大部分越南共和国军部队。尼克松通过霍尔德曼传话，告诉他："我们仍然必须在老挝宣传总统的领导。无论结果如何我们都必须声称取得了胜利。"在美国的压力下，西贡最终派遣了增援部队，增加了老挝境内的越南共和国军部队的数量。他们人

第 18 章　1971 年 3 月 29 日

数还是不及北越的精锐部队，并且被打败。

美国的 B-52 战斗机、F-100 战斗机和 F-4 幽灵战斗机把丛林变成了不毛之地，但是在那不毛之地上南越人在遭杀戮。《时代》杂志记录了越南共和国军一个团"重击"第一师的日子。该团进入老挝 22 英里，在进去的 500 人中，只有 32 人乘美国救援直升机出来。该杂志报道了另一个团的遭遇："一名失去知觉的士兵一手抱着机枪支架，他的同志们抱着他，拿开他身上插着的斧头，在飞机着陆时他们放开手，他瘫倒在地上。一名年轻的美国顾问手上拿着最近一期《星条旗报》，上面刊登的头条新闻标题是：'罗杰斯：老挝在促成胜利'，从吉普车里看到此情此景的时候，他把报纸折起来，说：'的确，胜利者来了。'"

最后，2 月 25 日，总统本人想出了一个破解残局的主意，[740] 他告诉基辛格和穆勒，"如果越南共和国军真的到了车邦，那将会是一个伟大的公共关系政变。" 3 月 7 日，两万越南共和国军被美国的直升机空运到该城。那里已被废弃。阮文绍真的声称胜利，正式宣布摧毁这个城镇是蓝山 719 计划的目标，其实它是被美国的轰炸夷为平地的。新闻媒体大部分相信了这个把戏。《芝加哥论坛报》的头条说："南越人取得重大胜利，"《纽约每日新闻报》说："越南人占领老挝关键基地，"《华盛顿明星报》说："击中胡志明小道的命门。"

但是，大量的人员和物资几乎还是源源不断地继续沿这条小道的支路运送，南越人在其所有的攻击线上都遇阻受困或撤兵。北越人对准越南共和国军无线电波段，利用它们叫美国炮兵对南越部队进行炮火攻击，引诱美国直升飞机进入共产党高射炮炮台射程范围。三个星期里有 200 多架美国直升机被击落。越南共和国军伤亡人数攀升至 2,000 人阵亡，6,000 人受伤。接着开始穿越 20 英里撤退，只有部分人遵守纪律。美国电视摄像师偶然拍摄到这样令人恐惧难忘的镜头：在困陷老挝的越南军队一次大规模空中撤离时，惊恐万状的南越士兵紧紧抓着已经超载的美国直升机制轮器。而实际情况比影片更为糟糕：在直升机保持树梢高度以避免北越火力攻击的返家途中，那些士兵中的许多人被撕碎了。在边界的另一边，两个排的美国步兵拒绝执行命令前去老挝边界掩护越南共和国军撤退。《纽约时报》发表艾弗·彼得森[741]撰写的有关此次撤退的一篇报道说:"9号路的最后四英里,六个星期前欢欣鼓舞的南越部队曾沿此路长驱直入老挝边境,但对负责掩护其在猛烈炮火下撤退的美国坦克兵来说,现在已经变成每天严酷的考验……一阵阵共产党子弹和火箭炮。"

在国内,没有爆发大规模的游行示威。但是,3月1日凌晨1点32分,一枚炸弹在国会大厦一间公共休息室爆炸。半小时前,一个匿名男人打电话告诉一名国会接线生:"30分钟后这座大厦将会爆炸。[742]你们会接到很多这样的电话,但是现在这个电话是真的。撤离这座大厦。这是对尼克松插手老挝战事的抗议。"

从影片上看到美国直升机飞行人员推开惊恐万状的南越士兵时,尼克松立刻明白了,电视又一次害了他——正当他试图用它为自己所用的时候。他在电视上接受ABC新闻的霍华德·K.史密斯的一小时采访,说老挝行动已经实现其关键目标。在蓝山计划实施初期,他曾对基辛格用很长时间与《纽约时报》的詹姆斯·赖斯顿以及其他专栏作家接触感到很生气。"告诉亨利,这些专栏作家无关紧要,"尼克松跟霍尔德曼说,"电视才是要紧的东西。"

政治家尼克松是对的。基辛格教授知道那些专栏文章首先是对历史的粗略评注。电视越来越成为政治媒介。印刷品依然还是历史的记录手段。实际上,在蓝山会议期间,在尼克松观看基辛格、罗杰斯以及莱尔德没完没了地玩获取信任、回避责任的游戏时,这位总统就开始想到,他在清除约翰逊总统的磁带录音系统方面犯了个错误。他告诉霍尔德曼,他需要用录音带记录他的决策,以保护自己在历史记载中的形象。他想将椭圆形办公室和内阁会议室的会议录下来,保存在录音磁带上——只有他知道在用磁带录音。

霍尔德曼把这项工作交给劳伦斯·希格比和亚历克斯·巴特菲尔德,[743]告诉他们总统想在椭圆形办公室装个声控系统,在内阁会议室装个开关启动系统。他不想让军队通信部队来做这件事,因为他认为他们会向五角大楼汇

第18章 1971年3月29日

报此事。他想要特勤局来做此事,该局有个技术安全处。这项工作在晚上进行。五个小麦克风被镶嵌在总统的书桌里,还有两个小麦克风被装在壁炉两边固定在墙上的壁灯里,在这个壁炉附近摆着一张躺椅和一些椅子,尼克松常常在那里迎接来访者。录音磁带安放在这间办公室的三部电话机里。2月16日,大功告成,隐藏的麦克风和深藏在白宫西翼地下室某个特工更衣室里价值199美元的索尼牌卷轮式磁带录音机准备就绪,随时可用了。五英尺一盘的录音带可以录制六个半小时的谈话。特工们每天更换这些录音带,把用过的录音带放在行政办公楼里一间上锁的小房间里。*

即使录音带在转着,总统偏爱的记录工具还是他的黄记事簿。3月的四个清晨,也就是3月6日、15日、16日、17日清晨,他在上面不断地书写新的名单,包括他对朋友和敌人的想法——以及对"尼克松这个人"(有时他这样称呼自己)的看法:

首先不让他们突破原有看法,弄清新的RN是什么样的人——保持神秘性——不做平常人……最佳素质:1.胆识过人,2.睿智,3.有领导才能——领导世界的经验……重要的是必须坚决代表美国的价值观。不抛弃……

霍尔德曼——给康纳利讲讲有关副总统的事……没去参加汽车比赛=不合格……TR懂得拳击——人们喜欢拳击——必须停止发挥精英分子的作用……共同事业=权势集团铤而走险的最后一战……

在与霍尔德曼漫无边际的谈话中,尼克松说他打算要阿格纽辞去副总统职务,然后任命康纳利为副总统,一旦他认为他可以在国会确认听证会上获得国会的批准就立即这么做。"爱情故事",用萨菲尔的话说,仍在浓情演绎。每星期与这位财政部长会见一小时是总统工作日程表上的固定事项,他们喜爱的话题之一是"新政党",亟待于1972年出台的以尼克松—康纳利为标签

---

* 在接下来的4个月里,行政办公楼175房间、生活区的林肯起居室以及戴维营的山杨木屋也被安放了麦克风和录音磁带。

的共和党与民主党保守派的联盟，以及提名康纳利为1976年总统人选。

春天到来的时候，两宗大事占据着总统的心。那就是乔治亚州的卡利中尉审判和巴基斯坦的叶海亚·汗审判。由印度的英国主子1947年仓促创建的巴基斯坦正濒临解体。从根本上讲，巴基斯坦是英属印度开创的两个国家，作为穆斯林信徒的避难所，因为他们敌视或害怕人数多得多的印度教徒统治次大陆。西巴基斯坦沿喜马拉雅和兴都库什山脉与伊朗、阿富汗以及中国接壤。东巴基斯坦1,000英里以东是孟加拉湾，处在历史上受加尔各答统治的低地地区。

自分隔以来，东巴基斯坦一直存在着分裂主义运动，[744]分裂分子团结在孟加拉国人民联盟的政治旗帜下。叶海亚·汗内心越来越热衷让整个巴基斯坦恢复民权统治，他认为，通过1970年的一次选举，他可以平息西巴基斯坦的口头动乱和东巴基斯坦的实际叛乱。由谢赫·穆吉布·拉赫曼（Sheikh Mujibur Rahman）领导的孟加拉国人民联盟赢得了东巴基斯坦169个竞争席位中的167个，不仅获得了当地控制权，而且赢得了国民议会310个席位中的大多数席位。"穆吉布派"几乎立即宣布独立，而叶海亚则以派遣军队作为回应。40,000士兵和美国造坦克于3月26日开始行动。军队以叛国罪逮捕了穆吉布，切断了电话线，驱逐了外国记者——并且开始杀戮。一部藏在美国驻达卡的无线电秘密发报机传来无数令人恐怖的故事；一个故事说，女子大学学生被火驱赶出宿舍，然后被西巴基斯坦士兵随意地开枪打死。头三天的死亡人数估计达到了10万人。美国驻新德里大使肯尼斯·B. 基廷（Kenneth B. Keating）（一位来自纽约的前共和党参议员）也在给国内发电报报告东巴基斯坦种族屠杀的情况："军事恐怖统治……立即、公开而明确地谴责这种暴行。"

3月29日，在乔治亚州本宁堡（Fort Benning），结束了美国军事史上最长的战犯审判。经过13天的深思熟虑之后，由六名军官组成的陪审团裁决小威廉·卡利中尉[745]在1968年的美莱村大屠杀中犯有谋杀平民罪。陪审员都曾在越南服役，他们驳回了这位中尉的辩护和证词："他们都是敌人。他们都应该被消灭掉……那是我的命令，先生。那是这天的命令，先生。"卡利说他

第 18 章　1971 年 3 月 29 日

曾被告知，即便是那个小村子的儿童也要被看作是越共的同情者，他们曾向美国人扔手榴弹。3 月 31 日，军事法庭判决卡利无期徒刑。到那时为止，白宫收到了 5,000 多份电报，它们以 100 : 1 的比例赞成宽判。白宫的一次快速全国性民意调查显示，79% 的受访者不赞成这个判决。

总统在 La Casa Pacifica 的家中待了一天，跟霍尔德曼、埃里希曼、康纳利、芬奇以及基辛格讨论卡利案件。他还一遍一遍打电话给华盛顿了解情况。其中一个电话打给了众议员奥林·E. 蒂格（Olin E. Teague），一位得克萨斯州的民主党人，众议院退伍军人事务委员会主席。蒂格对尼克松说："卡利是一个可悲的案子，他绝不应该作为首位被诉军官。但是我一直是反对军事法庭的。"

"那么，"尼克松说，"为什么你不站出来大声地把这一点告诉其他成员呢？"

"让我们盯着这个球。"尼克松在圣克利门蒂对他的副官说，"这个球"不是指军事司法，甚至也不是指他认为很重要的保持军队士气，而是指保持公众对这场战争的支持。"让我们看看这一回是不是没有办法让我们能站在支持变革的人一边，而不总是表现出小心翼翼、恰如其分、高效率的样子。"

其实，在卡利判决宣布时总统就已经想了很多他要做的事。他想同时证明两点：美国人不宽恕这种行为，但是除非存在确切的违反命令的行为，否则为这个国家服务的人必须得到无罪推定的权利。他跟随他的第一直觉，也就是要卡利出狱，并且他马上就做这件事，因为他想控制星期日的报纸和新闻杂志上的报道和分析（每周日出版）。他命令穆勒上将将卡利从本宁堡的拘押所放出来，允许他住在基地他自己的公寓里，假定这个基地是自由的，同时审判和判决还在上诉中。挂上电话时他说："对这个地方他们就得说'是，先生'，[746]而不能说'是，但是……'"

次日，总统从西白宫宣布，在执行最后宣判之前，作为三军统帅，他会亲自复审卡利案件。

这是人民的选择。白宫民意调查显示，对卡利裁决的"觉察"度为 96%。

乔治·华莱士是首批访问该中尉公寓的人之一。他出来时告诉记者说，由于这个裁决，"每当一个士兵找出敌人时，他都将因谋杀罪而受审。"接着他又补充说："任何人被杀都是北越侵犯南越的直接后果。"到那个周末，尼克松的支持率在其自己的民意调查中激增了13%。

卡利裁决后第二天，尼克松看着外面的太平洋，与艾伦·德鲁里（Allen Drury）就更大的主题进行了长时间访谈。访谈的问题很宽泛，相当笼统地问及有关当总统的各种问题，所以一些回答也是泛泛而谈：

我想给美国留下一种新的信念：[747]这个制度是有效的，民主政府比其他类型的政府更好，可以通过和平的变革方式进行改革……从某种意义上讲，就是在这里，在这个房间里——就在这张椅子上。无论谁当美国总统，以及他做什么，都要确定我们拥有什么样的世界。他的领导力必须很强——并且坚定不移——并且，我们希望，睿智……

你想知道我的意见……这会是"最后的战争。"我是说，当然，最后的大规模战争，最后的大规模冲突。当然，还会有局部战争，像巴基斯坦、尼日利亚发生的那些事件，诸如此类。但是，就这一点而论，现任苏联领导人或是中国领导人会知道我所知道的情况：如果他开始一场大规模战争，他几乎就会立刻杀死他的7,000万人民。对我和我的继任者也是一样的道理。我不认为，对于任何理智的人来说，这种国家自杀行为还能行得通。

次日晚上，总统睡不着觉，凌晨1点30分起床，考虑他起落不定的民意调查结果："老挝的新闻封锁引起了公信力问题……看来问题还在升级，动摇了对RN战争计划的信心。"接着，他立即转而思考国内事务，写道："进退两难——需要一个简洁易懂的国内目标。"

部分进退两难的问题是，尼克松自己的目标关乎外交政策和他的连任——以及竞选所需经费。3月里的某一天，在与牛奶生产商的一连串电话

第18章 1971年3月29日

沟通和秘密会面中，[748]总统亲自完成了以提高联邦牛奶产量补贴换取200多万美元作为1972年秘密竞选资金的交易。这笔钱通过一个名为联合牛奶生产有限公司（AMPI）的农场主合作社提供。AMPI有4,000会员，其中大部分在中西部和西南部，生产产量大约占美国牛奶产量的12%。该组织传统上是支持民主党的。1968年，AMPI为休伯特·汉弗莱与尼克松竞选捐助了15万多美元。现在他们想接近共和党当权者，而且，当默里·乔蒂纳一离开总统行政办公厅，他们便聘用了他。1969年和1970年，AMPI的官员为赫伯特·卡姆巴克提供了至少235,000美元现金用于联排住宅项目以及尼克松的其他秘密活动。这个牛奶游说团的目标是使联邦政府对牛奶生产商的保证价格从每英担4.66美元提高到5.21美元，用交易行话来说，就是把平价从79%提高到90%。但是在3月12日，农业部长克利福德·哈丁（Clifford Hardin）宣布，牛奶的保障性价格仍会在4.66美元，考虑到通货膨胀因素，这实际上是减少了资助。

由于有康纳利作为他们的当庭朋友——而且已经许诺提供200万美元——3月23日AMPI官员被邀请到白宫并与总统在一起待了50分钟。"首先，我要说，我非常感谢你们的支持，"他开始说，"我知道你们是一个政治上很清醒的团体……我不必亲口说出这一点……其他一些人让我知道你们的所作所为……告诉我们什么是你们所希望的。"

谈话的中心内容是85%的平价或曰4.92美元的保障性价格。总统漫无边际地长时间讨论将牛奶作为一种镇静剂来营销："如果你们让人们想象一杯牛奶会使他们入眠，我的意思是就好像一片安眠药那么有效。一切都在想象中。"当话题进入钱，如何提交钱的时候，尼克松打断了谈话。"我坐在这里的时候不要说那些。实际上，这个房间没有被监听。忘了做那件事。"

在座的人大笑起来。但是，当然，这个房间是安装了窃听线的，而且楼下地下室里录音磁带正在旋转。

这天下午五时，总统与康纳利、哈丁、埃里希曼以及舒尔茨坐在一起研究如何修改十天前农业部公布的4.66美元的决定。"我不想谈论它的经济意义。"康纳利说。

"那么政治意义如何？"尼克松插话说。

"展望1972年……你将必须让美国在农业上强大起来。"

尼克松问保障性价格提高会让政府付出多少钱。"大约一亿美元。"哈丁回答说。

这是事实。埃里希曼站起来说，"最好是拿一杯牛奶。趁它便宜的时候喝。"

这天晚上总统在华盛顿希尔顿酒店指桑骂槐地说了一个捐款人。此后，午夜的时候，AMPI总裁哈罗德·纳尔逊同乔蒂纳一起去了麦迪逊酒店。他们叫醒卡姆巴克，然后商定将200万美元转入由总统律师控制的秘密基金。

在他干预卡利案件一个星期之后，4月8日，总统收到了一封四页纸的信，来自曾在卡利中尉[749]军事法庭审判中作为检察官的那位青年军官。奥布里·W. 丹尼尔（Aubrey W. Daniel III）[750]写道："如果这个国家的这么多人都没有看到这个道德问题，这是多少令人震惊啊……一个美国士兵就那么草率地处决手无寸铁、没有抵抗的男人、妇女、儿童和婴儿，这是违法的。而更为骇人听闻的是，这个国家如此之多的政治领袖也没有看到这个道德问题，或者是看到了这个问题却出于政治目的而容忍之……你已经使这个国家的司法制度遭受批评，让人批评它是受政治影响的……"

次日晚上总统在电视上宣布，到12月1日，又会有10万美国军队撤出越南，那样，到1971年底留在越南的美国军队就只有184,000人了。他断定，南越在老挝的行动与美国和南越在柬埔寨的联合行动一样成功。然后，他说："因此，今晚我可以宣告，战争越南化计划已经完成。"

第 19 章 1971 年 6 月 12 日

这份备忘录是不会交给任何人看的[751]——它是总统于3月31日向霍尔德曼和罗斯·玛丽·伍兹口授的四页纸备忘录,仅此一份,是霍尔德曼和罗斯·玛丽·伍兹用于对付采访的谈话底稿。艾伦·德鲁里曾要求就"尼克松其人"的个性这个主题采访他们两人,而那个人在告诉他们要说些什么:

"德鲁里会问一些有关我个人习惯的一般性问题。"尼克松开始写道。接着,写到他日常的时间安排——午餐五分钟,早餐五分钟,没有锻炼。第二个问题是比较雷同的,他说:"'离任总统职务'从来都不是我特别关心的问题。我不愿意放下总统的担子。实际上,在花时间做某些我可能真正喜欢做的事情时,我感到非常沮丧,因为我觉得那些事使我没有去做我真正应该做的事——履行好总统的职责。波尔卡曾经说过,没有哪个真正履行好总统职责的人有很多闲暇时间——这话是在100年前说的。"

德鲁里想采访尼克松夫人,因此尼克松口授了一份"RN"给"PN(译者

注：帕特·尼克松）"的备忘录，提示她可以跟德鲁里讲的内容。她按照这个脚本讲："他对我们所有人都很体贴。[752]他总是在策划给我们一些小惊喜和小礼物。他不是一个冷漠的人。我从来没有见过比他更体贴、周到的人……他做的那些小事寓意非常丰富。他也非常在意我们对他所受到的批评的心理感受。早晨当他看到一些好的社评或者评论时，他通常会复印下来，送到屋子给我们看，让我们在当天也能有好心情……"

"迪克（译者注：理查德的昵称）有非凡的幽默感，就是人们称之为情景幽默的那类幽默感。在演讲的时候，他总是会对已经发生的某些事情做一点评注，作为开场白。我记得我们在这里举办共和党全国委员会招待会的时候，他做演讲还说笑话……他总是这样做，但是有时并没有见报……而且也有些人就是不想写这些情况，因为他们认为这使他看起来更富有人情味和讨人喜欢……圣诞节晚会上，他坐下来给我们这里的孩子们弹奏钢琴，弹圣诞颂歌。他总是那样想，"——她咬住自己的手指——"他可以自然而然地做到……孩子们围着他，用胳膊搂着他。孩子们知道。"

"尼克松其人"活动是用完美的表达来诠释尼克松，许多说法直接来自白宫，包括总统本人。他和芭芭拉·沃尔特一起出现在NBC"今日秀"节目的一次长时间访谈上。沃尔特试探性地问到有关他"刻板的形象"的问题。他回答说："我并不担心什么形象。"同时，他的那群讲述/搜集趣闻轶事的人正在到处发文渲染总统风采，如果博斯韦尔趣闻轶事团队夸张一点，其中有些文字会很迷人。约翰·安德鲁斯报道说，在一个颁奖仪式上，总统脱开讲稿，指着玫瑰花园的郁金香说：[753]"如果你愿意的话，你可以欣赏它们或者你也可以轻轻地绕过它们。"亚历山大·巴特菲尔德在表彰某个委员会在残疾人就业方面的作为的活动之后发表了这样一篇文稿："虽然在这个短暂的会上总统没有讲什么特别的话，[754]但是我再一次注意到一些我认为非常值得报道的事情。总统在与残疾人士一起交谈的时候总是非常自在……事实上总统特别体恤他人。应当更好地让人了解这个事实。"

在靠近基比斯坎的一条小船上阅读他的新闻简报时，尼克松发现了弗

第 19 章　1971 年 6 月 12 日

兰克·科米尔写的一篇美联社报道，其开头是这样写的："尼克松总统正在坚定地努力弥补他相当刻板的公众形象与其一贯极其隐秘的私生活中'真实的尼克松'的形象之间的差距。"这位真实的尼克松写道："齐格勒应当抨击那种认为 RN 为形象而进行公共关系建设的看法。"杰布·马格鲁德（Jeb Magruder）提交给总统的一篇备忘录概述了为弗雷德·马隆的摄影活动而进行的一次总统演习。这位摄影师为德鲁里的《勇气与犹豫》一书拍摄白宫"内部"照片。椭圆形办公室提出了一次15分钟的活动计划，包括："1.你（译者注：总统）和霍尔德曼、埃里希曼、基辛格等各位先生站在你的书桌前面随意聊天，但表现得很认真，好像刚结束了一次会议……3.你和基辛格博士站在通往露台的门边，进行交谈……6.你、克莱因先生和齐格勒先生。你坐在书桌边。克莱因和齐格勒先生站在你身后，从你的肩膀看过去看到你书桌上的报纸……你坐在书桌边，马诺洛送来咖啡。"

他总是想要一个讲稿，但是真实的尼克松的确常常表露出笨拙腼腆的魅力。有些情景令巴特菲尔德印象深刻，他曾看到总统与一对因肌肉萎缩导致瘫痪的双胞胎一起玩笑的情景，他还看到总统把一个朋友——哈维·费尔斯通（Harvey Firestone）——抬出轮椅并且站在他身边和他一起照相，对拿着那位老人的助行架匆匆赶来的护士挥手示意让她离开，说："他不需要那个该死的东西。"

他的女儿朱莉·艾森豪威尔也坐着接受了海伦·托马斯关于尼克松的访谈。朱莉说："他就是一个非常有人情味、热心的人……我认为他是一个非常敏感的人。"她还谈到了返回学校上学的学生们——"没有太多能让他们激动不已的事"——事实是，在他父亲任上，美军在越南的伤亡人数已经从约翰逊总统任上的每周数百人下降到数十人。

"告诉朱莉，干得好！"他在记述这次采访的新闻简报上写道。有一条写给霍尔德曼的旁注说："霍尔德曼，你可以明白这次采访没上电视是多大的浪费。"

魅力攻势包括《麦考尔杂志》1971年5月号刊登的封面故事："无人知晓

的尼克松——公开婚姻的出人意料的非公开预展",配发特写照片。照片上他们没有眼神交会,丈夫和妻子抚摸着爱犬蒂马胡之王,在一个糟糕的雨天里沿海滩散步。他的妻子可能高估了他的幽默,但是尼克松确实很努力。在演示一种用于探测是否有人存在(大概是为了发现隐藏的人)的新型警事"嗅探装置"[755]时,因为该装置一接近他就停,总统拍了拍手。"瞧,"他说,"我的批评者是错的!"

《华尔街日报》[756]用"把尼克松描绘成'一个男孩儿'很危险"的大字标题聚焦"尼克松其人"攻势。约翰·皮尔逊写道:"对理查德·尼克松进行人情化宣传,正如其可能被认为的那样,可能不是一种富有成效的努力。首先,它不会奏效:尼克松先生就不是一个很幽默、无拘无束、喜欢找乐子的人。其次,它会产生事与愿违的效果:人们对被告知他们明知道事实并非如此的事情感到厌恶。第三,它是无关紧要的:无论总统是还是不是一个男孩儿,都远不及他的政策和领导能力那么重要。"

确实。但是,尼克松常常真的希望被看作是一个男孩儿。无论他对这一点表达得是否清楚,他都很以他的家人而感到骄傲。他很喜欢跟特里西娅和朱莉讲他追求他们母亲的故事——纵然如此,如同他人生中的许多其他事情一样,他在追求中感到兴奋而胜利的喜悦却很少。在家庭之外,他把他自己及其同时代人(那些参加过第二次世界大战战斗的人)看成是最后的美国无辜者。在口授对唐·拉姆斯菲尔德的评价时,总统说:"我认为拉姆斯菲尔德还是太以计划为导向了[757]……他在一定程度上是新实用主义战后学院派,这些人属于严肃型,坦白地讲就是缺乏基本的理想主义和浪漫主义的态度……"

他是一个多愁善感的人,[758]时而感伤。在朱莉访谈几天后,他在新闻简报上读到一则消息,用手打破2,056块砖、打破了世界纪录的空手道爱好者比利·科比特希望人们为每块砖捐赠一美元给患肾病的儿童。遗憾的是,他也打破了手,并且只筹集到不足300美元。总统随手批示道:"RMW(罗斯·玛丽·伍兹),为这项事业寄100美元——并且通知此人。"

第 19 章　1971 年 6 月 12 日

对于总统身边的大多数男人来说，帕特·尼克松是个神秘人物。她似乎把当第一夫人视为一个全职专业工作，她花很长时间做具体工作。她坚持亲笔回信，保护她的小幕僚对抗总统幕僚（对霍尔德曼的委婉说法）的高效率和有组织的热心。这位幕僚头目看不起以往的塞尔玛·凯瑟琳·赖恩（Thelma Catherine Ryan）[759]——尼克松夫人的娘家姓——并且他定期把他称之为"塞尔玛"问题的问题带到椭圆形办公室。而尼克松把"尼克松夫人"[760]问题交给霍尔德曼。"很难办的是，帕特·尼克松不会招待，但却不让别人接手，"霍尔德曼在日记中写道。"他想改变糟糕的食物，但是帕特·尼克松却批准了菜单。"大部分时间，不管是谁在抱怨总统只是听着，尽量避免正面冲突。

当然，尼克松夫人通常是为所欲为的。最明显的是，当霍尔德曼从纽约引进室内装饰师来对戴维营的某些陈旧破败区域进行装修时她所发起的一次先发制人的进攻。

"我们什么时候装修那些小木屋？"[761]尼克松夫人第二次住在戴维营时问这位戴维营指挥长。他回答说装修工作已全部完成。"哦？"她说，"我想看看。"第二天水兵们就开始运走从纽约来的材料。由第一夫人接管，又从头开始重新装修。

1971 年 3 月 17 日是尼克松人生中的一个重要日子，不仅因为这天是圣帕特里克节以及他们夫妇有爱尔兰血统。总统说，他妻子总是被叫作帕特，因为她出生在另一个圣帕特里克节。*在白宫的"爱尔兰庆祝仪式"上，尼克松高兴地宣布，他们的两个女儿中，25 岁的大女儿特里西娅 6 月份要做新娘了。特里西娅金发碧眼，像个小洋娃娃，但继承了他父亲坚定的意志。因为给莱斯特·马多克斯[762]（亚特兰大的一位拒绝接待黑人的餐馆老板）写了一封支持信而被报纸曝光，此后，她坚决避开记者和许多其他人的跟踪。在那封信中，她建议那位餐馆老板把餐馆做成一个私人俱乐部，这样他就可以拒绝接

---

* 尼克松夫人实际上出生于 3 月 16 日，圣帕特里克节前一天。

待他所不喜欢的人了。在家庭私生活方面，她可能是一位极为难对付的青年女子，她常常迫使这位美国总统改变家庭计划，因为她会因什么事情而不愿离开她的房间。她的未婚夫爱德华·里德利·芬奇·考克斯（Edward Ridley Finch Cox）是哈佛大学二年级法律专业学生。作为一名来自纽约市的青年共和党人同时也是社交名人，考克斯为拉尔夫·纳德（Ralph Nader）——一位致力于消费者事业的自由派改革者——工作了一个夏天。理所当然，尼克松夫人打算扮演新娘母亲的全部角色。她出了个主意，让尼克松和霍尔德曼一起忙活几个小时，想办法利用这次婚礼作为展示"尼克松其人"的窗口。总统的想法是，人们需要"美妙的事件"把他们带出"其单调乏味的生存方式"[763]——有什么比为一位美丽的新娘和她高大英俊的新郎举行的一场国事婚礼更好呢？

总统本人处在一场伟大的求爱活动的中央，他关注的目标是他惯常称之为"红色中国"的那个国家。苏联首要外交事务杂志《新时代报》采用的说法是"微笑外交"。[764] 克里姆林宫对尼克松的一系列有关放松或取消自20世纪50年代以来对北京施加的某些贸易和旅行限制的行政决策很警惕。苏联人没有公开表示他们知道尼克松秘密地对周恩来表示友好，即使列昂尼德·勃列日涅夫正在公开谴责："帝国主义者……极力在中国和苏联之间煽动异议。"而且，事实上，美国人与中国人之间的秘密沟通渠道已再次中断，因为北京公开谴责南越人在老挝的行动——在蓝山719计划实施期间，周恩来访问了河内——正如1970年1月华沙行动方案因那年晚些时候的入侵柬埔寨行动而终止一样。接下来，4月6日，华盛顿、莫斯科以及世界上许多国家都为一次非常简单的邀请而感到震惊：在日本举办的世界乒乓球锦标赛结束时，中国乒乓球队队长邀请美国乒乓球队队长率队去中国进行为期一周的表演赛。除了中国总理周恩来之外，没有球员或任何人知道这个邀请来自毛泽东。[765]

这15名球员，也就是自20世纪50年代初期以来第一群访问中国的美国人的访问成了轰动世界的事，[766] 因为中国政府允许许多美国记者，包括平面媒体和电视媒体，随乒乓球队访问。过去22年来美国新闻记者一直被禁止进

第 19 章　1971 年 6 月 12 日

入中国,但是"乒乓外交"马上成为头条新闻和迷人的娱乐活动。记者和照相机在记录他们所见到的年轻美国人和中国人的每一句话和每一次活动。导游带领这些美国人走在北京、上海、广东的大街上,无论所到何处都有数以百计的人跟着他们。这些美国人参观了长城。他们见到了周恩来总理,他说,用新闻标题的话、复述的话以及回到华盛顿琢磨出来的话说:"你们已经翻开了美国人民与中国人民关系的新篇章。我相信,我们的友谊的再次开启必定会得到我们两国大多数人民的支持。"

这次表演赛在北京进行,中国人安排得很得体。东道主中国没有用最好的球员,因为他们的球技远远超出美国最佳球员,而是用比较年轻和不太重要的球员参赛。他们5比3击败美国男队,5比4击败美国女队。

4月16日在华盛顿,总统在美国报纸编辑学会年会上花了一个多小时回答有关中国的提问。他严守美国与中国联系的真相,采用了诸如"漫长的过程"之类的说法,并且说他告诉特里西娅和她的未婚夫,中国会是一个很好的度蜜月的地方。

尼克松在索尔海姆酒店出现在编辑记者面前时,私下的说法和公开的说法大不一样。私下里,他在策划迫使 J.埃德加·胡佛辞去当了47年的联邦调查局长职务,谋划以此作为该局长77岁生日,也就是1972年1月1日的一项活动。他的许多幕僚,包括布坎南,都表示同意。布坎南在备忘录中告诉总统:"胡佛先生[767]已经过了国人尊敬的鼎盛时期。曾一度我猜想95%的国人认为他正在进行非凡的工作……对于年轻人,尤其是那些不像其父辈那样对胡佛心怀敬意的年轻人来说,他正在变得越来越像一个反派人物,而且完全把他跟我们联系在一起。"这与尼克松从莫伊尼汉那里听到的说法相吻合。[768]后者离职后私下里为大企业和大金融项目的领导人当顾问赚点儿小钱,[769]他惊讶地发现这些人对尼克松怀有敌意——尤其是在不同政见和公民自由问题上,最后他得出的结论是:"他们的这种态度大部分来自于他们的子女。"但是在公开场合,当提问者问国会民主党人对联邦调查局窃听其电话的指控是否会加速该局长的辞职时,尼克松回答说:"不",而且还为胡佛辩护说:"不

333

尼克松——孤独的白宫主人

公正……恶意的批评。"在编辑记者们问及有关阿格纽的批评时，尼克松的所为也是如此，他说："这是个老游戏……让总统与他的副总统意见不合继续下去。但是我是这方面的专家，我不会陷入这种境地。我要保护我的副总统。"私底下，他还在极力想法子甩掉阿格纽，跟康纳利做搭档。驱车回白宫时，他拿会上的第一个提问开玩笑，一位编辑问他在凌晨三点醒来时想到什么。"一个和平的时代，"他回答说，并且继续到最后。在车上，他说，真实的回答应该是："去浴室。"[770]

在公开为阿格纽辩护的时候，总统还告诉那些编辑，他们应当更好地去了解副总统，多跟他在一起。三天之后在弗吉尼亚州的威廉斯堡，其中九位记者真的这样做了。副总统正在那里出席共和党州长大会春季会议。在大会的最后一次会议之后，零点30分，阿格纽邀请记者们到他房间，谈了三个小时（非正式的）。他所谈的内容是，他不同意对中国开放任何政策，他反感新闻媒体愉悦地、不折不扣地报道这次乒乓球队访问的成功，给共产党做宣传。这次清晨会晤[771]不宜做公开报道。但是这种状态持续了不到24小时。这九位记者把这个故事告诉了不受"不做公开报道"协议约束的同事，于是，在4月20日，这个故事便全部见诸报刊头版。

阿格纽不在制定中国政策的圈子里，而且在自己搞的新闻发布会上又有出格的言论。在做每日简报之前，新闻秘书齐格勒走进椭圆形办公室告诉尼克松，他打算说阿格纽的想法只是他自己的观点。总统说那是不够的。他要齐格勒去起草一份声明，说副总统"完全支持"政府在改善与中华人民共和国的关系方面的创举。"告诉他副总统的职责就是支持总统。"在《纽约时报》上，那篇报道被刊登这样一则公告之下：国务院为来访美国的中国乒乓球队颁发旅游签证。

这天头条新闻报道的标题是这样一个贯通三栏的大标题：

最高法院以9票对0票支持用校车接送学生，

反对南部地区双轨制学校拒绝执行政府政策的立场

334

第19章 1971年6月12日

这个全体一致通过的决议,由大法官起草,有效地结束了白宫官方对校车接送的强烈反对。但是它也是总统让法院承担政治风险的战略中的一个决定性成功步骤。哈里·登特的助手爱德华·摩根在给总统的备忘录中写上了这段话:"如果我们能让自由主义派作家继续确信我们正在按法院的要求办,[772]同时让我们南部的保守派朋友确信我们没有做任何超出法院要求的事,那么我认为我们就能走过这段险途,平安到达1972年11月。"

尼克松在那份备忘录上批示的书面意见是:"好,继续努力。"

2月的老挝行动重新唤起了反战运动的某些因素。一个自称为全国和平行动同盟的新团体正在组织在4月的最后一个星期在华盛顿和其他城市举行一次大规模示威游行。但是游行示威者越来越难以引起人们的注意了。他们已经成为这个首都的例行活动的组成部分,就像樱桃树开花一样。但是,有一个团体,即越战退伍军人反战组织,正在从事新闻出版,令白宫害怕。"杜威峡谷3号"(Dewey Canyon Ⅲ)(一种嘲笑美国老挝战役代码的说法),杜威峡谷2号(Dewey Canyon Ⅱ)——是由一位富有感召力的前海军少尉,耶鲁大学毕业生约翰·克里(John Kerry)领导的。*为防止有人没领会这个代码的含义,退伍军人们发表了用军事行话并模仿尼克松关于柬埔寨和老挝的论点写的新闻报道。第一篇的部分内容是:

这次侵入[773]……将进入国会地区,目的就是要切断行政部门非法雇佣军目前正在使用的补给线。……我们想非常清晰地表明,我们的首要担心,也就是下令侵入的唯一理由,是要确保从哥伦比亚特区各国安全撤出我们有限的冬季兵力。

---

* 1984年约翰·F.克里在马萨诸塞州当选美国参议员。

尼克松——孤独的白宫主人

4月23日，在林荫大道上露营了一个星期之后——某个联邦法院否决了司法部提出的发出禁止露营令的请求——700多退伍老兵列队站好，一个接一个地把他们在越战中获得的奖章和绶带投进环国会大厦建起的临时围栏。整个周末，紫心勋章、银星勋章以及奖品奖状都被扔在那里。与此同时，20多万同盟示威者在华盛顿游行，成千上万更多的群众在其他城市游行。在戴维营，这天总统收到的一个新的白宫民意调查结果表明，对这场战争的支持率下降了3%。"我们可能将不得不再次发动副总统了。"[774]他跟霍尔德曼说。

这主要是一群自由主义者。他们聆听了国会议员的演讲。有几人被捕。但是，第二天，4月25日，情况开始变得不祥。一个自称"五月天部落"的激进派团体松散同盟开始到来，宣布打算在5月3日星期一"关闭政府。"这个五月天计划已经酝酿了几个月——并且已经由30岁的主要组织者伦尼·戴维斯与在巴黎的北越外交官讨论过。4月27日，《华盛顿邮报》正在报道遍布这个城市的肇事逃逸事件，包括国会大厅里的"游击剧院"。《邮报》报道说，装扮成越南农民的示威者尖叫着跑进参议员的办公室，其身后跟着身着美国战衣的人。"上个星期有70人死在越南，"一个人高声说，"所以有70人要死在这里。"[775]次日，在卫生教育与福利部224名示威者被捕。4月30日在司法部370人被捕。

这天总统飞到圣克利门蒂。他心里在想中国。4月27日，鉴于种种信号暗示——从乒乓外交到《生活》杂志发文说毛主席敞开大门，同意会见作为总统或是旅游者的尼克松——巴基斯坦大使希拉里（Hilaly）[776]亲自递交了来自周恩来的信函。这封信说："中国政府重申，愿意在北京公开接待美国总统特使（例如基辛格先生）或美国国务卿或甚至美国总统本人……"

具有讽刺意味的是，信中的最大问题是"公开地"这个词。尼克松想秘密地派一名使节去准备一次盛大、公开的总统本人访问。他反复分析各个使节人选——可能是戴维·布鲁斯也可能是纳尔逊·洛克菲勒——的长处，几乎是在折磨基辛格。最后，他告诉基辛格，他就是那个使节。

5月1日，总统在西白宫举行新闻发布会，在谈到华盛顿正在进行的游

第19章 1971年6月12日

行示威时,他说:"我们会看到,许多有权平静地上班的政府工作人员不受那些激进分子的阻挠,那些极少数激进分子,以为打着为争取海外和平而游行示威的旗号,就有权破坏国内的和平。"

5月3日星期一,[777]那种和平确实被破坏了。黎明之前,示威者成群结队地出动,试图阻塞大街和桥梁。他们一拨接一拨地到来,用他们的身体、垃圾桶、大树枝以及他们能拿在手上的其他任何东西去阻挡汽车和卡车,但是他们也一拨一拨地被逮捕,政府和警察一次又一次用计击败了他们。清晨五时联邦工作人员被召集起来。警方的问题是,一旦将这些无组织的暴徒赶离车道之后,该如何处理这帮乌合之众。星期一,警方在没有提出指控的情况下逮捕了7,000名游行示威者。其中大部分最后被关在没有食物或卫生设施的集中拘押圈,前面是停车场和罗伯特·F.肯尼迪纪念体育场周围场地上8英尺高的防风栅栏,那个场地通常作为华盛顿红人橄榄球队的主场。夜幕降临,天下着雨,又冷又湿,他们被迁入室内,待在华盛顿露天体育场一个篮球比赛馆的水泥地上。这天他们真正的胜利只是迫使国会大厦没开放参观。

次日,示威者包围司法部的时候,又逮捕了2,680人,司法部长米切尔抽着烟斗,从他办公室外面的阳台上面无表情地看着这一切。总统回到了白宫,阅读着由他年轻的法律顾问约翰·迪恩组织的观察团提供的每半小时详情报告。次日(5月4日)中午的报告写道:"游行示威者聚集[778]在富兰克林公园附近(14th & I);五月天同盟演讲者在说服群众去司法部游行示威,争取非暴力公民服从……2,000人聚集……总计逮捕232人(大多数人因妨碍治安行为);现在正在进行传讯……昨天大致有1,500名游行示威者被逮捕,现在还被拘留在露天体育场,还没有被传讯,因为他们在必需的处理过程中拒绝与法院官员合作。"

下午1点30分,迪恩报告说:"来自富兰克林公园游行路线和/或司法部所在第10街人行道的4,000人……有685人被逮捕(大多数人因妨碍治安行为和不法行为,即走路不遵守交通规则和不听从调动)。发现在塔夫脱过街桥下悬挂着未爆炸的炸弹;被军队爆破班清除。"下午3点30分:"在第12街和宾夕法尼亚大道，警察和示威者发生一次对抗……部队撤回桥上监控傍晚桥上交通。"

晚上七时，迪恩向总统汇报说："最新估算表明，在司法部逮捕了2,000到2,100名示威者，其中大部分人被指控非法集会；此外，今天在本城其他地点还逮捕了685人……傍晚高峰时间情况如常，没有什么事故。负责人杰瑞·威尔逊认为游行示威者的体力和精神都已经被削弱。昨天逮捕的游行示威者中包括名人：阿比·霍夫曼（Abbie Hoffman）（雅皮士），本杰明·斯波克医生（Dr. Benjamin Spock），伦尼·戴维斯，以及阿尔·哈伯德（Al Hubbard）（越战退伍军人反战组织领导人）。"

次日，5月5日，全国各地包括纽约和旧金山都出现了示威游行，有10万人参加。在华盛顿，国会大厦周围有数千人聚会提交"人民的和平条约"，其中1,146人被逮捕。最后，政府正常办公，12,000人被逮捕，有批评说其中许多是被非法逮捕。但是尼克松白宫把它当作一次胜利。当迪恩告诉说查克·科尔森送了一大箱橘子[779]给关在罗伯特·F.肯尼迪纪念体育场的囚犯时，总统和霍尔德曼笑了。标签上写着："祝你好运，埃德蒙·马斯基参议员。"

"他搞恶作剧取乐。"尼克松说。

"其中某些因素会使他被抓住，"霍尔德曼说，"但是他已经干了很多，还没有被抓住。"

由于华盛顿恢复正常，总统出席了白宫记者协会年度晚宴。这个活动是为了给会员颁奖，同时展现管理国家的人与那些经常报道他们的人之间的某种华盛顿友情。这次活动让总统非常愤怒，次日上午他给霍尔德曼口授了一大篇备忘录：

每一个获奖人都得到一个恶毒攻击政府的奖项[780]——卡斯韦尔，窃听、军队监视等。在念嘉奖令时，喝得醉醺醺的听众嘲讽地大笑，而我还不得

第 19 章　1971 年 6 月 12 日

不在那里坐了 20 分钟……总之，这个晚宴可能是我所出席过的最糟糕的活动……我不希望我们任何天真的工作人员给你留下任何这样的印象，以为由于我去了那里并且耐着性子容忍了那绝对无聊和侮辱性的三小时，我就证明了我是"非常大度的人"，并且因此可能缓和某些媒体对总统的态度。正相反，新闻媒体的这种人只会蔑视那些对他们平起平坐、忍气吞声接受这种待遇而不反击的人。那正是他们对阿格纽怀有某种敬意的原因之一……他们真的是支持民主党候选人的一种第三议院。

接着，几天后，总统发现了一个第四议院。他打开电视机观看球赛，看到球赛因雨取消了。于是他用控制器换台看有什么别的节目可看，最后停在了哥伦比亚广播公司所属的 WTOP 台，其正在播放国内最热播的情景喜剧"都是一家人"（All in the Family）。看后他大为震惊，次日上午他把此事告诉霍尔德曼，这位幕僚头目赶紧做笔记。"剧中的主角——正直的人物——名叫阿奇·希皮女婿……这部剧完全是在赞颂同性恋。让阿奇显得很坏，而同性恋者显得很好。这种剧在电视上很常见吗？——为塑造同性恋者而毁坏文明。将同性恋者作为最有吸引力的人物。跟着傻笑。"那份记录与给霍尔德曼的一份备忘录放在一个档案夹中。那份备忘录的内容是对一位出席白宫表彰自愿主义精神晚宴的客人表示抱怨："这群人的典型代表是一个来自加利福尼亚的自称公益会教徒的家伙……他是一个明显的、狂热的同性恋者。甚至让他随着队列经过帕特身边都令人感到厌恶。"[781]

游行示威之后总统看到的第一次民意调查结果表明，32% 的美国人赞成越战退伍军人反战组织的杜威峡谷 3 号行动，42% 的人反对。对于五月天行动，18% 的人赞成，71% 的人反对。75% 以上的人赞成大规模逮捕。"所幸的是，他们真的都是看起来很糟糕的人。"霍尔德曼对尼克松说到五月天部落。

但是这对前陆军中尉克里来说就不是真的了。克里应邀去参议院外交关系委员会出庭作证，[782] 他说："这个国家还没有意识到，但是它已经创造了这么一种形式的怪物：成千上万的人学会了参与和从事暴力，成千上万的人得到了为史上最大的无谓之事去赴死的机会……每一天都在促进这个过程,通过这个过程,美国洗刷其在越南的罪名,为此有些人就不得不放弃自己的生命,而美国就不必承认整个世界都知道的某些事情……我们已经犯了一个错误……你们怎能要求最后一个人为一个错误去死呢?"这触及到了尼克松的怕处。

从越南回国的人成了总统的一大担忧。[783]越来越多的年轻人在表达对这场战争的愤怒和苦闷之情。有时他们还吸食海洛因或其他毒品上瘾,这些毒品在越南很便宜,到处都能买到。《时代》杂志在"像嚼口香糖一样平常"的标题下刊登了有关美国士兵吸毒的报道。4月底这个问题反映到白宫,共和党国会议员,康涅狄格州的罗伯特·W.斯蒂尔刚从越南访问归来,他告诉巴德·克罗赫,他认为在越南有多达40,000美国青年士兵吸毒。他说,在某些部队,有四分之一的人是吸毒者。斯蒂尔告诉克罗赫,这个问题非常严重,以至于唯一的解决办法是可能据说要从越南撤回所有美国军人,否则就来不及了。约翰·埃里希曼在回复克罗赫的备忘录时,认为那种说法有点过激,拒绝将这类警告传给总统。

尼克松所看到的是来自国防部和麻醉品及危险药品管理局的言之凿凿的报告,称吸毒问题在控制之中。进行了更多的调查、更多的非法品查封以及更多的逮捕。于是,总统被告知,政府所做的一切努力肯定会奏效。

直到5月16日《纽约时报》的新闻标题:"军人吸食海洛因成瘾盛行越南"才使总统得知真相。尼克松跟克罗赫说,他最担心的是,如果这些外表整洁的年轻人作为吸毒者回到他们的母亲身边和家乡,会对支持战争的中产阶级美国人产生什么样的影响。突然间,吸毒成为一种全国性的安全危机。"这是我们的问题,"尼克松在刊登《华盛顿邮报》一则报道的新闻简报上写道。那则报道引用伊利诺伊州盖尔斯堡市长的话说,在那个保守的镇子里几乎所有人都希望他们的儿子离开越南。这些报道都有其自己的说法:NBC报道说,对120名回波士顿当工人的士兵的调查表明,其中半数的人有吸毒问题。《旧金山纪事报》报道说,每天有250名从越南返乡者乘船抵达该市,他们带进

第19章　1971年6月12日

来的露营包里装满了自用的或准备回家出售的毒品。

5月中旬，总统去基比斯坎度长周末，在返回华盛顿途中，在阿拉巴马州做了一次短时间演讲，然后在莫比尔和伯明翰稍事停留。这次旅行中最值得注意的事情是州长乔治·华莱士随行。[784]其他南部州长都在飞机上，但是新闻媒体只关注他。记者们对这位州长与总统之间貌似轻松的关系感到有些吃惊。事实上，这次会见是由温顿·布朗特安排的，其一星期前从华莱士那里带回一个和解的信息。"他与尼克松政府有一种共同利益，那就是不让自由民主党人进白宫。"

守住白宫要花费金钱——而且那个话题是椭圆形办公室谈话的一个不变的话题。5月13日，总统告诉霍尔德曼和埃里希曼，国际电话电报公司，早已是他竞选的一个主要捐助人，将成为一个更大的机会目标。"克兰丁斯特（Kleindienst）把国际电话电报公司搞定了。我们给他们哈特福德，那是他们非常想要的……"

考虑到大部分反垄断行动会是对企业的官僚骚扰，总统已经与司法部副部长理查德·G.克兰丁斯特讨论过这个案件，抱怨该部反垄断处负责人理查德·麦克拉伦的态度太激进。他说："我不知道国际电话电报公司是坏、是好，还是不好不坏。[785]但是只要我在这个位置上，就不会再有什么反垄断行动……我希望你们清楚地明白这一点，而且，如果弄不明白，那么，麦克拉伦的屁股在一个小时之内就要离开那个位置。国际电话电报公司的事情——一定要解脱出来。懂了吗？这是个命令……我不希望麦克拉伦东奔西跑地去起诉，对企业集团的事情大吵大闹，惹是生非……我不喜欢这个狗娘养的。"

尽管麦克拉伦很努力，但是在白宫、司法部反垄断处与国内最大的12个公司之间已经达成了某种类型的情人交易。国际电话电报公司通过交换和收购已经壮大，在七年里收购了110家公司，而司法部只对其中三个收购，即哈德福德火险公司，Grinnell公司——一家火警设备制造公司，以及Canteen公司——一家自动售货机制造公司，提出了诉讼。克兰丁斯特在监管这些案件，因为司法部长在纽约做律师的时候曾担任国际电话电报公司的代理人。

"他们把 Grinnell 公司和另一个他们不需要的并购公司给我们，而且显然他们有点儿懊悔插手这些公司的并购，"5月13日尼克松说，"现在这件事坚决不能外泄，必须要非常精心地策划之，需要用六个月的时间才能做好……"

"国际电话电报公司有钱吗？"霍尔德曼问。

"噢，当然有，"尼克松回答说，"那是这场游戏的一部分……但是钱应该是晚些时候的事。它不应该是目前的事……这个交易完成之前什么也做不了。"[786]

至于华莱士，在让他乘坐空军一号过后几天，他告诉他的主要募捐人汤姆·特里普西德："我厌倦了第三方业务中的这些怪人。[787]这太疯狂了。我正在考虑回到民主党"——作为民主党人竞选1972年总统。这是特里普西德在一个星期内遇到的第二个大惊诧之事。这位州长的兄弟杰拉德曾经跟他说："汤姆，国税局那些该死的家伙，我想他们这次已经抓住我了。"那时他看起来很沮丧。而在尼克松旅行之后特里普西德又看到杰拉德时，他似乎焕然一新，这表明他的税务麻烦已经解决了。

因为希望他自己与华莱士之间的问题也能了结，尼克松为每周一次与康纳利的会面及时回到白宫。[788]但是，总统让霍尔德曼打电话给这位财政部长，告诉他总统赶不上原定的时间安排了，总统会打电话回来另行确定时间。其实，总统只是想跟他的新朋友开个小玩笑。[789]他穿过南草坪走到财政部大楼，乘电梯到了康纳利的办公室。他满面笑容地走进去，让康纳利及其秘书们大吃一惊。他们两人交谈了一个小时，然后一起走出来，跟听说总统在里面就聚在那里的些人握手。

5月18日下午3点45分，总统在椭圆形办公室里跟霍尔德曼和科尔森聊政见，制订一个计划让特工全天候跟踪马斯基和肯尼迪。这时基辛格突然闯进来说："事情搞定了！"[790]然后总统和他含糊其辞地谈论日常工作，这跟科尔森毫无关系，于是霍尔德曼点头示意让他离开。"事情"是指与苏联就达成

第19章 1971年6月12日

有关限制战略武器协议而进行的谈判的一个"重大突破"。正式谈判（公之于众的）自1969年11月以来已经经过了74次单独会议。但是与巴黎的官方和平谈判一样，那些会议只是技术性的活动或者说是精心设计的骗局。真正的谈判一直在基辛格和多勃雷宁大使之间进行。极少人知道这些"背后渠道"的谈判。不知道这种谈判的人甚至包括国务卿罗杰斯和美方主谈官，军备控制与裁军署署长杰勒德·史密斯（Gerard Smith）。尼克松和基辛格已经把美国的国家安全当作一种二人行动。

尼克松邀请霍尔德曼和基辛格陪他一起在红杉号游艇上共进晚餐[791]——而且还邀请了科尔森和埃里希曼参加庆祝活动。但是那两个人并不知道邀请他们去庆祝什么。他们在波托马可河上用餐的时候，总统让他的国家安全伙伴大声朗读那个协定，这时他们才明白就里。基辛格开始念道：

美国政府和苏联政府，在审议他们关于限制战略性武器装备的谈判之后，同意集中在今年达成限制部署反弹道导弹系统（ABMs）的协议。他们也同意在达成限制反弹道导弹系统协议的同时，还将商定某些有关限制进攻性战略武器的措施。双方坚信，通过这个过程将为达成限制所有战略武器的进一步协议创造更有利的条件。

当谈话从秘而不宣的重大胜利转到不断给政府造成麻烦的新闻泄露时，总统的心情的确有一点变化。在干了几杯庆功酒之后，总统在与科尔森和基辛格谈话时说："有一天我们要抓到他们——我们将会让他们待在我们想要他们待的地方。而且我们要把脚后跟踏在他们身上，狠狠地踩他们、碾他们，是吧，查克，对吗？亨利知道我说的意思——就像你在谈判中所做的那样，亨利——把他们放倒在地，踩在他们身上，压碎他们，绝不宽容。"

36个小时之后，全世界会听到联合声明的内容，华盛顿和莫斯科共同宣布的联合声明。此时，尼克松和基辛格已经没有多少时间去告诉罗杰斯和史密斯在过去17个月里他们一直在故意蒙骗他们两人。霍尔德曼作为代表去跟

343

罗杰斯说,他之所以会一无所知的原因是这个重大突破出现得太突然,总统刚从勃列日涅夫那里收到一封非同寻常的信。谎言。

国务卿大受打击,说如果那是总统所想要的结果的话,他愿意辞职。霍尔德曼说他对此一无所知,因为军备控制跨越所有部门界限,由最高层操控,从根本上讲除总统本人之外没有任何人对此负责,这种说法与他已知的一样,听完此言之后,国务卿将自己描述为"一个笑柄"。[792]霍尔德曼回到白宫时,罗杰斯已经打过电话,要求了解"党的政策",想知道对他的部以及国会领导人怎么说。总统给他回电话,反复讲霍尔德曼已经说过的话。挂断电话后,尼克松快速将椅子转向窗户方向,望着玫瑰花园,叹了口气,说:"如果不用与人打交道,这会是一份轻松的工作。"

基辛格不得不告诉史密斯,他的部门和他的谈判只是一个影子戏。他说,是一个必要的影子戏。赫尔辛基和维也纳会议对这个协议没什么作用。史密斯认为这个协议基本上是从俄语翻译过来的。确实如此。毕竟在整个谈判期间,苏联人一直希望达成反弹道导弹系统协议,因为在开发和部署这样一个系统方面,他们的经费潜力绝不能与美国匹敌,而美国一直希望限制进攻性武器的生产和部署,以便不再实施费用高昂的新项目也能保持美国的导弹优势。史密斯知道,就像基辛格所做的那样,苏联正在将其大部分资源集中于建设潜艇导弹系统和多弹头独立重返大气层载具(MIRVs),[793]在那份106字的突破性声明中没有提到这两种武器装备。这位蒙羞的军备谈判官认为"突破"是一个要继续谈下去的协议——按俄国人的条件。他看到了这一点但却缄口不言。

次日上午,罗杰斯和史密斯以及国防部长莱尔德(也遭受了意外的打击),与总统坐在一起,装腔作势地谈对内阁和国会领导人联席会的党内政策。[794]罗杰斯、史密斯和莱尔德分别简要地讲了几句,然后总统接过话题。在结束一小时的会议时,总统再次说,这个协议既不是一个条约,甚至也不是一个具体方案,而是两国政府高层所做的一个承诺。"今天,"他断言,"可能会被作为一个新时代的开端被人们记住,在这个时代里,各国可以将其能

第19章 1971年6月12日

量和资源越来越多地用于和平事业而非战争武器。"

房间里的人都站立鼓掌。两小时之后,总统在电视上宣布了这个协议。在莫斯科,在同一时刻,无线电台也广播了协议的两段内容。

次日上午,总统口授了他的想法作为备忘录。他阐述了他希望"对国内产生冲击的"观点,包括三点:"这个僵局被总统自己采取的创新行动打破了……总统亲自承担了在今年实现达成协议这个目标的责任……这是自第二次世界大战结束以来,到目前为止的最重要的外交政策成就。"

其中有些看法是事实,有些则不是。就在一个月之前,在共和党领导人会议上[795],总统说过:"我们正在世界各地进行艰难的谈判,尤其是限制战略武器会谈。有人认为他们能做的最简单的事将是只就反导弹问题进行谈判,但是我们必须审视全局。我们来分析现在我们在国家实力方面的地位。我们在常规武力方面领先。我们在空中武力方面大致均等。至于核力量,他们有大约1,500枚洲际弹道导弹,我们有1,000枚。他们有更大的弹头或发射重量。到1974年,他们在核潜艇方面会赶上我们。我们必须就这种大形势进行谈判。"

那是当时的情景。现在有一种新的党的政策。

十天之后,5月31日,希拉里大使带着叶海亚·汗的电报出现在基辛格办公室。叶海亚仍然作为北京和华盛顿之间上选的信使。电报说:"对上次的口信有非常振奋人心和积极的回应……会晤的级别将按你的建议确定。完整的信将通过安全的方式传过来。"[796]

次日,6月1日,尼克松在行政办公大楼175室独自待了将近一整天,为定于晚上8点30分黄金时段电视播放的新闻发布会做准备。这天晚上,所提的问题大部分是有关越南战争、国家药品政策,以及华盛顿五月天同盟冲突期间的警察战术。有人问他是否打算出访欧洲。他说,没有。又问,他会访问越南吗?他说,不会。唯一一个有关中国的提问是:美国是否在考虑反对中华人民共和国成为联合国成员国。他回答说,这个问题还在研究,但是这项研究至少六个星期不会结束。

来自中国的完整信息是两页纸,次日晚上由希拉里亲手带来。为尼加拉

尼克松——孤独的白宫主人

瓜总统阿纳斯塔西奥·索摩查·德贝莱举行的国宴刚一结束，基辛格满脸通红，上气不接下气地在总统回住处途中把他截住。他把那信纸交给尼克松，信中写道：

周恩来总理认真研究了尼克松总统的口信……并且高兴地向毛泽东主席汇报，尼克松总统准备接受他提出的建议，来北京访问，直接与中华人民共和国领导人会谈。毛泽东主席表示，他欢迎尼克松总统来访并期待那个时刻的到来……

周恩来总理欢迎基辛格博士作为美方的代表提前来中国进行预备性的秘密会晤……

"秘密"这个词是美国人而不是中国人的想法。中国人起初坚持这个想法，可以说是担心这意味着美国人羞于被看到与他们在一起。但是，实际上尼克松希望在宣布这次访问时给国人一个最大的惊讶，而且不希望其他的美国人，尤其是民主党领导人，用以往的访问淡化了他。他也不喜欢基辛格先于他到北京，即使是秘密的。而且他曾试图在其他某个城市，最好是在巴基斯坦，进行预备会晤。

基辛格笑逐颜开。"这是自第二次世界大战以来美国总统得到的最重要的消息。"他说。尼克松邀请他上楼到林肯起居室，并且去厨房找出一瓶未曾开启的拿破仑白兰地（Courvoisier）。他拿着这瓶酒和两只大肚窄口酒杯走回来准备为胜利而干杯。两个人谈了将近一个小时，选定7月9日至11日作为基辛格访问时间，让他以某种方式掩饰其悄悄地走，同时谎称其去亚洲执行实情调查任务。以实情调查为名转移人们注意力的做法本身是个问题，因为他从未以国家安全顾问的身份单独去国外旅行过，他以往的旅行总是由国务院安排并派员随行的。他们两人又一次开始谋划用某种方式蒙骗罗杰斯以及世界上其他所有人。

对中国计划一无所知的人还包括副总统。三天之后，阿格纽打电话给霍

第19章 1971年6月12日

尔德曼,说他必须见总统。约见安排在下午五时。阿格纽走进来,说他有一个很好的主意。他要去韩国参加那里的新总统就职仪式,当然,他还打算在台湾停留,见见蒋介石。然后,他想去中国大陆,去北京,像乒乓球队员那样。总统说,不行,不能去北京,也不能去台湾,但是他没有告诉阿格纽为什么不能去。那个周末,在戴维营,总统叫来霍尔德曼,说他想让他再跟约翰·康纳利谈谈当副总统的事:"问他是否认为我们可以完成这件事。"

6月12日星期六是特里西娅举行婚礼的日子。[797]总统跟别的新娘父亲一样,被安排在别处,独自紧张着。上午他围绕白宫漫步徘徊,最后跟霍尔德曼坐在一起,后者任何时候都是参谋。尼克松说他担心比尔·罗杰斯会做些什么。他认为,在两天前红杉号游艇晚餐上,在埃里希曼说国务院官员告诉他,他们赞成对埃及这样的毒品生产国实行经济制裁之后,这位国务卿与这位国内事务负责人对质时显得有点儿愚蠢。[798]"我不相信。谁说的?"罗杰斯气愤地问。埃里希曼稍事犹豫,然后说:"亚历克斯·约翰逊。"——U.亚力克西斯·约翰逊(U. Alexis Hohnson),主管政治事务的副国务卿,是罗杰斯部里的三号人物。

尼克松说话的时候一直望着窗外。天在下雨。他知道特里西娅希望举行一个户外婚礼,但是他的妻子和小女儿朱莉都要求把婚礼挪到室内举行。尼克松也想在户外举行。从前也有过白宫婚礼,但是这会是在这座有171年历史的房子里举行的第一个户外婚礼。这位三军总司令不断与空军联系,下午4点15分,后者告诉他,4点33分华盛顿地区应该有15分钟的晴天。执行新娘的命令,无视有关谁该坐在什么地方的礼仪决定,他命令军队的副官擦净座位、让众人就座。他护送他的女儿走下南门廊楼梯,进入玫瑰花园,下午4点48分,她在那里成为爱德华·考克斯太太,这时毛毛细雨又开始下了。5,900万美国人从电视上观看了这个结婚典礼。[799]

在招待会上,总统和他的妻子一起跳舞。在他成为公众人物之后的所有岁月里,他从来没有公开这样做过。有人说他们从来没有见过他这么高兴。

尼克松——孤独的白宫主人

次日《纽约时报》头版最上方用两栏的篇幅刊发了新娘和她丈夫的一帧照片。紧挨着是一个贯通三栏的大字标题：

越南档案：五角大楼研究美国30年参与的足迹

该报得到了一份250万字的披露美国参与的官方历史文件，标题为"美国有关越南政策的决策过程史，"其密级为"绝密，历经从艾森豪威尔到约翰逊四任总统。"这份五角大楼文件包括7,000页官方文件。这篇报道的作者是尼尔·希恩（Neil Sheehan），其开头写道：

三年前由五角大楼进行的有关美国如何参与印度支那战争的大量研究表明，四届政府逐渐形成了对一个非共产主义越南的承诺感，一种为保护南越而与北越战斗的意愿，并且最终为这种努力而受挫，其受挫程度远远大于当时他们在公开声明中所承认的。

第 20 章　1971 年 6 月 30 日

尼克松的名字没有出现在《纽约时报》获得的有关越南的43卷保密文件中。这项研究及其附带的电报、会议备忘录概要完成于1969年1月15日，也就是他就职典礼前五天。在浏览《时报》第二部分："越南档案：研究声称，一致同意在1964年大选前进行轰炸"时，尼克松跟霍尔德曼说：[800] "这真的很像肯尼迪、麦克纳马拉和约翰逊的风格……确定我们称之为肯尼迪—约翰逊文件。但是我们必须不沾《时报》系列报道的边……对我们而言关键是置身此事之外。"

"最高机密"[801]的密级并没有打动尼克松。他知道而且完全不喜欢这种情况：数十万在政府部门进进出出的男男女女获准看"绝密"文件，最粗略的估计为：国防部和国务院的50万雇员，还有国防项目承保商和供应商的20多万雇员。但是他确实认为一些人把"绝密"文件捅给新闻媒体是犯罪，而且这会伤及他自己为这场战争所做的努力，至少短时间里会有影响，但是对他来说可能利大于弊，因为它说明是民主党人把这个国家带入越南的。这是历史，他这样说。

似乎也没有别的人关心。6月13日星期日，国防部长莱尔德上了NBC电视台的"会见新闻媒体"节目，没有提到有关那个文件的话题。他星期六听说了《时报》的计划，并且给基辛格打了电话，后者一直为该项目当顾问。项目负责人是他在哈佛大学时的学生莱斯利·盖尔布，其在约翰逊当政期间曾任五角大楼政策规划办公室副主任。

尼克松认为是盖尔布给《时报》提供了那个报告，[802]尤其是他听说盖尔布在1969年5月离开政府部门后曾加入过布鲁金斯学会。尼克松不会再弄错。盖尔布一直担心那些文件会被销毁，抹去可能令最开始发动那场战争的人尴尬的证据。只有15份副本。其中五份存放在五角大楼莱尔德的保险柜。这位国防部长在做轰炸决定时偶尔将其作为背景参考。在肯尼迪总统和约翰逊总统图书馆也有副本。有七份副本已经交给前约翰逊政府官员，包括罗伯特·S.麦克纳马拉（Robert S. McNamara）及其继任国防部长克拉克·克利福德（Clark Clifford）。有两份放在圣莫妮卡兰德公司的保险柜，在盖尔布和莫顿·霍尔珀林（Morton Halperin）的控制下。后者已辞去基辛格幕僚职务，在布鲁金斯学会任职。尼克松跟霍尔德曼说，泄露者可能就是基辛格手下的某个人，或者某群"该死的犹太人。"

基辛格起初认为泄露只包括几页，[803]是莱尔德所为，因为他的这个内阁劲敌特别擅长关照和满足新闻媒体。但是，当莱尔德告诉他，泄露的有7,000页——60磅重的文件，基辛格立刻明白，可能只有一个人会这么干，那就是丹尼尔·埃尔斯伯格（Daniel Ellsberg）。基辛格与埃尔斯伯格相识于20世纪50年代，当时埃尔斯伯格在哈佛大学读博士。这位教授邀请这位学生就其论文主题"疯狂怪异行为的政治效用"做演讲，这篇论文显然与尼克松的"狂人理论"相似。埃尔斯伯格是个聪颖的学生，其曾在越南服役，任海军上尉，然后以埃德温·兰斯代尔（Edwin Lansdale）将军文职助理的身份回国。埃德温将军是中情局在菲律宾和越南的一位著名特工，是两部畅销小说——威廉·莱德勒（William Lederer）和尤金·伯迪克（Eugene Burdick）所著《丑

第20章 1971年6月30日

陋的美国人》(*The Ugly American*)，格雷厄姆·格林（Graham Greene）所著《沉静的美国人》(*The Quiet American*)——中一位风度翩翩或疯狂古怪的主人公的原型。回国后，在尼克松上任初期，埃尔斯伯格曾经为基辛格工作了很短一段时间，然后就去了兰德公司。到1969年下半年，他成了一名狂热的反战学者，一如当年作为一名支持战争的海军战士那样。他从《洛杉矶时报》头版看到陆军部长斯坦利·里索降罪被指控杀害Thai Khac Chuyen（这名假定的双重间谍被沉尸南中国海）的六名绿色贝雷帽成员时，他就决定想方设法复制那些文件，并让它们在1969年9月30日早上公之于众。于是，埃尔斯伯格打电话给他的朋友安东尼·拉索（Anthony Russo），说想找个复印机。他们晚上复印，干了几个星期。然后，埃尔斯伯格又用几个月时间试图说服国会中的某些人——他接触了富尔布赖特参议员、麦戈文参议员以及古德尔参议员——让这些文件公开，认为以那种方式这么干可以让他得到国会的豁免。1971年2月他约见了《纽约时报》记者尼尔·希恩。其与希恩第一次相识是在越南。

那个6月的周末，基辛格正在加利福尼亚。他打电话给尼克松，交谈了大约15分钟。他煽动性地对总统说："它说明你个窝囊废[804]……这些泄密者在稳扎稳打地、有条不紊地摧毁我们……它可以摧毁我们实行外交政策的能力。如果其他大国觉得我们不能控制内部泄密行为，他们就不会同意与我们进行秘密谈判。"

最重要的是保密。最重要的是中国。基辛格据称是在度假，其实是在为他秘密的北京之旅做准备，他计划于7月1日启程。6月14日，这位国家安全顾问飞回华盛顿。他要司法部长米切尔开始研究在这种情况下可能的刑事责任，尽管他并没有确定那个项目的截止日期。在此之后，他去了椭圆形办公室，再次激发总统的怒气。"他们俩都在狂热中，"霍尔德曼告诉埃里希曼。6月15日星期二晚上7点30分，[805]司法部长米切尔打电话给《时报》，以官方身份要求该报停止刊发涉及国家安全问题的那些文件。《时报》拒绝了，而且在"研究讲述约翰逊如何秘密开启地面战争之路"的标题之下刊发了"越南档案"的第三部分。

现在，尼克松总统再一次告诉霍尔德曼，切断与《纽约时报》的一切联系。次日早上这个话题升温。他谈及《时报》及其华盛顿分社社长马克斯·弗兰克尔，补充说："不要给他们任何东西……因为那个该死的犹太人弗兰克尔随时使坏，他很坏……"

与此同时，司法部长助理罗伯特·C.马迪安（Robert C. Mardian）已命令负责纽约南区的美国律师申请一道法院命令，暂时限制《时报》继续发表人们开始称之为"五角大楼文件"的报道。这天是6月15日，下午4点09分，[806]总统在与米切尔面谈另一个问题，这时齐格勒进来说，曼哈顿的一位联邦地方法院法官，默里·格法因（Murray Gurfein）已经批准了那个限制令，允许政府以间谍罪起诉《时报》以及给该报提供秘密文件的那些未知人物。《时报》接受了这道命令。其律师会对此前的限制提出反对，但是不会发表，直到完成司法程序再议。格法因法官将法庭第一次辩论定于6月18日星期五。

米切尔离去后，[807]总统和基辛格会见了苏联大使多勃雷宁，后者来递交一份五大核强国会议建议书，其涉及到美国、苏联、英国、法国和中国。尼克松并非真的感兴趣，话题几乎自然而然地就转到了保密和泄密问题。"我们两国能取得最大进展的方式是通过你与基辛格一直在进行的会谈，"尼克松说，"这些会谈是绝对保密的，没有任何人泄密。你国政府信任你；而基辛格与我本人有一种特殊关系。真正的问题是两个强国的关系……我们将做出正式答复。然后你和亨利·基辛格再谈一谈。"

"你对美苏关系的总体看法如何？"多勃雷宁问。

"我们在限制战略武器会谈和柏林问题上有一个突破，这样，我们的整个战后关系会有一个新的基础，"尼克松回答说，"上周新闻报道谈到柏林的失败。你应该知道得更多。在这一点上我们应当达成一些协议。如果我们达成一个协议，它就会产生一种巨大的影响。"

到星期四，也就是6月17日，有关五角大楼文件的讨论正在浪费总统的大部分时间，他召开一次次会议分析《时报》上的攻击性报道以及有关该报信息来源的推断。当丹尼尔·埃尔斯伯格的名字最终出现时,[808]基辛格的反应非常激烈:"他总是觉得有点儿不平衡……毒品……性……射杀越南农民……娶富家之女。"尼克松听着,然后提议说:"是啊,好吧,我们不知道到底是谁干的,但是有可能就是他,也有可能是盖尔布,他们俩中的一个,其中任何一个都是激进分子。有人要为此去坐牢。"

基辛格的激愤令霍尔德曼吃了一惊。[809]他认为这位国家安全顾问在极力保护他自己,试图扭转尼克松得出这样的结论:那些密谋让机密文件曝光的人(包括霍尔珀林、埃尔斯伯格、盖尔布、安东尼·莱克)都曾是基辛格的手下和朋友。

总统想知道那些文件中是否有自己可用的信息。其中是否有什么信息表明肯尼迪总统与1963年12月2日西贡政变期间南越总统吴庭艳(Ngo Dinh Diem)遇害有关?"我想弄明白,"他告诉科尔森,"我说过他是被谋杀的……我知道那些王八蛋干了些什么。"其中是否有信息表明约翰逊总统在1968年大选之前停止轰炸只是一种试图阻挠尼克松竞选获胜的政治计策呢?

"你可以拿这个材料敲诈约翰逊,[810]这可能值得一做,"霍尔德曼说。于是尼克松问霍尔德曼和基辛格,不是第一次问了,他们为什么从来没有对那个停止轰炸看出什么问题来呢。"真要命,我要找它……我说我需要它……"

"三年来我和鲍勃一直试图找出这件事的内在联系,"基辛格说,"我们这里什么都没有,总统先生。"

"……但是有一份关于它的文件。"霍尔德曼说。

"在哪里?"尼克松问。

"赫斯顿发誓说在布鲁金斯学会有一份关于它的文件。"霍尔德曼回答说。

尼克松坐起来。"现在你是否记得赫斯顿的计划……"

"记得,怎么啦?"霍尔德曼说。

基辛格说:"但是难道我们不能仔细检查一下吗?现在,布鲁金斯学会无权保密。"

总统打断他的话,说:"我想它已经干了……那些该死的家伙到那里拿到了那些文件。炸开保险柜拿到了文件。"

总统对五角大楼文件和法院还有一个想法。等这个案件到了最高法院，他要亲自参加这个案子的辩论。[811]但是，次日6月18日最大的行动不是在曼哈顿法院，而是在华盛顿的新闻媒体。《华盛顿邮报》得到了部分文件，并将其刊发在"文件披露，美国曾努力推延1954年越南大选"大字标题下。10个小时之后，《纽约时报》律师宣布了华盛顿午夜所发生的事情，并询问司法部是否打算采取非法行动阻止《邮报》的出版，这时格法因法官审判庭上的政府律师被震惊了。几分钟之后，答复说："是。"

次日下午，[812]格法因（一位由尼克松任命的法官，一位在辩论中曾说《时报》"无爱国之心"的法官）裁定他取消那道暂时限制令，这令政府律师们大为震惊。他说："国家的安全不只在于建立防御壁垒。安全也在于我们自由制度的价值之中。一个爱发牢骚的新闻媒体，一个固执倔强的新闻媒体，一个无所不在的新闻媒体，为了维护言论自由和人民的知晓权这个更大的价值观，却必须遭受当权者的打击……"他的激情令双方都感到惊讶。

政府在纽约上诉。而在华盛顿，司法部请求对《邮报》的限制令，遭到格哈德·格赛尔（Gerhard Gesell）法官（另一位共和党人）的拒绝。他说政府没有提供证据说明这些报道为什么对国家安全构成威胁。三个小时后，格赛尔被联邦上诉法院三名法官组成的审判小组驳回。但是，到那时候，《邮报》已经印刷出版了第二期，并且发行给订购其全国新闻服务的345家报纸。

6月21日，在华盛顿，6月22日，在纽约，联邦上诉审判小组做出对政府有利的判决，并将这些案件发回原法官重审，听取更多证据。但是，这天《波士顿全球报》发表了这些文件的节要。每一天都有新的文件公布，在《洛杉矶时报》《费城问询报》《芝加哥太阳时报》《底特律自由新闻报》《迈阿密先驱报》《基督教科学箴言报》《圣路易斯邮讯报》上都有发表。在寻求一个又一个强制令的过程中，政府正在被包围。埃尔斯伯格一个城一个城地旅行，秘密散播着新闻。联邦调查局找不到他，甚至在他接受沃尔特·克朗凯特为CBS晚间新闻和6月23日黄金时段特别节目所做的一小时采访时也

第 20 章 1971 年 6 月 30 日

找不到他。

同一天总统邀请参议院多数派领袖迈克·曼斯菲尔德来白宫进早餐和接受威胁。[813]一天前,参议院以 57 票对 42 票表决通过了曼斯菲尔德对重新制定《义务兵役》法案的修正案,该法案要求如果美国战争俘虏全被释放的话,九个月内从越南全部撤出美国军队。尼克松说他正处在越南问题谈判和军备控制谈判过程中,到这个月底他会知道这些谈判是否被国会的行动给搞砸了。如果它们搞砸了,他打算到电视上去笼统地指责国会并且具体地指责曼斯菲尔德。他也会开始进行大规模轰炸。这天晚些时候,他警告众议院发言人卡尔·阿尔伯特,如果众议院通过类似的决议,他就会打电话把在巴黎与越南人进行谈判(也就是公开谈判)的布鲁斯大使召回国,然后把责任归咎于众议院。

国会会议之后,在椭圆形办公室里,话题转回到五角大楼文件,然后变成了传闲话。霍尔德曼的笔记这么写道:"基辛格向他汇报说,特迪·肯尼迪现在的地位实际上整个儿就是一个畜生。在肯尼迪中心开幕式上,他去在克里斯蒂娜·福特(Christina Ford)身上下功夫,在卡莱尔时他也曾向她求欢……他走到她的门前,说他想跟她性交,而她说他们不能,因为有新闻记者。他说新闻记者绝不会碰我。他对埃德加·伯根(Edgar Bergen)的女儿也搞过同样的事……因此我们必须利用这个机会,如果能做到的话,让他处在一个难堪的境地。"

在等待对五角大楼文件的法庭裁决期间,尼克松和基辛格一小时一小时地讨论基辛格的独自世界行。旅行将于 7 月 1 日开始,他会被秘密地带到北京,为 1972 年尼克松访华之旅制定具体方案。尼克松说,一位总统的北京之旅将是自二战以来最大的一个历史事件。[814]基辛格说,不,不,是自南北战争以来。总统告诉他,至关重要的是,让周恩来总理保证在总统访华之前没有民主党人被邀请去中国。但是还有一个罗杰斯问题:怎样恰如其分地告诉这位国务卿,怎样才能让他在发现自己被如此有计划的谎言所骗时不至于公开吵闹。他们想出了另一谎言,说是中国人害怕秘密地与国务院打交道,[815]

尤其是在五角大楼文件被曝光之后。

6月24日中午，也就是实行暂时限制令的第八天中午，纽约和华盛顿两地的审判庭上还在继续进行辩论，《纽约时报》直接向美国最高法院上诉，要求恢复五角大楼文件的出版。尼克松料到该法院会做出不利于政府的裁决，但是除了对着人——他自己的人——大喊大叫之外他什么也做不了。6月28日上午10时，伴着夏日暴风雨、轰隆隆的雷声，他在他的经济顾问会上朗读暴乱条例，与会者包括康纳利、舒尔茨和斯坦斯。但是会议主题不是经济，而是在讨论经济新闻报道。他要霍尔德曼和基辛格参会。霍尔德曼记录道："关于经济的决定是最终的；我们不会有工资—物价委员会。我们会进行施工呼吁，但是他的方式……必须有一个声音……不会再有胡言乱语。必须有一个统一战线……我们有个计划，我们会遵循它……不要给新闻媒体提供任何引导……如果你不能服从政府的决定，那么就滚开……"

接着，尼克松站起来，转过身，走了出去。霍尔德曼继续记录："之后，亨利欣喜若狂并发表评论说，一个伟大的时刻就要来到这里了。"

在次日上午的内阁全体会议上，喝完咖啡，人们在纷纷谈论有关埃尔斯伯格的事儿。后者已向波士顿联邦当局自首，供认他给《纽约时报》提供了五角大楼文件，而后还给十几家别的报社提供过。之后，总统进来，继续做他前一天有关忠诚和保密的演讲。他气愤地说："从现在起，霍尔德曼就是最高行刑者。[816]在他要你们做什么事的时候，你们不要来跟我抱怨……你们要去完成它……我们已经检查过，并且已查明有96%的官僚机构反对我们；他们是混蛋，他们在这里诈骗我们……你们该认识到，新闻媒体不是对你们感兴趣，他们只是对新闻或诈骗我感兴趣……我得到很多有关公关和人格方面的建议，以及有关我在白宫如何给自己戴上好人帽子的建议，于是我那么做了。但是，现在我要说清楚，那不是我的性格。我们将继续追究埃尔斯伯格，对他提起公诉……"

"霍尔德曼干的是白宫里任何人都不可能遇到的最糟糕的活儿。我记得可怜的老比德尔·史密斯（Bedell Smith）[817]——艾森豪威尔总统的幕僚头

第 20 章　1971 年 6 月 30 日

目——他不得不为艾森豪威尔去执行许多难办的决定。晚年时，他开始酗酒，也许是为了忘掉早年时他不得不做的那些事情。一天晚上，他来到我屋里，开始哭诉，他说，'我一生都是艾克的马仔，给他干脏活儿。'那么，现在，霍尔德曼是我的马仔，在这里无论是谁泄露机密影响到国家利益，他都会掐住他的喉咙……"

然后，再一次，他站起来转过身走了出去。

6月30日下午2点30分，最高法院裁决，6票对3票表决支持新闻媒体。这份大多数意见说："在本法院看来，任何事先限制言论的制度都带有一种严重违背其宪法合法性的假设……因此政府对说明实行这样一种限制的正当理由负有主要责任……"

总统是跟科尔森一起在椭圆形办公室听到这个裁决的。他开始数落他要指责的人，称波特·斯图加特法官——艾森豪威尔任命的——为"一个软弱的混蛋……被华盛顿—乔治敦的社交名流所打败"。他跟科尔森说："现在我们有一个对着干的政府，我们必须坚决战胜它。我根本不在乎怎样做到这一点。必须尽一切可能阻止这些泄露行为……我不想听为什么不能做到的解释。这个政府不能幸免于难，如果什么都泄密的话，它就不能运转了。我想知道是谁在背后操纵这件事……"

尼克松召来米切尔、基辛格和霍尔德曼。[818]一如他断断续续干了好几天的那样，他把埃尔斯伯格与阿尔杰·希斯进行比较，后者是因作伪证而被监禁的国务院官员，其作伪证的事实被一位名叫理查德·尼克松的年轻国会议员发起的调查所证实。

"不要担心他的审判，"尼克松谈到对埃尔斯伯格的看法，"正好弄清所有的事情。在新闻媒体上审判他……把这一点传出去。我们想在新闻媒体上摧毁他。明白吗？……我希望有人抓住这一点，就像当年我抓住希斯案一样……这样做需要——这样做需要一天花18个小时。它需要你们从所未见的献身和奉献精神，忠诚和勤奋。鲍勃，除此之外，我此生从来没有那样卖命地工作过，而且我再也不会那样努力工作了，因为我没有那样的精力了。但是这件事绝对是一个绝好的机会，因为一切都昭然若揭了……我们在报纸上打赢过希斯案。我们赢过。我不得不到处去爆料。因为司法部不会起诉它。胡佛甚至不合作……它是在新闻媒体上打赢的……我爆料给报纸。我泄露了所有的情况……我泄露了证据。我让希斯未曾得到大陪审团判决之前就被判有罪……回顾一下，看看《六次危机》（Six Crises）中有关希斯案章节，你会明白那是如何完成的。等着那该死的法院或是检察官或是联邦调查局是完成不了的……"

布鲁金斯学会是他心里的下一件事。[819]他再一次谈及闯入那个地方："他们有很多材料……我想要布鲁金斯学会的材料，我希望他们直接闯进去把它拿出来。你明白吗？"

"好的，"霍尔德曼说，"但是你必须得让什么人去做这件事。"

"那正是我所在考虑的，"尼克松说，"不要在这里讨论这个。你跟亨特谈。"

"亨特"是指 E. 霍华德·亨特（E. Howard Hunt），一名两个月前退休的中情局行动官员，其正在为科尔森做某种调查工作。"赫尔姆斯说他冷酷、沉静、周密。"霍尔德曼告诉总统。科尔森补充说："他就像一只老虎[820]……他在中情局待了 20 年，历经过政府更迭。"

总统说："我希望强行闯入。赫尔，他们要那样做。你要闯入那个地方，快速搜寻文件资料，并且把它们带出来……直接进去，拿走它。大约在八九点钟开始行动……"

"把它收拾干净。这些年轻人不明白。他们不了解政治。他们不了解公共关系。约翰·米切尔就是这样的。约翰总是担心这在技术上是否正确。天哪，你认为《纽约时报》担心过所有行为细节都合法吗？那些婊子养的正在毁灭我……我们面临一个敌人，一个阴谋。他们不惜使用任何手段。我们也要使用任何手段。明白了吗？"

次日，尼克松问霍尔德曼："昨晚他们查抄了布鲁金斯学会吗？让他们完成这件事。我想要做完它。我希望布鲁金斯学会被安全洗劫……"

第 21 章　1971 年 8 月 12 日

在最高法院对五角大楼文件案做出裁决前一天，总统与另外几个新委员会的委员们在一起。这些委员会是他为了设法将各行政部门和官僚机构的决策权转移到白宫而创建的。一个是国家生产力委员会，其由他本人的幕僚和企业及劳工组织的领导人组成。该委员会的议事日程体现出约翰·康纳利的大致想法，在较小范围表现出另一位新成员彼得·佩尔森（Peter Person）的想法。[821] 佩尔森舍弃了贝尔和霍威尔公司（Bell and Howell，芝加哥的一家电影设备生产公司）总裁职务，成为另一个白宫产物——国际经济政策委员会——的首任主任。康纳利和佩尔森可谓异曲同工。佩尔森是从前途远大的学者转为创新型企业家的。但是他们二人有用尼克松式战略及政治术语包装经济问题的天赋。他们都看到了一个新美国问题——贸易逆差——的挑战和机遇。

4 月里，佩尔森用一份秘密报告打动了尼克松。报告称美国正在丧失其作为世界商贸主导者的地位。佩尔森的图表说明，尽管自1964年以来美国出口增长了110%，但是西德增长了200%，日本增长了400%多。在美国销售的新电视机和缝纫机，有一半是在海外制造的，佩尔森告诉尼克松。同样，70%的收音机和100%的35毫米照相机也是海外制造的。在洛杉矶，销售的新汽车20%是日本制造的，而只有0.1%的日本买主购买美国汽车。如佩尔森所称，日本公司与美国的贸易顺差为30亿美元。他告诉总统，到1971年底，美国人买外国货物和商品所花的钱会多于外国人用于购买美国产品的，从而出现自1893年以来第一个美国贸易逆差。

佩尔森负责研究，康纳利封锁销路。这位财政部长对这种形势有一种简单、直接的看法，他跟他的一个助手说："我的哲学是，所有的外国人都出来欺诈我们，而我们所要做的是先欺诈他们。"

"日本仍然在为那场战争奋斗，只不过现在是用经济战代替了真枪实弹的战争……"康纳利跟总统说，"他们已经建立了关贸协定，他们已经对美国商品的贸易做了限制规定……并且他们指望我们会喜欢它……人民本身，坦率地讲，比我们更勤劳，他们比我们工作得更努力……简单的事实是，在许多领域，其他国家正在使我们生产落后、思想落后、贸易落后。"

私底下，尼克松的反应跟康纳利的质疑同样直截了当："我们要阻止那些混蛋。"在6月29日生产力委员会第一次会议上讲话时，[822]他没有说粗话。在开始之前，他问劳工部长助理杰罗姆·罗索（Jerome Rosow），为什么他要离开政府部门回到纽约市去为新泽西标准石油公司工作。

"他们付给我双倍的薪水。"罗索回答说。

"还不够，"总统说，"他们再也不能付给我足够的钱在曼哈顿那种尔虞我诈的环境中生活了。"

然后，尼克松开始了滔滔不绝的独白，他完美的世界政治和外交之旅的经济版。他停顿了一下，用手肘支撑着，用手捧着头，闭着眼睛说：

不用过于夸张的话来表达这个问题，我来告诉你们五到十年后这个世界

第 21 章 1971 年 8 月 12 日

会是个什么样子。第二次世界大战之后,我们的地位是这样的:我们生产全世界50%的钢铁。美国的经济地位优势非常突出,以至于我们担心美元短缺。苏联无能为力了。西欧也已破败。日本是个战败国。……我还记得1958年我访问拉丁美洲时与哥伦比亚总统见面的情形。他带我去他房子——一所简陋的住宅。他说:"这个问题就像是一场巨大的扑克牌游戏。这个世界的其他人都玩不起了。你必须给桌子周围的其他人一些筹码他们才能玩。"

现在,在这里,我们是又一代人,连续几个月之后,我们会看到,美国也已出现贸易逆差。这并不是说我们就必须把尾巴涂成白色去跟羚羊赛跑。但是它的确意味着,一场强大的自由劳工运动和一场强大的管理运动必须共同发挥效用,与政府一起,去建立一种能够参与当今世界竞争的经济。

尼克松用自己的原理,像思考外交政策那样考虑经济政策:

展望未来。你们会看到西欧与英国一起形成欧洲共同市场。三亿人(像我们这样的人)会将所有那些国家视为强劲的竞争对手……再看看苏联和中国。我们正在进入一个崭新的关系阶段。协议可能达成——在限制战略武器会谈中,在共同裁军方面,我们可能到达一种和平共存的缓和阶段。这不是因为俄国人民和美国人民最终会互相理解,而是因为不和平相处所带来的危险远远超出我们双方所能接受的程度。……你们设身处地地想想克里姆林宫的人。他知道,如果我按动电钮,我就会杀死7,000万美国人和8,000万俄国人;如果他按动电钮,他就会杀死8,000万美国人和7,000万俄国人。……

再看看中国:你们可能会说,"乖乖,八亿人,那是一个多么绝妙的市场啊。"当然,这一点不是真的。在未来,美国和中国将会是竞争对手,中国和苏联也会是竞争对手。今后五到十年,中国(尽管还是共产主义体制)会成为世界上一个主要的经济力量。你不能夺走八亿中国人,即便是把他们放在集中营,不让他们有所作为。而随着缓和局势的发展,经济竞争会不断加剧。

看看日本——他们正在用纺织品和晶体管收音机把我们踢出局……日本

尼克松——孤独的白宫主人

是一个经济巨人和军事矮子。

……现在美国看到整个世界的低劳动率，其直接反应是："伙计们，我们最好是提高一些定额。"顺着这种说法的国会压力是巨大的。但是，美国不能给自身建起一道栅栏同时还指望像一个伟大的国家那样存活下去。……今天上午，在内阁会议上，罗杰斯国务卿认为，从现在起五到十年期间我们75%的外交政策会是经济政策。我们必须达到这个目标，否则我们在经济上就会变成老二。

然后，他说到底线，因为他看到了底线：

非常重要的是，我们在经济上必须是老大，因为否则我们就不可能在外交上或军事上做老大。你们见过很多材料说美国的能力不被信任。你们听说我们的总统们把我们骗进战争。你们听说美国是帝国主义和战争贩子。但是战后我们的敌人逐渐增多，而且我们没有索求过一英亩地。我们从越南能给我们自己弄到什么吗？什么也没有。

如果我们撤离世界舞台，把谁留在台上了呢？尽管我们愚蠢，尽管我们冲动，但是，世界上还有哪个国家比美国更充满理想呢？……在未来四分之一个世纪，让我们看看，它就是我们所要扮演的角色。……经济发展的未来掌握在我们手中，和平的未来也在我们手中。

佩尔森的一张图表声称，美国出口量每增长10亿美元能为国内提供6万到8万个新工作岗位。许多经济学家认为这个数字很荒谬。但是这个数字也正是一位政治家所难以抵抗的。更何况康纳利告诉尼克松，他可以通过说明他所真正关心的是美国人的工作岗位，来减弱劳工组织对1972年民主党候选人的追捧。

7月3日，劳动统计局公布了有史以来最大的一次月失业率下降，[823]从6.2%降至5.6%。但是《纽约时报》在"失业率骤然下降，但怀疑是数字游戏"

第 21 章 1971 年 8 月 12 日

的大字标题下这样报道说:"6月份全国失业率大幅度下降,但是部分原因在于统计偏差,劳工部报告说……"在第三段,该报道引用劳动统计局助理专员哈罗德·戈德斯坦(Harold Goldstein)的话说[824],在中学和大学生暑假回家找工作时这个数字会再次增高。

尼克松的反应很猛烈:"这个小犹太杂种就是在艾森豪威尔任内搞我们的那个家伙……他是个左翼激进分子,非常憎恨我们。"他从那里跳出来,告诉霍尔德曼和科尔森(不是第一次这样做),"华盛顿到处都是犹太人。……大多数犹太人都是不忠实的"[825]——他排除了基辛格、萨菲尔和伦纳德·加门特——"鲍勃,总体而言,你不能相信这些杂种。他们诱骗你。我说得对不对?"

霍尔德曼说(不是第一次说),他是对的。科尔森补充说:"你必须得记下这该死的名单,你知道他们是来毁灭我们的。"后果是,让戈德斯坦——一个小公务员——调动,还有一道发给白宫职员弗雷德里克·马利克(Frederick Malek)的总统命令,让他去查明在该局有多少犹太人。马利克在备忘录中回答说:"13/35,[826]符合讨论过的人口统计学标准。"

7月6日,在总统飞往圣克利门蒂时,报纸迅速发表了来自西贡的短篇新闻报道。报道说基辛格已在那里开了两天的会,这是亚洲实情调查之行的内容之一。他的下一站是泰国曼谷,然后他将飞到巴基斯坦伊斯兰堡,很可能要讨论叶海亚·汗血腥镇压东巴基斯坦的计划。7月7日,叶海亚的消息说他已经收到来自周恩来的邀请,这令基辛格感到意外;这位美国人在几个小时后就可以秘密地前往中国了。[827]官方报道会是:基辛格生病了,"腹痛"。《纽约时报》认为值得在其"人物笔记"栏目中发表一段内容:"在逃离拉瓦尔品第平原炎热、潮湿的空气时,亨利·A.基辛格这位总统的国家安全顾问,在巴基斯坦北部清凉山丘中的 Nathia Gali 逗留了一天。他被描述为感到'轻微不适。'"

总统召来罗杰斯,[828]告诉他正在发生的事情,再次使用了"突然……意外"的谎言。国务卿看起来好像不生气——只要不让他当众难堪——因此尼克松安排了罗杰斯与黑格见面，这样黑格就能告诉他，头一次，基辛格与北越人在巴黎秘密谈判的消息。罗杰斯离去时，布莱斯·哈洛带着更多尼克松想听的新闻进来了。他说他已经跟阿格纽谈过，并且认为有四分之三的把握[829]副总统会同意在1972年让位，而且会说他想回到私营部门，做一个富人。这让尼克松听起来很高兴。他认为，阿格纽不能被推出去，因为党的保守派可能以团结在罗纳德·里根周围的方式做出反应，并且会设法除掉总统。

7月11日，总统得到了基辛格从伊朗德黑兰来的一份电报，内容是"有了"（Eureka）。[830]尼克松将要去中国了。

为了保守这个异乎寻常的秘密，基辛格，代号"Polo"，通过中情局的一条安全线路给总统发电报。但是除了总统或他的使者知道之外，还有人知道正在发生什么。在亚洲旅行的国家安全委员会工作人员中有一位海军文书军士查尔斯·雷德福（Charles Radford），[831]他是参谋长联席会议安插的间谍。这位水手（官方身份为速记员）十个月以来一直在复制国家安全委员会的文件和基辛格的备忘录，大部分材料都在复印机上多复印了一份。他晚间工作，找焚烧袋，每天早上把白宫文件送到五角大楼。在基辛格返回伊斯兰堡之后，雷德福检查了基辛格的房间和公文包，找到并拿走了这位顾问给总统的长篇报告的初草上的便条，上面写道：

我们已经为你和毛泽东翻开这历史的一页奠定了基础。[832]……在高层会议之前和期间，他们对台湾问题以及其他重大问题会很强硬。我对这些人的评价是，他们思想深刻，几乎狂热地相信他们的信仰。……现在我们已经开始的这个过程将使整个世界感到极大的震惊。……关于苏联，我们必须要说明我们在与他们谈判时继续优先考虑的问题。比如我们不会跟他们串通一气抵制中国，我们也不打算串通中国一起抵制他们。……如果我们能够控制好这个过程，我们将会完成一场革命。

7月13日星期二早上七时，当基辛格在圣克利门蒂附近的埃尔托罗海军

第21章 1971年8月12日

陆战队飞机场着陆时，总统正在停机坪上等候。在总统的住宅里，他们两个人对基辛格和周恩来共同起草的公报上的109个字进行了反复斟酌。文件上没有提到争议的问题，但是总统向基辛格询问了每一个细节直到面部表情。基辛格说，直到他向周恩来保证美国绝不会支持台湾独立的时候（周恩来说他书桌上有一大堆来自美国其他政客请求得到邀请的信函，这令他倍感焦虑）这位总理最后才笑了，说："好，这些会谈现在可以继续进行了。"＊

总统要求三大广播电视网留出7月15日东部标准时间晚上10点半的时间。他乘直升机从圣克利门蒂飞到伯班克NBC录音棚。他开始讲话："我要求留出今晚电视的这个时间，是为了公布我们为建设持久的世界和平而做的努力的一个重大进展……为了追求那个目标，我派基辛格博士……"

他的开场白只用了一分多钟的时间，接着，他宣读：

周恩来总理和尼克松总统国家安全事务助理亨利·基辛格博士，于1971年7月9日至11日在北京举行会谈。得知尼克松总统希望访问中华人民共和国，周恩来总理代表中华人民共和国政府，向尼克松总统发出了邀请，邀请他在1972年5月之前的适当时间访问中国。尼克松总统愉快地接受了这个邀请。两国领导人这次会晤的目的是寻求两国邦交正常化……

总统在结束讲话时说："正是本着这种精神，我将开始我深切希望成为和平之旅的旅程……"

参议院多数派领袖迈克·曼斯菲尔德的反应是："我都惊呆了。"其他大部分人也是如此。《纽约邮报》的马克斯·勒纳写道："令人惊讶的政治活动带领我们通过惊讶之门进入希望的王国。"在总统和基辛格向参议院两党领导人介绍基本情况时，密西西比州的约翰·斯滕尼斯站起来说："总统采取了

＊ 从未公开做有关台湾问题的承诺。在其1977年的回忆录中，基辛格用一句误导性的话回避了这个话题："在第一次会议上只是简单地提到台湾。"在2002年2月那些谈话的笔录被泄露之后，他承认："有可能我没有把一切都和盘托出。"

一个正确的行动……我要支持他。"接着，曼斯菲尔德站起来说："我们正在从一个旧时代走向一个新时代……至于我，我支持斯滕尼斯的说法。"[833] 来自加州的一位反战派共和党国会议员保尔"皮特"麦克洛斯基（Paul "Pete" McCloskey），选定在这天宣布他准备在1972年党内初选时与尼克松竞选，但是由于中国新闻如潮水般席卷了华盛顿，他被忽视了。

尼克松和基辛格做了一整天的情况介绍。总统开始想说中国准备结束孤立状态，但是保密是这个开场白的关键。于是他们准备接受提问。在对白宫幕僚情况介绍会上，[834] 经济顾问委员会主席保尔·麦克拉肯问："他们的兴趣在政治而非经济，你对这一点的看法是什么？"

基辛格回答说："他们的兴趣全部都在政治上。……就在我们到达机场的时候，他们中有一个人告诉我，'我们被你们的商人搞得不知所措。在适当的时候，我们会做生意，但是是在我们自己的时间。'……这代人50年没有打仗，在进行贸易长征。"

对于舒尔茨来说，问题太多了。他说："在马克思主义理论中，经济是最重要的，其他一切都是上层建筑。"

"在马克思主义实践中，政治是最重要的。"基辛格报告说，就好像他们两人在参加一次教师会议似的。

次日，7月20日，总统叫霍尔德曼来汇报他特别关心的一个项目——电视台高级主管的政治性施工呼吁——的进展。[835] 霍尔德曼开始根据科尔森的几份备忘录大致汇报了与CBS总裁弗兰克·斯坦顿、NBC总裁朱利安·B.古德曼在白宫开会的情况。听说斯坦顿由他的新华盛顿律师亚历山大·兰克勒（Alexander Lankler）陪同，总统笑了，后者碰巧是马里兰州共和党主席，并且碰巧总统本人在前些时候会见CBS董事会主席威廉·S.佩利（William S. Paley）时已经举荐过他。

科尔森的备忘录开头写道："斯坦顿……悔悟、抱歉，几近谄媚。完全没有其典型的暴躁、傲慢特征……我继续指出CBS'敲诈我们'的最新例证。"科尔森说，这位CBS老板开始同意他的说法，谈到新闻网明星不道德的新闻

第 21 章　1971 年 8 月 12 日

报道……不诚实的新闻报道，提到了罗杰·马德（Roger Mudd）和罗伯特·皮尔波音特（Robert Pierpoint）两个人的名字。"一个半小时讨论的结果是，"科尔森说，其可能已经有些夸大，"斯坦顿允诺，他会采取一些措施纠正公认的 CBS 新闻对政府的偏见，他会向我汇报他所采取的措施……"

这些备忘录的附件是科尔森对 6 月 9 日总统会见古德曼的记述：

总统非常沉静地微笑，显得很冷静，他解释说，他完全理解大部分评论员和记者是有偏见的，他们的偏见十分明显，但是这一点儿也没有使他感到恼怒……这似乎让古德曼大吃一惊……总统说："我的很多幕僚偶尔来找我，说为什么你不召见斯坦顿或佩利或萨尔诺夫……？我告诉我的幕僚，这样做不会有什么好处。他们只拥有新闻广播网，但是他们不能控制新闻记者或评论员做什么，他们不能改变他们的偏见。"古德曼（显然他的手在发抖）说："我非常抱歉你有那样的感觉，总统先生，我们非常努力地争取做到客观、专业……"古德曼使用了"抑制"这个词。总统朗声大笑……总统说："当你看着布尔克莱（Brinkley）、钱斯勒（Chancellor）等人时，他们看起来很难被抑制……你不觉得压抑，对吧，朱利安？"

回头说中国计划。带着从来未有过的愉悦，总统口授给基辛格一份详细的有关新闻发布会的备忘录，说："在你对新闻媒体的谈话中，你可以用有一个有效的说法，[836]那就是 RN……与周恩来有类似的性格特点和背景……（1）坚定的信念；（2）从逆境中走出来；（3）很擅长处理危机；（4）……坚韧、勇敢、敢于冒险……（5）有长远的视角……（6）哲人气质；（7）工作时不用笔记——在 73 国国家元首和政府首脑会上……（8）了解亚洲……（9）坚毅而敏锐，表现得温文尔雅……你可以巧妙地通过对周恩来的描述让人了解这个人，然后再描述 RN 的个性特征与之如何相似。"

在国内方面，现在正面临大选。总统会见康纳利和舒尔茨，了解有关对待劳工组织的政治战略。这个主题引起了关于总统本人的民粹主义烙印的长篇独白:"我们社会三分之二的人是劳动人民,其他三分之一是所谓的统治精英、编辑记者、企业领袖、学者之流……这三分之二的劳动者提供他们的脊梁和体力,在国家需要的时候,正是这些人挺身而出,给国家以力量……精英们一直表现出颓废和软弱的样子,受教育的人越多我们就越可能变得头脑聪明但脊梁发软……我最鄙视的就是新一代青年人的傲慢自大……" 837

他再一次跟他们讲了一个他特别喜欢的故事,是有关参加白宫招待会的一对父子的故事。他说:"那个男孩是我们东部比较好的一所大学的毕业生。那位父亲是个工人……我可以告诉你们,他直接地告诉我他没有受过大学教育或甚至中学教育……在我跟他说话时,我看到那个男孩站在那里,局促不安。那个男孩为他的父亲感到害臊……我为那个儿子感到害臊。我的父亲成长在一个非常贫寒的家庭。他六年级的时候因为他母亲三年前去世了,他便辍学了。在我们成长过程中,他一直在干活儿,当过木匠、油田工人、有轨电车司机、食品杂货商、加油站经营者。他抚养了五个儿子,每个儿子都受到了比他更好的教育,但是由于他辛勤工作……我一直为他感到骄傲,直到他去世那天。"

这天下午埃里希曼独自进来,带来了关于建立一个负责搜索和调查埃尔斯伯格的小组的工作进展报告。作为白宫国内政策负责人,他抽出时间来做这些。他说他已经成立了总统希望用来处理秘密事务的特别调查组。那些秘密事务通常是不合法的事,没有总统的手谕联邦调查局和中央情报局拒绝去做。这类工作的第一位候选人布坎南拒不接受该工作。然后,埃里希曼回绝了科尔森的候选人 E. 霍华德·亨特——尽管曾给过这位前中情局工作人员一间行政办公大楼里的办公室和每天100美元的报酬。埃里希曼挑选他的门徒巴德·克罗赫以及基辛格的前私人助理30岁的纽约律师戴维·杨(David Young)作为"特别工作组"。他们的第一项任务是对丹尼尔·埃尔斯伯格进行特别调查,对泄露事件进行总体调查。埃里希曼让他们两人挤在一间小办公室,也就是白宫地下室的16号房间里。房间里还有一个使用三道密码的保

第21章 1971年8月12日

险柜和一些"无法使用"的电话机。

他们的文件要被盖上戳，注明"ODESSA"保密等级。但是，杨的祖父一直当管子工，在门上贴了个条："D.杨—管子工"，于是这两个阻止泄密者马上就得到了一个新名字"管子工"。[838] 7月19日，他们雇用的第一个人是G.戈登·利迪（G. Gordon Liddy），前联邦调查局特工和前纽约达切斯县检察官，报酬为一年26,000美元。大多数人认为，利迪是个狂暴的人，他曾因对全国步枪协会发表攻击政府枪支管理政策的讲话而失去在财政部的工作。

代号和保密等级成了椭圆形办公室里迷恋的东西。测谎器也是如此。总统希望有一个程序，对接触任何类型国家安全文件的官员定期进行测谎测试。克罗和杨的首要任务之一是跟踪《纽约时报》7月23日发表的署名威廉·比彻的文章泄露美国在限制战略武器会谈中的提议和退守状态的泄露事件。[839] 主要泄密者被锁定为负责国际安全事务的助理国防部长的特别助理威廉·范·克利夫（William Van Cleave）。

"据说本周他与比彻在一起待了两个小时，"克罗赫向总统汇报说，"他看过那个文件。据说他的观点与比彻文章中所表达的那些观点非常相似……"

"我不在意他是鹰派还是鸽派，"尼克松说，"如果这个婊子养的泄密，他就不是支持政府的……"

然后，尼克松、克罗赫和埃里希曼开始没完没了地讨论密级。

"对我再不要用'最高机密'这个密级了。在这个该死的办公室里我再也不想看到'最高机密'了。"总统开始说。

"从前我们使用过'总统文件'。"克罗说。

"'特权（privilege）'怎么样？"埃里希曼说。

"'特权'是，不强。"总统说。

"太软。太软。"埃里希曼说。

7月15日，阿波罗15号的另一次登月之旅，于上午9点34分从肯尼迪角升空。总统在白宫观看，或者是报纸上这么说。但是在这天的日记中，霍尔德曼写道："阿波罗发射是在今天上午，当时总统还在酣睡，但是，当然，我们在公告中说他非常感兴趣地观看了发射过程。"一天前，这位幕僚头目记录了总统在一次有关情报收集问题的讨论上发表的意见："中情局没有告诉我，我没在三天前的《纽约时报》上看到的任何内容。"

阿波罗号发射两天后，副总统阿格纽完成他32天的环球之旅归来。[840]这不是一次成功之旅。在马德里，他攻击美国黑人领袖是除了抱怨和相互指责外别无所能的人，但没有指名道姓，而同时称赞非洲领导人专注、开明、有活力、非常适应其所面临的任务，他提到了三个人的名字：埃塞俄比亚的黑尔·塞拉西（Haile Selassie）、刚果的约瑟夫·蒙博托（Joseph Mobutu）和肯尼亚的约莫·肯亚塔（Jomo Kenyatta）。他没有说起在肯尼亚一次国宴上，一名侍应生把汤泼在了离阿格纽三个座位远的地方，肯亚塔飞起一脚把侍应生踢倒在地，用他的金头马鞭抽打他。

8月4日。总统在椭圆形办公室举行了一次禁止摄影的新闻发布会。记者们提问有关中国、越南以及东巴基斯坦持续冲突等问题，但大部分时间被七个有关经济的系列提问所占据。他的回答似乎相当明显地缓和了全力反对控制的态度，自从他1942在物价管理局任职的那天起他就一直坚持的那种态度。1970年8月国会通过立法授予总统暂时冻结物价、工资和租金的权力，如同战时所为，当时，尼克松说，他绝不会使用这种权力。

但是，这天他说的话跟他一直在说的话相同，只有一个词是新的，那就是"永久的"。他说："在美国，永久的工资和物价控制会窒息美国经济，它的活力，我认为，它的生产力会成为对作为一流经济大国的美国的一个致命打击……"看起来总统好像终于关注国内事务了。在那周的 *Harper's* 杂志上发表的一篇文章中，前尼克松演讲稿撰稿人理查德·惠伦写道："所谓的计划经济游戏已经严重地削弱了选民们的耐心，因为它从预期经济衰退到预期经济恢复的进展过于缓慢。除非富裕而谨慎的消费者开始无所顾忌地花钱……否则他不会有多少机会赢得连选连任。"

次日，8月5日，劳动统计局报告，7月份批发价格指数猛增0.7%，为

第21章 1971年8月12日

1965年以来最高的月增长率。该局将失业率限定在5.5%，经过季节性调整，公布的数据略有增高。接着，国际兑换与支付联合经济小组委员会发表了一份报告说美元对外币价值被高估："美元的兑换价值大幅下降会刺激出口，提高进口价格，减缓美国海外投资，吸引外国对证券股票市场以及美国企业的投资。"财政部立即抨击了这个报告，说它是对经济数据的误读。

但那是一个表面故事。财政部长康纳利私下交给总统一份他称之为"大游戏"的计划。实际上，尼克松曾这样称呼这个游戏——他喜欢用橄榄球隐喻，说他是教练，康纳利是四分卫，这部分原因在于，当他召集共和党国会领导人来讨论中国问题时，他惊讶地看到他们想讨论的全部问题就是糟糕的经济数字。接着，糟糕的民意调查结果出来了。哈里斯民意调查结果表明，73%的人不同意他对经济的处理。盖洛普民意调查结果表明，大多数美国人赞成强制性工资和物价控制。

尼克松教练及其招摇的四分卫所面临的问题由来已久，[841]无论在国内还是海外。自1944年美国及其第二次世界大战盟友创建了一种基于靠肯塔基诺克斯堡（Fort Knox）[842]地下室储存的大量黄金支持的美元固定价值的自由贸易和稳定货币的新经济秩序以来，这个世界已经改变。那里的黄金，按每盎司35美元估价，在二战结束时价值超过250亿美元。根据布雷顿森林协议——以新罕布什尔州一个小镇的名字命名的协议，在那里召开的财政部长和银行家大会上创建了这个新的经济秩序——政府、中央银行、公司和个人可以用美元纸币兑换诺克斯堡的一些黄金。几乎没有人那么做。放在那里的黄金作为支撑美国财富和稳定的象征性证明。黄金的固定价格意味着世界货币的刚性汇率。美元"像黄金那么好"——即使只有25%的美元纸币是实际上得到金条支撑的。目的是要防止第二次世界大战前曾出现过的货币投机活动、贸易保护制度和贸易战。

布雷顿森林体系有效运转了很长时期。从1944年到20世纪60年代，世界认可美国的生产和贸易统治，是一个无可争辩的事实。从比较好的方面讲，第二次世界大战后的10年，美国人过着前所未有过的好生活：住得更好，穿得更好，吃得更好，还有余钱买汽车甚至去海外旅行。而与此同时，欧洲人和日本人则在他们国家的废墟中时常忍饥受冻。随着欧洲人和亚洲人重新开始有能力生产高品质的商品去挑战美国模式——占据优势，美国秩序的压力开始显露出来。欧洲和日本的劳动力成本比较低，而且日本和西德重建的新工厂比美国老工厂的效率更高。于是，一种日本汽车，也就是丰田汽车，可以以比底特律生产的雪佛兰汽车便宜数百美元的价格销售。1966年，日本人在美国售出66万辆汽车，到1970年底，这个数量会达到70万辆。同样，来自世界各地的纺织品和鞋也是如此。国际贸易呈现出一派繁荣景象，但是那却意味着匹兹堡的钢铁厂、底特律的汽车厂以及新罕布什尔州的鞋厂工作岗位的减少或工作岗位增长速度下降。而且，与此同时，本该投入国内现代化建设的钱却正在源源不断地流进越南的土地。

因此，到1971年，诺克斯堡的黄金价值只有100.5亿美元，而外国政府却持有400亿美元的美元储备。外国的公司在美国的市场上变得越来越富有，此外，个人还持有300亿美元。到8月，真的有美元或者黄金贬值之虞，而黄金是美国货币机器的象征。在一个星期里，日本、英国、法国和比利时的银行里出现了50多亿美元纸币兑换成的日元、英镑和法郎。这些外国银行如果愿意的话，可以将那些纸币交给美国政府，要求兑换价值50亿美元的黄金。

康纳利私下向总统提议的——在由他的国际货币政策副部长保尔·沃尔克起草的一份计划中——是90天全盘冻结工资和物价，结束美元与黄金的可转换性，结束刚性的货币汇率，让美元贬值，并且对所有进口到美国的商品增加10%的税。"不确定这个计划是否会奏效，总统先生，"康纳利说，"但是我确信不会一点儿都没有。"

想法是，过几个星期，预料经济数字会越来越糟，公众对采取行动的要求也会越来越强烈。康纳利和尼克松之间的一个盟约是一种信念，那就是要做些努力，无论其奏效与否，在政治上几乎总是好过束手就擒。总统认为9月是结束黄金兑换的时机，1972年1月可能是对工资和物价采取行动的时机。

第 21 章　1971 年 8 月 12 日

与此同时，克罗赫、杨、亨特以及利迪用一天时间再次讨论埃尔斯伯格问题，分类筛查有关性活动、情妇和吸毒的报告或传闻。7月27日，联邦调查局向克罗赫报告，埃尔斯伯格的精神病医生，住在加州贝弗利山庄的刘易斯·菲尔丁医生，两次拒绝有关他病人的访谈。亨特和利迪建议闯入该医生办公室获取埃尔斯伯格的档案，说在美国他们个人反正已经被卷入到这种非法搜查的"黑袋"勾当，而就亨特而言，在外国的城市也干过这种事。

8月5日克罗赫将一切都汇报给埃里希曼，[843]说亨特和利迪有社会关系组建一个非法搜查小组。一天后，埃里希曼传达了总统的回答："告诉克罗赫，为了把问题搞个水落石出（弄清埃尔斯伯格的动机和进一步的破坏行动可能是什么）他应当做他认为必须做的任何事情。"[844]几天内，克罗赫和杨给埃里希曼寄去了一份两页纸的备忘录，[845]详细而直接地汇报了对埃尔斯伯格和其他十几个人，包括他的岳母及著名学者哈佛大学的塞缪尔·波普金（Samuel Popkin）和普林斯顿大学的理查德·福尔克（Richard Falk）的调查进展。

其中第二段写道："我们已经收到中央情报局初步的心理研究结果……必须说我对此感到失望，认为其非常肤浅……基于此我们建议采取一次秘密行动，仔细检查仍在埃尔斯伯格的精神分析学家手上的所有医疗档案，了解在这两年期间对他进行的分析。"

下一行是"同意/不同意"方框。埃里希曼在"同意"栏写上"E"，同时还写道："如果你们保证不会被追踪就干。"

克罗赫的备忘录中最后一段写道："霍华德·亨特建议，我们也一致同意，我们让联邦调查局（通过其伦敦法律随员）要求 MI-5 审核其1952年到1953年对苏联克格勃人员的电话窃听（当时埃尔斯伯格是剑桥大学的学生），看看埃尔斯伯格是否被偷听。"埃里希曼在"同意"栏用姓名首字母签名。

就在其手下根据其口头命令策划入室行窃的时候，总统和基辛格一直在

尼克松——孤独的白宫主人

推敲给克里姆林宫秘密信件[846]的最终措辞，试图重启莫斯科峰会计划。这封信是一封别出心裁的莫斯科峰会自我邀请函。美国驻苏联大使雅各布·比姆（Jacob Beam）曾告诉尼克松和基辛格，苏联外交部长安德烈·葛罗米柯曾经向他暗示，苏联领导人列昂尼德·勃列日涅夫有兴趣更多地参与国际事务，但在这方面他的经验很少。政治局的人对勃列日涅夫的外交技能几乎没有信心。因此勃列日涅夫通常接受葛罗米柯和阿列克谢·柯西金的领导。的确是柯西金在会见外国领导人，并且以国家首脑的身份周游世界，即使勃列日涅夫是共产党总书记，职位也比他高。

这封密信的秘密是，它不是写给柯西金的，而是写给勃列日涅夫的，信中列出了"许多想法"供美苏"最高首脑层"讨论。五天后的8月10日，而不是通常的几个星期或几个月之后，回信来了。勃列日涅夫很高兴在1972年5月或6月在莫斯科接待尼克松。尼克松和基辛格一如既往地没有把这个邀请告知国务院，并告诉负责传递信函的多勃雷宁大使，劝他的上司不要理睬来自比姆或罗杰斯国务卿的信息。

在勃列日涅夫的信到来这天，道琼斯股票指数（美国经济信心温度器）跌至839.50点，从4月28日的高点950.80点一路下来。民意调查专家小阿尔伯特·辛德林格所做的一次白宫调查表明，消费者信息指数下降至55%，比1957年经济萧条时期还低；希望尼克松连选连任的人所占比例下降到27%。8月11日，英国政府向财政部递交了一封彬彬有礼的信，要求用黄金支付其女王陛下政府所持有的20亿美元纸币。沃尔克告诉康纳利，后者告诉尼克松，是时候了该做某些事情了。

次日，8月12日星期四，总统给霍尔德曼一份名单，上列有13个人名，为首的是康纳利、伯恩斯和舒尔茨，告诉他在次日中午把他们所有人送到戴维营。

演讲稿撰稿人比尔·萨菲尔[847]也在其中。霍尔德曼的助理拉里·希格比打电话告诉他，收拾好东西等白宫的车过去接他。他没有告诉他的妻子或秘书他要去哪里，这也好理解，因为他也不知道去哪里。车来的时候，经济顾

第 21 章　1971 年 8 月 12 日

问委员会成员赫伯特·斯坦（Herbert Stein）坐在后座上。他们沿着波托马克河直奔直升机起落坪。

"怎么了？"萨菲尔说。

"这可能是自从1933年5月4日以来经济史上最重要的一个周末。"[848]斯坦回答说。

这天正好是富兰克林·德拉诺·罗斯福当选总统的日子。

"我们要关闭银行？"

"不可能，"斯坦说，"但是如果总统要关闭黄金窗口的话，我不会感到惊讶。"

萨菲尔不懂他的意思，但是想掩饰自己的无知。他说："你如何给一个外行人讲明白黄金窗口的意义呢？"

"我不会尝试那么做，"斯坦说，"那就是为什么和你在一起的原因所在。"

第 22 章　1971 年 8 月 15 日

8月13日星期五下午三点前，总统的直升机到达戴维营，他径直去了山杨木屋。霍尔德曼在给乘两架直升机来的十个人安排屋子和床位。这十个人包括约翰·康纳利，乔治·舒尔茨，保尔·沃尔克，亚瑟·伯恩斯，保尔·麦克拉肯，赫伯特·斯坦，彼得·佩尔森，约翰·埃里希曼，卡斯珀·温伯格，以及比尔·萨菲尔。15分钟内他们在山杨木屋的客厅里坐成一个圆圈，[849] 康纳利在总统的一侧，伯恩斯在另一侧。尼克松在戴维营住宿登记簿上签名，然后把它递给其他人。他告诉他们，世界将要翻新了："环境改变了。在这次讨论会上，任何人都不要拘泥于以往的身份。"

他首先转向沃尔克。这位财政部副部长是这群人中名气最小的人，也是对这次秘密会议的时机选择最有责任的人之一。星期四，在一次讨论有关结束黄金窗口日期的会议上——这种会总统、康纳利以及舒尔茨已连续开了一周——沃尔克让康纳利和总统确信，等到来年1月或甚至当年9月再处理黄金问题就太危险了，因为国际货币市场已焦躁不安。萨菲尔想要了解有关黄金

第22章 1971年8月15日

窗口的知识。沃尔克警告说,有十几个国家可能会以英国为榜样,星期一早上排队索要他们在诺克斯堡的黄金。

尼克松(似乎很紧张)开始说:"我们今天在戴维营召开这次会议的原因之一是出于安全。绝对没有电话从这里打出去……从现在到星期一晚上,这里所有的人都要闭紧口风。"

他讲了15分钟,接下来就放松了。"我们在这里是为了寻找解决方案。我们必须要检验那些想法是否会奏效。我们必须检验装门面的效果——限制后果。采取轰动一时的行动固然容易——并且这会是第二次世界大战以来最重大的经济行动——但问题是,如果行动不奏效,我们如何摆脱困境?……我的计划是在星期一晚上九点启动。"

在场的每个人马上就明白了,总统决心已定。在与康纳利讨论期间,在他的黄记事簿上,决定就已经做出。舒尔茨(现在是新管理和预算办公室主任)已经参加过一些有关会议,他总体上反对实施一个宏大的新经济计划的想法,坚决认为尼克松的"通盘计划"(Game Plan)的渐进主义仍然是有效的。该计划正在发挥其应有的作用,逐渐降低通货膨胀,从而逐渐减少失业。但是总统和财政部长都是政治家,他们觉得是时候了,应该在外国人或美国人民对他们表示支持或反对之前抓住这个主动权。尼克松和康纳利已经为勇敢的行动建立了自己的逻辑依据:美国曾经非常慷慨地提携和培育盟国及贸易合作伙伴的经济,但是现在那些合作伙伴正在不公正地利用美国的仁慈,一方面在美国的军事和经济保护伞下繁荣兴旺,另一方面却合谋排挤美国农业和工业出口。现在,美国必须为捍卫自身利益而采取行动了。

"我们必须关闭黄金窗口。"康纳利开始发言。这会是战后时代的结束。美元会像其他任何货币那样浮动,其价值将根据外国人愿意用多少马克、法郎、英镑购买美元而上下浮动。"为了实现国际收支平衡,我们应当认真考虑征收10%到15%的进口税……我强烈建议恢复实行投资税收抵免……我提议比率为8%到10%……"

"汽车工业处在外国竞争对手的巨大压力之下。每当我们有10万辆汽车卖不出去，我们就失去了两万个工作岗位。据此计算，在这方面失去的工作岗位可能达到30万个。没有理由对汽车征消费税。我建议废除汽车消费税，同时要保证汽车制造商把免征的税额让给购买者。"

"最后一个措施应当是，从现在至1972年1月1日强制实行工资和物价冻结，"康纳利一边说，一边转向总统，"如果你这样做了，国际金融人士会认识到你强势地改变了整个局面。这会表现得与人们对你的行为方式的看法一致——伟大政治家的风度和巨大的勇气。那才是适合你的姿态——一个随时准备采取意义深远的行动的人。"

接着，总统讲话。他说："我就想补充几点。第一，减免税赋的同时，还必须要削减预算。第二，你的工资—物价管制，按我的理解，会是一个很短时期的措施，大概就90天。但是你不能在没有替代措施的情况下取消它……关于关闭黄金窗口：它会产生什么影响，我们真的不知道……"

休会期间，单独和萨菲尔待了一小会儿，尼克松说："你知道，所有这些是什么时候策划出来的？我和康纳利，我们在60天以前安排的。"

这位撰稿人跟经济学家一样重要，因为这次会议的主要目的是准备尼克松对国民和世界要讲的内容。尼克松希望用一个声音，也就是他自己的声音讲话。料想顾问们现在会私下讲他们该讲的话了。最重要的是，他希望保证伯恩斯会坚持党的路线，白宫依法具有独立性。确保这一点是本次秘密周末会议的一个主要目标。冻结不成问题；从年初以来伯恩斯就一直在探讨冻结的可能性，这种探讨曾令尼克松感到生气。现在，这位美联储主席仍然不赞成关闭黄金窗口，混淆经济和政治论点。

"这些重大举措会令世界震惊，"伯恩斯说，"黄金外流会停止……风险是，如果你们现在这么做，你们会被指责为令美元贬值……我可以为《真理报》(Pravda) 写篇社评，'资本主义的瓦解。'别在意它是否正确——想一想它会怎样被政客们所利用……一旦美元自由浮动，贸易的基础就会改变……我担心其他国家会报复。"

他转向康纳利说道："你怎么知道在大选前两个月整个情况不会因你而崩

第 22 章　1971 年 8 月 15 日

溃呢？这是一个非常独特的强势行动。"

康纳利像个政客那样回应说："什么是我们迫在眉睫的问题？我们在这里开会是因为我们在海外有麻烦了。英国来要求我们为30亿美元，也就是他们所有的美元储备打保票。任何人都可以推翻我们，任何时候只要他们想那么做就能做到。我们已经让我们自己暴露无遗了。"

"所有其他国家都知道我们从来没有做过不利于他们的事情，"伯恩斯说，"我们有信誉。"

"我们会为取得他们的信任而破产。"康纳利打断他说。

总统琢磨着他会采用的措辞以及人们对它们的反应。他说："政治方面是不同的……只要人们担心，他们就会对这个窗口的关闭感到恐慌，因为它会被媒体报道。你们可以确信我们的政治对手（以及大部分新闻媒体）都会在我们努力建立信心的时候寻找得到一些名目去恐吓惊魂未定的人们。人们会赞许工资—物价的稳定性、国境税和削减预算……新闻媒体会恶毒攻击。对这样的事——如果我站在另一边，我也会做同样的事——我会把我们的球踢出去。现在我可以看到结果，'他使美元贬值。美元会更不值钱。'"

他转向沃尔克看了片刻，问道："你认为你的进口税能收入多少？"

"10亿到15亿。"

"尽你可能，也只能弄到20亿。"

轮到舒尔茨了。尼克松说："我们来谈谈冻结，好吗，乔治？"

"首先，全盘冻结是最好的。第二，危机的氛围是必需的。第三，冻结期必须短。第四，你们怎样结束冻结期……？"他自己回答了最后一个问题，然后说："不要担心如何解冻，劳工们会为你们解决那个问题……在劳工举行大罢工反对它的时候它就会终止。"

然后，总统又回到演讲，告诉萨菲尔他想说什么："我在考虑一个10分钟的演讲，简明、强势、自信。不要抱怨一大堆说我们处在非常痛苦的境遇中……他们会理解削减预算。我在裁减政府雇员——如果我不得不尽可能解雇内阁官员。关于工资、物价的事情。他们会喜欢。当然在他们得到稳定的工资、物价之后他们会大叫要命……他们会喜欢进口税——这个国家不喜欢外国人。他们不理解关闭窗口。关于黄金流动和国际收支平衡，让专家去跟专家谈……问题是，美国不是要去努力争取做经济上的老大吗？……我们需要行动——通货膨胀在对工作者实行掠夺。工作者在跑步机上。"

他说希望讲稿有1,500个字，希望告诉美国人他对他们的期望："劳工，支持冻结。工商业者，投资。消费者，购买。我们所有人都在努力……"

"我希望这个保密，"他说，"关于这个，有一个问题是肯定不可避免的，那就是为什么我们没有预先告诉新闻媒体？就说'因为你们是愚蠢的混蛋，如果我们告诉了你们，你们就会告诉全世界，我们就会失去我们所有的黄金。'"

晚上七时，总统宣布散会，让与会者组成特别工作组研究细节和后续行动。这天晚上他独自用餐。别的人一起用餐。晚餐过程中，沃尔克提到来自一位经济学家观点的秘密："用这个信息可以创造财富。"[850]

"怎么创造？确切吗？"霍尔德曼说，弄得大家一阵大笑。

"你的赤字是多少，乔治？"沃尔克问舒尔茨。

"230亿美元。"

"星期一给我10亿美元并放手让我去干，"沃尔克说，"我会把它放到货币市场上去为你赚钱。"

星期六凌晨3点15分总统醒来，[851]开始在他床边的白宫信纸上写。在一个小时内他在三张纸的正反面写满了字。凌晨4点30分，他给霍尔德曼打电话——当然是叫醒他，念演讲草稿给他听，说他希望是在星期日晚上而不是星期一广播。接着，他对着床边一台 IBM Executary 听写机[852]朗读了他的讲稿，一个多小时之后他走出了山杨木屋，把刚从总统桑拿房[853]出来的一名海军士官吓了一大跳。

"早上好，头儿。"尼克松说。

"早上好，夫人，"这位惊慌不安的水手说，"我是说，先生！"

尼克松笑了，递给他四盘录音带，要他拿到罗斯·玛丽·伍兹的屋里

第22章 1971年8月15日

去。她早上六点醒来就开始打字，这令萨菲尔感到惊讶。他一直写到凌晨一点，正带着他的草稿来到这里。他听到打字声，说："这里还有另一位撰稿人吗？"[854]她指指山杨木屋总统的住处。尼克松已经又回去睡了，萨菲尔留下来精心修改草稿。总统在录音带上留给萨菲尔的口信是这样的：

以下是星期日晚间演讲的一个大致草稿。[855]我认为这是最好的方法，而不是一开始大讲国际货币事态、牺牲的必要性之类的官话……正文像这样开始：晚上好。我已经向全国做过多次有关结束战争的演讲。由于我们在实现那个目标方面已经取得了进步，这个星期日的晚上是个合适的时机，让我们把注意力转向这些和平的挑战……

没有战争的兴旺繁荣有赖于在三条战线采取行动：为美国人提供更多的就业岗位；遏制生活成本的涨势；保卫我们美元的价值免受国际投机分子的攻击，他们已经对它发动了大规模攻击……

在努力重新入睡之前，尼克松再次打电话给霍尔德曼[856]说："确保比尔知道我有确切的想法……采用勇敢的言辞。向其他人表明只有部分与他们有关，不要散布那些草稿。我希望它是一个意想不到的事。我不希望这是华而不实的，而希望是直截了当而且有效的。星期日，而不是星期一。10分钟。"

早上8点40分，他再次给霍尔德曼打电话："这要让民主党见鬼去。"[857]然后他按霍尔德曼的手下准备的详细名单，开始一个一个地打星期六早上的例行电话。第一个电话打给在佛罗里达冬湖的爱德华·J.格尼（Edward J. Gurney）参议员，祝贺他女儿的婚礼。"莎拉20岁，将于星期六下午四点在第一公理会教堂与21岁的迈克尔（迈克）·斯托纳举行婚礼。这对情侣已相恋六年，迈克·斯托纳来自附近的佛罗里达州梅特兰地区……提示：格尼的妻子患精神病，住在精神病院。格尼的儿子几年前自杀了。最佳通电话时间是星期六上午十时……格尼家的电话号码是（305）647-8013。在婚礼开始之前参议员和新娘都会在家里……谈话要点：对新娘父亲所面对的问题表示同情。聊聊最近参加过的婚礼，你知道他对这个重大活动的成功内心是多么焦虑。"

打完电话走出门的时候，尼克松看见舒尔茨，后者不喜欢尼克松演讲稿草稿中的某一段。舒尔茨说："阻止高物价，[858]是错误的，因为他们充其量能做到的事是减缓增长速度。"萨菲尔把这句话改为"对更高的物价说不"。

"这样改行吗，乔治？"尼克松问。

"嗯，我猜那是富有诗意的许可。"

"乔治，你越来越像个真正的政治家了。"总统说。

他又一次大笑。现在正是危急时刻，而他却很高兴。他拿着黄记事簿独自坐在水池边思考着伍兹打出来的内容。他想找到一种表达方式避免讲到美元的时候用"贬值"这个词。因为它是他所不喜欢使用的那种词。他反复斟酌了几行，然后就把它们交给了萨菲尔：

让我安葬"贬值"的幽灵。[859]这次行动会降低美元的价值吗？这次行动的长期目的和结果将会强化美元，而不是弱化美元。短期内美元的购买力会减少。但是对绝大多数在美国购买美国产品的人来说，明天美元的价值跟今天的一样。

在总统高兴的时候，他的手下也高兴。萨菲尔（有他自己的生活见解）认为很显然，即使总统脾气极坏，其手下的人也有非常开心的时候，全在于有一个好的理由。这天晚上在林间散步的时候，伯恩斯跟这位撰稿人说："他现在是总统。在外交事务方面，他有重塑世界的崇高动机，[860]或者最起码他的动机是从高尚地重塑世界的过程中赢得声望。谁能说他的动机是什么？但是这种动机使他走向正确的方向。"

在经济方面，正好与保守派的方向相反，总统不停地在前进。在戴维营之旅前写给总统的一份关于控制的备忘录中，斯坦写道：[861]"长处：1.该措施被认为是抑制通货膨胀的行动，不太可能被任何要求更多的人占上风。2.短

第22章 1971年8月15日

时间内它可能会大大减缓通货膨胀的发展速度……短处：它完全摒弃了迄今为止政府在这方面所说过的一切。它助长了可以如何操纵经济的坏思想并且延误走向更有效的经济政策。"

"我们就是要当煽动者。"总统在同意包括削减10%的对外援助时说。他的意思是他要那么说但不那么做。在戴维营最后一次共同进餐时，有人说："从这以后，这里的每个人都应当获得经济学博士学位。"一位真正的经济学家打趣说："对，每个已经拥有这个学位的人都应当把自己的学位上交。"

总统又独自用餐。但是后来，在晚上九点的时候，他把霍尔德曼、埃里希曼和卡斯珀·温伯格叫到山杨木屋。他坐在木屋的小书房里，没有开灯，烧着炉火，即使那是个炎热的8月之夜。他扯了一会儿闲篇，说他想像两位罗斯福那样提升这个国家的精神。"争取做第一非常重要。"[862]他说，"日本人，俄罗斯人，中国人，还有德国人，仍然有天命感和自豪感，一种愿意付出自己最宝贵的一切的愿望……你们必须有一个大于自我的目标，无论是国家的目标还是个人的目标，否则你们就不可能成为伟大的人……各种公关活动必须确保的重点不是行动本身，而是采取那些行动的领导权。"

星期日早会之后，尼克松派他的人回华盛顿，而自己却独自待在戴维营。"政治的人"——尼克松在13日星期五的长时间会议期间对自己的称谓——在担心他会给那个晚上制造的头条新闻。他把内心的烦恼写了出来。报纸会说"尼克松改主意了"还是"尼克松勇敢地行动了呢？"[863]下午四点，他独自回到华盛顿。然后，晚上九点，他从椭圆形办公室上了广播，上了三大电视广播新闻。

尼克松讲了20分钟，开场的方式像他希望的那样让人记住了他总统的身份："现在，美国有最佳机会去实现它的两个理想：实现整整一代人的和平，开创一个新的繁荣时代……勇敢的领导人准备采取勇敢的行动，它让伟大的人民表现出伟大的精神……"

他接着说："我们必须创造更多更好的工作岗位；我们必须阻止生活成本的上升；我们必须保卫美元，不让它受到国际货币投机商的攻击。"他历数了

尼克松——孤独的白宫主人

十大创新举措：

- 建新厂或购置新设备的公司可以得到一次10%的一年期投资信贷，其后还有一个5%的永久信用；
- 取消实行了29年的新汽车7%的消费税；
- 原定于1973年1月1日开始实行再减免50美元个人所得税的时间安排改为从1972年1月1日开始实行，这意味着从实行减免到原计划开始减免时间减免总额为100美元；
- 为了抵消那三项减税，将裁减5%的联邦雇员数量，并且推迟所有联邦雇员的薪资增长；
- 削减10%的对外援助；
- 福利改革（家庭援助计划）推迟一年，收益共享推迟三个月；
- 物价和工资冻结90天；
- 通过行政命令指定一个生活成本委员会，负责为90天冻结期后创建一种物价稳定机制；
- 财政部将采取任何必要的行动保护美元不受投机者兑换，并暂停美元兑换黄金；
- 对所有进口到美国的产品征收10%的临时税。

这真是激动人心的东西，可能令惊讶不已的观众不知所措，他们可能打开电视机准备去看流行的牛仔秀"Bonanza"，却看到了总统的演讲，而且的确有不止一点点尼克松所说的必要的煽动性言论。他的确使用了安葬"贬值"的幽灵的说法，令人想到在与外国人打交道方面有一些反美的事情："如果你想买一辆外国车或者去海外旅游，市场环境可能会使你美元的购买力稍微小一点，但是如果你是在美国购买美国产品的绝大多数美国人之一，那么你美元的价值明天跟今天完全一样……美国的美元一定再也不会作为国际投机家手中的抵押品了。"

第 22 章 1971 年 8 月 15 日

他用精神升华的说教结束他的演讲,他允诺:

政府尽管拥有其权力但并没有掌握人民成功的钥匙。那把钥匙,我的美国同胞们,就在你们手中。今晚我所采取的每一个行动,都是为了培育和激发竞争精神,这种精神会帮助我们摆脱自我怀疑,那种耗尽我们的精力和腐蚀我们自信的自我贬低……这个国家是否能位居第一取决于你们的竞争精神,你们自己的天命感,你们对你们的国家和你们本人的自豪感。

次日的头条新闻说尼克松采取了大胆的行动。以下是后来五天《纽约时报》头版的大字标题:

尼克松命令工资物价冻结90天,要求减税和制订广泛的新工作岗位计划,切断美元与黄金之间的联系

国会有可能表决通过尼克松的减税计划,股票市场上涨32.93点,创股票交易纪录,最大的世界货币交易停止

政府要求在工资和物价冻结期间结束罢工;总统呼吁牺牲精神

工会拒绝不罢工呼吁,公职人员的薪资被冻结,欧洲陷入货币危机

米尼拒绝回到冻结时期,90天冻结期结束后政府计划采取行动

第二周每一天《时报》上都有十来条有关反应的短报道,其中大部分都是尼克松所想要的:"曼斯菲尔德为工资行动感到高兴——麦戈文评论说,""道琼斯30主要债券平均指数上涨……证券也飙升,""通用汽车公司取消其1972新款汽车涨价计划,""观察家说尼克松的目标是贬值12%到15%,""价值被低估的日元被视为附加费用的主要对象,""物价上涨拖累美国,""汽车工人联合会改变态度,保证顺应工资控制。"

"这使得尼克松的中国之行看起来像是轻而易举的事儿,"[864]福特汽车公司总裁李·亚科卡(Lee Iacocca)。沃尔特·赫勒(Walter Heller),其曾作为

肯尼迪总统最有影响力的经济顾问,只说了五个字:"敢为天下先(no-no to go-go)。"

辛德林格民意调查表明,[865]全国有75%的被调查者支持该计划。"这些年我一直在做这个调查,"阿尔弗雷德·辛德林格告诉《华尔街日报》,"我从没有见过对什么事有这么高的认同度。"大部分报纸社评都对演讲和尼克松表示赞同。"一次勇敢的、富有政治才干的行动,至少三分之一个世纪没有哪个美国最高行政长官堪与之相比。"《费城问询报》说,"一位自罗斯福早年尝试以来未曾见过的彰显权威力量的积极行动者。"《巴尔的摩太阳报》说。《纽约时报》的说法是:"我们赞许他努力的范围和勇气……"

只有几个敌对的评论。《基督教科学箴言报》在一篇社评中声称"新经济政策"给企业和富人的关照超出给穷人的希望。《洛杉矶时报》担心美国可能会走向永久的管制型经济。劳联—产联总裁乔治·米尼将该计划视为富人的计划,压住工资却没有压住公司利润或付给放贷方或投资人的利息。这位老人的愤怒可能威胁到尼克松将思想保守派与工人重新结盟成立一个新的多数派政党的梦想,但是,很快尼克松又成了1972年最有可能获胜的人。经济政策演讲后的首次盖洛普民意调查表明,在总统对决中,尼克松领先马斯基6%,6月份的时候总统曾落后3%,也就是说,总统获得了9%。

有来自经济右派的批评。总统在戴维营的命令之一是,让舒尔茨向其在芝加哥大学的老同事米尔顿·弗里德曼(Milton Friedman)介绍基本情况,告诉他,在国会自由派批准永久性工资—物价条例之前,尼克松不得不实行临时冻结。但弗里德曼没有记住。在《新闻周刊》发表著名自由经济学家保尔·塞缪尔森称赞尼克松终于大胆采取行动的文章的同一页上,弗里德曼写道:"冻结个别物价和个人工资以遏止通货膨胀就像冻结船舵使之不能驾驶一样……早晚,越快越好,它会结束……彻底失败并重现被抑制的通货膨胀。"

在海外,反响是害怕,一片混乱。对于那些靠对美国出口而创造大量工作岗位和获取利润的国家来说,新进口税和事实上的美元贬值被认为应是一个灾难,虽然其对大部分美国人来说几乎或完全没有影响。在德国,温和的

第 22 章　1971 年 8 月 15 日

《南德国报》称之为"以贸易政策宣战。"《法兰西晚报》头版通栏标题说:"这次货币危机使欧洲蒙受崩溃的危险。"在英国,《每日电讯报》说,它是"不言自明的贸易保护主义政策,从而会招来贸易报复"。

欧洲的股票市场一个接一个地崩盘。世界上大部分货币市场关闭。美元不再与其官方价值相等,尤其是相对于日元和西德马克而言。尼克松和康纳利认为日元——8 月 14 日,360 日元兑换 1 美元——相对于美元的价值可能要升值 25%,这样就使得日本的产品,尤其是汽车,在美国的陈列室中要贵很多。从经济上讲,美国的获利会是日本的亏损。从政治上讲,尼克松的获利会是所有其他民主党领导人的损失。

在尼克松上电视讲话前十分钟,国务卿罗杰斯打电话给日本首相佐藤荣作(Eisaku Sato)时,佐藤荣作说"不,不会再来一次吧?"一个月前,在尼克松宣布他将访问中国前七分钟佐藤荣作得到过通知,这次比上次要好三分钟。突如其来的中国之事使他政府的外交政策受到极大震动。现在轮到他国家的出口型加石油进口型经济遭受磨难了。石油输出国组织(OPEC)威胁要提高石油价格以弥补不可避免的收入和利润减少,因为他们一直坚持只用美元在世界各地做生意。

"令人震惊"……"惊愕不已"……"爆炸性事件"之类的字眼出现在几乎所有报纸上。那正是尼克松的方式——"迅捷和实际上不可匹敌的现代美国政治风格。"《时代周刊》说。《新闻周刊》封面,[866]在"你的新美元"标题下,刊登了一张用微笑的尼克松替代乔治·华盛顿的版画的一美元钞票。在《时代周刊》上,休·赛迪提出了这样的分析:

尼克松坚持熟悉的路线直到最后一刻。然而,在证据征服了他或者他直觉意识到发生了什么事时,他决定采取行动,并且依他的方式,没有什么会隐忍很久。他放弃了他的哲学、他的允诺、他的演讲、他的朋友、他的顾问。他毫无愧意或头也不回地从一个尘世迈进了一个新的世界。

387

第 23 章　1971 年 9 月 8 日

8月1日，在全世界弄明白如何使用货币的同时，总统去纽约哥伦布骑士会[867]发表演讲。当他对纽约天主教大主教、特伦斯红衣主教库克提出的为教会学校提供联邦援助的要求表示赞同时，人们站立鼓掌两分钟对他表示敬意。然后，他去往圣克利门蒂，途经伊利诺伊州的斯普林菲尔德和怀俄明州的大提顿国家公园。在斯普林菲尔德，他曾在那里签署法律使亚伯拉罕·林肯的家作为一个国家级历史遗址。霍尔德曼告诉他，[868]CBS 新闻台的丹尼尔·肖尔在有关纽约演讲的报道最后说，其实白宫没有帮天主教学校做任何事情的计划。言外之意是尼克松只是迎合一下天主教。"就是这样！"尼克松说。他对3月9日肖尔的一篇报道仍然感到非常恼火。在那篇报道中，肖尔说尼克松私下里对反弹道导弹系统是否有效心存疑虑——他是这样做的。他要霍尔德曼打电话给联邦调查局，下达总统命令："对丹尼尔·路易斯·肖尔先生进行全面的背景调查。"次日，全国各地联邦调查局特工在不到六小时的时间里做了25次有关肖尔的访谈。

第 23 章 1971 年 9 月 8 日

在加利福尼亚，[869]总统发现他的海滩被近海一艘海军舰艇泄漏的浮油污染，心情变得更加恶劣。司法部长米切尔进来谈论头天晚上与州长罗纳德·里根共进晚餐的事儿，说他不得不花了大半个晚上听州长夫人南希对在白宫宴会上他们的座位安排和待遇的抱怨。尼克松告诉霍尔德曼，邀请他们来他家共进午餐。接着基辛格带着一个比较严重的问题进来：关于越南的秘密和平谈判会毫无结果。他说，整件事情令人心碎，也许他们应该再等一个旱季并发动全面进攻"打破他们的后援。"总统有另一个想法，一个令人吃惊的想法：把秘密谈判的详细情况公之于世，极力迫使共产党公开处理——并且指责参议员反战派鼓励北越继续战斗导致谈判破裂。

这天晚上在对着录音机口授那些内容的时候，霍尔德曼说："当然，这同基辛格过去两年来反复使用的说法是一样的，我猜想，这也是约翰逊及其顾问们用来使战争逐步升级的说法。我确信那时他们真的相信，但是令人惊异的是它怎么听起来像是一个不连贯的记录。"

几天之后，基辛格回来了。这一次他带来另一个计划。他将秘密飞往河内进行和平谈判。"堂皇的欺骗"[870]是尼克松给霍尔德曼的解释。

离别17天之后重返华盛顿，总统没有拿定主意是否出席9月8日约翰·F.肯尼迪表演艺术中心的揭幕仪式。该中心是位于波托马克的一个新的大理石箱体建筑物，里面有音乐厅和剧院。他本决定不去，但是在收到萝丝·肯尼迪亲手写的短信后又动摇了。[871]那封信一直放在他的书桌里。信上写道："你的出席会给我的儿子——已故总统增光添彩，会使这个揭幕之夜更加尊贵和荣耀。……让我们所有的人一起表明我们的心灵和我们的精神是团结的。……"但是，最终，他没能让自己去。他宣布他次日晚上会去，在肯尼迪家人都回家之后。在开幕表演——伦纳德·伯恩斯坦的一个新作品，"弥撒"——之后的那个早上，他要霍尔德曼来汇报。在询问了越来越多的细节之后，他停顿了一下，开玩笑说："如果我被暗杀，[872]我希望你让他们演奏'但丁的地狱'，让劳伦斯·韦尔克来演奏。"

9月8日，[873]埃里希曼走进椭圆形办公室。地下室里录音磁带在转动，录下了每一个字。但是埃里希曼并不知情。总统问巴德·克罗赫和"管子工们"在做些什么。

"他把大部分时间用于解密埃尔斯伯格文件，"埃里希曼开始说，"我们有过一次小行动。它在洛杉矶被终止了，我想你最好不知道它的有关情况。但是我们已经抓到了一些正在进行的卑鄙活动。它可能会成功……"

他说他们在获取中情局有关肯尼迪对古巴和南越的决定或行动的记录方面有困难。然后，总统把话题转到让国税局给他们提供有关政治对手的记录并停止对他们朋友的调查："约翰，我们有权力，但是我们在使用这个权力调查休伯特·汉弗莱的捐款人、马斯基的捐款人、犹太人吗？你知道，那就是在偷窃的人——你知道，他们确实试图迫害霍巴特·刘易斯（Hobart Lewis）、罗伯特·阿普拉纳尔普（Robert Abplanalp），我的意思是，甚至在我们一直在办公室的时候……当然，还有约翰·韦恩（John Wayne）和保尔·凯斯（Paul Keyes）……"刘易斯是《读者文摘》的编辑。"我们究竟在做什么？"

"我们在追查他们的纳税申报单吗？"尼克松继续说，"你知道我的意思是什么吗？……你还记得1962年吗？你还记得他们在加州对我做了什么吗？在那些婊子养的出现之后……我发现——现在他们终于欠我更多钱了……而且在国税局，你可以——我们在深入调查马斯基的纳税申报单吗？……休伯特的？休伯特已涉足许多有趣的交易……"

在洛杉矶终止的小行动，埃里希曼的备忘录里称为"亨特/利迪1号特别项目"，是闯入丹尼尔·埃尔斯伯格的精神病医生菲尔丁医生的办公室。[874]这个活儿是在9月3日午夜，也就是劳动节长周末的星期五晚上干的。为此9月2日从科尔森提供的竞选基金中取了5,000美元为此次行动付账。在亨特监视菲尔丁家、利迪进行街头警戒的同时，三个人走进该医生办公室。入室行窃的头目是伯纳德·巴克（Bernard Barker），迈阿密的一个古巴人，其在亨特任中情局官员时曾为他工作过。巴克雇了两个人，一个是菲利普·德蒂格（Felipe DeDiego），另一个是尤金尼奥·马丁内斯（Eugenio Martinez）。他告诉他们："我们必须找到一个大卖国贼的文件，他是个婊子养的……"西部标准

第23章 1971年9月8日

时间凌晨四时，亨特打电话给在家里的克罗赫，告诉他行动成功了，但是他们没有找到有关埃尔斯伯格的文件……。9月7日星期二回到华盛顿，亨特和利迪在白宫16号房间向巴德·克罗赫和戴维·杨汇报，展示了他们在菲尔丁办公室内用宝丽来相机拍摄的即得照片，并且请求批准闯入菲尔丁家中去查看是否有文件藏在那里。次日早上10点45分，这两个年轻的管子工向埃里希曼汇报，后者似乎对所看到的东西感到震惊。"应当让这件事结束、中止、完结、停止……"他对克罗赫说。这就是他告诉尼克松时所说的有个小行动。

此后两天，埃里希曼回到椭圆形办公室，说这一次打算闯入国家档案馆拍摄他认为是由莫顿·霍尔珀林、莱斯利·盖尔布和保尔·尼采存放在那里的秘密文件。保尔是民主党总统的一名顾问，现在正在参加限制战略武器会谈。"秘密文件有许多诡计，"[875]他说，"那三个人根据协议把一大堆文件存放在国家档案馆。现在我要把那些文件偷出档案馆。"

"你可以那样做……"尼克松说。

"是。而且没有人能说出我们到过那里……"埃里希曼继续说，他可以通过尼克松的总务管理局局长罗伯特·孔齐希去做。"他可以临时把档案管理员派出城去，然后我们可以进到那里，他拍照，然后他会重新封好那些档案。"

接下来几天里，埃里希曼、霍尔德曼、米切尔、科尔森、基辛格，不断地进出椭圆形办公室，讨论利用五角大楼文件的方式。"我一点也不在乎那些内容，"[876]总统跟米切尔说，"我不认为人们会在乎。主要的目的是让它离间民主党人，导致他们为它而争吵。你明白我的意思吗？……真的要让我们的民主党朋友……为它互相揪架。这是他们的问题。这不是我们的……该死的，我希望这事儿激化。"

他再次对国税局的问题大动肝火。"比利·格雷厄姆告诉我一件惊人的事，"[877]9月13日他告诉霍尔德曼，"国税局正在往他身上泼狗屎。有个混蛋找到他，追问了他三个小时。康纳利知道那个家伙的名字……这正是问题的关键。鲍勃，请把那些犹太人的名字告诉我，你知道，民主党的主要犹太捐款人……好吗？我们可以开始对其中一些狗杂种进行调查吗？就这样。"次日他说了更多同样的话："你瞧瞧，国税局充斥着犹太人，鲍勃……这就是他们跟踪格雷厄姆的原因……"

后来在办公室里讨论1972年对尼克松至关重要的州坚持其改革运动时，格雷厄姆对这种事情有自己的想法，如霍尔德曼在日记中所记载的："对犹太人全面控制媒体而引发的可怕的问题有相当多的讨论……格雷厄姆坚决认同《圣经》所言：有邪恶的犹太人[878]存在的地方，那就是我们出问题的地方……"

总统又继续把话题引回到他对1972的看法上来，[879]再一次开始讨论寻找有关肯尼迪总统下令暗杀吴庭艳的证据。另一个话题是说服尤金·麦卡锡1972年再次竞选总统——想法是秘密地往麦卡锡的竞选账户打入500万美元共和党经费——作为分散民主党投票的一种手段。在这一点上基辛格与他看法一致。他插进来说，他正在他所认识的反战派民主党捐助人中间宣传这个主意。总统还希望通过秘密资助一位黑人民主党人参加总统竞选来分裂民主党人。资助资金的数目又是500万美元，考虑的人选包括克利夫兰市长卡尔·斯托克斯（Carl Stokes），纽约国会女议员雪莉·克里泽姆（Shirley Chrisholm），以及乔治亚州的立法委员朱利安·邦德（Julian Bond）。在阅读9月28日的新闻简报时，尼克松在"杰西·杰克逊牧师"（Rev. Jesse Jackson）这个名字上画了个圈，写道："那个资助计划怎么样了？"

尼克松本人在9月16日的新闻发布会上重提吴庭艳遇刺之事。《芝加哥每日新闻》的彼得·利萨戈援引亨利·杰克逊参议员的话，问美国用什么手段控制在南越举行的选举。"如果该参议员的言下之意是美国现在应当利用其操控手段推翻阮文绍的话，我倒要提醒所有人关注，我们进入越南的方式是通过颠覆吴庭艳和合谋暗杀吴庭艳；而撤出越南的方式，以我之见，不是推翻阮文绍，因为那随后会不可避免地出现一次又一次政变的后果或更大的危险……"

总统认为他已经提出了这个问题，可以袖手旁观，让新闻媒体去进行调

第 23 章 1971 年 9 月 8 日

查了。但是，白宫外面什么也没有发生。在白宫里面，亨特根据科尔森的命令，收集了1963年10月和11月华盛顿与西贡之间的240份电报——1963年11月1日吴庭艳和他的兄弟吴庭瑈（Ngo Dinh Nhu）被他们自己军队的军官杀害——但是没能找到任何一份能说明来自肯尼迪的任何形式的直接命令的电报。于是，亨特用刀片刮掉一些字，粘上一些字，然后复印他的手工作品，就这样伪造了一份1963年10月29日发给美国驻西贡大使馆的电报。[880]这封假电报说："在今天的最高层会议上，艰难地做出了决定，无论是你还是哈金都不应代表吴庭艳或吴庭瑈干预他们寻求庇护的活动。"

9月17日，也就是新闻发布会之后第二天，总统收到来自最高法院大法官雨果·布莱克的一份短信，后者因重病住在贝塞斯达海军医院。这位在高等法院工作了34年的86岁高龄的法官要总统宣布他退休。同时，大法官伯格告诉尼克松，服务了22年，现在身患骨癌的约翰·马歇尔·哈伦法官也打算退休。[881]仅仅在27个月内总统第二次有权挑选两位新法官。

次日是星期六，在准备上直升机去戴维营时，尼克松把霍尔德曼拉到一边，告诉他安排星期一早晨8点30分在住所与J.埃德加·胡佛共进早餐。"他最终会解雇他。"霍尔德曼跟埃里希曼说。

除掉胡佛[882]的想法埃里希曼当然很赞同。他一直在不断地说服总统相信这样一个事实：这位由卡尔文·柯立芝总统于1924年首次任命的联邦调查局局长无视白宫提出的全面调查埃尔斯伯格背景的要求。埃里希曼告诉总统，对这个案子任何时候派出的特工都没超过两名，而为了解有关丹·肖尔的问题而布在全国的特工却多达十几名。内部关于胡佛无所作为的阴谋论依据是，胡佛是埃尔斯伯格的岳父，富有的玩具制造商路易斯·马克斯（Louis Marx）的朋友。相信这种阴谋论的人包括胡佛名义上的长官司法部长米切尔。7月中旬，米切尔的副手罗伯特·马迪安（Robert Mardian）飞到圣克利门蒂去报告说，至少有四名胡佛的主要副手打算辞职或被解雇，这时，司法部与联邦调查局之间不顺畅的关系达到新低。那四人之一威廉·苏里文（William

Sullivan）告诉马迪安，胡佛清楚地知道他在白宫的敌人——并且这位局长准备利用1969年窃听17位记者和尼克松助理的誊抄本来保住他的职位。总统说他不相信这些说法，但是他命令马迪安回华盛顿尝试通过苏里文收集所有抄本的副本。从1971年7月12日这个日子开始，所有的窃听报告都被送给霍尔德曼和埃里希曼，而不是尼克松和基辛格。

"那事儿不宜继续进行。"[883]9月20日总统与胡佛共进早餐后告诉霍尔德曼。

"发生什么事了？"[884]埃里希曼问。他已经为总统准备了一份有关胡佛为什么必须在本年底之前辞职的讲稿。埃里希曼的一个论点是，尼克松到时会任命下一任局长，一个秉承胡佛传统的保守派人士，而不是冒险由一位新的民主党总统任命一个自由派人士。

"没有问，"霍尔德曼回答说，"他不想谈这件事。"

难怪。那次煽动加八卦的会议以总统同意胡佛向美国驻世界各地使馆指派更多联邦调查局特工作为"法律专员"的计划告终。

这一次总统决定让他的司法部长只作为负责寻找替代布莱克和哈伦的人选之一，其曾举荐过卡斯韦尔和海恩斯沃斯作为最高法院提名人。[885]另一位顾问是他的妻子帕特。在一艘航空母舰在弗吉尼亚纽波特纽斯首次下水期间，她公开说她认为是时候了，应该为该法院任命一名女法官了，这令总统大为吃惊。通常，有十几个人名被纳入考虑之中，而且尼克松确实说他希望在名单上有女性，但是他们只提出了一位，也就是洛杉矶的米尔德里德·利利（Mildred Lilley）法官，她也是支持总统的自由主义者，并且得到美国律师协会的较低评级。

9月21日，总统最终设法确定亲自参加汽车比赛。[886]白宫的环形车道上布满了声音响亮、闪闪发光的庞然大车和它们的车手。总统在他们中间闲逛了十分钟，然后所有人被邀请进去参加为时一小时的招待会。这是一段美好的时光，正如趣闻轶事搜集小组名角约翰·安德鲁斯所记录的：

第 23 章　1971 年 9 月 8 日

《芝加哥论坛报》记者奥尔多·贝克曼……开玩笑地问老佩蒂（Petty）*比赛组织承诺为1972年竞选提供多少捐助才换来他们今天赛车的荣誉。这位可怜的人眉头紧锁，面色有点儿苍白，然后很快就找了个借口跑了……接见队列排好，首席窃听者小心翼翼地移到总统背后的那个位置，"先生们，现在开始你们的趣闻。"……总统跟这些人在一起待的时间比较长，面色坚毅地款待客人，我从未见过他这样做。在他的左边站的是表现过分热情的车赛主办人J.C.阿加简尼安。完全可以猜想，在这一个小时里，尼克松的后背被阿加简尼安的右爪拍打的次数，比就职典礼以来的32个月中所有其余美国人拍打的次数还要多。

几乎所有通过接见队列的人都感谢总统这样慷慨大度地给汽车赛以莫大的荣耀。最热情的赞颂之语出自大奖赛王牌车手杰基·斯图尔特（Jakie Stewart）。"先生，"他用苏格兰口音说，"你是世界上第一位给予赛车运动以官方荣誉的国家元首。我们万分感激。"……RN的感情可能被全部汇聚成这样一个回答："我喜欢赛车里的人。"（当时，那个小伙子的心在怦怦地快速跳动……）"你有很大的勇气。"

然而，霍尔德曼却不为所动。他的态度在一份备忘录中表现得很明显。这份注明为"高优先级"的备忘录是给这次活动的组织者德怀特·蔡平的："恐怕你已经以为你实现了你所承诺的一个计划：[887]本次活动的成果是让人觉得总统支持车赛……我来让你确信情况并非如此。迄今为止你所给我的只是一种简短的名人特技。请再试一次，并且在星期三之前有结果。"

次日，总统会见苏联外交部长安德烈·葛罗米柯。[888]他们用两个小时交流外交文件，然后，他们两人及其翻译转而去了行政办公大楼175室。基辛格和多勃雷宁忠实地守候在外面。葛罗米柯正式邀请总统于1972年5月22日去莫斯科会见勃列日涅夫总书记。北京之行12个星期之后又一次与莫斯科高层会晤。

---

* 退休的改装赛车冠军李·佩蒂。

第 24 章 1971 年 10 月 21 日

9月30日,在白宫为参加在华盛顿举行的世界银行和国际货币基金组织年会的财政部长及其他官员举行的招待会上,约翰·安德鲁斯被指派为站在尼克松总统身后的搜集趣事轶闻的人。[889]他提交了一份报告,内容包括:

人们觉得他知道行星地球的政治地理,而大部分国会议员只知道他们自己的区域。根据客人们所提出的看法,你可以了解到这种情况:

阿根廷人:RN 在康纳利的启发下唱了几句国歌。

利比里亚人:"我今天正好在给你们总统写封信。我们和副总统在一起,你知道。"

然而,为了改变一下,在10月份的头两个星期,总统的注意力集中在国内问题上。他花时间考虑最高法院任命人选并准备宣布第二阶段新经济政策,也就是11月13日引人注目的物价和工资冻结90天期限结束之后用于控

第 24 章 1971 年 10 月 21 日

制工资和物价的措施。

他首选的最高法院提名人选是来自弗吉尼亚的47岁的国会议员理查德 H. 波夫（Richard H. Poff），[890]众议院司法委员会首席共和党人。但是，白宫的调查接踵而至，表明这是一场艰苦的确认战，此后，10月2日波夫将他的名字从考虑人选中撤去。因为波夫在众议院10个任期期间对所有的民权议案都投反对票，他曾签署过两个反废除种族隔离宣言，而且他还解释不清他是如何凭借一位议员的薪水而致富的。

尼克松对此的反应是，他说他仍然希望准备一份南部声明，他告诉霍尔德曼他想找到某个人来证明波夫是正确的。也许他们应当试试罗伯特·伯德（Robert Byrd）。"他是一个真正的保守派，[891]民主党人把他当作他们的鞭子，"尼克松说，"而且他年轻的时候参加过三K党。给他们发个信息。"

10月5日，在总统和参加8月份戴维营会议的大部分人开了几个小时白宫会议之后，由赫伯·斯坦起草的第二阶段提纲[892]终于定稿。斯坦给总统的备忘录经过几个星期的修改和提炼，最后提出了这样一些建议："第二阶段的基本组织安排包括三个主要机构：生活成本委员会，设一名执行主任，代表你对整个计划实施监管……一个三方工资委员会（公众、劳工和资方）……一个仅由公众成员组成的物价、费用及利润委员会。"

对这个组织安排最有影响力的人并不在那个会议室里。他就是乔治·米尼。[893]"一个真正的爱国者，"在工会支持越战和攻击反战示威时总统这样称呼他。但是现在校园里风平浪静了。《纽约时报》头版发表对学生的调查，标题是"60年代青年反叛活动日渐衰落"——而且那种平静减轻了劳工们的阶级怨恨。劳工领袖（包括米尼）把注意力转回到关注经济问题和保护工会会员的工作。现在他们与总统的分歧是"费城计划"[894]——尼克松对少数民族群体的象征性关心。

该计划由舒尔茨设计，呼吁所有联邦政府资助的建筑项目自愿采取反歧视行动——种族融合"目标"而非"配额"。该计划就是从费城开始实施。在费城，目标是在四年内让建筑工会的黑人及其他少数民族会员从4%增长到26%。对尼克松而言，这是一种转移有关种族问题批评的手段。在米尼看来，这是离间劳工运动和减少其会员工作岗位的一个诡计。一年来他们两人也一直在为控制权博弈。8月15日，利用国会民主党人在《1971年经济稳定法》中赋予他的权力，总统取得了主动，或者说踩到了米尼的脚趾。民主党人为给尼克松出难题而通过了该法。民主党人以为他们能让人相信他们在努力做些事以对付通货膨胀而同时尼克松一直无所作为。但是现在总统却做了些事。工资控制和冻结工会合同谈判激怒了米尼，因此，现在米尼回到众议院一个委员会的面前，10月4日，他说："国会给总统一张空头支票[895]……他已经被证明不配得到那种信任……鉴于政府不信守承诺、实行灾难性政策、政策突变以及实行全然不平等的计划，我们应该考虑国会必须重申对经济加以控制的观点了。"

总统以策略制胜，国会害怕挑战冻结的政治声望。消费物价指数在8月15日之前以4%的年增速增长，现在这个数据为1.6%。小时工资率[896]过去一直以6.2%的年增长率增长，现在为0.6%。米尼知道，在工会组织全力反对的情况下第二阶段政策不能实施。尼克松也知道。"没有劳工的配合任何计划都不能奏效。"[897]总统跟霍尔德曼说。

10月6日，尼克松退避到行政办公大楼175室，在那里为第二阶段政策通告工作了一天。但是他浪费了一个上午，因为他对移民和归化局在洛杉矶采取的突击行动感到非常气愤。[898]特工们逮捕了一个墨西哥食品包装公司——蕾梦娜公司（Ramona, Inc.）——的36名非法移民。该厂的业主是罗马娜·阿科斯塔·巴纽罗斯（Ronmana Acosta Banuelos），其正在等待总统提名作为美国司库候选人。她说这次突然查抄是政治行为，尽管过去三年来她被突然查抄过六次。总统归咎于《洛杉矶时报》。在他职业生涯初期该报曾扶助他成为南加州的政治家。

《洛杉矶时报》在历史上大部分时间都是共和党的报纸。该报在新一代钱德勒家族也就是该报业主的领导下一直在变革。奥提斯·钱德勒（Otis

Chandler）在 1960 年 30 岁的时候成为出版商。他一直致力于将该报转变为一份受人尊敬的全国性报纸，所以从纽约和华盛顿聘用了一些局外人。总统把霍尔德曼叫来，然后开始激烈的长篇指责："我希望这群该死的被追击……我也想要奥提斯·钱德勒的所得税……"

然后，尼克松打电话给米切尔，首先告诉他，他想解雇或调动洛杉矶移民和归化局分局长："那边那个移民局的家伙是个名叫罗森伯格的犹太人。让他出局。要让他出局……"

他接着说："我希望你指示你在移民局最信任的人注意《洛杉矶时报》的所有活动……听我解释，因为作为一名加州人，我知道，加州所有的人都雇用非法移民……至于奥提斯·钱德勒，我想让人去查他的园丁。我听说他是个'湿背人'（译者注：指非法进入美国的墨西哥人），明白吗？"

"明白，先生。"米切尔回答说。这是总统的前法律合伙人第一次见到总统这样跟他说话。

"我们要追击钱德勒们，"尼克松继续说，"每一个人，个别的，全体的，他们的所得税……所有的那些王八蛋。"

他转过身跟霍尔德曼讨论来自布坎南和莫伊尼汉的两份备忘录。布坎南寄给尼克松一篇《亚特南大月刊》发表的由理查德·赫恩斯坦撰写的文章，[899] 标题为"I.Q."，在备忘录中说："总的来说，它论证了是遗传而非环境决定了智力……文中所论的几乎就是智力的铁律……这篇文章的重要性几乎毋庸置疑……我们所进行的每一次研究都表明，黑人的智商比白人的智商平均低 15 分……如果没有反驳，那么似乎在我看来，我们正在为融合黑人和白人——更有甚者，穷人和富人——而做的许多努力不太可能带来和解，反而可能导致经常性的摩擦，因为政府有意识地把没有能力的人与有能力的人相提并论、置于同等地位。"

尼克松把这些内容发给莫伊尼汉，同时附上一句简短的问话："帕特，你的意见如何？"

9 月下旬，莫伊尼汉发回 11 页意见，[900] 尼克松在 10 月 7 日看到这些意见。

尼克松——孤独的白宫主人

"曾经有一段时间这种文章是用拉丁文写的。这样更好，"莫伊尼汉这样开头。他指出，越来越多的心理学家认定在决定智力方面，遗传比环境更为重要，而且主要的人种可以被分为三等，亚洲人为第一等，白种人为第二等，非洲人为第三等。

这近乎于思考难以置信的事情。坦率地讲，我不明白像我们这样一个社会怎么能接受并忍受这种知识。在比较低劣的层次反对学校种族融合的人肯定能在这些资料中找到弹药。毫无疑问，某些人马上会发现，据1915年以来的文献中记载，监狱在押犯人中低智力者比例特别高，他们可以将这个信息用于各种阴险的目的。

在我看来，你必须确定这么一个假定，那就是，科学家们并没有证实他们的理由……赫恩斯坦也许是对的，这个世界的工作是由有才能的人做的，但是这个世界是由十分平常的人的体面团结在一起的……最后，我恳请你不要谈论这个话题，也不要让你周围的人在这方面说三道四……看在慈悲的上帝的份儿上，我恳求你不要让副总统说什么。

尼克松说他同意。他告诉霍尔德曼："对我而言，重要的是了解这些情况，然后尽一切可能否认之。领袖一定不能这样说，或者以此谈论犹太教徒或天主教徒[901]或其他什么人，否则你就会助长潜在的歧视。显然并非所有人都是一样的，但是我们必须确保任何人都有可能达到顶端。"*

这天晚上，总统在全国电视节目中阐述了第二阶段政策。为了让米尼满

---

* 1982年，在一次两小时的交谈中，尼克松告诉我，他认为"黄种"亚洲人在基因上好过白种人，至少在智力上是如此，而黑人显然低于亚洲人和白种人。当时他说，他预计到21世纪中期会是亚洲人统治这个世界。在家里，他提出这样一些思想："人们所愤恨的是一些大学为了自身利益而过分培养黑人，给他们博士学位以及其他一切……种族主义已经减弱了，我认为，但是它还存在，并且会永远存在……许多人现在就像种族主义者，但是种族主义不再流行——而且我认为那非常重要。你不能像过去那样谈论黑人。"

第24章 1971年10月21日

意，[902]已对这些政策做了修改。除工资委员会和由七名委员组成的物价委员会之外，总统还宣布成立了一个新的利息和股息委员会，由亚瑟·伯恩斯任主任，负责监控投资者的活动，随时准备采取行动反对"暴利"。他补充说："一个好的共和党保护私营企业和工商业，让我们承认经济生活的一个不容置疑的事实，所有的美国人都会从更多的利润中受益。更多利润会促进大发展，从而产生更多的工作岗位。更多利润意味着更多投资，会使我们的产品在美国和世界更具竞争力。更多利润意味着会有更多的税收收入，这些收入能为帮助需要帮助的人的计划提供经费。"

尽管提到了罚款、制裁以及将公司储蓄传递给消费者，但是总统对处罚之类的事儿故意说得含糊不清。他没有给出时间表，只是说："在不再需要控制的时候，我们会取消它们。"实际上，他希望自愿采取行动。这次演讲有很多赞美和劝诫美国人民的内容："正是你们响应了将公众利益置于特殊利益之前的号召……让我们奉献出我们的今晚……参加一场伟大的阻止通货膨胀的共同努力——并且在一个和平的世界里创造出一种新的繁荣兴旺。"

米尼不认为这是一种共同的努力。他的第一反应是："他们出卖了我。"尽管他极力避免公开使用这个短语。他对记者说的是："我被霍奇斯部长（指劳工部长詹姆斯·D. 霍奇斯（James D. Hodgson））误导了。问题是由财政部长任主席的生活成本委员会对由15人组成的工资委员会的决议有否决权。米尼说，直到10月12日劳联—产联执行委员会特别会议召开之后，工会才会考虑政府的计划。"这给了总统五天时间，他利用这些时间做成了交易。10月11日，霍奇斯和舒尔茨给米尼提交了一份备忘录说："生活成本委员会将不会批准、反对工资委员会和物价委员会所做出的决议，也不充当接受这些决议上诉的机构。同时，它也不会批准、修改、否决或废除由工资委员会和物价委员会制定的特定标准或准则。"在备忘录最下方有总统手书："行。——RN。"

尼克松感到解脱了。在劳联—产联召开封闭式会议的同时，他在白宫新闻发布室安排了一次新闻发布会。记者们蜂拥而至，准备去探究第二阶段任

401

命和规则的细节，他们预计第二阶段将在一个月后，也就是11月15日开始。总统再一次完全摆脱了他们：

女士们，先生们，我有一个通告，要到华盛顿时间中午12时亦即莫斯科时间7时之后才能宣布……美国领导人和苏联领导人同意进行一次双方都希望的会见……会见将在1972年5月下旬在莫斯科举行。尼克松总统和苏联领导人将本着进一步改善双边关系、强化世界和平前景的态度，重新审视所有重大问题。

下午2点22分他回到新闻发布室，说：

欢迎有组织的工会参加工资委员会的工作，帮助完成国家为稳定工资和物价所做的努力。控制生活成本需要所有美国人富有公德心的合作……舒尔茨博士将回答你们可能会有的技术问题……在这类讨论之后不可避免地会提出这样一个问题："谁赢了？工会赢了还是政府赢了？"而答案是："这个国家赢了。"

实际上尼克松赢了。米尼赞同，并且同意当工资委员会的委员，因为总统背后的这个国家在其控制之中。"我认为任何人都不应当有错觉，[903]以为我们极力让工会介入是出于什么政治目的，"总统在当天下午晚些时候的内阁会议开始时说，"从政治上看，让他们作为对手会是有益的。米尼夸大了他的作用，那就是他们之所以回头的原因所在。明年他们会公开挑战我们……我们的公开立场应当是，我们欢迎工会承担某些责任。"他还强调说，无论公开怎么讲，导致现任政府与劳工组织团结起来的原因是一件大事：失业。"我看到许多选举受到失业的影响，而没有受到通过膨胀的影响。"

接着，他话锋转到莫斯科峰会通告，他说："这件事与中国有什么关系？它们是各不相干的……采取这种路线非常重要……我们处在一条非常复杂的

第 24 章　1971 年 10 月 21 日

电线上。我们必须记住，我们处在一个具有讽刺意味的地位上，在此地位上，每一方都将对方看作是比美国更大的敌人。但是美国——与其中任何一方打交道——必须要不偏不倚地处理……"

罗杰斯对尼克松—葛罗米柯—勃列日涅夫游戏一无所知，但当时他得对坐在会议桌边的下属们解释这个问题，长篇大论的解释。这位国务卿讲完之后，总统问基辛格是否想讲些什么。后者正和其他幕僚人员一起靠墙坐着。这位国家安全顾问摇摇头。他当然不认为苏联行动和中国行动是各不相干的。尼克松关于中国的通告令苏联大吃一惊，使得他们必定同意举行峰会。他们更愿意美国人在去北京之前先去莫斯科，但是在宣布中国之行之前公布苏联峰会也令他们感到满意。"三角外交"[904]是基辛格的说法。在私下里问及苏联—中国—美国游戏意在何为时，他说："很简单。我们总是支持其他两国中比较弱的那一个。"

接下来尼克松点到莱尔德："我听说本周的伤亡人数很少？"

"7 人，"国防部长说，"星期四会公布。"

"记住，"尼克松说，"当我们第一次围着这张桌子而坐的时候，这个数字高达每周 350 人。"

越战正在悄悄淡出国人的谈话，明亮的新闻和阴暗的新闻交替更迭。[905]校园总的来说已经平静，尽管肯特州立大学的学生们还在请愿，要求对那里所发生的事情进行一次新的大陪审团调查。"绝不！"尼克松在他的新闻摘要上随手批示道。与此同时，珊瑚海号航空母舰上的船员正在传播一份请愿书，反对另一次去越南执行任务之旅。越来越多的美国士兵拒绝与敌人交战。而且，美国士兵设法驾驶卡车通过一条挤满参加在战斗中遇难的一名越南共和国军士兵葬礼的哀悼者的道路之后，南越退伍军人将 14 名美国士兵作为人质扣押了八个小时。在迪南（Di Nam），尼克松在 1969 年曾到访过的一个靠近西贡的基地，游击队员们炸毁了五架美国直升机并且无一人伤亡地脱逃了。参议院共和党领导人休·斯科特在新闻发布会上说："我们离开那个地狱越快越好。这件事就到此为止吧。"

10月14日，白宫或美国律师协会提名人评价委员会的某人透露了最高法院最后入围的六人名单，故意取悦南部人和妇女的提名：西弗吉尼亚州的罗伯特·伯德；阿肯色州律师赫舍尔·弗莱迪，在1957年小岩城争取保持学校种族隔离状态的活动中他曾作为代理人；两名女法官：米尔德丽德·利利和西尔维娅·培根；以及来自密西西比州和佛罗里达州的两名鲜为人知的法官。这六个人的照片刊登在《纽约时报》的头版上栏。在头版下端发表了一则报道，标题为："东巴基斯坦的恐怖经历将希望转变为绝望"——由于巴基斯坦军队连续残酷镇压当地反对势力，多达900万东巴基斯坦人已经沦为印度的难民。这天总统最后的活动是，接待了由科尔森组织的一个名为争取新繁荣的公民团体。负责为这个活动搜集趣闻轶事的是李·许布纳，他在报道结尾写道："当霍巴特·刘易斯把她介绍给总统时，那位女士不可抑制地开怀大笑了，然后脱口而出说，'这就是总统，愉快先生。'"

在同一天，霍尔德曼走出椭圆形办公室，口授了一份题为"行政机密[906]——《时代》杂志年度人物"的备忘录，发给齐格勒："大约每年的这个时候，都要为尼克松总统的当选做怯生生的努力。今年，由于有新美国革命，出访中国以及经济措施，应当有一次精心策划、圆满成功的活动……你应当亲自负责这个项目，并且为我提供建议，提供你的书面方案。"两天后，霍尔德曼口授了尼克松有关中国的谈话要点："他要我一定要让黑格提醒亨利，[907]总统必须单独见周恩来和毛泽东——单独的，没有基辛格在场——因为他跟所有其他国家领导人都是这样做的。"10月20日，确定诺贝尔和平奖获奖人，西德总理威利·勃兰特（Willy Brandt）因"东方政策"[908]而获奖，其曾发起西德与东德，以及苏联与盟军占领国之间就访问柏林而达成的协议。人们援引他的话说："他伸出手去调解长期为敌的国家之间的关系。"尼克松想这应该也是他的作为。

次日上午，司法部长米切尔来到白宫告诉总统，他昨天晚上接到伯格大法官的电话。[909]这位大法官对《时报》的报道以及美国律师协会对六人名单的批评大为光火，说如果这般平庸的六位提名法官真的被委派给最高法院，他将辞职。

"他妈的，"尼克松说，"让他辞职好了。"

"他妈的美国律师协会！"他不止一次地说。而且那句话变得广为人知了。

在下一期《新共和》周刊上，约翰·奥斯本写道："事情发生在华盛顿，总统曾一度对美国律师协会感到极为恼怒，说'他妈的美国律师协会'，而该协会12位杰出律师组成的司法委员会是正确的……尼克松先生经常像那样说话。这个关键词是他特别喜欢用的词之一。"

约翰·埃里希曼立即发了一封信给该杂志的编辑。[910]信中写道："据称，总统用这句下流话来说美国律师协会是发生在10月2日星期五在总统办公室召开的晨会上。碰巧整个开会过程我都在场。我想澄清一下事实：整个开会期间，总统根本没有用过被援引的那句下流话。真实情况是，在我与总统相处的许多个小时中，我从来没有听他使用过在奥斯本先生的文章中所强加给他的那些粗话。"

埃里希曼是个说谎者。他也是奥斯本的最佳信息源之一。[911]

10月21日，总统在行政办公大楼175室待了一天，仍在为最高法院提名名单费神。他计划晚上7点30分在电视上公布提名名单。前一天晚上，现在是靠埃里希曼而非米切尔，他已决定提名两个未在数周猜测中公开提到的人：一位是小刘易斯·F. 鲍威尔（Lewis F. Powell Jr.），一位64岁的民主党人，曾任美国律师协会总裁；另一位是霍华德·贝克（Howard Baker）参议员，一位来自田纳西州的46岁的共和党人。贝克没有立即接受总统提供的这个机会，而是说他会在上午九点之前打电话说是否接受。上午九点半钟，他打电话来说接受。[912]但是尼克松已经改变了主意，选定47岁的司法部长助理威廉·伦奎斯特（William Rehnquist）代替他。由于此人的穿着方式，总统曾经叫他"小丑"。

"总统来了又去，而最高法院，通过其判决，会永远继续下去，"这天晚上他的演讲开场白如是说，"他们会做出影响你们以及你们子孙万代的判决……"

405

尼克松——孤独的白宫主人

尽管过去几个星期十分混乱，但尼克松还是一丝不苟地阐述了他的想法。他亲自撰写了演讲稿。他说他搜寻了"最好的律师……用一种保守的司法理念……作为司法保守派的一员，我认为以往有些法院判决已经走得太远，削弱了我们这个社会中反对犯罪势力的和平势力……我认为不能拒绝让和平势力使用他们为保护无辜者所必需的法律手段。"

在摄影机关掉时，他吩咐米切尔去终止允许美国律师协会对总统提名的法官候选人资格进行甄选的协议。他还幸灾乐祸地想——"两个极右的保守派"，[913]私下里他这么称呼他所提名的候选人——如果伦奎斯特不步海恩斯沃斯和卡斯韦尔之后尘，他就不会有机会得到任命。

两个小时之后，霍尔德曼打电话说："全中，反映不错。"

"好，或许会这样，除我妻子之外，"尼克松回答说，"伙计，她是着迷了。"[914]

第25章　1971年12月16日

10月25日，总统的早间新闻摘要报道说，《检阅》（Parade）杂志（发行量成千上万的报纸周末副刊）发表了一篇奉承亨利·基辛格的封面报道，说他"富有才华，工作努力，深得年轻人爱戴，享有崭露头角的明星之誉。"

"又是基辛格的权力这个主题，"尼克松给霍尔德曼写道，"无济于事。"接着他补充说："未来三个月不安排基辛格的新闻发布会。"

另一方面，总统为公众注意到他的新星约翰·康纳利而感到高兴。在日记中，霍尔德曼做了一个奇怪的注释："他一整天一直都非常享受可能要患感冒的感觉。因为他一直不在外面或者他通常会得感冒的地方，因此他确定病毒理论有些名堂，并且他已经感染了康纳利的病毒，这似乎令他感到愉快……"

新闻摘要也在报道越来越多质疑J.埃德加·胡佛长期统治联邦调查局的消息。这天中午，总统叫来埃里希曼，就如何处理那位老人进行了长谈。最后，尼克松说："他必须认识到，他不可能永远待在那里……我们可以让我们这里的某个人和他一起拆那个庙,包括我。我不认为他会愿意。我是说他自认为是个爱国者,但是他现在跟麦卡锡一样,自以为是,也许阿格纽现在也是这样,他把自己看作是个首要事项,而不是个问题,这是任何政治人物的最大弱点……"

接着,话题再一次转向胡佛知晓白宫窃听装置。有段时间埃里希曼反复说,窃听命令和笔录在威廉·C.苏利文那里是安全的,因为这位副局长现在与胡佛不对付。尼克松问苏利文是个什么样的人:"他会背叛我们吗?"[915]

这天晚上,在一次不同寻常、充满敌意的联合国大会[916]上,中华人民共和国这个拥有7.5亿人口的共产主义政府被准许加入联合国,结束了22年来美国为保护有1,400万人口的台湾岛蒋介石民族主义政府的席位而付出的努力。美国的事业没有得益于基辛格在北京与周恩来合影的照片。那些照片给人的印象正好是,美国想要两者兼得。但是,在那个漫漫长夜就关键问题投票时,那个民族主义政府以59票反对、54票赞成、15票弃权而败北。几分钟之后,联合国大会投票以76票赞成,35票反对,17票弃权确定了中华人民共和国作为中国合法政府在联合国的席位。在宣布最终投票结果之后,联合国大会上就有了一个反美派别。胜利一派的代表站起来欢呼。坦桑尼亚的代表在过道上跳舞,阿尔巴尼亚的代表高喊:"美国人的一个重大失败!"

在最后投票之前,尼克松打电话给布什说:"要赢!要赢!"[917]但是,到那时候总统真正关心的是他自己党内保守派的反应。刚过午夜,他最担心的保守派人士,加利福尼亚州长里根给白宫打电话,找到在家的约翰·米切尔,要求美国宣布,它不再信守联合国投票。[918]詹姆斯·巴克利参议员发表了一个声明,[919]极力主张大幅削减美国给联合国提供的资金,并且说:"联合国大会今晚所采取的行动会被作为联合国终结的开端载入史册……"

"我们必须得挺过去。"[920]总统跟霍尔德曼说。接下去他跟基辛格谈话时说:"无论如何我们都会输掉台湾投票表决……问题不在台湾。问题在联合国。美国正在受一伙该死的非洲人、食人族之流的欺负。"读到有关中国

第25章 1971年12月16日

表决结果的新闻报道和分析时,他在一则报道上做了记号,寄给基辛格:"K——非常精明老到的一段分析。"这是《洛杉矶时报》的罗伯特·埃勒根特写的,总统的新闻摘要这样描述了这段报道:"他写道,到目前为止只是巧合的长臂伸展,但是让基辛格在北京为联合国投票这很难说是巧合。政府对台湾的表现几乎——虽然不完全——是可信的……但另一方面在外交上却是见利忘义的。"

尼克松的外交手腕往往更为复杂。这是一次秘密的高空走钢丝的表演,有时这会导致无法预料的后果。参议院共和党领导人休·斯科特拿着总统的话走到镜头前说:"我想,我们会擦去在联合国投票表决期间我们在电视上看到的那些脸上的笑容。"接着他领导参议院投票表决,以41票赞成27票反对的结果,从新的联邦预算中取消了所有的对外援助——33.3亿美元。

总统的惊讶证明了他与国会的关系。其实,在他第一次说他要去中国的时候,他与国会领导人一样惊讶。现在他责备斯科特和其他人说:"这是很不负责任的行为,它毁掉了25年建设性的两党外交政策,并且给美国的国家安全带来不能接受的风险。"经过将近两个星期的秘密会见,白宫软硬兼施才说服参议院从削减的对外援助中恢复了26.4亿美元。[921]因此,玩弄台湾空话和欺骗让尼克松付出了7亿美元的代价,这些资金大部分是对韩国、柬埔寨、以色列、希腊、西班牙以及土耳其的军事援助。

但是,他在最近的最高法院提名方面做得更好。"这次任命是个妙招。"在10月27日的一次会议上他对霍尔德曼和基辛格自夸说。

"伦奎斯特非常右倾,是吗?"基辛格问。

"啊,天哪,"霍尔德曼说,"他比布坎南还右。"

11月9日,《华盛顿邮报》发表了一篇有关联邦调查局8月份对CBS的丹·肖尔进行调查的报道。[922]霍尔德曼立即捏造了一个要闻:总统会在下一次新闻发布会上说,丹·肖尔一直在考虑担任政府发言人职务。萨菲尔(被指定为下次新闻发布会起草一份应答稿)写道:"对联邦调查局这次调查的唯一异议似乎是事先未问他是否对那个职务感兴趣……所以,我已经命令,每

尼克松——孤独的白宫主人

当考虑让'媒体成员'——尼克松把这几个字改为'任何人'——担任政府职务时，都要提前通知其联邦调查局在进行例行调查……"但是，在11月12日的新闻发布会上没有人提出有关肖尔的问题。因此，齐格勒后来不得不把这个回答作为一个声明来发布，指望能止住国会中有关联邦调查局利用调查恐吓记者的传闻。

这次"新闻发布会"（news conference 尼克松通常用这个短语来避免使用"press"这个词）上的新闻是一个通告，说到1972年2月会从越南撤回45,000多美国军队，届时留在那里的部队人数为13.9万，大约相当于1965年底在那里的部队人数。这些数字，尤其是每周伤亡人数数字，成了战争新闻。新闻发布会之后，总统注意到新闻摘要上的一则报道：两架美国直升机在越南相撞，四名美国人遇难，于是他给基辛格发了一个备忘录说："K——这些没有被纳入战斗伤亡。"

在新闻发布会当天，职业新闻工作者协会（Sigma Delta Chi）（一个新闻学会）在华盛顿召开大会，问其会员（大部分是报纸记者编辑）他们认为什么会是1972年总统竞选的主要问题。其中107人回答说是"经济"，9人回答说是"国际事务"，1人回答说是"越战"。总统在新闻摘要上写道："H、C、E——一定不能让他们在这方面侥幸脱身——国际事务是我们的问题，经济是他们的，无论发生什么事，因为自由党人总是可以承诺更多。"

对尼克松而言，抵消他们的问题的关键在于减少失业。11月12日新闻发布会上只提了两个有关经济的问题，但是他利用其中一个提问阐明了这一点：在冻结期间全国的工作岗位数量增加了100万个。不过，他的担忧被充分表达在一封愤怒的信[923]中。这封信注明绝密，是写给亚瑟·伯恩斯的，就《纽约时报》一篇署名伦纳德·希尔克的报道进行了评论。伦纳德是一名很少支持白宫的经济记者。总统写道：

在我阅读这篇报道并极力去理解它的时候，我可以清楚地看出，他在幸灾乐祸地看着我们的货币供应一直没有增加这个事实……之后，他继续指

第 25 章　1971 年 12 月 16 日

出，出现这种现象的一个原因可能是我犯了个错误，让你负责利率委员会的工作……如果我不说华尔街的人纷纷打来电话，那么我就是对你不够诚实……其中两个人打电话指出这种情况确实在 1959 年和 1960 年发生过……促使失业率增高，这可能就是 1960 年 11 月我们失败的决定性因素……我不会把这封信的副本发给任何其他人。我认为这只能是你知我知。但是我的确想要你知道，关于……我觉得没有什么更强大的……你应该归因于你自己，归因于我们想让经济在未来几个月里迅速增长的目标，归因于你所做的限制货币供应的决策以及为使它增长所采取的一些行动……

尼克松被伯恩斯作为美联储主席的独立性所震惊。在夏季，他曾试图让他的老朋友就范。他让科尔森泄露一个消息说，伯恩斯在对别人推行工资控制的同时试图把他自己 42,500 美元的年薪再涨薪 20,000 美元。事实上，伯恩斯私下里告诉总统，未来美联储主席应当拿到与欧洲中央银行行长同等的薪资。8 月里，在那个阶段，伯恩斯停止接白宫电话，并且告诉他的朋友萨菲尔："比尔，提醒白宫那些人，[924]有一种东西是真相。"

同时，财政部长康纳利（热爱自己的牛仔形象）正得意洋洋地周游世界，力图为美国争取易货贸易特许权以补偿由于新经济政策而减少的进口边境税。他不是很走运。纽约证券交易所总裁伯纳德·J. 拉斯克（Bernard J. Lasker）[925]（一位重要的竞选捐款人和募捐人）到华盛顿谈到在戴维营发布意想不到的消息引起证券市场快速跃升之后，市场一直在缓慢但稳步地下跌。"我们不能和康纳利一起保持僵局，"拉斯克说，"僵局持续得越久，我们的情况就会越糟糕……"国际业务停滞不前——并且有可能一直那样，直到汇率问题得到解决。基辛格对金融知之甚少，但是他抱怨说这个僵局开始影响到有关国家安全的对话。康纳利正设法使之同意贸易妥协的那些国家是美国最重要的盟友，包括英国、法国、西德和日本。最后，总统告诉康纳利，是时候了，该回家的——也该确定一个固定交易汇率了。

在记者大会上，继尼克松之后发言的是国务卿罗杰斯。他的回答导致了

尼克松——孤独的白宫主人

《纽约时报》头版头条的标题:"罗杰斯对印度、巴基斯坦的全面战争表示担心。"

据报道,成千上万[926]的东巴基斯坦人死亡。数百万人逃到印度当难民。但是这对尼克松来说似乎不是问题。他喜欢叶海亚·汗总统,看不起印度总理英迪拉·甘地。他感激巴基斯坦人在中国之行创举方面所给予的帮助。而叶海亚·汗,一个固执的人,认为他的军队平息和控制国家的东翼只是一个时间问题。尼克松在冷战期间选择这位可爱的军事领导人和预测世界上最大的民主国家的领导人方面所表现出的固执在国务院里被认为是非理性的。然而,尼克松不理睬4月7日来自达卡领事馆20位美国专业人员的非同寻常的电报。当时这些人对中国创举一无所知。电报说:"我们政府没有公开谴责这种镇压民主的做法。[927]我们选择了不予干预,甚至在道德上也不加以谴责,理由是人民联盟冲突纯属国家内政。遗憾的是在这场冲突中,种族灭绝这个被滥用的术语却是适用的。我们,作为专业类公务员,表达我们与现行政策不同的意见,热切地希望能够确定我们在此地真实而持久的利益,并希望我们的政策方向得以改变。"

白宫的反应是把领事阿彻·布拉德(Archer Blood)召回华盛顿磋商,压根儿也没有打算让他回去。他马上被指派到人事部。接着,在信上签字的人被一个个挑出来,大部分都让提前退休了。

总统把印度次大陆发生的动乱看作是世界范围的斗争——更多是根据苏联人的态度而测定——的组成部分。莫斯科在支持印度,为其提供武器。在巴基斯坦政府屠杀东巴基斯坦人和审判其民选领袖谢赫·穆吉布·拉赫曼秘密谋反罪的时候,美国官方几乎一直都没有说什么。宣判为死刑。难民不断到来,印度称有1,000万人,巴基斯坦说没有那么多,只有300万,而且其中有些人被印度训练和武装起来,返回巴基斯坦当游击队员。叶海亚·汗好像对实际情况没有觉察,似乎深信在这场战争中美国人和中国人都会帮助他。基辛格的所作所为部分地造成了这种感觉。7月份他从秘密的北京之旅回来时曾告诉叶海亚,周恩来跟他说,如果印度采取行动反对巴基斯坦的话,中

第25章 1971年12月16日

国会进行人力和武力干预。其实周的原话是:"如果印度入侵巴基斯坦,中国不会袖手旁观,[928]而会支持巴基斯坦。"基辛格把"支持"这个词解释得过头了,而叶海亚·汗却相信了他。他相信美国也是同样的态度。但是世界上的大多数人,包括美国国会和人民,认为巴基斯坦人是屠夫,而印度人则是潜在的解放者。因此,总统派基辛格去对印度提出警告——一个明显地表现出白宫对国会的轻蔑的警告——印度大使 L. K. Jha[929]发电报给新德里引用基辛格的话说:

你们必须认识到,无论你们在说服重要的参议员方面做得多么有效,你们都必须处理好与这个政府亦即总统的关系。关于让美国的态度有什么变化的问题,总统对印度大使馆与美国国会的接触感到很生气。总统不认为除了东海岸的那些精英人物,其中一些人我从前曾经提到过,在这个国家里还有许多人真的对印度次大陆的事情感兴趣或感到兴奋。国会领导人之所以表现出支持你们,是因为他们想利用一切借口攻击总统,而不是因为他们有什么深切的同情心。

在动乱达到极致的时候,印度与苏联签署了一个20年的"和平、友好、合作协定。"那个花招应当终结了中国会做出什么事给苏联人一个理由将中苏之间沿漫长边境线的对峙状态逐步升级的全部希望。最终,达到了这样一种军事平衡[930]:美国的情报来源估计,印度在地面部队方面有3比1的优势,在空中作战方面有5比1的优势,在海军力量方面有7比1的优势。

在基辛格作为代表去跟叶海亚讨论那些数字的时候,这位巴基斯坦领袖告诉他,真正的优势是拥有历史优越感的穆斯林斗士。尼克松被迫无奈发信敦促克制。甚至在签署限制运送某些备品备件和军事设备给巴基斯坦的一道命令时,他也在自己的签字下面写道:"所有人注意,[931]在这个时候不要给叶海亚施压。RN。"与此同时,基辛格气愤地跟高级国家安全官员说:"总统总是说偏向巴基斯坦,[932]但是我所得到的所有建议都是与之背道而驰的。有时

413

我觉得我是在精神病院里。"

　　甘地总理[933]于11月初来到华盛顿，与总统会晤了两个大半天时间。会见记录记载了总统的话："巴基斯坦的解体绝对没有什么好处。印度发起战争几乎是不可理解的……其他大国采取的措施将是不可能精确预测的。"甘地夫人说："印度从来不希望消灭巴基斯坦或者使其遭受长久的伤害。最重要的是，印度谋求恢复稳定。我们想不惜一切代价消除混乱。"

　　尼克松认为甘地夫人在撒谎。"那个狗婆娘，那个婊子。"[934]他在椭圆形办公室里大爆粗口。这位印度领导人有她自己的定义："稳定"是指一个虚弱的巴基斯坦。但巴基斯坦正在削弱其自身。在两位领导人以及基辛格在椭圆形办公室会谈时，更为直率的交谈正在下厅的内阁会议室里进行。基辛格所尊重的一位国务院官员——助理国务卿约瑟夫·西斯科正在那里会见印度外交部长T. N. 考尔，一同参加会见的还有美国大使肯尼斯·基廷和基辛格的幕僚哈尔·桑德斯。桑德斯给基辛格的书面报告说："考尔……犹豫但悲观，说印度不能承受起解决整个东巴基斯坦政治问题的国家安全风险。"他补充说，考尔说："印度没有领土设计，但是如果受到攻击……就肯定是一场'有决定性结果的决定性战争。'……考尔强调说，'所有的'难民，不论其宗教如何，都'必须'返回去。"

　　对于甘地夫人来说，她私下里把尼克松描绘成某种傀儡人物，她说："尼克松先生说的没有基辛格先生说的那么多，因为尼克松先生谈几分钟就会说，'对吗，亨利？'[935]然后亨利就会说一阵子，然后尼克松会说两句话，接着又会说，'难道你不会这样说吗，亨利？'"

　　到处都是谎言引发谎言，虽然叶海亚·汗的谎言真的是错觉。实际上，印度正在准备进入东巴基斯坦，而叶海亚则正在考虑从西巴基斯坦进攻印度的计划。这是一个疯狂的计划，但是他的一名手下，外交部长苏丹·M.汗（一位职业外交官）却这样报告这位巴基斯坦领袖的思想："总统说备选计划是在消耗敌人兵力的过程中输掉东巴基斯坦。[936]然后印度会调转其全部军力对付西巴基斯坦。沿西巴基斯坦边境的军事行动会带来这样的希望：(1) 激

第25章 1971年12月16日

起全世界为阻止冲突做些努力,(2)缓解东巴基斯坦的压力,(3)从西巴基斯坦取得重大进展"——也许收回部分或甚至全部克什米尔(两国之间划分的英属印度领土,两国都称对其拥有主权)。11月14日,印度国防部长贾格利文·拉姆说,巴基斯坦正在策划先发制人轰炸克什米尔地区的印度飞机场,他的话被刊登在《华盛顿邮报》上。

11月14日星期一,国家物价冻结期结束时通货膨胀率为1.5%,而在8月15日冻结开始时这个比率为3.8%。第二阶段经济政策开始的目标是将全年物价增长率控制在2.5%,工资增长控制在5.5%。那些数据的差异是根据一项关于工人生产率增长3%的估算。在工资委员会第一次会议上,乔治·米尼一直穿着外套,声称会议室里太阴冷。在第二次会议上,该委员会以10票赞成5票反对批准了西弗吉尼亚州烟煤矿工协议的小时工资率增长17.5%。然后,在矿井经营者同时向物价委员会提出煤炭价格上涨17.5%的时候,该委员会只同意涨一半,也就是涨8%。可能最能说明情况的统计数据是物价委员会在头两个星期所收到的规则说明申请的数量:40万份。[937]《商业周刊》援引耶鲁大学经济学家詹姆斯·托宾(James Tobin)的话说:"在目标定为将年通货膨胀率从4%以上降低到3%以下的受控经济中,政府已经开始冒险。在通货膨胀速度差异如此适度的情况下受益最大的是什么?"

据推测托宾(一位曾任肯尼迪总统顾问的自由派人士)知道答案。这些控制非常受大众欢迎,而且尼克松从民主党人那里抓住了最重要的竞选要点。总统正在对高物价采取某些措施。乔治·米尼也知道这个情况。他不喜欢总统,他不喜欢工资控制,但是他是工资委员会委员,尽管他不高兴担任。米尼的表达方式是生闷气和咒骂。在11月的第三个星期,在劳联—产联在佛罗里达州的巴尔港举行双年会期间,他得到了设法让尼克松出丑的大好机会。

总统想再做一次努力把工会争取过来——或者说利用他们的政治反对派——他想用自己的方式,用精心排练过的自发行为去完成这件事。他一个多星期都在谈论表演，按他所说的就是："深入狮穴的丹尼尔。"他希望有一个完整的书面演讲——"迟钝，例行公事的玩意儿。"他说——然后，他会扔掉讲稿，[938]说他想发自内心地讲劳工对国家利益的贡献。接着他会说对美国有益的是他的新经济政策。

11月19日，他去了巴尔港，而米尼扮演了脾气暴躁的狮子。他从大厅挪开了乐队，这样就不会有"向领袖致敬。"[939]总统被领到排在米尼身后的执行委员会委员第二排上的一个座位。最后，允许总统站起来。他挥挥他的讲稿，然后把它放在一边，说："你们喜欢直截了当……通过过去三年的经验，我知道，在关键时刻，劳工组织是支持美国的。"

尼克松看起来很疲倦。前一天晚上以及再前一天晚上的大部分时间他都没有睡觉，而是在起草他这份直截了当的讲话，并且背下来。他的讲话专注于越南和柬埔寨问题。"那些天里有人说总统孤立。但是我并不孤立。15万美国工人走在华尔街上……"讲话将近结束时，他把话题转到物价冻结上，他说："这个政策非常成功。"听众发出抱怨声。"如果你认为不是这样，回家去问问你的妻子，她去杂货店买东西。"听众笑了。

"美国酒店会议厅挤满了听众，"《纽约时报》报道，"客气地表现出敌意，偶尔用嘲笑声打断讲话。在演讲结束后，当尼克松先生与一些代表握手时，联合会总裁乔治·米尼大声提醒注意大会秩序。尼克松先生一离开会议厅米尼先生就宣布，'现在我们开始讨论第二个条例。'这引起听众大笑、欢呼、吹口哨、鼓掌，反响远远超出对总统30分钟演讲的微小反应。"

次日星期六早上《纽约时报》的头条标题是"总统请求工会支持；受到冷遇。"最后这四个字令尼克松很生气。上午九时，他跟霍尔德曼和科尔森在一起，他说："不要说什么'冷遇'，把它写成一篇'工会对勇敢的总统粗鲁无礼'的报道。"他还想透露劳联—产联企业很在意的一个消息，那就是：这天正是米尼的年薪从7万美元涨到9万美元的日子。他甚至亲自写出在巴尔港大会上的演讲稿，让他的人逢人就说他自赞的话："我来跟你讲讲关于这个人的一些事情。[940]你知道，我是个民主党人……他是我有幸知道的最替人

第25章 1971年12月16日

着想和最坦诚的人之一——一个公正的、正派的人。没有哪一任总统像他那样出于非政治动机感激劳工组织。也没有哪任总统曾像他那么公正和替人着想……我不在意你说我什么,但是我非常在意你怎么议论一个我相信其会作为一位伟大的美国总统而载入史册的人。"

上午10时,在霍尔德曼带着好消息回到椭圆形办公室时,他正准备去戴维营。白宫收到了将近500份有关他受到冷淡无礼的待遇的电报,其中绝大多数都是有利于他的。于是振作起来,总统就他们的处境向霍尔德曼提出了三点敏锐的分析:"第一,我们不能与工会讲和;第二,工资委员会必须是强硬的,不能对他们让步;第三,立即进行霍法行动会很难[941]……"

"霍法行动"是一次赦免或行政特赦,其将国际卡车司机协会前主席詹姆斯·R. 霍法(James R. Hoffa)从宾夕法尼亚州刘易斯堡的联邦监狱释放,霍法因欺诈和企图妨碍司法公正被判八年徒刑,在那里已服刑四年。尼克松在1968年大选中曾得到国际卡车司机协会的支持,他正考虑在一年一度的圣诞特赦释放250人中释放吉米·霍法,[942]希望用节日的欢乐平息批评指责。

在戴维营,总统看了有关工会演讲的电报,心情变得越来越好。他打电话给霍尔德曼,把其中一些信息念给他听,并且听说新闻媒体总体都在攻击米尼的粗鲁无礼,说他是个乡巴佬,一个没有自知之明的老头儿。最好的标题来自《迈阿密先驱报》:"大工会吹响犯规的比赛。"在《生活》杂志上,[943]休·赛迪写道:"在白宫,总统的内部顾问圈子……几乎一致反对这次出行。引人注意的是,尼克松身边理解他的人是多么少。危机的气味,政治操纵的机会总是富有诱惑力的。尼克松去了迈阿密海滨,忍受了米尼令人生厌的侮辱,咬住了牙关,说无论有还是没有工会的帮助他都会控制通货膨胀。"

赛迪要求在12月份对总统进行一次长时间采访,密告当年尼克松最终会成为《时代周刊》的"年度人物。"从戴维营给霍尔德曼打电话时,尼克松还提到了他刚从克拉克·麦克雷戈(Clark MacGregor)那里看到的一份备忘录。后者是前明尼苏达州国会议员,在参议院竞选中输给赫伯特·汉弗莱之后进入白宫当幕僚。备忘录分析了国会民主党人将要给税法附加一个授权联邦资助总统大选的条款，为两大政党的候选人各提供2,040万美元的可能性。星期一，他告诉麦克雷戈要尽一切可能反对这个主意，说这是在为民主党全国委员会减税。该委员会还有由1968年竞选造成的900万美元的债务，而共和党则比以前任何时候都更有钱。这时，基辛格突然闯入，说巴基斯坦广播电台正在报道印度全面入侵东巴基斯坦。印度在否认，而中央情报局无法确认之。这天霍尔德曼记录的最后两条是："到晚上九点，亨利仍然没有得到任何确认。在两个重要国家处于战争状态时，我们巨大的情报网似乎不能告诉我们什么，这是一个小警报……""总统希望在他不在的时候白宫的圣诞晚会一切照常，这样他就不会不得不参加。"

白宫花了几天时间才了解到东巴基斯坦和印度边界的战事详情。"自卫入侵"是印度人所使用的说法——狡诈的措辞并没有骗过尼克松。印度军队——与东巴基斯坦游击队一起合称"自由战士"——已经进入东巴基斯坦几公里，在撤退之前一两天占领了许多村庄。按巴基斯坦的说法，在激战中印度军队被赶了回去。11月29日，在公布的事实说明中，印度人说他们被叫去救助处在巴基斯坦强烈攻击下的东巴基斯坦游击队。

总统对那些细节或许多其他东西不感兴趣。他相信甘地总理想打仗，并且想摧毁整个巴基斯坦。他相信苏联在鼓励印度摧毁巴基斯坦，从而使美国和中国蒙羞。他想要切断对印度的所有援助。他希望基辛格想方设法秘密援助巴基斯坦，并且与中国保持联系。保护中国的积极性。

12月2日，叶海亚·汗总统（其正陷入长期无所事事）寄给总统一封信，正式援引1959年援助条约[944]第一条说："在巴基斯坦被侵略的情况下，美国政府（根据美国宪法）将采取如下适当行动，包括使用武装力量，在双方可能同意的时候……应巴基斯坦政府的要求对巴基斯坦政府提供援助。"即使巴基斯坦作为东南亚条约组织（SEATO）的成员——SEATO是亚洲的北大西洋公约组织——这些条约内容也基本上没有意义。实际上，只有两个讳莫如深的美国人：尼克松和基辛格，觉得真的对巴基斯坦有义务。国会、国务院、新闻媒体以及公众舆论都向着印度。每天晚上广播电视新闻网都在大段

第 25 章 1971 年 12 月 16 日

播送表现巴基斯坦士兵残忍行为的节目。尼克松自己的新闻摘要称之为"恐怖秀"。在参议院，爱达荷州的弗兰克·丘奇是站出来说话的人之一。他说："我不能理解，为什么面对史上最大的人类迁徙、如此多人的苦难，营养不良、身体伤害、杀戮，没有听到华盛顿官方一句同情的话。"至于国务院，基辛格一直在椭圆形办公室上蹿下跳，抱怨罗杰斯透露幕后消息，一直在跟记者说白宫在试图把他推到反印度的地位——这是真的。就在这个时候，基辛格告诉霍尔德曼，如果国务卿破坏巴基斯坦，他就辞职。他说："这不是唬人的威胁。"[945]

这天，对总统来说有比较好的国内新闻。参议院—众议院会议委员会就参众两院通过的税法提案差异进行协商时否决了公共竞选资助的提议，要求在 1976 年大选之前再做考虑。由于这次胜利，一次防御性胜利，总统飞往基比斯坎度周末。

次日，12月3日星期五，印度和巴基斯坦突然全面开战，[946]没有穿越印度与东巴基斯坦边界，而是在离克什米尔 1,000 英里之处。刚开始给总统的报告是粗略而矛盾的，但似乎是巴基斯坦进攻在先，轰炸了印度西北部的机场。"自杀式的。"基辛格告诉总统。在伊斯兰堡，叶海亚·汗召见中国大使，然后召见美国大使约瑟夫·法兰，分别告诉他们说，印度在克什米尔和拉合尔东部发起空中和地面入侵——这不是真的——巴基斯坦袭击印度机场作为自卫手段。他告诉中国大使，他将不得不撤回驻扎在中国边境附近的巴基斯坦军队，建议中国考虑在有争议的拉达克地区与印度军队交战。一个小时后，召见法兰，说他要告诉尼克松，巴基斯坦要战斗"到底"，并请求美国提供军事援助。

接着，法兰告诉巴基斯坦外交部长苏丹·汗，[947]美国首批巴基斯坦援助行动要在联合国安理会讨论，但是会遭到苏联的否决。当时他说他必须回美国大使馆去。苏丹问为什么，法兰说他的空军武官，一位名叫查尔斯·耶格尔的[948]人称"查克"的将军告诉他，印度空军将对这次突然袭击做出反应，要出动数百架飞机攻击巴基斯坦空军基地，而巴基斯坦会命令其所有的

419

飞机出动，在空中与印度交战，避免在地面上被摧毁。然后，在巴基斯坦飞机不得不着陆加油的时候，印度人会出动第二波飞机去摧毁它们。这确实是发生的事实。到次日早上，整个西巴基斯坦的飞机场和油、气储罐都在燃烧。印度军队进一步深入挺进东巴基斯坦，沿公路通过的村民们欢呼着："Joi Bangla"——"胜利属于孟加拉！"在巴基斯坦军事总部拉瓦尔品第，苏丹·汗正与叶海亚·汗总统坐着谈话。总统说他在指望联合国来救巴基斯坦。两个人坐在总统官邸后面的花园里刚挖成的一个洞里的沙袋下面，那是总统的防空避难所。有人走过来报告说，全国几乎都没有可供飞机和坦克用的汽油了。

12月3日上午11时，华盛顿特别行动小组[949]被召集在白宫情况室。"我都快要疯了，总统每半个小时就骂我一顿，说我们对印度不够强硬，"基辛格开始说，"他刚才又给我打电话了。他不相信我们在落实他的愿望。他偏向支持巴基斯坦。"

"西巴基斯坦在发生什么？"西斯科问。房间里有11人，他是其中之一。"有可能是一次全面进攻吗？"

海军上将穆勒回答说："目前的局势令人费解，巴基斯坦人只攻击了三个小型机场，那里并未囤积大量的印度战斗机……巴基斯坦的进攻不可信。它发生在下午晚些时候，这没有意义……"

"是否可能是印度首先进攻，而巴基斯坦只是在天黑前尽其可能做出反应？"

"……肯定有可能。"穆勒说。

谈论了一会儿有关如何处理削减援助的事情之后，基辛格最后说："我们必须采取行动。总统在责备我，而你们这些人都没事儿。"

西斯科笑出声了："那太好了！"

基辛格没有被逗乐。他说："我们必须考虑我们的条约义务。我记得有封信或备忘录解释我们现有条约有一个特别偏向印度的条款。1962年我访问过巴基斯坦。我得知关于东南亚条约组织环境之外出现的突发事件有一份秘密

第 25 章 1971 年 12 月 16 日

文件或口头谅解……"没有人知道他在说什么。不存在秘密谅解。

次日星期六，华盛顿特别行动小组开会。[950]中情局长赫尔姆斯报告说，中情局还不知道是谁先开战的，也不知道巴基斯坦为什么决定轰炸几个小型机场。他继续说，没有任何一方宣战——"不择手段"是甘地夫人的说法；而叶海亚却说："与印度的最后一战"——但是印度正在从各个侧面进攻东巴基斯坦，并且可能在短短三四天之后就占领这个国家。埃尔莫·朱姆沃尔特（Elmo Zumwalt）上将说，他认为巴基斯坦，由于目前有7万军队在东巴基斯坦，可能能拖一到两个星期。这次官方会议记录还记录了基辛格对那些似乎忽略了总统的外交和军事人员的嘲讽："基辛格博士说，无论谁在发布与目前形势有关的背景信息都是在惹总统生气。总统有一种错觉，觉得他自己在下指示，而不只是在事件进行过程中被随时告知情况进展。基辛格博士要求牢记这一点。"

12月5日星期日，总统大部分时间待在佛罗里达，下午晚些时候才返回华盛顿。他似乎出奇地超脱于南亚的混乱。事实上，国务卿罗杰斯恳请霍尔德曼，在联合国特别会议上明确表达美国的立场之前让他跟总统通上电话。罗杰斯最后派了一名发言人，媒体上的身份为"国务院资深官员"，出面说明有关背景："可以公正地讲，危机起因是巴基斯坦使用武力。"但接着他又说："我们认为，自危机开始以来，印度的政策有计划有步骤地引导这场危机持续发展、日益加剧。印度对由此发生的更大范围的敌对行动负有主要责任。"

其实，在那个周末总统想在电话里跟霍尔德曼和齐格勒讨论的是 NBC 的一个特别新闻节目，名为："总统生活的一天，"定于星期一在白宫拍摄，两周后播出。他希望安排一个会议，与罗杰斯、基辛格、康纳利、穆勒、赫尔姆斯以及莱尔德一起讨论巴基斯坦问题。他还希望节目脚本上有"表现人的兴趣类型的电话，"一位老友的来访，多表现一下尼克松夫人，少表现一下蒂马胡之王。

总统电视上的一天[951]从上午7点45分与国会领导人共进早餐开始。NBC工作人员在房间拍摄的时候，总统、参议员曼斯菲尔德和司各特，还有其他人在谈论众议院前发言人约翰·麦科马克（John McCormack）的妻子哈丽特·麦科马克去世的事儿。摄像机和麦克风一拿开，就开始谈论巴基斯坦和印度问题。总统说情报来得太慢，但是显然印度是东、西巴基斯坦的侵略者。只有众议院民主党多数派领袖黑尔·博格斯（Hale Boggs）一人说到在六个月的占领期间巴基斯坦军队对待孟加拉人的方式。曼斯菲尔德说，他认为美国应该把这个问题留给联合国去处理。

散会的时候，NBC工作人员被请回来拍摄一段基辛格简报会，这段摄像以尼克松表演与乔治·布什通电话为结尾：布什在纽约联合国接电话。"乔治，"尼克松说，"说出真相来：关于我们已经做了什么，我们为达成政治和解所做的努力，我们为难民等所做的一切。如果你看到这里参议院和众议院的一些人，出于任何原因，出面歪曲我们的观点，我希望你直截了当地、坚决地、强硬地抨击之，明白吗？不留情面，戳穿它，因为你完全知道我们所做的一切，是吧？"

事实上布什全然不知"我们"做了什么。只有基辛格和尼克松知道。电视上的一天继续拍摄，接下来是在9点30分会见一位幕僚。舒尔茨在那里，他把总统拉到镜头之外，告诉总统，乔治·米尼心脏病发作，至少两个月不能动。接着，10点钟，有国内委员会的一次会议，10点半是接受五位新任驻美大使递交国书的仪式。其中一位大使纳瓦扎达·阿哈·穆罕默德·拉扎正好是来自巴基斯坦，这让尼克松有机会说："最近几个月，你的国家惨遭自然及其他灾祸。我们高兴地看到，我们能够提供很大的帮助……我们一直满怀同情地关注巴基斯坦政府和人民的努力。我们对叶海亚·汗总统为缓解次大陆紧张局势所做的努力表示欢迎。"

接下来，尼克松上演了与康纳利、舒尔茨和伯恩斯的一次经济会谈。按照剧本的编排，他的女儿朱莉·艾森豪威尔突然到访，待了10分钟。当时，有人意识到没有安排"老友突然造访"。[952]罗斯·玛丽·伍兹去到新闻室，

第25章 1971年12月16日

发现《芝加哥论坛报》的威拉德·爱德华兹在那里，尼克松在国会的时候爱德华兹就认识他。于是就让这位记者走上前，在镜头前握手。总统给了他一对袖扣和一个领带夹。

镜头以外，[953]上午11时，华盛顿特别行动小组（现在是18位"主要演员"及其助手）开始其第三次有关那场战争的会议。星期一晚上10时，东巴基斯坦和印度已经承认穆吉布的反政府派为一个新国家——孟加拉国——的政府。在纽约，在联合国，布什大使代表美国发言，宣布国务院削减对印度的8,700万美元非军事援助。他说：相当清楚，有一个侵略者，它就是印度。次日早上的《华盛顿邮报》社评称那个行动"令人困惑……惩罚性的……荒唐可笑"。

但是，白宫没有笑声，因为尼克松和基辛格都坚持认为印度快要进攻东、西巴基斯坦了——即使在星期一会议上陆军参谋长威廉·威斯特摩兰将军说过没有实际迹象表明印度打算对西巴基斯坦发动侵略。他估计印度一个师的军队横跨数千英里从东巴基斯坦到西巴基斯坦至少要用一个星期。要让所有印度军队进入或包围东巴基斯坦需要用一个多月。

华盛顿特别行动小组会议纪要继续写道：

> 基辛格博士问对孟加拉国要做些什么。赫尔姆斯先生说，实际上它现在是一个独立的国家……接着，基辛格博士问我们是否有权准许约旦或沙特阿拉伯向巴基斯坦转送军事设备……范·霍伦说，在我们没有亲自授权向最终接受者直接销售的情况下，美国不能许可第三国转送我们提供给他们的武器……*基辛格博士说总统可能想同意那种请求……很显然，总统不想让巴基斯坦被打败。

两小时后会议结束。按西斯科的说法，达成的共识是："从政治的观点

---

* 克里斯托弗·范·霍伦是国务院高级南亚分析师。

423

看，我们的努力的方向必须是阻止印度毁灭西巴基斯坦。"会后基辛格传递给总统的消息包括："我们并非真的无可选择。我们不能让我们和中国的朋友陷入与俄国人的朋友的冲突之中。"[954]

下午1点半钟，为了让NBC摄像，总统召集了华盛顿特别行动小组部分成员，和罗杰斯、康纳利一起，就同样的问题在行政办公大楼175房间进行了不甚坦率的讨论。国务卿定了这样一个调："我们不能因这件事受到指责——世界上可能有很多很多地区是我们不能负责的。"在尼克松听说参议院以89票赞成1票反对，批准刘易斯·鲍威尔的最高法院任命，并开始对他提名的第二位候选人——助理司法部长威廉·伦奎斯特进行听证时，摄像机捕捉到了尼克松的一次微笑。镜头之外，基辛格正在霍尔德曼那里说他要辞职，根据霍尔德曼的判断以及他跟总统讲的，理由是基辛格对罗杰斯在电视上出镜的时间太长感到很生气。他说他想在12月宣布他的辞职，[955]但会继续任职完成定于2月下旬的中国之行，然后在6月份离职。霍尔德曼从总统办公室出来，打电话给基辛格，说尼克松希望他留任，但是如果他在12月份宣布他就应当在12月份离开。没有中国之行。

12月7日，由于参议员爱德华·肯尼迪和埃德蒙·马斯基领导民主党人齐声质疑白宫的二人与印度冷战，基辛格作为代表[956]向媒体介绍背景情况。一开头他说："首先，我们来直面一些情况。有些评论说政府是反印度的。总的来说这种说法是不正确的。"

在这天结束的时候，印度军队占领了半个东巴基斯坦。次日上午，在华盛顿特别行动小组每日例会上，基辛格说起印度封锁巴基斯坦港口，问国务次卿U.亚力克西斯·约翰逊（U. Alexis Johnson）："我们能在参与封锁的同时允许美国的一个盟国被彻底打败吗？[957]我们能允许印度人吓得我们望而却步，相信不能提供被需要美国的补给品吗"

约翰逊回答说，从法律上讲，交战国有权实行封锁。这激怒了基辛格，他又说："我们不是在设法做到不偏不倚……总统的想法不容置疑。总统不希望不偏不倚。总统认为印度是进攻者。我们在设法让人明白这个道理，印度

第 25 章　1971 年 12 月 16 日

已经损害了与美国的关系。我们不能对印度的心态听之任之。"

整个会上这位国家安全顾问都在大声喊叫他的想法——霍尔德曼跟总统讲了这通激愤的长篇演说。这一次他还写了辞职信。"亨利有些问题，"尼克松说，"不仅是因为巴基斯坦。也是个性问题。他累了。"[958]霍尔德曼认为，主要是基辛格知道巴基斯坦问题大部分是他自己的错，但是他没有跟尼克松说这些。相反，基辛格的副手黑格上校被请来，他说基辛格筋疲力尽了，厌倦了日复一日地与政府斗争——尤其是在政府在印度—巴基斯坦问题上基本正确的时候——但是无论他发出什么威胁，只要说不让他跟总统一起去中国的话，他就不会辞职。

这天结束的时候，在与米切尔交谈过后，总统告诉霍尔德曼，他将赦免吉米·霍法。[959]

无论把美国在南亚问题上的难堪境地归咎于谁，总统和基辛格似乎还是一条心。这天的新闻简报援引《时代周刊》的话："谁进攻谁仍然是个悬而未决的问题……但是美国公然偏袒巴基斯坦似乎既不合理也不明智。"尼克松在这短话下面画了一道线，草草写道："K——这种观点必须被驳倒。"

另一条新闻总结了为什么要归咎于基辛格（如果不是尼克松的话）："《新闻周刊》避而不谈谁对挑起冲突负有主要责任，但是'显然叶海亚用以色列式的毁灭性打击削弱印度空军力量的豪赌已经失败'。而印度乐于得到这个强硬起来的机会。它成功地促使巴基斯坦人发起了一场毫无胜算的战争，印度25年的目标——瓜分巴基斯坦——显然指日可待。"现在尼克松和基辛格都相信或者都说，印度的新目标是消灭整个巴基斯坦——苏联正在推动他们朝那个方向努力，侵略西巴基斯坦。

12月9日晚，苏联农业部长弗拉基米尔·马斯克维奇（Vladimir Matskevich）[在联合国见过美国农业部长厄尔·巴茨（Earl Butz）]被领到白宫进行一次秘密会晤。总统有个信息要给勃列日涅夫，是一个非常明显的威胁：

我想提醒的是，[960]你问问，印度的收益——肯定有——是否值得你损害

425

尼克松——孤独的白宫主人

与美国的关系。我不是以威胁的方式说这个话……第一个要求是停火。第二个要求是印度停止对西巴基斯坦的攻击，如果印度对西巴基斯坦动用武力，美国不可能袖手旁观……如果印度继续其军事行动，我们不可避免地一定会认为是苏联与美国之间的对抗。

给中国的很不相同的信息[961]是由基辛格传递的，次日他飞去纽约会见中国新任联合国大使黄华，会见地点是曼哈顿上东区一座大楼里中央情报局的一个"安全"公寓。国家安全顾问基辛格乘豪华轿车到达，在步入大楼时特工们大张旗鼓地封锁街道交通。在这样的情况下，这个公寓可能就不那么安全或机密了。

首先，基辛格递给这位大使一个绝密/机密的美国情报夹和苏联沿中苏边境部署的军事设施和部队的照片，并且说："我们收到一份报告说，[962]你们在某个欧洲国家的一个人，在与另一个欧洲人谈话时，表示了不确知苏联在你们边境的部署和想要得到有关情报的愿望……我们会按你们的要求做准备，通过你们希望的任何渠道，给你们提供我们得到的有关苏联军队部署的任何情报"——通过间谍卫星监控得到的。"我们听说你随身带着一名间谍大王……你不需要间谍大王。我们可以给你一切情报。"

这位惊讶不已的中国官员再三道谢。他们当时大部分谈话是有关南亚战争的。基辛格开始说：

我们得到一份谍报，据它说甘地夫人告诉其内阁，她想摧毁巴基斯坦陆军和空军，并且吞并自由克什米尔，*然后才提议停火。这就是我们认为必须要阻止的，这也正是我之所以冒昧地要求与大使你会晤的原因所在……我们同许多国家一起为巴基斯坦提供援助……我们说，如果他们断定从他们国家的安全考虑需要将美国武器运送给巴基斯坦，我们有义务表示抗议，但是我

---

* 自由克什米尔是指被分割的老印度克什米尔省的巴基斯坦部分。

第 25 章 1971 年 12 月 16 日

们将会默许之。我们不会非常强烈地抗议。而且我们会在来年的预算中给他们以补偿……在这个基础上，今天有 4 架飞机从约旦起飞，整个周末有 22 架。军火和其他设备将从伊朗运送……不久的将来有 6 架飞机从土耳其起飞。这显然是非常机密的，我们不希望这马上为人所知。至少要到国会不再较真的时候……

回到华盛顿，参议院（议员急着休会）以 68 票赞成 26 票反对批准了威廉·伦奎斯特任职最高法院的任命。在不到三年的时间里，尼克松已经为该法院提名了四位法官。这天晚上 ABC 新闻报道说："通过提名四名保守派人士，理查德·尼克松已经确定了远超过他的总统任期的美国制度形象和方式。"

另一件大事是基辛格曾经谈论过的海军调动：一支部署在"企业"号航空母舰——世界上最强大的舰船，可载 5,000 人和 75 架战斗机——周围的特遣部队正从越南水域赶往孟加拉湾，预定在 12 月 16 日中午之前达到。官方的说法是，需要用该舰撤离在东巴基斯坦的美国人。然而，实际上只有 75 人在达卡领事馆——他们的家属在来自西巴基斯坦的军队开始对该城市实行恐怖统治时就已被送回家。真正的使命是显示美国的决心，劝阻苏联行动，也许还包括将印度舰船和飞机的注意力从战争上转移。12 月 8 日华盛顿特别行动小组会议记录记载："基辛格博士说，我们可能处在这样一种情况下：某个国家（印度），在苏联的帮助和支持下，可能正在将半个巴基斯坦变成一位无能的国家，另外半个变成一个脉管……"特遣部队行动代码为"啊，加尔各答！"（Oh, Calcutta），是根据一部百老汇表演的名字命名，该表演以裸体为特征造成了某种轰动效应。

12 月 12 日早上，在戴维营听了罗杰斯与基辛格之间的争吵之后，总统登上空军一号飞往亚述尔群岛——大西洋上的葡萄牙属群岛，去同法国总统蓬皮杜会晤，[963] 讨论美国与欧洲国家之间在货币价值和税收对贸易的影响方

427

面的持续差异。约翰·康纳利一直在罗马参加十国集团会议——欧洲和北美工业化国家以及日本。美国最终放弃，表示愿意降低进口税，以换取更有利于美国贸易的汇率。最大的问题是法国人，他们想要重新评估黄金价值。于是会谈又僵住了。因此尼克松总统和蓬皮杜总统同意会晤。

尼克松带着他的两位互相竞争的对外政策顾问同行，他俩争执不断。在给两位领导人拍合影的过程中，基辛格告诉霍尔德曼，他不会进会议室。他打算就坐在会议室外面随时等待总统召唤的那一刻。"亨利，你别得寸进尺。"[964]霍尔德曼说。当然，他那么做了，独自坐了两个半小时，焦虑不安。当时有人看到他在那里。那个人就是罗杰斯，他还以为他的对头在会议室里和总统在一起呢。基辛格把自己的挫折感宣泄在黑格身上，吼叫着让黑格对傻瓜乔治·布什做点儿什么。总统听到了吼声，跟霍尔德曼说他觉得很反感。

尼克松和蓬皮杜谈钱谈了两整天才达成一致意见。他们的最后声明于12月14日在一个阳光明媚的花园里宣读："尼克松总统和蓬皮杜总统就必要措施达成了广泛的一致意见……致力于通过美元贬值和重新评价其他货币价值迅速重新确定汇率……"实际数字将通过在华盛顿举行的十国会议协商确定。尼克松熬夜到凌晨4点20分收听武装部队电台广播全国橄榄球联赛华盛顿Redskins 队与洛杉矶 Rams 队的比赛以示庆祝。[965]次日美方人员飞回。在空军一号上，基辛格在后舱坐了一会儿，向被允许上飞机的五位记者代表做简要介绍，期望这些人着陆后与总统的整个新闻队伍分享他们所得到的消息。基辛格的公开身份得是"一名政府高级消息人士。"他所讲的内容变成了《纽约时报》头版的这样一个贯通两栏的大字标题："除非苏联抑制印度，否则尼克松可能重新考虑苏联之行。"这则报道口气很大，足以使《华盛顿邮报》确定基辛格就是那个消息人士。

在数小时之内，根据尼克松的指示，罗恩·齐格勒召集了一个新闻发布会，说："美国官方没有提议也不打算提议联合国考虑取消美—苏首脑会议。"

下午四点刚过，飞机降落在安德鲁空军基地。尼克松到达白宫的时候，为国会成员举行的总统年度假期招待会还在进行。他通过财政部大楼的秘密

第 25 章　1971 年 12 月 16 日

入口悄悄进入大楼，避开招待会，走上楼去，独自在日光浴室观看 Redskins 球赛重播。[966]在世界各地，在达卡，印度空军的米格—21 飞机正在轰炸东巴基斯坦政府大厦，总督 A.M. 马利克[967]的官邸变成了一片冒烟的废墟。在花园的一个掩体里，马利克洗洗脚，把一块方巾盖在头上，向着麦加祷告。然后，马利克用颤抖的手写下辞去官职的辞职书，交给一位名叫约翰·凯利的联合国官员。这个城市被印度军队包围了。那一天是东巴基斯坦开战的第 11 天。

次日，12 月 15 日，尼克松向两党和国会参众两院领导人报告了亚述尔群岛会晤的情况，说这是法国和美国两国总统最佳的一次会晤。"在价格方面，[968]我们的政策正在取得预期的效果，"他说，"在工作岗位方面，我们有一个取得预期效果的良机，多亏了刚刚通过的税收法案……对美元贬值的简单反应是物价将上涨。由于 95% 的美国人在美国购买，因此这意味着物价没有改变，但却意味着有更多的工作岗位。"

接着，尼克松、康纳利和基辛格报告了与法国以及在罗马与十国集团[969]其他成员初步会谈的情况。"我们已经打破了僵局，"总统说，"现在肯定有一个解决方案。"

"坦率地讲，我们将国会作为一个讨价还价的操纵杆，"他接着说，对法国而言黄金价格是个严重而容易感到激愤的问题，但是他说在了解一个国际贸易方案的细节之前，国会不会同意有任何改变。"我说，'国会不见兔子不撒鹰，不会在没看清东西之前就急着买。'"

"那是一个非常可怕的翻译问题。"基辛格说，他似乎在走出沮丧的情绪，即使他知道总统对有关峰会的报道非常生气。

"每一个欧洲国家都以他们对共同市场的承诺做幌子，"康纳利说，"极其困难的是把你所有的浣熊都赶到一棵树上去。"（It is extremely difficult to get all your 'coons up one tree）

"这也会是难以翻译的。"尼克松说。

429

对话很开心，但是总统想谈经济和贸易问题以及更多的美国工作岗位（以及橄榄球）而与此同时基辛格却不停地打电话谈[970]巴基斯坦问题或者罗杰斯问题，他现在指责的是罗杰斯公开批评他在南亚的行动。最后，总统让霍尔德曼挂断那些电话。他准备去基比斯坎——他希望那里没有电话。他暂时受够了他那位郁闷的国家安全顾问。

在另外一次有关谁泄露了什么的调查中，基辛格的绝望也被逐渐止住。管子工戴维·杨和巴德·克罗赫被派去查找一篇署名杰克·安德森的有关印巴战争的专栏文章的消息来源。[971]这篇700字的文章逐字逐句地披露了12月3日华盛顿特别行动小组会议的记录，包括基辛格的原话："我快被总统骂死了……他偏向支持巴基斯坦。"

12月16日，在达卡一个长满青草的跑马场，驻东巴基斯坦的巴基斯坦指挥官 A. A. K. 尼亚奇（Niazi）将军，让他7万人的军队无条件地向印度指挥官亚吉特·辛·奥罗拉（Jagit Singh Aurora）将军投降。[972]接着印度宣布在东巴基斯坦和西巴基斯坦停火。叶海亚·汗发誓要在西巴基斯坦继续战斗。在西巴基斯坦一个名叫Shakagarth的小镇上正在进行一场激烈的坦克战，但是28小时之后，晚上7点30分在拉瓦尔品第，他接受了全面停火。战争结束了。

同一天，尼克松收到了来自甘地总理的来信，说如果美国运用其权力和权威促进或协调出一个解决镇压东巴基斯坦问题的政治方案，战争是可以避免的。这是一种可恶的、蔑视的向公众传播发布信息的手段，这封信在提交的同时也透给了媒体。她效仿《美国独立宣言》中的话说："所有对3月25日以来孟加拉残忍事件进行客观调查的、无偏见的人都承认，那7,500万人的起义是被迫的，否则他们会失去生命、失去自由，更不用说追求幸福的可能性了……真相是西巴基斯坦的统治者怀着这么一种印象：他们可以为所欲为，因为没有人（甚至包括美国）会公开表示，在巴基斯坦的完整性神圣不可侵犯的同时，也要保证人权、自由的不可侵犯……"

第25章 1971年12月16日

12月18日叶海亚·汗宣布自己辞职并要求副总理佐勒菲卡尔·阿里·布托（Zulfikar Ali Bhutto）组建一个新的巴基斯坦——或者仍保留原样，老的西巴基斯坦——政府。布托是巴基斯坦人民党领袖。该党在1970年12月国民大会选举中赢得西巴基斯坦大多数席位。12月15日布托在美国，在联合国为巴基斯坦情况作证，最后流着眼泪退场，指责联合国"将侵略合法化。"布托毕业于美国加州大学伯克利分校，曾以以反美人士著称，但是他12月18日碰巧与尼克松会面，于是那一天就成了新闻。

总统抱歉只有半个小时的见面时间，因为十国集团正在华盛顿开会确定具体的货币汇率。布托说他理解，并且补充说，他想说，在过去几个月里他对美国的态度已经有很大改变。他开玩笑说，他愿意回来打理尼克松1972年的连任竞选。他们的会晤记录包括："布托先生说，[973]最新事件的真正意义在于这么一个事实：苏联能够中和中国的灵活性并且以牺牲共产主义中国为代价极大地改善其在该地区的影响。这意味着可能会激起印度未来侵略的胃口。尼克松总统回答说，他的看法很准确。"

两小时之后，总统去国会山与林肯纪念堂之间林荫大道上的史密斯学会，宣布十国集团已达成协议："我非常荣幸地代表与会十国的财政部长们以及其他代表宣布，世界历史上最重要的货币谈判结论……现在我们有了一个新的世界，幸运的是，一个在经济上更好的世界……"

"我希望它能维持3个月。"保尔·沃尔克小声说。

这些从总统8月份宣布新政策开始的谈判，其最低成果是免除了对进口货物的10%的附加费，同时美元相对于其他主要货币贬值8.57%。经济顾问委员会主席保尔·麦克拉肯在给白宫的一份备忘录中说估计会增加35万个新工作岗位。不够好，科尔森说。于是，麦克拉肯将估计数字改为50万个。[974]

第 26 章　1972 年 1 月 2 日

12月21日下午5时，总统在百慕大会见英国首相爱德华·希思之后回到华盛顿。约翰·埃里希曼有急事要见尼克松。他的管子工戴维·杨和巴德·克罗赫确定了是谁将华盛顿特别行动小组印巴会议纪要泄露给了杰克·安德森。

安德森在列举随"企业"号运输舰从中国海到孟加拉湾航行的舰只时犯了一个暴露性错误。[975]这位专栏作家列举了三艘驱逐舰，即"帕森斯"号（Parsons）、"迪凯特"号（Decatur）和"鞑靼山姆"号（the Tartar Sam）。但是并没有叫做"鞑靼山姆"的海军舰艇。参谋长联席会议与国家安全顾问委员会之间的联络人、海军上将罗伯特·威兰德（Robert Welander）看到《华盛顿邮报》上的这篇专栏文章，立即明白发生了什么事情。他在给基辛格的一份有关海军特遣部队的备忘录上写过"Tartar SAM"，指的不是一艘舰艇而是驱逐舰上地对空导弹的类型。只有四个人（包括他本人在内）见过这份备忘录。其他三人是基辛格、黑格和负责打印该备忘录的文书军士查尔斯·雷

第26章 1972年1月2日

德福（Charles Radford）。是这位速记员亲手将这份备忘录交给基辛格和黑格的。威兰德跟黑格说，他相信一定是雷德福泄露了这份文件，并且还补充说明了可能的动机：这个年轻的水手在美国驻新德里大使馆工作期间交了许多印度朋友。

黑格叫这位上将去找克罗赫和杨。威兰德解释了"Tartar Sam,"但是他没有披露五角大楼交给雷德福的任务是通过他将国家安全委员会的文件传递给参谋长联席会议。威兰德是伦勃朗·罗宾逊（Rembrandt Robinson）上将的继任者，后者雇用雷德福从事间谍活动。克罗赫和杨去见他们的老板埃里希曼。老板要他们去审问雷德福。次日，12月17日进行审问，杨和国防调查员戴维·斯图尔特提问。首先审问的一个问题是斯图尔特通常用来探查泄露的问题："你认识杰克·安德森吗？"

"是的，先生，我认识。"

结果查明雷德福（一个摩门教徒）帮助安德森的父母在新德里找到了一个摩门教机构并且成为他们一家人的朋友。实际上，他曾与安德森共进晚餐，时间是在这位专栏作家发表华盛顿特别行动小组备忘录前四天。但是他否认任何时候曾向这位专栏作家转递过任何文件。当斯图尔特称他为卖国贼的时候，雷德福承认他是在传递文件——不是向安德森而是向参谋长联席会议主席穆勒上将。他几次情绪失控、哭诉，承认他从书桌、文件焚烧袋甚至黑格和基辛格使用的公文包窃取复印了5,000多份文件，其中包括基辛格与周恩来的会谈报告以及基辛格在巴黎与北越代表秘密会谈的记录。这位年轻的水手说，他是按命令行事，先是来自罗宾逊的命令，然后是来自威兰德的命令，但是，调查也表明他看不起基辛格的傲慢自负以及其对待幕僚的方式。雷德福称基辛格为暴君。调查结果还表明，就在见到安德森前一个星期，雷德福申请参加军官培训的申请被拒，即使这份申请附有威兰德和黑格的推荐信。

谎言测试说明雷德福所讲的为五角大楼当间谍是真的，而否认帮助安德森是撒谎。于是，埃里希曼去找总统。总统让他去盘问威兰德本人，但是尼克松显得毫无表情，这令埃里希曼非常惊讶。总统跟他说，你总是不得不假设军队效忠其自身并且在监视平民百姓。

次日，埃里希曼对威兰德上将进行了一个多小时的盘问，做了录音。这位海军上将谈吐轻松，说他只是在执行命令和以前的程序。他说间谍工作是必要的，因为基辛格经常截留或歪曲五角大楼所需的重要情报。他确认他的供述，但拒绝在埃里希曼事先准备好的证词上签字。那份证词的部分内容是："文书军士查尔斯·雷德福，在我担任国家安全委员会与参谋长联席会议主席办公室之间联络官职务期间任我的助手，其确实未经批准擅自复制过各种文件和备忘录，其中包括涉及最高机密级的秘密会谈、白宫内部政治交易、与外国政府的秘密谈判、应急计划、政治协议、军队调动、电话会议的谈话备忘录，以及秘密途径文件和国防预算文件……鉴于我认为告知参谋长联席会议主席是我工作职责的组成部分，因此我将其特别感兴趣的那些文件直接或间接地传递给他。"

12月23日，埃里希曼和霍尔德曼一起[976]告诉基辛格。这位国家安全顾问说他不相信他。埃里希曼播放了录音带。起初，基辛格似乎很冷静。但是次日，也就是圣诞前夜，他跟埃里希曼说，他意识到尼克松打算掩盖这种间谍活动，什么都不会被公开，穆勒上将照常会被再任命一届参谋长联席会议主席，任期两年。穆勒受到司法部长米切尔的盘问，但否认了全部事实。他显然在撒谎，但是同样明显的是，总统不想与军队对峙。当听埃里希曼说穆勒会被再任命时，基辛格咆哮着走进霍尔德曼的办公室，情绪失控，大声喊叫着说："他不会炒掉穆勒！他们可以暗中监视他，暗中监视我，背叛我们，他不会炒掉他们！……我向你保证所有这种容忍将会对这个政府带来非常严重的后果。"

两个小时之后，基辛格（两个星期没有单独见尼克松了）不请自来地去了总统的行政办公大楼办公室，开始了漫长、缓慢、单调的长篇独白："我告诉你，总统先生，这是非常严重的。我们不可能眼看着内部的各种弱点这样

第 26 章　1972 年 1 月 2 日

挺过去。"*

尼克松试图不那么严肃地谈话,他祝基辛格圣诞节快乐。基辛格离开时,像他来时那样自言自语。总统叫来埃里希曼,[977]让他去跟黑格谈谈,看黑格是否能说服基辛格去看精神病医生。想到尼克松异乎寻常的冷静,埃里希曼最后推断,总统并没有感到不高兴让参谋长联席会议主席知道他对他做了些手脚——"穆勒现在是我们的人。"埃里希曼后来说——他有意识地设法离间基辛格和黑格,从而那位野心勃勃的将军就可能留心那位反复无常的教授。但是当埃里希曼试图提醒黑格更密切注意基辛格的时候,这位将军说:"总统需要亨利。你必须认识到,这些日子里总统不是在做他的功课。只有亨利能让我们渡过难关。"

总统还是拒不接见基辛格,他跟霍尔德曼说:"你对付他。"这位幕僚头目在那年的最后一个星期口授了在这个问题上的想法。他首先提到了与基辛格的新助手约翰·斯卡利(John Scali)(原 ABC 新闻节目外交新闻记者)的谈话:

我与斯卡利进行了长时间谈话[978]……真正的问题是,他确信亨利几乎已经丧失了理性——他在对新闻媒体说谎,对国务卿说谎,最糟糕的是面对总统说谎,尤其是在印度—巴基斯坦问题上……基辛格与罗杰斯的问题愈演愈烈,因为罗杰斯召开了一个新闻发布会,而且亨利今晚打电话给我又都被挂断,因为他说罗杰斯已经在两个主要问题上击中了我们:第一,他说取消俄国峰会没有危险,而亨利用取消峰会作为一种威胁;第二,他说没有保护巴基斯坦的协议,而总统曾让亨利去放风说有协议……总统对我指出,基辛格会有不得不改进的时候,到时候他会开始担心总统而不是担心他自己……他过来跟我讲话。他说正在经历一个非常深刻地反省和认真评价的时期,反

---

* 在尼克松总统基本上决定不会对雷德福的间谍活动进行白宫调查时,这个水手被派到他家附近的俄勒冈州塞伦市的一个海军储备中心。根据尼克松的指示,埃里希曼令克罗赫去司法部申请获批对雷德福在俄勒冈的电话进行录音。他拒绝了,于是被开除出管子工工作小组。

435

省和评价他本人的地位是什么。他觉得总统对他失去了信任，总统正在用操纵罗杰斯以及其他人的同样方法操纵他，这使他感到很烦恼……他似乎非常焦虑不安。他承认他是很任性和神经质的等等，但他还说他对总统非常有用……他翻来覆去地说他对中国之行是必不可少的之类。

根据霍尔德曼的记录，基辛格的想法包括：

亨利把它浓缩成这么一点：他必须得让他的要求得到满足。首先，罗杰斯必须知道，国务院或者国务院的任何人对基辛格的任何攻击就是对总统的直接攻击。其次，国务院发出的所有电报和信息都必须首先在白宫清理。第三，在没有事先告知白宫，事后没有一份备忘录概述所讨论全部内容的谈话的情况下，国务院与苏联之间不得交流……

在总统启程去基比斯坎和圣克利门蒂度假的时候，白宫出台了大量的年终决议和声明[979]——以及静悄悄的政治交易。物价委员会和工资委员会宣布压价，至少在非常显眼的问题上，规定邮政总局不能提高邮票价格，将航天航空工人工资涨幅从12%降至8%，驳回联邦雇员蓝十字和蓝盾服务价格上涨34%的申请。百货商店和其他零售商被令公开显示其在物价冻结前商品价格，这样消费者就可以向国税局举报涨价行为，这个措施理应能够监控成千上万的小企业和雇主。总统批准了一个55亿美元的计划，开发可重复使用的用以运送和放置新太空卫星的航天飞机。吉米·霍法没有得到赦免，但是他还是被刘易斯从联邦监狱弄出来了。总统把对他的判决变成了这样一个附加条件：直到1980年3月他13年的刑期届满之前，他不能从事工会活动。还有政治交易在进行中，大部分是在参议员马斯基的导演下，他正在为使总统的支持率在大部分民意调查中名列前茅而奔波。"冷静、坚强、有影响力，"《新闻周刊》这样评价这个来自缅因州的人。间谍们把他每天的日程安排连同一些策略备忘录和随机的想法一起送到白宫。总统对看到的传阅资料印象很

第26章 1972年1月2日

深,其中有个纸条说:"霍尔德曼的人[980]肯定在马斯基的办公室里找到了消息源。我要寄给你一份被他们偷走的备忘录副本。"

在圣诞节这天,相对宁静的状态被打破,200多架位于南越、泰国和航空母舰上的美国飞机轰炸了北越,这是自约翰逊总统1968年11月停止每日轰炸以来最大规模的一次轰炸。在西贡,美国记者写道,他们相信该地区所有备战飞机都在一批又一批飞行。白宫拒绝发表意见。国防部发表了一份声明说:"在有限的持续时间里,美国空军和美国海军飞机对北越军事目标进行了保护性空袭。这次空袭是对危及在南越逐渐减少的美国部队的敌军行动做出的反应。"

轰炸的第四天,也就是12月28日,全国各地出现了一些游行示威,大部分都是反战的越战退伍军人所为——一队退伍军人占领自由女神像48小时,将美国国旗倒插在女神皇冠上——他们大部分都是徒劳无益的。这次运动在大街上失去了劲头儿。尼克松采取了策略制胜和等待制胜。

现在他在关注他在国会的反对派,在那里,反战的立法委员越来越接近动用国会的终极权力:削减拨款。

在基比斯坎,总统与西德总理威利·勃兰特[981]进行了六个小时的会谈。那些谈判整整谈了一圈儿,从在亚述尔群岛与法国总统蓬皮杜谈判10个小时和在百慕大与英国首相希思跨越两天的六小时谈判开始。尼克松原计划利用这些会谈讨论贸易和货币,但是大部分时间却用于向其欧洲盟国保证,在即将到来的中国和苏联高层会晤期间不忘他们的利益。那22个小时会谈的笔录就是对总统在他连任大选年开始时对整个世界的看法一份长篇记录。

"从长期来看,在这个世界上,美国不能没有欧洲。"他对蓬皮杜说,根据他的记录员弗农·沃尔特斯的记录。"在这个时候,如果没有美国对核实力的贡献,欧洲不能生存。苏联知道这一点并且想离间美国和欧洲。苏联也知道欧洲问题的核心是德国。蓬皮杜总统说得再正确不过了,他指出德国……总是强有力的,尽管其文化和经济主要限于西德,且受累于东德。东德有数百万德国人作为人质。这就是为什么我们必须从经济上、政治上和军事上坚

尼克松——孤独的白宫主人

决保证德国在欧洲共同体中的地位的原因所在。东方政策是一个很好的概念，可以获得诺贝尔奖。蓬皮杜总统或他本人若处在勃兰特的地位可能会同样做。但是从政治上看，让老朋友冒风险是很危险的……"蓬皮杜表示同意，说苏联和德国的关系总是捉摸不定的，因为只有苏联可以给他们提供他们所想要的：重新同意给被尼克松称为"人质"的700万东德人以自由。

在与蓬皮杜和勃兰特会谈中，总统在意的是他们对苏联的意图及领导人的分析。尼克松从未见过勃列日涅夫总书记或柯西金总理。蓬皮杜（一位典型的欧洲保守人士）倒是跟他们每个人进行过两次磋商。勃兰特（一个社会民主党人，基本上是个社会主义者）也跟他们见过两次面。

这位法国总统说，这两个俄国人完全不一样。柯西金阴沉而严肃，非常害怕德国，也许是因为他是列宁格勒人，并且在希特勒军队围城期间一直生活在那里。勃列日涅夫是乌克兰人，来自南部。他是个硬汉，但是很和气，热爱生活、美食、好酒和西方的车。他有一辆劳斯莱斯、一辆雪铁龙、一辆梅赛德斯和一辆玛莎拉蒂，并且说还想要一辆美国车。他知道他的人民想要日用消费品，迟早得找出办法从欧洲和美国搞到那些东西。

"他们更害怕哪个国家，中国还是美国？"尼克松问。

"中国令他们感到困扰，"蓬皮杜说，"对苏联人来说，雅尔塔的梦想也许没有结束，他们可能仍然梦想与美国分享世界。……中国干扰了这个想法，他们不喜欢它。……他们觉得他们对中国没什么办法，因为中国在规模上坚不可摧，20年或50年之后，中国将会变得非常庞大以至于他们将不能与之匹敌。其次他害怕德国。他们觉得德国有能力煽动事端。至于美国，他们觉得可以串通一气。"

尼克松谈到德国，然后谈到整个欧洲。他说："这不是秘密，德国人觉得美国不可信赖。他们觉得这是必然的：美国或许会从欧洲撤出一小支部队，但不能指望美国在核战争中冒着自身生存的风险去保护欧洲。……最终的分析表明，决定美国和法国政策的是自身利益。……美国和西欧，尽管在认识上有差异，但却是紧密联系在一起的。从长期看，对美国而言，将欧洲留作

第 26 章 1972 年 1 月 2 日

苏联的人质会是非常糟糕的……从长远来看，美国无法维持一个没有欧洲的世界。"

蓬皮杜回应说，如果没有一个积极的美国，欧洲也难以为继。他将苏联袭击与珍珠港事件进行比较说："这次重大冲突的前提是，它不仅是美国舰艇的一部分可能被摧毁，而且也是西欧的一部分会被摧毁，是输给了苏联人。当然，美国会向他们报仇，但这只是对长眠于地下的欧洲人的一个小小安慰。"

尼克松表示同意，但是他说："许多美国人天真仁慈。……许多知识分子、新闻媒体和教授不相信存在来自俄国人的威胁。过去常被称作冷战的论调现在不再适销了。"

蓬皮杜问尼克松为什么认为中国人和苏联人似乎都想接近美国。尼克松说："如果没有一个强大的欧洲，如果苏联人在东方没有威胁，他们就不会有兴趣跟美国谈话……他不相信毛泽东会跟这个资本主义国家的领导人谈话，除非其对苏联人或至少是对日本人心存忌惮……中国人对部署在其边境的百万苏联军队的担忧远远大于对我们在日本的军队的担忧……关于越南，我们的基本印象是，中国人希望这个问题得到解决，但是他们不知道如何在不使河内更靠近苏联和增加其被包围感的情况下处理这个问题……"接着，总统说："中国人对其邻国的态度可以这样来概括，他们恨但现在怕俄国人。他们以后怕但不恨日本人。对于印度人，他们感到鄙视，但他们就那样儿而且还有苏联的支持。"

这个想法使得尼克松再一次为他在印巴战争方面的决策辩护："如果在最近 72 小时内我们实行了一种放弃政策，客观的结果就会是印度的一次全面胜利。我们的战略是要给印度和苏联造成足够大的压力，这样他们才不会继续战争，达到其最终结果。"

他重复了基辛格在背景介绍会上极力渲染的台词，说："美国对巴基斯坦有条约义务，就如同苏联对印度一样——"

然而，这一次，基辛格却不假思索地说："我们不想误导蓬皮杜总统。

我们没有最后协定。"美国人，包括在白宫工作的美国人，没有得知同样的纠正。

同保守派人士希思会谈时，[982]总统阐述了他对国内和世界问题的看法："当局有一种内疚情结。他们不能忍受这样一个事实：我作为他们的政治对手，正在纠正他们的错误。此外，当局日渐沉迷于国内问题……他们从不相信有什么来自左派的实际危险。他们正在向内转……"

有几次尼克松跟希思说，他希望英国能尽可能多地承担世界角色。他对英国计划于当年年底从波斯湾撤军感到非常气愤。"英国是唯一一个有全球视野的欧洲国家。德国国内混乱，意大利很少有政府。让英国加入共同市场，正是出于欧洲的长远利益——如果它不会成为世界权力中心的话。如果欧洲制定一种与世界其他国家建立更紧密关系的路线的话，这个世界会更健康。美国可以玩一种短期让各个国家各自为政的游戏——但这不会给任何国家带来益处。"

尼克松说，英国从亚洲撤军，让美国成了留在那里的西方人，这令他感到很郁闷："日本人像虱子一样遍布亚洲。让我们来看看日本和德国——二者都有战败的挫折感和记忆。必须要做的是确保我们为他们提供了一个家……今天不允许日本建设核能力，就安全而言，如果我们的核保护伞变得不太可信，那么这对日本的影响会是一场灾难。我们坚持留在越南的最大原因是日本……我们必须得让亚洲人放心尼克松学说不是我们以牺牲他们为代价离开亚洲的途径，而是我们留在那里的途径……至于中国，在我们有两个敌人的情况下，我们想偏向其中较弱的那个，而不是偏向较强的那个——尽管不是以我们能被接受的方式。"

关于中东，总统说："苏联正在投入大量的设备，这正在影响平衡，尽管它还没有颠覆平衡……你可以说以色列是不妥协的"——他说以色列人反对美苏谈判——"也许我们应当跟苏联人做个交易。如果我们可以在以色列人不知晓的情况下让苏联人退出……要做到这一点，我们必须保持梅厄夫人的信任。我们必须得向前走，提供幻影式飞机，不要大肆宣传。"

第26章 1972年1月2日

  与勃兰特首相的会谈开始很糟糕。[983]勃兰特就美国对西欧国家东方政策的支持向尼克松表示感谢——他伸手到东德以及其他紧邻德意志联邦共和国的共产主义国家。但是尼克松冷淡地纠正他,说他决定不是去支持勃兰特的新政策,只是不去反对之。他们会谈的大部分时间都用于谈论总统提出的有关勃列日涅夫的问题。这位西德领导人比任何一位时任西方国家领导人都更了解苏联人。他详尽地跟尼克松讲(根据黑格保留的会谈纪要):"1970年8月,勃列日涅夫看起来对自己很不自信,尤其是在国际事务方面……那时勃列日涅夫甚至要求助手阅读为他准备的观点论文。相反,在9月份他们会谈期间,勃列日涅夫对主题问题显得轻松自如得多,显然对他所负责的领域非常自信。他告诉勃兰特总理,他全权负责苏联与西欧和美国的关系,而柯西金则专注于印度、斯堪的纳维亚以及其他不太重要的地区。在这次会谈期间,勃列日涅夫问勃兰特总理尼克松总统是否真的对和平感兴趣。这位总理大臣向他保证尼克松真的感兴趣。'莫斯科现在真的有兴趣实现与西欧及美国关系正常化,'他说,'苏联人可能寻求更多的经济和技术合作,而且肯定对削减军备感兴趣。'"

  尼克松提到西德与苏联之间关系的明显改善,问勃兰特为什么出现他所认为的那种情况。勃兰特回答说,主要原因是:"他们希望在东德至少暂时能接受现状。苏联人知道他们不可能永远控制东德,但是他们想尽可能延长这个过程。"

  尼克松说,可能也不得不拿苏联对中国的忧虑做文章。也许俄国人正在设法平定其西侧翼,这样他们才能够集中精力对付其东部边境的中国问题。勃兰特点点头,接着说(据黑格记述):"勃列日涅夫提到中华人民共和国的阴谋破坏活动……这些招数,勃列日涅夫情绪有些激动描述说,是反苏联的……从历史上看,中国人的性格对西方国家而言都是比较奇怪、难以理解的。勃列日涅夫告诉勃兰特总理,如果有人对中国人说墙是白色的,那个中国人会回答说,非也,其实墙是黑色的。这就是人们在与中国人打交道时面对的那种逻辑……他说中国是一个拥有8亿用双手耕种土地的人民的落后国家……中国没有汽车，上等阶层的人也还在骑着自行车……总之，由于根本上害怕中国的力量，勃列日涅夫好像在采取贬低中国人的战术。"

1972年的第二天，[984]总统接受了CBS新闻台驻白宫记者丹·拉德的一个小时黄金时段采访。这位记者援引尼克松在《时代周刊》"年度人物"号上的表述："就本届政府而言，在竞选中越南问题将不是一个问题，因为我们会结束美国人参战。"

"我们是否可以这样假设，"拉德继续说，"到选举之日，在越南，将不会有美国人，无论是地上、海上还是空中……？"

"拉德先生，"尼克松开始讲，"那取决于一种情况，其就在我的脑海中，我知道其也在所有的听众和观众脑海中。那就是我们的战俘的情况……"

记者让总统回答有关从圣诞节开始，进行了5天才结束的轰炸的问题。总统重复说，那只是为了保护美国士兵持续撤退而进行的轰炸。

尼克松喜欢一个有关乔治·华莱士是否会参加民主党总统候选人初选而不是作为11月的独立候选人参选的提问，并且带着一丝笑意回答说："这个问题应当去问民主党候选人。"

这次采访成为1月3日《纽约时报》两个头版头条报道：

总统将撤军与战俘释放联系在一起
尼克松表示他将与阿格纽一起参加竞选

对于美国保守派人士，也就是这场战争最初的支持者而言，这些报道是相互关联的。尼克松的战争目标，或曰和平目标，已经从胜利转为让我们的战俘回国和阮文绍总统的南越政府幸存下去，阮在10月份的无竞选者选举中再次当选。保守派人士了解他们的人。无论他说什么或者主张什么，尼克松都是在下令缓慢撤退。在这个问题上他对希斯比对他的共和党同僚更为坦诚。这位英国首相说："我们正在一步步进入一种不再可能采取有效行动的世

第 26 章 1972 年 1 月 2 日

界事务状态。你能发挥多大作用呢？"

尼克松回答说："我们的越南撤军行动进行得如此缓慢的部分原因是，想提供这样一种信息，表明我们不准备为结束一场战争付出任何代价。现在我们必须自问，我们为避免战争愿意付出什么。"

数月来，在有关尼克松—康纳利竞选组合和"新政党"概念的流言满天飞的同时，共和党保守派的目标是保存副总统阿格纽。许多右翼人士觉得被尼克松出卖了，因为尼克松在策划一场让人颜面尽失的从越南撤军，正在与共产主义中国接触，实行了工资和物价控制并主张保障穷人的收入。东部地区 17 位著名保守派人士在小威廉·F. 巴克利（William F. Buckley Jr.）的领导下，宣布暂停支持总统。保守的俄亥俄州国会议员约翰·M. 阿什布鲁克（John M. Ashbrook）宣布他将参加共和党总统候选人提名竞选。

不过，保守派人士还是向总统核实了有关阿格纽的安排。尼克松告诉拉德："我的看法是，任何人都不应该拆散一个成功的组合。我认为副总统从容、勇敢地处理了他艰巨的工作任务。他有时是个有争议的人，但是在一个人在某个位置上干得很好的情况下，在一个人已经是某个成功团队的一分子的情况下，我认为他应当继续留在那个团队。"

在刊登在 1 月 3 日《时代周刊》上的"年度人物"采访中，总统还阐明了他的世界观，综合了他跟几位欧洲领导人所谈的一些观点：

我们必须记住，在世界历史上，只有一种时期，也就是在达成力量平衡的时候，我们才拥有长期的和平。只要是有一个国家在其与潜在的竞争对手的关系中无限地变得越来越强大，那么战争的危险就出现了……我认为，如果我们拥有一个强大、健康的美国、欧洲、苏联、中国，每个国家都与其他国家达成平衡，不搞一个国家反对另一个国家，保持稳定平衡，这个世界就会是一个更加安全、更加美好的世界。

1 月 3 日早上总统飞去圣克利门蒂，筹划他的下一个令人惊奇的事。他已决定去在电视上公开在巴黎举行的两个级别谈判的详情，目的是说明北越已拒绝民主党总统候选人在国会中提倡的和平方案。他将宣布1月13日的新撤军计划——"这样会抽出所有反战分子，"[985]他说——然后5天后上电视去披露谈判的秘密。

这天晚上，晚餐之后，他打电话给迈阿密海豚队教练唐·舒拉聊橄榄球，特别是即将进行的美国橄榄球超级杯大赛海豚队与达拉斯牛仔队之间的比赛。此时是圣克利门蒂时间晚上10点30分，迈阿密时间清晨1点30分。他们聊了一会儿球员、球赛以及策略。第二天舒拉跟记者说到这一点。使他印象深刻的是，尼克松对这个比赛知道得那么多。于是各地的报道都谈论起美国头号球迷。

1月9日，头号球迷为内阁成员和资深幕僚举办了一个私人晚宴，让他们兴致勃勃地讨论和平和连任大选，最后他说："第四季度开始。由橄榄球类推可知，第四季度决定比赛胜负……"

第 27 章 1972 年 1 月 25 日

在1972年第1期《新共和》杂志上，约翰·奥斯本对总统在任期头三年的表现提出了这样的评价：[986]"在任期第一年年底，我觉得尼克松先生好像已经表现出是一个比他以前的自我承诺更好的人，也是一个比他在1968年大选中显得有可能成为的总统更好的总统。他任期第二年的表现使人得出这样的结论：从冷静且常常令人钦佩的提议到声嘶力竭地呼吁全体选民的天性，他的这种剧烈变动使人不能相信他的基本正直和善意。在其任期第三年结束第四年开始的时候，我觉得尼克松先生给人的印象是，一位在防御性回应消极看法的过程中构建了虚假的自我形象并且说服自己相信那就是真实形象的总统……"

该作者敷衍了事地赞扬总统的行动方向正确：还权给州和地方政府，促进全民卫生保健，承诺考虑环境问题，承认穷人的问题，暂时控制了通货膨胀。

"一个保守党总统，"奥斯本继续说，"被保守派支持者指责为用保守的

尼克松——孤独的白宫主人

言辞掩盖自由主义的措施,而且,考虑到自由主义内容有些夸张,这种指责非常有理有据,以至于尼克松先生难以否认它的真实性……尼克松先生说自认为是一位在执政的某个时点上,在促成一种切实而稳固的世界权力结构重组方面,比他以前任何一届总统可能都做得多,这一点是可信的。"

总统的防御性是一种个人的行为方式,一种特别内向的表征。实际上,理查德·尼克松是一个不接受挑剔但容易愿意接受批评的人,只要批评是私下的和只是见诸纸上的。在大多数日子里,都有数百页纸的报告、分析、警告、恳求以及劝告堆在他的书桌上。其中许多他忽视了或不予理会,但是许多备忘录和报告又从他的办公室外带着潦草的符号回来了。他可能受到奉承,而且通常是受到他每天亲眼见到的少数人的奉承,但是他更感兴趣的是他认为是意志坚强的东西。1月3日,他注视着来自科尔森的新助理道格拉斯·哈利特(Douglas Hallett)的一份备忘录。后者刚从耶鲁大学毕业一年。其在上大学的时候曾在《华尔街日报》撰文赞扬尼克松,那时尼克松就注意到他。

哈利特聚焦于[987]总统的一个最具破坏性的技巧——以大话获取小政治优势。"我们几乎做了可以想到的一切去破坏我们自己的信用和一致性,"这位新人写道。他提到1969年的"共同前进,"1970年的"新联邦主义",以及1971年的"新美国革命"。

"下一个是什么?"哈利特写道,"也许是,基督再临。"

总统草批的意见是:"很有悟性。绝对正确。花言巧语太多!"

"福利计划被宣称为自新政以来最伟大的国内计划,但是我们费了太多的劲儿设法把卡斯韦尔安置到最高法院,"哈利特写道,"……试图消除右派的疑虑,用言辞表达,关注一切物质的东西。"

"H和E注意——一个很有道理的批评。"尼克松写道。

"停止展示总统,好像他是一头驴似的。把他放在热情洋溢、五彩缤纷的与人民合影的场景中去。"

"H——好!"

第27章 1972年1月25日

"超个人主义——'我们是头号人物'——尖端的美国哲学破产了，过时了……尼克松给人的印象是：一心追逐名利的人；对他的过去感到羞耻而时常逃避他的过去；信念不确定；战术家而非战略家；所有扶轮社社员的大宰相，用浮夸代替口才。这就是公众印象。"

这太过分了。"H——这有毛病——典型的常春藤联盟风格"是总统的最后意见。

同一天赫伯特·斯坦[988]有关大选年政治经济的备忘录中也谈到了话说得太大这个观点："总之，如果我们自己对外宣称的说法不设置我们不可能达到的标准，1972年应当是我们可以接受并忍受的一年。利润将会提高，股票市场也可能会走高。在12月份、1月份、2月份的统计数据难以对付的激增之后，通货膨胀率应当会再度缓和。不管怎么说，没有人提出比你已经实施的计划更有力的抗通货膨胀计划……"然而，可以肯定的是，斯坦又写道，"我们应当寻找激发经济更快增长的途径……获得货币政策必要的额外刺激将是可取的……在讨论从货币政策得到刺激经济更快增长的帮助时，我们考虑的是增加6%的货币。我们应当设法做到这一点。"

对此，尼克松用一个词表达的反应是："生死攸关。"

然后，他坐下来，给他的老朋友亚瑟·伯恩斯[989]口授了另一封威胁信："你已经向我做过绝对保证，1972年货币供应将适当松动以刺激经济增长……我们归结到这样一个基本点：如果今年第一季度美联储不能主动强劲地提高货币供应量，整个美联储和作为美联储领导人的你将不可避免地要承担主要责任。由此可能导致的情况是，最终形成会对美联储的独立性的严重攻击……你真的必须行动……如果我们失败了，那么关于责任在谁的任何说法都将无济于事。"

伯恩斯一直将经济停滞不前的事实归咎于银行家和企业家的胆小、自私，他在那封信最下端写道："从未给过'绝对保证。'真胡说八道！对此信无可回复。这太过分了。"

总统再选举委员会从1971年3月以来一直在活动，办公地点在宾夕法尼

447

亚大道1701号，离白宫仅一个街区。筹集资金和民意调查是首要工作任务。第一轮民意调查由罗伯特·蒂特（Robert Teeter）负责，确保不让尼克松的名字出现在该委员会名称和竞选口号中的决定，竞选口号变成了"现在胜于以往"[990]。蒂特的数字表明，选民们觉得总统"见多识广……富有经验……能力胜任……安全可靠……训练有素"。尼克松也被认为是诚实的——不同于以往的一个变化。但是在个性问题方面他的得分不高，在"热心……思想开明……轻松自在"方面，他的得分为低、较低。回答者认为他没有幽默感。蒂特的一个建议是，这次竞选要忽视年轻选民，18岁、19岁、20岁第一次参加总统选举投票的人，也就是说不要提高参加投票的年轻人的数量。尼克松不同意这个观点，他害怕报道说他不拿年轻人当回事儿。

总统再选举委员会在必须有公开活动的同时，也正在推进所谓的预先捣乱——间谍活动和有计划地破坏民主党竞选的阴谋。一名退休的华盛顿出租司机[991]被聘为志愿者去为埃德蒙·马斯基参议员的轿车当司机，代号为"轿子"，总统再选举委员会每月付给他2,000美元，让他汇报他的所见所闻。他所提供的有关马斯基工作日程安排的备忘录给尼克松留下了深刻的印象。在行政办公楼地下室里活动的退休纽约侦探杰克·考尔菲尔德也被列在工资表上，联邦调查局前特工G.戈登·利迪也是如此，利迪成为该委员会顾问。考尔菲尔德的一个朋友詹姆斯·麦科德（James McCord）（前联邦调查局特工和中情局特工）作为总统再选举委员会安全协调员，他的专长是实体安全，负责防范建筑物的间谍活动。科尔森仍在白宫外活动，他1月12日向总统报告——涉及行动备忘录P-1957[992]——他已经在全国青年核心小组（一个反战小组）会议安插了一名委员会特工。科尔森说："虽然我们不能进行这个程序，但是文讷斯（Venners）可以有效地进行捣乱……煽动一次黑人核心成员退出。"

同一天，1月12日，乔治·华莱士[993]州长飞到塔拉哈西，次日他将在那里给州议会做演讲。在华盛顿，国税局发表了一则简短的声明（但是没有新闻稿）说，其正在结束长达18个月之久的对阿拉巴马州官员的腐败调查，被

第27章 1972年1月25日

调查者中最著名的是州长的兄弟杰拉德·华莱士（Gerald Wallace）。次日上午，当尼克松总统第32次亮相白宫新闻室，宣布在5月1日前将再从越南撤军7万的时候，华莱士州长告诉佛罗里达人，他将参加本州3月14日民主党总统候选人初选，而不是作为一名第三党派候选人参加竞选。在1968年大选中与尼克松和汉弗莱进行三方竞选时，他在本州67个县中赢得了四分之三的选票，这次他不可能输给马斯基、汉弗莱、麦戈文、林赛（Lindsay）以及参议员亨利·杰克逊，他也没有办法不伤害杰克逊、马斯基、汉弗莱等最温和的民主党人。

正当华莱士攻击他的时候，尼克松却感到欣喜若狂。"我预测，"这位阿拉巴马州州长说，"如果佛罗里达州的人给我投票，在这次竞选结束之后30到60日之内，尼克松先生就会亲手结束校车接送学生的做法。他在等着看人们是否真的反对他轻视儿童……"正如尼克松对丹·拉德所说，华莱士现在成了民主党的问题。

埃文斯和诺瓦克从阿拉巴马首府蒙哥马利来信说：[994] "这里盛行的看法是，华莱士与白宫之间做了一笔交易。"另一位专栏作家，《查塔努加时报》的查尔斯·巴特利特写道，华莱士曾对一位共和党友人说："告诉总统，我会去佛罗里达州撵走那些该死的民主党人。"

再看白宫，总统发表半分钟声明之后，国防部长莱尔德留在那里回答提问，他告诉记者们："这意味着到5月1日我们军队数量的上限将降至69,000人。根据这个声明，我们将不再有任何美国军事部门在越南运转。我们将继续利用美国空中力量保护剩余的部队。战争越南化计划推进得十分有效，进展顺利，因此南越人能够做到对国内安全负责。"

总统独自待在戴维营——部分原因是想避开基辛格，因为他一直在威胁说，如果他没法儿与罗杰斯相处的话就要辞职。总统决定推迟公布原定于1月18日公布的与越南秘密谈判的细节。他需要更多时间更好地应对阮文绍总统听说被弃置于真正谈判之外后可能做出的反应。总统委托霍尔德曼告诉罗杰斯，其对秘密谈判的事儿也是一无所知。接着，霍尔德曼会见基辛格，[995]

尼克松——孤独的白宫主人

后者还是认为不应该让北越人知道这个秘密。在霍尔德曼提到罗杰斯的时候，基辛格打断了他，开始进行一个半小时激愤的长篇演讲，最后，他声音颤抖地说："告诉我你们的提议是什么，我去执行。我不是要在这里跟总统达成一个协议。"但是，每当霍尔德曼试图告诉他的时候，基辛格都又转向另一个长篇指责，称罗杰斯是一个"精神变态者。"他说他知道国务院去找过《华盛顿邮报》的出版商和主编——凯瑟琳·格雷厄姆（Katharine Graham）和本·布拉德利（Ben Bradlee）——并且说他（指罗杰斯而非基辛格）负责本届政府的外交政策的成功。接着，米切尔接到纳尔逊·洛克菲勒的一个电话，说基辛格打算在这个月底辞职。

"我们可能不得不咬紧牙关，让他走人了，"尼克松跟霍尔德曼说，"如果我们不那样做，在竞选期间他就会坐在驾驶员的座位上。而且我们必须要记住，在1968年大选中是他向我们泄露的消息，我们不得不设想，在1972年大选中他能够对我们的对手做同样的事情……如果我们现在不勇敢地面对它，在大选期间他可能会像1968年大选期间一样走上邪路。"

在国会，"撤军日期"成为了大部分民主党人的战斗口号。异乎寻常的是，参议员们几乎每天都在攻击尼克松拒不确定美国所有军事人员撤出越南的最后日期。6月和9月的曼斯菲尔德修正案明确规定所有美国军队会在9个月和此后的6个月内撤离，但是最近众议院决议说，由于只有23票同意，同样的内容被宣告作废。该党总统候选人之一，乔治·麦戈文参议员称尼克松是个骗子，他说："这不是真的——总统知道这不是真的——我们在巴黎的谈判已经同北越人讨论过从印度支那全面撤军与我们的战俘释放配合进行的问题。"

"他们在那里处于孤立无援的境地。"尼克松在跟霍尔德曼讨论演讲的时候说。目的是试图通过披露秘密谈判的内容避开这个问题。

1月16日星期日，[996]比尔·萨菲尔在新奥尔良观看美国橄榄球超级杯赛迈阿密海豚队与达拉斯牛仔队的比赛，这时播音员喊他的名字，让他给他办公室回电话。当然，这个办公室就是白宫。6,000万电视观众都听到了

第 27 章 1972 年 1 月 25 日

这个通知。他找到电话，拨通202-456-1414，拉里·希格比告诉他，总统在戴维营，希望他回来尽快赶到那里。萨菲尔到达白宫的时候，看到总统的一份备忘录，上面标明"绝密/机密/亲启"。备忘录开头写道："阅读总统关于谈判的电视演讲的拟议文本[997]（其由亨利的工作人员起草）之后，我希望你阅读我现在口授的备忘录，然后起草1月25日星期二电视演讲草稿……正如你在阅读它的时候可以看到的那样，它包罗了各种内容，但是其中枯燥无味的话太多，说得太复杂，什么8个观点，7个观点等，9个观点等，没有抓住问题的实质。我们所提议，他们所拒绝以及所希望的是现在通过谈判达成和解……"

"这里有很好的警匪故事材料。"总统告诉萨菲尔，指的是基辛格的秘密来来往往。他吩咐他把所有的"我们"都改成"我"，把"我问基辛格博士"的说法改为"我指示基辛格博士"。

两天之后，与萨菲尔一起在行政办公大楼175室仔细讨论演讲草稿的时候，总统又开始谈论基辛格和罗杰斯，他自己反复重复了几次。"昨天晚上我在读迪斯雷利[998]和梅尔本（Melbourne）。天哪，他们在内阁里打仗。我感到很抱歉，亨利和比尔如此互相攻击——"

"自负。"萨菲尔说。

"自负这种东西我们都有，"尼克松说，"就看是你戒除它还是它控制你。它其实是自卑情结的一种表现。当然，亨利有，比尔也有……我和任何人都能和睦相处——史塔生，任何人，无论我对其看法如何。不是这两个人……你在他们之间采用平和的方式。"

1月25日晚上8点30分，尼克松总统上了全国电视台。开始，针对民主党人，尤其是民主党总统候选人，他说："有些美国人，其相信北越人使他们相信的东西，一直指责美国没有加紧进行谈判。正如我现在将公开的这份记录所显示的，事实正好相反。"他显示，基辛格十几次去往巴黎，第一次是1969年8月。经过一系列秘密谈判的过程，1971年5月，形成了一个和平计

451

划。该计划将美国撤军与停火以及释放所有美国战俘联系在一起。他说，这个计划遭到拒绝，而且北越人要求美国"推翻"南越政府。他继续说，在8月和9月，发生了同样的事情——协议的破坏者还是北越人，他们坚持要"推翻"阮文绍政府。

接着，总统披露了10月11日由基辛格秘密提交给巴黎的提议。他这样阐述了提议内容："在谈判的6个月期间，我们将从南越撤出全部美国以及联合部队。我们将交换所有战俘。整个印度支那将实现停火。在南越将有一次总统选举"——而阮文绍，其作为一名候选人，在投票前一个月下台。

"这就是这个问题在今天所处的状态，"尼克松说，"对我们计划的唯一回答是，从北越和共产党在老挝和柬埔寨的军事攻势中增加军队渗透。"他说这个计划会提交给在巴黎举行的第142次正式和平谈判。

对大部分美国人而言，这是一个令人吃惊的夜晚，也是一个政治性很强的夜晚，尤其表现在尼克松对用语的选择上。"推翻"（overthrow）应当是"放弃"（abandon）——10月份美国还曾资助过阮文绍的连任选举——而如果在用"被拒绝"（rejected）一语之处使用"被忽视"会更为准确。新一届选举开始前一个月阮文绍的辞职被介绍得像是这位南越领导人的建议，而实际上，这个主意是由亚历山大·黑格在10月份访问西贡时带给他的。

在巴黎的北越人和越共代表公开指责这个计划是一个大选年的把戏。反战派国会议员[999]不太直接地拖延时间，想看下一步会发生什么。参议院外交关系委员会主席J.威廉·富尔布赖特参议院说："在我们看来慷慨大方的做法在北越人看来可能并非如此……我们可能必须做得更多才能得到赞同的回答……"麦戈文参议员试图赢得胜利，他说："在尼克松先生激烈反对麦戈文—哈特菲尔德的结束战争提议的同时，他正好在同一时间向对方提出了这个提议。"

新闻媒体采取了自己的策略。《华尔街日报》和一些保守党专栏作家声称，现在那些反战的政客遇到了信誉问题。"战争问题令人泄气"是《华盛顿邮报》威廉·S.怀特的专栏文章的标题。但是报纸和电视做了些总统未曾料

第 27 章 1972 年 1 月 25 日

到的事情，他们聚焦于秘密特工亨利·基辛格的警匪故事。《纽约时报》头版头条很有代表性。在一张基辛格和迷人的 CBS 新闻制作人玛格丽特·奥斯摩（Margaret Osmer）一起离开一家巴黎餐厅的照片上方写着"来自一位超级特工的一些线索"。

基辛格上了《时代周刊》和《新闻周刊》的封面，被描写为自伍德罗·威尔逊（Woodrow Wilson）以来华盛顿最有权力的教授。接着，《生活》杂志在"史上最重要的二号人物"的标题下用整整 6 页的篇幅刊发了有关他的报道。为防止有人错过要点，在将基辛格和尼克松的关系与亚里士多德和马其顿王国的菲利普相比较时，还援引了一位哈佛大学老同事的话："不完全是开玩笑。"

休·赛迪吹捧说："尼克松对基辛格的信任变得如此之深，以至于基辛格能完全了解尼克松的意图……基辛格带到 Chasen's 的女孩根本就不能想象为在一个令人眼花缭乱的世界里思考、过滤和寻求答案而度过无休无止、单调乏味的时光。"

接着，有一段关于在内阁会议室召开早会的描述："在会议厅里，有一阵快速、平静的脚步。亨利·基辛格进来了……他迅速找到他的位置，就在总统左边的对面，他把一个巨大的笔记本放在面前……亨利·基辛格不用做任何事情就控制了这个会议室……他的才智充满了这个会议室……尼克松宣布开始开会。他陈述了这个问题，然后看着左对面。'亨利，'他说，'你来给我们介绍这些备选方案。'……基辛格痴迷于对各个部一视同仁，痴迷于不走样儿地介绍每一种意见分歧……罗杰斯越过总统的肩头鬼鬼祟祟地瞥了一两眼，好像试图了解基辛格接下来会说些什么。没有来自听众的质疑，敌意被事实和智慧所制服。"

《生活》杂志还指出，基辛格刚到华盛顿时把自己看成是一个孤独的牛仔，而现在他已经拥有 151 位助手。他的 7 张工作照中有一张的说明是："基辛格与国务卿罗杰斯、总统顾问罗伯特·霍尔德曼交换笑料。"

在那之后不久，媒体的聚光灯还发现了"罗伯特"霍尔德曼——其全名为哈里·罗宾斯·霍尔德曼（Harry Robbins Haldeman）。当时大部分美国人还不知道他的存在，更不用说知道他的权力了。这位没有头衔的幕僚头目——官方对外称之为众多"总统助理"中的一员——经总统许可[1000]和具体辅导后，被派去接受芭芭拉·沃尔特的一个两小时采访。该采访将在NBC的"今日秀"节目中播出了三天。他说了尼克松要他说的内容："你可以说，批评他的人在无意识地呼应敌人想要得到呼应的说法……现在，在这次解释之后——在整个活动都被记录在案并且为人所知之后，你可以得出的唯一结论就是，现在这种批评家是在有意识地帮助和怂恿美国的敌人。"这些话是对叛国行为所做的法律定义。

总统亲自写了一个小纸条回应霍尔德曼和科尔森，日期为1972年1月28日。上面说："在今后两个星期里，最重要的是要对批评我们和平建议的党徒保持大规模反击。找到一些非常尖锐的言辞，牢牢钉死他们……'利用和平玩政治。'……'和平对于朋党关系太重要了。'……'他们想把南越拱手交给共产党。'……除了这些攻击主题之外，还应当传出去一些强烈的、积极的说法。但是，我再怎么强调也不过分，攻击的言辞会比积极的言辞更为有效……以往我们在公共关系方面的努力经常失败，就是因为我们没有足够丰富多彩的攻击言辞……"

这天晚上总统本人受到了攻击。他为他的朋友，《读者文摘》的德威特（DeWitt）和莱拉·华莱士（Lila Wallace）举办了一个自由勋章晚餐。娱乐节目是听得州歌手（Ray Conniff Singers）柔和的歌声——非常柔和，直到其中一位歌手，一位名叫卡罗尔·菲丽斯的年轻女子把手伸进长袍，拉出一个横幅，上面写着："停止杀戮！"

穿过第17街，在总统再选举委员会总部，杰布·马格鲁德和他的副手G.戈登·利迪正在重新评估利迪昨天向马格鲁德的老板约翰·米切尔介绍的政治情报行动。后者仍然是司法部长，但正准备离职去当总统再选举委员会主席。利迪利用装在画架上的挂图，展示了他称之为"宝石行动"（Operation Gemstone）的一个100万美元计划。该计划是为了适应总统通过霍尔德曼和

第 27 章　1972 年 1 月 25 日

科尔森下达的强制性要求：提供越来越多有关民主党候选人以及民主党全国委员会主席拉里·奥布莱恩的情报而制定的。

这位花里胡哨的前联邦调查局特工一只手拿着教鞭，另一只手包扎着绷带，因为他曾用这只手握住蜡烛的火焰以显示愿意忍受的痛苦，显示他的决心和忠诚。宝石行动将致力于对付民主党和共和党的全国会议。利迪举着挂图讲了半个多小时，详细说明名为"钻石"、"红宝石"、"蓝宝石"及其他宝石的子行动计划：

我们必须采取预防行动，[1001]在游行示威者走到电视摄像机之前驱散游行队伍。我可以安排一些训练有素的小分队去效劳，那些人曾经为中情局充当巷战小分队，圆满地完成了任务……这些小队擅长于外科手术式迁移活动。总之，他们可以用最秘密的方式、最少的武力绑架敌对的领导人。比如说，如果一个著名的激进分子来到我们的会场，这些小队可以把他药倒，并且带他越过边境……我已经弄到了直接租借停泊在枫丹白露酒店前面的运河上的一艘游览飞船的租借权。这个飞船有 60 英尺长，有几个房舱，里面是中国主题的豪华装饰。它也可以装上视听线路……我们可以利用我安排生活在船上的一些女人来拉这些官员下水。这些都是国内最好的应召女郎。她们不是愚蠢的女人，而是可以训练和根据安排开展活动的姑娘……

在利迪谈到用窃听装置、窃听器以及追逐飞机去截获来自民主党候选人乘坐的飞机的信息时，米切尔一边抽着烟斗，一边对白宫律师约翰·迪安使眼色，后者曾经当过他的助理。确信迪安明白宝石行动是疯狂的计划之后，米切尔又眨了眨眼。但是这位司法部长没有让它停止。相反，他说："戈登，这些都非常有趣，但是它不完全是我想要的。"

然后，米切尔告诉来自总统再选举委员会的人，价格太高了。他说，再去带些便宜的东西来——并且要更切实可行。8 天之后这帮人又一起回到米切尔的办公室。这一次费用估算降到了 50 万美元，而且谈论的大部分是"盯梢"和"目标对象。"他们断定，最先要处理的是奥布莱恩。利迪计划对他的大会办公室和他在民主党全国委员会总部的办公室进行盯梢，后者位于波托马克河边的水门综合建筑群。米切尔提出另一个目标对象，《拉斯维加斯太阳报》出版人汉克·格林斯庞（Hank Greenspun），据这天早上的《纽约时报》报道，其保险柜里有一份霍华德·休斯的政治备忘录卷宗。奥布莱恩[1002]和尼克松的名字可能都会在这些文件中。总统的朋友雷博佐刚从休斯那里又拿到了5万美元的现金，另外，奥布莱恩作为休斯公司的说客每月领取13,000美元。

迪恩突然说：[1003]"请原谅我说这个。我认为这种谈话不应当在司法部长的办公室里继续下去。"

在椭圆形办公室里，总统在跟肯尼迪旧部（也是痛恨尼克松的人）、《真正的大多数》一书的合著者理查德·斯卡蒙谈话。[1004]他们一致认为斯卡蒙所发现的是一种社会问题：中产阶级对政治和文化的担心，他们谈论他们对穿制服的人、士兵和警察等的尊重，对那些想让别人为他们去战斗的知识分子的鄙视。总统谈到一个名叫思朋斯（Spence）的老加州自由党人曾经给他画过一张图来说明其认为美国政治是如何运作的。尼克松画了两个有一小部分重叠的圆圈，其中一个标明"共和党人"，另一个标明"民主党人。"每一个圆圈都有一根通向两个小圆圈的脐带，大圆圈的两侧各有一个小圆圈。小圆圈表示政党的中坚力量，也就是为该党提供支持、力量、金钱和热情的人，他们养育了政党。尼克松说，意思是说要尽你所能尽快地让你的大圆圈接近另一个大圆圈——在不弄断脐带的情况下尽可能多地得到大圆圈重叠部分对方的选民，因为如果你隔离了你的中坚支持者，你就不可能获胜。

斯卡蒙非常喜欢这种分析。45分钟后走出椭圆形办公室时，他对查克·科尔森说："以上帝的名义，我不得不承认，你们可能最终说服了我。11月份我可能会自动给理查德·尼克松投票。这是我从未想过我会做的事。"

第28章 1972年2月22日

2月17日早上10点10分，总统从白宫南草坪登上直升机，开始他的中国之旅。[1005]他对包括国会两党领导人在内的一群人讲了几句话，最后他援引登月第一人留下的话结束他的讲话："我们为全人类的和平而来。"

他在华盛顿一个平平常常的日子里启程。他刚刚接受了司法部长约翰·米切尔辞去司法部长职务、接管连任竞选工作的请求，并已任命助理司法部长理查德·G. 克兰丁斯特（Richard G. Kleindienst）接任米切尔的职务。在24小时期间，美国轰炸机在南越投掷了自1968年6月以来最大吨位的炸弹，以炸毁预料中的北越旱季攻势补给线。众议院以234票赞成127票反对通过了一个大幅扩大为穷人提供法律服务和开启早期教育计划的54亿美元的反贫困议案。该议案被递交给参议院，如果参议院通过之则会送到白宫。尼克松曾威胁说要否决这个议案。他的议案（共和党的议案）将反贫困开销冻结在当前水平，被以206票反对159票赞成宣告无效。

那些天，尼克松照例没有花很多时间在那些议案上面，而是把大部分时间用于准备中国之行。一天，也就是2月14日，他会见了纽约保守人士詹姆斯·巴克利参议员，[1006]后者刚从东亚旅行回来。他还会见了安德烈·马尔罗（Andre Malraux）。尼克松从新闻摘要中得知巴克利（一位坚决支持蒋介石和台湾的人）希望见他，他随手批示道："不……我们不能让这种狂人踢我们然后又利用我们。"

但是他还是见了。巴克利参议员，其兄弟小威廉·F.巴克利正在组织保守派人士因中国之行而"暂停支持"尼克松，带着一份长篇务实的关注点备忘录来了。"主要担心的是美国会愿意接受中共'宣布放弃对台湾使用武力'以换取某些削弱台湾安全关系的美国行动的保证……非常担心美国与北京做一个秘密交易……联合国部队必须从朝鲜撤出。"

马尔罗是另一个问题。[1007]或许是因为有点怨恨这位法国人曾经迷惑过另一位美国总统——约翰·肯尼迪，基辛格坚持认为年届70、面部剧烈抽搐的马尔罗在中国问题上的看法已经过时。但是，尼克松也被马尔罗精美的散文所吸引，并邀请他晚上来白宫会晤，这次会晤后来被认为是一次漫长的奉承和幻想过程。

"你将要去尝试本世纪最重要的一件事，"马尔罗开始说，"我认为16世纪的探险家，他们出发去找寻目标，却常常得到完全不同的发现……你将与一个大国打交道，但这是一个行将就木的大国。毛泽东的巅峰期在50年前。你将会见到这样一个人：他经历了不同寻常的命运，他相信他正在演出毕生最后的一幕。你可以认为他是在对你说话，但其实他是在向死神演讲……这值得一去！这个世界的命运握在你的手上。"

晚餐之后，尼克松和马尔罗在白宫楼上家庭餐厅的炉火旁坐了一会儿。"未来24年美国和日本、美国和中国的关系将决定太平洋的命运，"尼克松说，"我们的撤军会造成一个空白空间，这个空间将会由另一个强国日本或苏联填充。"总统说，在就职典礼前夜他读到，亚伯拉罕·林肯告诉内阁成员，他做了一个梦，梦见在陌生的大海上航行，他看到了海岸，但是无法识别岸上的任何东西："他描述说他驾驶的船越过险滩驶往不确定的海岸。"

第28章 1972年2月22日

"也许我也要开始一次奇异的航行，"尼克松说，"但是我的目的是设法操纵这艘船，避开暗礁，到达我的目的地——可以理解为中国。"

那个晚上令尼克松感到非常激动。在陪同马尔罗走向轿车的时候，这位作家转过身说道："我不是戴高乐，但是我知道如果戴高乐现在在此他会说什么。他会说，'所有理解你在做什么的人都向你致意！'"

最后，还有一些要考虑的健康因素。在启程前两天，尼克松的私人助理斯蒂芬·布尔[1008]走进椭圆形办公室，看到总统伏在书桌上，臀部正在注射预防肝炎的伽马球蛋白。布尔是总统信任的、相处起来没有忸怩感的少数几个人之一。

空军一号的这次起飞，在出行前总统称之为'76精神，在三大广播电视网进行了电视直播。飞机横跨美国到达檀香山，在那里，随行的300名美国人要停留两夜一天，然后去关岛停留一夜。这个路线和时间安排是由白宫医生设计的，目的是最大限度地减少总统的时差感。尼克松和霍尔德曼、基辛格、齐格勒一起开了3小时会，仔细检查细节，包括100多名记者、新闻媒体主管、摄像师，以及白宫为这次旅行挑选的其他技术人员的名单。"这里有没有什么非犹太教徒？"[1009]尼克松一边看这份名单一边问。

无论其宗教是什么，这份名单上只有很少人曾经报道过中国；许多人从来没去过亚洲。这支新闻部队是白宫从2,000名申请人中挑选出来的，而且给电视工作人员以优先权。三大广播电视网每个都有4名记者，包括新闻节目主持人，以及总共25名技术人员。有21名报纸记者，他们大部分都是华盛顿分社的头儿；6名记者和4名摄影师来自美联社和合众国际新闻社；6名杂志作家；4名无线电播音员；3名联合专栏作家；1名来自美国之音的记者。尼克松和基辛格就随行人选争论了数小时。这位顾问特别希望专栏作家克拉夫特、泰迪·怀特——一位年迈的中国通——随行。但是总统想让电视人随行。他的目标是让这次旅行成为一次盛会，一次引人入胜的来自一个神秘王国的电视直播。中国人（用美国的设计图）建造了一座广播大楼并租用了一

尼克松——孤独的白宫主人

套西方联盟传输系统。新通信卫星发射回去的伟大镜头将是尼克松与毛泽东、周恩来在一起的镜头，是祝酒和宴会的镜头，是尼克松在紫禁城——中国的统治者、皇帝和共产党人居住了几个世纪的地方——的镜头，是他和他的夫人站在长城上的镜头。但是所讲的话大部分是秘密的，也许永远都是秘密的。

当总统以来第一次，尼克松走到他的波音707后舱，与空军一号上的7名记者和摄影师交谈了一会儿。一架满载新闻媒体人士的飞机（泛美航空公司的包机）在最前面预定最先着陆，与平时一样，见证总统飞机着陆。他尽其所能地闲聊。一开始，他问他们是否知道怎样使用筷子。一个记者给他看一本精心编制的地图集，封面上凸印着"中央情报局"的字样。"你认为他们会允许我们带着这个吗？"他问道。

"这大概就能说明我们是多么不了解中国，"[1010]总统回答说。

尼克松回到最前面他的三个"房间"，又研究起一堆4英尺高的来自基辛格的简报。这位国家安全顾问亲自写了500页有关他与周恩来谈话的简报，给总统做了40多个小时的简要介绍。在尼克松和周恩来坐下来进行秘密会谈时，应该不会有什么意外感了吧。在先前所做的一次简介之后，在给自己的备忘录中，一开始尼克松写道："他们认为的风险[1011]——1. 美国是魔鬼……"

在写于2月5日的一份备忘录中，基辛格说：

这些人既狂热又务实。他们是顽固的思想家，完全不同意我们对世界将向何处走或者应当向何处走的观点。同时，他们是顽强的现实主义者，因苏联的威胁、日本的复兴以及台湾地区可能独立而推测他们需要我们[1012]……当你提到中国人的时候，实际上你是在讨论毛和周……他们超越内部和外部的障碍，身居最高位长达50余年。他们采取长远的观点。他们从自己的角度看历史……

他们将为他们的决定性问题寻找答案，这个问题就是"这位美国领导人知道他将走向何处吗？"的确，周告诉我，在赫鲁晓夫在北京中途停留之后，

460

第28章 1972年2月22日

中国人真的斥责了俄国人……那时他的表现使中国人确信，他是一个更长时期不知道去往何处的恶霸……他们必须弄清楚的是，你是否知道你自己的目标，是否理解他们的目标，这两方面都很重要。

基辛格对74岁的周恩来的描述是："战术家，管理者，谈判家，细节大师，进退自如——显然是他在控制中国。"他没有见过毛，但是他汇报说，其他见过毛泽东的人把毛说成是"哲学家，诗人，大战略家，善于激发人的人，浪漫的人。"尼克松记住了所有这些内容，数百页的会谈要点。2月18日跟基辛格交谈数小时之后，他在黄记事簿上做了以下笔记：

他们想要的是：[1013]1. 建立他们的世界信任状……2. 台湾问题……3. 让美国离开亚洲。

我们想要的是：1. 印度支那（？）……2. 交流——遏制中国在亚洲扩张……3. 未来——减少中国超级大国对抗的威胁。

我们双方所想要的：1. 减少对抗和冲突的危险……2. 一个更稳定的亚洲……3. 对苏联的遏制。

这天，带着黄记事簿独自坐着的时候，总统记住了毛泽东的一首诗中的两句。那首诗写于1959年，毛泽东闹革命32年后回到乡里之后：

为有牺牲多壮志，敢教日月换新天

看了一页之后，他驳回了基辛格的一点儿建议——"我们可以言过其实地表示同意"——写道："1. 太危险，2. 听起来很狡诈。"

在夏威夷，基辛格用一份新的备忘录向总统建议道：

至关重要的因素[1014]会是中国人对我们的严肃性和可靠性的判断；这个

尼克松——孤独的白宫主人

试金石将决定他们未来的政策。如果我们过不了这一关……他们可以轻而易举地采用诱导性的公众舆论杠杆。然后他们便可能像北越人那样跟我们打交道——邀请敌对政客，与不友好的私人团体接触，吸引敌对的记者，在联合国痛斥我们……我们可以肯定他们会特别擅长于这种游戏。我们会为我们当初试图与这些人打交道而在国内外付出双倍的代价。

在关岛逗留并经停上海让中国领航员登机之后，空军一号朝北京首都机场飞去。尼克松独自坐着，看着机外，觉得那些村庄看起来就像来自中世纪的绘画。2月21日星期一上午11点32分，飞机着陆。[1015]在华盛顿，时间要早13个小时，此时是2月20日星期日晚间8点32分。停机坪呈灰白色，刮着大风，天气很冷，才34华氏度。建筑物静静地矗立着。"很肯定，没有人群。"当飞机开始降落的时候，地面上的一名特工用无线电给霍尔德曼发送讯息说。在那里，除了周恩来，二十来位官员及其助手，一个350人的仪仗队，以及一个演奏国歌的军乐队，好像没有什么别的人。在音乐停止时，休·赛迪站在离飞机30码之处，能听到尼克松在抱怨他的生物钟。他受到了对一位来访的国家元首的最低限度的欢迎，合适而冷静。与基辛格的秘密之旅的唯一不同之处好像只是在航站楼上插着一面美国国旗。尼克松看到的最大的标语牌上用英语写着："全世界各国被压迫的人民团结起来！"

但是美国新闻网的摄像机在那儿，总统像他一遍一遍排练的那样在镜头前展开表演。他独自走出机舱；然后，几拍过后，他的夫人帕特露面，随着他走下舷梯。霍尔德曼的手下挡住别的任何人，也让基辛格和罗杰斯退回去，直到总统伸出手，动作有点儿夸张地与周恩来握手。这不是一次普通的握手。这位总理曾经跟基辛格提到过，1954年的某天，在日内瓦，在结束法国在印度支那的战争的会议期间，时任国务卿约翰·福斯特·杜勒斯曾拒绝与他握手。

在官方一行人的老式俄罗斯吉尔豪华车车队行驶15英里进城的时候，街上几乎空空如也。在每一个街区都可能有一个骑在自行车上的人和一家人在

第 28 章　1972 年 2 月 22 日

沿街走路，但是没有人抬头观望，有些美国人猜测这些人是道具、演员。他们的猜测是对的。真正的行人和骑自行车的人被挡在离车队途经路线一个街区的路障之外。在一辆拉上窗帘的豪华轿车里，周恩来对尼克松表示谢意说："你和我的握手跨越了世界上最辽阔的海洋——互不交往的25年。"在这个城市，在铺砌平坦的天安门广场，曾经有50万人在那里欢迎埃塞俄比亚国王和罗马尼亚总统，这次却空无一人。美国人感到紧张了。尼克松担心国内的电视上会看到什么样的景象。

尼克松被领到一个国宾馆，名叫"钓鱼台"。这个奇妙的名字掩藏着这么一个事实：就是在这个房子里，毛泽东的夫人江青，以及"四人帮"其他成员，曾一直在那里策划"无产阶级文化大革命"，消灭毛主席的反对派和毛主席的大部分可能的继任者，以及成千上万的中国人，他们的滔天罪行通常是他们不年轻并且受过一些教育。周恩来本人好不容易才从那场清洗中幸存下来。

这位总理（Premier）[尼克松称其为"总理（Prime Minister）"]及其夫人（一直在国宾馆等候）与尼克松一起喝茶。过了几分钟，周恩来站起身说，他相信在晚上的官方宴会之前尼克松要休息一下。美国人的摄像机和记者在外面，等候4点30分总统动身去与周进行一次程序性的会晤。跟基辛格在6月时一样，尼克松对周恩来的印象非常深刻。周恩来是南开大学的毕业生（译者注：应该是南开中学）。南开中学是天津的一所美国教会学校。该校的座右铭，可能也是尼克松本人的座右铭，挂在墙上：

面必净，[1016]发必理，衣必整，纽必结。

头容正，肩容平，胸容宽，背容直。

勿暴　勿傲　勿怠

宜和　宜静　宜庄

下午2点30分，[1017]尼克松上楼准备洗澡，基辛格匆匆走进屋，说毛主席想见总统。尼克松过了五分钟才下来，乘车与周恩来、基辛格和美方记录员温斯顿·洛德一起去毛泽东的宅邸,其位于从前皇帝的紫禁城的一角。总统说他不想让罗杰斯或国务院任何人知道他在哪里——他不想有机会让他们知道或者泄露他的新秘密。而这就意味着美国人在这天和大部分其他会晤时接受中国安排的翻译。

在他们的车驶向毛的宅邸时,理发师正在给毛主席剃须、理发。五个月里毛泽东只离开过那个房子一次。由于身患多种疾病,包括心脏病、肺炎、帕金森综合征,他很多时候都处在半清醒状态。不过这天,他午餐后没有休息,也不想像平常那样午睡。他头脑清晰,他想见美国总统。助手们急忙给他穿衣,从他的书房撤走医疗床和设备。尼克松和基辛格对这些一无所知。但是数月来的协商都是为了这一天。基辛格允诺过,美国人不会透露中国的最大秘密——毛泽东的健康状况。在得到这个召见令之前,周恩来还不知道主席是否真的会会见这些美国人。

在日记中,尼克松仔细描述了这个场面:"我们被护送到一个不甚复杂、放满书籍和报纸的房间。他的座位旁边是一张咖啡桌,上面放着几本翻到不同页码的图书。他的女秘书扶他站着。在我跟他握手的时候,他说,'我讲话不太利索。'……他伸出他的手,我伸出我的手,他握着我的手大约有一分钟。"

当美国人在排成半圆形的棕色大沙发椅上坐定的时候,中国的摄影师进来了。在摄影师工作的时候,宾客们只做了些无关紧要的交谈。基辛格说他把毛泽东的著作交给了他哈佛的学生。主席(时年78岁)笑了笑,但显然应答有困难。连续的中风对他的健康造成了损害。在说每一句话之前他都不得不让自己打起精神。最后,他吐了一口气,说:"我的那些著作没什么……"

"主席的著作使一个国家发生了变迁,并且已经改变了这个世界。"尼克松说。

"我没能改变世界,"毛泽东说,"我只能改变北京附近地区的一些地方。"接着他说:"我们共同的朋友蒋介石大元帅不赞成这一切。他把我们叫做共匪……"

第28章 1972年2月22日

"主席把蒋介石叫做什么呢?"尼克松问。

"……我们相互辱骂,"毛泽东回答,又补充说他认识蒋介石的时间比尼克松认识蒋介石的时间要长很多。

"我们两个不能独占整场戏,"毛泽东说,继续着客套的开场白,"如果我们不让基辛格博士发言,这场戏就会演不成。你的中国之行让你变得很有名。"

"那是总统确定了方向,制订了计划。"基辛格说。

"他是个非常聪明的助手,所以他这样说。"尼克松笑着说,赢得中方领导人一阵开怀大笑。

虽然他身体上行动缓慢,但显然有人给毛泽东做过非常清晰的介绍。他知道尼克松跟从上海登上空军一号到北京的某位中国官员说过,他认为毛泽东是一位可以与之讨论哲学问题的人。因此这位中国领袖便利用那句话将会谈转向比较严肃的方向,说他的角色的确是要讨论哲学问题:"那就是说,在你的大选期间我给你投票……"

"……两害相权取其轻。"尼克松说。

"我喜欢右派,"毛泽东继续说,"人们说你是右派,共和党是右派……相对而言,在右派人物掌权的情况下我比较高兴。"

"我认为值得注意的重要一点是,在美国,至少在这次,右派的人可以做到那些左派的人谈来谈去的事情。"尼克松回应说。

"还有一点,总统先生,"基辛格插话,取悦他们两人,"那些左派的人是亲苏联的,不会支持接近中华人民共和国的行动,实际上他们会据此批评你。"

"确实是这样,"毛泽东说,随着这句话吐了一大口气,"有些人在反对你。在我们国家也有一个反动集团反对我们与你联系。结果是他们爬上飞机,逃往海外。"

"也许你们知道这个。"周恩来说,整个会谈期间他都是恭恭敬敬的。美国人只知道毛泽东在说林彪倒台,这位国防部长一直被认为可能是毛泽东的接班人,直到1971年9月他消失了。"苏联人,他们最后去挖出了林彪的尸

尼克松——孤独的白宫主人

体……"毛泽东说着，又一次大声咳了起来。

"在外蒙古。"周恩来补充说。

全世界还不知道，但是林彪及其家人已在1971年9月12日的一次飞机失事中死在外蒙古，看起来好像是在一场反毛泽东的军事政变失败后企图逃亡苏联的过程中发生的。

尼克松开始解释他在印巴战争期间的行动，但是毛泽东打断了他的话，问他是否打算讨论他们的哲学差异。

"主席可以确信，"尼克松说，"无论我们在这里讨论什么，不会有任何内容会走漏出这个房间。"他补充说他希望讨论印度和日本问题，但他会与周恩来去讨论。

"好，"毛泽东说，"所有这些麻烦的问题我都不想涉及太多。"

不过，他还是补充说叶海亚·汗总统一直力劝中国人去会见尼克松。"他说，"毛泽东继续说，"应当比较一下究竟是约翰逊总统还是尼克松总统更好些……叶海亚说这两个人没法比较。他说，一个像歹徒——他指的是约翰逊。我不知道他是怎么得出那种印象的。从我们的立场看我们也不乐意见那位总统。我们不乐意见你们从杜鲁门到约翰逊的各位前总统。"

毛泽东累了。周恩来在看自己的手表。于是尼克松说到他的主要观点："使我们走到一起的原因是，我方承认重要的问题不是一国内部的政治哲学。重要的问题是一国对世界其他国家以及对我们的政策……而且——也许你不相信这一点，但是我相信——无论是中国还是美国，这两个伟大的国家，都不想控制这个世界……我们可以找到共同的基础，尽管我们有差异，去构建一种使我们双方都可以以我们自己的方式在我们自己的道路上顺利发展的世界结构。对世界上某些其他国家就不能说这些。"

"我们也没有威胁到日本或韩国。"毛泽东说。接着他补充说："你认为我们今天讨论的范围足够吗？"

"是的，"尼克松说，"主席先生，我们知道你和总理为邀请我们来这里承担了很大的风险。对我们来说，这也是一个很艰难的决定。但是鉴于所看

第 28 章　1972 年 2 月 22 日

到的主席的一些表述，我知道他是一位看到时机到来了的人，你必须只争朝夕"——摘自毛诗词的话。"你不了解我。由于你不了解我，你不应当信任我。你会发现我绝不会说我不能做到的事。而且我总是会比我所能说的做得更多……主席的生活历程是我们众所周知的。他来自一个非常贫穷的家庭，成为这个世界上人口最多的国家，一个伟大的国家的最高领袖。我的背景没有这么著名。我也来自一个非常贫穷的家庭，成为一个非常伟大的国家的最高领袖。历史把我们带到一起……问题是我们揣着不同的哲学，是否能够实现一个突破。在未来的岁月里，这个突破不仅将有利于中国和美国，而且将有利于整个世界。这就是我们之所以来到这里的原因所在。"

毛泽东回答说："你的书，《六次危机》，是一部不错的书……我对美国知之不多。我要请你派些教师来这里，主要是历史和地理教师。"

会见渐渐趋于结束，尼克松说主席看起来很好。"外表会骗人。"毛泽东说。

关于会谈还有最后一件事要做。总统的手下要求中国摄影师在将照片交给新闻媒体之前从照片上删剪掉温斯顿·洛德的影像。[1018] 用这种方式他们可以告诉国务院，中国人坚持只让总统和基辛格去毛泽东的宅邸。

这次会谈之后，一切都不一样了。飞机场和乘车旅行的冷静变成了阳光明媚的冬日的微笑。回到国宾馆，一个近乎忘乎所以、难以自持的尼克松急急忙忙冲去参加他与周恩来一起的首次全体成员会议。美方一行 10 人，现在包括罗杰斯及其手下，在人民大会堂一间装潢精致的会议室里，面对着长桌的对面中方一行 19 人。这次会议讨论程序以及起草最后公报的细节，但是尼克松和周恩来开始谈论 1954 年那次著名的不握手。"我们要握手，"尼克松说，站起来并且把手伸向桌子对面。周恩来也站起来并再次与他握手。尼克松记得那么多的事而且那么激动，以至于说起话来像是在喊中国的标语口号："整个世界都在注视……我们打破了旧的模式。正如总理在会见基辛格博士时所说，舵手必须乘风破浪，否则他就会被潮水所淹没。"

周恩来提出，第一条工作规则[1019]是如何对待美国的新闻媒体。"他们希

尼克松——孤独的白宫主人

望我接见他们，"总理说，"在过程进行中让我直接回答他们的问题不是很容易。我也不像基辛格先生那样擅长简报会议。因为我可能会说出所发生的实情……"

接下来，该是在人民大会堂举行欢迎宴会的时候。[1020]周恩来向总统祝酒说："友好交往的大门终于被打开了……差异不应阻碍中国和美国在互相尊重主权和领土完整、互不侵犯、互不干涉内政、平等互利、和平共处五项原则的基础上建立正常的国家关系……"然后，总理（一个说着英语、风度翩翩的人）在宴会厅转了一圈，给在场的每一位美国人祝酒，微微鞠躬，抿一小口茅台酒（也就是中国的高粱白兰地酒，瓶装的烈性酒）。

尼克松总统记得他的祝酒词。关于这段祝酒词，在美方人员白宫先行主管德怀特·蔡平和国务院译员小查尔斯·弗里曼之间曾发生过一段奇异的情形。蔡平分派弗里曼在宴会上做翻译，弗里曼要求提供文稿。蔡平说总统会即兴讲话。但是弗里曼知道这不是真的，因为他曾经起草过讲话稿——并且他知道总统会引用毛泽东的诗词。蔡平再一次拒绝给他提供文稿，弗里曼说："如果你以为我会站起来，即兴将毛主席诗词翻译成中文，那你的脑子就出问题了。"

"这是总统的命令。"蔡平说。但是弗里曼再次拒绝了。因此，在尼克松讲话时，由一位中国译员拿着文稿做翻译。尼克松说："在这个非同寻常的时刻，通过奇妙的通信手段，与世界历史上的任何其他时刻相比，有更多的人正在看到和听到我们所说的。然而，我们在这里所说的不会被长久地记住。而我们在这里所做的却能改变这个世界……毛主席曾经写道，'多少事，从来急；天地转，光阴迫。一万年太久，只争朝夕。'此时就是那个时刻。现在就是我们两国人民登上伟大崇高的顶峰，建设一个新的、更美好的世界的日子。"然后，他像周恩来那样在宴会厅转了一圈，在管弦乐队演奏"美丽的美利坚"的乐曲声中，与在座的70位中国客人——碰杯、敬酒，向他们鞠躬。

回到下榻的宾馆，疲惫而快乐的总统收听了国内重播的电视和报纸报道。电视确实在展示和讲述奇迹——三大广播电视网对这次宴会做了4个小

第28章 1972年2月22日

时的直播——几乎没有谈及政治或政策的话题。

中国电视播送了毛泽东会见尼克松的10分钟报道，没有播放声音。下午，每期六页的《人民日报》用两页登满了两国领导人的照片。该报史无前例地一售而罄。这次美国人第一眼看到的人群是聚集在张贴着这些报纸的布告栏周围。

次日，2月22日星期二，尼克松和周恩来坐下来讨论两国政府将在总统访问结束时发布的联合公报的内容，[1021]只有10个人与会。东道主周恩来问总统，是想从有关台湾问题的讨论开始，然后再进行有关世界事务的一般性讨论，还是从世界事务开始再进行台湾问题的讨论。

"台湾。"总统回答说。但是首先他想再谈谈保密问题。他说，只有在场的三个美国人，即基辛格、洛德和约翰·霍尔德里奇（国家安全委员会的中国专家），以及黑格将军（其回到了美国）会看到这些谈判会议的笔录。他说他会给罗杰斯以及国务院东亚专家马歇尔·格林看一些必要的摘录。周恩来什么话也没说，他已经听基辛格说过同样的话了。尼克松补充说："我们的国务院像个漏勺似的泄密。而且在我们的政府机构中，对我所采取的立场，例如我们对印度和巴基斯坦的立场，有很多反对意见。"

接着，总统做了一个半小时多的讲话。讲话稿是在基辛格与周恩来夜以继日会谈的过程中形成的，但是它仍然不失为一次非凡的表演。总统直截了当，表现得比跟他自己的幕僚和内阁在一起时更为坦诚。他直奔要点——中国的要点是承认台湾是他们的，也许不是指明天或者甚至20年之后，而是永远是中国的一部分。尼克松讲话时语气坚定而轻松，表明了他所做出的决定，这些决定他未曾告诉过他自己的助手或美国人民，与现行政策、公开说法以及承诺相矛盾，而且，据听闻者所知，是他本人的信念。他是这样开场的：

第一个原则是，只有一个中国，[1022]台湾是中国的一部分。不会做更多

469

的陈述去说明台湾的地位是不确定的,如果我能控制我们的政府机构的话。

第二,我们没有,也不会支持任何台湾"独立"活动。

第三,在我们力所能及的范围内,我们会支持任何能够实现的台湾问题和平解决方案。与这一点相关的是,我们不会支持台湾当局采用武力回归大陆的任何军事企图。最后,我们谋求与中华人民共和国关系正常化……我要补充说明的是,正如基辛格博士已指出的那样,目前我们在台湾的武装力量有三分之二是与我们在东南亚的武装力量有关的。这些武装力量将随着东南亚局势的缓解而撤出。我已经做出了这个决定。减少剩余在台军力的进程将随着这个问题的和平解决向前推进。

总理先生,在此,问题不是我们要去做什么,问题是对此我们要怎样去看。

在第一时间满足中国的条件之后,尼克松开始讲他对国内问题和他的反对者的看法:"很坦诚地讲,左派希望此行失败,不是因为台湾地区而是因为苏联。而右派,出于深刻的原则性意识形态的原因,认为在台湾问题上完全不应做任何让步。"他还提到了亲印度的美国人,他说他们反对美中关系缓和。

基辛格第一次开口说话:"你忘了亲日派——"

"极右派、亲苏左派以及亲印度左派的邪恶联盟……"尼克松说,并补充说,"还有那些亲日派。"他接着说:"我们力图找到一种说法,不让这个强大的联盟……有机会串通一气并且真的说美国总统去北京,出卖了台湾的利益……我们的问题是要找到一种巧妙的说法,既满足你方的需求,又不激怒敌人……"

对尼克松而言,让敌方保持冷静——以便为秘密策略赢得时间和选择权——是其领导方法的核心。接下来,他转而阐述他在北京的一个主要论点:中方公开说什么是他们的事,但是他想让他们相信,不要极力把美国推出亚洲,这对他们是有利的。总统强调说,对中国真正有威胁的是苏联、日

第28章 1972年2月22日

本重整军备以及核武器的发展。从基辛格的备忘录中他得知，周恩来对美国人的一个首要质疑是："你们能控制日本这匹野马吗？"[1023]

"别说'我们反对日本的重整军备，'"基辛格在简报备忘录中曾告诉尼克松，"说'我们反对核日本。'"

总统继续讲，大体上提出了一种美中结盟，一种隐藏在云山雾罩的老生常谈背后的谅解。"我不同意总理关于美国在世界上应扮演的角色的分析，"他开始说，再次提及基辛格与周恩来谈话的笔录。"公开地讲，我认为总理和毛主席一定会采取这样一种态度，认为美国是一个到处伸手的资本主义、帝国主义大国，它应该从亚洲滚回去，从欧洲滚回去，让民主势力和自由势力以自己的方式发展……"但是，他继续说："我相信中国的利益和美国的利益都迫切地需要美国，除稍后我们可以讨论的某些例外情况之外，在欧洲、在日本保持一种军事存在，当然还要保持我们在太平洋的海军军力……

"我们每一方都必须将本国的生存放在第一位，如果美国要削减其军事力量，如果美国要从我已说过的世界其他地区撤出，对于美国来说危险会很大，而对中国来说危险会更大。

"我没有归咎于现苏联领导人的任何动机。我不得不尊重他们所说的，但是我必须根据他们所说的做决策。而且就核力量平衡而言，过去四年以来，苏联一直在以惊人的速度发展……至于中国，苏联在中苏边境所屯兵力已超过其针对西方联盟的兵力……我认为，总理从其自己的哲学出发，对日本正好没有采取正确的态度，譬如说认为美国应当撤出自己的军队，应当废除美国与日本之间的条约，应当让日本成为一个被解除武器的中立国。我认为总理一定会继续说……美国可以离开日本的水域，但是其他人会在那里捕鱼。而且中国和美国都经历过与日本军国主义斗争的艰难时光……以其巨大的经济生产能力、伟大的天生驱动力和对失败战争的记忆，在美国的担保被取消的情况下，日本人很可能会转而构建他们自己的防务……日本也可选择靠拢苏联……

"我知道我听起来……像个冷战佬，"尼克松说，周恩来大笑，"但是，这就是我眼中看到的世界……我相信，在我所提到的这些方面我们的利益是共同的……

"讲完这个分析我就结束讲话，我不想留下这么一个印象：美国不会试图去找麻烦的根源——苏联，而会试图去达成能减少共同风险的任何协议……我们会试图，譬如，去达成战略武器限制协议并且也会在中东取得进展……"

最后，尼克松许诺，将通过基辛格保证让中国随时了解美国与苏联接触的情况，以及更多情况。总统提议，在中国和美国之间可以筹划秘密的军事和情报合作。

基辛格插话说："我们已经做了。"

"好。"尼克松说。

"谢谢你，"周恩来说，用英语说，"我们休息十分钟，好吗？"

在返回宾馆的路上，总理谈了他自己对二战后政治和历史的看法，他说："美国军队离开了中国，苏联军队也离开了中国，中国人民自己填补了空白……今天中国的局面恰如两百年前英国殖民主义军队被美国驱逐出去，美国人民自己填补空白的局面一样。"

周恩来讲话中提到的恶棍是哈里·杜鲁门总统。"历史曲折发展……朝鲜战争期间我们为什么派出中国人民志愿军？因为杜鲁门逼迫我们。他派第七舰队进入台湾海峡使我们不可能收复台湾。更有甚者，他的军队直接逼近鸭绿江边界……我们不能袖手旁观。我们必须表明我们说话是算数的。尽管我们不能肯定我们一定会赢，因为苏联不愿派兵……

"现在可以颇为轻松地讨论台湾问题，"周恩来继续说，并且说他相信总统说的是真话，"我们已经等了二十多年——在这里我很坦率地讲——而且我们还可以再等一些年……我们可以提前告诉总统先生，还有日本，在台湾回归大陆的时候，我们不会在那里建任何核基地……

"现在，更为紧迫的问题是印度支那问题。民主党宣称你来中国解决越

第28章 1972年2月22日

南问题，试图使你在这个问题上难堪。当然，这是不可能的。在解决这个问题的谈判中，我们的立场不同……我们的立场是，只要你们继续坚持战争越南化、老挝化、柬埔寨化的政策，他们继续打仗，则我们就只有继续支持他们，此外别无他法……你去那里纯属偶然。那为什么不放弃呢？……冒昧了。"[1024]

尼克松事先知道回答会是这样的，因为他看过基辛格与周恩来会谈的笔录，而且，他也知道，2月6日在巴黎尝试说服中国人安排总统与黎德寿或者另一位北越谈判代表在中国会见未果。现在，在第一次提到这个战争的时候，他似乎很不喜欢周恩来漫不经心的劝告，只是说："在没有协定的情况下，我们不会退出那里……在我看来，如果那样退出，美国就会成为一个一文不值、受到全世界各国和人民（无论其哲学是什么）轻视的国家。"

周恩来大部分时间都在谈美国和苏联的权势，以及这两个超级大国之间的军备竞赛："我们所担心的是你们两个超级强国花这么多钱进行军备扩充。这对世界的未来意味着什么？……最糟的可能性是你们都去进攻中国——苏联来自于北部，日本和美国来自于东部，而印度进入中国的西藏。当然，在这种情况下，我们的人民就会不得不做出极大的牺牲。"

"我理解，"尼克松说，"在这一点上，我会说一个强大的中国有利于世界和平。我并不是说建议中国改变其政策，变成一个超级大国。但是一个强大的中国可以在世界的这个关键部分帮助提供势力平衡，这是极其必要的。这里，我还有一个自私的理由——如果中国能够成为一个第二超级大国，那美国就可以减少其自己的军备了。"

周恩来大笑并说了这次会议的最后一句话："你对我们太有信心了……我们不想花太多的钱。我们不想扩张。"

这天晚上，尼克松夫妇观看了一场非同寻常的政治戏剧，一场雄伟的中国宣传芭蕾舞表演。赛迪在给《时报》的一封电报中描述说：[1025] "总统和尼克松夫人与毛泽东的夫人江青一起坐在那里，惬意地夹在他们中间，他们前面的桌上放着一瓶橙汁汽水饮料和茶，舞台上上演着《红色娘子军》，歌舞生动，含义鲜明。恶霸地主鞭打一个逃跑的农家姑娘，后来她加入了共产党。他们一起开展他们的解放斗争，赢得了一个又一个的胜利，回来杀了恶霸地主——最后他们向着红日行进，刀剑闪闪发光，机枪哒哒哒地响，手榴弹在引爆……"

次日早上6点总统醒来，写了一页纸的笔记，结尾写道："你们的人民期盼[1026]在台湾地区的行动。我们的人民期盼在越南的行动。没有人能立即行动。但是这两个行动都是不可避免的。让我们不要彼此难堪。"

尼克松与周恩来的第二天会谈在第二天下午开始。[1027]但是，很快就能看出，高层的工作已经完成，剩下的事情就是确定美方代表基辛格议定的联合公报的措辞。尼克松和周恩来徜徉在交谈和老战争故事之中。一会儿他们又说到都非常喜欢叶海亚·汗，但是此人又是多么糟糕的一个领导人。说到苏联人，中国总理顺带重复了勃列日涅夫对中国的解读："他们就是不听劝告。"尼克松问他中国军方领导人陈毅元帅什么时候去世的。"就在前不久……他患了胃癌，"周恩来回答说，然后他佯装无知地问，"你有办法治愈癌症吗？"

尼克松讲了个故事，他说这个故事他以前从未讲过。故事是有关韩国前总统李仁济的。"1953年，身为副总统的我做第一次环世界之旅，艾森豪威尔总统让我带一个很长的口信给李仁济。当时李仁济正在考虑去北部，也就是入侵朝鲜。我担负的一个令人不愉快的任务就是告诉他，他不能去北部，如果他去了，我们不会支持他。我告诉李仁济的时候他哭了。"

周恩来在这场前所未闻故事竞赛中获胜，他讲了一个有关珍宝岛事件的故事。珍宝岛是乌苏里江上的一个岛，位于中苏的东北边境，1969年两国军队曾在那里交战。"柯西金给我们打电话。他要接线员找毛主席。在没有命令的情况下，这个接线员回答他说，'你是个修正主义者，所以我不会给你接通电话。'于是柯西金说，'如果你不愿设法接通毛主席的电话，那么请你找一下总理，好吗？'这个电话接线员又给了他同样的答复。"

第 28 章 1972 年 2 月 22 日

总统变换了话题，他称赞基辛格——也许是因为基辛格和罗杰斯又吵架了，这天早上他们分别到尼克松下榻的宾馆去抱怨对方——最后略带一点儿我还是老板的锋芒说："他着眼长远，这也是我极力争取做到的……总理可以确信，如果我们能安然度过接下来的政治斗争，就像我们希望并期待做的那样，我还会让基辛格博士跟我一起。他待不住，但我却不能让他离开，因为他要写的那本书会说出太多。"

"只要总统认为我可用，我就不会离去，"基辛格恭顺地说，"在任何情况下我都不会写书。"

过后，周恩来说，罗杰斯已经去中国外交部要求参加有关由基辛格和中国外交部副部长乔冠华起草的联合公报的谈判会议。

"有个误会……我已经委派基辛格博士作为代表……这就是我们所想要的做这件事的方式。"

这天下午，天色越来越晚。作为本次会议主持人的尼克松说，天色渐晚，但是他还有一个问题要问周恩来，想听听他对苏联领导人的评价。周恩来用两句话做了评价，他说勃列日涅夫更为强势、更野心勃勃、更容易动感情，而柯西金更像个技术官僚、目光短浅。接着他谈到他对苏联发展方向的印象："苏联的政策实际上是一种扩张政策，尽管他们自己并不承认这一点……我们称他们为'社会帝国主义者'，他们不喜欢这个称呼，因为这个词来自于列宁……列宁指的是那种口头上讲社会主义实际上行帝国主义的人。从他们入侵捷克斯洛伐克的时候起我们就给了他们这个称号……巧合的是，那时正好也是罗马尼亚的国庆日。在那天，我亲自去了罗马尼亚大使馆，并且当着苏联大使的面给了他们这个称号。从此之后，他们便将我们恨到骨子里面了……"

"他们担心你们威胁他们在所谓社会主义阵营中的领导地位吗？"

"我们甚至不认为他们属于社会主义阵营……因为有许多不同的想法，社会主义阵营已不复存在了。"

尼克松——孤独的白宫主人

这天晚上，美国人单独在宾馆用餐——牛排、土豆和冰淇淋——之后，总统一行去首都体育馆[1028]与8,000名观众一起观看中国体育表演，包括体操、羽毛球和乒乓球。霍尔德曼用一位昔日先遣助选人员可能的羡慕之情记录了那晚的情形："体育表演给人的印象是一次被全面控制的活动。大厅里挤满了人，座无虚席。观众分片就座，最大的一片坐着身穿绿色制服的军人，另一片是身穿蓝色制服的军人，其他各片是身着便装的人，一片是身穿红色运动套装的运动员，另一片是身穿蓝色运动套装的运动员，凡此等等。而且，他们有一种灯光系统，使他们能够在电视镜头前打开各片的头顶灯光，在每一片灯光时不时点亮的时候，落座其中的人就会冲着镜头一起欢呼。组织管制非常严格。参加表演的运动员昂首阔步、摆动着臂膀进场；在每个节目之前，表演者都面对总理立正站立。控制的程度可以说是完全彻底的……"

总统累了，而美国记者们感到很沮丧。赛迪向国内报告说他不知道发生了什么事。美国记者们获准听到的话只有头天晚上周恩来和尼克松的祝酒词。赛迪写道："尼克松和周恩来联手进行自第二次世界大战以来最秘密的外交活动[1029]……我非常担心的是，尼克松政府会从毛泽东的政治制度中得到某种启示。远道而来的尼克松完全不是仅仅到此一游。他们说他与毛泽东见了一次面，但是我们只得到了几张照片和罗恩·齐格勒的只言片语。这很累人，一直是这样。我们不仅要设法搞清楚尼克松实际上在做什么（这还有可能），而且我们还要设法找出有关北京和中国……几乎没有出租车，而官方的车辆都一直在外面跑。我们在听任东道主的摆布，这无疑是他们所希望的方式。"

"关于会谈的方向什么也没有披露。"马克斯·弗兰克尔在第二天《纽约时报》头条新闻报道第二段的开头写道。作为当时在北京的少数几位富有亚洲经验的记者之一，霍华德新闻社的R.H.沙克福德写道："重要会议在完全保密的情况下进行。没有向新闻媒体宣布或'泄露'任何信息，甚至没有告

第28章　1972年2月22日

知过讨论的主题……美国人与中国各级官员之间的会议备忘录是今天现有的最重要的顶级秘密文件。"约瑟夫·克拉夫特发现自己坐在一位中国新闻办公室高级官员旁边，于是他抓住这个机会问他，林彪出什么事了。这位官员回答说："吃你的午饭！"[1030]

在《新共和》杂志上，约翰·奥斯本[1031]谈论了从罗恩·齐格勒以及其他随从人员那里得到的细节，最后写道（而且写得也不正确）："近年来常常报道说行将去世或丧失能力的毛泽东，在尼克松和基辛格见面时，显得很健康、思维敏捷、指挥若定……没有泄露与毛泽东会谈的任何实质性内容。除了说毛主席很健康之外，唯一能看得到的事实是周总理在毛主席面前扮演的是一位谦逊的随从和下属。"

但是照片都很棒。2月24日，气温20℃，一个阳光明媚的日子，尼克松夫妇成了由导游带着观光的旅游者。他们从北京驱车40英里去参观明代皇帝的陵墓。陵墓前数英里排列着想象出来的面貌凶猛的动物作为守卫。然后他们又去参观了中国的长城。他们到处受到身价数百万美元的电视才俊的跟踪，包括沃尔特·克朗凯特、埃里克·塞瓦赖德、芭芭拉·沃尔特以及哈里·里森纳。几近绝望的美国报业记者出奇招，让在场的游客家庭和儿童摆好姿势与总统以及在明陵的所有其他人一起合影，才获得了独家新闻。这些游客是由当地革委会用公共汽车送到那里当道具的人。在长城，记者们获得短暂的机会向尼克松提问，他们得到的报偿是一段全世界得以听闻的语录："我认为你们一定会断定这是一道伟大的墙……"此后，美国最著名的一些署名作者，包括特迪·怀特，比尔·巴克利和詹姆斯·米切纳，断定他们跟着尼克松夫人可能效果更好。尼克松夫人被带去参观学校、医院和工厂。他们在一家玻璃制品厂得到了报答：尼克松夫人在观看工匠们做玻璃花的时候问，"他们自己判断把什么混在一起吗？他们可以只取这一点和这一点吗？"玻璃厂革委会主任的回答是："不，他们有一个特定的设计。"

这次观光旅游之后，与周恩来的第三次谈判会开始了。[1032]这一次，与会者开始对由基辛格和乔冠华议定的联合公报进行字斟句酌的讨论。他们二人一起工作到晚上很晚时候。

尼克松首先阐述了他的问题:"我的目标是实现与中华人民共和国关系正常化。我认识到解决台湾问题对于实现这个目标是必不可少的,但是……我必须能够回到华盛顿去说没有做任何秘密交易……因此,我必须做的是,得到我们将称之为'运作空间'的东西,我希望联合公报中的说法能提供之……

"如果我回去的时候有人问我,你与总理有没有达成一个交易,你会从台湾撤出所有的美国军队,我会说'没有。'……在错误的时间它会引起争议。"

周恩来同意没有时间限制。接着他补充说:"在你的军队还留在台湾的同时——你会阻止日本军队进入吗?"

"我会更进一步,"尼克松说,"我们将设法在我们的军队离开之后也不让日本军队进入台湾。"

"你们不会支持或者允许台湾'独立'运动,也不鼓动之,无论是在美国还是在台湾地区?"

基辛格打断周恩来的话说:"'允许'超出了我们的能力。"

"劝阻呢?"周恩来问道。

"劝阻。"尼克松说。

关于越南,总统说,他确信中方明白许多美国人认为他和周恩来此刻正在做的是就这场战争的结束进行谈判。"当然,"他继续说,"总理告诉我们的是,他在越南问题上不能帮助我们……显然,要说的是,即使是用措辞巧妙的公报来表达,中华人民共和国想从我们这里得到的是在台湾地区的行动并且得其所愿;而我们想要的是在越南问题上的帮助,但我们什么也没得到。"

周恩来重复他以前说过的话:解决你方越南问题的方法是撤离。他们把话题转到柬埔寨。"我们从来没有干涉他们的事情,"周恩来说,"在我看来,西哈努克亲王是个很聪明的人……他既不是共产主义者也不是社会主义者也不是马克思主义者,而是一个爱国主义者……"

第28章 1972年2月22日

"没人相信这一点,"尼克松说,"但是在柬埔寨废黜他不是我们的政策。"

周恩来笑了,然后说:"在这个问题上我们与基辛格博士有过争论。"

然后,总理问总统对中东问题的看法,说基辛格自称是犹太人因而他的看法不可信而回避讨论这个问题。尼克松(地道的冷战佬)于是阐述了他的说法:"苏联正在下更大的赌注。它正在地中海发挥统治作用。它正在充当通往非洲的门户……以色列只是一个人质,苏联人关心的一个托词……我的顾虑"——他看看基辛格——"顺便说一下,也是他的顾虑,他说他是犹太人,但是他首先是个美国人。我们的顾虑比以色列大得多。我们相信苏联正在行动……它必须受到抵制……"

次日上午,[1033]尼克松叫来基辛格,再次讨论公报上关于台湾问题的措辞。基辛格说他和乔已经为此忙活了一整晚了,可能还要再忙一晚。"你们俩都年轻,你们不需要睡觉……"尼克松说,"我在这里睡觉一直都很难。"他看起来很疲倦。他想知道,在马上到来的宴会上他们能不能不再干杯和碰杯。"我们不得不按他们的方式那样做。"基辛格说。

尼克松与周恩来再次斟酌公报措辞的会议被安排在下午三点,但是被推迟了,因为每15分钟就要等基辛格和乔想出台湾问题段落的措辞。最后,在下午5点45分,周恩来和尼克松又坐了下来,但是没有达成一致。总理建议,在尼克松和美方大部分成员飞往中国南部湖区度假城市杭州市之前他们在机场再开会。

"你可以再说说。"周恩来说。[1034]

"不了,"尼克松说,"我一直都在说。"

周恩来却并不这么认为。他想谈谈5月份总统去莫斯科参加高峰会谈的计划。他说,中国与苏联之间关系紧张程度已经达到这样的程度,中国人被要求各级各户挖防空洞,而政府正在将这些防空洞连成网络以使人幸免于苏联的轰炸。总理说,如果苏联问在北京会谈期间发生了什么,他建议美国强调无论是美国人还是中国人都没有寻求在太平洋称霸,中国人绝不会蓄意沿边境激怒苏联人，并且希望双方在有争议的边境地区撤军。

"我们觉得很难理解他们，"周恩来说，"这真的是一种病态。"

他提出了另一个问题："以色列为什么不将其所占领的土地还给阿拉伯国家？那样会有利于缓解紧张局势，不是吗？"

"以色列认为，除非能达成一种更好的平衡，否则它不能归还领土，"总统回答说，"达成更好的平衡它才能够更好地保护自己免受攻击……但是归还领土这个话题是我们一直在讨论的话题……"

回到下榻的宾馆，霍尔德曼告诉尼克松，罗杰斯对不让参加会谈的抱怨越来越盛。突然，罗杰斯不告而来，出现在门口，问他什么时候能见到毛泽东。总统对基辛格点点头，后者说不再会安排见面了，因为毛泽东病得太重。"不对！"霍尔德曼后来告诉他，"关于这一点我们不应当说什么。"

基辛格离开，去继续修改联合公报，半个小时后匆忙回来。他面露得意之色，说他们已经想出了双方都能接受的说法。"这是个胜利。"他说。[1035] 尼克松表示同意。中国的让步是允许美国在承诺从台湾"撤军"方面含糊其辞，允许将措辞缓和为"逐步减少"和"随着该地区紧张局势的缓和"。

这天的晚宴之后，总统回到宾馆，担心他的国务卿会无意中泄露有关毛主席健康的真实情况。他派霍尔德曼去告诉罗杰斯不要跟任何人讲毛主席的任何情况。齐格勒进来报告说，他已经告诉美国媒体代表团，对联合公报的最终稿已达成"基本协议。"当天的《纽约时报》的头条新闻报道援引齐格勒的话，并补充说："他没有具体说明所达成协议的性质或者联合公报会涉及的主题。"

总统和周恩来一起乘车去机场，途中聊起逆境对性格的影响。尼克松自认为是这个话题的专家。他说他从挫败中比从胜利中所学到的更多，他想从生活中得到的就是赢的比输的多一点。

这天早上在机场开会有23个人参加，包括罗杰斯。会上没有讨论什么实际内容，每个人都把其他所有人称赞了一遍。然后，周恩来说他想承认一

第28章 1972年2月22日

个错误："我发现你们新闻媒体给我们指出的一个缺点[1036]……有些人让一些幼儿在那里美化陵墓，这是在制造一种假象。你们的新闻记者已指出了这一点，我们承认这是个错误。我们不想掩盖这个错误……我们已经对做这种事的人进行了批评。"

又到喝茶时间了。尼克松和周一起坐在机场的一张大椅子上。这天是2月26日，星期六。总统和周恩来在一起待了40多个小时，出乎意料地得到他的全程陪伴。他们彼此相邻地坐着，总理挨个儿地指点着墙上的图片，一幅一幅地加以说明。尼克松的面部表情显得越来越茫然。他试图笑一下，但是笑意顷刻间就没了。他瞪了周恩来一眼，然后说："你到底在说什么？"[1037]

在去往杭州的飞机（一架俄国制造的涡轮机螺旋桨式飞机，噪声很大）上，总统走出飞机后舱他和周恩来合用的私人包间，让他那些感到诧异的幕僚离开，在霍尔德曼旁边坐下。在两小时的飞行中，他大部分时间都坐在那里。杭州（也就是英文所说的"西湖"）是一个迷人的地方，有许多小岛、石桥和佛塔。在那里，周恩来不见了。当车队从机场到达湖畔的时候，总理不在那里。那个机场是为尼克松的到来而在四十天内修建的一个新航站楼。用了好长时间才找到周恩来。他正独自一人在西湖附近的一个小树林里漫步。然后，他们都下了车，去看三潭映月岛之类令人赏心悦目的景致。

第二天上午就要去上海了，总统用一个小时与齐格勒和霍尔德曼一起仔细检查了一下来自国内的新闻报道。最怪异的一条新闻是来自新罕布什尔州曼切斯特的一则报道，那里有些报纸报道说，民主党最有可能的获胜者马斯基参议员，在曼切斯特《工会领袖》报社前愤怒地对一小群人讲话时突然放声大哭。该报一直在经常攻击他，并且刚刊发了一封匿名信，作者在信中谴责他嘲弄"法裔加拿大人"（Canucks），[1038] 也就是生活在新英格兰州的法裔加拿大人，并且把他的妻子描绘成一个铁石心肠的、该诅咒的酒鬼。尼克松感到很好奇，但是甚至回到白宫之后他的手下也没有搞清楚实际上到底发生了什么事情。飞机在上海一着陆，美国人就被车送到了上海市的工业展览会。总统看起来就好像站着就能睡着。"机械总是令我印象深刻，"他说，"但是我对它一无所知。我能做的只是给车换车胎。"

在他到达锦江饭店的时候，基辛格拿着一份有关联合公报最终版的报告在那里等候，报告中包括罗杰斯在终于看到这份文件之后提出的一些修改意见。联合公报正文提到美国对日本和韩国防务的条约义务，但是没有提到对台湾地区的同类条约。罗杰斯的手下赢了这一阵，他们指出了一点历史记载：在1950年初，国务卿迪安·艾奇逊在美国防务承诺清单中没有提到韩国，这被认为是使几个月后朝鲜做出入侵韩国的决定的一个因素。尼克松派基辛格回到乔那里，现在迫于最后期限问题的压力，他们拿掉了有关日本和韩国协定的内容。相对于民主党人和记者们质疑为什么单单忽略了台湾协定，尼克松宁愿让东京和汉城感到不满，那可以通过私下承诺去缓和。接着，罗杰斯又带着更多的问题来了。"告诉他我睡了[1039]或者什么的，"尼克松告诉霍尔德曼，"把什么都告诉他。我不想见他。"

但是他还是下楼来，听取了罗杰斯的新疑问，并且逐一反驳了它们。做完这些，他很冷淡地说："现在，我要求国务院完全隐藏在这件事背后。"他睡着了，小睡了三个小时，此间上海联合公报原文发表了报告。

"我们在这里待了一个星期，"在上海宴会上，总统在他的祝酒词中说，"这是改变世界的一个星期……今天我们发表的联合公报会成为明天全世界的头条新闻。"

当然，的确如此。《纽约时报》贯通八栏的大标题是：

尼克松和周恩来同意重新建立联系，美国逐步从台湾撤军

在那个大字标题下面的一个小标题是："台北愤愤不平。"
联合公报本身不到2,000个字，它们大都在重申人们熟知的观点和立场。

美国方面声明：……美国支持全世界各国人民在没有外来压力和干预

第28章 1972年2月22日

的情况下取得个人自由和社会进步。……美国最高度地珍视同日本的友好关系,……

中国方面声明:哪里有压迫,哪里就有反抗。国家要独立,民族要解放,人民要革命……中国方面表示:坚决支持越南、老挝、柬埔寨三国人民……

双方都表示:"中美两国关系走向正常化是符合所有国家的利益的……"他们双方也都同意用于警告苏联的一句话:"双方声明……任何一方都不应该在亚洲—太平洋地区谋求霸权,每一方都反对任何其他国家或国家集团建立这种霸权的努力。"

最后:

中国方面重申自己的立场:台湾是中国的一个省……解放台湾是中国内政,别国无权干涉;全部美国武装力量和军事设施必须从台湾撤走……

美国方面声明:美国认识到,在台湾海峡两边的所有中国人都认为只有一个中国,台湾是中国的一部分……它重申它对由中国人自己和平解决台湾问题的关心。考虑到这一前景,它确认从台湾撤出全部美国武装力量和军事设施的最终目标……

现在,总统不能入睡,他太激动了。从午饭到最后一次宴会,他喝了不止一点儿茅台酒,他也醉了。在晚宴上,他第一次发表了即席祝酒词——他得意忘形,任命美国为中国的监护人和世界警察,他说:"这个伟大的城市,在过去,曾多次成为外国侵略和外国占领的受害者。而我们与中国人民一道,我们美国人民,将致力于这样一个原则:再也没有外国统治、外国占领会降临在这个城市或者中国的任何地方,或者世界上任何一个独立的国家。"

他让霍尔德曼叫基辛格来,然后他又点了几杯中国烈性酒。凌晨两点他还坐在长沙发椅上跟基辛格聊天,他的头脑越来越疲惫。霍尔德曼没有喝酒,他提出,他们都需要睡一会儿了,这时尼克松说:"如果周恩来可以彻夜不眠，[1040]我也可以。"

从事政治活动的时间是尼克松与周恩来最后一次会谈的主题。[1041]周恩来说很奇怪，他在他们中间是比较年长的人，但尼克松却只有更少的时间去落实联合公报所列的改变——十个月或者四年零十个月，取决于即将到来的大选。（在其笔记上，尼克松在这一点上打了勾，写道："年龄：我的人生是十个月或者五年——然后就完了——我几乎没时间了。"）与会领导人承认，在许多时候，在许多问题和地方争端方面，他们的政府会站在相互对立的立场。尼克松说："也许我们可以回避个人的说法。"

"还有形容词。"基辛格说。

周恩来说，总统随时可以宣布，参议院领导人，民主党的迈克·曼斯菲尔德和共和党的休·斯科特会被邀请来北京。尼克松（曾提议这个邀请）回答说："记住我说的话，对方党的曼斯菲尔德比我党的斯科特更能保守秘密。"

接着，周恩来说他想说件事："我们感到非常遗憾，就在你到访之前和访问期间北越被炸毁了……"

"这是荣誉攸关的大事，"基辛格说，"我不相信，我们在这里的同时我们在北越进行轰炸。"

"在非军事区，非军事区沿线，道路两边。"周恩来说。

"不是我们在这里的时候。"基辛格重复说。

"是。"

"我们要查查这件事。"

"已经炸到广宁省了。"

"我们要查。有命令说不让炸的。"

"在你们回到美国时你们会查清楚的。"

在去机场的车上，[1042]上海市委书记张春桥坐在总统旁边。他指着车窗外一个大型儿童公园说："25年前——解放以前——那是一个高尔夫球场。那里立着一个牌子'中国人不得入内'。"

第29章 1972年4月7日

2月28日晚上9点30分，尼克松总统回到安德鲁空军基地。次日上午10点开始，他分别给国会领导人和内阁成员做了三小时情况简介。他描述了他与周和毛的会见，说毛主席反应迅速、机敏，只用几句话概括了所发生的事情："最基本的一点[1043]是两大强国——人口最多的国家和最强大的国家——之间的新关系，我们互相跟对方说，我们支持和平解决国际争端以及我们之间的争端的主张。将我们联系在一起的直接原因就是共同利益……我们双方都希望在太平洋和这个世界建立一种和平结构……差异还会继续存在，问题是我们是要与它们共存还是要为它们而死。"

和他自己的人在一起，他更轻松自在一些，他说："我应该告诉你们，这个时间比尔、亨利和我应当是在睡觉，如果我们口齿不清，那是因为我们睡着了。"

基辛格不失时机地说："即便醒着我也会说话口齿不清。"

在会见20位参议院和众议院两党领导人的时候，在美国将会对台湾地区采取什么行动的问题上总统遇到了比较大的压力，但是他在回答中坚持了联合公报的说法。说到某一点的时候，他好像顺便说到什么事情，表明他理解并且相信周恩来所说的有关杜鲁门总统和以往美国式错误的问题。根据官方记录："总统指出，如果这次会晤发生在25年前，可能就能避免朝鲜战事。"

在会见国会领导人时，富尔布赖特参议员问了三个有关中国以及越南战争的问题，但是总统都避而未答。在会见结束时，他在门口堵住富尔布赖特参议员，劝他不要在公开场合提出那样的问题，尤其是有关美国战俘的问题。"这根弦可能会断，"总统略带一点神秘地说。他用手指着富尔布赖特说："知道吗，比尔？同意吗？"

富尔布赖特点点头。接下来，总统飞往基比斯坎去休息几天，享受一下阳光，结果被有关帕特·布坎南的电话打断了。布坎南想辞职，因为他不同意上海联合公报。他认为他的总统已经卖给了中国共产党——中国之行一结束，这个论调就主导着保守的新闻和评论。在《国民评论》上，威廉·F.巴克利发表了题为"我们来，我们见，我们被征服"（Veni, Vidi, Victus）的新闻报道。

对总统来说，回华盛顿的第一天是一个坏消息日。在白宫会见尼克松之后，两位参议院领导人——斯科特和曼斯菲尔德——回到国会山照常工作。他们两人一直在一起努力否决总统支持的一个反校车接送议案。[1044]罗伯特·F.格里芬参议员介绍说，这个法案的关键措辞是："法院不应有司法权去做出决定、参与判断或发布命令以施加影响，要求根据种族、肤色、宗教或血统接送学童上学放学。"

该法案以50票反对47票赞成而被否决。相反，参议院通过了曼斯菲尔德—斯科特的折中议案。该议案禁止为校车接送提供联邦资助，除非是地方当局要求用校车接送；该议案还推迟执行法院要求学校跨学区路线接送学童的命令。这个第二条规定被视为是对一次政治风暴的温和回应。这次政治风暴爆发的起因是，一位联邦地区法院法官不仅命令弗吉尼亚州里士满市的学校[1045]废除种族隔离，而且具体规定应当如何废除种族隔离，要求用校

第 29 章　1972 年 4 月 7 日

车送该市的一些黑人学童——占该市在校学童的 70%——去切斯特菲尔德和海因里希县郊区白人孩童占 90% 的学校。突然间,全国的政治注意力[1046]都被集中到佛罗里达,那里定于 3 月 14 日举行一次总统初选。在民主党方面,乔治·华莱士通过抨击种族主题,已自行脱离了由埃德蒙·马斯基,休伯特·汉弗莱,乔治·麦戈文以及其他七位自由派民主党人组成的阵营。华莱士说:"如果乔治·华莱士胜利,将导致取出在佛罗里达州各处接送学童的校车的电池……他们早上天未亮时上车,下午天黑之后下车……全都是因为华盛顿的一些社会计划者。"还有一个公民投票表决要求制定一个美国宪法修正案赋予每个孩童以就近入学的权利。

参议院关于用校车接送孩童的表决结果在次日上午大部分报纸上占据头条。在《纽约时报》头版,在头条新闻下面有一个比较小的标题写道:"所谓的备忘录将国际电话电报公司信任行动与共和党资金捆绑在一起。"这又是一篇杰克·安德森特约稿。这位专栏作家弄到了一份 1971 年 6 月 25 日由一名说客为国际电话电报公司签署的备忘录。该备忘录好像表明该公司反垄断案与司法部的和解是一部分交易,该公司因此要提供 40,000 美元,支付 1972 年共和党全国大会的部分成本。这份由说客迪塔·比尔德签署的备忘录暴露了多个名字,其中一个是理查德·尼克松,另一个是理查德·克兰丁斯特,其正在等待司法部长任命确认。[1047]

一个星期后,3 月 7 日,新罕布什尔州的人进行了当年第一次总统选举,总统赢得了 70% 的共和党初选投票,打败了左派加利福尼亚州的国会议员保尔·麦克洛斯基和右派俄亥俄州的约翰·阿什布鲁克。在民主党方面,马斯基以 48% 的选票取胜,位居第二的是麦戈文,获得 37% 的选票,远高于预计的票数。现在,华莱士等着他们参加 3 月 14 在佛罗里达的选举。但是,竞选活动不得不与有关国际电话电报公司的报道分享报纸头版和晚间新闻节目。关于国际电话电报公司的报道正在变成肥皂剧。曾被参议院的一个委员会传唤作证的迪塔·比尔德已经消失了——后来在丹佛的一家医院找到他。

3 月 14 日,乔治·华莱士在佛罗里达州民主党初选中大胜,获得了 42%

的选票和75名反对10个对手的大会代表。原本以为会领先的马斯基获得了14%的选票。未在该州参加竞选的麦戈文只得到了5%的选票。唯一一个获得选票比这位阿拉巴马州长总计516,103票还要多的事件是反对校车接送修正案公民投票。在这次公民投票中，有1,096,000张赞成票，38,400张反对票。尼克松赢得了357,143票，以87%共和党选票对阵阿什布鲁克和麦克洛斯基，后者已经退出。

同一天，总统把比尔·萨菲尔[1048]叫到戴维营起草反校车接送演讲稿。他在寻求让校车停止接送孩童的一个法律依据。"我不想要华莱士式的演讲，"尼克松告诉他，"首先说我对校车接送的态度是众所周知的——我一直都反对。对于种族隔离，我也一直是反对的。现在的问题是，我们如何能用一种不必导致校车接送的方式去处理种族隔离呢？这才是我想说得更清楚的事情。例如，对一个8岁的孩童而言，有个学校离他五分钟以内的距离，可以走着去上学，但是由于法院命令为了达到种族平衡要用校车接送，因此他要多花一个小时乘车……这种做法必须停止。"

在萨菲尔的第一稿上，总统写道："写得更生动一些……更猛烈地抨击较低级法院的混乱……"然后，在最下端，他补充写道："1. 废除种族隔离的目的是实现更好的教育……2. 校车接送作为教育手段带来更低劣的教育……3. 因此废除种族隔离不需要校车接送。"

3月16日总统在全国电视节目上讲了许多同样的话，要求立即停止、暂停联邦法院的所有新校车接送命令。接着，他说他会提出一个《公平教育机会法案》，其将批准从联邦对各州教育援助中支出25亿美元用于教育需求最大的地区，通常是城市贫民窟，这个金额等于上一年他提出援助废除种族隔离的15亿美元加上已经为陷入困境的学校拨付的10亿美元。次日上午他提交给国会的法案实际上比演讲更笼统：现在他要求永久停止，启动一个法律限制法院对学校种族融合的司法权。无论他怎么表达他自己的担心，他都是在再次推卸这个问题——对国会，如同他两年前对法院推卸这个问题一样。

在总统准备讲话的时候，一个头戴红色法官帽、自认为是"爱德华·J.

第29章 1972年4月7日

汉密尔顿"[1049]的人正在以自己的方式进入落基山骨科医院。国际电话电报公司说客的女儿问"汉密尔顿先生"代表的是谁。回答是："关心你母亲福利的华盛顿高层人物。"

"汉密尔顿先生"是E.霍华德·亨特。他被查克·科尔森派到丹佛。他的任务是让比尔德太太说刊登是全国各地报刊首页的那个备忘录是伪造的。他完成了那个任务。二十四小时之后，3月17日下午，比尔德的律师在丹佛、参议院共和党领导人休·斯科特在华盛顿同时发表声明说，她说这份备忘录"是个骗局……一份伪造的文件……一次残酷的欺诈"。

在3月24日的新闻发布会上，总统被问到有关比尔德的事情。总统采取了攻势。说他私下一直在说到事情正好相反，称赞助理司法部长麦克拉伦和反垄断局："我们对国际电话电报公司采取了行动。我们对那个记录感到自豪……"

新闻发布会上大部分提问聚焦于当天的新闻：乔治·米尼和其他两位工会成员辞去了工资委员会的职务，声称第二阶段政府对工资和物价的控制是将全年工资增长限制在5.5%，同时允许物价和利润涨得越来越高。总统继续采取攻势，说问题是食品价格不在控制之列，元凶是中间商，也就是加工公司、卡车司机和零售商，他们通常占超市物价的三分之二。他举了约翰·康纳利给提供的一个例子，他说，农民从每一打鸡蛋上赚30美分，但是在纽约的皮埃尔酒店，全国最贵的餐饮店，两个鸡蛋5美元，也就是一打鸡蛋30美元。

在一个有关国际电话电报公司的提问转向竞选财务问题的时候，总统说："只要捐款涉及本届政府，就没有任何人得到什么回报……只要是涉及这种捐款，当然，他们就应当无一例外地遵守法律。"

但是没有法律。1925年的《腐败行为法案》要被1972年的《联邦选举竞选法案》所取代，后者是国会两院以巨大差额通过的一个折衷的法案，并且于2月7日经总统签署成为法律。（如他对许多国内议案的作为一样，尼克松认为如果你不能用否决权击败它，那么就签署之并归功于己。）这部新法律

尼克松——孤独的白宫主人

到 4 月 7 日——总统 2 月 7 日签署之后 60 天——才会生效。在麦戈文参议员的带领下，民主党总统候选人宣布，他们会主动公布捐款者名单并且列出捐款数额。总统和总统再选举委员会什么也没说。总统在加州的律师赫布·卡姆巴克把他秘密筹集的现款交给总统再选举委员会财务委员会的财务主管休·斯隆。尼克松的一个命令是"任何人如果想当大使都必须交至少 25 万美元。"卡姆巴克筹集的现款总额为 915,037.68 美元，[1050] 其中有 233,800 元是百元大钞。

在那 60 天里，总统和他的委员会筹集了 2,000 多万美元，其中将近 200 万为现金，没要求或打算列出捐款者姓名和捐款数额。仅仅两天，也就是 4 月 5 日和 6 日，斯隆就掌握了 600 万美元。他手上现金太多，因此他要 G. 戈登·利迪跟他一起去银行，把堆在他的书桌上、装满书桌抽屉和保险箱的钱存上一些。"等会儿。"利迪说，然后去自己的办公室拿了把手枪。

捐款人（但是还是保密的）包括几个被司法部或国税局查处的或者正在谋求政府合同的高管人员和公司。有些是公开捐给他们党的和秘密捐给共和党人的民主党人。有的只是喜欢尼克松或者他的政见。钱款以电汇、公司支票、个人支票、第三方支票——以及现金的形式到来。其中很多是"洗钱的"——通过在墨西哥和委内瑞拉的银行隐瞒捐款者姓名汇来。利迪通过伯纳德·巴克的账户至少转移了 114,000 美元，后者是古巴裔美国房地产经纪人，一直是管子工洛杉矶盗窃小组——共和党迈阿密银行——成员，然后巴克开支票取钱给墨西哥城的 Banco Internacional。把钱调来调去的过程[1051] 也使利迪有机会了解民主党全国大会的目标。民主党全国大会定于 8 月份在迈阿密海滩举行。他还把报告和他的谈话录音记录寄回给司法部长米切尔。*

斯隆在办公室的保险箱有 100 多万美元，[1052] 他几乎做到见票即付——

---

* 由于共同原因提起诉讼，这些在 1972 年 4 月 7 日之前期间捐款给总统再选举委员会的捐款人名单和捐款额于 1973 年 9 月公开。其中最著名的是：联合保险公司的 W. 克莱门特·斯通，其至少捐了 200 万美元；理查德·梅隆·斯凯夫，100 万美元；IBM 公司的亚瑟·K. 沃森，30 万美元；沃尔特·安嫩伯格，25 万美元；联邦欺诈调查对象、国际控制公司的罗伯特·威斯克，20 万美元；西方石油公司的阿曼德·哈默，阿彻丹尼尔斯米德兰公司的德韦恩·安德烈亚斯，海湾资源和化学公司的罗伯特·艾伦，彭斯石油公司的威廉·利particulartek，美国航空公司的乔治·斯帕特，美国造船公司的乔治·斯坦布瑞纳，以及电子数据系统公司的 H. 罗斯·佩罗。

第29章 1972年4月7日

给霍尔德曼的一个助手35万美元，给卡姆巴克25万美元，给利迪19.9万美元。更多的现金存放在纽约、华盛顿、洛杉矶、迈阿密的保险箱里。该委员会能够通过预付竞选服务、购买日后要用的电视和广播广告时间转移其中一些钱。E.霍华德·亨特及其他特工用现金雇用数十名青年男女去暗中监视民主党的竞选活动，回来向总统再选举委员会汇报。

关于国际电话电报公司的安德森专栏文章使该公司1970年的反阿连德活动再度成为新闻。有关智利的专栏文章立即引起国务院和白宫的否认。齐格勒在其新闻发布会上发布了否认声明之后，总统打电话问他进展如何。这位新闻秘书说，由于当时美国驻智利大使爱德华·科里，要否认所有的事情有点麻烦。[1053]总统问"为什么呢？"

"嗯，"齐格勒回答说，"科里说他得到指令说除了多米尼加类型的手段之外……可以无所不为。""多米尼加类型"的含义是暗杀，暗指1961年刺杀拉斐尔·特鲁西略的行动。后者是统治多米尼加共和国达30余年的独裁者。

尼克松有自己的方式对付科里，他告诉齐格勒："好，他是——他是遵命而为。但是他恰好失败了，这个婊子养的。这是他的主要问题。他应当坚持让阿连德当选。"

丑闻开始缠上白宫。在新闻摘要上，总统在赛迪的一份报告上做了强调标识。该报告质问卡姆巴克——一位普通的当地律师，为何突然能够作为美国许多很重要的公司的代表，其中包括联合航空公司、万豪酒店、旅行者保险公司以及美国音乐公司。一向对政府态度友好的《国家观察者》杂志的埃德温·罗伯特分析说："即使没有明确的不道德行为，此案似乎如此，我们嗅到了一种强烈气味，那就是公司和政府轻视公众的智力……这种气味就在那里，而在这个大选年，它正在剥去共和党大厦的涂料。"

尼克松非常恼火，他问霍尔德曼为什么他不能找到什么人去窃取安德森的档案——这位专栏作家看来是用这种方式在对付国际电话电报公司和政府。《新共和》杂志的约翰·奥斯本写道：他感到惊讶，当国际电话电报公司的阴谋成为公开的秘密时，白宫竟没有人（包括尼克松在内）足够聪明地预见到或迟或早会发生什么事情。尼克松看到这段话时再一次对新闻媒体感到怒火中烧。尼克松口授了一大篇杂乱无章的"亲启"备忘录给霍尔德曼和齐格勒:

我们不得不认识到的是这样一个事实:[1054]赛迪和奥斯本整个儿都是反对我们的。他们不是诚实的记者。他们公开挫败我们……在你们真的能弄清人们的想法的地方——乔治敦的鸡尾酒会上,他们两人用最恶毒不敬的话说 RN。这方面的证据绝对确凿无疑。你们不必问是从哪里得到这些证据的……

第30章 1972年5月1日

1972年，共产党的春季攻势[1055]开始得比通常晚一些，离传统的夏季雨季季节开始仅6个星期，15,000多北越正规军跨过非军事区进入广治省。

南越人、美国人以及韩国人（在该省有大约40,000韩国部队）都感到惊讶，没有受到攻击——每个春季都会发生的事儿——但是，事实是北越人恰似军队而不是游击队到来。他们在野外，动用数以百计的新式苏联T-54坦克滚滚驶向广治市。该市有35,000人口，过去一直受一个美国步兵师的保护，直到该师于1971年8月撤往以南的顺化或许还有岘港。

这是一个阴天，已经在下雨，所以南越不能给其地面部队空运补给，在高空飞行的美国B-52飞机只能靠掩护盲目地进行轰炸。韩国人（通常是极其勇敢的战士）不想飞行。目的是什么？美国人已经开始回家——只有85,000人左右的美国部队留在南部，没有什么大型的美国战斗部队留在这个国家。到复活节（也就是4月2日）北越人已经占领了半个省。

与此同时，一支更大的北越军队，从老挝和柬埔寨进攻南越，正在从东面进入中央高地的昆嵩。越共小队正在向西贡附近湄公河三角洲往美军的炮火基地进发。

总统情绪狂躁，坚持认为天气很好，可以飞行，并指责参谋长联席会议以阴天为借口。4月4日，他跟霍尔德曼说："这些混蛋从来没有像这次将被轰炸那样被炸过……空军就是狗屎[1056]……他们不会飞。"

越南军队（南越军队，替代了美国军队）通常勇敢作战，有时也不错，但现在他们成千上万的人开始逃命，混在平民、难民中向南逃。

总统的心情深受各种事件的折磨。基辛格说到战败。"战败不可选择，"尼克松说，"我并不在乎国内的反应……坐在这个办公室不值得。美国的外交政策会被摧毁，苏联人已经证明他们可以使用武力在第三国达到他们的目的。"

独处的时候，总统心情绝望，[1058]他在日记中写道："走到这一步真是一种讽刺，我们的命运真的掌握在南越人手中。如果我们失败了，那是因为在支持海外国家方面美国的方式不及共产主义的方式那么有效。我有一种感觉，情况可能就是这样。我们给他们提供最现代化的武器，我们强调物质胜过精神和斯巴达式的生活，也许是我们让他们变得软弱而非变得坚强……"

4月6日，天气开始放晴，数以百计的美国飞机，包括空军和海军战斗轰炸机在飞上天空。他们瞄准沿非军事区的北越地对空导弹基地，以及再往南的北越部队集结中心，其中许多建立在美国建造的和南越部队失去或放弃的炮兵基地。在西贡60英里之内，20,000越共和北越部队已切断了通往首都的主要道路，并正在保卫省府安禄。

在华盛顿，当日的话题不是战争，而是其最早和最始终如一的批评家之一乔治·麦戈文。[1059]他在威斯康星州民主党初选中打败了汉弗莱和华莱士。尼克松最担心的人马斯基名列第四。突然间，尼克松似乎发现，他的对手会是一个他曾认为没有候选资格的人。无论其有什么美德，麦戈文都是一个现代草根民粹主义者，一个尼克松相信是身处美国政治主流之外的人，一个左

第 30 章　1972 年 5 月 1 日

派的巴里·戈德华特。

"麦戈文是唯一的,"布坎南在给总统的备忘录中写道,"RN 使他在民意调查中陷入困境——而人们还不知道他是一个什么样的极端分子。"尼克松同意这个说法,但是令他不安的是,麦戈文得到了包括 15 名华盛顿红人队队员在内的 83 名全国橄榄球联盟球员的支持。从新闻摘要上看到这则消息时,总统写道:"黑人呢?"

在威斯康星州初选中,尼克松得到了 97% 的共和党人选票,在此之后的一个星期里,尼克松口授了一系列政治备忘录,包括以下这个写于 4 月 11 日的,说明他的问题优先级的备忘录:

1. 和平和外交政策[1060]通常还必须列在问题清单之首。暂时而言,强调的重点不在和平时代——待我们去莫斯科时会再度强调……

2. 关于生活成本要特别强调食品成本。

3. 关于犯罪问题要特别强调毒品问题。

4. 财产税——当然,这是人们感兴趣的领域,要狠狠抨击为非公立学校减税。

5. 工作职位。

6. 校车接送……

7. "对所有的人"——回答有关我们只对大公司感兴趣等指控。这需要某些真正的公关活动。

8. 改革……我们有一个卓越的改革计划——福利、收入分享、重组、健康、环境等……

这个清单并非完全像它表面看起来的那样。总统正在尽可能多地将时间用于外交事务,通过周期性地提出国内"改革方案"——《家庭援助计划》,一种减少地方财产税的全国性增值税,以及一种全国性卫生保健计划——来赢得时间。但是,除了收入分享之外,政府在国内改革方面的兴趣通常只是作为头条新闻。其实整个目的就是这样。总统召来霍尔德曼说:"埃里希曼必须明白,[1061]最重要的就是报道……很明确地讲清楚,我希望他不要搞什么实质性的活动,而要把精力放在我们怎么讲更重要的事情上。"

接下来,尼克松细化了这个命令,阐明了他的重点优先顺序,甚至阐明了他对总统职务的看法,他给埃里希曼写道:[1062]

我希望你集中精力推销我们的国内方案并且回应对这些方案的攻击,而不是制定那些方案……外交政策的主旨比国内政策的主旨要重要得多……换言之,推销外交政策很重要,主旨是必不可少的。当然,典型事例是张伯伦从慕尼黑回来,在英国盖洛普民意调查中获得了85%的支持率,因为他带来了"我们时代的和平"。但是,在一年时间内,他在主旨方面犯了非常严重的错误,这也使他失去了公众的支持……国内政策方面的错误是可以得以修正的。像这样在重大外交政策方面犯错误的事例是很少见的。*

那个星期,总统在关岛空军基地和泰国以及南越及其附近部署了更多轰炸机,在美国海面上部署了更多海军舰艇。到4月12日,美国已经把做好战斗准备的B-52飞机的数量从45架增至130架;近海舰艇的数量从20艘增至40艘,包括两艘新式航空母舰;做好战斗准备的海军战斗轰炸机的数量从150加增至275架;陆基攻击飞机从445架增至705架。另外,越南南部的北越正规军数量已经增加了大约15万,而且他们都装备了比以往更为现代的苏联武器。生米已经煮成熟饭,大战在即。

在4月12日共和党国会领导人情况简报会上,总统和基辛格以这种方式界定了北越战争目标:"敌人所渴望的是一个'全国一致的政府。'敌人想要我们做一些他们自己做不到的事情。敌人所谋求的是让越南共和国军遭受挫

---

* 与他那个时代的许多政治家一样,尼克松也非常忌讳张伯伦与慕尼黑的象征意义。据艾森豪威尔总统的秘书安·惠特曼说,尼克松当副总统的时候,他不许幕僚成员在机场接他时携带雨伞,因为他担心照片可能令人回忆起张伯伦1938年9月会见希特勒返回时所拍摄的一张著名的照片,照片上张伯伦带着一把收着的雨伞。

第30章 1972年5月1日

败,令越南政府崩溃。而在这个国家造成如此多的动荡就会令我们崩溃。然后他们就会进入谈判。他们用集结部队回答我们的提议,用入侵回答我们的友好提案。他们之所以进攻是因为他们不再相信他们还有机会。"

具有讽刺意味的是,尽管给北越提供了大量的新式苏联武器装备,但美国与苏联之间的关系似乎比以往任何时候都要好。农业部长厄尔·巴茨在莫斯科洽商苏联以两亿美元购买美国谷物的交易。同时,基辛格正在为谋划5月的尼克松峰会之旅而准备一次秘密旅行。美国于4月16日开始突击,[1064]对北越进行自1968年春季以来第一次猛烈而有计划的轰炸。一波又一波B-52飞机轰炸了港口城市海防,同时海军F-4战斗轰炸机对河内进行了轰炸和低空扫射。主要目标是码头、仓库和储油库——春季攻势的运输点,停泊在海防港的四艘苏联轮船也在打击之列。三天后,基辛格秘密出发去莫斯科,按照总统的命令,在讨论军备控制或其他任何问题之前,首先讨论越南问题——苏联向北越运送军事物资的问题。

"嗯,这个周末我们真的给他们留下了我们的名片,"[1065]那个星期日总统在戴维营对霍尔德曼说。他们在山里(与黑格和雷博佐一起)度过了三个阴雨天,为秘密的莫斯科之行做掩盖。官方的说法是基辛格和他们在一起。那个周末尼克松谈到大选之后政府重组的问题,他对霍尔德曼说,他想要整个内阁辞职,然后留下其中少数几个人,再挑选一群绝对忠诚和无私的年轻人为第二任期服务。"我们要建立一个新的政府当局。"总统说。这也会是他1972年以后的伟大目标。

基辛格已于4月20日星期四清晨出发去莫斯科,头天晚上他在乔治敦的一个晚宴上待到午夜之后。在安德鲁空军基地,他见到了一位非同寻常的同行伙伴,苏联大使多勃雷宁。苏联人一直在催促基辛格来为5月的尼克松—勃列日涅夫峰会做安排。他们关注的问题好像与中国人在总统去北京之前所关注的问题完全相同。两周以来,总统一直不肯让基辛格去,最后才同意他去,但命令他,如果苏联人不同意制止北越人,就立即回国。

总统和他的顾问之间关系很紧张，而且紧张程度与日俱增。基辛格决定复制中国之行的成功模式，他认为这个成功属于他自己；但总统担心苏联人在摆布他。如果5月峰会因越南问题而被取消，他想由他来取消，而不给勃列日涅夫这个机会。这种不信任造成了紧张的气氛，电报重叠交叉来回往返于戴维营，黑格充当了总统与基辛格之间的缓冲人。基辛格第一封信的内容是："勃列日涅夫不惜任何代价想要峰会成行。[1066]他已告诉我，在任何情况下他都不会取消峰会。他发誓说他对河内的攻势一无所知。"

黑格传达了尼克松的想法：他会放弃峰会而不是撤销对越南问题的要求。同时这位将军补充道："你应当知道，自越南战事扩大以来，总统得到的辛德林格民意调查结果表明他的人气急剧上升。"

基辛格从黑格那里得到的第二份电报说："总统在戴维营也感到越来越焦躁不安，并且已经要我通知你，你必须在华盛顿时间星期一傍晚6时之前到戴维营……在我完成这封信的过程中，总统又打来电话，补充说他认为苏联人对南越的态度狂乱而轻率，因而决意进一步打击河内和海防……"

基辛格回答说："我读到你的信感到越来越惊讶。我不能苟同华盛顿军事行动的理论依据。我不相信莫斯科直接与河内勾结……请让所有人都冷静下来，我们正在接近我们的政策取得成功的顶峰……"

基辛格说他长途跋涉到莫斯科就待一天，然后便不顾尼克松的命令开始进行有关军备控制的讨论，很快就发现勃列日涅夫愿意采取重大行动以迎合美国的态度。葛罗米柯代表苏方参加谈判，双方一致认为，如果允许各方有两个反弹道导弹基地，其中一个设在各自的首都附近，另一个用以保护现有的攻击性导弹基地，就可能解决僵持不下的反弹道导弹部署问题。此外，苏联人愿意就潜艇发射导弹协定一个上限，并同意限制攻击性导弹部署五年。基辛格感到非常得意，他发电报说："你将签署前所未有的最重要的军备控制协议[1067]……"尼克松对军备控制的细节从来都不特别感兴趣，他回电说，这种成功只有跟"少数几个见过世面的人"一起才能取得。他还进一步玩笑式地说："雷博佐跟我们一起向你致意。"

第30章 1972年5月1日

基辛格估计总统是喝高了，雷博佐在身边时也不是太异常。他还有别的疑心，他怀疑黑格在充分利用和老板待在一起的时间。实际上，情况正是如此。黑格明确表示，在有关北越持续轰炸的问题上，他赞同总统的意见，而非基辛格的意见。在其日记中，尼克松写道："黑格强调，[1068]比我们如何从越南出来更为重要的是，以一种使我能够继续执政的方式去处理这些问题。"

基辛格于4月25日到达戴维营。与尼克松见面一开始很紧张，但是很快他们俩就肩并肩地一起在庭院散步，谈笑风生了。

两天之后，尼克松决定上电视讲话。"共产党企图在政治上争取南越人民的努力失败了，"他说，"而且，艾布拉姆斯将军相信，他们企图在军事上攻克南越的努力也会失败……有些战役会失败，他说，南越人民将赢得其他的战役。但是他的结论是，如果我们继续提供空中和海上支持，敌人铤而走险的进攻就会失败……因此，今晚我宣布，在未来两个月里，有20,000多美国人会从越南被带回家……"

5月1日，广治市被北越人占领。共产党的部队进入顺化15英里处，南越逃兵到处放火、抢劫，15万多难民逃离这座越南古都。安禄和昆嵩在被围困期间，被北越的炮火和美国的炸弹夷为废墟。就在基辛格准备启程去巴黎之前（又一次秘密之旅，目的是会见黎德寿），总统正在和基辛格开会，艾布拉姆斯将军从西贡发来电报，告知广治失守的消息。

"他还说了些什么？"[1069]尼克松问。

基辛格在回答之前犹豫了一下："他觉得他必须报告，南越人完全可能丧失战斗意志。"

尼克松拿过电报，亲自看了看，然后说："不管发生什么，这不会改变我对这次谈判的态度。我不希望你给北越人一种自得的感觉。由于这一切他们会自鸣得意，因此你必须要用你自己的方式去击败他们。没有废话、没有友善、没有调和，我们就是要让我们的苏联朋友知道，如果他们心里想让我们为此付出这样的代价的话，我宁愿放弃峰会……"他又停顿了一下，然后说（第一次说），在越南，美国可能会被打败。

尼克松——孤独的白宫主人

在基辛格启程去巴黎之前的最后一份备忘录中，总统写道："忘掉国内的反应。[1070]现在是打击他们的最佳时机。我们已经破釜沉舟，我们必须获胜——如果可能，在我们不再能够用大规模空袭给他们以帮助的情况下，尽量达成有利于南越未来战役的平衡……总统已经尽力，现在你只有一个信息要给他们，那就是解决问题，否则就要你好看！"

就在同一天，尼克松写信给霍尔德曼谈到新闻媒体，他说："我们需要一种能够直戳他们软肋——他们对极端自由主义事业的完全支持——的抨击……过去四个星期里，对战争新闻的处理只是小小尝试了一下如何处理从现在到选举期间新闻媒体所关心的东西。当然，新闻媒体肯定有兴趣看美国输掉这场战争，并且他们正在尽其所能拼命地报道所有的坏消息、淡化好消息。只要涉及选举，他们在这一点上绝对会是狠毒而激烈的……我再怎么强调我的感觉也不过分，其程度远远超出我们对任何单一问题的强调，新闻媒体的诋毁一定是我们未来几个月的主要应对目标。"

这天晚些时候，宣布了1971年普利策奖评奖结果。最大的赢家是《纽约时报》和杰克·安德森。前者因为发表了五角大楼文件，后者则因为发表了有关在印巴战争期间总统偏向巴基斯坦的专栏文章。

5月2日上午9点15分，在基辛格在巴黎会见黎德寿的时候，霍尔德曼在华盛顿接到克兰丁斯特的电话，[1071]后者仍为代理司法部长。他走到椭圆形办公室告诉总统，任联邦调查局长48年的J.埃德加·胡佛在睡梦中过世了，享年77岁。一个问题被解决了。尼克松马上决定，应当让他的遗体庄重地安放在国会大厦圆形大厅里。胡佛是第二十一位获此殊荣的美国人。

总统在讨论继任人选安排时收到来自基辛格的电报。当时他正在回国的路上。[1072]与黎德寿的谈判除了互致辱骂之外一无所获。晚上6时基辛格到达安德鲁空军基地。一架直升机将他送到码头，尼克松在红杉号游艇上等候他。基辛格感到很沮丧，但是他还是表示反对取消莫斯科峰会。尼克松不同意，重复了康纳利头一天告诉他的一些事："不管还会发生什么，我们都不能

第30章 1972年5月1日

输掉这场战争。[1073]如果代价是在越南失败,那这个峰会就一文不值。我的直觉告诉我,这个国家可以接受失去这个峰会,但是不能接受输掉这场战争。"

然后,尼克松告诉霍尔德曼,他想做一项民意调查,只针对一个问题,那就是:如果他取消勃列日涅夫峰会,公众会做出怎样的反应?接着,他要求拿出加强轰炸河内的应急方案——代号为"后卫球员"(Linebacker),并且要求在海防港布设地雷,在那里,苏联的船只正在运进大量武器。

总统所要求的民意调查显示,大多数(亦即60%以上)的美国人认为,无论在越南正在发生什么,他都应当去莫斯科。在接下来的几天里,在行政办公大楼175室和戴维营,总统召集了一次又一次的会议,讨论他对越南问题的选择。5月5日下午,他到了戴维营。同一天,总统再选举委员会安保主任詹姆斯·麦科德[1074]租住在霍华德约翰逊汽车旅馆419房间。从这个房间正好能看到位于水门办公大楼的民主党全国委员会办公室。总统和他的女儿朱莉在一起,他告诉她,他已经决定投放更大量的炸弹。已经有千架战斗机随时可以攻击,从空中投放水雷封锁海防港口。"执行"命令必须于星期一下午2时发出,让部队有足够的时间在他于晚上9时对全国讲话时开始这场战役。

正如这天晚上他在日记中记录的那样,令尼克松感到惊讶的是,朱莉与他争论。[1075]"她也知道这个事实:许多人对这场战争感到非常失望,因此我们不能得到公众对它的大力支持。我提到这个事实:如果我们不这样做,美国将会不再是一个受人尊敬的强国。她反驳说,有许多人认为美国不应当做一个强国。当然,这是由教授们给如此之多的年轻一代所灌输的一种毒药……"

尼克松与基辛格在那个隐秘的办公室的最后一次会面[1076]是在5月8日星期一。总统最后说:"好,现在是2点钟,时间到了。我们走。"基辛格不停地争辩。"不,决定已做,"尼克松说,"不要再讨论。"

晚上6时,尼克松吃了他通常在演讲前吃的晚餐,一小碗麦芽。他为演讲来回磨蹭了一个多小时,然后他原地慢跑了10分钟,洗了个冷水澡。晚上8时,他走到内阁会议厅,告诉国会领导人,他会对全世界讲些什么。

他开始讲到基辛格与黎德寿的冷漠会晤。然后他说："我们不得不做些什么去向那些将会把武器用于侵略的人否认这些战争武器。这就是为什么所有的海港都会布雷的原因。所有有船只在那里的国家都已经得到通知。我们的军队会受命去千方百计地切断敌人的补给。我们在北越的空中打击主要会对准通往南越的三条铁路。我们已制定了一个新的和平提议。我想表明的是，我们会继续这种海上和铁路封锁，直到敌人释放我们的战俘，并同意停火。然后，所有的美国人会在四个月后全部撤离。"

提问开始的时候，富尔布赖特参议员和其他两个人是敌对的态度。尼克松说："在巴黎他们蔑视我们。我们已经撤回了50万人，他们还是熟视无睹。我们还能做什么？……对我来说这是一个很难做出的决定。如果你们能给我支持，我会很感激；如果你们不能，我也能理解。"

晚上9点在全国电视上的演讲本身在许多方面都是人们所熟悉的——在肯尼斯和约翰逊任下战争升级的历史，以及在巴黎遭到拒绝的提议。关键的段落是："所有进入北越的港口都将被布雷，以防止进入这些港口以及北越人从这些港口采取海上行动……铁路及所有其他交通将被尽最大可能切断。针对北越军事目标的空中和海上攻击将继续。"

在总统的文字稿中还藏有美国政策的重大变化："在满足以下条件的情况下，我已下令的这个行动将会停止。第一，所有的美国战俘必须返回美国。第二，整个印度支那地区必须有国际监督的停火……"总统降低了要求，没有提到有关北越军队从南越撤军的任何要求。在黎德寿总统看来，在看到这个文稿和演讲后来自尼克松的信的时候，这是他认为迟早会到来的美国背叛南越的开始。

正如总统所说，200多架美国海军飞机开始在海防港以及其他六个较小的北越港口的入口处投放水雷。这些水雷被设定在57个小时后起爆，以便让外国船只（主要是苏联货船）离开这些港口。演讲后，也就是5月9日星期二清晨，总统在华盛顿口授了一个给基辛格的备忘录：

第30章 1972年5月1日

> 我再怎么强调也不过分，[1078]我已经决定，我们应该全力以赴……此时此刻我对凡提到空中行动的军事计划都感到完全不满意……既然我已经做出这个强硬的分水岭决定，那么我就准备不惜任何代价让敌人屈服……不用说，不分青红皂白地轰炸平民区并不是我心所愿。另一方面，如果目标足够重要，我会批准一个争取实现该目标的计划，即使存在着平民伤亡的风险。我们有这个权力。唯一的问题是我们是否愿意使用这种权力。我与约翰逊的区别在于，我坦陈这个愿望。如果我们现在失败了，那是因为官僚和官僚机构，尤其是国防部的那些官僚，他们当然会得到他们在政府中的盟友的积极帮助，会设法削弱我已表明的我们将要采取的强大而果断的行动……

几天后，尼克松给基辛格和黑格发了一份有关军事战略[1079]的备忘录。他援引乔治·巴顿将军和道格拉斯·麦克阿瑟将军以及温斯顿·丘吉尔的话，谈到集结坦克出其不意进攻北越：

> 在我国的军事史上，我们的军队领导人有悲惨的一页……在以往三年半的时间里，在我们恳求他们设法拿出新方案的时候，他们一直拖拖拉拉、踯躅不前，甚至公开阻止新方案……在敌人进犯的头四个星期里，他们非常有效地利用了坦克，主要是因为他们使用了出其不意和数量巨大的战术。利用坦克的照明灯并且在夜间利用它是个好主意，当然，它从来不会被我们那群胆小的坦克指挥官想到……这个备忘录的目的不是命令坦克进攻……我的目的是设法让军方摆脱其窠臼，想出一些新的主意，比如让直升机部队降落在北越军队背后。

四分之三以上的美国人支持总统的讲话，至少根据白宫当晚民意调查的结果是这样。反战组织者试图再次加快他们的组织运转，白宫也是如此，白宫派顾问约翰·迪安去防空洞监控预期可能出现的街头和校园动乱。他5月15日星期一给总统的备忘录说：

尼克松——孤独的白宫主人

过去的这个周末里，抗议活动[1080]远远少于许多反战分子所预计的……星期六在全国举行了许多地区示威，主要是由全国和平行动同盟发起的，但是没有一个示威的参加者达到7,000人以上……以下是示威的具体情况……

华盛顿特区——上午10时至11时，500到700人集合在椭圆广场向国会山行进……他们到达国会山的时候，人数达到最高峰，也就是1,000到1,200人……纽约州纽约市，大约2,000到3,000人参加了中央公园的集会。没有发生骚乱或逮捕……伊利诺伊州芝加哥，大约2,900人在大公园集会……科罗拉多州丹佛，大约2,000人参加了集会……加利福尼亚州旧金山，大约1,200人在内河码头集会……明尼苏达州圣保罗，大约5,000人，主要是由明尼苏达大学学生组成……加利福尼亚州圣巴巴拉，大约1,000名学生在政府大厦和共和党总部外抗议……加利福尼亚州德尔玛，大约300名抗议者干扰铁轮运营。警察逮捕了35人……佛罗里达州基比斯坎，4条船载着大约40名示威者尝试了一次"和平封锁"。这些船到达离总统的基比斯坎住宅2.5英里处，在水面漂放了一些气球以代表在北越港口布雷。另一条船上的古巴裔人举行了一次支持总统的反示威行动，他们不断地向抗议者投掷鸡蛋……马萨诸塞州波士顿，大约1,500名示威者聚集在波士顿公园……新墨西哥州阿尔伯克基，在新墨西哥大学校园，大约有1,000人举行了和平游行和集会……俄勒冈州波特兰，大约300名示威者聚集在一起，举行了和平集会……

这次运动本身就是在模仿。但是，接着白宫也是如此。由于被霍尔德曼要求提交任何与示威者有关的书面报告的备忘录惹恼了，科尔森回答说："通知你，[1081]我正在计划明天晚上开着我的庞蒂亚克旅行车去白宫前面的宾夕法尼亚大道的路边，造访躺在那里的所有嬉皮士。我的计划是在凌晨2点到3点趁他们熟睡的时候去。请告知你会安排什么协作行动吗？"

积极的反对派不再是众人或年轻人。现在反对派是精英，尼克松所憎恨

第 30 章 1972 年 5 月 1 日

的许多美国当权者被组织起来反对他。他在报纸社评和国会民主党成员演讲中受到攻击。《纽约时报》希望终止对这次战争的拨款："以便救总统本人以及这个国家于灾难。"《华盛顿邮报》说："摆脱这种残酷场景的唯一希望是尼克松先生正在走向其任期结束，美国人民很快就会有机会对他的政策做出直接判断。"

参议院民主党核心小组以 29 票对 14 票谴责这次战争升级。麦戈文参议员说："总统不能再不受约束地处理印度支那问题了……西贡的政治体制不值得再损失一个美国人的生命了。"[1082]

这些看法对尼克松还有另一种抱怨：他搞砸了莫斯科峰会。或者说他们认为是这样。但是他们想错了。对苏联而言，鉴于对中国的担忧和对西方谷物及消费品的需要，这次峰会比印度支那更为重要。多勃雷宁向基辛格提议，让总统在苏联贸易部长尼古拉·帕托利切夫[1083]在华盛顿的时候，邀请其见面。尼克松 11 月 11 日这么做了，关于越南问题只字未提。记者们聚在白宫外面，准备记录取消峰会的消息。帕托利切夫带着微笑走到麦克风前。第一个提问是，峰会是否如期举行。"我不知道你为什么问这个问题，"他说，"你有什么怀疑吗？……我们从来没有任何疑义。"

到那个周末，基辛格和多勃雷宁正协商两位领导人交换礼品的问题。多勃雷宁说，苏联人认为总统可能想要一架可以在基比斯坎使用的水上飞机。那么勃列日涅夫想要什么呢？"一辆凯迪拉克汽车。"[1084]这位大使说。

第31章 1972年5月15日

5月15日，总统和约翰·康纳利开了四次会。这位财政部长定期见总统，讨论北越轰炸和布雷的政治影响问题——还讨论他本人次日辞职回得克萨斯和开始为即将到来的大选组织一个"支持尼克松的民主党人"委员会的细节问题。下午4点过后一会儿，康纳利离会之后，总统与百事可乐公司的唐纳德·肯德尔一起坐了一会儿。后者正在全国各地建立"支持总统的企业"委员会。大约5点钟的时候，霍尔德曼进来，示意总统从办公室出去，离开肯德尔，悄悄地说："我们刚从特工局得知，[1085]乔治·华莱士在马里兰的一次集会上被枪击。"

尼克松被打断好像觉得很恼火。他愣了一会儿神，最后问道："他被杀害了吗？"

"没有。"霍尔德曼说。他补充说，据说是独自一个持枪者，一个白人开的枪，参议员在马里兰的劳雷尔购物中心做完竞选演讲后遭到射击，那个地方离白宫才15英里。

第31章 1972年5月15日

"好吧，"尼克松说，然后便回去继续与肯德尔谈话。会谈之后他口授了一个备忘录："我痛心地从唐纳德·肯德尔那里得知，[1086]在他为让各州商界主席支持我们而进行努力的过程中，他在一个又一个城市遭遇失败……这些商界精英的勇气还不及劳工精英或农场精英……我告诉唐纳德，我们必须意识到，老企业就像大学社区和媒体界的老机构一样不会跟我们站在一边，我们必须建立一种新的权势集团。"

一个小时之后，在与基辛格及其他人进行了有关苏联峰会问题的讨论之后，总统召来霍尔德曼和科尔森，询问在劳雷尔发生的情况。他们对此也知之不多，尼克松对他们很生气，但对联邦调查局和特工局更生气。霍尔德曼说他们正在给克兰丁斯特和L.帕特里克·格雷施压，后者已从司法部副部长转任联邦调查局长，是一个忠诚的支持者。"他们明白吗？"[1087]尼克松问，"问题不在合法性或者细节。不要担心严格照章办理所有这些事情，问题是谁能赢得民意。这是一次全面公关……此后24小时到48小时内最要紧的是，在新闻媒体马上跳出来指责这件不道德的事并且开始强调作案者是怎样一个右翼激进分子之前，努力表明正确的姿态……"

那个作案者名叫亚瑟·布雷默（Arthur Bremer），[1088]21岁，来自密尔沃基，在威斯康星州初选之前他一直在密尔沃基华莱士总部当志愿者。华莱士在密歇根州和马里兰州参加一个又一个集会的时候，布雷默开着一辆用700美元买的1967年款蓝色漫步者汽车，一直跟着华莱士竞选。民意调查表明华莱士在这两个州占据领先优势——而且其在密歇根州获胜，（也就是他在北部的首次胜利）将使他第一次成为一名真正的全国性候选人。在两个初选的前一天，布雷默追上华莱士。"喂，乔治。"在这位州长在弄一根绳子的时候，他大声叫道。当华莱士走到跟前的时候，布雷默举起.38口径的狮鼻左轮手枪，从不到三英尺开外处开了五枪，击中了州长的前臂、腹部和胸部。布雷默被摁到地上。在枪击事件后的几个小时里，他所说的唯一一件事就是："你认为他们会买我的书吗？"州长立即被送到银泉的霍利克洛斯医院。经过五个小时的急救手术，医生宣布他的病情很严重，但是他们认为会痊愈。然后，他们说他的双腿瘫痪了。最后一颗子弹射进了他的脊椎。

密尔沃基的联邦调查局特工被派往布雷默的驾驶执照上登记的住址，但是他们没有搜查证，只好在西密歇根大街2433号的公寓楼外面等候。同时，特工局派当地特工去了公寓楼，他们说服公寓楼管理员让他们进入到那个两居室的公寓。他们坐下来，开始检查成堆的文件，包括逾期账单，一封遗书，色情作品，一份枪杂志，来自美国公民自由联盟和黑色美洲豹的小册子，以及一份总统初选日历。在楼下等候的联邦调查局特工听到楼上的嘈杂声，并且他们与特工局的人交上了火。他们开始互相射击。

从晚上7点30分开始，[1089]科尔森（包括是总统本人）给联邦调查局助理局长马克·费尔特和格雷打了一连串电话，问谁是布雷默，他是哪边的人。总统再次说，如果布雷默是个右翼分子，可能让他为选举付出代价。"现在要全面公关……"他反复对霍尔德曼说，"有关这个家伙等等的报道。"行政办公大楼175室像个作战室一样运转着。尼克松说，最重要的事是在那个公寓里寻找麦戈文的著述。晚上9点30分，他打电话给科尔森，问这个他几个小时一直在问的问题："他是左翼分子还是右翼分子？"[1090]

"嗯，我想，到我们干完活儿的时候他会是个左翼分子。"科尔森说。

"好，"总统说，"继续干。"

"是，"科尔森继续说，"上帝呀，我就是希望如此，我会尽早考虑往那儿插入资料。"

密尔沃基的联邦调查局特工仍然没有进入那所公寓。科尔森打电话给霍华德·亨特，告诉他乘头班飞机动身去那里——他重复了总统有关麦戈文著述的话——并且要进到那所公寓里面去。亨特在为旅行收拾伪装品，同时科尔森和总统得知在联邦调查局与特工局在楼下争执的时候，记者和摄影师已经找到了那栋楼的负责人，其让他们检查了那个地方并拍了照。科尔森打电话给他认识的一些华盛顿记者，并告诉他们布雷默是密尔沃基青年民主党的一名正式党员——这是个见诸几种报纸的谎言。与此同时，在劳雷尔，联邦调查局正在努力破译他们在布雷默的汽车里找到的137页语无伦次的日记。

第31章 1972年5月15日

"嗨，世界！到这里来！[1091]我想跟你说呀！……现在，我开始用日记记录有关我用手枪杀害理查德·尼克松或者乔治·华莱士的个人计划。"日记开始这样写道。它表明布雷默所想要的是成为著名的、受尊敬的人物。4月14日在加拿大渥太华，在尼克松短暂访问期间，他曾经悄悄跟踪总统，妄图杀害他，但是由于总统安全保卫太严，他改变了主意。然后，他开着漫步者汽车在全国各地漫游，最后他的视线盯在一个比较容易的目标——华莱士——身上。

次日晚上，选举结果从密歇根和马里兰传来时，华莱士病情仍然很严重，还住在霍利克洛斯医院里。他在这两个州都取得了胜利，在密歇根州获得了51%的选票，而麦戈文得到了26%的选票，汉弗莱只得到17%的选票。在马里兰州，华莱士在这个有10位候选人的地区也赢得了多数选票，汉弗莱名列第二，麦戈文名列第三。投票站出口处民意调查表明，对这位受伤的州长的同情性选票数量不大。显然选民们希望对校车接送孩童以及其他问题发出一种信息。民主党的竞选者只剩下三个。华莱士的第二任妻子科妮莉亚和华莱士的幕僚一直在发布有关他病情的乐观的报道。但是，尼克松已经派他的医生威廉·卢卡什去过华莱士的病房，知道这位州长已经没有可能再站起来行走了。

到此时为止的八处初选中，这位阿拉巴马州州长获得的选票比他任何一位民主党对手的都要多，3,334,914票对汉弗莱的2,606,186票和麦戈文的2,183,533票。但是，麦戈文担任了一个党委员会的主席，该委员会改变了竞选获胜以及按种族和性别分配大会代表的规则，使这些规则变得很复杂。因此，麦戈文在计数上遥遥领先：作为极端自由派的候选人，在必须有在迈阿密海滩召开的民主党全国大会提名的1,509名代表中，他赢得了560票，华莱士324票，汉弗莱311票。"太棒了！"[1092]尼克松说。华莱士的确分裂了民主党人。尼克松再一次说，麦戈文没有候选资格，而汉弗莱是残货。而且华莱士证明了校车接送作为一个全国性问题的影响力。

这天总统大部分时间是跟康纳利在一起。这位财政部长的辞呈已公

尼克松——孤独的白宫主人

布——他曾同意留任一年并且已经服务了17个月——并且这两个人在新闻发布会上以及会见内阁成员及国会领导人时互相吹捧。新的财政部长是乔治·舒尔茨。舒尔茨的美国政府管理与预算局局长职务由其副手卡斯珀·温伯格（Caspar Weinberger）接任。在这天下午的时候，总统和康纳利一起走回财政大楼，两人向白宫院子铁栅栏另一端的游人挥手示意。在他们到达财政大楼的时候，尼克松走到人群中，[1093]开始跟他们握手。特工局不喜欢这样，但是他说这很重要，在华莱士遇刺事件之后要证明总统不害怕美国人民。

在给基辛格的一个备忘录中，尼克松提出了财政部长在任职最后期间进行一次环球之旅的计划："不仅是从我们个人关系的角度看，而且，我认为，从对外交政策方面能发挥的有益作用来看，康纳利之旅都是非常重要的。[1094]我心里所想的是，他应该乘总统级飞机去拉丁美洲四国——秘鲁、巴西、阿根廷和哥伦比亚。此后，我认为可能应该让他去澳大利亚和新西兰……"

然后，尼克松乘直升机去戴维营为苏联峰会做准备。这天的新闻还不错。由于食品价格下降0.2%，消费者价格指数仅上升了0.2%。在越南，共产党逼近昆嵩，而且安禄已被拖住；这些城市被包围，但是南越军队还在那里进行地面战，尤其是在安禄。而且美国人正在用武装直升机努力将敌军驱赶到更开阔的地区，在那里他们容易受到预先部署的B–52轰炸机的轰炸。但是尼克松对此没有什么印象，而是一个接一个地给基辛格或黑格发军事备忘录：

在过去三年半，尤其是在过去至关重要的八个星期里，我所下达的有关越南战争的命令一直没有得到执行，对此我感到非常厌恶。我特别指出这个事实：我已经下令，一次又一次下令，提高给南越人的武器的数量和质量。我们从五角大楼所得到的一切只是敷衍和有时对我所下命令的蓄意破坏……他们理应接受总司令的命令。问题是我们让太多麦克纳马拉的人留任高位，他们一直在蓄意破坏我们正在努力做的所有事情。

510

第31章 1972年5月15日

最后，今天我已经告诉亨利，[1095]我想派更多B-52飞机去越南……我希望你直接向空军传达，我对他们在北越的表现感到非常厌恶。他们拒绝在4,000英尺以下飞行，这无疑是整个杰出的美国军事史上最懦弱的态度……我指责那些指挥官，因为长期以来一直在演出"如何不输"，所以现在也不能下决心去演出"如何赢"。在这种情况下，我决定，在河内—海防地区对北越的所有攻击不受空军管辖权的任何控制。命令将直接由我将选定的一位海军指挥官下达……我希望你传达我对穆勒的极度厌恶，他可以将此告诉给各位负责人，也可以当场传达给艾布拉姆斯将军和邦克大使。是时候该让这些人知道，要不就好好干，要不就撤职了事。

前一天，他已经对中央情报局提出了类似的观点："问题是中央情报局[1096]是一个肌肉过分发达的官僚机构，其大脑完全瘫痪……我想马上进行一个研究，看在中央情报局里面有多少人可以被总统行动所排除……"这使他再次想到精英大学，他补充说："我希望你停止从常春藤联盟学校或其他任何其校长或教职员工采取行动谴责我们为结束越南战争所做的努力的大学招聘人员。"[1097]

5月19日上午，尼克松和卢卡什医生一起去霍利克洛斯医院看望华莱士。[1098]他与这位州长及其夫人待了20分钟，后者注意到总统带着影视妆容。他也注意到她。这天晚上他在日记中写道："华莱士夫人的魅力再次令我印象深刻。她充满激情……他，尽管是一位蛊惑民心的政客，但像大部分南部人一样，在他强烈的爱国主义中有点儿感情用事的色彩……"在尼克松准备离去的时候，华莱士无力地向他致意，总统也向他回礼。

总统定于次日早上启程去奥地利萨尔茨堡，在那里待一晚然后再飞往莫斯科。下午，他为国会领导人做了一次长时间的情况简报，告诉他们在赫尔辛基进行的军备谈判取得了很大进展。"我们希望达成一个反弹道导弹协定并同时暂停进攻性武器，"[1099]他说，"这是我们的目标。"

在汇报他本人在莫斯科谈判的情况时，基辛格补充说："这不是不可思议的事：苏联领导人有兴趣在一段时期里缓和关系，目的是讨好美国，然后将我们推出欧洲。但是不管他们的动机如何，我们都不应感到害怕。我们的战略是要在苏联结构内部为和平创造既得利益，这将有助于进一步抑制他们的行动。"

接着总统说："苏联人现在已经达到了核平等。我们有分导多弹头导弹（MIRV），但他们有更多导弹。如果不论是艾森豪威尔总统还是肯尼迪总统去莫斯科，他们俩都会采取一种看不起苏联人的态度。但是现在情况已经变了。"

尼克松说勃列日涅夫给基辛格讲了一个故事，接着他重复了那个故事。他说，这表明在两个超级大国之间有可能建立一种新的关系：

那个故事说：俄国的一个城市商人在乡间行走，在一个岔路口他看到两个路牌，两条小路都通往他想去探访的村庄。他看见有个伐木人站在不远的地方，于是就问，他要走多久才能那个村庄。那个伐木人什么也没说……在他离去的时候，伐木人大声说："十五分钟。"这个商人停下脚，问为什么他问他的时候他没告诉他。伐木人回答说，他得看这个商人的一步有多大。

5月20日启程之前，总统就大大小小的事情写了一大批备忘录，形成了一次备忘录小风暴：

加拿大的汽车座位令人无法忍受。1100弹跳座椅的制造方式让我和帕特不得不完全弯着背，帕特不得不把她的腿搭在另一边，而我，当然是一路上都非常不舒服。如果有两个翻译就意味着汽车里要很拥挤的话，那么在苏联我不想带两个翻译。我们必须认识到，在汽车里必须为我留下能舒适乘坐的空间，而不能让有些翻译或特工局的人坐在我的大腿上。

我们在莫斯科的时候，至关重要的是我们的轰炸行动要持续进行，至少维持目前水平,如果有可能要超过目前水平……这样,国内才不会有人指责我们放松空袭;这样,敌人也不会以为我们因莫斯科之行而放松空袭……每天应当有最少1,200架次空袭[1011]……轰炸要集中针对那些对平民士气具有重大影响的目标……

在限制战略武器会谈方面,我们面对的一个严峻的问题是避免大规模的右翼人士背叛。我们所有一直研究这个问题的人都知道,我们所做的交易是符合我们的最佳利益的,但是由于一个非常实际的、右翼人士永远也不会明白的原因——我们根本不能从国会得到无论在防御型导弹还是攻击型导弹方面继续与苏联进行军备竞赛所必需的额外拨款。

5月20日上午9点一过,总统、总统夫人以及其一行从安德鲁空军基地起飞。在'76精神飞机上精神高涨。但是在地面上,《生活》杂志在一整版社评中对这次旅行和美国的整体外交政策提出了一些明显的质疑:

在我们的外交事务行为中,现在有些事是严重扭曲的[1102]……此时很合适问这个问题:民主国家何处能容忍继续进行一场不宣而战的战争。它应有的角色只是附和总统的决定,赞同在我们被告知之前已经在进行的行动?……不经讨论便接受他扩展战场的决定,要不然就忠诚地沉默就座?……过于依赖一个人的内省反应——一个似乎不会征询广泛建议甚至其政府内部建议的人。

第 32 章 1972 年 6 月 17 日

"这已经成为所有伟大外交政变之一！"[1103]基辛格说着，来到空军一号上的总统客舱。美国人正在轰炸北越，他们已经炸沉了一艘苏联商船，杀害了两名俄国水手。而他们却还在去莫斯科的途中。"三个星期以前，所有人都预测它会被取消，而今天我们却已在途中。"

总统也感到很兴奋，尽管他的确记得基辛格是主要怀疑者之一。现在是尼克松的另一个第一次。他将成为美国历史上第一位访问莫斯科的总统。到如今，很显然，与尼克松对峰会的希望程度一样，勃列日涅夫也需要一次峰会。这位苏联领导人想提醒全世界，他的国家，而非中国，是"另一个"超级大国——纵然它的财富正在被与经济上更为富有的美国及其盟国的军备竞赛所耗竭。"缓和"是出现在这天全世界各国报纸上的字眼。

但是不管国内代价如何，自其在 1962 年导弹危机期间蒙羞以来，苏联人数年来已经极大地提高了他们的导弹技术。他们还在继续发展和建设堪与美国并驾齐驱的巨型导弹。他们至少有 1,500 支洲际火箭并且每年还在再生产

250支。他们在莫斯科周围设置了一个基本的反导弹系统。美国有1,054枚洲际弹道导弹，[1104]但是没有再生产新的。但是数量不能代表全部事实。双方都拥有足以与对方匹敌的导弹数量。美国拥有更为强有力的轰炸机机群，而且拥有全世界海洋的导弹潜艇。美国的导航系统要好得多，而且军队准备开始装备分导多弹头导弹，使每一枚"民兵"导弹能够发射八个而非一个核弹头的多次重返系统。还有尼克松的反弹道导弹，防御计划。

防御计划只是纸上谈兵，而且纸上的许多数字都不相符。但是总统对这些数字不太感兴趣。他的军备控制战略是用纸上的反弹道导弹换取对苏联生产新的、更大的导弹以及发射导弹的核潜艇的限制。当美国首席谈判代表杰拉德·史密斯在他们少数几人参加的一次会议上开始引用一连串数字的时候，总统回应他说："放狗屁！"[1055]总统不会去克里姆林宫争辩，他会去那里签署文件。这些数字被史密斯及其手下争辩和校订了两年，但是现在史密斯在赫尔辛基，而最终谈判已经由基辛格接手，他也是个没有数字概念的人。白宫迅速、秘密地将两个限制战略武器会谈条约与七个别的协定拼凑在一起，这些协定包括环境合作，贸易、科学及医学交流，一份海事议定书，以及一个联合太空开发项目，该项目最精彩之处是尝试在三年内将一个美国的阿波罗太空舱与一个苏联的联盟号太空舱连接在一起。最后，还有一个联合"原则声明"，旨在作为实现关系缓和的工作指南。

总统于5月22日星期一下午4时抵达莫斯科。50辆仿20世纪50年代末Packards款的苏联吉尔豪华轿车组成的车队在荒芜的大道上驶向克里姆林宫。侧面的街道被公共汽车封锁了，但是总统还是能看见被挡在公共汽车后面成群的俄国人。尼克松夫妇下榻处占克里姆林宫大殿的一整层。他们到达下榻的房间几分钟后，基辛格进来说，列昂尼德·勃列日涅夫在等候总统。两位领导人在一起待了两个小时，一边喝茶一边谈话。尼克松认为勃列日涅夫令他想起了美国劳工领导人。勃列日涅夫显然也是个没有数字概念的人。一开始，勃列日涅夫抱怨美国在越南的行动。但是很快他就把话题转到了第二次世界大战的苏美联盟上，而且说实际上富兰克林·D.罗斯福在苏联仍被视为英雄。尼克松谈到罗斯福、丘吉尔和斯大林,[1106]他说:"这也正是我想与总书记建立的那种关系……"

"我这边完全准备好了。"勃列日涅夫说。

这天两个多小时的谈话中大部分时间都是这位苏联领导人在说话、讲故事取笑,这显然表明他希望做成交易。他只在几个细节问题上对尼克松提出了质疑。一个是对新潜艇开发的限制。美国完全停止生产北极星级潜艇将近20年之后,并且已经开始了开发新一代超级潜艇的漫长过程,但是仍然想限制苏联生产更小的潜艇。

"你们要建造新潜艇,"勃列日涅夫说着,用力拍了一下桌子,"我对那些说所有这些协议就是为了限制我们而与此同时你们仍然在进行新武器生产的人该如何作答?"

总统还击说,苏联每年在建造9艘新潜艇,而与此同时美国还在为升级换代而进行争论。"听我说,你和我都知道,建造第一艘潜艇最重要,因为此后你们就可以有多大生产能力就生产多少艘了。"

勃列日涅夫放下这个问题。毕竟,反弹道导弹和限制战略武器会谈条约框架已经在赫尔辛基和维也纳反复敲定了两年多了。最终的轮廓也已秘密确定——对史密斯保密,对莱尔德保密,对罗杰斯保密——经基辛格—多勃雷宁背后通道确定的。

在他们两人逐渐结束其第一次会谈的时候,尼克松要求帮一个忙:在国务卿罗杰斯参加会谈时勃列日涅夫是否可以说联合原则声明的主意是他自己的想法?无论是尼克松还是基辛格都没有跟罗杰斯说过这个声明,因此他们希望这个声明看起来像是俄国方面的一个意外之举。而且这位国务卿已经感到心烦意乱了,因为尼克松和基辛格住在克里姆林宫里面,而他却被安排住在宫墙外面新俄罗斯酒店里的一个套房里。"他可能觉得还不如待在西伯利亚呢。"[1107]基辛格说。正是他亲自做的这个安排。

在盛大的欢迎宴会上敬酒和饮酒之后,尼克松睡不着觉。清晨4点30分,[1108]在北纬地区灰色微明的天色中,他独自在克里姆林宫周围的街上漫

第32章 1972年6月17日

步——每个门口和窗口都有保安人员——询问直挺挺站立在那里的苏联卫兵多大年龄了。然后,他回到自己的房间,在他第一次正式会谈开始前睡了两个小时。第一次正式会谈于星期二在克里姆林宫的圣凯瑟琳大厅举行,双方领导人和幕僚人员分坐长桌两边彼此相对。尼克松坐在一边的中间正对着勃列日涅夫,罗杰斯和基辛格分别坐在他的两侧。这位国家安全顾问心中有数,确信他的总统不会在大厅里跟国务院的人说任何重要的内容。尼克松开始说:"我知道,我的名声是一个态度非常强硬的、冷战主义的反共产主义者——"[1109]

"我以前听说过这一点。"阿列克谢·柯西金插话说。这个人从前从不以说话风趣机智闻名。显然他是有诚意的。总统听勃列日涅夫提出每天下午5时的签字仪式。尼克松表示同意,然后就转而讨论欧洲安全问题。他建议罗杰斯和葛罗米柯专注于欧洲问题,从而把其他的事情留给基辛格。由于现在已经知道接下来要跟美国人做什么,所以勃列日涅夫表示同意,说也许葛罗米柯还可以与基辛格研究限制战略武器会谈条约——以及最后的原则声明。所有人都点点头,好像他们以前从未听说过这些。

两小时之后会谈结束时,罗杰斯气愤地对基辛格说:"显然是你谋划了这个交易。"[1110]接着他对总统抱怨说:"我还不如待在国内呢。"其实总统才是这个交易的谋划者。

这天下午签订了第一批协定——有关环境和公共卫生问题的。基辛格跟在总统身后到他房间抱怨罗杰斯。直到霍尔德曼带着乔治·麦戈文赢得俄勒冈州民主党初选的消息进来时,尼克松才摆脱他们俩。麦戈文获得了49%的选票,华莱士获得20%,汉弗莱获得13%。

从莫斯科的角度看,总统意识到他真正的政治问题是在右派。5月24日的《纽约时报》报道说,美国准备正式、合法地接受苏联在洲际弹道导弹方面的优势,而且国会保守派成员以及参谋长联席会议正在发牢骚,大部分仍是私下的。公开表白的人只有国会议员约翰·阿什布鲁克,他指责尼克松几乎注定要使美国遭受核劣势的厄运。

尼克松——孤独的白宫主人

当时，尼克松被"绑架了"——这是基辛格的说法。在签署环境和卫生协定之后，在乘车去莫斯科河边的一个政府别墅参加一个小型宴会之前，尼克松准备回自己房间待会儿。这时勃列日涅夫抓住他的胳膊说："我们为什么不现在就去那个乡村呢？"尼克松立刻就上了一个小电梯。总统的军事副官海军中校杰克·布伦南报告说：

我们其他人，包括其他苏联高层官员，拼命地跑下三层楼梯。令人非常吃惊的是，楼梯最底层，有一个车队，当然是苏联人组成的车队。乘车35分钟……到了一个类似于戴维营的地方。松树非常高——环境非常闲适，乡村风味浓郁。从别墅可以俯瞰莫斯科河，别墅本身大约高出河面75英尺……我们不时会看到相当漂亮的住宅，显然那都是其他莫斯科要员的避暑别墅……沿岸有几个人在垂钓，有些儿童赤裸着身子在游泳。

特工局特工主管威廉·邓肯的报告稍正式些地继续说：

我的看法是，[1111]这次从克里姆林宫开始的旅行是苏联人故意安排的……一行人在莫斯科河以时速90公里的速度向北行进了20分钟。河面像玻璃一样平滑。我们遇见了一艘拖着另一只船的水警艇，"探照灯号"水翼船的驾驶员必须得展开一面旗帜并向对面一侧的舰艇挥手示意。我们路过一个站在小堆火旁边看来准备露营的年轻人。我们一行人路过一个身穿便装正在垂钓的人，这个人显然认识船上的某个官员。他放下鱼竿，站起来，做出殷勤的样子并且敬礼致意……

在船上和后来回到别墅又过了三个小时，勃列日涅夫、柯西金和苏维埃联盟主席尼古拉·波德戈尔内一直在跟尼克松说话，主题是越南。苏联领导人轮番地讲，把美国的战术描述成"纳粹似的[1112]手段"，把阮文绍总统叫作"你的所谓雇佣兵总统"。大部分时间尼克松在听。但是他还是插了一两句

第32章 1972年6月17日

话,当柯西金补充说"某个你命名却未被任何人选为总统的人"的时候。总统回应说:"谁选了北越的总统?"

在长篇批评性发言中,尼克松只说了两次话,这是其中的一次。批评训斥的结束与其开始一样迅速。基辛格与特工局特工一起跳上一部汽车赶到那里,他确信这是一幕表演。苏联人想创作一个文本给北越领导人看。这群人休了会,为的是上楼去吃饭、喝干邑,然后彻夜玩笑、喊叫。

凌晨1时回到克里姆林宫,总统赤身裸体地躺在桌上,[1113]让他的按摩师尼兰德给他按摩,这时,基辛格来说他与葛罗米柯的限制战略武器会谈条约谈判僵住了,主要是因为苏联专家好像不接受勃列日涅夫在与尼克松会谈时随意做出的妥协。(美国专家仍然远在赫尔辛基,他们确信他们是被屏蔽了,这样基辛格就可以把所有功劳都归于自己了。)

尼克松把谈话内容转到国内。他关注的是在《纽约时报》报道之后华盛顿向他报告的保守派和军方越来越反对条约条款的情况。有两位重要的保守派参议员,亚利桑那州共和党人巴里·M.戈德华特和民主党人亨利·杰克逊,正私下威胁说要抨击这些协定。基辛格说,如果这样的人的名字上了新闻,后果会是毁灭性的。尼克松不需要提醒。他抬起头,近乎咆哮着说:"让政治后果见鬼去吧。无论政治后果如何,我们都要按我们的条件达成协定……"

尼克松躺在按摩桌上,基辛格又回到谈判桌上,在那里他和葛罗米柯一直工作到凌晨3点。显然,苏联的决定将由政治局做出,这天晚些时候政治局在秘密开会。5月26日星期五上午11点15分,决定出来了。苏联几乎接受了美国的所有条件。签字仪式定于当晚在美国大使官邸Spaso House举行,直到这时才将杰拉德以及其他参加限制战略武器会谈的官方谈判代表从赫尔辛基召来。他们在晚上11时签约前一小时到达克里姆林宫——当时无法找到汽车送他们去Spaso House。史密斯愤怒得几乎语无伦次,[1114]抱怨说条款未经专家分析,未经国家安全委员会讨论。他说,勃列日涅夫和葛罗米柯起码还得跟政治局商议，而美国方面，只有尼克松和基辛格互相讨论一下就完事儿。

在签字仪式前，基辛格和史密斯主持了一个新闻简报会，[1115]但是在他们开始互相反驳，就条约内容进行争论之后，简报会就被中断了。现在基辛格在克里姆林宫大厅走来走去，咒骂史密斯和罗杰斯。霍尔德曼跟他一起走着，力图让他冷静下来，能够跟总统说话。尼克松不知道发生了什么，他召见的是基辛格，但却是霍尔德曼去了。但是过了几分钟，基辛格出现了，仍然面色铁青、非常愤怒。他开始对着总统咆哮。

尼克松要霍尔德曼打电话给罗杰斯，告诉他，没有他的明文批准不得跟新闻媒体说什么。"如果他不想这么做，那就解雇他。"他说。

"完成了有什么好处呢？"[1116]

"我想你是对的，"总统说，"忘掉它。"

他踱了一会儿步，好像在自言自语，然后抓起电话机叫罗杰斯接电话。当国务卿接通电话时，尼克松又一言不发地挂断了电话。

在华盛顿，此时是星期五晚上六点刚过。[1117]霍华德·亨特（公开身份是白宫工作人员）以及 G. 戈登·利迪（总统再选举委员会财务主任顾问）正在水门饭店大陆室做东请客，举办一个行窃前宴会。他们的客人是该委员会的安全协调员詹姆斯·麦科德和以亨特的发小、老友伯纳德·巴克为首的六个迈阿密人。麦科德已经从利迪那里拿到65,000美元现金用于购买监视设备。

他假装找人，一直在水门办公综合楼周围转悠。这个楼紧邻水门饭店，而且与米切尔、莫里斯·斯坦斯、罗伯特·多尔住的那个公寓楼相连。晚上10时，在大陆室聚会的那些人吃了饭后甜食，喝了白兰地、抽了雪茄烟，然后，其中有六人离去。亨特和维尔吉利奥·冈萨雷斯（Virgilio Gonzalez）留下，藏在壁橱里。午夜时分，亨特和冈萨雷斯溜出房间，试图撬开通往办公楼的门上的锁。他们打算在办公楼强行进入民主党全国委员会总部。他们没成功。与此同时，利迪、麦科德、三名古巴人，以及一个名叫阿尔弗雷德·鲍尔温的联邦调查局前特工，待在他们目标所在地外面的一辆轿车里。

第32章 1972年6月17日

他们的目标是两英里开外国会山的麦戈文总统竞选总部。他们在等一个志愿者去关闭那些办公室，但是那个人没有出现。凌晨5点，他们离去了。

利迪的命令是："任务中止。"亨特和冈萨雷斯回到大陆室的壁橱，等着清早离开饭店。

尼克松和勃列日涅夫在电视上当着双方政府十几位官员的面签署了峰会最终协定。在签字时，总统偷偷从兜里掏出他自己的银质派克圆珠笔，他想把这支笔给基辛格。他还朝着靠近大厅角落的一根圆柱看去。他的夫人，也就是那间屋子里唯一的女性，正站在那个圆柱的背后，是一个隐身的见证人。[1118]实际上，签署的文件是一份条约和一份执行协议。这个条约只涉及反弹道导弹，限定每一方都只能在两个基地部署200枚反弹道导弹，一个基地设在本国首都外面，另一个是防洲际弹道导弹基地，在发射井的进攻型洲际弹道导弹。这个协议限定每一方的陆基和海基导弹数量为目前已经部署或在生产中的那些导弹的数量。由于该条约包含一个承诺本国不再开始建设新反弹道导弹系统的条款，因此需要得到美国参议院的确认。[1119]

次日上午，尼克松飞往列宁格勒，把基辛格留在莫斯科协商本次峰会"基本原则声明"的措辞。对总统而言，这是一个奇怪的观光日，每个门口都站着士兵，当他靠近时，士兵不让人们上街。他被领到无名烈士墓，[1120]那是历时久远、长满杂草的山丘，布满成千上万在第二次世界大战中纳粹包围期间该市死去的人的坟墓。在 Piskaryev 公墓，在一位年轻的妇女朗读一个名叫塔尼娅的12岁女孩的日记摘要时，尼克松显然被感动了。日记摘要的最后一行是："所有人都死去了。只有塔尼娅还活着。"

"塔尼娅也死了。"导游说着，放声大哭。在这天下午签署了公报之后，次日晚上，尼克松在苏联电视上所做的20分钟演讲中，以这个故事作为中心内容。最后声明从根本上看是一个充满希望的缓和誓言，其关键段落如下：

根据联合国宪章规定的义务……美国和苏联高度重视防止出现可能引起

其双边关系极端恶化的情况。因此，他们会尽最大努力去避免军事冲突和防止爆发核战争。他们将永远有节制地对待双边关系，准备以和平手段协商和解决分歧。

5月28日，也就是总统在苏联电视上讲话的那个晚上，亨特和利迪的人终于进入到民主党总部。亨特派冈萨雷斯回迈阿密找更多工具，后者带回来满满一袋子铁镐和撬杠。他们撬开半地下室车库与大厦六层之间的多道门，正好在午夜将近之时进去了。"马在屋里。"冈萨雷斯用步话机告诉亨特。亨特打电话给麦科德，后者在弗吉尼亚大街对面的霍华德·约翰逊汽车旅馆的一个房间里。凌晨1点30分，麦科德过街、上楼，在拉里·奥布莱恩的秘书和一位名叫斯宾塞·奥利弗的副主管的电话上安装了窃听器。巴克把文件柜搜了一个遍，抽出一些文件，然后由其中一个名叫尤金·马丁内斯的古巴人翻拍了这些文件。在汽车旅馆723号房间，利迪和亨特又是拥抱，又是欢呼。巴克回来时，利迪拍拍他的背说，"干得好，男子汉！"

在最后与勃列日涅夫四手紧扣的时候，总统说："你记住我私下或公开的承诺[1121]，我不会采取有损于苏联利益的措施。但是你应当相信我通过秘密途径说的话，而不是任何其他人告诉你的话。在这个世界上不仅有某些势力，而且还有新闻媒体的代表对我们之间的关系改善不感兴趣。"

然后，总统启程去飞机场，乘坐苏联伊尔－62飞机去基辅。该飞机四个引擎中有一个在起飞时失灵，飞机只好滑行回空港。在总统一行准备换乘另一架飞机时，柯西金和波德戈尔内登上飞机，问总统想如何处罚那个飞行员。尼克松不认为他们是在开玩笑。他说："他不应该受处罚，[1122]他应当得到晋升，因为他很聪明，首先考虑的是我们的安全。"

离开基辅后，总统飞往德黑兰与伊朗国王见了一面，然后飞往华沙，在那里，热情的群众不断地呼喊："尼克松！尼克松！"在一次国宴上，有人自豪地告诉他，管弦乐队的一名单簧管演奏员（[1123]一位年轻的妇女）是个美国人，是和平部队的志愿者。"查一查她在那里做什么，"他跟霍尔德曼说，

第32章 1972年6月17日

"太浪费钱了!"这让他开始考虑这次旅行花了多少钱。"工作人员太多,"尼克松说,"在你带着太多无足轻重的人随行的时候,你会发现,你每次转身的时候,他们都在用矛刺你的屁股。"

基辛格和萨菲尔从远处看着总统,谈论着这个星期发生的事。"对几个犹太小子来说还不错,[1124]是吧?"这位国家安全顾问说,"经受痛苦的一个星期,亨利,"这位演讲稿撰稿人说,"照这样下去总统还要做什么?"

"在越南实现和平。"基辛格说。

总统从科尔森5月31日的备忘录上得知,"新闻报道量已是难以置信,对总统的支持正在形成浪潮,其强烈程度是我从未见过的[1125]……然而,我们的任务不是取得大众对限制战略武器会谈的支持,而是强化总统作为本世纪伟大的世界领袖的个人形象。"

新闻报道量不仅难以置信,而且其中一些报道也表示难以置信。《新共和》杂志的约翰·奥斯本[1126]看到美国国旗飘扬在克里姆林宫的大皇宫上,从莫斯科发出一篇报道,其中包括这么一段:"先不论结果,只看这个事实——主导这个重大活动的是:理查德·尼克松在这里,与世界上最大的共产主义大国的领导人称兄道弟、握手言欢……观察家必须时不时暂停一下,屈从于这件奇事:这个人,这个典型的平庸之辈,在今年、在四个月的时间里、在北京和现在在莫斯科,其所作所为在美国总统中应属史无前例……苏联统治集团很高兴总统来到这里,我们所有人也应如此。"

6月1日飞机在安德鲁空军基地着陆之后,总统直接去了国会大厦,向国会联席会议提交了全国电视直播报告。他用一个简单易懂的目录说明了在莫斯科签署的协定,还谈到了他的中国之行,他说:"这一系列会谈没有使一个不完美的世界突然间变得完美。还存在深刻的哲学差异;世界上还有一部分国家和地区持续着由来已久的仇恨。战争的威胁并没有消除,只是被减少了。"

次日上午10时,尼克松邀请国会两党领导人到白宫东厅参加一个秘密的

尼克松——孤独的白宫主人

有关这次峰会的情况简报会。尼克松和基辛格其实都倦容满面、筋疲力尽，但是讲话和提问还是持续了两个小时，他们分别做了长篇讲话，相当清晰地描绘了不同的、可能有些互补性的世界观。

"我们不是创世者，[1127]所以我们不得不面对事实原本的样子。"尼克松开头说。他伟大的智慧优势在于能够将散在的情况连结起来，将世界看作一个整体，从不同的角度看世界。他试图描述出勃列日涅夫心目中的世界。他说，任何一位苏联领导人都会谋求在现有军力上与美国并驾齐驱，但是他也知道，即使人口更多，他的国家在经济上，生产能力也不及美国的一半。他也会看到一个潜在的竞争对手，一个潜在的第三超级大国，也就是中国（有8亿人民）在一侧的国界上；其他邻国在另一侧国界上，它们包括波兰、捷克斯洛伐克、匈牙利、罗马尼亚。这些国家都想与西方强国建立文化关系和经济联系。"苏联领导人，"他继续说，"自然会断定，与美国改善关系有利于保护他们的利益……

"他明知道拥有巨大经济实力的美国不会允许苏联达到对我们的生存构成直接威胁的状态……他们必须要做一个指挥决策。他们想继续进行一种意味着在他们如此急需更多消费品的情况下却要让越来越大的生产力继续进入军火生产的竞赛吗？他们想继续进行一种无论发生什么他们都将不能赢的竞赛吗？他们想继续进行一种的确会带来未来战争风险的竞赛吗？因为随着这种竞赛的继续……谁知道在世界主要国家中我们是否会永远会拥有理性的当权者……

"因此，苏联领导人，在我看来，……断定，虽然他们在意识形态上仍然反对我们，虽然他们仍然'想赢'——我要使用这个说法，他们想让共产主义在世界上获胜——但是，他们非常务实，认识到核武器竞赛对他们不利。他们出于他们的理由签订了这些协定，而我们出于我们的原因签订了它们。"

接着，他说，这种有利于美国的不平衡状态并不能保证最终胜利："不要低估一种以极权主义为特征的制度在中华人民共和国和苏联那种狂热领导人的领导下能够发挥的作用。他们可能是非常难以对付的对手。即便没有这

第32章 1972年6月17日

种制度，从一开始就消除了共产主义，将这种制度称之为法西斯主义独裁专政，称之为任何一种体制……俄国人也是难以对付的人……永远不要以为：因为我们的制度最有利于我们，因为在任何一种竞争中我们都会在经济上取胜，因为我们能发挥自由的伟大力量，因此我们在任何竞争中都必然会最终拔得头筹……"

"关于这一切我们该做些什么？……我得出这个结论理由是，美国应当采取必要的行动，这种行动用不着改变哲学，用不着改变意识形态。其必须采取的行动关系到美国的生存以及人类文明生存的机会，如果我能用一种戏剧性的方式来表达这一点的话。"

基辛格在阐述自1969年尼克松上任以来苏联所发生的变化时，表达得更为巧妙："第一年，他们试图进入主体国家，一如他们一直想达到的那样。第二年，他们试图形成我们称之为有差别的缓和状态，也就是说他们试图与欧洲达成良好关系，同时对美国表现出敌对的态度。就是因为如此，才致使我们在那年夏季在古巴遭遇核潜艇事件，在中东遭遇导弹危机，在通往柏林的高速公路上遭遇侵扰。所有这些事件都发生在同样的三个月期间，所有这些事件都基于美国可能与其欧洲盟国发生分歧的观点，基于美国可能被对欧洲宽松、对美国紧张的政策所孤立的主张……这些政策都失败了，因为总统坚定地保持与所有这些地区的关系……"

基辛格倾向于夸大目前的威胁，而且他篡改历史以适应他的目的，将军备控制协定追溯至1970年的约旦危机："他们发现，他们在中东已处在悬崖边缘，在这种情况下，他们不得不以他们完全不可能控制的各国政府的行动为基础，小看核战争的威胁。他们没有途径了解叙利亚的坦克要做什么，而苏联曾经遇到过的最幸运的事就是其叙利亚盟友的无能。如果其叙利亚盟友稍微多有一点点能力，并且当时以色列已突击，那么会发生什么呢？……一系列事件都不是莫斯科能够控制的，也不是华盛顿能控制的……我们的判断是，正是这种认识使得苏联领导人违反其天性、违反其哲学，甚至可能违反其偏好，致力于与美国缓和关系……"

尼克松——孤独的白宫主人

　　基辛格的论点是，目前双方都认识到以获取小优势为目的的旧军事战略是无用的，因为在使用核武器的情况下，没有哪个国家真的有可能获得足够的优势，既打赢战争又不让自身被摧毁。他继续说："如果你们仔细分析这件事，你们就不得不说，这个协定的强硬限制条款对苏联是如此不利，以至于你们感到疑惑他们为什么会签署它……如同在座的各位军事委员会成员所知道的那样，如果他们想生产，他们就可以一年生产8到9艘潜艇，而我们却一艘也不能生产。但是为什么苏联就签署了这么一个要求他们停止一个正在运转的生产线的协定呢？……除非你能取得一种没有对手会容许的压倒性优势，否则你拿这些武器怎么办？"

　　总统插嘴说："坦率地讲，如果任何一方确定其不喜欢这个交易的话，由于这些没有限制的武器，我们可能有一场非常可观的战争。因此，归结起来，我们真正做到的是，我们不仅在军备限制方面开始了一个进程，而且我们在许多其他领域也开始了一个进程……我们没有谈到越南，今天上午我们最好也别讨论它。这个话题被充分讨论过。该发生的总会发生……

　　"因此，总的说来，我们想请你们加入我们的是一次伟大的冒险活动……在这个核时代，所有负责任的国家领导人，无论其哲学是什么，都别无选择，只有坐下来谈判、制定方案、开始踏上漫长的军备控制之路……在你们审查这些协定的时候，请你们设身处地地考虑他们的状态和我们的状态以及在这种状态下你们会做什么？你们会这样做还是什么都不做？……如果我们能学会在这些问题上共处，我们就可能能暂时改变这个世界……我不会公开这样说，但是这正是我真正所想的。"

　　尼克松即刻启程去基比斯坎。他感到筋疲力尽了。他告诉霍尔德曼，他太累了不能做决策了，如果提及任何有关国内问题的事情，应该让埃里希曼去处理。四天之后，也就是6月6日，他回到华盛顿，但是只待了一天，口授了一系列备忘录，然后就去了戴维营。

　　在给米切尔的备忘录中，尼克松写到接下来的竞选，抨击了众所周知的青年代表人物、骚乱以及左派："1964年令戈德华特遭受彻底失败的一个因

第32章　1972年6月17日

素是[1128]媒体成功地将他与 H. L. 亨特、约翰柏奇会等极右翼支持者绑在了一起……除其他人以外，阿比·霍夫曼（Abbie Hoffman）、杰里·鲁宾（Jerry Rubin）、安吉拉·戴维斯（Angela Davis）也支持麦戈文，应当广泛宣传这个事实，并将其用于各个方面。每天坚持要求他与他们断绝关系。"

在给基辛格的备忘录中，主题是北越进攻的停滞："我认为，在最近几天，我们的左翼朋友[1129]有关东南亚的策略正变得相当清晰。想到我们的外交和军事行动可能会成功，他们惊呆了。所以，他们最高层做出决策，试图通过左翼记者的文章摧毁美国在南越和柬埔寨的信心。《纽约时报》有一篇关于南越'经济衰退'的报道，今天又有一篇有关柬埔寨政治问题的报道。沿用相同的说法，绝非偶然，在托尼·刘易斯在河内为《纽约时报》撰写了那些令人震惊的支持共产主义的文章之后，《华盛顿邮报》的塞利格·哈里森现在又在河内现场撰写了有关12岁的男孩、女孩多么美好的文章……我们必须继续努力让哈里森和托尼·刘易斯之流声名狼藉，他们显然不会被允许进入河内，除非他们事先承诺写文章为共产党说话……"

6月10日，加州民主党初选结果揭晓，麦戈文打败了汉弗莱，布坎南马上给总统写了个备忘录。这位演讲稿撰稿人援引民意调查结果说明，在乔治·华莱士作为独立竞选人参加竞选的情况下，尼克松以43%对30%领先麦戈文，在华莱士没有竞选资格的情况下，尼克松以53%对34%领先。当天尼克松回答说：

东部当局媒体[1130]终于有一个几乎跟其观点完全一致的候选人。《纽约时报》，《华盛顿邮报》，《时代》杂志，《新闻周刊》以及三大电视网……他们主笔的偏见沦落到赞同大赦、大麻、堕胎、没收财富（除非是他们的财富）、大量增加福利、单方面裁军、减少他们的防御、在越南投降……由于普通新闻媒体真的相信麦戈文所相信的东西就是他们心中所想的东西，所以狂热地、尽其所能地帮他弄得洁白无瑕，使他成为一位值得尊敬的候选人……在这里，我们看到右翼极端分子与左翼极端分子之间的根本差异。对于右翼分子而言，只要关系到原则，他们宁愿失败也不愿放弃一丁点儿。而左翼分子的主要动机是权力。为了获得权力，他们永远愿意违背自己的原则……

在第二天私下会见共和党国会领导人的时候，尼克松在态度上没有妥协。谈到结束越南战争的"愚人修正案"和麦戈文有关削减国防开支的呼吁，他将它们与大差额无争议通过的以色列援助修正案进行了比较。"如果你们削减国防预算，[1131]你们就削减了美国的信誉，"他说，"美国信誉丧失殆尽之时，就可以从以色列查出犹太人，[1132]送回德国去了。"

6月13日，这天晚些时候，在跟科尔森谈话时，总统说他想对麦戈文进行全天盯梢，直到大选为止。"你从不知道你会发现什么，"他说，"找一个好的青年记者，[1133]说他要写一本书。他就带着他的记者证到那里去。他不开口，但是他就像条毛毯一样盖住了那个王八蛋。"

然后，总统启程去佛罗里达度长周末。他在离基比斯坎150英里的巴哈马群岛上的行者珊瑚礁岛上，住在他朋友罗伯特·阿普拉纳尔普的房子里。后者拥有这个小岛。他在那里住到6月18日星期日上午，才回他自己的房子。他打电话给比利·格雷厄姆[1134]讨论有关乔治·华莱士的事，这位牧师说，他愿意尝试说服这位阿拉巴马州州长在民主党全国大会之后不作为独立竞选人参加竞选。接着，乔治·舒尔茨打来电话，告诉霍尔德曼，劳联—产联的乔治·米尼邀请他打高尔夫球，并在球场上跟他说，如果他获得了民主党的提名，他不会支持麦戈文。

总统在基比斯坎没有见到霍尔德曼，在星期一晚上回华盛顿的飞机上见到他。"在回去的路上，"当晚他在日记中写道，[1135]"我从鲍勃·霍尔德曼那里得知这个令人不安的消息：非法闯入民主党全国委员会的行动牵涉到总统再选举委员会工资册上的某个人……"

在其日记中，尼克松没有表明他知道任何有关三天前夜盗和拘捕行动的情况。

司法界——三名华盛顿警察——已经在6月17日星期六凌晨将利迪和

第32章 1972年6月17日

亨特的入室盗窃犯捉拿归案。6月14日利迪告诉亨特，他们必须得再去一趟奥布莱恩办公室，因为5月27日麦科德安装的一个窃听器坏了。而他们从其他窃听器听到的内容大部分都是秘书和职员们有关约会和朋友的闲聊，这些内容也都传递给了总统再选举委员会副主席杰布·马格鲁德。亨特将内容带回巴克、马丁内斯、冈萨雷斯和弗兰克·斯特吉斯（Frank Sturgis）（一个在前卡斯特罗时期的古巴长大的美国人）。在水门饭店吃了一顿龙虾大餐之后，这次麦科德自告奋勇去撬门锁。他做错了，他把胶带横向穿过门锁，这样在门被锁上的时候就能看到胶带。这帮窃贼等了几个小时才等到最后一位志愿者离开民主党全国委员会。这时大约是凌晨1点。几乎在同一时间，一位名叫弗兰克·威尔斯的大楼保安发现了地下室门上的胶带并把它撕了下来。

冈萨雷斯扒开地下室门锁。窃贼们卸掉一扇后门的合页闯入办公室。凌晨1点50分，威尔斯发现地下室门上又贴上了新的胶带，于是就报了警。三名刚下班的便衣警察正在离水门才几分钟路程的乔治敦喝东西，听到报警电话，就主动接了。亨特的望风人阿尔弗雷德·鲍德温站在霍华德约翰逊汽车旅馆七层楼的窗前，看见他们乘一辆无标志的汽车到达，但是没有认出他们是警察。接着他看见八层楼灯火通明，看到他们有手电筒并拔出了枪。他用步话机呼叫在水门饭店214房间的亨特。亨特试图呼叫在第六层楼的巴克，但是这个古巴人因为嫌静电噪声太大已经关掉了他的步话机。在下楼的时候，警察发现了贴在第六层楼门口的胶带。便衣警察从一个房间走到另一个房间，举着枪，大声呼喊："警察！出来！"由于身穿便服，这些警察看起来更像嬉皮士而非警察。警察发现了麦科德和古巴人，他们都身穿普通套装，举着手。他们都戴着蓝色的手术用手套。

巴克打开他的步话机低声说："他们抓住了我们。"亨特和利迪把214房间的电子设备扔进两个手提箱，走出饭店上了他们停在街上的车。他们留下了32张连号、簇新的百元大钞，两本地址簿，上有霍华德的姓名和白宫的电话号码，还有一张亨特给其乡村俱乐部开的6.36美元的支票。第二天，警察发现了所有这些东西。

第 33 章　1972 年 6 月 23 日

在星期六黎明前，在水门被逮捕的这五个人[1136]不能给任何人打电话。但是中央情报局、白宫、总统再选举委员会和在基比斯坎的霍尔德曼之间的电话从清晨5点一过就开始了。在这些人于下午3点30分现身法庭做预审的时候，律师们已经到过警察总局，并在法院等着当他们的代理人。在这些被捕者被问及从事什么职业时，其中只有一个人大声说："反共。"其他人点点头，然后，詹姆斯·麦科德走上法官席，平静地说："安全顾问，[1137]从政府部门退休。"

当问及是政府哪个部门时，他说："中央情报局。"

在总统再选举委员会，G. 戈登·利迪正在用碎纸机销毁他的文件。霍华德·亨特也在做同样的事。查克·科尔森命令一名助手销毁列有亨特姓名的白宫电话号码簿。再选举委员会副主任杰布·马格鲁德正在家里的壁炉里焚烧那份宝石文件的副本——在他跟他的老板约翰·米切尔讲过之后，后者在加利福尼亚参加筹款活动。星期六中午，利迪突然闯进位于马里兰贝塞斯达

第 33 章 1972 年 6 月 23 日

的焦树乡村俱乐部的餐厅，找到司法部长理查德·克兰丁斯特，说米切尔希望将这五个人释放出狱。克兰丁斯特不相信他，而且不管怎么说他也没有权力这样做。

星期日上午，美联社发表了一篇报道说，总统再选举委员会的电话号码簿上列有一个詹姆斯·麦科德的名字。米切尔发表了一个声明，说麦科德不是在根据委员会的命令行事，然后于星期一飞回华盛顿，把他的妻子留在纽波特比奇的纽波特旅馆。星期一晚上，总统到达白宫一小时后，星期二的《华盛顿邮报》出版了，其头版头条大字标题说："白宫顾问与窃听嫌疑犯有瓜葛。"

《邮报》找过霍华德·亨特。[1138]警察告诉过该报的尤金·巴金斯基（Eugene Bachinski）有关亨特的乡村俱乐部支票的事，而且还说他的名字出现在那几个来自迈阿密的人的通讯录上。亨特是警察总局的常客。尤金把这个消息传递给写星期二那篇报道的年轻记者鲍勃·伍德沃德（Bob Woodward）。由于这是一起发生在周末的当地盗窃事件，该报将报道的活儿派给了两名资历较浅的记者，一个是 29 岁的伍德沃德，在该报才干了 9 个月；另一个是 28 岁的卡尔·伯恩斯坦（Carl Bernstein）。伍德沃德这位在员工中薪水最低的记者，给白宫打过电话找亨特，被告知亨特在科尔森办公室工作。在那篇报道发表之后，白宫法律顾问约翰·迪恩和一名助理彻查了亨特办公室保险柜，[1139]找到了一支荷枪实弹的 0.25 口径的柯尔特左轮手枪。迪恩当场的反应是："天哪！"

麦科德的公文包也在那里，其中装满了电子装置，还有一枚催泪弹。有中央情报局关于丹尼尔·埃尔斯伯格的心理描述，成堆的来自五角大楼的文件，与科尔森往来的备忘录，还有两份亨特捏造的外交电报，这些电报使人

尼克松——孤独的白宫主人

看起来像是肯尼迪总统1963年11月直接下令暗杀南越总统吴庭艳的文件。电报提到吴庭艳和他的胞弟吴庭瑈，一张贴上去的假消息说："我们相信越南活动未来的成功取决于对吴庭艳和吴庭瑈的取代……成功政变的领导人应当历史清白……确保兄弟二人无一幸存。在此我们所有人都知道这个指令将你们置于不舒服、不愉快的位置。"

迪恩向埃里希曼汇报了保险柜里的东西，问如何处理这些东西。回答是："deep six them"。迪恩问这是什么意思，埃里希曼回答说："你回家路过那座桥的时候，直接把那个公文包扔进河里。"

所有的晚间新闻节目都对水门事件做了三四分钟的报道，记者援引罗恩·齐格勒的评论说："这是一次很差劲的盗窃……显然，跟总统没有任何关系。"总统本人对此事件有两条意见，写在他的新闻摘要上："他低估了。企图盗窃……政治性办公室和政府机构办公室有没有发生其他的非法强行闯入事件？在《纽约时报》和安德森因发表偷来的政府绝密文件而获奖时，那里有痛苦的哭泣吗？"

NBC新闻的约翰·钱德勒用"异乎寻常"[1140]这个词来描述了这个入室盗窃报道。他笑了，大部分政治记者也都笑了。他们关注的中心是麦戈文的竞选，嘲笑这位参议员有机会在11月打败尼克松。在ABC新闻上，休伯特·汉弗莱说，一个麦戈文竞选将会导致一次惊人的背叛，使民主党温和派人士在国会竞选中倒向共和党候选人。在《国家观察者》杂志上，本·瓦滕伯格把麦戈文描绘成"本质上是一个第四党派候选人"。《时代周刊》用五个页面刊登麦戈文的竞选提案，并且提出了一种社会幻想，恰如麦戈文最严厉的批评者和他最忠实的追随者都可能幻想出的那样："邻居逃兵役者得意洋洋地回到家，在自由车队得到了一份新工作。自由车队是一个巴士公司，负责接送贫民窟的孩子到位于郊区的种族融合学校上学和放学。下班后，这个从前被放逐的人在拐角处的堕胎接待处接上他的约会对象，驻足于隔壁的火锅城弄点儿阿卡普尔科大麻，然后晕晕乎乎地去了蒂莫西·利里的眩晕国（Timothy Leary' Dazzyland）——从废弃的美国退伍军人协会大厅涌现出的自

第 33 章　1972 年 6 月 23 日

我摇滚夜总会的一个新连锁店。"

6月20日星期二上午8时,米切尔、霍尔德曼、埃里希曼三人开了一个不同寻常的会,水门事件就是会议主题。这位竞选负责人声称,他们的职责就是不惜一切代价保护总统。他说他们的首要目标必须是尽快阻止调查,因为早晚有一天它们会暴露其他活动。米切尔使用的是"可怕的事"[1141]这个词。可怕的事清单上列出的第一件事是窃听,其余还包括针对埃尔斯伯格的非法闯入,对国际电话电报公司的操控,对爱德华·肯尼迪参议员9个月的全天监视,由德怀特·蔡平的朋友唐纳德·塞格雷蒂组织去扰乱民主党活动的政治阴谋破坏小组,亨特伪造的电报,企图非法闯入大使馆的行动,[1142]尤其是5月13日针对智利大使馆的行动。

上午10点30分,总统开始一系列一对一的会见。[1143]首先他召来埃里希曼,跟他待了一个小时,然后召见霍尔德曼。尼克松告诉他的幕僚头目,非常有必要阻止联邦调查局的调查。霍尔德曼一如既往地做笔记,他写道:"什么是我们的反击?公关攻势首当其冲——用他们的活动打击反对派。"部分想法是把非法闯入当作某种形式的恶作剧而不予受理。

霍尔德曼得到的印象是,总统认为科尔森下令入室盗窃——"不要让科尔森跟我讲任何细节。"在椭圆形办公室外面,以齐格勒为首的大部分幕僚都感到震惊和困惑,但是他们都在低声说科尔森的名字。毕竟亨特是科尔森的人。*

下午4点30分,尼克松叫霍尔德曼去行政办公大楼175房间。这位幕僚头目告诉总统,民主党全国委员会已宣布,其将对总统再选举委员会提起民事诉讼,索要100万美元赔偿金,声称非法强行闯入是对隐私的侵犯和对公民权利的侵害。从尼克松的人那里获取证词是一种聪明的做法,从米切尔开始。

"我不知道这个法律是什么,"尼克松说,"我是说,我不知道需要多长

---

* 1972年6月20日与霍尔德曼的晨会是由白宫录音系统记录的。在1974年磁带上交给国会调查员之前,这个时长18分半的磁带被抹掉了一些。

尼克松——孤独的白宫主人

时间。"

"迪恩说，你可以拖延几个月，也许能拖到大选……"

"这是幸运，幸运得像个离奇的故事。"总统说。

霍尔德曼谈到那些盗贼："我猜想麦科德会说他是在跟古巴人一起工作，其想把盗窃行为归因于古巴人自己的政治原因……亨特消失了或者正在消失。如果我们需要他的话，他可以不消失。"

"好的，"尼克松说，"现在他们当然在尝试将这些家伙跟科尔森以及白宫联系在一起……很奇怪——如果科尔森任期没到，没有到任何地方……"

"你不知道他做了什么？"几分钟之后尼克松说。

"我想我们都知道有一些……"

"情报。"尼克松完成了那个句子。

"……一些活动，而我们在得到报告，或者不管怎么说，一些信息。但是我不认为查克确切知道这已在进行中。他似乎把一切责任都揽到他自己身上。"

"是吗？"尼克松说，"好。"

接着他补充说："这个椭圆形办公室的工作"——录音带——"把事情都搞复杂了。"

"我没有听过那些录音带。"霍尔德曼说。

"把它们保留起来以备未来之用。"尼克松说。

"超级安全，"霍尔德曼回答说，"只有三个知情人。"

"好，"稍后尼克松说，"亨特是为我们还是为其他人工作？"

"我不知道，"霍尔德曼说，"我没有得到答案……——表面上是麦科德让亨特跟他一起工作，或者亨特让麦科德跟他一起，跟那些古巴人一起工作。他们都绑在一起……"

"新闻媒体是怎么知道这一点的？"尼克松问。

"他们不知道，"霍尔德曼说，"噢，他们知道亨特参与了，因为他们在两个古巴人的通讯录里发现了他的名字……"

第33章 1972年6月23日

一个多小时之后，尼克松结束了这次谈话："天哪，依我看来，这个委员会不值得窃听。这是我公开的说法。"

这天晚上，尼克松在家里给霍尔德曼打电话，说也许水门事件能转化为有利因素，古巴关系可以被用来提醒人们想起肯尼迪总统在猪湾的失误。接着他又说："那些被逮捕的人会需要钱。我一直在考虑怎么办。"

次日（6月21日）一切又重新开始，他们用总统书桌里的麦克风，还有靠近作为椭圆形办公区座位区的沙发和椅子的壁炉里麦克风，接收几乎每一个字。"关于水门事件有什么内部消息？有没有告知什么情况？"上午9点30分总统开始说。

"没什么新情况，"霍尔德曼回答说，"现在的全部问题是，米切尔的担心是联邦调查局，他们的调查程序会走多远……米切尔设计了一种脚本……牵涉到利迪这个家伙在委员会问题上的供认和担待，要达到这样一种水平，他会说'是的，是我干的，是我干的；我雇了这些人，派他们去那里，因为我以为这会是一次有效的行动并且在这次活动中会加重我的分量……'"

"你的意思是，你已经让利迪供认说是他越权擅自做主干的？"

就是这个主意。他们对此进行了反复推敲，最后总统说："反应将主要是在华盛顿而不是整个国家，因为我认为除了那些已经被我们窃听的人之外这个国家没有人会在乎这件事……在这里的人都被这件事弄得很懊恼。可怕的事是要反驳……全国大部分人都认为这件事很平常，大家都在设法窃听别的人，这就是政治。"这使他有了一个主意。他说，无论什么时候，只要出现了有关共和党计划的信息泄露，竞选委员会都应当说，这证明麦戈文在窃听——而且也许他们应当自己安装一个窃听器，然后说是麦戈文干的。"这就是我的看法……我不认为他们会看到有关共和党委员会试图窃听民主党总部的事件会在这个国家形成轩然大波。"

"那么，"霍尔德曼说，"在我看来，就是要按照利迪脚本去论证，他说，（的确，某个试图成名的小律师干了件蠢事。）"

"利迪愿意吗？"

"他说他愿意。显然他是有点儿狂热……显然他可以说是个汤姆·休斯顿类型的家伙……可以说他喜欢戏剧性的场面。他说过，'如果你要让我站在行刑队面前，然后枪毙我，那很好。我喜欢像内森·黑尔那样。'"

这天下午4点的时候，总统跟科尔森一起琢磨另一个表面故事的想法：[1144]他们可以说整件事情是中央情报局的一次行动。毕竟，白宫就是用这种方式了结了对被指控于1969年8月在越南进行暗杀的绿色贝雷帽的调查。

"我想，如果我们想要的话，我们可以发展出一种关于中央情报局的理论，"科尔森说，"我们知道亨特跟这些人有千丝万缕的联系。"

"他跟他们一起工作过。"尼克松说。

"哦，他是他们的老板，而且他们都是中央情报局的，"科尔森说，"你拿着现金，你到拉丁美洲去……我们和古巴人一起状态很好，他们以此为骄傲。那伙人中有很多肌肉发达的人。"

他们聊了一个多小时，最后总统说："不要让这些混蛋把你弄下去，查克。"

次日上午，霍尔德曼心情很好地来到椭圆形办公室。他告诉总统，联邦调查局没能追查在水门饭店和窃贼们的兜里找到的100美元钞票。调查人员知道这些钱来自迈阿密的共和党全国银行，但是该银行没有原始记录。

霍尔德曼也在致力于另一件令人分心的事。他告诉总统："我们还在推动另一件有点儿影响的事。[1145]那就是我们在山上已经开始的行动，让事儿从那里出来，那件事就是整个都是杰克·安德森的事儿，是杰克·安德森干的……我们昨天上午开始放出谣言，现在已经重新开始流传——"

"什么？"尼克松插话说。

"那就是杰克·安德森在窃听民主党办公室……这件事的大好处在于，它被干得如此混乱、如此糟糕，以至于没有人相信——"

"我们会这样干，"尼克松完成了这个句子，"唔，听起来像一场喜剧歌剧，确实。"

"它会被演成一场很搞笑的电影。"

第33章 1972年6月23日

总统开始大笑,然后说:"我想到的是,里面有带着口音的古巴人——"

"戴着这些橡胶手套,"霍尔德曼接茬儿说,"在警察进去的时候,他们穿着昂贵的、做工考究的商务套装,戴着橡胶手套,站在那里,举起手,大声叫喊'不要开枪'……"

然后,霍尔德曼严肃地说:"他们还没有合适的罪名给亨特。"

"为什么?"尼克松问。

"他们完全不能把他安到这件事里去。"

"虽然我们知道他在哪里。"

"但他们不知道。联邦调查局不知道。"

"那是。"尼克松表示同意。

霍尔德曼继续说:"我们忘了的是,我们知道得太多,所以过分解读我们所看到的而其他人不能得知的情况。我的意思是,对我们而言由于我们知道而显得显而易见的事情对其他人来说并非显而易见。"

次日,在椭圆形办公室的下午新闻发布会上,其他人听总统讲了水门事件。这是他三个多月来的第一次新闻发布会。他没有回答关于这个问题的唯一一个提问,只说他在等来自联邦调查局和华盛顿警方的消息。他还说:"正如齐格勒先生所指出的那样,无论是在我们的选举程序中还是在我们政府的程序中都绝对没有这种活动。而且,正如齐格勒先生已经声明过的那样,白宫没有涉足这个特定事件的任何活动。"

次日早上,也就是6月23日早上,报纸和电视都专注于其他新闻。总统说由于食品价格上涨,他可能会下令实行新的物价控制,但是,他对自从他下令实行工资和物价控制以来通货膨胀率在10个月里从6%下降到3%表示满意;对最高法院自1954年以来首次经非一致投票同意裁决一宗学校废除种族隔离案——以5票同意4票反对的投票结果裁决:弗吉尼亚一个以白种人为主的城镇不能退出一个大量黑人聚居的县的学校系统——表示满意;对该法院以另一个5票同意4票反对的投票结果宣布:死刑是对宪法有关禁止"残酷和不同寻常的惩罚"的规定的违反表示满意。在这两个案件中,四位尼克松提名者属于少数派之列。关于水门事件,《纽约时报》、NBC 新闻以及 ABC 新闻推测,这次入室盗窃是右翼古巴人所为,其试图弄清麦戈文和民主党是否在策划与卡斯特罗政府重建外交关系。

这天早上,新闻摘要上的两则消息引起了总统的注意。第一条是 ABC 新闻报道,一支南越救援物资运送队再一次未能突破安禄的围攻。尼克松曾看过情报报告抱怨南越飞行员拒绝在安禄的地被植物上飞行。他草草写了个便条给黑格:"阿尔,给艾布拉姆斯发电报——这越来越成问题——甚至成了南越共和国军批评家的笑料。除非有一个强有力的军事理由,否则让艾布拉姆斯告诉阮文绍,甩掉跟踪者,大力推动整体进入那里。"

第二条消息是海伦·托马斯的一篇有关她接到玛莎·米切尔电话的报道。米切尔太太说,她被囚禁在纽波特旅馆的一间小屋里,她丈夫匆忙回华盛顿时把她留在了那里。她告诉托马斯,在她因麦科德在水门被捕而变得焦躁不安之后,她一直被禁止使用电话。她认识麦科德,因为这个人会定期到她家查一遍,看有没有电话窃听器。她能给托马斯打电话,她说,是因为她假装睡着了。接着她说:"就是这样。我给约翰下了最后通牒。除非他退出竞选活动,否则我会离开他。我厌恶、厌倦了政治。政治是一种肮脏的生意。"突然她的声音变了,她在尖叫,"你们马上离开——滚开!"——然后电话断了。

"可怜的约翰!"总统写道。接着,他看到当托马斯给在华盛顿的米切尔打电话时米切尔所讲的话:"她很了不起。那个小甜心。我非常爱她。她对政治感到有点儿烦,但是她爱我,我也爱她,这才是最重要的。"

"约翰回答得很好。"尼克松写道。

上午 10 点刚过,霍尔德曼走进办公室。坏消息来了。联邦调查局调查员能用 6 月 17 日在霍华德约翰逊汽车旅馆找到的 32 张一百美元钞票追踪到利迪寄给巴克的 114,000 美元。他们已经提出了肯尼斯·达尔伯格(Kenneth Dahlberg)的名字。此人是共和党的一名筹款人,[1146] 他曾经从德韦恩·安德雷斯(Dwayne Andreas)那里收到过 25,000 美元。后者是休伯特·汉弗莱的朋

第33章 1972年6月23日

友,其通过偷偷拿钱给尼克松来掩盖其政治赌注。

总统确定,逼迫中央情报局去阻止联邦调查局的时机到了。霍尔德曼告诉他,联邦调查局代理局长帕特·格雷(Pat Gray)根本不知道该局如何能让他的人停止调查。"昨天米切尔提出了这个方案,"[1147]霍尔德曼说,"而且约翰·迪安昨天晚上对此进行了非常仔细的分析,他断定——同意米切尔的建议,对我们而言,解决这个问题的唯一办法是让沃尔特斯"——弗农·沃尔特斯将军(General Vernon Walters),现任中央情报局副局长——"打电话给帕特·格雷,只说,'绝对不要介入那件事。……这是这边的事儿,我们不希望你对此有进一步的行动。'"

"行。挺好,"尼克松听完之后过了片刻说,"我的意思是,你只是——嗯,我们让赫尔姆斯免遭一大堆事情带来的大麻烦……这牵扯到那些古巴人、亨特,以及跟我们自身毫无关系的许多欺诈行为。到底,米切尔对这件事了解到什么程度?"

"我是这样认为的,"霍尔德曼回答说,"我不认为他知道详细情况,但是我想他是知道的。"

"嗯,谁是干这件事的蠢货?利迪吗?……难道这不是问题所在?"

"是,"霍尔德曼说,"但是,据说他是迫于要搞到更多情报的压力,他的压力越大,他就越使劲儿地督促那些人去行动——"

"来自于米切尔的压力?"

"好像是……"

又过了几分钟,总统说:"……我不打算介入这件事……"

"不,先生。我们不希望你介入。"

"你把他们叫来。好,好牌。这牌挺难打。这是他们打这手牌的方式,也是我们要打这手牌的方式,"总统说,"在你说服这些人的时候……说,'瞧瞧,问题是这将揭开整个,整个猪湾事件,总统只是觉得'——不用深入讲细节——不要,不要对他们撒谎说没有参与,而只说这可以说是一场错误的喜剧,很离奇,不用深入探讨……他们应该叫来联邦调查局的人,并且说我们希望，为了这个国家计，'不要对这件事做任何进一步调查了'，在这个时候……"

这天下午霍尔德曼回到总统身边，说他已经给沃尔特斯打了电话，要他和中央情报局长理查德·赫尔姆斯到白宫来。他告诉尼克松："好了，这不成问题。让……这两个人来……我在开始时不提亨特。我只说，呃，我们给出方向的这件事，我们会遇到某种非常严重的潜在问题，因为他们正在探究的线索通向——呃，不利于中央情报局、不利于政府的领域……格雷给赫尔姆斯打过电话了，他说，'我想我们已经撞进了中央情报局的秘密活动。'"

"格雷这样说了？"

"是，而赫尔姆斯说，'没什么，现在我们还一无所得。'"＊

但是，霍尔德曼报告说，赫尔姆斯做出了让步，说他会尽量提供帮助，他说："我们会处理任何事情，我们会做你要做的任何事情。"但是中央情报局长是一个老奸巨猾、诡计多端的官僚，他又补充说他想知道原因，要书面的。于是沃尔特斯说他会给格雷打电话。

一两天之内，白宫为利用中央情报局去阻止联邦调查局的尝试宣告失败，因为司法部的调查不是由格雷及其手下，而是由地方检察官厄尔·西尔伯特（Earl Silbert）在推动。后者是哥伦比亚特区美国联邦检察官的主要助理，其在华盛顿特区大陪审团面前传唤目击证人。于是，6月26日，霍尔德曼和尼克松讨论是否有可能让约翰·米切尔辞去总统再选举委员会主席职务，对入室盗窃事件承担责任，原因是他被个人问题分了心。所谓个人问题当然是指他的妻子，其目前住在纽约市附近的韦斯切斯特乡村俱乐部，但他仍然在打电话，声称她被麻醉了，被强行带到全国各地。

"这件事弄得很大了，[1148]这篇报道；你不认为如此吗？"

"是，"霍尔德曼回答说，"如果他们刊登报道说把她扔到床上，在她屁股上插根针，这篇东西……你可以用这个作为让米切尔退出的理由……你能

＊ 这三人1972年6月23日谈话的录音带于1974年8月5日公之于众。这些录音带被称为确凿的证据，因为它们描绘了总统下令掩盖事实的过程。

第33章 1972年6月23日

做到这样的唯一方式是把他牢牢地套在这件事上，说，'嗯，是的，是他干的，这就是我们必须除掉他的原因所在。'"

"我不能那样做。我不会对他做那样的事，"尼克松说，"我宁愿他妈的输掉大选。我真的会。"

接着，他们讨论了在华盛顿大陪审团传唤目击证人的时候还可能发生什么情况。"显然，"霍尔德曼说，"我们在这方面资源有限，但他们利用同样的人做了各种各样的事。所以说，你把他们都聚起来了——你在你的主要人员中形成了纵横交错的关系。如果这些家伙只涉足了这件事，你可以摆脱他们，让他们消失，不留痕迹。"

"你的意思是他们也涉足了国际电话电报公司事件？"尼克松问。

"还有别的事。"

"黑洞？"

霍尔德曼认为这是指非法搜查活动，于是回答说："显然有很多事。有些事我一无所知。"

这天晚上，总统口授了一篇日记，开始说到水门事件，但是结尾时提到他收到基辛格的一个有关《华盛顿邮报》及其出版人的便条："亨利告诉我，他与斯图尔特·奥尔索普的一次有趣的谈话。显然，斯图尔特现在还在病危中，他曾经跟凯瑟琳·格雷厄姆出去吃过饭。由于 RN 在外交政策上取得的成就以及让麦戈文担任总统的危险性，他一直在着重论证支持 RN 的必要性。他说凯瑟琳·格雷厄姆最后大发雷霆，[1149]说，'我恨他，我会尽我所能去打败他。'" 6月28日，总统决定，米切尔（其在纽约跟他妻子在一起）不得不退出。他和霍尔德曼花了两个多小时讨论如何处理米切尔从总统再选举委员会辞职的问题。

"再说说米切尔的事儿，"[1150]尼克松说，"我想，我是这样理解的——而且我不想知道，因为我必须在新闻发布会上回答问题。但是，就我的理解而言，约翰并不特别了解这次非法活动……我的意思是，如果顺藤摸瓜，古巴人以及我们面前的其他人，为某个混蛋效劳，而且他们干了一些蠢事，我们

541

不能对此负责……这是一个很好的机会。他会获得很多同情。玛莎的粉丝会想,那不是一件很好的事吗,那个人已经放弃了——你知道,这有点儿像温莎公爵为他所爱的女人放弃王位这一类题材。我是说,这件事有那么点儿味道。那个可怜的女人身体一直不太好,他打算陪在她身边,这就是一切。"

这天晚些时候,霍尔德曼叫来约翰·迪安,其奉命去想法弄钱收买那五个窃贼以及亨特和利迪。迪安打电话给在纽波特比奇的赫伯·卡姆巴克。后者对放在加利福尼亚保险箱里的竞选现金有控制权。迪安要他乘晚上的飞机从洛杉矶到华盛顿。

这天晚上,总统去戴维营为6月29日的新闻发布会做准备,这是他13个多月以来的第一次电视直播新闻发布会。他第二天下午回来,打电话问霍尔德曼与米切尔见面的情况。他们在行政办公大楼175房间见面,霍尔德曼说米切尔想辞职。他告诉尼克松,他的朋友感到非常痛苦,说有关纽波特比奇的报道是真的:玛莎·米切尔毁坏了酒店的一个房间,医生把她扔到床上,注射了镇静剂。"他担心她会从水门饭店的阳台跳下去,"[1151]霍尔德曼推断说,"所以他不得不辞职。"

在尼克松与霍尔德曼谈话的时候,迪安走出白宫,去宾夕法尼亚大街对面的拉菲亚特公园见卡姆巴克。他告诉总统的私人律师,他的任务是为水门事件被告以及亨特和利迪秘密筹钱,为前纽约警察托尼·乌拉斯维兹(Tony Ulasewicz)制定提交现金的方案——所有这些都是秘密进行的。卡姆巴克入住斯塔勒特希尔顿酒店之后,莫里斯·斯坦斯(Maurice Stans)从总统再选举委员会过来,给了他一个装有751张百元钞票的公文包。

这天晚上的新闻发布会上提了22个问题,没有一个问题涉及水门事件或调查。主要的新闻热点是,总统宣布在民主党全国大会期间,美国谈判代表将于7月13日回到巴黎进行越南和谈。

次日,尼克松与米切尔和霍尔德曼在行政办公大楼175房间共进午餐。与平常一样,总统吃的是农家干酪,而其他两人吃的是蟹蛋奶酥。他注意到,他的朋友的手抖得很厉害,几乎拿不住小勺子。米切尔说他必须回纽

第33章 1972年6月23日

约。这天晚上尼克松在日记中写道:"如果没有玛莎,[1152]我相信水门的事儿绝不会露馅儿。"

这天下午晚些时候,总统叫来克拉克·麦格雷戈,请他接任再选举委员会主席。尼克松与他以及霍尔德曼又谈了一个半小时,打算让他确信总统再选举委员会的问题解决了。但是麦格雷戈打断他说:"我不需要知道过去的任何事情,[1153]但是我想,我必须知道有关未来的一些事情。我已竭尽全力跟人们说,我跟国会议员和参议员说,总统再选举委员会和白宫跟这个事件绝对没有关系。"

"这是你应当采用的说法,"尼克松说,"我知道白宫与此事没有任何关系……"在尼克松大笑麦格雷戈的疑虑的过程中,霍尔德曼表现得有点儿像个捧哏的。有一次他提到了利迪的名字,但是总统表现得就好像他从前从来没有听说过的样子,然后说:"在我看来,这是一件非常讨厌的事情。你几乎认为这是一伙双重间谍……几乎像件受操纵的事。"

麦格雷戈一离开这间办公室,霍尔德曼便转向尼克松说,"我告诉他有关利迪的事是因为不管怎么说他马上就会发现这件事。"

"利迪名字还未公开,两天前已经被他的假定老板莫里斯·斯坦斯解雇了,但是他仍然拒绝配合联邦调查局调查员。他愿意说他受命来还巴克的钱——来自达尔伯格的25,000美元和来自一家名叫海湾资源和化学公司的89,000美元,这些钱最终交由一个名叫曼纽尔·奥加里奥的墨西哥律师——作为非法捐赠,因为他们在截止日期4月7日之后,擅自决定将钱用于秘密活动。"

"一个真正的信徒……"总统说,"我们会照顾他。好,很高兴有这样的人。"

"如果他坚持这一点,"霍尔德曼说,"那么我们会等到一个合适的时机赦免他。"

"你不想现在赦免他?"尼克松说。

"大选之后。"霍尔德曼说。在谈话即将结束的时候,尼克松提到博比·巴克的名字，后者是林顿·约翰逊的一名助手，曾进过监狱。霍尔德曼说那损害了约翰逊的形象，但是尼克松打断他说："胡说。在他以61：39获胜的时候他怎么被损害了？"

这天晚上，独自回顾历史，[1154]总统在日记中写道："……我感到满意，在白宫没有人知道或者批准任何这样的活动，米切尔也不知道它。"

星期六，总统飞往圣克利门蒂，在飞机上谈论竞选政治的时候，他说，他想不理睬定于7月10日在迈阿密海滩开始的民主党全国大会。"让麦戈文自己沉没[1155]……没有真相小组或类似的东西。"他对他的演讲稿撰稿人说。离开华盛顿两周时间，在离开之前他最后的公干是签署一个债务上限法案，其中有一个条款是社会保险福利增长20%——而且按生活指数调整的福利变动与未来通货膨胀的变动保持一致。他曾反对与通货膨胀同步增长，但是当其在参众两院以压倒多数获得通过时，他明白了，他可以两者兼得，左右逢源，既可以用他的话去反对通货膨胀，又可以取悦2,800万选民，因为他们在大选前一个月会得到增加了金额的养老金支票，同时，为此要支付的工资税到1973年才用支付。

总统几乎做不到很晚不睡等着看麦戈文在民主党全国大会上做提名演讲。7月13日夜晚，[1156]时间一再拖延，议员席上的代表挑选了39位副总统候选人，包括玛莎和毛泽东。当这位被提名者终于开始讲话时，时间在太平洋海岸将近午夜，而在东海岸已是7月14日凌晨3点。尼克松在和他的夫人一起看电视。约翰·康纳利当时正在Casa Pacifica。像大多数美国人一样，他放弃看电视，上床睡觉去了。尼克松夫妇看着民主党人在全国电视上激情迸发。伊利诺伊州代表团团长，芝加哥的梅厄·理查德·戴利身处席位被资格审查委员会剥夺的代表之列。该委员会负责解释了以麦戈文本人为首的改革委员会撰写的新种族和性别平衡指南。在戴利的座位上，年轻的芝加哥民权活动家耶西·杰克逊牧师，身穿花里胡哨的短袖衫打着州旗坐在那里，间或突然站起来把州旗举向空中并反复咏唱："现在就要自由！现在就要自由！"

第33章 1972年6月23日

该党最著名的人物，从爱德华·肯尼迪和埃德蒙·马斯基开始，一个接一个拒绝麦戈文的邀请，不肯参加副总统竞选。在考虑了24名在副总统投票这天可能的竞选伙伴之后，麦戈文选定了一位新当选的参议员，密苏里州的托马斯·F.伊格尔顿。

大会结束后这天上午，麦戈文自豪地宣布，由第一位具有主席身份的妇女，犹他州的吉恩·迈尔斯·韦斯特伍德取代拉里担任民主党全国委员会主席。与此同时，尼克松总统和约翰·康纳利一起出现在电视上，从圣克利门蒂宣布这位得克萨斯州前州长将作为"支持尼克松的民主党人"之首脑。实际上，这是一个安慰奖，因为总统还是想抛开副总统阿格纽，但是他断定，如果不在他自己党内引发爆炸就不可能做到这一点。

7月19日，回到华盛顿，总统发给康纳利一份备忘录，[1157] 内容涉及与来自佛罗里达州的前民主党参议员乔治·斯马瑟斯的一次谈话：

> 昨晚我跟斯马瑟斯通了电话，他说，他准备加入你和支持尼克松的民主党人组织，只要让他儿子布鲁斯作为主要参与人就行。其正在作为一名民主党人参加州议会竞选，如他所希望的那样在杰克逊维尔地区获得提名……他说，他已经跟沃伦·马格努森参议员、罗塞尔·朗参议员、鲍勃·伯德参议员、詹宁斯·伦道夫参议员、赫尔曼·塔尔梅奇参议员以及乔·蒙托亚参议员谈过。他说所有这些人都对麦戈文被提名感到不快，他们正在试图想法子避免对他表示支持……

给康纳利的下一个备忘录写道：

> 就在今天我们谈话之后，我给约翰逊总统打了电话，在农场找到了他……他告诉他，我知道并尊重他作为一位前总统对他党的候选人表示支持的态度，但是如果在他政府班子中或者他的支持者中有人询问有关参加你支持尼克松的民主党人组织的问题，他可以采取中立立场的话，我会非常感

谢……接着他继续说,他同意我任总统期间所采取的大部分观点,他本人很不同意他党的被提名人,因此他不会阻止他的朋友加入你……他说,事实上他有一个很困难的家庭问题,尤其是他的两个女儿和女婿,他们都表示了反对麦戈文的愿望……

第34章 1972年8月22日

7月18日，总统离开圣克利门蒂开始回华盛顿之旅的日子，他和世界上其他大部分人都被来自开罗的消息惊呆了。埃及总统安瓦尔·萨达特——基辛格私下预测过此人在1970年11月纳赛尔总统去世后只能在任数星期——命令苏联军事顾问和技术人员立即离开埃及。但是，第二天总统来到椭圆形办公室的时候，没有召见基辛格或者罗杰斯，他们一直在负责中东事务，而是想和约翰·埃里希曼谈谈。

"告诉我有关水门事件的最新消息，[1158]它现在到哪一步了，"他说，"下一步行动是什么？"

"马格鲁德可能是要栽进去。"

"他怎么栽进去？"

"嗯，无论出现什么症结，他都必须接受，必须对这件事承担责任，他们不能编造一个故事说他不知道会发生什么。"埃里希曼继续说，"我想这就是迪安今天上午正在努力做的事情。"

"他知道吗?"尼克松问。

"哦,是的。哦,上帝,他知道。他已深陷其中。"

"他不能编造一个故事,"尼克松说,其开始追忆以往的丑闻,一如既往,专注于追寻阿尔杰·希斯与共产党间谍活动的联系,"如果你掩盖,你就会被抓起来。而如果你撒谎,你就犯了伪证罪。"

"这是一件非常恶劣的令人讨厌的事情,"总统继续说,"我憎恨看见它,但是,我说一旦……之后我们要处理马格鲁德。"

埃里希曼说,问题是,一旦调查员开始质问他的故事,汤姆不确定如何限制马格鲁德的证词。

"主要问题是他是不是这个事件调查的最后一个人,"尼克松说,"或者他是否会扯出米切尔或霍尔德曼。"

他们谈了一个小时,编造了包含两名调查员、刑事大陪审团听证和民主党民事诉讼的情节。埃里希曼告诉尼克松,民主党已聘请华盛顿最令人敬畏的律师之一爱德华·班尼特·威廉姆斯(Edward Bennet Williams)来进行民事诉讼。他模仿威廉姆斯可能会怎样盘问马格鲁德,用低沉的声音说:"即便如此,马格鲁德先生,在这样那样的事出现的时候,你没有自己去解决它,而是跟米切尔先生商量,是吗?"

"我必须说,"过了一会儿尼克松说道,"我看不到他如何能坚定地与米切尔站在一起,他可能不会那么坚强。"

次日,7月20日,尼克松问霍尔德曼,在白宫到底在如何处理水门事件调查。

"迪安几乎在专职监视此事,[1159]随时不断地向我和埃里希曼汇报情况,"霍尔德曼回答说,"白宫没有别的人知道那里的任何进展情况……不需要任何别的人知道。他们也不可能为此事件做任何事情。"

"对的,"尼克松说,而且他大声笑了。"就我们几个知道的人为这个事件烦忧就够了。"

第34章 1972年8月22日

"其实,"霍尔德曼说,"我们也不能做什么事儿。"

"昨晚我做了一个奇怪的梦,"总统说,但没有细说,"这是一个会持续几天的令人厌恶的问题。我不能相信——我们在黑暗中吹口哨,但是我不能相信他们可以把这件事跟我联系在一起。你感觉如何?"

"它会很棘手……"霍尔德曼说。

在公开场合,似乎没有什么比总统连任之路更平坦。尼克松在加利福尼亚的三个星期里,《时代》杂志和《新闻周刊》仅刊登了一篇水门事件报道,《华盛顿邮报》只发表了三篇有关法庭诉讼的短篇报道。在大部分民意调查中,总统的支持率都在60%以上,而且米尼的劳联—产联执行委员会以27:3的投票结果同意在大选中保持中立,该委员会有史以来第一次没支持民主党总统候选人。已发布的每月经济统计表明,[1160]国民生产总值在以8.9%的年增长率增长,而在全国大部分地区通货膨胀率都在下降。

在选举方面唯一的潜在问题似乎还是乔治·华莱士,他在民主党大会上做过演讲——引人注目地坐在轮椅上从坡道上讲台——但还没有公开宣布不作为第三政党候选人。约翰·康纳利和比利·格雷厄姆会见华莱士向他保证,只要尼克松在任,他就会得到他所希望或需要的任何东西。"弄清他想要什么。"总统跟康纳利说。这个得克萨斯人回来之后说:"他想得到尊重……他是个病重的人。"

"我们也可以说,这就是大选获胜的日子。"康纳利说。他告诉尼克松,华莱士绝不会接受美国独立党的提名,[1161]该党是他于1968年组建的。而如果华莱士不参加竞选,麦戈文就无法获胜。但是,这要花点儿钱。尼克松同意在当年余下的日子里给华莱士竞选班子付酬。

唯一一件看似没有违背总统行事方式的事情是他关于副总统的选择。7月22日,尼克松正式宣布他选定阿格纽作为副总统。但是,他继续告诉霍尔德曼以及其他人,他有个说服阿格纽在第二任期内辞职的计划。[1162]公告发表几个小时后,尼克松看到了副总统准备次日在俄勒冈抨击新闻媒体的演讲稿。"不，不，不，"[1163]尼克松很不满意地说，并颁布了当年剩余时日的规则：不攻击新闻媒体，也不攻击民主党。他命令他的人不要用负面的"民主党徒"这个词，所有竞选攻击都要针对"麦戈文之流。"

他在一篇关于竞选时对新闻媒体的战略的长篇备忘录结尾写道："只要我们在民意调查中表现出相当明显的领先优势，赛迪之流甚至法官们就会围着我们转……像对笨蛋而非朋友那样耍他们。"[1164]

晚上，总统继续口授政治备忘录，很少亲笔写东西给他的手下，包括他的女儿特里西娅和朱莉，他们在7月4日收到这份备忘录："来自总统……就个人而言，[1165]你们可以提及我们的一些圣诞晚会，说我在晚会上弹钢琴为大家唱歌伴奏等，不用乐谱……你们可以说这种活动是没有公开的，但是它们是令你们觉得最感人的尼克松故事之一。此外，还可以讲在你们举办生日聚会等活动的时候，我偶尔为你们演奏生日歌。"

那时候，尼克松比较自信，认为水门事件在掌控之中。7月25日，他肯定地告诉霍尔德曼，法院拖延，混乱，白宫态度骑墙——迪安似乎在控制之下，没有人说三道四——意味着在大选之前不会审理。"他们会继续、继续、继续调查，"[1166]他说，"任它去吧。"他们两人甚至为此笑出声来。

"亨特现在做的事是，从他自己的目的出发利用从前最高法院给我们说过的宽容的废话。"尼克松说。

"杀人犯和强奸犯以同样的方式逃脱惩罚。"霍尔德曼说。

"杀人犯和强奸犯由于太多的报道而逃脱惩罚，"尼克松说，"我从来都不同意这样做，但是现在该法院说这就是王法。如果这对杀人犯有益，这对窃听者有益……"

他们对这件事笑个不停。

这天下午晚些时候，在总统会见黑格的时候，霍尔德曼走进来，手里拿着一份报道南达科他州一次非同寻常的新闻发布会的美联社公报。民主党副总统候选人伊格尔顿参议员，在接到有关神经衰弱的匿名电话之后，知道新

第 34 章　1972 年 8 月 22 日

闻记者正在检查他的健康记录，因此，他宣布在1960年至1966年期间，他因"神经衰弱"和"抑郁症"住院[1167]三次——并且两次接受电休克疗法。麦戈文站在他身边，承认他过去对此一无所知——在麦戈文的人私下询问他的难言之隐时，他撒了谎——但是，麦戈文说如果他过去知道实情的话，他还是会选定这位密苏里州参议员。于是康纳利打电话说："天哪……他们提名了一个疯人。"[1168]

7月27日总统举行了一次新闻发布会。他被提问了五个有关副总统人选——伊格尔顿和阿格纽——的问题，五个有关越南的问题，没有问到水门事件。

次日，这个话题也没有被提到，总统用下午时间和乔治·米尼（这个憎恶了20多年的工会人物）一起打高尔夫，在打第1洞时米尼开始说："伊格尔顿应该告诉过麦戈文，但是现在麦戈文像个傻瓜一样处理这件事……"在打第18洞的时候，这位劳工领袖说："现在我想让你知道，我不会给你投票，我也不会给麦戈文投票。"但是他说他妻子和两个女儿都会给尼克松投票。"就是这样你也别因为我妻子给你投票就自以为是了，"[1169]他又补了两句，"我想告诉你为什么——她不喜欢麦戈文。"

总统对这个老人有一种浪漫的看法。他们憎恨的人相同，虽然尼克松在公众场合不得不更谨慎地表现之。在日记中，他写道："从能力上看，美国领导阶级[1170]确实有领导能力。但真正令人恶心的是不得不在白宫接待他们，正如我经常做的那样，而且还要听他们抱怨和哀诉。这就是我之所以非常喜欢更多地接待劳工领导人以及来自美国中产阶级的人的原因之一，这些人仍然具有自己的性格、勇气，而且还有一点爱国精神……坦率地讲，在个人观点上我与他们的共同点通常多于我与麦戈文或知识分子的。他们喜欢作为一个整体的劳动者。而我喜欢劳动者个人……"

几天之后，在阅读了物价委员会主任唐纳德·拉姆斯菲尔德的一份备忘录之后，他表达了自己对米尼的对手——企业家——的看法。备忘录说汽车制造商想把1973年款车模型的价格从81美元提高到91美元。尼克松草批的意见是："我不会要求这些人做任何事——他们应当足够明智，把这类事情拖延至11月以后再做。如果他们的利己主义压倒了他们的理智，那么他们可以见鬼去了[1171]——那正好是麦戈文会送他们去的地方……提醒我他们如何回应你的要求——11月7日以后。"

7月31日，令民主党人备受煎熬的一个星期之后，麦戈文要伊格尔顿辞去候选人资格。8月1日《华盛顿邮报》上的贯通八栏大字标题埋没了伍德沃德和伯恩斯坦[1172]的头等重大独家新闻。迈阿密的检察官向伯恩斯坦展示了有达尔伯格签字的25,000美元支票，而且伍德沃德在明尼苏达找到了此人。达尔伯格说他已经把这张纸片转交给了总统再选举委员会，但是没有人问他这是谁的钱。

新闻媒体在追逐麦戈文，而非总统再选举委员会。这位民主党候选人又去寻找愿意与他一起竞选的人。肯尼迪说不愿意，康涅狄格州的阿布拉罕·里比科夫参议员说不愿意，汉弗莱、马斯基、佛罗里达州的鲁宾·阿斯丘州长都说不愿意。8月5日，萨金特·施莱弗（Sargent Shriver）说愿意。[1173]这位前和平工作队队长兼经济机会办公室主任——也是特德·肯尼迪的连襟——在8月9日民主党全国委员会的一次会议上正式当选。尼克松过得很快乐。他每天只花一两个小时关注水门事件，通常是由霍尔德曼和埃里希曼简要介绍情况，但他得到的大部分信息都来自约翰·迪安。这位顾问报告说，9月中旬华盛顿大陪审团会提出7份起诉书，五个窃贼，亨特以及利迪。霍尔德曼是这样将此消息转告给总统的："皆大欢喜。[1174]他们都出了狱。他们都得到了照顾。我们做了许多慎重的检查以便确定没有人感到不满，结果是没有任何人不满。"

"亨特感到高兴。"霍尔德曼在回答尼克松的第一个提问时说。

"我猜想，付出了很高的成本吧？"尼克松说。

"是的。"

"物有所值。"

"非常昂贵。这是一件昂贵的……"

第34章 1972年8月22日

总统打断他的话说:"这也是钱的用途。……他们必须得到补偿。这一切都是为了那件事。他们必须得到补偿。"

现在,尼克松谈的是利用政府去摧毁麦戈文及其手下,因为他相信以往民主党任上的政府曾同样对待他,尤其是在他的著作成为畅销书之后对他的所得税进行审计的时候。"约翰,"他对埃里希曼说,"重点是,正如我跟你讲过的那样,在1961年,我开始挣到钱的第一年,在我写那部该死的书的时候,那些婊子养的就来了,他们没完没了地问,你为你的房子还有所有其他财产付了多少钱,非常令人讨厌……"

他想知道现在对其他人所做的事情:"上帝作证,[1175]我们现在对这个人在做什么?我们在如何对待捐款者?现在,那些列在那里……我们在仔细检查给民主党全国委员会捐款人吗?司法部在检查以便弄清是否有什么反垄断诉讼吗?……我们掌握所有这些权力,我们没有利用。现在,救世主的事是什么?换句话说,我正在考虑的是,例如,是否有关于拉里·奥布莱恩的消息。在做什么?谁在专职做这件事?上帝作证我们在做什么?"

"对你的提问的简短回答是,没什么事儿。"埃里希曼说,他刚从国防部回来,他在那里收集麦戈文的兵役证明,看看麦戈文在那方面有没有什么不良记录。在此之前,他去过财政部,试图取得麦戈文的最大捐助人——维尔京群岛商人亨利·基梅尔曼的税务记录。总统的书桌上有一份来自帕特·布坎南的备忘录,说有个线人报告说,基梅尔曼在乘东部航空公司飞机从华盛顿去纽约的途中坐在帕特·莫伊尼汉旁边。[1176]尼克松想知道他们谈了些什么。

提到基梅尔曼也促使尼克松说:"把他们吓个半死。把他们吓个半死。现在,有些犹太人和也参与了这一切的黑手党在一起。"

新任财政部长乔治·舒尔茨成了获取纳税申报单的障碍之一。"所有的人都认为乔治是个诚实、正派的人[1177]……"尼克松说。他并没有把它作为一种恭维的意思。"乔治有一种幻想……他在努力做什么,说你们不能跟国税局玩权术?……就告诉乔治,他应当这样做。"

"我会的。"埃里希曼说。三天之后，他拿到了基梅尔曼的纳税申报单。

8月中旬，总统退隐到戴维营。他再次进行自我隔离。他告诉霍尔德曼他会有一个多星期不看新闻摘要，但是希望每天下午5点钟通过电话给他提供口头的新闻简报之简报。他要用这段隔离的时间来写他将在共和党全国大会做的总统候选人提名演讲。在其中一次下午5时电话中，霍尔德曼告诉尼克松，拉里·奥布莱恩的纳税申报单正在被审计，而且这位民主党全国委员会前主席同意去设法对付麦戈文跌跌撞撞的竞选，开出的条件是将税务诉讼延迟到11月大选之后。"因此，"霍尔德曼说："我们已经得到了他的文件，[1178]现在我们可以做研究了。"

"说出将此推迟到大选之后，"尼克松说，"这要很大的勇气。"

8月13日，总统开始写演讲稿的日子，驻扎在岘港附近的第三营的1,053人，21名步兵，将他们的阵地让给了南越部队，奔上了回家的路——并且在13次执行不同任务的过程中，在北越的道路和补给线上投下了三千吨炸弹。对于这些美国人来说，"战争越南化"意味着用制空权代替人力，那里已经形成了僵局。从3月30日开始，来自北方的进攻已经停滞。基辛格在巴黎再次会见北越谈判代表，讨论的不是战争，而是间接地涉及尼克松与麦戈文的竞争。秘密诺言被一个政治现实所超越，那就是如果麦戈文在11月7日当选，共产党可以得到更合算的交易，但是麦戈文几乎没有获胜的可能。而且尼克松决心轰炸北越，以迫使其进入停火谈判。基辛格的消息是，他们可以在大选日之前得到更合算的交易。美国的威胁不仅是继续轰炸，而且是在尼克松的连任选举和1973年新一届国会召开之间加强轰炸，新一届国会可能会拒绝拨更多资金用于更多的轰炸。总统必须要在当年年底进行交易，而北越则必须决定他们可以拿到多少更多的好处。

部分政治现实情况是，即使尼克松取得一边倒的胜利、打败麦戈文——因为总统不打算分享他的人脉或者麦戈文的不得人心，也不会真的有很多机会去改变国会的构成方式。在给霍尔德曼的一份备忘录中，总统写道："我们

第34章 1972年8月22日

必须记住，康纳利的组织和我们主要的劳工支持者不仅是在支持总统连任选举，而且要非常重视这么一个事实，他们也在支持民主党候选人竞选参众两院的席位……我们代表参众两院候选人做的任何事情都必须非常低调……非常小心翼翼地对待总统竞选与参众两院席位竞选之间的联系……"在备忘录结尾处，他援引哈里斯民意调查结果说，他希望这次竞选强调对越南的强硬政策。

轰炸就是强硬政策。在谈判中，多年来美国的说法已经明显缓和。自从尼克松和基辛格接受适时停火的主意——这会使北越军队留在南越——以来，只有两个重要问题要谈判。现在，剩下的问题是美方要求遣返所有俘虏，而北越方要求取消西贡的阮文绍政府，承认他们的政治胜利。由于尼克松连任几乎确切无疑，因此这次是北越方而非美方妥协，表示他们会考虑在西贡建立某种形式的联合政府。次日，8月15日，基辛格飞往西贡，认为可能接近最后的战斗了。在给总统的"绝密"电报中他写道：

我们比以往任何时候更接近于谈判和解了[1179]……我们仍然有机会实现一种体面的和平……北越人将会注视我们国内的民意调查和南越方面的发展，决定是否在11月之前妥协。他们有一种痛苦的选择。他们可以与一个能给他们提供公平机会去谋取在南方的权力但拒绝担保他们胜利的政府做交易。他们也可以抵抗，但明知这个过程几乎肯定意味着他们将面对同样的一个政府，只不过这个政府又获得了一个四年任期……

总统没有在意。在那份电报的空白处，他对黑格写道："这意味着我们在15次会谈中没有进展……没有取得进展，也没有可期待的。"

而且，阮文绍的反应出乎基辛格的预料。这位南越领导人一直都赞同美国的活动，但是事后看来，基辛格认识到，那是因为他一直都知道河内会拒绝他们。现在，阮文绍似乎是在拖延，就好像他更喜欢军事格斗（尤其是在美国帮助下）而非政治斗争。他试图通过一次批评和平进程的演讲打上他的印记:"只有一种方式能迫使共产主义分子谈判,那就是完全摧毁它们的经济和战争潜力。"阮文绍希望再进行6到7个月的强化轰炸。[1180]

8月16日,麦戈文拒绝了尼克松提出的让基辛格做外交政策简介的建议,说他通过读报可以学到更多。这位民主党候选人说的很多话都记录在案,比如,他说过:无论北越人是否释放所有美国俘虏他都会从越南撤回全部美国军队。他说他预计他们会那样做。接着,8月19日,麦戈文说,如果他在总统竞选中获胜,他以为阮文绍及其"同伙"会逃离南越。在问到有关尼克松和水门事件的问题时,麦戈文回答说:"这是一种人们认为只有在希特勒那样的人统治下才会发生的事。"[1181]

8月22日,共和党全国大会以1,327票赞成1票反对再次提名尼克松为总统候选人。有2,000多万户美国人观看了次日晚上总统的提名演说——他从东部标准时间晚上10点30分开始演讲。相比之下,五个星期前麦戈文的凌晨演讲只有大约300万户美国人观看。8月30日完成的盖洛普民意调查结果报告:尼克松,64%;麦戈文,30%;[1182]犹豫不定,6%。

大会之后,伊格尔顿参议员给白宫打电话,与帕特·布坎南通话,感谢总统表示同情的字条,那是尼克松寄给伊格尔顿13岁的儿子特里的。[1183]总统亲笔写道:"温斯顿·丘吉尔曾经指出,'政治比战争更为艰难。因为在政治活动中你死许多次,而在战争中你只死一次。'……重要的不是你的父亲参加了一场非常艰难的战斗并且失败了。重要的是在打这场战斗的过程中,他因面对压倒性优势所表现出的勇气、沉着以及朴实的胆量而赢得了敌人和朋友同样的钦佩。"

至于麦戈文,尼克松在大会之后的一次有关竞选的会议上说过几句话:"在你有一个竞争对手的时候,[1184]如果你面对的是像这样的一个处于攻击之下、摔了几次屁股蹲儿的对手,那么你要做的就是再去踢他。我的意思是,你必须不断地重击,重击,重击。"

第 35 章　1972 年 11 月 7 日

"这是我的最后一次竞选。"大会之后总统跟他见到的每个人都这么说。但是，没有竞选的意义了。乔治·麦戈文正在自毁。民意调查表明，就连那些在具体问题上赞同民主党的人也质疑他的资格，甚至他的爱国主义。经济情况相对比较好，经济数字比1968年尼克松当选前要好很多。越南战场上形成了僵局。如果北越人真的曾经认为他们的春季攻势能令他们进入西贡取得胜利的话，那么，现在他们已经失败了。美国轰炸机每天在天上飞，美国人以最小的风险，反复炸毁越南北方。世界上最大的新闻是，在慕尼黑奥运会上，9名以色列运动员被一个阿拉伯突击小队谋杀了。

竞选的钱款迅速地滚滚而来，以至于几乎没有时间点钱和告诉总统。9月13日，他从《纽约时报》和《华盛顿邮报》得知六位数捐款来自得克萨斯石油开发商 W. T. 邓肯和麦当劳汉堡连锁店主雷·克罗克夫妇，他跟霍尔德曼说："我注意到，今天上午《邮报》的这篇报道谈到尼克松的三位大捐款人，[1185] 而我对他们却一无所知。"

尼克松——孤独的白宫主人

　　非竞选活动的一个规则是，大选之前，总统不会接受一对一的采访。但是他有两次例外，两次都是在大选日之前禁止期内。一次是见《华盛顿明星报》的加尼特·D.霍纳，一位他从20世纪50年代就认识的记者。另一次是见西奥多·H.怀特，[1186]《总统的气质》系列图书的作者，怀特从1960年尼克松与肯尼迪竞选时开始撰写这些书。怀特在给尼克松的信中提出的采访理由让人难以抵抗。信中说："在我看来这篇报道是引人入胜的……在理查德·尼克松的第一任期中的某个时候，我们触及二战后世界的结束，并且开始接近一个新的世界，但我还不能描述这个新世界的名字和维度。而且，更难做到的是描述一位面对国会中充满敌意的多数人和新闻媒体反复攻击、能够如此巧妙地操纵美国以对抗新现实的总统的规划和行动……"

　　尼克松告诉怀特，他计划直到竞选的最后三个星期他都不会为非竞选活动出面："我不会为支持而支持参议院或众议院候选人，这是罗斯福的行事方式，或者我1970年的行事方式……我们的部分问题是，我们有许多糟糕的候选人。好的候选人会跟着我一起上去，而糟糕的候选人将会下去。"[1187]

　　然后，好像是在自言自语一般，总统开始了一段有关其总统任期的长篇独白。他谈到他在外交政策方面的巨大成就，尤其是对中国。接着重点讲了四年来国内的变化。由于对立法细节缺乏兴趣，尼克松在介绍国内情况的时候，表现得基本上就是一位按部就班的候选人：

　　"我们以43%的选票当选，当权派除了踢我们的屁股之外什么也没给我们，而新闻媒体把我们的魂儿都踢出来了，知识分子也反对我们……这个四年不是个轻松的时期。在我进来的时候，林顿·B.约翰逊甚至都不能离开白宫了——他是对的，他不应当让自己遭受暴力。但是现在我可以在所有50个州旅行。我们开始执政的时候，这个国家的状况糟糕透顶。你忘记了20万人在白宫游行的日子。我们一直在艰难地争取外交政策。但是国内政策一路上都很艰难；我们没有托管权；我们没有国会的支持。现在，我们得到了一个四年前我们连做梦都不能想的机会，但是我并没有将它看作一个革命性的百日。我们必须得仔细检查我们的机构，并且使之恢复从前的价值观……"

第35章 1972年11月7日

在访谈中没有谈到水门事件。公众得知的最重要的新情况是，负责监控新竞选资金法律合规性的审计总署调查人员最后发现，最后进入巴克的迈阿密账户的25,000美元[1188]不是来自共和党人，而是来自汉弗莱的人。这个信息被传递给司法部，总统及其手下知道的是，准备在起诉五个窃贼加上亨特和利迪之后结束调查。

现在，尼克松有充分的自信来讨论成立一个"沃伦委员会"，由已退休的大法官厄尔·沃伦任主席，对这次调查进行调查——让公众相信司法部已经竭尽全力了。他甚至邀请了他往日的对手——纳尔逊·洛克菲勒州长。

"纳尔逊，让我来告诉你，"[1189]他在9月14日说，"你应当知道这些事情。这个记录，这个令人苦恼的水门事件，正如你可能知道的那样，正如你今天被告知的那样，是一帮年轻人干的那些该死的事之一。"

"也许，我最好不要知道，总统先生。"这位州长说，他决定在记者问及此事时表示一无所知。实际上洛克菲勒知道很多发生在白宫的事。基辛格定期生动地给他介绍基本情况。这位州长对此种活动有其自己的见解：[1190]他认为总统走火入魔了。几年来洛克菲勒一直在严肃地跟朋友们说椭圆形办公室里的古怪而危险的行为。"人们不了解尼克松所受的压力，"他会说，"这个人被推得太远了，超出了他的能力。"但是跟尼克松面面相对这天，这位州长只说他认为公众对那篇报道持怀疑态度："他们知道这件事一直在进行。"

在日记中，尼克松口授道："我做了一个奇怪的梦。[1191]梦见我在某个集会上讲话，讲得有点儿太长了，洛克菲勒从中间站起来，在一片掌声中接过麦克风……这是一种下意识的反应。很有趣。"

9月15日，联邦大陪审团宣布，指控那七个人窃听和窃取文件。司法部的一个声明说："我们绝对没有证据表明应对其他任何人提起诉讼。"

总统非常喜欢这个报道，尤其是这个情况：窃贼们告诉记者他们绝不会告发上级，进而会转为激进反共的小演讲。"这个说法现在确定了吗？[1192]在问及水门事件的时候，每个人都说什么和做什么，抵制吗？"他问霍尔德曼，"这些古巴人。我看了新闻摘要，我想我简直是要笑死了。这是太搞笑了。"

"他，他们听起来很可信，这些古巴人，是吗？"他继续说。

"完全可信，"霍尔德曼回答说，"我认为他们真的相信这个。我的意思是，这是他们的动机……他们害怕麦戈文。他们害怕他会出卖给共产党，他会。"

稍后，当约翰·迪安进来的时候，总统跟他打招呼说："好，你今天过得不错，[1193]是吗？你止住了水门事件，是吧？"

"我想，此时此刻我们可以说'不错'"，迪安说，"新闻媒体正在如我们所期望的那样处理这件事……我想，我可以说从现在起54天——到大选日的时间——没有一件事会出乎我们意料突然崩溃。"

"我想要有关那些试图毁掉我们的事情的最全面的笔记，"总统告诉迪安，"他们正在找这个，他们会得到这个……如你所知，我们在首任四年中没有使用这个权力……但是现在会改变。"

"这是一种令人兴奋的前景。"迪安说。

这一天，在南越，阮文绍的海军陆战队夺回了广治市——或者说它的其余部分。经共产党占领和美国猛烈轰炸四个月之后，这个曾经拥有35,000人的城市被彻底破坏了。基辛格在巴黎与黎德寿以及北越谈判代表再次进行秘密会谈。他次日回到华盛顿向总统汇报，然后在新闻发布会上向公众汇报。但是记者们的反应却大不相同，他们开始公开报道，如《纽约时报》所刊登的：

基辛格暗示巴黎和谈进展甚微

基辛格告诉尼克松的是，他肯定北越人急于解决问题，因为他们认为与总统获得连任之后相比，他们现在能得到一个更好的交易。霍尔德曼记录了基辛格的报告，一开始黎德寿说："你们现在真的想结束这一切吗？"[1194]

"是的。"基辛格说。

"好，"这位越方主谈官说着，绕过桌子来握手，"我们在10月15日前完

第35章 1972年11月7日

成这件事，如何？"

"那当然很好。"

这对于尼克松总统来说就不那么好，对南越的阮文绍总统也不那么好。在见过尼克松之后，在9月15日会议之前亚历山大·黑格曾发电报给基辛格说："总统说，国家安全委员"——指基辛格——"好像不了解美国人民对基于妥协的解决方案不再感兴趣，[1195]而是支持继续轰炸，并希望看到经过这些年之后美国占上风……我想向你强调一下他的愿望：明天在你们讨论中形成的记录是一个强硬的记录，这在公众看来会是对鹰派而非鸽派有吸引力的……"

尼克松在看民意调查结果——根据哈里斯民意调查结果，55%到32%的选民赞成继续猛烈轰炸——总统似乎非常倾向于这样的想法：等到大选之后，那时会得到授权，轰炸北越，直至其同意接受更苛刻的条件。阮文绍担心基辛格会不顾南越人在南方建立联合政府的目标去进行秘密谈判，就像上一年美国人不顾停火后北越人不得留在南方的条款进行谈判那样。8月里，阮文绍问基辛格[1196]美国是否会拿让北越军队留在南方作为释放美国战俘的交换条件。基辛格说他不确定北越人是否会那么做。但是最后他说是的。

现在阮文绍最后的抵抗是，要求保证美国国会继续反对会使北越分享南越执政权力的任何形式的委员会。而实际上，在巴黎，基辛格已经朝那个方向发展了，建议由西贡、河内和越共代表组成一个"民族和解委员会"。该委员会会对选举进行监督，共产党可以参加选举。北越的让步是最终放弃他们要美国撤除阮文绍职务的要求，这个让步使基辛格与黎德寿握了手。现在，基辛格的想法是借助一次战斗机会和美国的设备让阮文绍及其政府留下。但是，阮文绍发觉基辛格（或许尼克松也是）现在把西贡政府视为和平或者至少是停火的最后障碍。而他是对的，至少对基辛格的看法是对的。基辛格现在用同样的词描述这两个越南人——敌人黎德寿和盟友阮文绍，这个词就是："傲慢无礼。"[1197]

9月26日和27日，基辛格与黎德寿在巴黎郊外的伊芙村（Gif-sur-Yvette）

会见，很快就对军事问题的解决，包括停火和释放战俘，达成了实质性的协议。在与基辛格谈话后，尼克松派黑格去西贡，试图说服阮文绍接受一个政治协议，他不会强迫他辞职，但会创建一个民族和解委员会。但是这个任务未能完成。阮文绍流泪了。他几乎反对基辛格—黎德寿协议的所有条款，告诉黑格，如果美国人继续向前走，"我们将不得不公开澄清和辩解我们对这个问题的看法。"[1198]

总统在一封由埃尔斯沃斯·邦克大使递交的私人信件中回答了阮文绍，提出了两个承诺和威胁：

> 毫无疑问，我们之间存在严重的意见分歧，[1199]但是显然可以这样理解：这些分歧在性质上属于战术性的，不包括关于我们双方所追求的目标——在南部越南保持非共产主义结构——的基本分歧……我确定地向你保证，在没有与你亲自充分讨论协议条款之前，不会达成协议。这个承诺特别适用于下一轮巴黎和谈。在这些谈判中，基辛格博士将会探讨对方愿意给我们提供什么明确的安全保证，作为进一步讨论接下来会与你磋商的政治观点的基础。有鉴于此，我力劝你采取一切手段避免形成可能导致类似于我们所憎恶的1963年事件的氛围……

1963年11月2日发生的事件是，在约翰·F.肯尼迪总统批准的一次军事政变中，南越总统被其自己的官员暗杀了。阮文绍将军曾经是美国支持推翻吴庭艳的南越官员之一。这个事件引发了一系列政变和反政变，最终导致1967年阮文绍上台执政。

10月8日基辛格回到伊芙村的时候，那里的气氛就变了。谈判一开始，这个美国人聊了一些有关从巴黎出来途经一个赛马场的闲天，接着他又说，他听一个法国人说，一会儿马被一片树林遮挡的时候，跟着的人群就看不到比赛了。"你看不到他们，"他说，"我听说这就是骑师决定谁获胜的地方。"

"我们是在进行和平竞赛还是战争竞赛？"[1200]黎德寿回应说。

第35章 1972年11月7日

"和平竞赛，"基辛格说，"而我们就在树林后面！"

这天下午晚些时候，黎德寿说，要许多个星期时间就多年来累积起来的所有细节进行谈判。他提议美国和北越可以签署一个有关双方之间具体军事问题的协议，包括撤军时间表、囚犯、给军队和盟友的再补给等，并且只考虑有关两个越南之间的政治问题的主要原则。然后，他交给基辛格一个协议草稿，说除了有些夸张，其实它就是重申过去四年来美国的立场。没有提以罢黜阮文绍政府作为停火的前提条件。基辛格与他的私人助理温斯顿·劳德单独在外面待着的时候，他们握握手，低声说："我们已经完成了这件事。"[1201]

这天晚上基辛格发电报给霍尔德曼：[1202]"告诉总统，今天的首次谈判会上有一些明确的进展，他可以满怀信心，结果会是积极的……"

同时他发电报给驻西贡大使邦克："在会谈期间对方可能提出停火的建议……根本问题是阮文绍命令其指挥官迅速行动，最大限度地占领关键领土。"

尼克松没有回应巴黎来的电报。而且也没有人跟他讨论这场战争。在白宫只有少数人（基辛格、黑格和国家安全委员会工作人员）知道在巴黎、西贡和河内实际在发生什么。所有这些人都在伊芙村。总统很久前就与国防部的既有专家断了联系，自甘独自一人待着。但是在外交上他往往是盲目的。黑格正在成为总统在外交政策上最信任的人。在充满野心勃勃的人的白宫里，这位野心勃勃的青年将军已经成为最重要的双重间谍。基辛格曾带他去法国以便监视他。

基辛格知道黑格的意见跟总统一样，[1203]认为在大选之后谈判能得到更有序、更有利的越南协议，而且在大选前形成的这种协议可能会令在意识形态上仍不能接受北京之行和莫斯科之行的共和党保守派进一步疏远。但是，基辛格还知道一些事：他正在谈判的这个协议（实际上是独自进行的谈判）会有其自己的有效期。一旦北越选择发布在伊芙村谈定的这些协议，总统就会控制不了局面了。

次日晚来自基辛格的电报加剧了总统的孤立状态。基辛格只写了:"这轮谈判过程中的协议非常复杂和敏感,以至于我们不能具体汇报其中的细节……我们确切地知道我们在做什么,而且正如我们以往没有让你失望的那样,现在我们也不会让你失望。等我们回来的时候,我会直接向你汇报,当务之急是在回应麦戈文时什么也别说,或者在任何其他情况下别对目前的谈判造成影响。"

接着,他附言给霍尔德曼,因为后者先看到这些信息。他恳求霍尔德曼让总统保持冷静:"请稳住那里的一切。我知道那里令人忐忑不安,但是过分紧张只会对这里的谈判结果造成损害。"

次日,10月10日,基辛格的电报说:"我们决定在这里再待一天,[1204]期望我们能取得一个重大突破。"

还是没有来自总统的回应。

这天晚上,麦戈文参议员在全国电视上发表了他最重要的竞选演说,他买下了CBS一个半小时黄金时间,估计有2,000万美国人能看到电视演讲。他说,在就职典礼这天,他会停止对北越的轰炸,从南越撤回所有军队和政治支持者。新闻媒体的反应并不令人鼓舞。《纽约时报》的詹姆斯·赖斯顿写道:"他在满足河内的战争目标方面走得太远了,以至于实际上他因电视演讲而失去的支持比得到的要更多。"专栏作家约瑟夫·克拉夫特补充说:"显然,如果不知道这一点,他就得准备接受比对方所提出的更差的条件。"

还是在10月10日,《华盛顿邮报》的伍德沃德和伯恩斯坦小组发表了他们自水门事件窃贼被起诉以来的第一篇头版报道。他们发现了唐纳德·塞格雷蒂(Donald Segretti),[1205]他们报道说,这个来自洛杉矶的年轻律师曾负责招募50名密探,让他们在全国各地设法破坏民主党人的生活和竞选。他的"搞恶作剧者"(他这么称呼他们)从卡姆巴克掌控的基金中领取报酬。他们挥动令人尴尬的标语牌,比如"如果你喜欢希特勒,你就会爱华莱士。给马斯基投票",分发伪造的传单和工作计划,打电话告诉记者编造的谣言,伪造有民主党抬头的信笺并用这种信笺伪造色情信件,传播谎言,看会有什

第 35 章 1972 年 11 月 7 日

么后果。他们最出名的把戏是，在民主党全国大会期间雇飞机飞过迈阿密海滩，机尾拖着一条横幅，上面写着："和平，锅，乱交——给麦戈文投票。"

"塞格雷蒂，如你所知，[1206]是不得与外界接触的，"报道发表之后霍尔德曼跟总统说，"但是他用公共电话给约翰·迪安打电话，大约每天中午在查不到的线路上打电话。他会做任何事情。我听说他应该是干这类事情的理想人选。他是一个喜欢这类大学式恶作剧政治活动的家伙。蔡平在学生中心的校园政治活动与他结识。"——这位负责安排约见的秘书与塞格雷蒂在南加州大学是朋友——"……他们聘用了他。"

尼克松有一个想法：塞格雷蒂应该起诉《邮报》。"我知道他会输掉官司，但是上帝啊，这在公众心目中会留下一种印象：他们撒了谎……"总统说，"是不是，鲍勃？你看怎么样？起诉那些王八蛋。"

约翰·康纳利打来电话说，[1207]白宫不应否认那个报道："我会让克拉克·麦格雷戈或鲍勃·多尔说，当然，这他妈的有什么问题吗？你确定我们雇用了他，我们雇他去打探所有这些人的集会——"

"看他们在搞什么活动。"尼克松打断说。然后他开始讲，他认为肮脏的政治活动是多么平常。"埃德加·胡佛告诉米切尔，上届竞选的最后两个星期我们的飞机被窃听了。约翰逊让人干的。他下令窃听我们的飞机。我想，汉弗莱的飞机也被窃听了。我不确定汉弗莱的飞机是否被窃听，我知道我们的飞机被窃听了。但是他说，他让人窃听我们飞机的原因是因为他有个越南计划在那儿，他必须了解我们对越南问题会发表什么意见……约翰逊知道所有的谈话。你知道窃听器安装在哪里吗？就在我的舱房里。因此我在那两个星期里所做的每一次谈话约翰逊都知道。"

"如果这发生在约翰逊执政期间，他们在今天上午的新闻发布会上问我，"康纳利回答说，"我会说，'我不知道，我不是约翰逊政府的成员。我在得克萨斯，是得克萨斯州州长。'但是我说了，'在我有生之年，我不打算给这个或者任何其他政府以任何清白的保证。'"

后来，霍尔德曼进来告诉尼克松，他的人发现有关水门事件的情况泄露

565

大部分来自联邦调查局。"级别相当高，"他说，并点出了副局长的名字，"马克·费尔特。"[1208]

"见鬼，他现在为什么会这样做？"总统问。

"关于这件事你什么也不能说，因为它会毁了我们的线人……米切尔是唯一一个知道这件事的人，他非常坚决地认为我们最好别做任何事，因为……如果我们继续对费尔特采取行动，费尔特就会豁出去，把一切都说出来。费尔特知道要从联邦调查局了解的所有事情。他肯定已经知道了一切。"

"你会对费尔特做什么？"尼克松说。

"嗯，我问了迪安……他说你不能起诉他，他没有任何犯罪行为。迪安担心，如果你现在让他知道了，他就会豁出去，上电视去……我想他是想当一把手。"

"见鬼，这就是他得到最高职务的方式，"尼克松说，"……他是天主教徒吗？"

"犹太人。"霍尔德曼回答说。

"天哪，"总统说，"把一个犹太人放在那个位置吗？……费尔特的传送带是什么？"

"《邮报》。"

"这可能是犹太人搞的名堂，"尼克松说，"我不知道。但这总是有可能的。"

……

10月11日，基辛格与黎德寿会谈的第四天，谈判代表们就新共产党提案议定了一个工作草案。基辛格带着一种新的屈尊姿态发电报说："这里刚刚结束了极其漫长的谈判。很重要的是，明天我有充裕的时间与总统就整个形势进行彻底的审议，因为现在需要周密的游戏方案。"

基辛格占了上风。他于10月12日将近晚上6点的时候回到华盛顿，与黑格一起直接去了行政办公大楼175房间。总统正在那里跟科尔森谈话。基辛格认为科尔森什么都不是，只是一个政治恶霸，所以在他离开之前什么话也

第35章 1972年11月7日

不说。科尔森离开之后,关上门,基辛格说:"嗯,总统先生,看来我们出去了三趟取得了三个成果"[1209]——向中国开放,与苏联开始缓和,在越南实现和平。

基辛格拿出他的红色"绝密"文件夹,开始跟总统说,达成的交易[1210]远比他们曾经期望的要好。尼克松在第一次听到这些提案的时候,态度上好像是未置可否。这些提案包括:在完全停火后60天内美国军队全部撤出并完成战俘交换;关闭老挝和柬埔寨边境的避难所,建立一个由西贡政府、越共以及中立人士代表组成的"民族和解与和睦全国委员会",其根据各方一致意见制定这个国家的未来规划,这就意味着阮文绍拥有否决权。还有一些未加具体说明的、用于重建该国的美国援助,尼克松认为这会成为美国未来在越南事务方面的杠杆。

总统听着,怒火逐渐消散。这就是体面的和平,他认为,尽管他几次打断说阮文绍方面会有问题。他也预计北越会从第一天开始就违反协议。但是这不再是关键。在没有完全失败或者蒙受更多羞辱的情况下撤出才是关键。他从白宫食堂点了牛排,然后打电话给他的管家马诺洛·桑切斯,叫他把白宫最好的酒——1957年的拉菲—罗斯柴尔德——拿来,这一次没有用餐巾遮挡酒的标签。

次日上午,尼克松下令减少对北越的轰炸,减至一天两百架次——自5月8日以来美国在北越已经投掷了15万吨炸弹——并给巴黎发信,温斯顿·洛德一直在那里起草协议,他说:"除了还有几个技术问题需要春水部长和基辛格博士在10月17日进行商讨之外,总统接受'结束越南战争及恢复和平的协议'基本草案……"

尼克松提出了一个和平日程安排。基辛格将去西贡和河内,然后,10月26日尼克松在华盛顿、范文同在河内宣布这场美国战争结束。然后,10月31日美国和北越、南越政府和民族解放阵线(越共)会在巴黎签署和平协议。

10月17日的巴黎谈判会之后,基辛格飞到西贡与阮文绍会谈了三天。到此为止,世界新闻媒体知道有些事情正在发生。华盛顿时间10月18日《纽

567

尼克松——孤独的白宫主人

约时报》的头条标题是：

巴黎和谈之后基辛格飞往南越
华盛顿迹象表明停火谈判处在关键时刻

基辛格在指定时间——10月19日上午10时到达西贡的总统府。[1211]在来自世界各地的记者的关注下，他被撂在那里等了15分钟。他怒火中烧，在阮文绍的办公室里，他向这位越南共和国总统递交了美国总统的信：

如你所知，在我执政的整整四年里，美国一直坚定地作为你的政府和人民的后盾，支持他们为抵抗侵略和保卫其决定自己政治前途的权利而进行的英勇斗争……

直到最近北越谈判代表还坚决坚持其长期以来的既定立场：任何协议都必须要包括你辞职和越南共和国政府及其机构解散……不过，现在看来，你政府及其战斗部队的不屈不挠精神和英雄气概，美国在1972年5月8日所采取的措施，以及我们在会议上的坚决态度，已经促使河内发生了根本性转变……我们与河内的谈判代表已达成了基本的协议文本，规定停止敌对状态……

最重要的几句是：

然而，我还是希望你了解，我相信我们除了接受这个协议之外别无其他合理选择。它代表了对方的主要动向，而且我坚信，这个协议的执行会使你和你的人民有能力保卫你们自身以及决定南越的政治命运。

在其签名下面，尼克松手写补充道："我完全支持基辛格博士的意见。"

基辛格用30分钟解释了这个协议，然后才将协议文本（英文的）交给阮

第35章 1972年11月7日

文绍总统。和自己的人单独在一起的时候,阮文绍用越南语说,"我想抽他耳光。"他认为这个协议是一种背叛,是一份投降书。这个越南人要一份用他们自己的文字写的协议副本,当晚美国人就提交了。阮文绍没有告诉这些美国人他已经知道这个协议的基本内容。两天前,他已经看过在岘港南部一个越共地堡中获得的这份最终文件和停火后行动计划的10页摘要。在一个偏远的村子里,当地政治委员在南越总统知道之前就已知道这些细节。这道停火总指令包括基辛格还没有向阮文绍承认的一个关键事实:没有提到14万北越军队撤出南越。实际上,所获得的这个文件的许多内容都是有关在停火生效之前占据更多地盘的计划。

次日的会谈定于上午9点开始。美方代表被告知站在旁边,他们站了5个小时。下午2点,阮文绍开始说:"我们做了个粗略的分析,我们想问几个需要澄清的关键问题,并且希望有更多时间去研究英文版和越南文版的协议文本……顺便说一下,这里所说的'三个印度支那国家'是什么?"

这个短语指的是老挝、柬埔寨和一个单一的越南——它在英文版协议文本中出现了三次——尽管这场战争一直是为保卫两个越南而战。

"啊,"基辛格说,"这一定是排字印刷错误。"[1212]

当然,美国人看不懂越南文本——在伊芙村用的是北越口译员和翻译。但是南越人看到用他们自己的文字写的内容时感到震惊。他们说,在越南文中,基辛格所说的"委员会"(committee)或者"理事会"(council)实际含义是"政府结构"(government structure),美国人被叫作"海盗",而南越人被叫作"附庸"。在盟友们看到在河内采访范文同的全文这天,形势就变得更糟糕了,至少从阮文绍王朝的角度看是这样。范文同邀请了美国记者,《新闻周刊》的阿诺德·博什格拉夫告诉他在美国人走了之后南部会有两个政府和两支军队。

阮文绍以相同的方式解读形势。他给基辛格讲了一个故事,说的是一个人在卧室里抓到小偷的事儿。这个人打电话给警察,警察来了,但是却没有让小偷离开那个屋子。警长把枪放回枪套里说:"他不是一个很坏的家伙。你

569

为什么不试着学会与他共处呢？过一会儿没准儿他会想家，然后就回他自己家去了。"否则，阮文绍继续说："他可能会强奸你妻子。"

在华盛顿，总统正在与黑格和威廉·威斯特摩兰将军谈话，他们俩告诉总统，阮文绍会拒绝巴黎协议。[1213]10月20日，根据黑格的会议记录，威斯特摩兰说："任何认为这个协议是强迫性协议的推断都会对阮文绍自己的政治基础产生致命的影响……"实际上，威斯特摩兰所描述的这位领导人向尼克松发出过类似的信息："一个极端多疑的人，他阴险狡猾，能够急转弯，持阴谋观，这些使其历经许多艰难岁月而得以幸存。至关重要的是，美国人要耐心地与阮文绍一起干，并且要认识到放弃他的地盘会造成困难……这个计划不适合实际情况。"

"尼克松总统强调他不打算被迫仓皇逃窜。"黑格记录道。总统发电报给基辛格："我们必须让阮文绍作为一个乐意达成任何协议的合作伙伴。这不能成为一次强迫联姻。"[1214]

但是，总统不知道基辛格与阮文绍会谈的氛围和紧张状态。美国和共产党在越南的线人在不断暗示这场战争已进入最后阶段。到10月21日，基辛格与阮文绍两天里进行了8个多小时会谈之后，法国报纸《法兰西晚报》报道传闻说，十天内会宣布停火。《纽约时报》对那段新闻的报道在华尔街造成了"一次和平反弹"，道琼斯工业平均指数骤然上涨10.09点，收盘于942.82点。

到次日，也就是10月22日，世界各地十几种新闻发布媒体在印刷和广播来自河内的报道：停火即将来临。其中大部分报道在细节上都没说对，说什么协议内容包括北越军队从南越撤出，在西贡建立一个新的联合政府。身在戴维营的总统打电话给霍尔德曼，[1215]命令进行一次快速民意调查，了解选民是否期望在大选日之前达成协议——以及他们期望协议中包含什么内容。然后，他便回去看电视转播的第七届世界职业棒球大赛奥克兰运动家队与辛辛那提红人队的比赛，一边阅读当天的备忘录。其中一份是来自赫伯特·克莱恩的一篇支持报告：迄今为止213家报纸发表社评支持尼克松连任，[1216]而只有12家支持麦戈文当选——其中一家是《纽约时报》。

第35章 1972年11月7日

在西贡，基辛格奋力抵抗黑格和威斯特摩兰，发电报给总统说："我们已经得到了让步，这是在上个月或者上周没有人认为可能得到的让步……华盛顿必须明白这不是一次主日学校的野餐。我们是在与一群一直斗争了25年的狂热分子周旋……我们不能确定他们多久才会愿意接受现在我们所掌握的条款。"

现在总统手中有烫手的山芋。基辛格在会见阮文绍这天，同时准备了一份递交给总统府的电报。"总统先生，"基辛格说，"我能给你念一下来自尼克松总统的电报吗？"[1217]

阮文绍点点头。基辛格开始念道："此时此刻你会觉得这个协议不可接受，而对方会对满足与这个协议相关的要求提出特别限制。我的判断是，你的决定会对我继续为你以及南越政府提供支持的能力产生极其严重的影响。"

阮文绍孤家寡人在场，但是他没有屈服。他告诉邦克和基辛格："我不赞赏这种做法：你方的人在城里四处奔走，告诉所有的人说我签字了。我没有签署任何文件。我不反对和平，但是我没有从你方得到任何令人满意的答复，我是不会签字的。"

基辛格回应说："我们已经斗争了四年，[1218]把我们的整个外交政策都抵押在对一个国家的保护上……你是实现和平的最后一道障碍。"基辛格看起来很气愤，"如果你不签字，我们会继续按我们自己的计划行事。"

基辛格威胁说："我不会回到南越。"阮文绍比较流利地用英语反驳说："为什么？你急于得到诺贝尔奖吗？"

"你的最终立场是不签字吗，总统先生？"邦克问。

"对，这就是我的最终立场。我不会签字，我希望你们将我的态度转达给尼克松先生。请回华盛顿去，告诉尼克松总统我需要答复。"

当晚基辛格在两份电报中告诉尼克松的是：[1219]"阮文绍刚刚拒绝了这个计划或对该计划的任何修改。他坚持认为任何协议必须包含绝对保证非军事区，所有北越军队全部撤出，南越绝对自主……阮的立场强硬得无以复加……他的要求近乎疯狂。"

基辛格被安排在次日，10月23日离去，但是他要求阮文绍在上午再开个会。

"为什么？"阮文绍问。

"新闻媒体仍然认为我们马上就有一个解决方案[1220]，所以让我们开个简短的会，并确定盟友之间正在进行商议。"

"嗯，如果那么做对你有所帮助的话，那好吧，我们明天再开个短会，五分钟。"阮文绍说。在这个短会上，基辛格说："如果我们继续我们的对抗，你会获胜，但是我们两方最后都会失败。事实是，在美国，所有的报刊、媒体以及知识分子在我们的失败中都有既得利益。如果说在最后的日子里我似乎有些不耐烦，那是因为我看到机会正在悄悄溜走。这就是为什么我会带着这么一种悲剧感离去的原因。"

在离开西贡之前，基辛格经由华盛顿和巴黎发了一个短信给河内的范文同，他说："遗憾的是，西贡的争议证明情况比原来预期的要复杂一些。他们中有些人关注有关美方在越南民主共和国之前表达的誓约的问题。"他在这个短信上的签名是"尼克松总统"。实际上总统从未见过它。他正在纽约与洛克菲勒竞选州长。这个短信还说，总统把基辛格从西贡召回国商议事情并要求在法国再进行一次会谈，讨论更改协议。第二个短信（还是以尼克松的名义签署）提出如果举行一次最终会谈的话，可以暂停对北越的轰炸。来自北越方的答复是不接受，他们的电报说，他们按计划在河内等待基辛格。

到达西贡郊外的新山一机场准备启程回国时，登机前基辛格看到被挡在栅栏外的记者和摄影师，他向他们走过去。"这是一次富有成效的出行吗？"一个人问道。

"是的，"基辛格回答说，"我来这里的时候总是这样。"

10月24日，基辛格回到华盛顿的第二天，阮文绍总统在电视和无线电广播上发表了两个小时的讲话，说他相信就要停火了。他没有披露伊芙协议

第35章 1972年11月7日

条款，只说他的政府绝不会接受北越军队留在非军事区的计划。这成了次日《纽约时报》横贯四栏的大字标题下的头条新闻：

> 阮文绍猛烈抨击和平计划条款
> 要求保证，河内撤出，
> 美国限制北越突然袭击

当天早上《华盛顿邮报》的头版头条是：

> 证词表明尼克松的最高级助手与秘密基金有关系

由伍德沃德和伯恩斯坦写的这篇报道说，总统再选举委员会财务主管休·斯隆告诉哥伦比亚特区大陪审团，[1221]霍尔德曼控制一个有70多万美元现金的秘密白宫基金。该基金被用于支付利迪、亨特及其窃贼的账单。这篇报道是错误的。霍尔德曼的确控制白宫里几乎所有的事情，就像基辛格在巴黎和西贡那样利用总统的名义，但是斯隆在其证词中从未提到过这个幕僚头目。尼克松在行政办公大楼175室与科尔森谈话，他说《邮报》的这个错误可能会给他的人一个反击的机会，也许可以通过拒绝给该报所拥有的电视台更新执照来反击。"我们要让他们见鬼去[1222]……他们真的不知道我会打击得多么猛烈。此间许多次我一直都是那么一个好人……但是在我开始动手的时候，我会杀了他们。跟这么一个进入了柬埔寨和老挝、指挥了柬埔寨轰炸战役的人较量，他们应当考虑一下。他们究竟以为他们在那里做什么？"

次日，《纽约时报》还是没有重视水门事件，在一条贯通五栏的大字标题下刊登了四则越南报道：

> 据称美国同意河内的停火计划框架；
> 要求西贡立即接受

弗洛拉·刘易斯撰写的头条报道被认为出自法国线人和河内电台用三种文字——越南文、法文和英文——播出的协议内容，使基辛格过去几个星期一直在秘密进行的事情公之于众。这段广播内容中的重点是要求按预定时间即10月31日签署协议。上午7点，总统和他的国家安全顾问在椭圆形办公室见面，尼克松决定打破他自己的"基辛格规则"——该规则禁止基辛格上电视，因为他有德国口音。三个小时之后，10月26日上午10点，这位国家安全顾问举行了他的首次电视直播新闻发布会。

"现在我们已经听到来自两个越南的意见，"基辛格开始说，"显然，这场延绵了10年的战争正在结束……我们相信，和平就在眼前。"[1223]

第一个提问是，政府为什么不能在1969年就完成这个交易。基辛格回答说，"四年前没有达成这个协议的可能性，因为对方始终拒绝把政治问题和军事问题分开讨论，因为其总是坚持必须解决与我们的政治问题，坚持在与北越的谈判中我们必须预先决定南越的未来。"

"和平就在眼前。"这个即兴隐晦的表达方式，马上便传遍了全国各地。詹姆斯·雷斯顿在一篇题为"隧道尽头"的专栏文章中赞扬了基辛格。《新闻周刊》的封面标题是"再见了，越南"，里面的一篇报道以"基辛格如何做成这件事"为标题。不过，在几天时间里麦戈文参议员都在大喊这件事整个儿就是一个骗局，"一个残酷的政治欺骗。"11月4日，这位民主党总统候选人补充说，"没有尼克松先生伪称的所谓和平的'重大突破'……相反，在这个核心问题上一直有一个致命的故障，而现在达成协议的机会消失了。"次日，他说："我要再给你们一个警告。如果星期二尼克松先生当选，那好吧，我们在东南亚地区又有四年的战争……他会继续留在那里。他会让我们的军队继续留在那里。他会让轰炸机继续飞。他会把俘虏们关在小牢房里不论多长时间，只要他能让他的朋友阮文绍将军继续执政。"

尼克松没有理睬他。从竞选的最后一天回来，10月29日他在给他的内阁

第 35 章 1972 年 11 月 7 日

成员和幕僚班子为即将到来的胜利做演讲，他说头天在俄亥俄他看见一家人举着一个标语牌，上面写着："不要赦免。[1224]我们在越南失去了儿子。"他让车队停下来，去跟他们交谈。在说到那个男人粗硬的双手和他妻子通红的双手时，他更为伤感。"她不可能有你们从《时尚》杂志上看到的那些昂贵的用品，也得不到休养，让手变得漂亮可爱的……我母亲的手也不漂亮，但是我总是认为它们很美，因为我知道她干了多少活儿，她工作得多么艰苦。"然后他回到正题，最后说："在接下来的四年里，我们要努力使它成为美国历史上最好的四年。"

取消了周末的竞选活动，11 月 4 日总统飞往圣克利门蒂。他将在那里计算他自己的选票。11 月 7 日星期二，他参加投票。他笨拙地将他的选票投进选票箱，然后弯下腰从投票机的帘子下面去寻找那张选票。十几个摄影师，在那里参加仪式，打开闪光灯拍照，这时罗恩·齐格勒大声喊："住手！住手！不许拍照！"然后总统飞回华盛顿，在飞机上跟霍尔德曼待了一段时间。霍尔德曼说，越南战争结束时，或许他和埃里希曼应该辞职，[1225]基辛格也应该辞职。这样他的第二任期才能有一个新的开端，把水门事件、越南战争以及孤立主义的指控置于其身后。总统说不要那样。但是他要霍尔德曼收集所有内阁成员和幕僚成员的辞呈，因为他打算除掉其中许多人。这样他才会有新的开始。

晚上 6 点，尼克松到达白宫，他乘坐的直升机着陆时，站在草坪上的幕僚成员一片欢呼。他和他夫人、女儿及其丈夫们共进晚餐，然后独自去林肯起居室等待结果。他关掉"海上的胜利"——一部有关第二次世界大战的系列纪录片——的录音带，打开录音机，把音量调大。

尼克松总统在五十个州中的四十九个州获胜，赢得了直接投票的 60.7%——获得了 47,169,841 票，而麦戈文只得到了 29,172,767 票。这是美国历史上最大的优势。他横扫了南部，在密西西比州赢得了 79%，他成为第一位赢得大多数天主教选民的共和党候选人，他赢得了半数青年选民。在共和党人在参议员失去两个席位、使民主党与共和党的差额变成 57∶43 的时候，他赢得了35%以上的民主党选民。他的党获得了12个众议院席位,将民主党与共和党在众议院的差额缩小为243：192。尼克松熬夜到清晨4点,观看选举结果,感受他在胜利时刻总会出现的古怪的忧伤。

次日,也就是11月8日一大早他就到了办公室。放在他书桌上的新闻摘要一开始援引了NBC晚间新闻主持人约翰·钱塞勒的一段语录:"这是美国历史上最惊人的压倒性胜利的选举。"摘要连续用五页的篇幅同样复制全国各地的报纸和电视节目赞扬总统及其选举记录的内容。在最后一页的最下面,总统独自一人在办公室写道:

反对的说法会是:

1.是麦戈文的错误导致其选举失败,而不是因为他的观点,也不是因为RN的实力。

2.选票少说明没有人喜欢其中任何一个候选人。

3.RN令他的党失望。

这天上午11点钟,尼克松在罗斯福厅会见了他的幕僚人员。在在场的许多人看来,在他说感谢他们所有人的忠诚时,他好像表现出一种古怪的冷漠和平静的愤怒,然后,他说了一些只有其中少数人明白的事情。他说他一直在读罗伯特·布雷克的《英宫秘史》,[1226]该书将一个世纪前威廉·格拉德斯通的大臣们描绘为"耗尽的火山",这令他吃惊。然后他含糊不清地说了些诸如火花一旦射入天空就成灰烬之类的话。

"我相信人在政府机构中耗尽自身却没有意识到这一点,"总统说,"你们是我的第一届团队,但是今天我们要为下一个四年而重新开始。我们需要新鲜的血液、新鲜的思想。改变很重要……鲍勃,你来接管。"

然后他离去,把会议交给霍尔德曼主持。他走出去的时候,白宫的男男女女起立鼓掌,然后再坐下。这位总管解释了尼克松所说的话的含义:政府重组。他告诉他们,期望他们在当天结束之前提交辞呈,然后他给他分发复

第 35 章　1972 年 11 月 7 日

印的表格，要求他们列出他们所掌握的全部官方文件的目录。"这些文件必须是截止到 11 月 10 日的，"他说，"总统的意愿是，这应当与你们形式上的辞呈一起提交。"他们全都目瞪口呆了。一时语塞。他们在被解雇？霍尔德曼说在一个月内他们会知道是否能被留用。中午，在整个内阁上演了同样一幕，霍尔德曼再一次分发了表格。

回到椭圆形办公室，尼克松告诉霍尔德曼，他预料会受到全国各地共和党人的批评，他们会抱怨说，由于总统为地方党和候选人做得太少，导致这么多参议员和众议院在竞选中远远落后于总统。"平息这些说法，"总统说，"确保在他们开始批评我之前我们就开始大肆指责这个党。[1227]归咎于糟糕的候选人和混乱的组织。"

下午 4 点，在华盛顿待了不到一天之后，总统启程飞往基比斯坎。

第 36 章　1972 年 12 月 19 日

在飞往佛罗里达的胜利飞行途中，尼克松告诉霍尔德曼，他听说白宫记者团89名成员中有80人投了麦戈文的票。[1228] 无论他从哪里得到这个数字，现在他所希望的是撤掉这篇报道，他说要禁止发表这篇报道，也就是麦戈文撰写的："这是历史上最肮脏的竞选。"

"封杀他们，"他历数了《时代》杂志和《新闻周刊》,《纽约时报》和《华盛顿邮报》，以及 CBS 的冒犯行为。杰克·安德森也在发表专栏文章，阐述政府在尼克松的圣克利门蒂房地产上花了多少钱。于是，尼克松灵机一动，告诉霍尔德曼，让埃里希曼去做安排，把这栋房子和庭院给政府：[1229] "立即去做！打他们的鼻子！"

"这太疯狂了，"埃里希曼后来说，"这栋房子是他拥有的唯一的较大资产。"

在总统飞往南部的时候，《华盛顿明星报》发表了加尼特·霍纳11月5日做的采访，援引尼克松的话说他的连任标志着整个放任范围的终结："在

第36章　1972年12月19日

这个国家里，我们经历了一场非常大的精神危机。越南只是这个问题的一部分，而且在很多情况下它只是一个借口而非理由……普通美国人就像家里的孩子。你给他一些责任，他就会成就一些事情……过分溺爱他和迎合他，你会使他软弱、被宠坏，最后变成一个非常懦弱的人。"

11月12日，总统飞到华盛顿，待了一天，然后就退避到戴维营，这是他上台以来第117次在戴维营逗留。[1230] 他打算一直待在那里，直到开始进行一场革命。国会和公众都忽略了他在1971年国情咨文中宣布的那场新美国革命，只记住了收入分享。现在，他想通过行政命令、预算控制以及人员整肃再次尝试这件事。他想抓住对政府的控制，他认为政府里充斥着趋炎附势的无能者和秘密的敌人。他确信他的命令被国防部的官僚、司法部的律师、卫生教育与福利部在任官员、联邦调查局和国税局以及劳工统计局的自由主义数据收集者所忽视或颠覆。

他打算对政府进行重组，缩减政府行政部门的规模，将政府置于他的直接控制之下。这就是选举结束之后这天要求那些人提交辞呈的关键原因。他打算亲自挑选法律顾问、公共事务总监和发言人、人事总监、立法联络人，以及各个机构的首席行政长官。

这个重组计划要回溯到4月24日，当时尼克松命令霍尔德曼给少数幕僚人员发了一个行动备忘录：[1231] "我们应当依据所有现任内阁成员和高级机构职务任职者的辞呈，启动11月后人员配备紧急应变计划。为了重新进行人员配备，我们应当根据引进完全忠诚的人的原则来启动……我们应当寻找完全无私的、无需娇宠的人……在此，关键是要开发建设一个新的当局。"然后，在9月份，他曾告诉霍尔德曼和埃里希曼："你们得赶快做这件事……在第一年之后就太迟了。你们必须在选举一结束就完成这件事。你们有一个星期时间，在这段时间里拿到所有那些人的辞呈，并且说，'瞧，你出局了，你出局了，你玩完儿了，你完事儿了，完事儿了，玩完儿了。让他们从那里滚蛋。'"

竞选期间，埃里希曼和利顿工业公司的罗伊·阿什更新了这个被遗忘的

尼克松——孤独的白宫主人

1971年行政部门重组文件。根据该计划,内阁有四个部:国务院,国防部,司法部和财政部,将继续独立运行。但是其他部将被合并为四个"超级内阁"部——经济事务,人力资源,自然资源和社区发展。这四个部的部长将会是总统顾问,在白宫外围工作,对新组建的部、机构、委员会、董事会混合机构进行监督管理。

埃里希曼、霍尔德曼及其助手拉里·希格比和托德·许伦也在戴维营。他们被告知要在那里待几个星期。他们的任务是对行政机构进行拆分,然后再将其复原得像一个人——也就是理查德·尼克松——的延伸。"圣诞节过后就太晚了,"[1232]总统告诉他们,接着又补充说,"不要哈佛大学的人,找上过维拉诺瓦大学的人……我希望内阁里有四位天主教徒。"

总统没有声张地搬进山杨木屋。白宫大部分人都不知道他打算在那里待多久。他就是不回来。有关水门事件的解释说明交给了约翰·迪安。至于越南问题,大选结束第二天黑格就被派去西贡,带给阮文绍一封来自尼克松的措辞严厉的信。信的部分内容如下:

你继续歪曲和攻击协议是不公正的,[1233]并且会自食其果。你的做法一直使我感到不安和极其尴尬……我们处在关键时刻,我必须明白无误地了解你是否会加入我们的活动,黑格将军将会向你说明这些活动;或者我们是否必须仔细考虑我认为会有损于我们两国利益的其他行动方针……我们的结盟及其成就一直是以互相信任为基础的。如果你继续信任我,那么我们就将一起取得成功。

这是基辛格的话。尼克松认为它太以自我为中心了,但是他还是让信发出去了。他告诉埃里希曼艾森豪威尔曾经跟他说过的话:"一位真正的行政官[1234]可以不加修改地签署一封糟糕的信。"

11月13日下午黑格和基辛格被召到戴维营。黑格汇报说:"我们目前在处理一种如剃刀刃一般尖锐的情况……"他重复了阮文绍跟他说的一些话:

第36章 1972年12月19日

"你，黑格将军，[1235] 是一个将军。我也是一个将军。在世界历史上你曾见过有哪个和平协议允许侵略者留在其所侵占的领土上吗？你会允许俄国军队留在美国并且说你们已经与俄国达成了和平协议吗？"

总的来说这天尼克松的反应是安抚性的："你得到了我的绝对保证，如果河内没有信守这个协议的条款，那我就打算采取迅速而严厉的报复行动。"

对交易双方有一种绝望感。阮文绍不喜欢也不信任基辛格，他在试图一对一地与尼克松做交易。而尼克松完全有理由相信，在1月3日新的国会成立之后，会砍掉为这场战争提供的经费。无论这位南越总统做什么或者说什么，这位美国总统都已下定决心，在年底之前派基辛格去巴黎，继续进行和谈。仅在35分钟之后，尼克松就打发走了基辛格和黑格，接着继续与霍尔德曼和埃里希曼进行有关重组的讨论。

山杨木屋变成了自愿流亡中的白宫。迅速制定了一个连续不断的工作日程。总统会跟霍尔德曼或者霍尔德曼和埃里希曼一起坐好几个小时，翻来覆去地琢磨人名，决定谁留谁走。接着，霍尔德曼或者他的某个助手要求内阁成员或者幕僚人员一次来一人，根据黄色记事簿上的笔记和小图表，有些人要被解雇，有些人要被提升，许多人被调动工作职位。当一个人到来时，霍尔德曼或埃里希曼就把总统的想法告诉他，然后他会被带到山杨木屋。

这是以霍尔德曼方式进行的一项冷酷的工作。那些要求留下的人被要求登记并签署一个5页纸、15项条款的单子。[1236] 以下是其中包括的一些条款：

新组织的本质是这么一个概念：对于总统而言，部长和顾问都是总统的人而不是各个部的傀儡……也不是各部向总统做辩护的人。

除总统明确授权的情况之外，任何政策委员会、政策团体、总统助理、总统顾问或内阁部长都没有决策权。

不应鼓励内阁部长期望自由接近总统或经常与总统商议问题……内阁会议将不常召开……

人员甄选的控制权将由总统掌握，偶尔授权给总统助理……

尼克松——孤独的白宫主人

本部长同意为所有国会听证会以及公开声明提供合适的顾问……内阁部长和机构负责人将对未经授权的信息和文件披露承担责任。

埃里希曼和霍尔德曼是最忠实的抄写员。在方圆200英亩的世外桃源周边的铁丝网栏杆和聚光灯后面，山杨木屋里每天都在开会。他们在这些会议期间写满了数百页纸。他们的笔记引述了总统的语录，记录了总统的命令，这些内容包括："不要头脑，我们要忠诚"；[1237]"驻外事务处的任命——首先依据忠诚度，[1238]其次才是胜任能力"；"在这个制度下，让这些部里优秀的二流政客当部长"；"让更少的人跟总统谈话[1239]——裁减人员"；"清除政客，除乔治·布什之外。他愿为这个事业做任何事情"；"规定配额——平衡——犹太人太多。[1240]坦率地把这一点告诉理查德森"；"意大利人、墨西哥人——找不到任何一个。黑人很多——必须保留一些缺乏能力的黑人"；"公布阿什和舒尔茨是天主教徒"；"天才必须得到承认，[1241]例如HAK（译者注：亨利·艾尔弗雷德·基辛格），亨利是个破旧服装商人，开价50%，达成25%。这就是他为什么跟俄国人相处得那么好的原因所在。"

退避山中的几个星期并不完全是愉快的日子。霍尔德曼按他自己的概念管理戴维营。11月下旬，帕特·尼克松和她的女儿朱莉·艾森豪威尔在那里住了几天。她们走到总统身边，说她们想给他看点儿东西。他们三人走到用餐的小屋，她们让他看主餐厅，那里空无一人。然后她们带他去一个小房间，那里有四张桌子，挤满了司机、直升机驾驶员、厨师、医生以及其他后勤人员。霍尔德曼规定，除他本人、埃里希曼以及他们的助手之外，其他人不得进入主餐厅，以便没人能听到他们的谈话。[1242]

基辛格又在巴黎，每天开车去伊芙村与黎德寿做长时间会谈。他一开始交给北越人一张清单，上面列有阮文绍对10月8日协议提出的69条修改要求。从此以后，全世界新闻媒体发现了这个屋子，它被用来越墙拍照的梯子和脚手架围起来了。媒体还发现更多有关基辛格的情况，他早就从秘密人物

第36章 1972年12月19日

发展成名人了。11月20日，他与黎德寿开始最新一轮会谈这天，《新共和》杂志发表了11月2日意大利记者奥利安娜·法拉斯对基辛格的采访。这篇文章最令人难忘的引述表现出了基辛格的自负、美国的想象力和尼克松的暴怒。"我一直在单独行动，"他告诉法拉斯，"美国人极其欣赏这样做。美国人欣赏跨在马上独自拉着大篷车的牛仔，独自骑马进入村庄或城市的牛仔……这种浪漫的、出人意料的角色适合我，因为特立独行一直是我风格的组成部分。"

在戴维营，总统授权霍尔德曼跟黑格讨论现在是不是该让亨利走开的时候。霍尔德曼回来汇报说："阿尔说他完全理解，他非常担心。在他看来，亨利完全是一个偏执狂患者[1243]，每时每刻情绪都在起伏循环之中，而且他现在已降到情绪低谷期，正在逐渐上升，但是却身处巴黎非常可怕的情况中……在此之前，他在西贡曾面对更糟糕的情况。总的说来，弄得一团糟是亨利的过错，因为他在他真的应当去做之前就致力于最后谈判和了结问题，这实际上把北越人和南越人的事情搅得一团糟。阿尔认为亨利需要一次很好的长假，我们应当确保他得到这样一次假期。"

在山杨木屋一同进餐之后与霍尔德曼和埃里希曼讨论这个问题时，总统仔细检查了一下基辛格敦促他上电视和攻击北越谈判策略的次数，然后他注视着炉火说："在越南没有变化的情况下，上电视要求美国人民给予更多支持是没有意义的。[1244]在一切依旧的情况下，我们无法号召他们支持我们。亨利好像不了解这一点。或者他了解？也许他就是想要人们把我和失败联系起来。"

然后，总统告诉霍尔德曼，他应当让基辛格知道他们的谈话有完整的录音，[1245]而且尼克松能保护自己免受基辛格的吹嘘和曲解。几分钟内他就改变了这个想法，但是他还是命令霍尔德曼11月22日通过秘密渠道给巴黎发一个简短的"绝密"电报："总统对谈判没有进展感到非常失望[1246]……除非对方表现出与我方所表现的同样合理的愿望，否则我指示你中止谈判，并且此后将不得不重启军事行动……你应当通知他们，他们现在会发现，由于我们大选已经结束，他会采取任何他认为必要的行动去保护美国的利益。"

接着，总统把霍尔德曼叫回来，在那封电报的最下面加了一句比较柔和的话："不是一个指令[1247]——可以对北越人采用这种说法。"基辛格一直在谈判。次日，11月23日，尼克松又给巴黎发了一封电报："我们处在公共关系困境中……"意思是说基辛格的"和平就在眼前"的说法使美国人民相信这场战争基本上结束了。不过，尼克松补充说他准备开始进行更大规模的轰炸——这天对北越出动了12架B-52轰炸机——如果谈判破裂。

11月24日，总统（仍在戴维营）给基辛格发了一份比较长的电报，指示将其交给阮文绍。他说，他与一直支持这场战争的参议员们（包括共和党和民主党的）进行了商议，他们说，如果西贡政府成了实现和平的最后一道障碍的话，他们准备终止对南越的一切军事和经济援助。电报继续说："我估计截止日期会是[1248]2月1日……你必须告诉阮文绍，我认为他们现在已经到了重大的抉择时刻……要么他相信我，签署这个我确定是我们能得到的最佳协议，否则我们就不得不单独行动，根据我们能得到的最佳条款结束我方对这场战争的参与。"

发出明确的威胁之后，尼克松和他的妻子、女儿一起飞去纽约度周末、购物，星期日回到戴维营。

11月27日星期一下午，总统把一直在大门口露营的记者们召集起来。他们在直升机吊架上开会，总统用20分钟时间告诉他们有关他一直在做的事情，以及他之所以选择不在华盛顿做这件事的原因："我觉得，在这里，上到山顶上，我更容易取得很大的工作成效，时不时以一种更放松的方式去思考问题……我研究了我们国家的选举过程，尤其是研究了第二任期，结论是第二任期几乎必然是走下坡路……我正在努力去做的是改变这种历史模式。而改变这种历史模式的唯一途径是不仅改换一些游戏参与者，而且还要改变一些游戏……"

他宣布的第一批改变没变化。他驳倒了关于他要任命约翰·康纳利当国务卿的传闻。他没有公开说明原因：这位得州人想去赚一年钱。[1249]他跟总统

第36章 1972年12月19日

说,他认为他回家做土地交易可以赚1,000多万美元。尼克松没有说国务卿罗杰斯被安排于6月1日离职。[1250]他宣布的第一批改变是梅厄文·莱尔德辞去国防部长职务,乔治·罗姆尼辞去在住房和城市发展部的职务。他给莱尔德提供了洛克菲勒基金会的职位,但是这位州长说,他只有兴趣当国务卿。基辛格反对这个想法。然后,尼克松说他会在戴维营再待两个星期,研究预算问题和内阁下一级人员的任命。

从次日开始,连续三个星期,每天发布一两个甚至三个大大小小的通告。埃利奥特·理查德森从卫生教育和福利部调到国防部。温伯格接管了卫生教育和福利部,罗伊·阿什接替他担任美国政府预算管理局局长。彼得·布伦南是总统特别喜欢的安全帽成员,他成为新一任劳工部长。尼克松起用忠诚支持者肯尼思·拉什和威廉·凯西任副国务卿和经济事务部副部长。财政部长舒尔茨职务不变,而且被任命为总统助理,负责监察商务部、劳工部、运输部以及农业部。商务部副部长詹姆斯·林恩被任命为住房和城市发展部长。约翰·沃尔普被撤去交通部长职务。皮特·佩尔森不再担任商务部长,由南卡罗来纳州的一位纺织公司高管弗雷德里克·B.邓特接任这一职务。威廉·E.西蒙是一名纽约证券交易员,他被任命为财政部副部长。司法部的第二层级官员全部都被免职,卫生教育和福利部的第二层级官员大部分也被免职——任何与校车接送纠纷沾边的人都被免职。罗伯特·博克被任命为司法部副部长。巴德·克罗赫被任命为运输部副部长。共和党全国委员会副主席安妮·阿姆斯特朗被任命为总统顾问,列为内阁成员,这使她成为自1955年以来内阁中的首位女性成员。鲍勃·芬奇,查克·科尔森,哈里·登特以及唐纳德·拉姆斯菲尔德要离开白宫。中央情报局长理查德·赫尔姆斯被任命为驻伊朗大使,詹姆斯·施莱辛格接替中情局长职务,后者过去一直担任原子能委员会主席。乔治·布什被任命接替多尔担任共和党全国委员会主席。约翰·斯卡利被任命接替布什在联合国的职务,[1251]条件是他要强调他的意大利血统和天主教徒传统,并且定期在纽约参加弥撒。

到总统从山上下来的时候,他收到了57份辞呈和退休报告。他发布了

尼克松——孤独的白宫主人

30个新的任命,其中许多是比较年轻的人,例如克罗赫。他们被安插在各个部,充当总统的看门狗。

12月4日,基辛格和黑格回到巴黎。共产党方面的谈判代表逐条拒绝了阮文绍总统提出的69个观点,这让基辛格左右为难。霍尔德曼在一旁听到尼克松与基辛格的电话谈话之后改述说:"亨利很烦恼,[1252]因为他将不得不让北越人确信,如果我们没有得到协议,我们就会继续留在那里;而且,他还必须要让南越人相信,如果我们没有得到协议我们就会撤离。"总统与他的国家安全顾问通过电话进行商议的原因更多的是出于他们之间个人关系紧张和不信任,而较少出于总统仍然待在戴维营的缘故。而他们之间的关系紧张和互不信任则是因为,与10月下旬的情况相比而言,和平好像离得更远了。美国人在轰炸,南越人拒绝投降,北越人好像在拖延。到12月6日下午,基辛格发回电报说,谈判几乎肯定会失败。尼克松告诉霍尔德曼:"在这一点上的真正问题是,作为一个谈判者,我们有一个薄弱环节。"

次日,基辛格给戴维营打电话。尼克松要霍尔德曼去跟基辛格说话,然后就到他那充满水汽的温水游泳池游泳去了。过后,他说,他认为基辛格有一种自杀情结,[1253]他要霍尔德曼去准备一个全面的备忘录放入有关基辛格心理历程的档案中。回到华盛顿,在那里下属正在处理的大部分事务都无关越南战争和政府重组,舒尔茨宣布,总统打算要求国会延长工资和物价控制规则的截止期,其原定于1973年4月30日截止。

两天后,尼克松在日记中写道:"这儿所发生的事情是,[1254]亨利信心满满地回到巴黎,坚信他会很快(在短短两天里)就达成协议……北越人把一条湿乎乎的鱼抽打在他脸上,让他大吃一惊。北越想让南越出丑。南越想把北越人赶出南越……让我们跟他们一起坚持到实现这个目标……期望值定得如此之高,以至于现在我们不能结束这场战争,这会对这个国家产生一种非常令人沮丧的影响,电视演讲不会对人民有号召力。"

换言之,他是在说,我的国家安全顾问把事情搞得一团糟,因为他在和

第36章 1972年12月19日

平不在眼前的时候对人们说和平就在眼前。

在华盛顿，一架飞机失事[1255]使得水门事件又上了头版。在从华盛顿到芝加哥的美国联航553航班飞机失事中有46人遇难。其中一人是多萝西·亨特，也就是E.霍华德·亨特的妻子。警察在她的钱包里找到了一百张崭新的一百美元钞票。12月11日星期一上午，总统回到华盛顿的时候，霍尔德曼和埃里希曼告诉总统，亨特太太从总统再选举委员会和华盛顿的现金中分配了20多万美元给她丈夫和水门事件窃贼。这些现金是由安东尼·乌拉斯维茨移交给她的。后者从白宫开车到国家机场，把钱放在租用的寄物柜里。

"在10万美元的包上他们还有什么读数吗？"[1256]尼克松问。霍尔德曼说约翰·迪安整个周末都在干这个，据说，到现在为止，还没有人核对这些钞票的序号。尼克松改了话题，说他必须得马上举行一个新闻发布会，但是为此他需要来自迪安或者调查人员的某种声明，表明目前受雇于白宫的人员中没有人被卷入水门事件或塞格雷蒂的竞选破坏活动——某种他可以用来堵住提问的东西。"总的说来，"他说，声音听起来像是他自己的辩护律师，"总的说来，正如你们也许能回想起的那样，关键是我没有接手竞选，直到共和党全国大会……让我们正视这一点，我们都知道究竟是谁应该负责处理这件事，该死的，是米切尔，而他没有负责处理之……"

"如果你开始沿着这条路往下走，那就没有什么好的选择了，"埃里希曼说，"……因为这就打开了门、门、门。"

"如果你沿着这条路……"尼克松表示赞同说，"有人干了这件事……马格鲁德、米切尔或者更高层次的人——有人下了这些命令。"

12月13日，基辛格回到了华盛顿。"种种迹象表明已经到最后阶段了。"[1257]约翰·钱塞勒在NBC晚间新闻热点中说。这个节目差不多就是美国人听到和看到越南情况的途径。其实，基辛格回来报告的是失败。他对总统说的话包括这样一些说北越人的话："他们只是一堆狗屎。华而不实、肮脏污秽的狗屎。[1258]就以负责任的方式进行谈判而言，俄国人使中国人看起来不错，而他们使俄国人看起来不错！"

尼克松——孤独的白宫主人

官方说法上，唯一一条乐观的消息是，巴黎谈判在继续进行，基辛格和黎德寿定于1月8日再次进行谈判。

见过基辛格之后，总统和霍尔德曼、埃里希曼一起在椭圆形办公室坐了一会儿，在一天结束之际他通常这么做。这天的话题转到了水门事件。他们对联邦调查局代理局长帕特·格雷感到很担心。后者是米切尔的忠实信徒，他似乎认为白宫也许在不惜牺牲米切尔来掩盖水门事件。"格雷有这种想法，"[1259]尼克松说，"他认为白宫幕僚真的参与了这件该死的事，而且白宫幕僚正在极力阻止他了解实情……也许他认为这件该死的事整个儿都是白宫下令做的……"

次日上午，基辛格请霍尔德曼就他与总统之间关系恶化提出建议。这位幕僚头目建议他停止对新闻媒体讲话和透露情况，提到了最新一期《新共和》杂志上奥斯本讨论基辛格结束和尼克松开始之处的一篇专栏文章。基辛格说他从来没有见过奥斯本。[1261]霍尔德曼抽出那本杂志，开始念直接援引自基辛格的话，这时基辛格说："这个，他打电话给我……"

12月14日这天，总统命令参谋长联席会议在海防港重新布雷并对河内和海防发起大规模轰炸。在参谋长联席会议主席穆勒上将开始向他提问的时候，总统打断他说："我不想再听有关什么我们不能打击这个目标或者那个目标的废话。[1061]有效地运用军事力量打赢这场战争是你的机遇，如果你做不到，我会让你负责的。"

参谋长们离开办公室之后，霍尔德曼注意到尼克松走路一瘸一拐的。[1262]原来是在戴维营的时候尼克松的脚在游泳池边上磕着了，已经疼了几天了。"你应当看医生。"霍尔德曼说，在尼克松身边的日子里他不是第一次这样说了。这是尼克松经常不予理睬的一种建议，即便这个建议来自于基督徒科学家也是如此。霍尔德曼不相信医生。尼克松不喜欢医生，或者他认为看医生是一种虚弱的迹象。当他的幕僚总管说他的脚可能会骨折的时候，这位老板说，只不过是在走路的时候疼，而且，不管怎么讲，鞋跟夹板一样有效。

第 36 章 1972 年 12 月 19 日

12月18日清晨，第一波B-52飞机总共129架，与数百架F-111和A-6战斗轰炸机一起，开始轰炸。这次行动代号为"后中卫Ⅱ"。有三架轰炸机被河内周围的一种新型、精密的地对空导弹防御系统击落——美国人大吃一惊——白宫以为是被苏联炮兵操纵的。

直到次日收到河内报告为止，总统和其他任何人都没有宣布这次新轰炸的等级。当时，齐格勒被告知回答提问时就说，轰炸和布雷会继续，直至北越人同意美方对停火和释放战俘的最低要求。这位新闻秘书在椭圆形办公室被简要告知不要说什么的时候，提起了一个令人恼火的话题：《时代》杂志正在把总统和基辛格联合提名为"本年度人物"。尼克松要他去命令基辛格不要跟来自该杂志的任何人讲话，[1263]还要去察看白宫电话接线员是否有什么办法能阻止基辛格办公室打进打出的所有媒体电话。

由于这次轰炸打击的地方从前从未被攻击过——目标被说成是小型机场、发电站、铁路站场以及通讯中心——黑格飞往西贡，给阮文绍带去了尼克松的一封毫不客气的信：

我要黑格将军去拿到你的答复，[1264]是否同意我对我们双方所提出的这个绝对最终建议，是准备沿着我已批准的路线去共同努力达成一个协议，还是准备与我们分道扬镳……现在你必须决定你是希望继续与我们结盟还是希望我去同敌人达成一个只保护美国利益的协议。

黑格念完这封信的时候，就像他接受总统指令时那样大声说："在任何情况下总统都不会接受西贡对和平协议的否决。"

提了几个问题之后，阮文绍看了黑格一会儿，然后说："对我来说很清楚，这个协议不会带来和平的结果[1265]……在停火之后，敌人会铺开军队，联合越共，实施绑架，用刀和武力谋杀。接着，在美国军队撤离之后，他们会再次拿起枪，进行游击战，但保持在美国没有理由采取报复行动的水平上。"

在河内，法国和瑞典新闻工作者报道说，居民区已被夷为平地，北越政府发布了一个声明说美国人是"精神病人"。在华盛顿，看了黑格与阮文绍会见的报告之后，基辛格说南越人是"疯子。"新闻媒体正在使用"圣诞节轰炸"这个说法。"一个石器时代的策略。"迈克·曼斯菲尔德参议员说。威廉·萨克斯比参议员是一位共和党人，他说："在这个问题上，尼克松总统好像失去了理智。"在《纽约时报》上，雷斯顿将这次行动称为"乱发脾气的战争"。

12月20日，总统去贝塞斯达海军医院做每年体检，被告知他的脚有碎片骨折。接着他同帕特一起去基比斯坎过圣诞节。朱莉和特里西娅同她们的丈夫在欧洲。尼克松在平安夜凌晨4点醒来，口授道：

我必须摆脱认为这个职务任何时候都是个负担的想法。[1266]实际上我并不认为它是个负担、是个极端痛苦之类……它是上帝给我的礼物，让我有机会去发挥领导作用，不仅是在美国，而且是在世界舞台上。从今天以后，我要这样看待它，用同样的兴趣、精力、热情，以及无论什么方面我可以激发的真正快乐，去迎接挑战。

几天之后，他口授了一份有关他的时间利用的备忘录，说他希望每天只打六七个电话。[1267]"我已强调过的一个重点是，我们要取消生日电话……顺便说一句，给过生日的人发信也会有同样效果。"

他下令节日期间轰炸暂停36小时，他给自己写道："没有飞机飞。没有投掷炸弹。我们在和平中度过一天。"

至此，在环绕河内、海防和清化港的6,000平方英里三角地带B-52飞机已经进行了1,200多次轰炸——有更可靠的报告说对居民区造成了损失。印度、古巴、埃及大使馆遭到了毁坏。有15架轰炸机被击落，95名机组成员被杀害或被俘虏。圣诞节过后第一天，轰炸重新又开始，116架B-52轰炸机飞上天空。12月28日，北越确定他们的代表将于1月2日在巴黎继续就轰炸前

第 36 章　1972 年 12 月 19 日

确定的时间表进行技术谈判，并于 1 月 8 日进行新一轮谈判。12 月 29 日下午，就在即将携夫人一起去戴维营之前，总统打电话给科尔森——新年周末前一天唯一在侧的高级助手——说："我有些事情要告诉你，但是这个大楼里的其他人不能知道。北越已经同意按我们的条件回到谈判桌。[1268]他们再也不能承受轰炸了。"

这天傍晚，总统下令停止对河内和海防的轰炸，尽管飞机还在继续轰炸越南的其他地方。

科尔森陪伴总统及其夫人走到海军一号，这架直升机等着送他们去戴维营待一天半，此后，尼克松夫人必须要飞到加利福尼亚去主持帕萨迪娜的玫瑰碗庆典活动。总统独自一人过新年除夕夜，[1269]也是他成就非凡的一年的最后一天。这天晚上他给白宫国内事务幕僚放了假。马诺洛·桑切斯为他煮了一些咸肉和鸡蛋当晚餐。

第 37 章　1973 年 1 月 23 日

1973年的第一天，总统上午9点30分就在椭圆形办公室里。10分钟之后他叫来科尔森——霍尔德曼和埃里希曼请了几天假——告诉他，他想要特工局开始记录基辛格接听和打出的所有电话。[1270] 导致他这么做的原因是当天上午詹姆斯·雷斯顿的专栏文章。文章好像在说这位国家安全顾问一直反对圣诞节轰炸。这个来自《纽约时报》的人用这样一些话哼唱了一个熟悉的曲调："基辛格学者味太浓，太有幽默感和历史感，把自己的想法置于总统的想法之上。"

基辛格正在加州的棕榈泉休息几天，的确花了很多时间打电话。科尔森匆匆忙忙赶来，带来消息说，记录表明，基辛格跟专栏作家约瑟夫·克拉夫特交谈了数小时。尼克松让科尔森打电话给基辛格，跟他对质这个情况。对记录一无所知的基辛格告诉科尔森："我没有跟那个婊子养的谈话。"[1271]

"他刚挂断跟他的通话，接着就说他没有跟他通话。"科尔森告诉总统。

1月2日下午，总统与科尔森谈论水门事件。[1272] "让我们正视它，"尼

第37章 1973年1月23日

克松说,"从总统的角度来看水门事件,主要不合适的事情在于塞格雷蒂的活动,而霍尔德曼有点儿失误……比方说,他不应当让蔡平干这件该死的事情。我的看法是,这他妈的是走得太近了……这种活动应当放在外面。"

"三个步骤解决问题。"科尔森说。

"我们让一名白宫的人,白宫的人,直接参与一次政治活动,查克。你明白吗?"

科尔森也是白宫的人,他开始掩盖他自己:"我在外面干了一大堆事情——而你从不知道。你所知道的事情是我没有做的事情。水门活动和塞格雷蒂活动。我与此无关……"

"特别是与塞格雷蒂和委员会。"尼克松说,其在做同样的事情。"让它从……卡姆巴克那里得到资助是个错误。这跟我挨得非常近。"

"这是不必要的,"科尔森说,"我在波士顿之外做事情,我们干了一些敲诈的事,而你说,我的天哪。在我说出这些情况之前我会去坟墓,但是我们干了一大堆事情,从来没有被抓到……"

"我们的民主党朋友也干了一大堆事情,也从未被抓到过,"尼克松继续说,"因为他们精于此道。但是在我看来,我们的人是他妈的太天真、太业余了。"

次日,霍尔德曼回来,做的事跟科尔森做的一样,指向另一方。他所针对的是科尔森,他说:"即使科尔森不会被抓住,[1273]但他参与这些活动的内容比我知道的还要多。"

"哪些活动?"尼克松问。

"水门事件。"

"科尔森?他知道吗?"

"我想他知道。"

"他知道你知道吗?"

"我想他不知道我知道。"

"你说什么,通过亨特或者什么?"尼克松问。

593

"对，通过亨特和利迪。如果利迪决定拉电线，那科尔森可能就真的泡汤了。利迪在法庭上宣誓要讲实话，他可以讲实话，这样科尔森就处在给自己作伪证的地位了。瞧，在宣誓讲实话的情况下，科尔森和米切尔都已为自己作了伪证……"

"你是说科尔森是知道水门窃听活动的？我很难相信这件事。"

"不仅是知道，"霍尔德曼说，"而且是极力推动的结果……"

"米切尔知道科尔森参与吗？科尔森知道米切尔参与吗？"尼克松问。

"我想答案是两个人都知道。"

比起自从上个夏季以来，总统和他的人在用更多的时间讨论水门事件。对窃贼的审讯定于1月11日开始，由69岁的美国地区法院首席法官约翰·J.西瑞卡（John J.Sirica）主审。现在，白宫的问题是E.霍华德·亨特，如果他同他的四个迈阿密朋友一起认罪的话，他想要一个行政赦免承诺。他在向科尔森施压，后者在把这个问题提交给埃里希曼和迪安。到1月8日，尼克松被扯进这件事，他告诉科尔森："亨特的案子是个简单的案子。[1274]我的意思是，毕竟，这个人的妻子死了，是被杀害的；他有一个孩子还……"

"因车祸受到脑损伤。"科尔森说。

"我们会把这件混蛋事搞得像没人负责的那样。我们会要巴克利"——威廉·F.巴克利是亨特的三个孩子的教父——"写一篇专栏文章，说，你知道，他，他应当得到宽恕，如果你付出了18年的服务时间……"

1月9日是总统60岁生日，他在黄记事簿的两页纸上写满想法，这为这个生日留下了痕迹，这些想法是为当天晚些时候美联社对他的采访而准备的："把每一天都当作最后一天来过……考虑年轻人——最年轻的幕僚班子……没有人被辞退，直到——他辞职。"

中午，霍尔德曼带着基辛格从巴黎发来的"绝密"电报来到椭圆形办公室。尼克松戴上阅读眼镜（只有在他信任的人面前他才戴这玩意儿），读到："今天我们用谈判中取得的重大突破来庆贺总统的生日。[1275]总之，我们解决

第37章 1973年1月23日

了协议文本中所有的显著问题，在协议签署方法方面取得了重大进展……"但是他也提醒说："从前越南人几次伤过我们的心……这个情报仅限总统一人知晓，关于这一点的必要性我再怎么强调也不过分。一定不能让官僚机构、内阁成员、国会或其他任何人知道现状的蛛丝马迹。如果在华盛顿表现出一阵欣喜，那么北越人就更容易恢复其自然的兽性，而南越人就会尽力去破坏我们的进展。"

总统抬头看了看说："亨利也许又过于乐观了。"[1276]但是，接着他又回应说："这是60年里我得到的最好的生日礼物。"

1月11日，水门事件审讯即将开始的日子。一大早，总统拿着他的黄记事簿，在页上端写道："第二任期的目标。"他拟了三个副标题："要点，""政治，""个人。"在第一个副标题下面，他写道："俄国——限制战略武器会谈；中国——互访；中东——和解；欧洲——共同体；拉丁美洲——贸易；国防和情报——减少重复，改进硬件，恢复尊重；国际货币与贸易；犯罪；教育；保健；土地利用；种族；物价与工资；缩减政府规模——提高效率；改革；发展。"

在"政治"副标题下他写道："强化党；更好的1974候选人；1974RN竞选？新大多数；新权势集团；新闻媒体；知识分子；工商界；社交；艺术。"

在"个人"副标题下他写道："恢复对公职的尊重；新理想主义——尊重国旗、国家；同情——理解。"

当天晚些时候，他收到了一个为赢得中东和解而提供的帮助。主要负责政府间关系的、在戴维营重组方案中已被埃里希曼剔除的副总统阿格纽，要求见尼克松。他说他有一个主意有助于转移有关总统一直在对付越南的不良新闻报道。他显然不知道总统在期待一些非常好的新闻报道。阿格纽说他想去埃及见安瓦尔·萨达特总统，[1277]以制订一个和平计划。尼克松感到非常惊讶，以至于一开始说不出话来。

"不。"在缓过劲儿来之后他说，然后，又说这样做失败的风险太高，所以不能派这么高层次的官员去，以图缓和刚才的回答。后来，他告诉霍尔德曼和埃里希曼，他们必须想出一个策略以确保副总统不会被视作他的接班人。"洛克菲勒和康纳利，"[1278]尼克松说，"是能担当这个职务的不二人选。"

当天下午，霍华德·亨特对针对他的六项水门事件指控中的密谋、二级盗窃以及电话窃听指控提出主动认罪。接着，西瑞卡法官开始问是否得到上级批准的问题。"据我所知，无人批准。"亨特回答说。在位于宾夕法尼亚大道的联邦法院外面，他告诉记者："我相信我可能做过的任何事情都是为了我们国家的最大利益。"[1279]

这是次日上午的第二条报道。总统宣布了他的第三阶段新经济政策，其基本上是"逐步停止"。《纽约时报》立即刊发了一个横贯八栏的大字标题：

除食品、保健、建筑领域外，强制性工资—物价控制结束；
尼克松要求自愿遵守

总统宣称胜利，说在17个月的强制控制期间通货膨胀率已下降了一半，并且宣布撤销工资委员会和物价委员会。接着，他就启程去基比斯坎了。

由罗恩·齐格勒发布的官方报道说，尼克松需要单独待一段时间去琢磨他的第二次就职演说。其实他是要去见基辛格，要在一个不太容易走漏风声的地方琢磨宣布结束美国越南战争的细节。他告诉霍尔德曼，整个星期都盯着这位国家安全顾问，建议把基辛格的朋友南希·玛吉尼斯[1280]带到佛罗里达去跟他做伴，让他远离电话和专栏作家。到这时为止，新闻媒体还一点儿都不知道和平近在咫尺。1月13日星期六，《纽约时报》报道了基辛格与黎德寿的27小时会谈，说预计基辛格至少要在巴黎待到周中。实际上，基辛格在经由安德鲁空军基地飞往佛罗里达。基辛格的飞机在安德鲁空军基地着陆接上黑格，准备继续向佛罗里达飞的时候，飞行员收到命令说要让飞机缓慢滑行至机场上一个遥远的角落，[1281]离开在那个小航站楼里等候的记者们

第37章 1973年1月23日

的视线。

1月14日凌晨1点之后，总统和他的国家安全顾问会合，谈了一个多小时。最后他们站起身，尼克松陪基辛格走到其汽车跟前，这是他从前从未做过的事儿。然后，他走回屋里，口授他的日记："我告诉他，这个国家感谢他所做的。[1282]对我而言，像这样露骨地赞扬人真的不是一种舒服的感觉……他反过来回应说，如果没有我12月18日勇敢地做出那个艰难的决策，如他所说，我们就不会有今天。"

总统刚刚让黑格将军成为陆军副参谋长，令他一下子超过了243名更资深的将军，当天晚些时候他被派去西贡向阮文绍提交尼克松的另一封信。信的部分内容是："我义无反顾地决定[1283]于1973年1月23日草签协议，于1973年1月27日在巴黎正式签署协议。如果必要，我会单方面这样做。在那种情况下我将不得不公开说明你的政府阻碍和平，结果是，美国的经济和军事援助会不可避免地立即终止。"

但是，如果阮文绍接受该协议，总统继续写道："在签署该协议的时候，我会特别澄清美国承认你的政府为南越的唯一合法政府；我们不承认任何外国军队有权在南越领土上存在；我们会对违反该协议的事件做出强烈反应……"

1月16日星期二，在基比斯坎，总统与基辛格商议了6个多小时，然后，齐格勒宣布，"由于基辛格博士与黎德寿特别顾问之间谈判取得的进展，尼克松总统指示暂停对北越的轰炸、炮击和进一步布雷。"次日，全国各地报纸头版显著位置刊登两行横幅标题。《纽约时报》以以下方式刊发头条新闻标题：

尼克松总统暂停对北越的所有轰炸、布雷和炮击；
表明谈判"取得进展"

又有四人承认
在水门事件中犯有间谍罪

尼克松——孤独的白宫主人

在西瑞卡法官主持审讯的第一天，以伯纳德·巴克为首的来自迈阿密的四个人对二级盗窃和实施窃听等七项指控表示认罪。西瑞卡法官盘问此四人是否知道有白宫官员命令入室行窃，他们都回答说不知道。他问他们每一个人，是否知道作为其法律费用和生活费用的钱（数十万美元）的来源，每个人也都说不知道。

"好吧，"西瑞卡说，"对不起，但是我不相信你们。"[1284]

利迪和麦科德这两个被告进行了"无罪"答辩。审讯继续进行，两人还是极力保持沉默。为了自由，利迪似乎决定恪尽其孤独的殉道者的职守，发誓宁愿坐牢也不背叛其主子。不过，麦科德就是另一回事儿了。[1285]鉴于在中央情报局服务了19年，他写了六封匿名信，其中两封给理查德·赫尔姆斯，四封给他在中央情报局的老朋友保尔·盖纳，提醒说白宫打算把水门犯罪事件归咎于中央情报局。他第七封未署名的信于12月末寄出，是给他的朋友杰克·考尔菲尔德的。后者是他上一年雇用的一名纽约警察，此人现在列在国税局的工资册上。信中说："如果赫尔姆斯离任且水门活动被扣在中央情报局头上——这些活动并不是该局所为——这个森林里所有的树都会倒下……仅传递此信，如果他们想让这个计划泡汤，现在正是时候。"

这封信确实传递到了——考尔菲尔德知道这封信一定是来自麦科德——首先给迪安，然后给米切尔。1月5日一次，1月12日又一次，考尔菲尔德与麦科德见面，说他代表"白宫最高层，"向他的老朋友承诺，如果他认罪，则他全家会得到照顾，跟亨特一样，坐几个月的牢之后他会得到行政赦免。

1月17日，总统仍然在基比斯坎等候黑格从西贡返回，与此同时，水门事件审讯进入秘密庭审，听取麦科德有关电话窃听活动的证词。

当日，还有次日，阮文绍和尼克松交换了新的信件，[1286]但是他们的内容是一样的：南越总统说他不会签署协议，而美国总统说如果他不签署，美国对南越的援助就会终止。尼克松还要参议院两位最坚决的南越支持者——密西西比州的约翰·斯滕尼斯和亚利桑那州的巴里·戈德华特给西贡发声明反复说援助问题，力图向阮文绍增加压力。然后，1月18日中午，在总统琢

598

第37章 1973年1月23日

磨其就职演说的时候,齐格勒宣布基辛格与黎德寿将于1月23日在巴黎会面,为结束美国这场旷日持久的战争,完成协议文本的最后措辞。同一时间,河内也发布了相同的公告。

在西贡,阮文绍总统告诉他的内阁:"美国没有留给我们任何其他的选择余地,除非我们签署协议,援助才会继续;美国承诺:如果协议被违反则会采取报复行动。否则,他们就会丢下我们不管了。基辛格把两个越南都当敌手对待……美国人让这场战争变成他们的战争。在他们喜欢这场战争的时候,他们就让它继续进行。当他们想让它停下来的时候,他们就强行让双方停战。当美国人想加入的时候,我们别无选择,而现在,当他们准备离开的时候,我们也没有选择……如果基辛格有权轰炸独立宫以迫使我签署这个协议的话,他会毫不犹豫地那样做的。"

1月20日,已回到白宫的总统起得很早,适当地跑了五百步,[1287]走到林肯起居室做祷告,然后准备乘车去国会大厦进行他的第二任期宣誓。当天的《华盛顿邮报》刊发了22页篇幅的有关其第一任期的分析,标题为"尼克松时期"。"水门"这个词没有出现在其中。

在离开白宫之前,总统收到一份来自西贡的电报。电报说,阮文绍总统正在派其外交部长去巴黎参加完成协议文本定稿。这位南越总统从其女儿婚礼后的一个招待会告退,跟埃尔斯沃斯·邦克大使会谈了半个小时。当天晚上晚些时候,阮文绍告诉一名助手说:"美国人真的让我别无选择——要么签署协议,要么他们切断援助。另一方面,我们也得到了尼克松的绝对保证,他们会保护这个国家。我打算同意签署协议并要他信守诺言。"

"你真的能信任尼克松吗?"这位名叫黄德亚(Hoang Duc Nha)的助手问。

"他是个讲信义的人。我打算信任他。"阮文绍回答说。

尼克松的第二次就职演说很短,只有1,855个字。他最后表示:"让我们再次学会分辨礼貌与高尚优雅行为准则之间的差异,让我们每一个人都去设法获得政府所不能提供的珍贵品质——在一种新的层次上尊重彼此的权利……我们将用我们利用这些年时间的方式去回答上帝、回答历史、回答我们的良心……"

两天之后，第36任总统林顿·贝恩斯·约翰逊在得克萨斯去世。这条消息几乎是全国所有报纸的头条大标题。但是，这天还有另一篇报道，一篇由《新闻周刊》所做的报道："一场战争的结束和一位总统的辞世占据了更大的标题。但是，悄然之中，上个星期发生的第三个事件可能会对美国人的生活产生持久的影响：出于种种实用目的，美国最高法院使堕胎合法化，[1288]说对意外怀孕的终止取决于有关妇女及其医生。在尼克松时期所做的最大胆、影响最深远的这样一个判决中，该法院以7票赞成2票反对裁定：几乎所有州的刑事堕胎法都违反了宪法所赋予的'隐私权'，因此必须被废止。"这个诉讼案（罗起诉韦德）是由一名根据得克萨斯州法律禁止其终止怀孕的达拉斯女招待提起的，而由尼克松提名的四位法官中有三位投了多数票。总统没有对这个判决直接发表意见。白宫新闻办公室发出了一个老式的声明，其中将堕胎称作一种难以接受的人口控制方式。多数派意见是由布莱克门法官起草的，其使用了保守的论点，说政府应当尽可能少妨碍公民的生活。

次日，1月23日，水门事件审讯继续听取证词。[1289]在对利迪和麦科德的审讯中，休·斯隆，这位在1971年1月携新娘一起到椭圆形办公室接受总统祝福的年轻的白宫助手，被传唤作为证人。西瑞卡法官对检察官提问变得不耐烦了。他免去陪审团提问，开始由他自己亲自讯问。在回答一个有关上级的问题时，斯隆说他曾为竞选情报活动支付给利迪199,000美元——这笔交易得到过司法部长米切尔和总统再选举委员会主席莫里斯·斯坦斯的批准。

当晚10点，总统上了广播电视网。他宣读了一个10分钟的声明。声明是这样开始的："我要求利用电视和广播的这个时间段是为了宣布，今天我们已经缔结了结束那场战争并给越南和东南亚带来体面的和平的协议。"他说亨利·基辛格博士与黎德寿当天已经草签了"关于结束战争和恢复越南和平的协议"。接着他宣布停火将于华盛顿时间1月27日晚上7时生效，从现在到停

第 37 章　1973 年 1 月 23 日

火生效之日的六天时间内，仍在南越的23,700美国军事人员会撤出，所有美国战俘会被释放。

在11年里，有870多万美国人去了越南，其中有58,151人死在那里，同时南越和北越双方有210多万越南人、平民和军队死亡。美国给南越提供了1,380亿美元的军事援助和85亿美元的其他经济援助。这个九"章"篇幅[1290]的协议最后约定，美国会给南越和北越双方提供进一步经济援助。总统说，这一切都是经与阮文绍总统密切磋商精心制定的——对这个过程的描述是不真实的。

尼克松回到楼上的住处。他的妻子热烈地拥抱了他。他与女儿们以及特里西娅的丈夫爱德华·考克斯说了会儿话。然后，他走进林肯起居室，打开音乐，独自坐在那里盯着炉火。午夜，他打电话给基辛格，其已回到美国，正在办公室里。"他在对我说话，"[1291]次日早上基辛格说，"但是他实际上是在自言自语。"

一人独处（总统的古怪风格，起码公众是这么看）已经成为一个谈资，至少在那些谈论和撰写这种事情的人中间是这样。在竞选期间，《生活》杂志在其最后一期杂志中发表了一篇社评说："尼克松政府仍然是一个小集团，[1292]对其所管理的官僚机构心存怀疑，与国会打交道局促不安，对其所不能控制的人不予信任，立刻加以防备，有时在行为上表现得极其傲慢。对那些想法偶尔可能会对政府有所帮助的人不友好是不必要的。这个军政府深感被敌人包围的感觉已经影响到华盛顿的气氛……"

这个伟大的胜利显然没有改变这样一个事实：尼克松政府好像正在紧紧地聚合在这个中心人物身上。"尼克松：权力之茧"[1293]是《新闻周刊》华盛顿分社社长梅尔·埃尔芬在就职典礼前撰写的一篇文章的题目。他写道，当齐格勒宣布总统不会发表其1973年国情咨文演讲（会作为一封信发出）时，一名记者只是半开玩笑地问，"总统还准备口头发表就职演说吗？"接着他写道："华盛顿一直令人大惑不解，并且麻烦不断。从连任选举以来理查德·尼克松的行为来看。总统对国会的专横态度、他疏远新闻媒体的态度，以及他

尼克松——孤独的白宫主人

对其应当作为主要居民居住其中的这个首都城市的淡漠态度，都似乎更适合于凡尔赛的王朝而非白宫……在12月，他没有给任何人一个字的解释就下令进行了历史上最大规模的空袭。"

被批评他的人视为古怪的东西，总统却视其为长处。"这里主要说的都是性格特征——白宫里孤独的人，"尼克松跟霍尔德曼说，"告诉基辛格，他必须让人知道总统孤独而英勇的勇气。"1月底，总统连续几个小时、连续几天地跟霍尔德曼坐在一起，他口述基辛格带给他的失意感，因为在实现和平方面基辛格抢占了如此大的功劳——或者说新闻媒体和机构决定减掉尼克松的任何功劳而将所有的功劳功归于基辛格。霍尔德曼把他所讲的都记录下来："总统独自坚持并走出困境……来自政府的支持微乎其微，参议院以及某些众议院议员极力反对，新闻媒体和舆论领袖，包括宗教界、教育界以及工商界都一边倒地反对。亨利应当意识到，说明他和总统没有分歧的方式是，他要去宣传说明在他出面去做的事情中总统所发挥的作用，特别是要说明那该死的轰炸的意义……现在缺少的环节是对'勇气的介绍'。我们分析这些社评，其没有传达出……亨利必须去塑造总统形象……该媒体在努力说明基辛格的作用而贬低总统的作用，说明的重点是该协议是由基辛格完成的，而总统无所作为。"

看到基辛格1月26日向国会做简介的讲话副本，尼克松数了一下，只有三处提到他。他将这个讲稿与协议好像不可能达成时的简介讲稿进行了比较，发现那个讲稿上有14处提到他。[1294]他也曾希望基辛格使用"体面的和平"这个短语并且将对方称作"共产主义者"，但是基辛格都没有做到。尼克松告诉科尔森，他希望他去组织一场运动，寄信给基辛格，要求他支持总统，而不要把所有功劳都记在自己头上。[1295]

但是，尼克松不愿意直接面对基辛格。每天他都派霍尔德曼到处去阅读基辛格公关要点列表，[1296]总是从说"孤独的勇气"开始。他也找到了切断个人联系的新途径——大事情通过大规模的重组，比较小的事情则采用约定协议。在他第二任期发布的首批命令中，有个命令是取消给参议员之类的人打

第 37 章 1973 年 1 月 23 日

庆生电话，可以发电报。他还命令停止亲自接受各国大使递交国书，[1297] 可以由副总统或国务卿去做这件事。约翰·迪安告诉他有关大使的职责是宪法中规定的，于是这个命令很快就被撤销了。

在乔治敦、曼哈顿或者坎布里奇，无论他们喜欢与否，1 月 24 日的盖洛普民意调查结果都达到了他任总统期间的最高点：在国家安全方面，68% 的回答者表示赞成他所做的工作。在对是否有"体面的和平"这个问题的回答中，58% 的回答说有，29% 的人说没有——尽管只有 35% 的回答者说他们相信这个协议可能存活下去。（埃里希曼问基辛格南越会存续多久，这位国家安全顾问回答说："我想，如果幸运的话他们能存续一年半。"）[1298]

在第二任期的第二次内阁会议上，总统分发了皮面装订的日历。[1299] 日历涵盖四年时间，从 1973 年 1 月 20 日至 1977 年 1 月 20 日。每一页上都注明尼克松政府执政所余天数，从 1,461 天开始。"让我们充分用好这些日子，"他说，"它们可以成为美国伟大的时期、人类历史上的伟大时刻。"

在就职演说中，尼克松回放了肯尼迪总统曾用过的一段著名的话："不要问你的国家能为你做什么，而要问你能为你的国家做什么。"并且，他还想出了一个共和党人版本："让我们每一个人都不要问政府能为我做什么，而要问我能为我自己做什么。"就其于 1 月 27 日向国会提交的 2,687 亿美元的预算而言，它是一个好的前奏。《时代》杂志预告它是"一个反革命的号召"。它所反对的是政府变得越来越大和越来越有社会意识的趋势，这种趋势始于 20 世纪 30 年代富兰克林·罗斯福的新政，在约翰逊的"伟大社会"行动得到继续发展。这份由新美国政府预算管理局的卡斯珀·温伯格和罗伊·阿什准备的文件，没有提出新项目计划，取消或削减了一百个现有联邦项目，[1300] 包括一些有益于失业者、农场主、学生、退伍军人、小商人、精神病人，以及联邦住房居住者的项目。

具有重大象征意义的行动是提议撤销经济机会办公室，逐步结束城市更新和模范城市项目——并且最终放弃尼克松自己的家庭援助计划。这个预算方案的部分哲学思想是，取消对诸如职业教育、贫民窟清拆之类事情的特定

603

尼克松——孤独的白宫主人

项目赠款，而是以特别收入分享的名义，给各州大笔拨款，由州和地方自行决定使用。尼克松还明确表示他不打算把国会拨款用于他认为不必要的项目上。对此还有一个叫法是"扣留资金"。国会预算书表明，总统至少拒绝花费122亿美元的已拨款。

1月30日，水门事件审讯结束。[1301]在其辩护总结中，检察官厄尔·西尔伯特把利迪叫作"阴谋活动的领导人，出资人，老板"——这与白宫里捏造的故事如出一辙。陪审团退庭仅90分钟，回到法庭，判定利迪和麦科德犯有阴谋活动、入室行窃、非法窃听等数项罪行。根据西瑞卡法官的命令，在他考虑保释的同时，此二人立即被监禁。麦科德面临最长45年的监禁。利迪可能面临35年的监禁，在被带出审判室的时候，啪啪地向朋友们行军礼。西瑞卡法官很气愤，他感到自己被谎言欺骗了。在审判结束时他说："我对于当着一个美国陪审团的面编造这些有关事实仍然感到不满。他补充说，他希望参议院继续进行水门事件调查。"

次日，总统举行了将近四个月之后他的首次新闻发布会。唯一一个有关水门事件的提问是，如果白宫幕僚成员被传唤到某个参议院委员会面前，他是否会要求"行政特权"。对此问题，尼克松一带而过，很快就转移了人们的注意力。大部分提问都是有关越南和扣留资金的，对这些问题，他的回答很有优势。第一个问题关心的是"愈合这场战争的创伤"——以及赦免抵制应征入伍者。尼克松回答说：

这个需要从两方面来治愈创伤……我们认为，我们已经采取了一个重大步骤去结束一场旷日持久、艰难困苦且并非从我们执政开始的战争……就本届政府而言，我们已经尽我们所能去对抗极其巨大的障碍，并且，最终我们实现了体面的和平。我知道你们有些人下不了笔写这句话，但是它是真的，而且大部分美国人都意识到它是真的……

就赦免而言……当然，我对犯了错误的人感到同情。我们都犯过错误。

第37章 1973年1月23日

而且，这是一条生活法则，我们都必须为我们的错误付出代价。这场战争结束了。许多美国人为自己的国家付出了极其高昂的代价，有些人献出了生命，有些人做了长达六七年的战俘。当然，二百万人花费自己两三年的时间，在遥远的战场上为国效力，但他们意识到在所谓更好的人——媒体、知识界等——中间，对这场战争只有很少的支持……赦免意味着宽恕……那些效力的人付出了他们的代价。那些逃跑的人也必须付出他们的代价……这个代价就是因不服从美国法律而受到刑事惩罚。如果他们想回到美国，他们就必须接受这个惩罚。

在问及扣留资金问题时，总统表现得很急躁："在钱的问题上，国会一直没有负责任……现在，重点是国会不得不决定，它是想为了花费更多而提高税额呢，还是想削减，像总统那样努力削减呢？当然，困难是国会（我也是国会的一员）代表特殊利益势力。"

2月3日尼克松回头关注水门事件，关注审判和西瑞卡法官。他问科尔森："现在这里的策略到底是什么？"[1302]……作为一名法官，他该死的行为令人震惊。"他想知道，如果民主党掌权，西瑞卡是否可能寻求得到最高法院的一个职位。

"不。不，"科尔森说，"西瑞卡是一个强硬、冷酷、法纪严明的法官……他是个共和党人。我很了解他。我跟他一起参加过各种活动——社会活动。非常正派的家伙，效力于你和艾森豪威尔……唯一一种我能推测到的情况就是，出于某种原因这个案子正好让他受不了，而他又是个性急的意大利人，他就对这个案子下了狠手。"

尼克松对这个回答不满意，他想知道为什么西瑞卡逼迫参议院调查。他补充说："感谢上帝，是由欧文来负责。"看起来参议院如果决定举行听证会的话，会把这个工作交给76岁的山姆·欧文负责。欧文是北卡罗来纳州的民主党员，他被视为宪法专家，那种严格的保守派宪法解释者，总统将这类人

605

视为他的新大多数的组成部分。

"起码，他现在会去谈论传闻之类，搬起石头砸自己的脚，因为他是伟大的宪法解释者，"尼克松说，"如果我在委员会，我会让他脱离苦海……"

他继续说："我们不能让米切尔被卷进去。我们必须保护他。当然，我们还必须确保霍尔德曼不被卷入，我们必须确保他们不冲着你或霍尔德曼泼脏水。但是关键是……我不认为到了全国都被挑动起来的地步……"

"全国各地对这件事都厌烦了，"科尔森说，"我们得知只有不到1%的人谈到水门事件。它是华盛顿的一个问题。它是对我们横加指责的一种手段。这正是民主党人认为可以用来给我们出难题，让我们处于戒备，让我们感到焦虑，让我们无暇顾及其他事情的一种手段。"

事实是这样：在大选前一个月，全国民意调查表明，全国半数以上的人从未听说过水门事件。竞选期间，除《华盛顿邮报》之外，大部分媒体忽略有关水门的报道，而专注于麦戈文竞选的失误。虽然由伍德沃德和伯恩斯坦组成的邮报小组发表了有关达尔伯格支票、秘密基金以及塞格雷蒂行动的报道惹恼了总统，但是白宫的掩盖措施基本上是有效的。被监听的专栏作家卡拉夫特为许多知名媒体辩护，他写道："尼克松总统和约翰·米切尔不可能参与水门事件，因为他们也是可敬而高尚的人，很在意高尚行为准则、公平竞争和法律的要求。" 1月14日，大选后仅10个星期，西摩·赫什（现在为《纽约时报》工作）报道说秘密竞选现金被用于支持迈阿密窃贼。

在总统谈论西瑞卡的当天，总统用一个多小时时间会见了友好的民意调查分析师阿尔伯特·辛德林格（Albert Sindlinger），[1303] 跟他一起讨论其竞选大胜的人口结构特征。这次会见的记录写道："辛德林格表示，总统获得巨大授权的主要原因以及1,950万民主党人为其投票的原因是由于总统在以下两个问题上的立场：1）越南；2）工资和物价控制。"但是这场战争结束了，工资物价控制也在逐渐结束。"辛德林格建议总统继续坚持其在法律和命令方面的强硬立场，继续坚持在削减预算方面的强硬立场，以某种方式推动解决通货膨胀和食品价格问题。"

第37章 1973年1月23日

辛德林格离去之后，总统与陆军中校威廉·诺尔德[1304]的遗孀及五个子女会见了10分钟。威廉是在停火前死在南越的最后一名美国人。其在1月27日的一次火箭攻击中遇难。尼克松看到诺尔德17岁的儿子时感到很惊讶，后者留着长发和蓬乱的胡须，但是他告诉总统，他对他父亲为和平而死感到自豪。他16岁的妹妹（一个完美的金发少女）问："我可以吻你吗，总统先生？"

同一天，《纽约时报》公布该报聘用总统的人比尔·萨菲尔做专栏作家——像任何一家新闻媒体一样作为一个具有政治影响力的职位。但是，当该报社长兼出版人亚瑟·O.苏兹贝格说，一段时间以来他一直在寻找某种保守的观点时，尼克松的反应是在其当天的新闻摘要上随手写下的一段讥讽的评论[1305]："亨利和布坎南——萨菲尔是个保守派！？一定要通知《人间事周报》！"他看到的另一则来自《基督教科学箴言报》的消息说，白宫预先安排用头条新闻公告去挤掉水门审讯新闻，这又引发了他的讽刺："齐格勒——就像结束战争那样吗？我们真是天才！"

2月7日，参议院以77票赞成0票反对成立了关于总统竞选活动的参议院选举委员会，由欧文任主席，并批准了一个50万美元的预算。该委员会还包括其他3名民主党人和3名共和党人。"我没有看到参议院怎么能摧毁我们，"当天尼克松说，"一切一切的问题是，它将成为一个电视报道。但是，在另一方面，过一段时间之后，这个报道可能就失去了吸引力。"霍尔德曼接过话头说："人们反复听到这种过时的废话，[1306]我就想象不出人们真的会很感兴趣。"

2月8日星期四，总统飞往圣克利门蒂，打算在那里待十多天。他当天的活动始于一顿漫长的内阁早餐会，[1307]讲了一个多小时，大部分内容是有关扣留资金问题和他提交给国会的联邦预算。当话题转到外交事务的时候，他开始讲会见诺尔德夫人的情况："她的举止像个女王。还有一同来的孩子们——留着红色蓬乱胡须的17岁男孩——如果他不是诺尔德家庭成员，我不知道特工局是否会让他进去，但是他是一个很好的孩子。真的为他的爸爸感到自豪……16岁的女儿也来了。你们可能以为她在哭，但是她没有哭。她对我说……"

专心致志地在法定记事簿上做记录的霍尔德曼突然意识到屋子里一片寂静。他抬头看看，总统正好站在那里，试图讲话。但却说不出来。过了大约15秒，他说："好吧，无论如何……"然后他又停顿了。最后他低声说："我想这便是一切的一切了。"他转身走出了国宴厅。

在西行的飞机上，尼克松说到有关他被提名诺贝尔和平奖[1308]候选人的报道，他说他希望撤回这个提名。政治风险太多了，这个报道可能会变成"尼克松落选和平奖"。在公开场合，他会采取这种姿态：领袖人物不应当因完成其工作而获奖——争取和平是他分内的工作。

然后，他叫霍尔德曼来一起讨论他的日程安排。[1309]他说他想有更多的时间独处，并口授了新的规则：所有的旅行都应当从佛罗里达或加利福尼亚出发，而不是从华盛顿出发，这样他就再也不会不得不邀请国会成员乘空军一号旅行；戴维营的山杨木屋应当向除他以外的所有人关闭；不再安排外国领导人访问戴维营；不再安排在纽约开会；星期四不安排活动，说不定他想举办新闻发布会；星期五下午不再安排会议。

2月12日上午，总统接了一个从马尼拉克拉克空军基地打来的电话。电话那头的声音说："长官，雷斯纳上校奉命前来报到。"[1310]

鲁滨逊·雷斯纳是美国空军，曾是七年多的战俘，其间有四年时间被单独监禁，是河内和从南越越共控制地区的战俘营释放的首批战俘之一。他是用三架空军运输机带回国的首批142人中的高级军官。第一架飞机着陆后，走下飞机的第一个人海军上尉杰里迈亚·登顿[1311]说："在国家有难时有机会为国效力，我们深感荣幸。为了今天这一天，我们深深感谢我们的总司令和我们的国家。上帝保佑美国。"

这是一个极其感人的时刻，电视让全国人民一起向这些人致以敬意，当他们从越南归来的时候被当作英雄称颂。其他大部分退伍军人（数百万人）

第37章 1973年1月23日

已经回到了在战争期间分裂这个国家的混乱和仇恨之中；有些人受人厌弃，有些人受人毁谤，被称作"婴儿杀手"。但是战俘（其中大部分是飞行员和空军士兵）受到欢迎和尊敬。总统曾经问伯德·约翰逊夫人，是否可以为这些人，他们也是军人，将国旗——为对她的丈夫表示敬意而降半旗三十天的国旗——升起来。没有人知道这些军人，其中许多是职业军人，很可能会做出什么事情，也不知道当他们降落到一个与他们记忆中的美国大不相同的美国时他们会怎么做。答案在克拉克。他们的健康状况比预期的要好，他们亲吻了土地并为美国祈祷。他们感谢总统。[1312]空军上校詹姆斯·卡斯勒说："尼克松总统带我们荣归故里。上帝保佑那些支持我们总统挺过这个长时间折磨的美国人。"空军上尉小戴维·格雷说："一位慈爱的总统值得我尊敬……感谢你，天父。感谢你，尼克松总统……感谢你，美国。"

《时代》杂志封面的通栏标题是："一次被救赎的人的庆典。"[1313]电视摄像机到处拍摄，在克拉克，在第一批电话打回家的时候，给这些人的母亲、父亲、妻子以及子女拍摄的镜头。还有表现妇女和儿童挣脱军队护卫，跑过停机坪去与他们的儿子、丈夫、父亲亲密接触的影片。起先，对这类节目控制很严，在河内、西贡和马尼拉，新闻媒体被禁止入内，电视新闻中播出的第一部影片是由空军摄影师拍摄的。总统对这一切感到非常激动——他下令给战俘的妻子送兰花胸花，[1314]他亲自为此付账——而且他决定离开加利福尼亚回到华盛顿，成为《纽约时报》称之为"快乐的喧闹"——电视和报纸在报道每个人在消费多少冰淇淋和咖啡——中的一员。关押时间最长的战俘海军少校埃弗雷特·阿尔瓦雷斯，一位海军飞行员被问及在八年监禁之后他所看到的什么是使他感到最惊讶的事情时，他回答说："超短裙。"这就是美国人所想要的。

美国人似乎不想要的是尼克松在和平协议中许诺给越南（包括南越和北越）的援助。在一些战俘开始谈论殴打和拷问时，有个人说，他戴了五年的镣铐。总统在他的新闻摘要上写道："K——这种报道[1315]会使我们的援助计划更难以实行。"新闻摘要的一篇报道说，巴里·戈德华特正领着参议院保守派抗议,就连 J. 威廉·富尔布赖特也说不应当考虑援助,直到放行被扣留的国内资金之后才能考虑。尼克松写道:"K——注意我们的难题。"《新闻周刊》关于这个问题的新闻标题是:"尼克松对河内的棘手的借据。"该杂志援引某位参议院共和党领导人私下说的话:"这就是洗不清的了。一名参议员怎么能支持削减国内的医院、抗洪和教育开支,而投票赞成将经费用于河内的同类项目呢?"根据记录,乔治亚州参议员赫曼·塔尔梅奇说:"他们作为一张作废了的邮票,我不会给他们那么多。"

2月13日,回到华盛顿的第一天,总统与约翰·斯卡利会见了40分钟,后者正在准备接任美国驻联合国大使。记录员布伦特·斯考克罗夫特将军也是基辛格的助手,记录道:"总统告诉斯卡利,[1316]关于中东,我们正采用两种方法——一种是国务卿罗杰斯的公开方法,另一种方法是通过我们与苏联、埃及和以色列的私下联系。斯卡利表面上必须表现出对这些私下方式一无所知……他应当完全保持公开的说法……"

接着尼克松补充说:"我们不打算大讲各国的内部结构,要么是像菲律宾目前的情况,要么就是像共产党国家的情况。我们所关心的是外交政策行为,如果符合我们的利益,我们会援助独裁国家。我们与古巴、苏联以及中华人民共和国的对抗一直是基于他们的侵略性和颠覆性对外政策。如果他们改变那些政策,我们也会改变对他们的政策。"

2月22日,田纳西州的霍华德·巴克参议员刚被提名为欧文的水门事件委员会首席共和党人,他来白宫跟尼克松谈话,他一开始便说:"没有人知道我来这里。"[1317]

"新闻媒体真的在寻找大鱼,"尼克松说,"这并不使我感到紧张……我知道你会做得很好。最重要的事情是要没有丝毫掩饰。那是可能发生的最糟糕的事……而且如果情况变得棘手,在某个时候你可能就不得不转身离开此事……"

四天之后,2月27日,总统会见了约翰·迪安[1318],这是自9月15日以来的第一次。话题是水门事件,他们讨论了25分钟。次日他们又面谈了一个多

第37章 1973年1月23日

小时。尼克松让迪安喝咖啡，这位年轻律师从未喝过。但是他说好的，因为那是雄心勃勃的年轻人对总统们说的话。在次日他们将要结束谈话的时候，总统要迪安去找克兰丁斯特和巴克，去想办法控制住欧文的听证会，他说："在这件事上我们必须要共同努力……让我们记住，这不是白宫所为。这是再选举委员会干的事儿，而米切尔是该委员会的主席……克兰丁斯特把所有的事都算在米切尔头上……巴克必须意识到这一点，如果他让事态失控，则他将有可能损害约翰·米切尔。……他们所追随的没有问题。他们想抓住霍尔德曼或者科尔森、埃里希曼。"

"或者可能还有迪安……"这位顾问说。

3月2日，总统举行了一次新闻发布会。开始提到的问题大部分是针对美国在越南的最后阶段的，比如《芝加哥每日新闻报》的彼得·利萨戈问的第一个问题是："总统先生，我可否问问你，为北越提供援助是不是该停火协议的一个条件？"

"不，它不是，"尼克松说，"我们相信，为越南提供经济方面的援助是为了创建持久和平而订立的条款……当然，我们将必须要得到国会的支持。"当然，这会很难——但是，他补充说，第二次世界大战以后，公共舆论也一直反对为德国和日本的重建提供援助。他说，目的是要在和平条件下而非继续战争中给北越人提供甜头。

"总统先生，"后来他又被问到，"现在水门案件了结了，审判结束了，你能给我们谈谈你对这个裁决的看法吗？你认为这个裁决对公众对政治体制的信心有什么影响？"

"不，"他回答说，"在这个案件不仅没有结束，而且特别是在它还在继续上诉的情况下，让我对它发表意见应该是不合适的。关于水门案我只能重复我从前说过的话，由白宫法律顾问迪安先生所做的调查，顺便说一句，在调查的过程中，因为是我指示他进行这个调查，因此他曾有权查阅联邦调查局关于这个特殊事件的记录。他的调查表明，在他进行调查的时候，

尼克松——孤独的白宫主人

也就是去年7月到8月的时候，白宫幕僚班子中没有人参与或者知道水门事件。"[1319]

下一个问题来自克拉克·莫伦霍夫，他已从白宫离职回到他原来的《得梅因纪事报》工作。他提到了正在进行的对联邦调查局长 L. 帕特里克·格雷的确认听证会："总统先生，昨天在格雷听证会上，滕尼参议员表示他可能要该委员会要求约翰·迪安出席听证会，谈谈水门案件以及联邦调查局与白宫的关系。你会反对那样做吗？"

"当然，"尼克松说，"这是行政特权……没有哪位总统会同意让总统顾问去到一个委员会面前作证。我坚持与所有的总统同样的立场。"

第38章 1973年3月23日

3月4日,《纽约时报》开始在头版发表四篇连续系列报道,标题为:

尼克松的总统任期
权力的扩张

学者们看到对政府运转的
一种重大影响

第一篇文章由约翰·赫伯斯撰写,开头写道:"理查德·M.尼克松,带着在其第一任期中所取得的成就和在其第二任期中承担的使命,正在尝试扩张总统权力,以便能够对国家政府产生比自富兰克林·D.罗斯福以来其他任何总统更多的影响……这是历史学家、政治学家以及最近几星期接受采访的总统研究者的观点。"

尼克松——孤独的白宫主人

《纽约时报》说，这是尼克松的巅峰时刻。总统一直轻视国会，并非没有理由；他正在获得对250万组成行政机构的官僚的控制。他正在对美国人接受教育、得到住房、接受治安管理的方式，甚至于他们看电视新闻的方式进行根本性的改变。他结束了美国最长的战争，没有征兵，军队的规模从350万人减少到220万人。[1320]他正在努力争取让联邦预算到1975财年实现平衡。国民生产总值在以每年7%的速度增长，并且在短短的一年里个人收入已增长了10%。物价仍在上涨，但是总统仍然在与之斗争，宣布于3月6日对燃油和汽油实行新的物价控制。[1321]如果说水门事件还没有结束，但至少丹尼尔·埃尔斯伯格——五角大楼文件的传播者，已成了在洛杉矶受审的罪犯。

在1973年首次会见共和党国会领导人参议员休·斯科特和众议院杰拉德·福特时，总统只用几分钟听了听斯科特讲有关共和党人士气低下的传言以及白宫应召开更多会议讨论国会问题的要求。然后他说："带他们去吃点饼干……？我们的参议员只不过是一群白痴……我们不能指望他们。他妈的参议院！"[1322]他对福特很和蔼，但是反复地问到底他能指望从众议院得到什么帮助。在斯科特回来参加会谈时，问参议员们觉得他们不得不反对总统时他应当做什么，尼克松回答说："你可以按你自己的想法投票。没有人在乎参议院在做什么或者参议院在如何投票。"

尼克松实在是讨厌这个参议院，过去两年来，他们一直在用停止战争拨款的威胁折磨他。现在，他与这个机构之间有两大问题。第一个是，即使是最友善的国会成员也反对为北越提供经济援助，而在他看来这种援助是诱使河内领导人不推动武力进攻南越——以及深入老挝和柬埔寨——的最后也是最好的机会。"你可以买到和平吗，[1323]总统先生？"约翰·麦克拉伦问，这位阿肯色州的民主党人自始至终一直是支持这场战争的。"你已经给他们够多的了，你停止了对他们的轰炸。"

尼克松对参议院的第二个大怨恨是，他心里认为，在参议院里，他的敌人现在正在用水门事件取代越南战争，试图让他卑躬屈膝。他憎恶欧文的新选举委员会，他对司法委员会在对联邦调查局长L.帕特里克·格雷的确认听

第38章 1973年3月23日

证会期间发出的传票感到更为恼怒。民主党人从迪安开始，对白宫助手们进行盘问。在非法闯入事件的早期调查期间，迪安曾有权了解联邦调查局原始访谈资料。格雷透露了这个情况，这也令总统很生气。总统告诉迪安："我想切断与格雷的所有通讯。[1324]我了解这类人。他是个很好的人，以他自己的方式效忠。但是在这件该死的事之后他觉得气短，正在讨好。"

3月12日，总统给霍尔德曼发了个备忘录，询问："关于国税局应当对所有国会议员进行审计的建议出什么问题了？……我心中所想的是，国税局对白宫所有高层人员、所有内阁成员和国会议员进行审计。也可以说，如果有人提出任何疑问，就说我们之所以这么做，是因为我们收到来信说，政府的人出于其特殊的地位而不让国税局检查……给我一个口头报告。"

次日，尼克松会见迪安，后者在科尔森于3月10日最终离开白宫之后，时常在新椭圆形办公室一天待一个多小时。总统自信地告诉迪安："这是我们最强硬的对手在苟延残喘。[1325]他们刚刚得到了一些令其兴奋大叫的东西……他们在选举中一败涂地……主要问题是当局。当局行将衰亡……"

迪安回应说："有危险，总统先生。如果我不告诉你的话，那我就是不够坦诚。"迪安很谨慎。他知道白宫里的其他人正在向刑事诉讼律师咨询。在没告诉总统的情况下，他也开始考虑他应当聘请一位刑事诉讼律师了。当天晚些时候，他被告知，亨特在索要更多的钱，于是，他从谨慎变为恐惧了。他要霍尔德曼次日，也就是3月21日安排他与总统再见一次面。片刻之间，迪安说："我认为，毫无疑问，我们的问题很严重，我们有大麻烦了。我们内部——离总统很近之处——有个恶性肿瘤，[1326]并在迅速蔓延。它每天都在发展蔓延。它越来越严重，它现在是在以几何级数增长方式发展，因为它在自我恶化。正如我所说那样，这会变得很清楚，你知道有些细节：1）我们正在受到勒索；2）人们很快就会开始撒谎。没有什么保证——"

总统打断他说："是不会被打破的。"

迪安猜想尼克松不知道发生的许多事情，于是他告诉总统：一开始，他根据霍尔德曼的命令，于1972年初在总统再选举委员会安排了一次竞选

尼克松——孤独的白宫主人

情报活动，然后派利迪去那里——然后继续去 Gemstone 以及在5月对民主党全国委员会办公室进行窃听。他接着说，利迪—亨特小组再次进去，安装窃听器，被抓住。然后，他列出经费需求以及竞选剩余资金的用途，金额很快便达到数十万美元。需要的钱越来越多，因此卡姆巴克和其他人被派出去弄钱。

"勒索还在继续，"迪安说，"现在亨特又需要72,000美元用于他自己的个人开销，50,000美元支付他的律师费……要在昨天打烊之前拿到钱……现在亨特对埃里希曼发出直接威胁。他说，'我会让约翰·埃里希曼下跪，还要把他关进监狱。我为他和克罗赫干了太多邪恶的事情，他们绝不能幸免于此。'"

"那是什么事？"尼克松问，"关于埃尔斯伯格？"

"埃尔斯伯格，据说还有些其他的事。我知道得不全。"

"你需要多少钱？"尼克松问。

"我会说，这些人在未来两年会花掉一百万美元。"

"我们可以对付这个……如果你需要这些钱，你可以得到……你可以得到现金。我知道在哪里可以拿到……我的意思是，这虽然不容易但还是可以做到。"

在讨论了更多细节之后，总统又谈到了勒索，最后说："我想知道这是否不一定会继续？让我这么说吧，你得到，你得到了数百万美元的钱，而且你找到了一种适当的方式来操纵这些钱，你能够控制那一方。我好像觉得这会是值得的——"

这时，霍尔德曼走进办公室，尼克松自己重复说："现在，让我告诉你，这不是问题，我们能弄到钱。在这方面没有问题。我们不能提供宽刑。钱是可以提供的。米切尔可以提出交付钱的途径。"

"这是风险极高的事。"迪安说。

"行，没事。"总统说着，开始结束这次会见，在将近两个小时之后，"我没有怀疑选举前的这个正常计划。而且你处理得正好。你遏制了它。现在，

616

第38章 1973年3月23日

在选举之后我们必须得制订另一个计划……"

霍尔德曼回答说:"约翰的看法很对,现在这里的事情将会侵蚀到你,这就是我们必须不惜一切代价去了结掉的事情,我们必须搞清楚在哪里我们可以用最小的代价了结它,但是要不惜一切代价。"

迪安离去之后,总统走出去会见了一群苏联奥运会选手,为首的是他们的青少年明星,体操运动员奥尔加·科尔布特。然后,他召来罗斯·玛丽·伍兹,问她手里的钱的总额,他说:"我来问你一些我正在检查的事情。由于一些事情,目前我们可能需要大量用于个人用途的现金……"[1327]

"我不知道,"她说,"我得去看看。我得看看保险柜。我不记得……这里没人知道我有保险柜……我非常担心……"总额为一万多美元。

当晚,75,000美元现金被交到亨特家。[1328]次日,3月22日,上午,米切尔告诉霍尔德曼、埃里希曼以及迪安,亨特不再是问题了。现在,总统要一份书面报告,再次说白宫幕僚中没有人参与水门事件或者掩盖水门事件。这样做的目的是给尼克松本人一种途径,说他已经下令进行内部调查,在阅读了这个报告之后他没有理由采取行动。但是他需要有些事情落在纸上——真实与否不重要,重要的是他可以说他相信它是真的——而且他想要迪安写这个报告。因此,这天下午,他派迪安去戴维营待一个长周末,写这个东西。总统自己则已经在去往基比斯坎途中。

次日,3月23日星期五,当迪安携妻子开车去戴维营的时候,利迪被西瑞卡法官判处6年8个月至20年的联邦监禁。[1329]来自迈阿密的四个人被判处40年监禁,亨特被判处35年监禁。但是,西瑞卡还宣称这些判决是"暂时性的",指出如果这些人与政府检察官合作的话,会重新考虑这些判决。原定也对詹姆斯·麦科德进行最终判决,但是上午10时,西瑞卡披露了星期三麦科德的律师向法庭提交的一封密封的来自其委托人的信。该法官大声朗读麦科德的话:

为了正义……此时此刻我将向你陈述以下情况:1.被告认罪和保持沉默

是有政治压力的。2. 审讯期间出现了伪证……3. 审讯期间没有识别出其他参与水门活动的人，他们可能一直是……4. 水门活动不是中央情报局的活动。古巴人可能是被别人误导而以为其是中央情报局的一次活动……

宣判之后，我很希望有机会在法官办公室直接跟你说。由于在与联邦调查局特工谈话、在大陪审团——其美国律师是为司法部工作的——面前作证或者与其他政府代表谈话时我都不能感到信任，因此与你讨论对我会有帮助。

埃里希曼给在基比斯坎的总统打电话，告诉他这个消息。"爆炸性事件。"1330尼克松当晚在日记中写道。星期日，尼克松与霍尔德曼在一起待了六个小时，只讨论水门事件。他第一次说，如果这事继续发展，会变成他控制不了的事。

越来越多的消息从华盛顿传来：检察官厄尔·西尔伯特宣布他将重新召集大陪审团，欧文委员会首席顾问，乔治敦大学法学院教授萨缪尔·达什宣布，过去两天他与麦科德谈过话，现在他掌握了更多水门计划参与者名单。次日的《洛杉矶时报》刊发了"麦科德说迪安、马格鲁德事先知道窃听计划"的大字标题。对水门事件的报道变得不仅仅是《华盛顿邮报》与《纽约时报》之间的竞争了。现在，有大批记者在盯着出入大陪审团房间的人。电视工作者紧紧盯着麦科德和迪安的家，接着又盯上了霍尔德曼的家和埃里希曼的家。

现在，这已不仅仅是一个华盛顿的故事了。全国都要关注了。次日，3月26日星期一，参议院水门事件委员会投票同意电视直播其听证会，马格鲁德辞去了商务部助理部长职务，这个职务是他在竞选后得到的。3月27日，亨特对大陪审团否认他知道有高级官员参与水门活动，当晚玛莎·米切尔打电话给《纽约时报》说："我担心我丈夫。我真的感到很害怕。我不能告诉你这是为什么。但是他们不会将任何事情归罪于他了……"

第38章 1973年3月23日

这天总统在水门事件上花了8个多小时,命令埃里希曼对该案进行一次独立调查。迪安对这个安排没有说什么。总统的律师正在秘密地与他自己的律师们开会,准备在华盛顿大陪审团面前作证和在一次秘密会议上会见欧文委员会成员。总统和国务卿罗杰斯待了一个小时。谈得比较多的是水门事件。罗杰斯告诉霍尔德曼,白宫的水门事件报道不可信:"如果我们不知道真实情况始于什么,那我们为什么要极力掩盖呢?……试图掩盖的做法使得关于白宫没有参与的基本说法难以置信。"[1331]

在椭圆形办公室,总统给罗杰斯提供了这个版本:"我认为米切尔批准了这件事。[1332]我不认为他或许是很有意识地这样干的,但是,这里所发生的事情显然是他们在那里有这样的余地,你知道,这些人期望搞到情报,于是他们就制订了这个不切实际的计划,还牵涉到利迪。显然他们讨论过这样一个计划。而它被拒绝了。于是他们又第二次讨论它,这两次讨论迪安都参加了……迪安说这行不通。你们不能再继续进行这个过程。于是,稍后一些时候,他们又继续干,他们无论如何都继续干这件事,因为他们说他们必须得获取情报等。现在,问题是谁促使他们进行这个荒唐的计划的。我认为是马格鲁德……米切尔整个儿被缠在他的玛莎问题中。马格鲁德可能会说,他有来自霍尔德曼的压力,他会这样声称,但这不是真的,不是根据霍尔德曼的指令……而是米切尔。他从来没有说过。我也从来没有问过他。"

"这也是我的猜测。"罗杰斯说。

"为什么我要问他?"尼克松继续说,"为什么现在我要把他置于对我说谎的地位?他已经撒谎了……"

他停顿了一下,接着说:"我就不相信能抓住不放并且让它一点一点地曝光……我没有让人做一件该死的事情……我必须着手去做别的事情了。"

3月29日,他确实开始做别的事了,黄金时间在三大广播电视网上做了一次电视演讲。这次演讲宣布最后一批美国军队和战俘已经离开越南:"12年里第一次没有美国军队在越南……我们已经阻止了用武力强加给南越一个共产党政府。"

20分钟的演讲进行到一半，他话锋转到国内事务。在蛰伏了数月之后，批发价突然上涨至1951年以来的最高价格，一个月暴涨了2%，同时食品价格涨得比这还高。"肉食价格不能再涨。"他说，同时宣布对牛肉、猪肉和羊肉的批发价和零售价实行冻结。

紧接着，总统去圣克利门蒂与阮文绍进行两天的会谈，[1333] 后者包租了泛美航空公司的一架波音707飞机，并且在机尾上重新画了一面南越国旗，弄得跟空军一号似的。

尼克松许诺过，在这次访问中将会正式确定美国继续为阮文绍的国家提供援助。访问开始于一次小型国宴，主菜是价格固定的大片腓力牛排。这种东西阮文绍吃不了。他把这视为一个信号：从现在开始美国人打算按自己的方式行事。"你可以依靠我们。"尼克松在宴会之前的一次会议上告诉阮文绍。

在户外，在游泳池边有个鸡尾酒会，基辛格把黄德亚拉到一边说："过去的已经过去了。现在我意识到我行动得太快了，10月是个错误。"

"如果现在我就向新闻媒体披露你承认错误，我能挣很多钱。"黄德亚说。他恨基辛格。他们大笑，引起了旁人注意。"我知道你不会做这种事。"基辛格说。

阮文绍仍然相信尼克松说的是真话，次日他告诉黄德亚："我得到了保证。我们会得到经济援助。我们会得到军事援助。如果北越人违反停火条约的话，他们会做出强烈反应。"

"说是一回事，做又是一回事，"黄德亚说，"他们没有合法的理由再回来。"

"美国将从泰国飞出来，并且真的猛烈打击共产党，"阮文绍说。这是个计划。但是阮文绍的确看出尼克松显得很心烦意乱。这位美国总统不停地重复自己的话。当这位南越领导人离开加利福尼亚的时候，没有告别仪式。阮文绍从他的直升机望去，看到门一关上尼克松就转过身，头也不回地走了。在华盛顿进行正式国事访问时，阮文绍只受到副总统阿格纽和新任劳工部长

第 38 章　1973 年 3 月 23 日

彼得·布伦南的迎接。其他所有人都找理由没来。

在圣克利门蒂，白宫宣布撤回对帕特·格雷任联邦调查局长的提名。在背景情况介绍会上提到了两位可能的候选人：亨利·彼得森，一位职业公务员，时任司法部刑事庭庭长（也就是说他正在监管厄尔·西尔伯特及其他水门事件检察官）；以及一位联邦法官，洛杉矶的马修·伯恩，他正在负责审理丹尼尔·埃尔斯伯格的五角大楼文件案。其实伯恩已去过圣克利门蒂与埃里希曼商谈可能任命之事，甚至跟总统也交谈过几句。

4 月 9 日傍晚，总统回到华盛顿。现在，他每天都有半天时间被冗长而凌乱的有关水门事件的交谈所占据，大部分是跟霍尔德曼和埃里希曼交谈，焦点放在谁在跟哥伦比亚特区大陪审团谈话，谁在跟欧文委员会的秘密会议谈话，他们被问到些什么，他们的回答是什么。在 4 月 11 日这一天，负责安排约见的秘书德怀特·蔡平，霍尔德曼的助理戈登·斯特罗恩以及竞选骗子唐纳德·塞格雷蒂，都被传唤到地区大陪审团面前。

在应对凡此种种事情的过程中，霍尔德曼接到了副总统打来的一个电话，要他去其在行政办公大楼的办公室。阿格纽说他有个问题：他过去的一个名叫杰罗姆·沃尔夫的助手已被传唤到巴尔的摩的一个大陪审团面前，就阿格纽任马里兰州长期间竞选捐款和建设项目回扣的问题作证。[1334]副总统想要霍尔德曼给小 J. 格伦·比尔参议员打电话，看他是否能对参与此事的联邦检察官、该参议员的兄弟乔治·比尔施压。阿格纽说绝没有勒索，而只是从获得州建设项目的承包商那里募集捐款。"但是这听起来会不好。"他说。霍尔德曼拒绝了。

这位幕僚头目现在表现得比以往任何时候都更像副总统的作为，负责处理总统不想亲自去做的任何以及所有事情。阿格纽就是尼克松不愿意与之打交道的人。通常，基辛格也是这样的。在总统的两位最得力的助手之间有一种契约和某种信任。两天之后，基辛格到了霍尔德曼的办公室，问他是否知道，每一次当他独自在椭圆形办公室里的时候，尼克松都会问他是否认为应当摒弃霍尔德曼。[1335]然后基辛格就说，如果霍尔德曼被开除，那他也会辞职。

"看来我们正在接近揭开真相的时刻,"[1336]当晚霍尔德曼写道,"在此危急时刻,每个人都有点儿恐慌。"

到4月14日,陷入这个危急事件的人是米切尔。几天前,在跟霍尔德曼讨论给亨特以及那帮窃贼的钱的时候,尼克松说过:"米切尔应当出面,[1337]说是他干的。"

"米切尔正在纽约熬夜,把被子蒙在自己头上。"[1338]次日埃里希曼说。

"我不相信米切尔对这件该死的事情如此视而不见……"总统回应说。

"他在情感感觉方面是盲目的……"埃里希曼说。"米切尔必须得决定……他不认为他会让所有人都站在那里并且说谎,这正是要着手做的事情。"

4月14日上午9时,埃里希曼这位自认为是水门情报的最诚实经纪人——还没有公开提到他参与这次菲尔丁办公室盗窃——带着他的调查报告走进行政办公大楼175室。三个星期来,他几乎什么都没做,一直在写这个报告,前一天晚上还熬了大半夜,终于亲笔写出了这份长达七页纸的报告。[1339]他在这个办公室里待了大约三个小时——霍尔德曼也在那里——但是他很难让总统专注地听他所不得不说的话。

"必须做出决定,是继续干还是不继续干了,"[1340]埃里希曼强调说,"这就是你的处境。再看看大局面。现在你拥有大量事实……你不能就这样坐在这里——"

"就是这样。"尼克松说。

"你必须得做出某种决定……我希望你看看这个——"

总统开始打断他,但是埃里希曼还是继续说,谈论那些封口费:"在这周围有八到十个人知道这件事,知道这件事的人还在继续增加。鲍勃知道,我知道,各种各样的人知道……"

"好的,我知道这一点,"尼克松说,"我知道这一点。"

当埃里希曼最后把他手写的报告交给尼克松的时候,总统把它们交还给

第38章 1973年3月23日

他，说"念给我听。"于是埃里希曼开始念。总统每隔几个字就打断他一次，通常是问有关米切尔的问题。这个"报告"，其实是一个长篇备忘录，上面写道：

虽然在 JNM 还是司法部长时，JNM，JSM，GL 和 JD Ⅲ* 在1972年初开过几次会讨论"情报"活动，但是我认为，这些会议所讨论的方针和计划都最终没有得到 JNM 的同意。JD Ⅲ 说他对 GL 的建议明确表示反对，认为其不合适甚至违法。因此没有发生什么事情。在春季晚些时候，利迪和亨特向科尔森抱怨说，JSM 不会批经费给他们去为收集科尔森所要的情报开展必要的工作。大概在那个时间，霍尔德曼和科尔森想要得到有关民主党主要候选人的具体情报，比如他们的工作日程、演讲内容等。显然，他们所想要的材料是很普通的。在亨特和利迪说"情报"时，他们指的是不同的信息——比较难得到的、以不太合适的方式获取的……

后来，JSM 和 GL 进行了商议，起草了一份备忘录，提交给 JNM，要他"挑出靶子"作为进行电子监视及其他情报收集活动的对象。JNM 以为特工会是由与总统再选举委员会任何人都不相干的两到三人担任，所以就这么做了。接下来，JSM 就批准斯隆给 GL 经费去没设备和雇人。

第一次进入水门民主党办公室是在5月份，当时安装了窃听器……由于安装得不好，利迪被告知再进去把窃听器安装好，同时还要拍摄一些文件。尽管亨特表示反对，但是利迪还是跟亨特说他们必须得去完成这件事，因为约翰·米切尔坚持。当然，6月份他们被逮捕了。从那以后就开始努力确保那五个窃贼和亨特以及利迪不把别的任何人牵扯进去。

约翰·米切尔让约翰·迪安从白宫寻求帮助支付生活费和律师费……白宫的一些人开始觉察到 JNM 的活动，包括迪安、霍尔德曼、科尔森、穆勒和我。

利迪准备了三份相当晦涩不清的通过窃听器听到的内容梗概……JSM 送了一份誊写的副本给斯特罗恩。接着，后者对内容进行整理，至少为霍尔德

---

* 约翰·N. 米切尔，杰布·斯图尔特·马格鲁德，(G) 戈登·利迪和约翰·迪安 Ⅲ。

623

尼克松——孤独的白宫主人

曼提供了一份摘要……

　　我相信JSM、亨特、利迪以及弗雷德·拉鲁（Fred LaRue）*愿意在下周做充分披露。亨特当然是在星期一。米切尔和马迪安还不是。利迪显然一直保持沉默，鉴于JNM保证过他会得到赦免。如果一旦JSM被召回，他会扯出JNM、迪安和斯特罗恩，可能还有别的人。迪安也准备出庭作证，到时会牵涉到JNM和JSM……由于显然差不多挺了几个月了，因而JNM是完全披露水门事件事实的关键所在……

　　11点钟刚过，总统跟霍尔德曼说，给在纽约的米切尔打电话："问他能不能下来。"[1341]

　　"米切尔的情况就是一个凶手，"尼克松说，"迪安的情况是个疑问。而且我并不认为他有罪。现在，这就只有这样了。因为如果他，如果情况是这样，到时候一半的幕僚都有罪……而且，坦率地讲，自从一个星期以前，两个星期以前，我一直是……米切尔的事情非常棘手。"

　　然后，尼克松（没有勇气去面对米切尔）告诉埃里希曼要说些什么，提到他自己的时候用的是第三人称："你必须得说，这是他所做的一个最艰难的决定，比5月8日和12月18日的柬埔寨决定加起来还要艰难。而他只是不能亲自来跟你说这个。只是不能这样做……你在建议他进去并且说，喂，听我说，我是这里负责的。我不知道但是我负责。没有别的人——就这样。我本人……这件事必须停止了。在这件事里无辜的人在被玷污……我们要戳破这个疖子，降降温。我说的言过其实吗？"

　　接着，基辛格来到这个办公室参加中午的一个会。尼克松只跟这位国家安全顾问交谈了几分钟，说重要的事是要救霍尔德曼，又补充说："但是如果一定要出事，那么问题就是是否要采取某种残忍的手段以图一劳永逸。"[1342]

　　尼克松所说的残忍之事莫过于牺牲米切尔。

---

* 米切尔的一个助手。

第38章 1973年3月23日

米切尔从纽约搭乘中午的东部航空公司穿梭班机，下午1点30分到了白宫。埃里希曼告诉米切尔，[1343]马格鲁德和迪安都在跟检察官谈话——马格鲁德供认了所有事实，包括他在米切尔办公室参加的会议——但是，他没有取得任何进展。这位前司法部长再三重复说他没有做错任何事。

"完成了？"[1344]米切尔离去后，尼克松看到埃里希曼的时候问道。

"是的，先生，"埃里希曼说。他这样描绘了米切尔的反应，"在他心里和他脑海里，他是一个无辜的人，他不打算改变这个态度。他很重视关于你与他之间表达好感的信息……他所有的描述就是：他是一个很忙的人，他没有随时了解再选举委员会里所发生的事情——而正是这样才导致亨特和利迪去到科尔森的办公室，让科尔森给马格鲁德打电话……"

埃里希曼带着沮丧和讽刺的口吻，概述宝石会议的情况说："迪安说，就是米切尔和马格鲁德说了话。它一定是历史上最安静的一次会议。所有人的说法都是其他两个人说了话。"

米切尔乘穿梭班机回纽约。纯属偶然，他正好坐在他曾下令调查的CBS记者丹尼尔·肖尔旁边。[1345]米切尔告诉他，他对水门事件一无所知，而且除了华盛顿，全国其他地方对水门事件不感兴趣。

与此同时，总统正在为出席白宫记者协会年度宴会而穿衣打扮，确定他到达华盛顿希尔顿酒店的合适时间，以便他是在华盛顿杰出新闻奖颁奖仪式之后到达那里。最高两个奖项颁给了《华盛顿邮报》的伍德沃德和伯恩斯坦，因为他们早期对水门事件的曝光。当总统在"向领袖致敬"的音乐中走进来时，该报负责水门事件报道的主编巴里·萨斯曼[1346]站了起来。尼克松本人看起来比照片上好得多，这令他很惊讶。这是他第一次见到总统。

尼克松赢得了几次笑声，最大的一次是在一开始的时候他说："到这里来是一种殊荣……我想，我应该说这是一种行政特权。"在他变得严肃起来时，他赞扬了不久前辞世的《美国新闻与世界报道》的创始人戴维·劳伦斯。尼克松说："戴维·劳伦斯，这个俱乐部59年前的一位创始会员，几年前对我说过，'只有一个任务比在我们发动战争时当这个国家的总统更难，那就是在我们发动和平时当这个总统。'"

"你怎么看劳伦斯的这段语录？"[1347]后来他问霍尔德曼。

回答是："恰当。"

"那是我编的。"

司法部长理查德·克兰丁斯特[1348]也参加了宴会。他星期日凌晨1点回到家。电话铃正在响。是刑事审判庭的亨利·彼得森打来的电话，说他和厄尔·西尔伯特想马上过来向他简单介绍一下他们从马格鲁德和迪安那里得知的情况。从司法部来的人一直聊到清晨5点。上午8点30分，克兰丁斯特打电话给总统，说他必须马上见他。尼克松要他来参加白宫礼拜仪式，在那之后他们可以谈谈。

下午1点刚过，他们坐在了行政办公大楼175室。这位司法部长一开始就说："昨天晚上记者宴会之后，[1349]亨利·彼得森……和厄尔·西尔伯特——其是审理水门案件的首席助理检察官——以及亨利·泰特斯（Henry Titus）去到我家。泰特斯是联邦检察官……告诉我星期四、星期五、星期六从马格鲁德那里得知的情况，以及一个星期以来从约翰·迪安及其律师那里得知的情况。"

克兰丁斯特告诉尼克松："马格鲁德打算认罪并且他准备说出他所知道的所有情况。这种信息是不会保密的。"他说诉讼追踪会指向米切尔、霍尔德曼和埃里希曼。

"埃里希曼？"尼克松问。

"他参与了。"克兰丁斯特说。

迪安已经就非法闯入之后从亨特的保险柜里取出的文件作证。[1350]销毁这些文件的命令——埃里希曼正在否认之——已被执行。圣诞节，帕特·格雷在康涅狄格州他家里的一个壁炉里烧毁了信封以及包装纸和绑带。这位司法部长还说，他将不得不回避此案，因为他与米切尔多年来关系密切。因

第38章 1973年3月23日

此,亨利·彼得森正负责监管西尔伯特的调查[1351],他将会直接向总统报告。

"让我提前了解情况。"在第一次与彼得森见面时,尼克松说。次日,4月16日,彼得森(每隔几个小时向白宫报告一次)告诉总统,马格鲁德和迪安都希望在对详细情况作证之前得到完全豁免,而且迪安已经告诉检察官,除非他得到豁免,否则他将扯出总统参加掩盖以及1969年窃听记者电话的事。

当晚,9点过后。总统召来迪安谈了将近一个小时。[1352]这次谈话既诚恳又紧张,两位律师极力阐明自己的观点,说话时就好像角落里有一个法院速记员——或者一台录音机——一样。迪安说,他很遗憾彼得森说已经转述了他在跟检察官谈话的消息,他本想亲自告诉总统的。第一次谈话大部分内容是有关"行政特权"的。尼克松说:"我不希望你谈论国家安全问题……那些新闻记者电话窃听之类的事情——那些是有行政特权的,约翰。"

"我同意,总统先生。"

尼克松站起身准备结束会见的时候,偏过身对迪安说:"你知道,我跟你提到过一百万美元等没有问题之类的话……当然,我说那些话的时候只是开玩笑而已。"

"嗯,总统先生,我都没有涉足那些领域。你可以放心。"

午夜过后霍尔德曼才回到家,但是他还是往他的日记中口授了这样一句话:"又是整天都谈水门事件的一天,现在这些天通常都是这样。"

次日,4月17日,总统在上午10点之前叫来迪安。[1353]他说有些幕僚人员将不得不辞职,问迪安认为谁必须得走。回答是:"这个,我认为应该是迪安、埃里希曼和霍尔德曼。"

"我想现在是迪安。"总统说。他递给他的顾问两封信,让他签字。一封信写道:

由于我参与了水门事件的问题,对此我们昨晚和今天都进行了讨论,现

尼克松——孤独的白宫主人

在我正式向你提出辞职，立即生效。

第二封信写道：

鉴于我参与水门事件的问题越来越多，即将面对大陪审团及其可能提起的诉讼，我请求得到一个立即生效且不定时限的休假，停止作为你幕僚成员的职务。

迪安希望有机会重写这两封信，总统没有逼他。迪安说，他认为，在他辞职时霍尔德曼和埃里希曼也应当同时辞职。尼克松说他已经收到他们的辞职申请了。接着他再次阐明法律观点或者说试图修改过去几个星期以来他对迪安说过的一些事情："关于行政特权这件事——涉及犯罪的事情没有行政特权……对你或者任何其他有违法行为的人都一样。我希望你去作证，如果你作证，就说总统跟你这样说的。你会去作证吗？……"

"是的，先生。"

"说出真相，"尼克松说，"这就是我告诉过这里所有人的事情。说出真相！……希斯这个王八蛋，如果他不曾撒谎，他今天就会是自由的……你进监狱是因为说谎而非犯罪……我能吩咐你去戴维营并捏造一个故事，我能吗？你从来没有听到过我那么说，是吧？"

"没有，先生。"

然后，迪安提出了他的理论依据和立场："在书写历史的时候，在你把这些片段重新拼凑到一起的时候，你就会明白为什么会发生这种事。因为我触发了这件事。我让所有人都受到殃及，因为这件事该停止了。"

但是这个角色是总统想让他自己充当的角色："我希望你说，'开始我告诉总统白宫没有人参与。而总统说：注意，我想把这件事、时间弄清楚。'……你继续进行你的调查之类的事情，而总统去做他自己的。这是我干的，相信我。我给马格鲁德施加了一点压力……由于总统采取的行动，这件

第38章 1973年3月23日

事已经被破解……"

这是个新的策略：总统破了这个案！

一结束与迪安的第二次会谈，总统便与霍尔德曼及埃里希曼坐在椭圆形办公室里，[1354]他问："脚本弄得怎样了？"

"嗯，编得很好，"霍尔德曼开始说，"一段时间以前，你开始意识到这件事情没有分析出所期望的方式，而且在迪安跟你讲的内容之间存在一些差异——"

"我会说，我对迪安所完成的报告感到不满意，而且我认为我有义务去超越……"总统说。

"要记住，你曾让约翰·迪安去戴维营写个详细的报告，"埃里希曼说，"而他过来说，'我不能……'那时这就是暗示，于是你开始行动。"

尼克松问："我如何能因为让马格鲁德走上证人席而受到好评呢？"

"这个，这很简单，"埃里希曼说，"当时你把迪安从这个案子里撤出……于是我们就开始调查这个案子，我们去了圣克利门蒂。我在那里的时候，通过电话跟许多人进行了谈话，还亲自跟几位目击者进行了谈话，我不断地给你提供信息，一旦你从你得到的报告上看明白这件事所涉及的范围……它上周达到极点——"

"对。"尼克松说。

埃里希曼捡起话头又说："在你的决定中，米切尔应当在这里被打倒，马格鲁德应当受到裁决，斯特罗恩应当受到裁决……你应当说：'我听够了，我确信现在是出其不意采取行动的时候了。我打电话给司法部长……'"

然后，总统又见了迪安一次。这位顾问的建议信写道：

你告诉我鲍勃·霍尔德曼和约翰·埃里希曼已经口头上正式提出请辞幕僚工作，申请立即生效且不限期限的休假，[1355]因此我宣布我也希望确认我的类似要求，请辞幕僚工作，申请休假。

尼克松——孤独的白宫主人

这封信使得尼克松、霍尔德曼以及埃里希曼又开了几个小时的会。但是总统不愿意辞去霍尔德曼和埃里希曼,而且也害怕让迪安一个人辞职。"激怒迪安是没有意义的,"尼克松说,"为了开脱他自己的蠢事,他什么都干得出来。现在他正尽可能往他够得着的高层人物身上泼脏水。[1356]我们不能让他泼得更高"——因为更高意味着对总统泼脏水。

下午4点42分,总统到报告厅去宣读了一份三页纸的声明。声明开头说:"我有两个消息要宣布。"

第一个是与参议院水门事件委员会的协议,根据援引行政特权的基本原则,定于5月15日开始进行公开听证。第二个是总统宣布他已经破解此案:

3月21日,由于严重的指控引起了我的注意……我开始对整个问题重新进行彻查……今天我可以公布,对这个案件的调查已有重大进展,有关具体情况在此不宜细说,只能说在发现真相方面已取得了真正的进展……

他补充说,他已通知司法部长,不应当给政府高官提供起诉豁免权以换取他们的证词。这是针对迪安的。如果迪安想供出,他就得冒蹲监狱的风险——而且,尼克松认为,他想搞垮白宫的狂热可能会被可能得到总统赦免的诱惑所缓和。迪安的律师查尔斯·谢弗(Charles Shaffer)跟迪安通电话讲了总统的动向:"你所说的那个有时有点迷糊的高高在上的人,在我看来他很聪明。"

在总统发表声明之后,罗恩·齐格勒对新闻媒体做简要介绍时说,现在这是"有关水门事件的有效声明"。针对记者们强调总统过去所说的话,他补充说:"其他的声明无效。"

第 39 章 1973 年 4 月 30 日

4月17日，总统为意大利总理朱利奥·安德里蒂举行国宴。著名的意大利裔美国人弗兰克·西纳特拉到场助兴，所有的人都过得很愉快。然而，临近午夜时，尼克松给在家的亨利·基辛格打电话，[1357]他听起来好像要哭了。他谈到他处在压力之下，不得不除掉霍尔德曼和埃里希曼。这是亨利·彼得森正在敦促他去做的事情。而且，当晚他的老法律合伙人莱恩·加门特也跟他讲了同样的事情：他必须清理门户，白宫。在尼克松试图决定如何处置迪安的时候，莱恩在充当顾问。

"该死的，我认为这是些好人。"尼克松说。

"……一些想做正确的事情的人。"基辛格完成了这个句子。

"当然，真正的罪犯是米切尔，"总统说，"他对整个这件该死的事负责，约翰·米切尔应该像个男人那样站出来说，'瞧，我是负责的，我承担责任。'过段时间……他们会抓住他的。"

"我认为解雇霍尔德曼会使他变成反面人物。"

"唔,但是最后他可能还是会不得不走人,亨利。他们会彻底撕碎他……我不会基于迪安所提出的指控去解雇一个人,迪安根本上是在设法为他自己的愚蠢开脱,试图得到豁免……"

"不过,总统先生,如果让我说的话,目前主要的事情是保住总统职位和你的威信。"

"这将会很难……嗯,如果我们能的话。如果我们能保住,我们会去保,而如果我们保不住,见鬼啊。也许我们甚至要考虑,坦率地讲,就让我自己去以身弑剑……"

"不要!"

"……让阿格纽接任。见鬼啊。"

"这是不可能的,恕我直言,总统先生。"基辛格说。国宴之后他曾参加过西纳特拉主办的一个小型聚会,[1358]在那里,副总统阿格纽冷漠地告诉他,霍尔德曼和埃里希曼完了,接着又补充说:"总统也救不了他们。他能救他自己就算幸运了。"这令他非常惊讶。

现在当尼克松提到阿格纽的时候,基辛格说:"这不可考虑。人格,对于总统职务何等重要,这是历史的不公。你为什么要这样做,这样做会有什么好处?这样做会有助于谁?这样做不会有益于这个国家。"

他们谈了15分钟。逐渐放松了一些,尼克松说:"唔,你不觉得气馁吗?"

"总统先生,我不觉得气馁。"

"你干你的事。我们两三个人还必须待在那里坚守那个该死的堡垒。"

"你已经挽救了这个国家,总统先生。历史记载会表明这一点,没有人会知道水门事件意味着什么。"

"是的。另一方面,对于我们所有的敌人而言,这会是个伟大的日子,不是吗?《时报》,《邮报》,还有别的——狗屎。"

"总统先生。你还得像你经常做的那样,集合小车,苦渡难关。"

其实,基辛格感到气馁,而且远不止于此。不再能与总统进行漫无边际

第39章　1973年4月30日

的、老于世故的交谈，像扔橄榄球一样摆布周围国家的命运了。基辛格甚至都不能让总统做到专注于越南问题。根据线人的情报，自签署协议以来，北越人至少向南部派出了35,000生力军。早在3月中旬，基辛格和参谋长联席会议就建议对胡志明小道进行大规模轰炸，胡志明小道上挤满了运送人和给养到南越——以及老挝和柬埔寨——的大卡车。当初，尼克松决定不采取任何行动，直到所有美国战俘回家之后再说。然而，到这种情况发生时，除了水门事件、跟霍尔德曼及埃里希曼一起制定策略、跟彼得森电话长谈——其在给尼克松提供有关调查人员和华盛顿大陪审团活动的报告——之外，总统已经不能专注其他任何事了。最后，定于从4月中旬开始进行猛烈轰炸，但是总统却从来没有发出命令。基辛格将此归咎于约翰·迪安。

这天夜晚，在家中，霍尔德曼口授道："又是以水门事件为主的一天——超级为主……"

次日，4月8日上午，在与霍尔德曼的首次早会上，总统告诉他的幕僚头目，他要他取出白宫各个密室里的所有录音带——总共有八百盘5英寸录音带，每一盘上记录着六小时谈话——将它们存放在这座大楼以外的什么地方，直到最后能将它们永久地存放到尼克松图书馆。他们两人一个星期之前就开始谈论这些磁带，总统曾一度想销毁它们。"我不想留下我们在这个房间里讨论水门事件的记录，"[1359]4月9日他告诉霍尔德曼。"你知道，我们对那件事讨论了很多。"

一个月之前，在3月18日，尼克松下令移走了戴维营山杨木屋里的录音系统，该系统是1972年5月安装在那里的。但是，仍有六个录音机在运转：在椭圆形办公室、行政办公大楼175室和内阁会议厅里，以及在椭圆形办公室、行政办公大楼175室以及居住区的林肯起居室的电话机上。所有这些录音机原来都是通过声音启动的，但是在4月9日谈话后，在威尔逊书桌里装了一个开关，这样尼克松就可以在椭圆形办公室谈话过程中开启和关闭麦克风[1360]。

4月18日这天下午，彼得森打电话给总统，告诉他调查人员已经从迪安那里了得知菲尔丁办公室盗窃事件。

"我知道这事，"[1361]总统说，"这是国家安全问题。你别去管它。"

彼得森忠实地将此当作一个命令转告华盛顿检察官厄尔·西尔伯特。西尔伯特气愤地指责彼得森是总统的特工。他们两个人互相大喊大叫，[1362]然后一起去见司法部长克兰丁斯特。后者告诉他们，由于他与米切尔、迪安以及罗伯特·马迪安的关系，他将退出任何涉及水门事件的调查活动。但是他听了他们的争吵。

次日，4月19日，石破天惊。4月20日的《纽约时报》头条通栏标题是：

米切尔现在说他在1972年的三次会议上
听到窃听阴谋计划，但没同意

在这些字以及米切尔和迪安的大幅照片下方，该报刊登了一个两栏四英寸的方框，这是第二次世界大战时期许多剧院用来报道大事件的一种版式。而此时这个方框的顶端写着："水门事件一瞥。"

- 米切尔先生已被传讯出庭，今天面对大陪审团……关于窃听的书面计划去年被隐瞒不让当局知道……据说有八箱文件从白宫转移……
- 司法部长克兰丁斯特确认他退出此案……
- 水门事件主谋之一小E.霍华德·亨特在联邦大陪审团面前作证约两小时……
- 有人看见赫伯特·W.卡姆巴赫……进入华盛顿的联邦法院大楼与政府检察官会商……
- 约翰·W.迪安三世（白宫顾问）发表声明宣称……

迪安的声明被秘书通过电话告知各报社，成了《华盛顿邮报》的头条新闻。声明写道："有人可能希望或者认为我会成为水门案件的一个替罪羊，任何相信这一点的人都不了解我，不知道事实真相，也不了解我们的司法制度。"

这天上午在白宫内部，霍尔德曼记录道："今天上午我来后，总统做的第一件事是，给我读朱莉写的一个短笺，其中谈到他是多么伟大，以及他们全家都作为他的后盾。我们快速讨论了一下水门事件，然后总统不得不进入首脑角色，站在大厅的时候，他让我进去跟他在一起，我们继续进行讨论，主要是讨论保持低调的必要性……"

然后，总统飞去基比斯坎，留下了霍尔德曼和埃里希曼。复活节这天，他分别给他们两个人打了电话。他告诉霍尔德曼："记住，你在做正确的事。这就是在我杀害河内的一些无辜的孩子时曾经想到的。"[1363]他也给迪安打了电话，祝他"复活节快乐"——迪安立刻打电话给报社，说了总统跟他讲的话："你仍然是我的顾问。"

齐格勒和尼克松一起在佛罗里达。4月23日星期一他打电话给霍尔德曼，[1364]说总统认为他和埃里希曼不得不辞职。齐格勒改述了尼克松所说的内容："他必须让他自己不再想这件事。他有管理这个国家的义务，作为一个人，他不能在管理国家的时候心里还想着这事。"

接着，这位新闻秘书根据他的笔记念道：

没有好办法处理这个问题。没有办法能将埃里希曼和霍尔德曼与我分开……没有办法让这不作为非常糟糕的一章载入历史，这是对总统职务的严重伤害，我必须为此承担责任……霍尔德曼和埃里希曼是坚定的人，也许是最坚定地致力于为担任总统的人而工作的人。但是，在我们看到这种政治力量，这种反对总统的力量的同时，这个国家还必须有一个朝着某个方向行动的总统……我还会参与。还会提出指控和要求，我知道这一点，我意识到第一点……我相信这两个人，我爱这两个人。不过，白宫不能做出回应，不能与这种力量一起反对我们。

"我必须立刻见你。"克兰丁斯特在4月25日下午给总统打电话时一开始就这么说。[1365]20分钟之后,他一走进行政办公大楼175室,这位司法部长便开始朗读4月16日西尔伯特给彼得森的备忘录,内容有关迪安给检察官提供的证词:"兹通知你,1973年4月15日星期日,我得到消息说,在未注明具体日期的某个时间,戈登·利迪和霍华德·亨特曾闯入某精神病医生的办公室行窃……"

"是这样。"尼克松说。克兰丁斯特继续念道:

"……丹尼尔·埃尔斯伯格,以获取该精神病医生所存放的埃尔斯伯格的档案。"

克兰丁斯特跟总统讲了西尔伯特与彼得森之间的争论,然后又说与发现菲尔丁盗窃案有关的法律问题与水门事件无关,而与在圣莫尼卡进行的对埃尔斯伯格的审讯有关。公诉方(在此案中是司法部)有义务通知该案法官,其已经拥有可能对被告权利产生影响的信息。然后该案法官马修·伯恩必须得决定是否告知被告及其律师。

"这是一次国家安全行动。"总统说。但是克兰丁斯特继续说:"但是明天或者从现在起两天或者一个星期,这就会传遍大街小巷,法律明确指示我们必须去做——这会是又一次该死的掩盖,你知道……我们不能再有一次掩盖了,总统先生。"

"我没想掩盖任何事,"尼克松说,"你知道这一点。"

"……我必须得这样做,总统先生。"克兰丁斯特说。

"我知道,我知道……"尼克松说,"迪安在那里操纵这件事,让我们来看看他把这件事告诉西尔伯特的动机是什么?"

克兰丁斯特回答说:"他的动机是要创造一种使他能得到豁免的环境。"

"能给他豁免吗?"

"当然,我们可以给他豁免权……彼得森问过我同样的问题,他甚至都说到了这种地步,迪安的一张王牌是他会牵涉到总统——说到这时我告诉亨利,你必须告诉迪安,让他自己玩儿去吧。你不要去胁迫美国政府,把总统

第 39 章 1973 年 4 月 30 日

扯进埃尔斯伯格问题。"

当天尼克松跟克兰丁斯特又谈了两次，晚餐后那次电话交谈最后，他敦促这位司法部长让埃尔斯伯格案检察官明白这次闯入是一个重要的国家安全问题。然后他说："祝你好运。见鬼，你知道。人们弹劾总统。好吧，那么他们就让阿格纽来做吧。这不是见鬼吗？"

"不会有那样的事的，总统先生。"克兰丁斯特说。

在与克兰丁斯特两次交谈之间，尼克松跟彼得森讲了一个多小时话，[1366]极力想搞清楚迪安在跟检察官说什么。彼得森告诉他，迪安已经告诉西尔伯特，帕特·格雷销毁从亨特保险柜里取出的材料的信封之事，并再次说这是根据埃里希曼的"灭迹"命令而为的。当时，总统对迪安的状况更感兴趣，他说："我非常坦诚地跟你提出过豁免的问题。那是你的决定。但是，亨利，他不能基于敲诈总统而得到豁免。"

"我同意，总统先生。"

"瞧瞧，他说，我不会说我跟总统说过我们能否搞到这笔钱的问题，总统说，噢，我们能搞到这笔钱，等等。我想要你知道，他被告知这是一条你不能走下去的路，而且如果你在这一点上不相信我，请理解我不要求你比其他任何人更相信我。我不对人撒谎。"

"我也是，总统先生。你可以因我有时说的话把我从这里扔出去，但是我绝不会撒谎，总统先生。"

"我只是想要你知道，因为如果有任何事情发生，如果他开始讲什么有关与总统进行过任何其他讨论，有关给亨特付钱之类的事实……因为基本上你会坦率地让他敲诈总统，而我们会带着这件事度过余生。真想不到……我绝不会批准给亨特的封口费……"

尼克松继续说："目前总统的工作还必须继续进行，我得处理很多问题……6月份我得会见俄国人，下周二要见勃兰特，5月31日要见蓬皮杜，还要处理经济问题等等。我们不能让这件该死的臭气熏天的事杀了总统……第二件事。你能告诉我你对这些绝密情况的评价吗？你的案子对霍尔德曼不利吗？……能给我一张纸条。你会为我做这件事吗？……我想知道你的案子进展如何。我不要求知道很多……你什么时候能让我知道你的评估？今天？明天？今天是星期三。"

"星期五傍晚之前。"

"我不想催你……尽力而为，给我一个评价，因为我想考虑它，研究它，在正确的时间做出正确的决定……我可以向你保证，该死的，如果他们身陷此事，他们要么被起诉，要么就被作为非可起诉的同谋——就这样！"

当天傍晚在与总统的另一次谈话中，彼得森开始谈论他对他的信任，他说："我妻子是一个不谙政治的女人[1367]……她说，'难道这一切不让你心烦意乱吗？'"我说："当然是这样。"

"她说，'总统究竟为什么不做些什么呢？……你认为总统知道吗？'我看着她说：'如果我认为总统知道，我就不得不辞职。'"

"我们必须得消除紧张……我一直在跟它较劲。我一直试图……"尼克松说。

"总统先生，我为你祈祷，先生。"

这天晚上，尼克松又跟彼得森和克兰丁斯特两个人谈话。主题是格雷以及谁命令他销毁亨特文件，包括说肯尼迪总统下令暗杀南越总统吴庭艳的伪造电报。

晚上7点44分，这位司法部长和格雷一起在隔壁房间给总统打电话，[1368]他说："亨利·彼得森和我与帕特·格雷一起在这里，在我的办公室。我来告诉你他的说法……在拘捕水门窃贼几天后，他被叫过去，在约翰·埃里希曼的办公室与他见面，在场的还有迪安……约翰·迪安说：'帕特，这里是霍华德·亨特掌握的一些非常敏感、非常机密的文件，它们跟水门事件毫无关系。它们属于非常、非常机密、敏感的文件。它们不能被放进联邦调查局的档案，它们绝不能见光。现在，你把它们拿去。'……埃里希曼对这些文件什么也没说……这是帕特的说法。"

因此，要么是迪安在撒谎，要么是埃里希曼在撒谎——1972年6月那

第39章 1973年4月30日

次谈话的唯一见证人格雷说,说谎者是迪安。或许,格雷在撒谎,因为他知道尼克松想保护埃里希曼、质疑迪安。总统告诉克兰丁斯特,格雷,还是代理联邦调查局长,必须立即辞职。这位司法部长推荐让该局的二号人物马克·费尔特(Mark Felt)取而代之。

"又是被水门事件弄得筋疲力尽的一整天。"霍尔德曼口授日记说。

次日,4月27日,尼克松拒绝了对费尔特的举荐:"我不需要他。我不能让他当。我刚跟比尔·拉克尔肖斯(Bill Ruckelshaus)谈了,比尔是个廉洁奉公的人"——他是环境保护署署长——"我想要一个不属于保守派的人来担任这个职务。"

这天一开始,看起来像一个普通的总统工作日。尼克松与约翰·斯滕尼斯参议员一起,飞往密西西比州的默里迪恩,[1369] 为一个海军航空站献辞。该站被命名为斯滕尼斯中心。途中,空军一号在密西西比河流域遭受洪灾的地区上空盘旋,然后在12,000多当地人民的欢呼声中着陆。斯滕尼斯(一位民主党人)赞扬总统的职业道德和坚韧不拔精神,说正是这种品德和精神才使美国战俘得以从越南返回家园。在返回华盛顿途中,齐格勒告诉聚在飞机后面的大批记者,格雷正在宣布辞去代理联邦调查局长职务。

下午4时回到华盛顿。总统重新开始与克兰丁斯特和彼得森谈话。大厅下面,霍尔德曼在一遍又一遍地听3月21日尼克松与迪安的谈话录音。在彼得森和克兰丁斯特离去之后,霍尔德曼告诉总统,录音带证明,他没有明确指示筹钱支付亨特封口费。

晚上8点30分,总统独自与齐格勒待在行政办公楼175室。他为他自己感到遗憾:"该死的,这整个世界和平的全部希望,[1370] 你知道,罗恩,你知道它们都停止在哪里了,它们都停止在这儿,这个该死的位置上……新闻媒体必须认识到这一点。无论他们怎么看我,他们都必须认识到,该死的,我是目前整个令人眼花缭乱的世界上唯一一个能做成一件事的人,你知道。不要让它告吹……"

"对的……是的,先生……就是那样……就是那样。"齐格勒说。总统的

尼克松——孤独的白宫主人

狗蒂马胡之王大声吠叫。"上帝!"总统说,"该死的,放开我!"

接着他继续说:"鲍勃今天提醒了我一下,他说,瞧,半个我就相当于其他任何人一个人,他说的真对。"

"但是这不是关键问题。"齐格勒说。

"半个他是残货。这是他没有认识到的,你看到了吗?他是残货。对吗?"

"对的。"

"你不能让残货留在白宫。"

"对的。"

"如果我们变得悲切、懊悔并解雇白宫所有的幕僚……这不会让这些该死的食人者感到满意。他们还会追着我们。他们要追的是谁?见鬼,他们要追的不是霍尔德曼、埃里希曼或者迪安;他们要追的是我,总统。他们憎恨我的勇气!"

他要齐格勒告诉雷·普莱斯(首席演讲稿撰稿人)开始起草一个有关人事变化的声明:"告诉他写强硬一些,不为难,不辩解。只说这就是事实。我承担责任。作为一个总统而不是一个雇农。你告诉他……总统不能到这个国家面前来说,瞧,我犯了一个可怕的错误,请原谅我,我的朋友们……你意识到,如果总统到来并且道歉,而我非常抱歉——在猪湾事件中肯尼迪没有道歉,他说我承担责任,是,是,是,而我请求你们的支持……"

接着——时间大约是晚上9点30分——尼克松决定他应该去戴维营,于是就走了。次日早上的《华盛顿邮报》报道说:"总统取消了原定于今天与他的主要经济顾问的会议,独自飞去他山顶上的隐居地戴维营,他似乎是忽然决定到那里去度过整个周末。显然,尼克松现是计划用这个周末独自思索一下接下来怎么办。"

"这就是今天早上的头条新闻集,[1371]不是吗?"总统在次日也就是4月18日早上8点21分打出的第一个电话中对齐格勒说。

第39章 1973年4月30日

他看到的第一份报纸——《华盛顿邮报》——的头版通栏标题说：

格雷辞职；拉克尔肖斯出任联邦调查局长；
亨特、利迪与埃尔斯伯格案有关

《纽约时报》刊登了一条三行大字标题：

格雷辞去联邦调查局长职务，拉克尔肖斯走马上任
司法部一份备忘录说，利迪和亨特
曾突然搜查埃尔斯伯格的精神病医生的办公室

《时报》头版上有两幅照片。一幅是霍尔德曼和埃里希曼在密西西比旅行之后走下空军一号的照片。另一幅是在伯恩法官公布克兰丁斯特—彼得森备忘录并明确指出即将驳回五角大楼文件指控之后埃尔斯伯格及其妻子快乐地与记者见面的照片。

接着，总统给霍尔德曼打电话。[1372]首先，霍尔德曼确定他和埃里希曼正准备去戴维营——而且他们理解他们会离开白宫。尼克松的下一个问题是有关他自己会受到的攻击的。他在考虑这些年他在新闻摘要上写下的批示意见，迪安是否有可能把它们收集在一起了。

"我想问你一个问题，"他说，"你知道，我是不是在新闻摘要上留下了一些东西，你知道，上帝啊，去查一下，对这些东西，这个家伙到底做了什么，等等……制作那些印刷品并将它们寄给迪安之类的家伙不是你的工作吗？他们没有得到完整的、一字不落的那类材料，是吗？"

"是，"霍尔德曼说，"他们所得到的是办公厅秘书的一个备忘录，上面说要求你检查。"

"上面说明是总统要求的吗？"

"没有……上面没有要求给总统汇报。上面说请于4月15日前将你的行

动或诸如此类的情况报告给办公厅秘书。而那些原始材料放进了你的文件档案……这是标准程序。"

打完一圈电话之后，总统走进起居室，惊讶地看到壁炉里燃着火。接着，他看到他的女儿特里西娅坐在炉火前的长沙发上。[1373]她眼中含着泪水。她说，她整个晚上都坐在白宫跟她妹妹朱莉以及朱莉的丈夫戴维·艾森豪威尔谈话，他们一致认为霍尔德曼和埃里希曼必须辞职。

"你知道，"她说，"我从不认为他们对待为你工作的人的方式合适——但是我答应你，我认真、客观地做我的决定……我也代表朱莉、戴维和妈妈讲话……如果你决定不采纳我们的建议，我们也会理解。无论你做什么，请记住，我们会支持你，我们非常爱你。"

次日上午，送到戴维营的星期日版《华盛顿邮报》上刊登了七则水门事件报道。在头条报道中，伯恩斯坦和伍德沃德写道："昨天据可靠消息来源报告，总统顾问约翰·W.迪安三世打算起誓说，他曾根据霍尔德曼和埃里希曼的指示定期给他们提供有关掩盖活动进展的报告。"

星期日报纸送来之后，接着霍尔德曼和埃里希曼就到了戴维营。齐格勒接待了他们，说他必须与霍尔德曼谈谈。他们沿着林中小径走着。[1374]新闻秘书说，总统刚才告诉他，他坚决决定辞职。"这是不会发生的，"霍尔德曼说，"他正下决心与我们见面。他正在造成一个他不能克服的大危机，这样他就可以克服较小的有关我们的危机。"

霍尔德曼走到山杨木屋，[1375]带着一部他的信仰——基督教科学——创始人玛丽·贝克·埃迪的著作。总统看上去很不好，这令他很惊讶。尼克松在门口与他握手，以前他从未这样做过。他们两人步入门廊，那里可以俯瞰下面山谷中春天的树木和小木屋周围的郁金香花坛。"我只好享受它，"尼克松说，"因为我不可能活更久。"他告诉霍尔德曼，他每天晚上都像他母亲教他的那样，跪着祈祷。他说，这天晚上他长久而努力地祈祷过，希望他早上不会醒来。

霍尔德曼说他不同意尼克松关于辞职的决定，但是他接受这个决定。"你

第39章 1973年4月30日

必须要记住的是,"霍尔德曼说,"在水门混乱中发生的无关紧要的事情已经改变了你在非水门领域的使命。这才是要紧的事。这是你做得最好的事。"

大约40分钟之后,霍尔德曼出来了。他看到埃里希曼,指着山杨木屋说,"该你了。"[1376]

"情况怎么样?"

"跟我们想的差不多。"

总统也跟埃里希曼握手。他告诉他有关祈祷和希望不再醒来的事。"别这么说,"埃里希曼说,"别这么想。"

总统开始哭。"这就像是在砍我的左膀右臂,"他说,又哭了一阵。"你和鲍勃,你们会需要钱;我有一些——比比有钱——你可以去拿。"

"这只会使事情更糟,"埃里希曼说,"但是将来某个时候,你可以为我做一件事情。那就是给我的孩子解释所有这些,好吗?"

埃里希曼走后,齐格勒走进山杨木屋。灯关掉了,总统扶着窗框站在窗前,俯瞰着群山。当齐格勒走到身后时,他大吃一惊。他转过身说:"一切都结束了,[1377]罗恩,你知道吗?"

齐格勒知道[1378]他指的是他的总统任期。尼克松坐下来,哭了。齐格勒站了很长时间,在黑暗中看着地板。他想起尼克松刚当选总统之后、就职典礼之前的日子。约翰逊总统将空军一号交给尼克松夫妇使用。这位年轻的新闻秘书——当时他29岁——在飞机上,但是没有人知道这件事或者看到他在那里。尼克松夫妇独自走上舷梯,观察这架飞机,尼克松用胳膊搂着他妻子的腰,带着她走,他们四处旋转,笑啊,笑啊。现在这样了。

一小时之后,雷·普莱斯带着声明的最终草稿进来。尼克松的样子令他大为震惊。他心里说:"毁了。"他朝齐格勒看去,齐看他进来就暂时离开了。总统说:"也许我该辞职,雷。如果你也这样认为,就写上吧。"

然后,尼克松走了出去,朝温水游泳池走去。那个游泳池是他下令建在他门外的。普莱斯站在离他几步之遥。他担心总统可能会试图自杀。[1379]

霍尔德曼和埃里希曼在戴维营待到天黑之后,一直在那里推敲他们辞职

643

信的措辞。在他们离去的时候，总统走到他们的直升机旁边说："我希望我跟你们一样坚强。上帝保佑你们两个。"[1380]在返回去的路上，他们谁都没有说话。

次日，4月30日，总统在戴维营待到晚上6点，准备他的首次水门事件演讲。在去椭圆形办公室的途中，他走过一个把守着通向霍尔德曼办公室门的联邦调查局特工身边，当时他意识到这个人是在那里防止销毁或拿走记录。他转过身，走回来，把那个人推到墙根。[1381]"这究竟是怎么回事？"总统说，"这些人不是罪犯。"

晚上9点，他从椭圆形办公室上了全国电视，宣布了霍尔德曼和埃里希曼辞职书，称他们为"我有幸认识的两个最好的公务员"。接着他宣布了司法部长克兰丁斯特的辞职书，并且说他的继任者将是埃利奥特·理查德森，担任国防部长才一百天的马萨诸塞州贵族、共和党人。在演讲之前，尼克松告诉过基辛格有关理查德森的任命，说："他受到他妈的所谓当局的信任[1382]……在哈佛法学院时在班上名列前茅……我要给他放手干的权利。"

尼克松在电视上说："我已授权他全权做所有有关水门案件起诉以及相关问题的决定。我已经指示他，如果他认为合适，他有权确定一名特殊监督检察官负责处理来自此案件的问题。"

他说："总统顾问约翰·迪安也已经辞职。"

在发表声明之后，总统走进新闻简报室。只有15个人在那里，没有电视灯光，房间里很昏暗。总统站在齐格勒的讲台后面的阴影里说："新闻媒体的女士、先生们，我们过去一直有分歧，我希望你们每当认为我不正确时都不要留情。我希望我值得你们信任。"

尼克松走上楼，等待着每次在电视上露面之后都会接踵而至的电话。然而，在第一个小时里，只有卡斯珀·温伯格打来电话。然后，在晚上10点16分，林肯起居室的电话铃又响起。这次是霍尔德曼，[1383]他告诉他，白宫总机在拒绝接入打进来的电话，说他们得到命令说不让电话接通。他不知道为什么。

第39章 1973年4月30日

"你是一个坚强的人,"尼克松说,"真要命,我爱你。"

接着他又说:"我不知道你是否能打电话和得知任何反应,并给我回电话——像从前那样。你介意吗?"

"我不认为我能做到。我不……我处在一种奇怪的位置……"

尾　声

自4月30日这次电视露面之后，尼克松总统离开华盛顿去了基比斯坎。在那里，他任命亚历山大·黑格将军作为他的新幕僚头目。在接下来的6个月里，直到1973年11月为止，总统在华盛顿只待了32天，其中10天是生病，因急性肺炎住在沃尔特·里德陆军医院。他停止为每天的新闻摘要做批注，将近14个月没有记一则日记。[1384]1973年4月30日之后的第一则日记是在1974年6月。

到1973年5月中旬，理查德·尼克松的世界已经天翻地覆。5月10日约翰·米切尔和莫里斯·斯滕尼斯因对竞选捐款作伪证而被起诉。次日，对丹尼尔·埃尔斯伯格的指控被撤销，原因是白宫管子工非法闯入他的精神病医生的办公室。以山姆·欧文为首的参议院选举委员会开始举行总统竞选活动听证会。指定而尚未上任的司法部长埃利奥特·理查德森，在参议院司法委员会对他的确认听证会期间，迫于压力宣布他会确定一名民主党人担任司法部水门事件特别检察官。他确定的人选是哈佛法学院的阿奇博尔德·考克

尾声

斯（Archibald Cox），他在肯尼迪执行期间曾任副检察长。7月16日，亚历山大·巴特菲尔德在欧文委员会作证，公开揭露白宫存在录音系统。

8月初，在经过37天的电视直播听证会之后，参议院水门事件委员会休会。8月15日，原来拒绝作证的总统走上电视说："我不仅不知道任何掩盖行为，而且……我也不知道要掩盖的任何事情。"同时，副总统阿格纽也上电视为他自己辩护。"该死的谎言。"他这样称巴尔的摩大陪审团在调查他当在某县县长和马里兰州长时的建筑合同时听到的有关其贿赂和勒索的指控。接着，8月22日，在圣克利门蒂，在5个多月来的首次新闻发布会上，总统宣布国务卿威廉·罗杰斯准备辞职，将由亨利·基辛格取而代之。他还说基辛格会保留其国家安全顾问职务。"阿尔·黑格在保持这个国家的团结，[1385]而我在保持这个世界的团结，"当年夏天基辛格跟某人说。

1973年9月，在美国的支持下，但没有证明有美国的援助，智利的将军们在奥古斯托·皮诺奇特的领导下，推翻了该国民选总统萨尔瓦多·阿兰德政府。这位马克思主义政治家被发现死在他的办公室。军队宣布，在坦克和空军飞机炮轰圣地亚哥总统府时他自杀身亡。10月6日，赎罪日，犹太赎罪日，埃及军队跨过苏伊士运河对西奈半岛的以色列阵地发起全力进攻，叙利亚飞机和军队对戈兰高地北部的以色列阵地发起了进攻。这场战争开始的时候，总统在基比斯坎，他在那里待了四天了，被水门事件和为策划一个让阿格纽悄悄下台的最后计划弄得精疲力竭。10月10日，也就是这场战事的第四天，总统回到华盛顿，副总统在就有关其在马里兰州期间报酬的所得税指控提出无罪申诉之后辞职。48小时后，总统宣布，他准备提请参议院确认众议院少数派领导人杰拉德·福特为美国历史上首位委任总统候选人。9天后，10月20日星期六晚上，尼克松命令司法部长埃利奥特·理查德森解聘特别检察官阿奇博尔德·考克斯。理查德森拒绝执行并辞职。副司法部长威廉·拉克尔肖斯也拒绝执行并辞职。最后，副检察长罗伯特·博克签署了解职命令，新闻媒体给又一轮新的危机命名。"星期六晚间大屠杀"被选定为对这个新危机的简称。两天后，这位众议院民主党领导人命令司法委员会开始考虑

647

总统是否应受到弹劾。

　　与此同时，中东的战争主要交由基辛格处理，尽管尼克松确实独自做了一个最重要的决定。以色列人在战场上占据优势，但是承受着巨大的人员和装备损失，因为苏联人不断地为埃及和叙利亚军队提供补给。在华盛顿，基辛格和国防部长詹姆斯·施莱辛格与黑格而不是与总统商谈，他们还在辩论如何援助以色列同时又不恶化美国与阿拉伯石油供应国的关系——一如既往地担心激起苏联干预。毕竟，由于针对美国以及其他以色列盟国的贸易禁令，汽油供应量减少，价格连连翻番，美国的汽车加油站已经有汽车在排队。10月13日，在施莱辛格给黑格打了个电话之后，总统主持了一天工作。"现在就干！"[1386]他命令国防部长。当天美国运输机开始飞进以色列，50架为以色列空军提供的新型幻影战斗机也飞进了以色列。巨大的美国运输机飞了550架次，两个星期里运送到以色列的装备和军火的吨位比1948年和1949年柏林空运期间所运送的还要多。在第一批运输机着陆的时候，特拉维夫大街上的交通都中断了。人们挥手示意，高唱"上帝保佑美国"。

　　接着，又回到水门事件。到这年年底，有报道说在乔治敦大学宴会上，尼克松如此愤怒，以至于行状可怕，他在酗酒，他感到崩溃。但是这些报道都没有刊发或广播，因为尼克松焦躁不安地在戴维营、基比斯坎和圣克利门蒂之间跑来跑去的时候，只有很少人真的看到过他。"总统的行为非常奇怪。"[1387]在那些日子里亲眼见过尼克松的一个人，众议院议长蒂普·奥尼尔在犹太人赎罪日战争期间参加白宫会议的笔记中写道。两个月之后，参议员巴里·戈德华特写道："我有理由[1388]怀疑白宫里所有人精神上可能都不健康。这是任何时候都不会再有的唯一副本，它会被锁在我的保险箱里。"这个时候还发生了两起公共事件。在新奥尔良国外战争退伍军人大会做演讲时，有人看见尼克松把罗恩·齐格勒推向摄影师和记者，叫他去让他们离开。在佛罗里达州的奥兰多，在美联社大会上，记者们向总统询问了一系列有关他个人财务以及国税局新近对他从1969年到1972年所得税申报表的调查的问题。最后，他说："我欢迎这类检查，因为人们必须知道他们的总统是不是个骗子。

尾 声

好了，我不是个骗子。"

奥兰多露面四天之后，据透露，尼克松与霍尔德曼1972年6月20日（也就是水门饭店非法闯入事件发生三天之后）在椭圆形办公室的谈话录音带上缺18分半钟的录音。罗斯·玛丽·伍兹说是她不小心抹掉了这个磁带，但白宫被迫否认国会和新闻媒体关于总统本人在销毁证据的推断。尼克松在一而再再而三地否认。与此同时，有消息公布：亨利·基辛格和黎德寿共同获得诺贝尔和平奖。

1973年里，美国的批发价指数上涨了18.2%。其中有些原因是石油产品价格增长了两位数，这在一定程度上是因为在埃及和叙利亚战败后，石油输出国组织实施了新的贸易禁令。但是，在美国，经济学家（包括自由派和保守派）的一致看法是，尼克松的工资和物价控制政策有效地将1972大选年通货膨胀控制在适度状态，造成了1973年和1974年情况严重恶化。加油站排队和高速公路减速限制成了这些麻烦事的象征，但是实际情况更糟糕：美国经济正在悄悄衰退，因为消费者物价正在以高达每个月2%的速率上涨。

1974年3月1日，联邦大陪审团在华盛顿公布了对来自白宫的七个人的诉状，其中包括霍尔德曼、埃里希曼、约翰·米切尔、查尔斯·科尔森和罗伯特·马迪安。指控是：对联邦调查局和大陪审团说谎，密谋给水门事件窃贼付封口费。到这个时候，这群1969年怀着他们所认为的道德使命和崇高目的来到白宫的人，也是而今为认罪而讨价还价的人，开始向来自司法部和众议院司法委员会的调查人员提供尼克松的白宫所发生的事情的大致情况。那个星期的《时代》杂志[1389]概述了新任水门事件特别检察官、美国律师协会前会长利昂·贾沃斯基（Leon Jaworski）希望在新一轮传讯中得到的证据：

录音带和文件有关：1）可能向大额捐款者"卖"大使职位；2）政府有关国际电话电报公司反垄断诉讼的协议；3）尼克松与助手讨论增加乳制品资助的会议；4）尼克松从1972年夏季到秋季在白宫新闻摘要上做的记号；5）白宫前助手约翰·埃里希曼与尼克松的秘密管子工调查小组打交道的记录；

649

6）尼克松与其助手有关密谋掩盖水门事件的其他谈话；7）在尼克松声称所有呈堂录音带都由他监管下的那段期间，那盘含有18分半钟空白的磁带的存放地点……

1974年4月29日，在他放弃H. R. 霍尔德曼和约翰·埃里希曼一年之后，总统上了电视，坐在成堆的蓝色活页簿前。这些活页簿中有从大量剪辑的磁带录音中转抄下来的20万字。"至于总统与水门事件有关的角色，全部故事都在那里。"但是情况并非如此。传票和法院命令中明确提到64次谈话，而次日上午公布的抄录本只包括其中11次，而且说法混乱，难以理解。录音带上总统的脏话多得令人惊讶，抄录本上"脏话删除"这个短语成了全民笑谈。参议院少数派领导人休·斯科特称这些抄录本"恶劣、卑鄙、令人厌恶、邪恶"。6月6日，《洛杉矶时报》报道说，3月1日联邦诉状的一个密封附录称这位美国总统为"水门事件掩盖活动中的一名不被起诉的同谋者"。在6月15日公布的裁决中，实际措辞为："有理由认为他（还有其他人）是共谋欺骗美国和妨碍司法公正的人员之一。"

5天之后，也就是6月12日，人们看到同样是这个人在埃及受到500多万人的欢迎。

埃及总统安瓦尔·萨达特邀请尼克松去中东参加绕场一周庆祝胜利的仪式，庆祝经过基辛格几个月来在阿拉伯国家和以色列之间进行穿梭外交，给这个地区带来的不稳定的和平。庞大的人群队伍沿着该国从开罗到亚历山大的铁路主干线高呼："尼克松！尼克松！"他们打着巨大的横幅，上面有两国总统照片，在照片的下面写着标语："献身和平和进步的两位伟人。"[1390] 接下来，尼克松去了沙特阿拉伯、叙利亚、约旦和以色列。

个人的胜利使得有几天看起来好像他能逃过水门事件。"转危为安"是白宫努力的路线，或者说残存的希望。在他回来之后，据透露，尼克松隐瞒他患有静脉炎的事实，这是一种痛苦的、危及生命的静脉炎症，而且他有可能会因此而死在旅途上——令一位政治勇士命丧巅峰。

尾 声

总统回来只待了5天，就启程去参加莫斯科峰会，会见苏联领导人利奥尼德。他们两人进行了六天会谈，修改了反弹道导弹协议，但是没能就限制进攻性导弹建设达成一致。不过，他们同意在1974年10月或11月再次会见。

7月24日，多达十几名总统前助手因入室行窃或掩盖已知事实或支付封口费而被判入狱。最高法院一致裁定，总统必须交出录音带。7月27日至30日，在一个月的公开听证会之后，司法委员会表决同意向众议院全体成员提交三条弹劾总统的动议。8月2日，呈堂的录音带，包括1972年6月23日尼克松与霍尔德曼讨论利用中央情报局和联邦调查局将水门非法闯入事件作为一个国家安全问题来提的谈话，被提交给约翰·西瑞卡法官。

在白宫内部，总统的律师称录音带为"确凿的证据"证明总统知道这个入室盗窃活动并已着手不让政府自己的调查人员了解事实。录音带的文字抄录本于8月5日公开，总统又上了一次电视，承认他在1973年5月独自听过6月23日的录音带，承认这证明他故意撒谎——日复一日、月复一月、两年多来，对国民、对法院、对国会、对他的幕僚和律师、对他的家人，以及可能对他自己故意撒谎。"无论我在掌管白宫时犯了什么错误，"他说，"基本事实仍然是，在我注意到所有这些事实时，我还是坚持对那些有罪者进行了全面调查和起诉。我坚信，这些录音就其整体而言，并不能证明采取弹劾和撤掉总统的极端措施是有理的。"

这个声明不是真的。它也来得太迟了。8月8日，尼克松在电视上宣布，次日中午他将辞职。8月9日早上，最后一期新闻摘要被放在椭圆形办公室的威尔逊书桌上。桌面上除了一部电话机之外什么都没有。斯蒂芬·布尔在把她打好包的最后一批纸箱放进海军一号，[1391]这架直升机将送尼克松去安德鲁空军基地，他将从那里乘飞机去加利福尼亚。

五页纸的新闻摘要[1392]开头是NBA新闻："嗯，一个人很难知道要说什么，"约翰·钱塞勒说，"他的演讲冷静克制，富有政治家风范。"引用记者汤姆·佩蒂特的话说："这是最佳的理查德·尼克松式的告别。"

651

注　释

　　首次引用的著述列出作者、全名和出版信息。演讲文本、新闻发布会及其他公开声明摘自《美国总统公开文件——理查德·尼克松》（华盛顿特区：美国政府印刷所，1971—1975）。所有的备忘录均来自国家档案馆Ⅱ尼克松总统资料研究项目，例外之处均有注解。尼克松总统发出和收到的备忘录存放在总统个人文件1号至4号文件盒，总统办公文件1号至28号文件盒，或者存放在总统的有关幕僚成员通信文件中。有关总统在其新闻摘要中收到的新闻及其书面回应没有注明来源。这些有批注的新闻摘要存放在总统办公文件30号至50号文件盒。

　　在总统书桌中发现的东西，包括他在黄记事簿上他本人写的许多笔记，被存放在总统个人文件185号至199号文件盒。关于这些记事簿以及书桌里的其他东西将不做注释。

　　总统的日程安排可以在幕僚成员的每日日记和办公文件或者霍尔德曼日记中找到。

注　释

"尼克松录音带"将作为对白宫、老行政办公楼以及戴维营所做录音的统称。尼克松录音带被斯坦利·库特勒抄录在《权力的滥用》中、威廉·多伊尔抄录在《椭圆形办公室内幕》中、本作者抄录在本书中，被抄录在《纽约时报》和《华盛顿邮报》的图书和新闻报道中，被加利福尼亚约巴林达的尼克松图书馆转录。

缩略语

以下缩略语被用于整个注释中：

ANS（Annotated News Summary），有批注的新闻摘要

ANS nd（Annotated News Summary），有批注的新闻摘要（未注明日期）

HRHD（The Haldeman Diaries），霍尔德曼日记

HRHD（excised），出于国家安全、隐私或其他原因，对已出版的霍尔德曼日记（书籍和光盘）删节部分

int. 访谈（由作者本人，例外有注解）

LC（Library of Congress），国会图书馆

MemCon(Memorandum of Conversation)，谈话备忘录

NA（National Archives），国家档案馆

NSA（National Security Archives），国家安全档案

NSC（National Security Council），国家安全委员会

NSDM（National Security Decision Memorandum），国家安全决策备忘录

NSSM（National Security Study Memorandum），国家安全研究备忘录

NT（Nixon Tapes），尼克松录音带

NYT（*The New York Times*），《纽约时报》

POF（President's Office Files），总统办公文件

PPF（President's Personal Files），总统个人文件

RN（Richard Nixon），理查德·尼克松

SMOF（Staff Member and Office Files），幕僚成员及办公文件

653

WHSF（White House Special Files），白宫特别文件

WHCF（White House Central Files），白宫核心文件

访谈

政府官员

莫特·阿林，帕特·布坎南，W.杜威·克罗尔德，约翰·迪安，约翰·埃里希曼，罗伯特·芬奇，杰拉德·福特，比尔·格里，理查德·赫尔姆斯，李·许布讷，亚瑟·克莱巴诺夫，赫伯特·克莱恩，亨利·基辛格，埃吉尔·"巴德"·克罗赫，安东尼·雷克，温斯顿·洛德，约翰·米切尔，罗杰·莫里斯，帕特·莫伊尼汉，理查德·尼克松，利昂·帕内塔，斯坦利·波廷杰，约翰·普莱斯，威廉·萨菲尔，卡斯珀·温伯格，克雷·怀特黑德，罗恩·齐格勒。

学者、记者及其他人

斯蒂芬·安布罗斯，罗伯特·山姆·安森，本顿·贝克尔，罗伯特·巴特雷，卡尔·伯恩斯坦，本·布拉德利，詹姆斯·巴克利，克利福德·凯斯，杰斯·库克，伊莱亚斯·迪米特拉柯珀罗斯，约瑟夫·迪莫纳，安纳托利·多勃雷宁，罗伯特·多尔，苏珊·艾森豪威尔，马克斯·弗兰克尔，凯瑟琳·格雷厄姆，比尔·约瑟夫森，萨尔坦·卡恩，柯山德兰·凯登，斯科特·克罗索斯基，弗洛拉·刘易斯，约翰·V.林赛，斯图尔特·卢里，劳伦斯·马尔金，弗兰克·曼凯维奇，克里斯·马修斯，托马斯·蒙赛尔，拉里·奥布莱恩，赫伯特·帕梅特，塔利·普莱泽，丹·拉瑟，纳尔逊·洛克菲勒，格斯·舒伯特，罗伯特·森普尔，杰罗尔德·谢克特，威廉·肖克罗斯，约翰·泰勒，杰里·特霍斯特，莱斯特·托特，西奥多·怀特，汤姆·威克，鲍勃·伍德沃德，穆罕默德·齐亚·乌尔哈克。

由A.詹姆斯·赖克利组织的往事讲述也很有用，这些资料可以在杰拉

德·福特总统图书馆中找到。其中包括对亚瑟·伯恩斯、约翰·康纳利、罗伯特·芬奇、米尔顿·弗里德曼、艾伦·格林斯潘、布莱斯·哈洛、杰里斯·伦纳德、保尔·马克拉肯、帕特·莫伊尼汉、理查德·尼克松（1967）、利昂·帕内塔、雷·普莱斯、罗纳德·里根、乔治·舒尔茨、赫伯特·斯坦、威廉·蒂蒙斯以及卡斯珀·温伯格的访谈。

引 言

注释

[1] Art Klebanoff int.

[2] Price int.

[3] Whitman 的日记内容收录在罗伯特 J. 多纳文的《机要秘书：安·怀特曼与艾森豪威尔和洛克菲勒在一起的20年》（New York: Dutton, 1988）。

[4] Leonard Garment int.

[5] Hess int.

[6] Harlow 口述历史，弗吉尼亚大学米勒中心。

[7] Richardson with James Reichley 口述历史，杰拉德·福特图书馆。

[8] Ehrlichman 口述历史，弗吉尼亚大学米勒中心。

[9] Lord int.

序 幕

[10] Bull int.

[11] PPF Boxes 185–188。本章以及全书所提到的从总统书桌中得到的所有资料都能在国家档案馆的这四个档案盒里找到。以下不再对此资料来源做注释。

第 1 章

[12] *NYT*, 1/29/69.

13 John Osborne《尼克松观察》（New York: Liveright, 1970）第11页。这是《新共和》杂志 Osborne 五期专栏集中的第一集，每一集报道尼克松政府一年的情况。

14 RN 致 Haldeman 的备忘录，日期不详，PPF Box 1。

15 Safire int.

16 Richard Nixon 总统的日记，WHCF: SMOF: 日记，Box RC-2。以下再提到总统的工作日程和活动将不再做注释。《霍尔德曼日记完整多媒体版》（Santa Monica, California: Sony Electronics Puclishing, 1995）也包括每日工作日程。

17 Richard Nixon《RN：理查德·尼克松回忆录》（New York: Grosset & Dunlap, 1978）（下称：回忆录），第368－369页；Hugh Sidey，《生活》杂志，1/31/69，第4页。

18 Mort Allin int.

19《财富》杂志7/70，第105页。尼克松几乎全都是从这本摘要中获取新闻。尼克松获得或回应的新闻报道均来自本注释所说的新闻摘要，例外处会另有说明，否则有关这一点，以下不再做注释。同样，未引用资料来源的新闻也都来自新闻摘要。新闻摘要按年代归档于国家档案馆 POF boxes 30-50。

20 Buchanan 致 RN 的备忘录，1/22/69。

21 RN 致 Haldeman 的备忘录，1/21/69。

22 RN 致尼克松夫人的备忘录，1/25/69。

23 HRHD,1/20-21/69。

24 HRHD,9/5/69；John Ehrlichman《权力见证人：尼克松时代》（New York: Simon & Schuster,1982），第161页。

25 Ray Price 致行政秘书的备忘录，1/23/69，POF Box 77。

26 Safire 致 Haldeman 的备忘录，1/24/69。

27 HRHD,1/23/69。

28 RN 致 Ehrlichman 的备忘录，1/25/69。

29 1954年关于非军事区的定义是划分北越和南越的双边17度纬线地区。

30 Buchanan 致 RN 的备忘录，主题是少数派领导人会议，1/28/69，POF Box 77。

31 *NYT*，1/29/69。

32 Haldeman 致 RN 的备忘录，1/30/69。

33 HRHD，2/2/69。

34 HRHD，1/31/69。

35 HRHD，1/31/69，2/4/69，Alexander Butterfield 致 RN 的备忘录，2/5/69，POF Box 77。

36 Safire int.

37 ANS nd，2/69，POF Box 30。

38 Sidey,《生活》杂志，1/31/69，第4页。

39 RN 致 Ehrlichman 的备忘录，2/5/69。

40 RN 致 Ehrlichman 的备忘录，1/5/69。

41 HRHD，2/9/69；Herbert G.Klein《澄清事实：一位知情人关于尼克松与媒体既爱又恨的关系的报告》(Garden City, New York: Doubleday, 1980)，第149页。Klein 写道："霍尔德曼中肯地承认，在他组织1968年竞选并最终入主白宫时，尼克松有一个非常敏感的精力容忍点，疲惫可能在他的表现和个性方面造成很大差异。"

42 Harold Saunders 致 RN 的谈话备忘录（下称 MemCon）。

43 HRHD，2/15/69。

44 Richard M. Nixon《六次危机》(Garden City, New York: Doubleday, 1962)，第141－147页。

45 Henry Kissinger《白宫岁月》(Boston: Little, Brown, 1979)，第26页。

46 Rowland Evans Jr. 和 Robert D. Novak《尼克松在白宫：权力的挫折》(New York: Random House, 1971)，第22页。

47 RN 致 Haldeman 的备忘录，1/8/69。

48 Charles Gregory Rebozao 与尼克松同岁，是古巴移民的儿子。佛罗里达商人，雷博佐于1950年通过其中学同学佛罗里达参议员 George Smathers 与尼克松相识。其于1930年毕业于迈阿密中学并开始经商，赚到足够的钱之后买下了一个自助洗衣店，而后建成了连锁店。他也是基比斯坎银行的创始者之一。他让他的朋友（当时是纽约的一名律师）做成了几笔土地交易，这占尼克松当选总统时拥有的80万美元净资产的一大半。雷博佐是个出了名的腼腆的人，少言寡语，不合群。尼克松的一个助手尖刻地说："总统喜欢独处，比贝跟他一样喜欢独处。"

第 2 章

[49] HRHD，2/22/69。

[50] 尼克松《回忆录》，第369页。

[51] HRHD，2/16/69。

[52] RN 致 Rose Mary Woods 的备忘录，2/17/69，PPF Box 1。

[53] 同上。

[54] RN 致 Haldeman 的备忘录，2/17/69，PPF Box 1。

[55] RN 致 Woods 的备忘录，2/17/69，PPF Box 1。

[56] HRHD，2/21/69。

[57] 尼克松《回忆录》，第477页。

[58] RN 致 Kissinger 的备忘录，3/17/70。一年后，在以色列与埃及和叙利亚战争期间，尼克松口述了该备忘录。

[59] Theodore H. White《总统大选，1968年》(New York: Atheneum, 1969)，第147页。

[60] William Safire《倒台之前：内窥水门事件前的白宫》(Garden City, New York: Doubleday,1975)，第497 - 498页。

[61] Klebanoff int。

[62] Marvin Small《理查德·尼克松的总统生涯》(Lawrence: University Press of Kansas, 1999)，第53页。

63 尼克松《回忆录》，第424 - 425页。

64 Safire《倒台之前：内窥水门事件前的白宫》，第533 - 535页。

65 Price 致 RN 的备忘录，内阁会议记录，12/21/70，POF Box 83。

66 Price 为总统档案卷宗写的备忘录，城市事务委员会会议记录，2/17/69，POF Box 77。

67 Buchanan 致 RN 的备忘录，2/19/69，POF Box 77。

68 HRHD，2/23/69.

69 Sidey，《生活》杂志，3/7/69，第22页。

70 同上。

71 HRHD，2/23/69.

72 Kissinger《白宫岁月》，第240 - 244页。

73 Nixon《回忆录》，第381页。

74 Safire《倒台之前：内窥水门事件前的白宫》，第125页。

75 HRHD，2/23/69.

76 Safire《倒台之前：内窥水门事件前的白宫》，第125页。

第 3 章

77 HRHD，2/24/69.

78 Kissinger《白宫岁月》，第76，95页。

79 Time，3/7/69，第2页。

80 Safire《倒台之前：内窥水门事件前的白宫》，第126页。

81 Nixon《回忆录》，第371页。

82 Safire《倒台之前：内窥水门事件前的白宫》，第126 - 127页。

83 同上。

84 HRHD，2/27/69.

85 Safire 笔记，Safire 提供给 LC 手稿部的 Safire 文件。

86 同上。

87 Safire《倒台之前：内窥水门事件前的白宫》，第127－128页。

88 同上。

89 Nixon《回忆录》，第371页。

90 Kissinger《白宫岁月》，第76－77页。

91 Ehrlichman int.

92 Sidey,《生活》杂志，3/14/69，第4页。

93 Nixon《回忆录》，第373－374页。

94 HRHD, 3/1/69.

95 Kissinger《白宫岁月》，第109－110页。

96 Safire《倒台之前：内窥水门事件前的白宫》，第131－132页。

97 同上。

98 Buchanan 致 RN 的备忘录，主题为两党领导人第二次会议，3/4/69，POF Box 77。

99 *NYT*, 3/3/69.

100 Buchanan 致 RN 的备忘录，3/4/69，POF Box 30。

101 ANS nd, 3/69, POF Box 30.

102 Osborne《尼克松观察》第53页；HRHD, 3/5/69。

103 HRHD, 3/20/69.

104 ANS, 3/13/69, POF Box 30.

105 HRHD, 3/6/69.

106 HRHD, 3/12/69; ANS nd, 3/69, POF Box 30.

107 ANS, 3/25/69, POF Box 30.

108 ANS, 3/23/69, POF Box 30.

109 Seymour M. Hersh《权力的代价：尼克松白宫中的基辛格》(New York: Summit Books, 1983)，第53页。"疯子理论"在大部分有关尼克松和越南的著述中都有讨论。该理论是基辛格和丹尼尔·埃尔斯伯格二人在哈佛大学时，由后者介绍给前者的。该理论的含义是看起来非理性、狂暴，又怕丢脸。尽

注释

管埃尔斯伯格的说法与美国外交政策无关,但是尼克松很欣赏这种谈判策略,通过恐吓让河内相信他会灭掉北越,而不是被看作胆小懦弱的人。

110 HRHD, 3/5/69。

111 James Reichley with Harlow 口述历史, 11/3/77, 福特图书馆。

112 Reichley int. with Burns, 9/21/77, 福特图书馆:Klein int。

113 Kissinger《白宫岁月》, 第263 - 264页;HRHD, 3/9/69。

114 Kissinger《白宫岁月》, 第243 - 247页;Nixon《回忆录》, 第380 - 382页。

115 Walter Isaacson《基辛格传》(New York: Simon & Schuster, 1992), 第175页。

116 Hersh《权力的代价:尼克松白宫中的基辛格》, 第61 - 65页。在1974年,欺瞒国会对中立的柬埔寨进行轰炸被作为一条弹劾,但是被众议院司法委员会以26票对12票否决。

117 Nixon《回忆录》, 第382页。

118 Isaacson《基辛格传》, 第175页。

119 HRHD, 3/18/69。

120 HRHD, 3/20/69。

121 Stephen E. Ambrose《一位政治家的成功,1962–1972》(New York: Simon & Schuster, 1989), 第259 - 260页。

122 Buchanan 致 RN 的备忘录, 3/14/69, POF Box 77;Kissinger 致 RN 的备忘录,"会见 Sen Pastore 的谈话要点3/24/69,"3/22/69。

123 Safire 日记, 3/14/69;Safire 文件, LC 手稿部。

124 Buchanan 致 RN 的备忘录, 3/18/69, POF Box 77。

125 HRHD, 5/28/69;Ehrlichman int。

126 H. R. Haldeman with Hoseph Di Mona《权力的终结》(New York: Times Books, 1978), 第73页。在尼克松的白宫再也没有上过场。

127 Butterfield 为总统档案起草的备忘录, 3/27/69, POF Box 77。

128 HRHD，3/28/69。

129 ANS nd，3/69，POF Box 30。

130 同上。

131 ANS nd，4/69，POF Box 30。

132 HRHD，3/28/69。

133 HRHD，3/28/69；Nixon《回忆录》，第375页。

第4章

134 W. Dale Nelson《总统在戴维营》（Syracuse, New York: Syracuse University Press, 1995），第69－70页。

135 Julie Nixon Eisenhower《帕特·尼克松：不为人知的故事》（New York: Simon & Schuster, 1986），第253页。

136 Nelson《总统在戴维营》，第69－70页。

137 HRHD，3/31/69，4/1/69。

138 同上。

139 MemCon，4/1/69，POF Box 77。

140 HRHD（删节），4/1/69。这段引文的最后一句"一个真正的蠢货——总统的真正负担"在公开出版的霍尔德曼日记中被删除。许多被净化了的章节谈及唐·尼克松的各种计划。5月22日，霍尔德曼写道："E. 回家路上顺道来报告说唐·尼克松已经告诉奥格登，他从H那里弄到了一个工厂。"——可能是指休斯飞机制造厂——"比贝已经查过了，并且准备以佣金到期为由提出索赔。难以置信。"HRHD，5/22/69（删节）。另一个从该日记删去的故事是总统对他妻子的朋友海伦妮·德朗的反感。在她露面的时候，尼克松会做出工作安排，以便不必非得去圣克利门蒂的住宅或者就待在白宫。1969年5月10日，例如，霍尔德曼写道："总统只在办公室待了几分钟——海伦妮走了——于是他又可以放松了。关于她难以置信的行为的故事……"在一次访谈中，约翰·迪安说："埃里希曼是唐·尼克松的监护人。"

141 *NYT*，4/8/69.

142 MemCon，4/8/69，POF Box 77.

143 Hersh《权力的代价：尼克松白宫中的基辛格》，第214页。

144 J. Anthony Lukas《梦魇：尼克松年代的底面》（New York: Viking Press, 1976），第13－15页；David Wise《美国集权国家：反人民的政府》（New York: Random House, 1976），第10－11页。

145 HRHD（删节），3/26/69。

146 Nixon《回忆录》，第382－384页。

147 Lewis Chester, Godfrey Hodgson, and Bruce Page《一部美国式传奇剧：1968年的美国总统竞选》（New York: Viking Press, 1969），第498页。

148 Hersh《权力的代价：尼克松白宫中的基辛格》，第69－70页。

149 Hersh《权力的代价：尼克松白宫中的基辛格》，第69－76页；Nixon《回忆录》，第382－385页；Kissinger《白宫岁月》，第312－321页；Haldeman《权力的终结》，第110页。"窝囊废"这个词是基辛格为了推进某事常用的说法。Ehrlichman int。

150 Isaacson《基辛格传》，第180－181页。

151 Kissinger《白宫岁月》，第317－318页。

152 Hersh《权力的代价：尼克松白宫中的基辛格》，第88页。

153 Kissinger《白宫岁月》，第320页。

154 Hersh《权力的代价：尼克松白宫中的基辛格》，第72页。

155 HRHD，4/19/69.

156 Nixon《回忆录》，第385页。

157 HRHD，4/19/69.

158 Nixon《回忆录》，第390－392页。

159 Kissinger《白宫岁月》，第259, 979页；Isaacson《基辛格传》，第251页。

160 Kissinger《白宫岁月》，第320页；HRHD，4/18/69。

161 HRHD，4/19－20/69.

162 Harlow 致行政秘书的备忘录，4/22/69。

163 James Krogh 致 RN 的备忘录，主题为内阁会议，4/15/69，POF Box 78。

第 5 章

164 John Whitaker 为总统档案起草的备忘录，4/22/69，POF Box 78。

165 HRHD，4/23/69。

166 HRHD，4/25/69。

167 HRHD，4/23/69。

168 Krogh int.

169 同上。

170 *Time*，第 16 – 17。

171 ANS，5/28/69，POF Box 30。

172 *NYT*，4/11/69，4/19/69，4/23 – 26/69。

173 *NYT*，4/24/69。

174 *NYT*，4/20 – 24/69。

175 Nixon《回忆录》，第 385 – 386 页。

176 USIA 特别报告，5/13/69，Safire 文件，LC 手稿部。

177 ANS，5/19/69，POF Box 30。

178 Nixon《回忆录》，第 540 页；NYT，4/30/69。

179 CBS 特别新闻："记者报道：理查德·尼克松的第一个百日，"笔录本。

180 Isaacson《基辛格传》，第 212 – 215 页。

181 Wise《美国集权国家：反人民的政府》，第 31 – 36 页。

182 Alexander M. Haig Jr., with Charles McCrary《核心集团：美国是如何改变世界的》（New York: Warner Books, 1992），第 215 – 216 页。

183 New York Times《一任总统的终结》（New York: Bantam Books, 1974），第 96 – 97 页。

184 Lukas《梦魇：尼克松年代的底面》，第 64 – 65 页。

185 Haldeman《权力的终结》，第104页。

186 HRHD（删节），5/11/69。

187 Safire 笔记，5/12/69，Safire 文件，LC 手稿部。

188 Buchanan 致 RN 的备忘录，主题为立法领导人会议，5/13/69，POF Box 78。

189 Price 致 RN 的备忘录，5/13/69，POF Box 78。

190 Nixon《回忆录》，第436页。

191 同上。

192 "关于经济政策的内阁委员会会议，" 5/16/69，POF Box 78。

193 "关于经济政策的内阁委员会会议，" 4/10/69，POF Box 78。

194 James Krogh 致 RN 的备忘录，主题为内阁与国家安全委员会会议，5/15/69，POF Box 78。

195 James Krogh 致 RN 的备忘录，5/15/69，POF Box 78。

196 *NYT*，5/16/69.

197 HRHD，5/7/69.

198 Huston 致 RN 的备忘录，3/25/69，总统书桌，PPF Box185。

199 RN 致 Mitchell 的备忘录，cc Harlow，4/14/69，PPF Box 1（有争议）。

200 HRHD，5/18/9.

201 HRHD，5/15/69，5/17/69，5/19/69.

202 HRHD，5/26/69.

203 Kissinger《白宫岁月》，第272页。

204 HRHD，5/19/69.

205 HRHD，5/20–21/69.

206 HRHD，5/20/69，Nixon《回忆录》，第420页。

207 HRHD，5/21/69.

208 Kirk 致 RN 的信，5/31/69，总统书桌，PPF Box 188。

209 *NYT*，5/23/69.

210 HRHD，5/23/69。

211 关于1969年夏季青年项目的报告，总统手迹，10/27/69，POF Box 3。

212 HRHD，6/3/69；NYT，6/3/69。

213 Kissinger《白宫岁月》，第325页。

214 HRHD，6/3/69；纽约时报《一任总统的终结》，第96－97页；Lukas《梦魇：尼克松年代的底面》，第52－60页。

215 HRHD，6/4/69。

216 Safire《倒台之前：内窥水门事件前的白宫》，第141页。

217 Tien Hung and Jerrold L. Schecter《宫内文件》（New York, Harper & Row, 1986），第32页。

218 Kissinger《白宫岁月》，第272－273页。

219 Hung and Schecter《宫内文件》，第32页。

220 Nixon《回忆录》，第392页。

221 Hung and Schecter《宫内文件》，第33页。

222 同上。

223 同上，第34－35页。

224 RN致Haldeman的备忘录，6/16/69。

225 RN致Ehrlichman的备忘录，6/16/69，PPF Box 1（有争议）。

226 Oaborne《尼克松观察》，第79－83页。

227 Ehrlichman int。

228 *Look*，7/15/69。

第6章

229 Kissinger《白宫岁月》，第156页。

230 Buchanan致RN的备忘录，7/22/69，POF Box 78。

231 RN致Haldeman的备忘录，7/9/69。

232 RN致Ehrlichman的备忘录，6/16/69。

注 释

233 RN 致 Rex Scouten 的备忘录，cc Ehrlichman，7/9/69。

234 Bill Gulley with Mary Ellen Reese《打破掩盖》(New York: Simon & Schuster, 1980)，第148–150, 158页；Nelson《总统在戴维营》，第71 – 72页。

235 Hersh《权力的代价：尼克松白宫中的基辛格》，第120页。

236 Nixon《回忆录》，第394页；Kissinger《白宫岁月》，第278页；Hersh《权力的代价：尼克松白宫中的基辛格》，第120页。

237 Kissinger《白宫岁月》，第277 – 278页。

238 Ehrlichman《权力见证人：尼克松时代》，第247页。

239 Nixon《回忆录》，第433页。

240 Ehrlichman《权力见证人：尼克松时代》，第39页。

241 HRHD，4/7/69.

242 Ehrlichman《权力见证人：尼克松时代》，第106页。

243 Evans and Novak《尼克松在白宫：权力的挫折》，第237页。

244 HRHD，7/12 – 18/69，6/20/69；Ehrlichman《权力见证人：尼克松时代》，第247 – 248页。

245 Reichley int. with Burns，11/3/77，福特图书馆；Safire int.

246 ANS，1/24/69，POF Box 30.

247 Irwin Unger《最佳意图：肯尼迪、约翰逊以及尼克松治下的大社会的成败》(New York: Doubleday, 1996)，第115 – 116页。

248 RN 致 Buchanan 的备忘录，2/9/71。该备忘录要在伦敦《星期日电讯报》Peregrine Worsthorne 对其进行采访后寄给 Worsthorne。

249 Evans and Novak《尼克松在白宫：权力的挫折》，第224页。

250 Ambrose《尼克松》vol.2，第294页。

251 Nixon《回忆录》，第425页。

252 Vincent J. Burke and Vee Burke《尼克松的善举：福利改革》(New York: Columbia University Press, 1974)，第67页。

253 Nixon《回忆录》，第425页。

254 *NYT*, 7/20/69.

255 HRHD，7/19/69.

256 Safire《倒台之前：内窥水门事件前的白宫》，第149页。

257 HRHD，7/19－20/69；Lukas《梦魇：尼克松年代的底面》，第15页。

258 *NYT*, 7/20－21/69.

259 Nixon《回忆录》，第429页。

260 *NYT*, 7/25/69；Nixon《回忆录》，第429页。

261 ANS nd，8/69，杂志的报道，POF Box 30。

262 HRHD，7/26/69.

263 Kissinger《白宫岁月》，第223－224页。

264 同上，第224页。关于尼克松主义的想法可能起源于基辛格，在加入尼克松政府之前，在1968年他写道："在50年代和60年代，我们提出补救措施；在60年代后期和70年代，我们的角色将会是贡献一种会促进其他人创新精神的结构……我们必须设法鼓励而非扼杀本土责任感。"

265 HRHD，7/30/69.

266 Safire日记，8/4/69，Safire文件，LC手稿部。

267 HRHD（有删节），7/26/69。

268 Nixon《回忆录》，第281－282，395－396页；Kissinger《白宫岁月》，第156页。

269 *NYT*, 8/3/69.

270 HRHD，8/2-3/69.

271 Haldeman《权力的终结》，第91页。

272 Kissinger《白宫岁月》，第278－282页。

273 *NYT*, 8/4/69.

274 RN致Haldeman and Ehrlichman的备忘录，8/7/69。

275 HRHD，8/4/69.

第 7 章

276 Evans and Novak《尼克松在白宫：权力的挫折》，第213页。

277 Burke and Burke《尼克松的善举：福利改革》，第93页。

278 Osborne《尼克松观察》，第141 – 143页。

279 HRHD（有删节），4/28/69。在公开出版的霍尔德曼日记中对这天的日记有删节，但是在所引用的话中没有露骨的种族偏见。霍尔德曼更在意的是不让人知道，由于在惠灵顿公爵晚宴上发生口角尼克松准备解雇为其工作了23年的秘书罗斯·玛丽·伍兹。

280 Keogh 致 RN 的备忘录，8/6/69，POF Box 79。有关该次会议的大部分内容都来源于这篇备忘录。

281 Evans and Novak《尼克松在白宫：权力的挫折》，第229页。

282 Burke and Burke《尼克松的善举：福利改革》，第104 – 107页。

283 Harlow 致 Ehrlichman 的备忘录，7/28/69。

284 Moynihan 致 RN 的备忘录，4/25/69，POF Box 1。

285 Ambrose《尼克松》vol.2，第294页。

286 Irwin Unger《最佳意图：肯尼迪、约翰逊以及尼克松治下的大社会的成败》，第319页。

287 Lukas《梦魇：尼克松年代的底面》，第348 – 353页；Gulley《打破掩盖》，第156 – 159页；Life 9/5/69。

288 Lukas《梦魇：尼克松年代的底面》，第356页。

289 同上，第344 – 346页。

290 Haldeman 致 Larry Higby 的备忘录，8/11/69，Haldeman Box 51。

291 *Time*，8/29/69.

292 HRHD，9/2/69.

293 *NYT*，8/2/69.

294 1964年，共和党候选人 Barry Goldwater 曾在南部5个州——乔治亚州、密西西比州、阿拉巴马州、路易斯安那州南卡罗来纳州——获胜，但是正如尼克松曾经说过的，它们是"有麻烦"的南部州，意思是说它们是与全国大部分地区不和的州只在种族问题上投票。在这5个州中，只有南卡罗来纳州参加了1968年阿肯色州支持阿拉巴马州长乔治·华莱士担任独立候选人的投票。

295 Miami Herald，8/7/69。这件事被该报一位胆识过人的记者捅破，该记者以代表身份擅带录音机参加了这次会议。

296 Leon E. Panetta and Peter Gall《让我们在一起：尼克松团队与民权撤退》（Philadelphia: J. B. Lippincott, 1971），第67页。

297 同上，第77页。

298 同上，第222页。

299 Panetta int.

300 ANS nd，9/69，POF Box 1.

301 Stennis 给 RN 的信，8/11/69，WHCF，HU2-1/ST24。

302 Panetta and Gall《让我们在一起：尼克松团队与民权撤退》，第254页。

303 同上，第260－262页。

304 同上，第255－256页。

305 同上，第263页。

306 Nixon《回忆录》，第420－421页；Time，8/29/69。

307 Huston 致 Haldeman 的备忘录，8/12/69，HRH Box 51。

308 Time，9/12/69，第50页。

309 MemCon，8/21/69，POF Box 79.

310 MemCon，8/22/69，POF Box 79.

311 "总统档案注释"，8/25/69，POF Box 79；Price 致 RN 的备忘录，关于城市事务委员会的备忘录，8/25/69，POF Box 79。

312 Safire 文件，LC 手稿部。

313 Washinton Post，9/16/69。

314 *NYT*，9/4/69；*Time*，9/12/69.

315 *Time*，9/26/69.

316 *Herald*，9/9/69.

317 *Time*，9/19/69；*Birmingham News*，9/9/69；*New Republic*，1/17/70.

第 8 章

318 HRHD，9/12/69，9/25/69.

319 HRHD，9/8/69，9/12/69.

320 Clark R. Mollenhoff《对付灾难的诡计谋划：特派员关于尼克松时期的报告》(New York: W.W.Norton, 1976)，第49 – 65页；Evans and Novak《尼克松在白宫：权力的挫折》，第161 – 162页；*Time*，9/26/69，第21页。

321 HRHD，9/12/69.

322 Ehrlichman《权力见证人：尼克松时代》，第95 – 96页。

323 关于此事最完整地叙述是 Jeff Stein 的《战争时期的谋杀》(New York: St. Martin's Press, 1992)。此段内容所用的其他资料来源包括：Life，11/14/69；NYT，9/30/69 – 10/6/69。

324 ANS nd，9 /69，POF Box 30.

325 Tom Wells《内部的战争：美国为越南而进行的争斗》(Berkeley: University of California Press, 1994)第294 – 295页。

326 Osborne《尼克松观察》，第109 – 113页。

327 HRHD，9/20/69.

328 Ambrose《尼克松》vol.2《一位政治家的成功》，第298页。

329 HRHD，9/23/69.

330 Jeff Stein《战争时期的谋杀》，第366页。

331 David Rudenstine《新闻言路堵塞的日子：五角大楼文件案历史》(Berkeley: University of California Press, 1996)，第42页；Wells《内部的战争：美国为越南而进行的争斗》，第364页；Tom Wells《极端分子：丹尼尔·埃

尔斯伯格的生活和时代》（New York: St. Martin's Press, 2001），第322页。1971年4月3日，一名绿色贝雷帽成员对将威廉·加里中尉定罪为在美莱村屠杀越南平民感到非常气愤，告诉《纽约时报》说，是他根据来自中情局的"非常非常明确的"命令开枪并杀死 Chuyen 的。"他是我的特工，"Robert Marasco 说，"带着极度的偏见干掉他是我的责任。"

332 Buchanan 致 RN 的备忘录，"共和党领导人会议记录，"9/30/69，POF Box 79。

333 HRHD，10/3/69。

334 Safire《倒台之前：内窥水门事件前的白宫》，第160页。

335 Nixon《回忆录》，第400－401页。

336 HRHD，10/6/69。

337 Haldeman 致 Larry Higby 的备忘录，10/17/69，HRH Box 53。

338 HRHD，10/6/69。

339 Buchanan 致 RN 的备忘录，"领导人会议记录，"10/17/69，POF Box 79。

340 ANS nd，9/69，POF Box 30。

341 Caulfield 致 Ehrlichman 的备忘录，10/10/69。

342 Kissinger《白宫岁月》，第304页。

343 Kissinger《白宫岁月》，第284－286页；Isaacson《基辛格传》，第246－249页；Hersh《权力的代价：尼克松白宫中的基辛格》，第125－133页；Roger Morris《不确定的伟大：亨利·基辛格与美国外交政策》（New York: Harper & Row, 1977），第164－167页。

344 Morris《不确定的伟大：亨利·基辛格与美国外交政策》，第147页。

345 Nixon《回忆录》，第400页。

346 Hersh《权力的代价：尼克松白宫中的基辛格》，第124页。

347 Nixon《回忆录》，第402页。

348 *Life*，6/27/69。

349 WHCF，人权 Box 31。

350 Wells《内部的战争：美国为越南而进行的争斗》，第353－354页。

351 *NYT*，10/16/69；Wells《内部的战争：美国为越南而进行的争斗》，第371－375页。

352 Ambrose《尼克松》vol.2，第325页。

353 HRHD，10/13-15/69。

354 Wells《内部的战争：美国为越南而进行的争斗》，第375－376页。

355 同上，第373－374页。

356 Moynihan致RN的备忘录，10/16/69，Haldeman Box 130。

357 Buchanan致RN的备忘录，10/17/69，Haldeman Box 130。

358 Dent致RN的备忘录，10/16/69，POF Box 79。

359 Osborne《尼克松观察》，第126－128页。

360 Nixon《回忆录》，第403页。

361 *Time*，9/12/69；*NYT*，9/4/69。

362 Associated Press，1/22/69。

363 Nixon《回忆录》，第404－405页；Ambrose《尼克松》vol.2，第306页。

364 Nixon《回忆录》，第408页。

365 同上，第405－407页；Kissinger《白宫岁月》，第305页。

366 Hersh《权力的代价：尼克松白宫中的基辛格》，第42页。

367 HRHD，10/27/69。

368 RN致Kissinger的备忘录，10/27/69。

369 同上。

370 HRHD，10/30/69。

371 Nixon《回忆录》，第404页。

372 HRHD，11/1/69。

373 Garment int. 小型会议上尼克松通常不用笔记，而是靠记忆记住简报文件，这就意味着在他整理自己的谈话脚本时，有时没有仔细听。基辛格详述了一次会议的情况。在这次会议上，善于默记的天赋导致总统出了个问题，因为简报文件是错的。"毛里求斯首相曾应邀来华盛顿访问。毛里求斯是印度洋上的一个亚热带岛国……它与美国的关系非常好。不知何故，我的工作人员得到的印象是那位到访者来自毛里塔尼亚，西非一个干旱的沙漠之国。中东战争之后，作为表示与穆斯林团结一致的行动，该国于1967年与我们断交……直奔主题"——记忆中的备忘录——"尼克松提出是该恢复外交关系的时候了……许诺美国重新开始提供援助，其中有一项是对旱作农业的援助，尼克松宣称美国在这方面有特殊的能力。那位目瞪口呆的到访者试图将会谈转向更有价值的主题。他询问尼克松对美国设在该岛上的太空跟踪站的工作是否感到满意。总统随手写了个便笺，悄悄塞给基辛格：'见鬼，我们为什么会在这个与我们没有建立外交关系的国家设太空跟踪站？'" Henry Kissinger《白宫岁月》(New York: Simon & Schuster, 1999)，第72页；Lord int.。

374 Buchanan 致 RN 的备忘录，10/28/69，POF Box 130。

375 HRHD，11/3/69。

376 Nixon《回忆录》，第410页。

377 同上。

378 *Time*，9/21/69，第17页。

379 Nixon《回忆录》，第410页。

380 Associated Press，1/22/69。

381 *Time*，9/21/69，第22页。

382 Safire《倒台之前：内窥水门事件前的白宫》，第105－106页。

第9章

383 *NYT*，8/10/69；Jules Witcover《理查德·尼克松的复活》(New York: Putnam, 1970)，第368页；Ambrose《尼克松》vol.2，第163页。

384 Evans and Novak《尼克松在白宫：权力的挫折》，第307页。

385 同上，第309页。

386 *Washington Post*，9/25/69。

注 释

387 Evans and Novak《尼克松在白宫：权力的挫折》，第308页。

388 同上，第310页；Ambrose《尼克松》vol.2，第191页。

389 *Life*，1970，Profile of Agnew by Brock Brower.

390 James Keogh《尼克松总统与新闻媒体》（New York: Funk & Wagnalls, 1972）附录。

391 Safire《倒台之前：内窥水门事件前的白宫》，第352页；Safire int；HRHD，11/11 – 13/69。

392 Nixon《回忆录》，第411页。

393 Keogh《尼克松总统与新闻媒体》附录。

394 Safire《倒台之前：内窥水门事件前的白宫》，第352页。

395 Keogh《尼克松总统与新闻媒体》附录。

396 *Time*，11/21/69。

397 Wells《内部的战争：美国为越南而进行的争斗》，第389 – 395页；HRHD，11/14 – 15/69；*NYT*，11/15 – 16/69；Nixon《回忆录》，第413页；*Time*，11/28/69。

398 *NYT*，11/17/69；Hersh, Dispatch News Service，11/13/69；Robert Jay Lifton《战后回家：越战退伍军人既非受害者亦非刽子手》（New York: Simon & Schuster, 1973），第47 – 50页；Hersh，《美莱村报道之四：关于大屠杀及其后果的报道》（New York: Random House, 1970）；*NYT*，11/25/69.

399 *NYT*，11/27/69。

400 Hersh《权力的代价：尼克松白宫中的基辛格》，第135页。

401 John W. Dean《盲目的野心：白宫岁月》（New York: Simon & Schuster, 1976），第42页。

402 Rehnquist 致 Ehrlichman 的备忘录，10/10/69，总统书桌，PPF 185 – 188。

403 Osborne《尼克松观察》，第114 – 119页。

404 HRHD，12/2/69.

405 RN 致"HEHK"的备忘录，11/24/69。

406 HRHD，11/26/69。

407 *NYT*，11/28/69。

408 *NYT*，12/2/69。

409 Lukas《梦魇：尼克松年代的底面》，第111,114页。

410 ANS nd，12/69，POF Box 31。

411 ANS，12/5/69，POF Box 31。

412 ANS nd，12/69，POF Box 31。

413 Osborne《尼克松观察》，第200页。

第10章

414 Haldeman 致 Jeb Magruder 的备忘录，1/9/70。

415 Dent 致 RN 的备忘录，"关于南部主席会议和南部废除种族隔离的报告"，1/13/70。

416 Harlow 致 RN 的备忘录，会见演讲稿撰稿人，2/24/70，POF Box 80。

417 HRHD（有删节），3/25/70。这条意见是在两个月之后的一次会议上提出的。

418 ANS，1/13/70；Haldeman 致 Price 的备忘录，11/30/70；Price 致 Haldeman 的备忘录，12/3/70。

419 巴特利留在该杂志社——后来获得了普利策奖——并成为整个20世纪90年代保守主义运动的一名主要代言人。

420 Klebanoff int。

421 *NYT*，1/22/70。

422 Ehrlichman《权力见证人：尼克松时代》，第126页。

423 同上，第266页。

424 同上。

425 HRHD，4/15/70。

注 释

426 HRHD，1/18/70。

427 RN 致 Haldeman 的备忘录，1/31/70。

428 Price int.

429 RN 致 Haldeman 的备忘录，12/30/69，POF Box 1；HRHD，1/12/70。

430 Safire《倒台之前：内窥水门事件前的白宫》，第 592 页。

431 HRHD（有删节），1/23/70。尼克松让华盛顿市长来，为华盛顿特区犯罪率不断攀升对其"大光其火"。尼克松还威胁说除非 6 月份之前能彻底改变犯罪率现状，否则要撤职。他的"白种的阿拉巴马黑人杀手"笑话后来被霍尔德曼记录下来，又删掉了。

432 John R. Brown 致 Ehrlichman 的备忘录，re Trohan，2/4/70。关于制服的描述引自 NYT，1/28/70。评论引自 ANS。

433 Keogh 致 RN 的备忘录，内阁会议，2/19/70，POF Box 80。

434 Ehrlichman《权力见证人：尼克松时代》，第 226 页。

435 RN 致 Ehrlichman 的备忘录，2/5/70。

436 Penetta and Gall《让我们在一起：尼克松团队与民权撤退》，第 250 - 255 页。

437 Ehrlichman《权力见证人：尼克松时代》，第 226 页。Ehrlichman int.

438 HRHD（有删节），12/10/69，12/12/69，1/8/70。关于外国进攻中国的警告以及华沙和谈的内容，是霍尔德曼于 12 月 10 日记录的。12 月 12 日，霍尔德曼写了更多有关华沙会议的内容："基辛格的计划进展飞快。（沃尔特大使）斯托塞尔在其使馆会见中国人——第一次为一位美国人——虽然没有重大突破——但这起码是一个新的步骤。这位罗马尼亚人正在赶往这里的途中，星期二要在在这里会见基辛格。而北越发出试探——在巴黎见基辛格——这也可能有进展。基辛格真的是他的基本成员。热衷这个。"这段内容从公开出版的日记中删掉，作为本章所引用的 1 月 8 日描述。

439 HRHD，2/26/70。

440 HRHD（有删节），2/17/70。这条日记被删掉的部分为："总统也猛烈

677

抨击了林赛和洛克菲勒的极端虚伪,因为他们在到处胡乱指责柯西金是导致中东战争的直接原因之后又抵制蓬皮杜。"

441 John R. Brown 致 Ehrlichman 的备忘录,3/3/69; Ehrlichman 致 RN 的备忘录,3/24/69。

442 *NYT*,1/22/70.

443 RN 致 Haldeman 的备忘录,3/2/70。

444 RN 致 Ehrlichman 的备忘录,3/2/70。

445 RN 致 Haldeman 的备忘录,3/2/70。

446 同上。

447 同上。

448 RN 致 Haldeman,Ehrlichman,Kissinger 的备忘录,3/2/70。

449 总统手迹,PPF Box 5。

450 Haldeman 笔记,2/3/70,"泄露。"

第 11 章

451 *NYT*,3/7/70.

452 *NYT*,3/6/70.

453 HRHD,3/4/70,3/10/70.

454 *NYT*,3/7/70,3/11/70.

455 1969 年 11 月 24 日,RN 发给霍尔德曼一份备忘录说:"出于你的长期规划,在朱莉毕业的时候我有必要制订某种出国旅行计划。鉴于学校师生的态度,她坚持不想让我们参加毕业典礼,我认为她也许是对的。但是我们不能表示我们不去那里,除非我们那时在进行某种特别的旅行。"

456 HRHD,12/15/69.

457 Harold Brayman《总统非正式讲话:从格罗弗·克利夫兰到杰拉德·福特》(Princeton, New Jersey: Dow Jones Books, 1976),第 11 – 13 页;HRHD,3/14/70。

注 释

458 Hersh《权力的代价：尼克松白宫中的基辛格》，第168 – 171页；Kissinger《白宫岁月》，第450 – 456页；HRHD, 3/6 – 9/70。

459 HRHD, 3/9-11/70.

460 HRHD, 3/18/70.

461 Kissinger《白宫岁月》，第478,488, 520页。

462 HRHD, 3/1/69.

463 Kissinger《白宫岁月》，第457 – 468页；Isaacson《基辛格传》，第256 – 258页；*NYT*, 3/19 – 31/70；William Shawcross《附带事件：基辛格、尼克松与柬埔寨的毁灭》(New York: Simon & Schuster, 1979)，第112 – 116页。

464 Nixon《回忆录》，第447页。

465 HRHD, 3/20/70.

466 同上。

467 *NYT*, 3/24/70.

468 HRHD, 3/30/70, 4/1/70.

469 *NYT*, 3/24/70.

470 RN 致 Kissinger 的备忘录，3/17/70。

471 *NYT*, 3/27-30/70, 4/4/70.

472 Kissinger 致 RN 的信，PPF Box 10。

473 *Time*, 4/20/70.

474 HRHD, 4/9/70.

475 HRHD, 4/2-3/70.

476 HRHD, 4/7/70.

477 *Time*, 4/20/70.

478 *NYT*, 3/28/70, 4/1/70, 4/3/70.

479 *NYT*, 4/2–3/70.

480 Keogh 致 RN 的备忘录，主题为内阁会议，4/13/70, POF Box 80。

481 Keogh 致 RN 的备忘录，主题为内阁会议，3/18/70, POF Box 80。

尼克松——孤独的白宫主人

482 Keogh 致 RN 的备忘录，主题为内阁会议，4/13/70，POF Box 80。

483 *NYT*，4/14-18/70；HRHD，4/13-14/70.

第 12 章

484 *NYT*，4/6-20/70；HRHD，4/13-18/70. 对事故原因的调查进行了两个多月。1970年6月15日《新闻周刊》报道的结论是："热控开关是用来保护飞船氧气罐里面的一个加热元件的。通常这些开关是关闭的，并给加热装置输入电流。但是如果加热装置的温度超过80华氏度，这些开关——就像家用电器系统的断路器——就会突然打开并切断系统。这些开关的制造说明书明确规定，这种装置不能在超过30伏特的情况下使用。但是3月末在肯尼迪角进行阿波罗13号发射前测试的过程中，技师根据经核准的检查单打开加热装置，按照打印出的指令操作，该指令要求在电路上应用65伏特电压。在加热元件热到足以自动启动之前，超电压熔接了开关闭锁。因此，一旦这些开关被密封，氧气罐，阿波罗13号任务就面对着灭顶之灾——宇航员们也差一点难逃厄运。"

485 HRHD，3/31/70.

486 HRHD，4/17/70（有删节）。删节处为："E 说4点15分他喝醉了。"

487 Gulley《打破掩盖》，第198 – 199页；Gulley int. 在 Gulley 的书中，这段描述配有尼克松1969年环球之旅期间会见阿波罗11号宇航员时拍摄的照片。但是，在那次旅行期间，在夏威夷没有举行仪式，会见在大黄蜂号航空母舰上举行。1970年4月19日《纽约时报》封面刊登的贯5栏照片描绘了 Gulley 所描述的仪式。在一次采访中，Gulley 确认是照片为阿波罗13号而非阿波罗11号宇航员拍摄的。人们可能不赞成仅仅是为了拍摄一张照片而花2万美元去清除泥土。霍尔德曼却不赞成因一大堆泥土破坏总统飞行5,000英里去拍摄的一张照片。在这天，苛刻的霍尔德曼破天荒地给人留下了深刻的印象。"我们的人做了一项惊人的推进和组织工作，"他在当晚的日记中写道。次日全国各地的报刊头版都肯定了他的公关判断。

680

注 释

488 Shawcross《附带事件：基辛格、尼克松与柬埔寨的毁灭》，第136页；Isaacson《基辛格传》，第259页；HRHD，4/19/70。

489 *NYT*，7/1/70。

490 *Look*，8/11/70。

491 *NYT*，4/16/70。

492 Shawcross《附带事件：基辛格、尼克松与柬埔寨的毁灭》，第132-133页。

493 Marshall Green 给美国驻雅加达使馆的电报，4/24/70。这是美国首份鼓动印度尼西亚参与的电报。随着计划的制定，紧接着还有几份电报。

494 Shawcross《附带事件：基辛格、尼克松与柬埔寨的毁灭》，第133页。

495 同上，第137页。

496 同上，第138页。

497 *NYT*，4/20/70。

498 HRHD，4/20/70。

499 同上。

500 *Look*，8/11/70。在接下来的数周、数月里，有关入侵柬埔寨决定的"滴答滴答"报告到处扩散，政府调动了一次泄露攻势以形成尽可能有利的报道。这场运动包括公布一个列有召开有关会议的准确时间的大事记，但一般没有公布准确的内容。

501 RN 致 Haldeman 的备忘录，4/21/70。

502 同上。

503 同上。

504 RN 致 Klein and Ziegler 的备忘录，4/21/70。

505 RN 致 Haldeman 的备忘录，4/21/70。

506 RN 致 Kissinger 的备忘录，4/22/70。

507 *NYT*，4/23/70。

508 HRHD，4/22/70。

509 Isaacson《基辛格传》，第261页。

510 Nixon《回忆录》，第448页。

511 Watts 致 Kissinger 的备忘录，主题为"国务院对敏感的柬埔寨信息的处理"，4/24/70。

512 Kissinger 致 Laird 的备忘录，主题为"对越南的空中支援"，4/17/70。

513 Lynn 致 Kissinger 的备忘录，主题为"莱尔德对越南空中支援的看法"，4/29/70。

514 Rogers 给 Phnom Penh and Saigon 的电报，4/24/70。所有有关柬埔寨的电报及其他材料均出自于在国家安全委员会档案，Boxes 579 – 590，存于国家档案馆。

515 Rogers 给 Rives 的电报，4/20/70，NSC 档案。

516 HRHD，4/23/70.

517 Shawcross《附带事件：基辛格、尼克松与柬埔寨的毁灭》，第140页。

518 同上。

519 同上，第140 – 141页。

520 HRHD，4/24/70.

521 Isaacson《基辛格传》，第261 – 263页。

522 Wise《美国集权国家：反人民的政府》，第92页。

523 Hersh《权力的代价：尼克松白宫中的基辛格》，第190 – 191页；Isaacson《基辛格传》，第275页。

524 Shawcross《附带事件：基辛格、尼克松与柬埔寨的毁灭》，第145页。

525 Klebanoff int.

526 HRHD，4/25/70.

527 Isaacson《基辛格传》，第265 – 266页。

528 HRHD，4/27/70；Isaacson《基辛格传》，第265 – 267页。

529 Alsop 文件，承蒙 Robert Merry 提供。

530 Mitchell 致 RN 的备忘录，4/28/70，POF Box 80。

注 释

531 RN 致 Haldeman 的备忘录，5/25/70，PPF Box 2。

532 Gulley int.

533 Shawcross《附带事件：基辛格、尼克松与柬埔寨的毁灭》，第145页。

534 Rogers 给 Rives 的电报，4/27/70，NSC 档案，Box 579 - 590；Robert Sam Anson int.

535 Rives 给 Rogers 的电报，4/28/70，NSC 档案，Box 579 - 590。

536 Kissinger《白宫岁月》，第490页。

537 Rockefeller int.

538 HRHD，4/30/70。

539 Safire 文件，LC 手稿部。

540 *Look*，8/11/70。

541 Safire《倒台之前：内窥水门事件前的白宫》，第155 - 187页。

542 Rives 给 Rogers 的电报，5/1/70，NSC 档案，Box 579 - 590。

543 Ambrose《尼克松》vol.2，第347 - 348页。

544 *NYT*，5/2/70；Isaacson《基辛格传》，第268 - 269页。

545 Brennan 致 Woods 的备忘录，为总统文件而准备的备忘录，5/4/70，POF Box 80。

546 根据白宫军事办公室的记录，总统观看了12次《巴顿将军》，该办公室提供放映员在白宫和戴维营放映该影片。他还安排为11为民主党参议员放映过，最开始是为北卡罗来纳州参议员 Sam Ervin 放映。中国笔录本于2001年5月7日发布，显示在1972年尼克松访华会谈期间，周恩来曾至少两次提到该影片。但是《巴顿将军》并非尼克松在白宫最常观看的影片。根据埃里希曼在《权力的见证人》中所说，他非常喜欢《环球80天》，并且记得住其中的对话。他会这样表达其内心的喜欢，说："看，看，大象来了！"

第 13 章

547 HRHD，5/2/70。

548 HRHD, 5/3/70.

549 Hersh《权力的代价：尼克松白宫中的基辛格》，第319－324页；Isaacson《基辛格传》，第216－221页。这4个窃听装置一直保留到1971年2月。比彻报道的最初信息来源不是这些装置，河内无线电台曾报道过这些轰炸轻卡。1973年，比彻担任助理国防部长，由新任国防部长埃利奥特·理查德森任命。

550 *NYT*，5/4－6/70；*Time*，5/18/70；Newsweek，5/18/70；Wells《内部的战争：美国为越南而进行的争斗》，第424－432页；Safire int.

551 HRHD 注释，5/4/70；Nixon《回忆录》，第455－457页。

552 "美国攻击柬埔寨避难所的宪法依据"说："在柬埔寨的行动不应被看做是独自动用美国武装力量的行动，无需质问总统向国会负责的'宣战'权力。其应当被辩解为总统保护我们军队的一次行动。1970财年的《军事拨款法案》禁止将国防部普通资金用于地面部队进入老挝或泰国，但对柬埔寨未置一词。"

553 Alsop 文件，5月6日与基辛格会见的记录，承蒙 Robert W. Merry 提供。Merry 的 Alsop 兄弟传记《看世界：约瑟夫和斯图尔特·奥尔索普——美国世纪的监护人》（New York: Viking, 1996）写得很棒。

554 Allen J. Matusow《尼克松的经济：繁荣、泡沫破灭、美元与选票》（Lawrence: University Press of Kansas,1998），第57－58，69－72页。

555 *NYT*，5/11/70.

556 *Wall Street Journal*，4/3/70.

557 Ehrlicham 笔记，9/11/69；Ehrlicham 档案，SMOF。

558 HRHD, 5/7/70.

559 *NYT*，5/9/70，5/20/70.

560 Isaacson《基辛格传》，第269－270页。

561 *Time*，5/25/70.

562 同上。

563 《纽约人》杂志有关尼克松的文章是由 Richard N. Goodwin 撰写的，其是约翰·肯尼迪和罗伯特·肯尼迪的前助手，从1964年开始起成为该杂志的投稿人。

564 Gulley int.

565 Safire《倒台之前：内窥水门事件前的白宫》，第201－204页。

566 John Osborne《尼克松观察（第二年）》，（New York: Liveright, 1971），第75页。

567 Safire int.

568 关于尼克松清晨出行的记述是根据他本人的13页记述，霍尔德曼的日记及其《权力的终结》一书，以及对 Krogh、Ziegler 及 Ehrlichman 的采访。

569 Chapin 为总统档案起草的备忘录，5/9/70。

第 14 章

570 RN 致 Haldeman 的备忘录，5/13/70。

571 在1970年5月13日给霍尔德曼的另一篇备忘录中，尼克松讨论暴力，没提新闻媒体，最高法院任命，以及大学的研究经费。

572 1988年2月24日，Jerrold Schecter 为国家档案馆口述史实，他曾为《时代》杂志"年度人物"报道之需参观过白宫部分生活区，他这样描述尼克松的卧室："他和夫人各有卧室，他有一张铜床，比列宁在克里姆林宫的那张床要大，但大不太多……在他的床边有一本拍纸簿，白色的拍纸簿，他会在上面记下午夜里他突然想到的东西。他有一台磁带录音机，索尼牌的磁带录音机，他给我演示过。如果他想到什么，他会录进这台机器，这样早上他就可以听到……参观结束时我对他有点同情。这就是美国的总统，他其实真的是一个似乎没有很多自大、自恋的人。他用很多时间试图给我留下深刻印象，例如，他说他挑选菜谱，他会挑选葡萄酒……"

573 "柬埔寨：现在是'用行动换时间'"，*Time*，5/25/70。

574 Sidey 专栏，*Life*，5/22/70。

575 HRHD，5/18/70；Nixon《回忆录》，第466页。

576 Dan T. Carter《风靡一时的政见：乔治·华莱士，新保守主义的起源与美国政治的转型》(New York: Simon & Schuster, 1995)，第370页。

577 Ehrlichman 笔记，3/10/70；Ehrlichman 档案；Haldeman 笔记，3/25/70；Haldeman 档案，Box41；HRHD，3/19/70。

578 Carter《风靡一时的政见：乔治·华莱士，新保守主义的起源与美国政治的转型》，第388－389页。

579 Mollenhoff《对付灾难的诡计谋划：特派员关于尼克松时期的报告》，第113页。

580 Carter《风靡一时的政见：乔治·华莱士，新保守主义的起源与美国政治的转型》，第391－392页。

581 同上，第395－396页。

582 Lukas《梦魇：尼克松年代的底面》，第31－32页。

583 Lukas《梦魇：尼克松年代的底面》，第33页；Evans and Novak《尼克松在白宫：权力的挫折》，第243页；Frank J. Donner《监视时代：美国政治情报系统的目标和方法》(New York: Alfred A. Knoff, 1980; Vintage Books)，第265页。

584 int. Dusan Eisenhower；Julie Nixon Eisenhower《帕特·尼克松：不为人知的故事》，第439－440页。

585 HRHD，6/8－9/70。此段所讲的人事变动在霍尔德曼那些天的日记中以及 Ehrlichman《权力见证人：尼克松时代》第101－110页都有记载，当然，报纸上也公布过。

586 Ehrlichman《权力见证人：尼克松时代》第102页。

587 Stephen Bull 为总统档案起草的备忘录，6/10/70。

588 Stephen Bull 致 RN 的备忘录，6/10/70。

589 Kalmbach 致 RN 的备忘录，6/10/70。整个名单，用星号标出的是潜在的而非持续的捐赠人：

注 释

W. Clemt Stone, Richard Pistell, John King, Rober O. Anderson, John Rollins, Willard F. Rockwell Jr., Sam Wyly and Charles Wyly, Dudley Swin, H. Ross Perot, Edgar W. Brown Jr., Walter Annenberg, Thomas Pappas, Richard Mellon Scaife, Loren Barry, David Parr, Clement Hirsch,* William Liedtke, Wayne Hoffman, Henry Ford II, *Albert H. Gorden, Vincent de Roulet, Roscoe Pickett Jr., Mrs. Blanche Seaver, Arthur Lipper, Henry Salvatori, David K. Wilson, Fred Russell, Ned Gerritty, Shelby Davis, William Casey, Arthur K. Watson, DeWitt Wallace, Kenneth Franzheim, Robert P. McCulloch, J. Howard Pew, Charles Luckman, Max Fisher, Frank K. Greenwall, Kent H. Smith, Benson Ford, Tobert H. Abplanalp, Claude Wilde, Ealter Davis, Jack Mills, Howar Newman, John M. Shaheen, Kingdon Gould, Foster McGaw, James Crosby, Bernard Johnson, Thomas J. Morrison, F. K. Weyerhauser, John P. Humes, A.C. Nielsen, Guilford Dudley, John Olin and Sencer Olin, J. William Middendorf II, Charles Payson, Robert Hill, John Hay Whitney, Mrs. Helen Clay Frick, Elmer Bobst, Willard W. Keith, William Lasdon.

590 HRHD, 6/23/70.

591 背景简报6/26/70, 被封存至7/2/70, NSC 档案, boxes 579 – 590。基辛格的记者招待会也在该系列档案中。

592 HRHD, 6/29/70.

第 15 章

593 Lukas《梦魇：尼克松年代的底面》, 第30 – 37页；Huston 致 Haldeman 的备忘录, 7/10/70。

594 Haldeman 致 Huston 的备忘录, 7/14/70。

595 Colson 致 RN 的备忘录, 7/10/70。尼克松经常谈论如何想办法破坏布鲁金斯学会的影响, 他认为这种机构是在野自由主义分子的安全港, 一种流亡政府。一个有效的主意是构建一个保守派对手。1970年6月23日, 总统会见约翰·斯韦林根讨论把美国企业学会（AEI）变为尼克松所谓的共和党"弹

687

药工厂。"斯韦林根是这个面向小企业的公共政策团体的负责人。尼克松派科尔森配合斯韦林根去说服为布鲁金斯研究项目捐资的保守派捐助人转为资助AEI。斯凯夫梅隆基金会为 AEI 提供了 100 万美元,皮尤家族信托基金也提供了 100 万美元。

596 HRHD,7/24/70。

597 Kissinger《白宫岁月》,第 444 页;Isaacson《基辛格传》,第 253 页。

598 HRHD,7/10/70。

599 Dent 致 RN 的备忘录,"为总统档案起草的备忘录,"7/22/70,POF Box 81;Edward Morgan 致 RN 的备忘录,8/27/70;Ehrlichman《权力见证人:尼克松时代》第 227 页。总统每天详细的每日摘要,上面对每个被认为"特别动荡不定"的南部学区都画上了选项框。

600 Hersh《权力的代价:尼克松白宫中的基辛格》,第 227—228 页。Hersh 在脚注中解释了唯一一名记者,《华盛顿邮报》默里·马德是如何直接报道了"驱逐"这句话的。基辛格在 6 月 26 日的记者招待会上使用了这个词,这次讲话被禁止报道,直到 7 月 1 日。6 月 27 日,在第二次记者招待会上,基辛格撤回"驱逐"这个词,这次讲话也被禁止报道。马德没有参加这两次记者招待会,但是在 7 月 1 日看到了第一次记者招待会的讲话文稿,次日便写了一篇报道。马德与赫什一见如故,他告诉赫什:"亨利对此并非完全不高兴。"在欧洲新闻媒体开始批评基辛格对外交辞令不敏感之后,他有一年拒绝跟马德说话。另一个因素是罗杰斯,其公开否认驱逐计划,但私下指责基辛格企图破坏他在中东(他唯一真正拥有权力的地区)的谈判。

601 Kissinger《白宫岁月》,第 545—551 页。

602 国家安全决定备忘录 69,7/9/70。总统有关维也纳 SALT 谈判的谈话要点备忘录,有布坎南起草,其中说:"那些正在提议单边和无条件中止美国开发 MIRV 和 ABM 的人会浪费在谈判开始之前我们所拥有的唯一的特殊、足以压倒对方的优势——错过 SALT 谈判取得成功的唯一机会……这些谈判的成功取决于美国拥有某些可以与苏联做交易、换取其限制其 ICBM 计划的东西。"

注 释

603 Kenneth Belieu 致 RN 的备忘录，7/23/70，POF Box 81。

604 Kissinger《白宫岁月》，第580－585页。

605 Hersh《权力的代价：尼克松白宫中的基辛格》，第223页。这个交易最初是在雷宾的备忘录中详述的。

606 Safire《倒台之前：内窥水门事件前的白宫》，第406页。

607 HRHD，7/15/70.

608 Kissinger《白宫岁月》，第576,582－591页；Nixon《回忆录》，第482页；Isaacson《基辛格传》，第286页；Hersh《权力的代价：尼克松白宫中的基辛格》，第228－231页；Time，8/3/70。

609 HRHD，8/15/70；Kissinger int.

610 Haldeman 笔记，8/16/70。4天后，霍尔德曼写道："认为基辛格正在故意努力破坏和平提案——因为是由罗杰斯提出的——基辛格反对之，现在不忍受眼看它生效……以色列人一直在尖叫说埃及破坏停火，总统担心基辛格在怂恿他们。基辛格还极力让他去看梅厄……认为这是以色列的一个骗局。"HRHD（有删节），8/20/70。接着写道："总统确信基辛格是在故意破坏和平提案——因为罗杰斯因为这个提案而得到了信任，因为这个提案从根本上说不利于以色列。"HRHD（有删节），9/1/70。

611 Ehrlichman《权力见证人：尼克松时代》第299页；Hersh《权力的代价：尼克松白宫中的基辛格》，第227页。

612 Kissinger 致 RN 的备忘录，8/1/70。

613 拉德福的故事直到1974年1月中旬才公开，当时《芝加哥论坛报》报道了其基本内容。

614 Dent 致 RN 的备忘录，"为总统档案起草的备忘录，"7/22/70，其中写道："关于给候选人的资助做出了决定。该信息被视为本报告中的敏感内容。"在 Dent 的保险柜里找到的第二份带有附件的备忘录说："附件是一个备忘录，用于了解我们的政治会议决定，因为这关系到对关键候选人的金钱援助计划。"第二份备忘录是真的，可以在 Harry Dent Box 15（Special Files

689

Unit）中找到，在他的 Box 15 中保留了一份复写本（folder, 1970 Memos to Staff Secretary）。

615 在 Safire 所做的 9 月 24 日政治会议记录中，尼克松提到，勒诺·罗姆尼是"大麻烦。"

616 Safire 会见总统时的笔记，9/9/70，Safire 文件，LC 手稿部。

617 Safire 笔记，椭圆形办公室的政治会议，9/24/70，Safire 文件，LC 手稿部。

618 Haldeman 笔记，3/19/70，Haldeman Box 42。

619 HRHD，5/18/70。

620 HRHD，8/31/70。

621 Bull 致 RN 的备忘录，8/18/70，"为 1970 年第一百万名白宫参观者致敬，"POF Box 82。

622 所牵扯的航空公司为泛美航空公司，环球航空公司，以色列航空公司以及瑞士航空公司。在乘客和机组人员在埃及人的保护下离开飞机之后，泛美公司的波音 747 飞机在开罗被炸毁。以色列劫机者被乘客所制服，飞机在伦敦安全着陆。9 月 13 日，沙漠上的三架飞机被清空并引爆。

623 Hersh《权力的代价：尼克松白宫中的基辛格》，第 235－237 页；Isaacson《基辛格传》，第 286 页。

624 Hersh《权力的代价：尼克松白宫中的基辛格》，第 260,266 页；Isaacson《基辛格传》，第 288 页。

625 Isaacson《基辛格传》，第 288－291 页。

626 HRHD，9/17/70。

627 Kissinger《白宫岁月》，第 614－617 页；Nixon《回忆录》，第 483－484 页；Isaacson《基辛格传》，第 294－295 页；Hersh《权力的代价：尼克松白宫中的基辛格》，第 237－240 页；Kissinger int.。

628 Haldeman《权力的终结》，第 85－86 页；Kissinger 致 RN 的备忘录，9/18/70。基辛格关于足球的说法不对。菲德尔·卡斯特罗是在 20 世纪 60 年代

注　释

和70年代鼓励踢足球，古巴全国都有球队和球场。

629 Haig致RN的备忘录，9/18/70，主题为会见梅厄和雷宾，POF Box 82。

630 Kissinger int. HRHD（有删节），9/20/70；Isaacson《基辛格传》，第296－298页；Kissinger《白宫岁月》，第638－639页；Nixon《回忆录》，第485－486页；Hersh《权力的代价：尼克松白宫中的基辛格》，第250－254页。

631 Isaacson《基辛格传》，第299页。

632 Haig《核心集团：美国是如何改变世界的》，第248－249页；Isaacson《基辛格传》，第299-301页；Kissinger《白宫岁月》，第617－626页。

633 HRHD（有删节），9/17/70。"峰会"评论是从9月17日备忘录中删去的部分；"替罪羊"是9月20日删去的内容。

634 Hersh《权力的代价：尼克松白宫中的基辛格》，第244页。

635 HRHD（有删节），9/21/70；Isaacson《基辛格传》，第301－302页；Kissinger《白宫岁月》，第625－628页；Haig《核心集团：美国是如何改变世界的》，第250－251页。

636 58,000经英国训练的约旦部队，其中大部分是因沙漠暴行而闻名的贝都因人，是一支有效的作战力量。它对外国官员，从其他伊斯兰国家来的雇佣兵也有帮助。坦克部队的指挥官之一是一名巴基斯坦陆军少校，名叫穆罕默德·齐亚·哈克，其于1977年在他自己的国家执政，统治十多年时间。

637 HRHD（有删节），9/23/70。

638 Ziegler致RN的备忘录，9/25/70。

639 Klein int.

640 *NYT*，9/27-28/70.

641 Isaacson《基辛格传》，第307页。

642 HRHD，9/27/70。

643 HRHD，9/28/70。

644 Kissinger《白宫岁月》，第649页。

645 Kissinger《白宫岁月》，第678页；Hersh《权力的代价：尼克松白宫中的基辛格》，第 283 – 284 页；Edward Korry《智利的背叛与美国的纳税人》，Penthouse，3/78。

646 中情局给圣地亚哥站长的电报，10/18/70。

第 16 章

647 Safire 笔记，9/9/70，总统与布坎南、登特、乔蒂纳、拉姆斯菲尔德、芬奇、安德森、迪克·波雷斯及哈洛的会议，Safire 文件，LC 手稿部。准确的语录来自 9 月 9 日的一次会议，虽然总统在那整个秋季的几乎每一次政治会议，包括 9 月 26 日的会议上都讨论该书。

648 *NYT*，9/20/70；CEA 年报，1971，第 135 页。

649 Safire 备忘录，9/9/70，Safire 文件，LC 手稿部。

650 RN 致 Flanigan 的备忘录，3/16/70，Haldeman Box 228（有争议）。

651 Wall Street Jornal，4/3/70。

652 Ehrlichman 笔记，10/2/70，Ehrlichman 档案，*WHSF*。

653 Matusow《尼克松的经济：繁荣、泡沫破灭、美元与选票》，第 57，82 页。

654 Safire 笔记，9/9/70，总统与布坎南、登特、乔蒂纳、拉姆斯菲尔德、芬奇、安德森、迪克·波雷斯及哈洛的会议，Safire 文件，LC 手稿部；Safire 笔记，9/14/70，Safire 文件，LC 手稿部；Safire 笔记，9/24/70，总统与阿格纽、哈洛、阿特·索默及卡尔·布鲁默的会议，Safire 文件，LC 手稿部。

655 Colson 致 RN 的会议备忘录，9/11/70，POF Box 82。

656 Higby 致 John Brown 的备忘录，9/30/70。

657 HRHD，10/3/70，10/4/70，10/5/70；Haldeman 致 Butterfield 的备忘录，10/6/70；Haldeman 致 Colson 的备忘录，10/6/70；Butterfield 致 Haldeman 的备忘录，10/22/70。马尔卡希（一位地道的爱尔兰人）是高效氧还原炼钢炉的发明人，那年他给尼克松 1972 年连任竞选的礼物在列表上为 255,000 美元，后来，在应对 1973 年共同目标协会的诉讼的一份经过修正的声明中称是

599,595美元。该声明中的数额包含了1972年4月——《1971年竞选财政法案》规定的有效日期——之前的秘密捐赠。在那些记录中，马尔卡希在尼克松1972年的捐赠人中名列第三，前两名为W.克莱门特·斯通（206.7万美元）和理查德·梅隆（102万美元）。

658 Butterfield致Haldeman的备忘录，10/22/70。

659 总统书桌，PPF Box 185。

660 Evans and Novak《尼克松在白宫：权力的挫折》，第334页。

661 RN写给其本人的便条，10/22/70，总统书桌，PPF Box 185。通常，尼克松的黄记事簿上的简短笔记没被注意，因为可以在按时间顺序排列的PPF Boxes 185–188档案中找到它们。但是读者可能误以为这是一份备忘录。

662 HRHD，10/12/70。

663 Osborne《尼克松观察（第二年）》，第163页。

664 Ken Cole致RN的备忘录，10/23/70。

665 尼克松看不起联合国。1969年末，霍尔德曼记录道："会见联合国大会主席和乌坦。真是一帮废物。基辛格说乌坦"——秘书长——"告诉他在南越他应当用一位更强有力的领导人取代阮文绍。有点儿无礼！"HRHD（有删节），9/18/70。

666 Kissinger致RN的备忘录，10/25/70。

667 Kissinger致RN的备忘录，10/26/70。

668 Safire《倒台之前：内窥水门事件前的白宫》，第327 – 334页。

669 HRHD，10/29/70。

670 Wells《内部的战争：美国为越南而进行的争斗》，第465 – 466页。

671 HRHD，10/29/70。

672 Safire《倒台之前：内窥水门事件前的白宫》，第335 – 340页；HRHD, 10/31/70; Wells《内部的战争：美国为越南而进行的争斗》，第466页。

673 Safire int.

674 HRHD，11/3/70。

第17章

675 Ehrlichman 笔记，11/17/70，Ehrlichman 文件，WHSE。

676 这些出自他们专栏文章的观点也见于他们《尼克松在白宫》一书，第352－353页。

677 Ehrlichman 笔记，12/11/70，Ehrlichman 文件，WHSE。

678 Moynihan，为总统档案起草的报告，11/17/70。尼克松相信，一种捏造两党外交政策共识的途径是让民主党人担任联合国的职务，一种外表显赫而实际权力极小的职务。从1969年1月开始，他将该职务提供给尤金·麦卡锡和 R. 萨金特·施赖弗以及其他人。1970年11月，他还灵机一动地想任命一名民主党或共和党自由主义派参议员，以便让该参议员离开参议员的位置，从而创造保守派替补的可能性。当时考虑的人选包括肯塔基州的约翰·谢尔曼·库珀、伊利诺伊州的查尔斯·珀西，以及马萨诸塞州的爱德华·布鲁克。任命布鲁克可能有双重好处，或者说尼克松希望如此。如果布鲁克离开参议院，总统希望说服马萨诸塞州的共和党州长弗朗西斯·W.萨金特提名交通运输部长沃尔普作为接替人，从而让沃尔普离开内阁。

679 Ehrlichman 笔记，11/17/70，Ehrlichman 文件，WHSE。

680 HRHD，11/7/70。

681 HRHD，11/2/70。

682 John Brown（行政秘书）致 Klein 和 Ziegler 的备忘录，11/12/70。

683 HRHD，11/16/70。

684 Hullin 致 Ehrlichman 的备忘录11/16/70；Garment 致 RN 的备忘录，11/16/70。

685 HRHD，11/3/70；*NYT*，HRHD，12/4/70。

686 *Newsweek*，12/7/70。

687 HRHD，12/8-9/70，12/11/70。

688 HRHD，11/13/70，12/2/70。

注 释

689 Ehrlichman 致 RN 的备忘录，11/24/70，11/25/70，12/17/70。

690 RN 致 Haldeman 的备忘录，12/4/70。

691 查普曼的朋友致 Murray Chotiner 的备忘录，12/15/70。跟踪马斯基的查普曼的朋友包括《纽约先驱论坛报》记者以及卢西恩·戈德伯格，后者后来成为纽约的一名著作经纪人，1999年成为弹劾克林顿总统事件中一个人物。

692 Haldeman 致 Chapin 的备忘录；采访讲述/搜集趣闻轶事的人普莱斯、萨菲尔和许布讷。

693 Andrew Rouse 致 RN 的备忘录，主题为"总统行政重组顾问委员会会议报告，"11/19/70，POF Box 83。

694 Safire int.；Safire《倒台之前：内窥水门事件前的白宫》，第497 – 498页。

695 HRHD，12/4-5/70.

696 Ehrlichman int.，弗吉尼亚大学米勒中心，《白宫与决策》，第114页。

697 Haldeman 为总统档案起草的备忘录，12/9/70；HRHD，12/7/70。

698 HRHD，12/5/70，12/7/70。

699 HRHD，12/9/70。

700 Kissinger 致 RN 的备忘录，12/10/70。

701 Kissinger《白宫岁月》，第700 – 702页。

702 Haig《核心集团：美国是如何改变世界的》，第257页。

703 Kissinger int.

704 Loory int. 尼克松特别不喜欢卢里，曾命令将他从联合记者中排除。但是1970年9月，该记者令人惊讶地被任命为随总统访问地中海萨拉托加号航空母舰的联合记者之一。"出什么事了？"卢里感到吃惊，问齐格勒。这位新闻秘书回答说："我告诉他你晕船很厉害。"

705 *NYT*，12/10/70。

706 Allen Drury《勇气与犹豫：尼克松政府的注释和照片》(Garden City, N.Y.: Doubleday, 1971)，第137页。在1971年3月30日接受德鲁里的采访时，

尼克松展示了他对新闻媒体的公开看法："'新闻媒体？'他的表达方式变了，变得郑重其事、固执、近乎轻蔑。'我或许跟随新闻媒体更紧密，它对我的影响比对其他任何一位总统都更小。我对它有一种非常冷静的超然感……我从来没有发火。我认为我面对非常有敌意和不公正的新闻媒体，比以往任何一届总统都更甚，但是我对此已经形成了一种达观的态度。我很早就形成了这种态度。在新闻媒体反对我的政治战役中十之八九是我获胜。我是怎样做到的？我不理睬新闻媒体，而面向人民。'"

707 RN 致 Haldeman 的备忘录，12/11/70。

708 1969 年 11 月 24 日，总统给霍尔德曼发了一份备忘录说："在我给公关领域派任务时，我认为重要的是你要口头转告布坎南和萨菲尔，而不是通过来自我的备忘录告诉他们……我认为让萨菲尔能够告诉人们我正试图发动人们给专栏作家写信等不是个好主意。"

709 RN 致 Haldeman 的备忘录，12/11/70。

710 Reichley 和 Burns 口述史实，9/21/70，福特图书馆。

711 Safire int.

712 Ehrlichman 笔记，12/15/70，Ehrlichman 致 RN 的备忘录，主题为会见伯恩斯，12/15/70，POF Box 83。

713 Shultz 给总统档案写的备忘录，11/19/70，POF Box 83。

714 Krogh int.；Chapin 致 Haldeman 的备忘录，12/1/70；Krogh 致 RN 的备忘录，12/21/70，主题为会见普雷斯利，POF Box 83；Egil "Bud" Krogh《埃尔维斯拜见尼克松的日子》(Bellevue, Washington:Pejama Press, 1994)。

715 Price 致 RN 的备忘录，12/21/70，主题为内阁会议，POF Box 83。

716 RN 致 Haldeman 的备忘录，12/13/70。

717 CBS 新闻誊抄本，12/27/70，Safire 文件，LC 手稿部。

718 Drury《勇气与犹豫：尼克松政府的注释和照片》，第 243-246 页；HRHD，12/31/70；Helen Thomas int.。

719 经济顾问 Alan Greenspan 在与 James Reichley 的一次访谈中说，他认

为尼克松总统的智商在自伍德罗·威尔逊总统以来的任何一届总统中是最高的，而他的幕僚，尤其是霍尔德曼和埃里希曼极其聪明。"但是，"他补充说，"这是聪颖通常堵塞持异议者。他们不容意见分歧。"

第 18 章

[720] HRHD, 1/1/71.

[721] Buchanan 致 RN 的备忘录，1/7/71。在1972年6月给布坎南的备忘录中，尼克松阐释了左翼极端分子与像布坎南这样的保守派真是信徒之间的差异。"就有关原则而言，右翼宁愿输掉也不愿放弃。左翼的主要动机是权力。他们随时愿意在原则上做妥协以获取权力，因为他们知道如果没有权力他们就不能将其原则付诸实施。"欲进一步了解有关"不伦不类"论战的论述，参见 Safire《倒台之前：内窥水门事件前的白宫》，第543－551页。

[722] Ambrose《尼克松》vol.2，第404页；NYT，1/7/71。

[723] Dick Moorer 致 RN 的备忘录，1/22/71，主题为"总统的开门办公"，POF Box 84。休·斯隆接着成了总统连任选举委员会财务主管，也成了卡尔·伯恩斯坦和鲍勃·伍德沃德的水门事件报道中一个关键信息来源。

[724] "收入分享"最初是由梅尔·莱尔德于20世纪50年代提出的，但是他是一位年轻的来自威斯康星州的国会议员。1964年。约翰逊总统准备采纳这个提案，但由于劳工组织的反对而退缩了。尼克松的收入分享具体方案如《新共和》杂志的约翰·奥斯本所报道，该报道在其《尼克松观察（第三年）》(New York: Liveright, 1972)一书中重印。

收入分享将财务分为两种方式，一种是纯粹的创新，另一种则不那么存储。联邦收入折合为全国可征收个人所得税联邦收入的一个固定比例（1.3%），此收入将每年返还给各州和地方。对使用此收入的唯一限制条件是各州和地方根据联邦确定的公式分享之（平均而言，52%给各州，48%给地方），同时要遵守联邦有关禁止种族歧视及其他歧视的法律和规章。在第一年全年执行过程中，这个基本百分比会产生50亿美元的"一般收入分享"

尼克松——孤独的白宫主人

额，在个人收入增减的年份会更多。另一方面，"特殊收入分享"实际上是各州和地方根据预定的联邦标准以联邦补贴形式得到并在各种程度的联邦控制下使用的资金的分享。获资助的政府不必再提供与联邦经费配套的自有经费（通常为总额的10%到30%）。和一些额外的经费（情报官们说为10亿美元；1972年的预算消息说）一起，在第一个完整的财政年度里，对各州和地方而言，这些"分类财政补贴金"转变为总统所提出的更多或更少的资助会达到110亿美元。

关于医疗保健提案，奥斯本写道：

尼克松的方案分别对待能够和不能负担得起自身医疗保健费用的美国人。但是它以同样的方式——依靠私营保险公司提供的健康保险——对待穷人和非穷人。联邦政府为没有收入或收入非常低（四口之家总统3,000美元）购买保险。一份补充尼克松方案的官方说明书说，法律要求'所有雇用1名及其1名以上雇员的雇主'都要为其雇员提供'最低标准的健康保险的保护'，雇主最初至少支付费用的65%，以后支付费用的75%。雇员要支付余下的费用，除非他们或他们的工会获得更高或全部的雇员支付。难懂的条文限定雇主有'从事跨州贸易'这种表面上包罗一切的授权，一种非常广泛但并非完全接受的范畴。所要求的'最低保护'没有定义，给人留下的印象是，从最慷慨的期望出发，它可以由通过蓝十字以及类似的保险协议所能提供的最廉价和最优先的范围构成。例外的情况是，总统坚持认为，为那种严重疾病，比如在尼克松先生童年时夺去其兄长生命并使尼克松家负债累累的结核病，要提供最高5万美元的保险。保险范围内的雇员将得到全面的生育照顾和儿童预防保健，但是他们要支付首次100美元至208美元的住院费用并承担一些比例的医疗费用。非常贫穷者不必支付这些费用，但是有3,000美元以上收入的四口之家必须支付一些费用，而有5,000美元以上收入者，则都要承担上述费用。理查德森部长推测第一年雇主将要支付的费用比雇主目前为健康保险支付的费用多70亿美元。但是，他承认，就尼克松和对手的方案而言，这个以及文字上其他所有的成本估算都不比对此的推测和胡乱推测更好。

注　释

725 HRHD, 3/6/71.

726 John Huntsman 致 Ehrlichman 的备忘录, 2/20/71。

727 Mort Allin 致 George Bell 的备忘录, 1/28/71。1970年11月30日, 总统给霍尔德曼口授了一份备忘录:"在政治方面, 我建议, 在未来几个星期, 在与你认为是我们最佳的政治分析家的那些人磋商之后, 你应当制定一个名单, 列出那些从现在到1972年作为和继续作为我们的主要对手的人。我说的不仅包括新闻媒体和电视, 还包括大学团体、宗教组织、财政金融机构、东部权势集团、参议院、众议院、地方长官、党派领袖中的主要反对派, 以及诸如劳工组织和少数民族团体之类的特殊利益团体。"第一批对手名单包括20名学者, 24名实业家, 9名艺人, 12名劳工领袖, 57名记者、编辑及节目主持人, 15个组织, 以及30名政客。

728 Butterfield 致 Haldeman 的备忘录"敌手", 7/8/71, Staff Secretary Box 82。

729 Safire int.; Safire 笔记, 2/21/71, Safire 文件, LC 手稿部。

730 Safire 致 Butterfield 的备忘录, 2/24/71。

731 HRHD, 3/3/71.

732 Haig 致 RN 的备忘录, 主题为与基辛格、黑格及穆勒的会议, 1/26/71, POF Box 84。

733 HRHD, 2/3/71.

734 *NYT*, 2/6/71.

735 Haldeman 会议笔记, 2/4/70, HRHD, 2/4/71。

736 HRHD, 2/4/71。促进罢免胡佛的人之一是布坎南, 其在2/12/71写给总统的一份备忘录中说:"我认为总统应当严肃考虑尽可能快地替换胡佛——为他着想, 为我们着想, 为这个国家着想……他变得越来越像个反派人物, 而且他完全困住了我们。"

737 HRHD, 2/6/71.

738 Safire《倒台之前: 内窥水门事件前的白宫》, 第403页。

739 Kissinger《白宫岁月》, 第1002－1010页; Hersh《权力的代价: 尼

699

克松白宫中的基辛格》,第307－313页；*NYT*, 2/1/71－4/4/71。

740 Haig,总统会见穆勒上将的备忘录,2/25/71。

741 *NTY*, 3/24/71。

742 *NTY*, 3/2/71。

743 Lukas《梦魇：尼克松年代的底面》,第372－378页；William Doyle《椭圆形办公室之内：从富兰克林·德兰诺·罗斯福到克林顿的白宫秘密录音带》(New York: Kodansha International, 1999),第167－169页；Klein《澄清事实：一位知情人关于尼克松与媒体既爱又恨的关系的报告》,第327页。总统布什唯一一个对谈话进行录音的人。埃里希曼的办公室也有一套完整的录音系统。科尔森也对电话进行录音。基辛格让一位秘书在电话分机记录他的电话。1993年10月5日,在克里斯托弗·马修斯为《肯尼迪与尼克松：塑造战后美国的对抗》(New York: Simon & Schuster, 1996)一书采访霍尔德曼时,霍尔德曼说："这由许多事演化而来……他担心在私下一对一会晤时他不想让自己亲自作为唯一的记录员,因为那会有一大堆的事情要做,而他还得要思考问题……所以我们建立了许多不同的程序。一个人列席,像一只苍蝇在墙上。在我们的人员开会之后,有一次双方自动报告会。尼克松不喜欢有人列席,尤其是如果他们还在做笔记,因为这样做总是打扰人……我们找到的解决方案是让弗农·沃尔特列席,因为他有惊人的记忆力,让他以助手的身份列席。我们把他从欧洲召回,告诉他尼克松想要他做什么。沃尔特站起来说：'霍尔德曼先生,将军们指挥部队,他们不是秘书,'然后昂首阔步走出房间……我曾一度问尼克松——录音带越堆越多——是否希望我开始找人把录音带的内容誊抄下来？……他说绝对不要。他不想让任何人听这些录音带。他跟我说：'除了你和我,不会有人听到那些录音带的内容。'"

744 有关印巴战争的描述引自对基辛格的采访以及对萨尔坦·可汗和穆罕穆德·齐亚·哈克将军的采访,当时他是巴基斯坦总统,有些细节来自Isaacson《基辛格传》,第371－372页。

745 *NTY*, 3/30/71; HRHD, 3/30/71－4/2/71; Nixon《回忆录》,第

注 释

499 – 500 页；Evans and Novak《尼克松在白宫：权力的挫折》，第 394 – 399 页；Carter《风靡一时的政见：乔治·华莱士，新保守主义的起源于美国政治的转型》，第 386 页。布坎南为总统跟踪考利报道，4 月 5 日写道："我们要抓住舆论的转变，走在舆论的前面——不是铲除考利，而是为军队辩护，这个国家的法律程序，我们相信战斗中的越轨行为将不会被容忍——对站在我们的围栏、这个国家的围栏的另一边深感负疚的战犯给予重责。"尼克松回复道："这就是我们的立场。"

746 HRHD, 4/1/71.

747 Drury《勇气与犹豫：尼克松政府的注释和照片》，第 389 – 400 页。

748 NT，3/23/71，上午 11 时；致 RN 的备忘录，3/23/71，"总统会见 20 位乳品行业重要人士"，POF Box 84；HRHD，3/23/71；Lukas《梦魇：尼克松年代的底面》，第 115 – 126 页。AMPI 实际上只提供了 632,500 美元。康纳利被起诉——后来被宣判无罪——乳品生产商还给他个人提交了 15,000 美元现金。纳尔逊被判定犯有受贿罪，在监狱服刑 4 个月。

749 HRHD, 4/2/71.

750 致总统的信，4/3/71；NTY，4/11/71；HRHD，4/7/71。

第 19 章

751 RN 致 Haldeman 的备忘录，3/31/71。

752 Drury《勇气与犹豫：尼克松政府的注释和照片》，第 226 – 235 页。

753 Andrew 致 RN 的备忘录，4/19/71，彩色报告，POF Box 84。

754 Butterfield 致 RN 的备忘录，4/19/71，彩色报告，POF Box 84。

755 美国执法部门联盟会议备忘录，丹佛，8/3/70，POF Box 81。

756 WSJ, 4/14/71.

757 RN 口述，4/14/71。

758 "他有一种失败者的感觉。记住理查德·尼克松是一个大都会队球迷，"Klein 在访谈时说。

759 Enrlichman int.

760 HRHD（有删节），1/8/70。在执政初期，霍尔德曼（大概是奉总统之命）要朱莉·尼克松·艾森豪威尔从史密斯学院退学一年以便接受她目前的一些工作。HRHD（有删节），4/27/69。

761 Gulley《打破掩盖》，第159页。

762 Maddox 后来成为乔治亚州州长。

763 HRHD，3/17/71。

764 ANS nd，4/71，POF Box 33。

765 1973年2月22日周恩来在北京跟尼克松讲了毛泽东的作用，谈话备忘录，总统档案，2/22/73。

766 Time，4/26/71。

767 Buchanan 致 RN 的备忘录，2/12/71。

768 Moynihan 致 RN 的信，2/28/71。

769 HRHD，5/22/71。

770 HRHD，4/16/71。

771 HRHD，4/20/71。

772 Edward L. Morgan 致 RN 的备忘录"学校废除种族隔离问题的状态，"5/24/71。

773 Wells《内部的战争：美国为越南而进行的争斗》，第471 – 472，480 – 499页。

774 HRHD，4/23/71。

775 Wells《内部的战争：美国为越南而进行的争斗》，第498 – 500页。

776 Kissinger《白宫岁月》，第713 – 717页；HRHD，4/28/71；Isaacson《基辛格传》，第339 – 340页。

777 Wells《内部的战争：美国为越南而进行的争斗》，第500 – 505页。

778 Dean 致 RN 的备忘录，5/4/71。

779 Wells《内部的战争：美国为越南而进行的争斗》，第504 – 505页。

注 释

弗雷德·菲尔丁半开玩笑地提议送这些橘子，加一个马斯基标签。科尔森一本正经地采纳了这个建议。而且，这种特别冷的风凉话来得更早。

780 RN 口述给 Haldeman 的备忘录，5/4/71。

781 RN 致 Haldeman 的备忘录，4/28/71。

782 Wells《内部的战争：美国为越南而进行的争斗》，第495页。

783 Krogh int. Michael Massin《应急措施》(New York: Simon & Schuster, 1998)，第107－110页。6月3日毒品问题会议的记录说："总统表示关注，有些公众，特别是有些雇主，将这位越战退伍军人视为残忍的凶手和吸毒者，所以他找不到工作。这种形象必须得到改变。"克罗赫得到了两条指令：将毒品使用作为一个"全国性问题"来对待，以便使之不作为越战的焦点；找到一种方式，在其离开越南回家之前就把他们收拾整洁。

得到总统的命令，克罗赫立即引进了一位37岁的芝加哥精神病专家杰罗姆·贾菲。贾菲医生有个想法，突然间让他在椭圆形办公室里跟总统解释这个想法，总统很喜欢这个想法。这位精神病专家说大部分有问题的士兵都不是顽固不化的瘾君子，而只是食用毒品者，吸着玩儿，严厉的军事处罚只会让人们更注意越战问题——这正是尼克松所不希望的——而有一种做法是采取一点即时的处罚。"什么样的处罚？"总统问。比方说在他们排队准备登上把他们从越南带回家的飞机时对他们进行尿检。如果其即时尿检结果为"阳性"——说明吸食过毒品——就不许其离开越南，直到戒毒两周之后才能登机回家。尼克松认为这个主意既聪明又符合他的目的。发现吸毒和戒毒都会是在海外。5月30日，尼克松送贾菲医生去五角大楼，因为五角大楼的将军们和上将们说要花5到6个月的时间去建立一套制度，但军人们不会配合。这位对华盛顿方式一窍不通的医生说："先生们，白宫想更快一些完成某些事情。……我不能相信这支世上最强大的军队不能让其士兵在瓶子里留尿样。"他们能够并且他们做到了。一周之后，总统特批1.55亿美元创建了预防毒品滥用特别行动办公室——承担对军队和平民的责任——由杰罗姆·贾菲牵头。他行动如此之快的部分原因是，这些经费大部分来自卫生教育与福利部的药品项目（在该办公室里张贴着；"无论如何他们都在那里吸毒。"）与此同时，总统本人认真地"编造出"——霍尔德曼的说法——一次莫伊尼汉头脑风暴：购买土耳其以及其他毒品生产国的鸦片作物。越南筛查从6月17日开始——用自由基测定机器在30秒内进行尿样分析——在第一批被检测的22,000名士兵中，只有不到5%的人的检测结果表明在临行前72小时内使用过鸦片制剂。这个百分比很快下降了。大部分人宁愿回家而非吸毒。

784 Dan Carter《风靡一时的政见：乔治·华莱士，新保守主义的起源与美国政治的转型》，第409－410页。

785 Lukas《梦魇：尼克松年代的底面》，第130－132页；NT，5/20/71。

786 椭圆形办公室录音磁带，5/13/71。

787 Carter《风靡一时的政见》，第409－410页。

788 Haldeman为总统档案起草的备忘录，5/20/71。

789 HRHD，5/20/71.

790 HRHD，5/18/71.

791 HRHD，5/18/71；Isaacson《基辛格传》，第327－328页；Charles W. Colson《重生》(Old Tappan, New Jersey: Chosen Books, 1976)，第43－45，57－59页；Kissinger《白宫岁月》，第820页。

792 HRHD，5/19/71；为总统档案起草的备忘录，5/19/71，"总统会见罗杰斯部长的谈话要点，"POF Box 85。

793 Hersh《权力的代价：尼克松白宫中的基辛格》，第341－342页。

794 MacGregor致RN的备忘录，5/20/71，POF Box 85。

795 Ken BeLieu致RN的备忘录，4/20/71，"会见参议员共和党的忠诚支持者，"POF Box 84。

796 Kissinger《白宫岁月》，第726－727页；Nixon《回忆录》，第551-552页；Hilaly int.。

797 Nixon《回忆录》，第504－508页。

798 HRHD, 6/10/71, 6/12/71.

799 Colson 致 Haldeman 的备忘录，6/15/71。

第20章

800 HRHD, 6/13–18/71.

801 Haig 致 RN 的备忘录，主题为：安全许可审查，6/30/71。

802 Rudenstine《新闻言路堵塞的日子：五角大楼文件案历史》，第31，252页；Sanford Ungar《文件与文件：关于五角大楼文件的法律及政治斗争的报告》(New York: Columbia University Press, 1989)，第40－42页。

803 Bernard and Marvin Kalb《基辛格》(Boston: Little, Brown, 1974)，第242页；Rudenstine《新闻言路堵塞的日子：五角大楼文件案历史》，第33－35，72－73页。

804 Haldeman《权力的终结》，第110页。

805 Rudenstine《新闻言路堵塞的日子：五角大楼文件案历史》，第67－71，102－103页；Ungar《文件与文件》，第108，120－124页；HRHD, 6/14/71。

806 Ehrlichman 致 RN 的备忘录，6/15/71, POF Box 85。

807 Kissinger 致 RN 的备忘录，主题为：与多勃雷宁的会晤，6/15/71, POF Box 85。

808 Ehrlichman，与 RN、基辛格及霍尔德曼开会的笔记，6/17/71；Hersh《权力的代价：尼克松白宫中的基辛格》，第384－385页。

809 Haldeman《权力的终结》，第110页。

810 NT, 6/17/71, 5:17 p. m.。

811 HRHD, 6/17/71.

812 *NYT*, 6/14－29/71；Rudenstine《新闻言路堵塞的日子：五角大楼文件案历史》，第2－4，169，252，289－290页；Ungar《文件与文件》，第168－174，193－194页。当然，从该时期的《纽约时报》以及其他报纸上都可以查找到公开的五角大楼文件案事实年表。

813 HRHD，6/23/71.

814 Nixon《回忆录》，第552页；HRHD，6/28/71。

815 HRHD，6/22/71.

816 HRHD，6/29/71.

817 Haldeman 笔记，6/29/71。Haldeman 档案，SMOF。

818 Haldeman 口述记录6/22/71。Haldeman 档案，SMOF。

819 NT，6/30/71，7/1/71。这些段落的内容来自这两天里整天做的录音。参见 Haldeman《权力的终结》，第115页。

820 亨特第一次出现在白宫记录中是在1971年1月12日科尔森给乔治·贝尔的备忘录中："立即对波托马克河女巫岛霍华德·亨特先生及太太提出要求，要他们在为胡安·卡洛斯举行的晚宴上作为正餐后的客人。亨特是我们在西班牙从事情报工作的全体人员的领导。他妻子目前是西班牙大使的秘书。霍华德是一位坚定的共和党人，目前正在外面开展公共关系工作，并且开始为我们承担许多非常敏感的特殊工作任务。从政治上看非常重要的是，我们让他知道他是这个家庭的成员，这碰巧是他和他的妻子所关心的一种独特的机会。"

第21章

821 Matusow《尼克松的经济》，第131－141页。

822 Safire 致 RN 的备忘录，6/29/71，POF Box 85；Safire 笔记，6/29/71，Safire 文件，LC 手稿部。

823 Sein 致 RN 的备忘录"6月份的失业与就业，"7/1/71。

824 HRHD，2/6/71，6/29/71，7/2/71；NT，7/3/71。在与霍尔德曼和埃里希曼的同一次谈话中，尼克松询问有关基辛格前助理的情况："托尼·雷克是犹太人吗？……他看过这个。"雷克不是犹太人，在克林顿任总统期间，他担任国家安全顾问。同时，据霍尔德曼在《权力见证人》第258页所说，尼克松没有考虑他本人是反犹太人的，他说："你知道，我认为康纳利是反犹太人的。跟赫伯·斯坦、亚瑟·伯恩斯、亨利·基辛格、萨菲尔以及加门特打交道可能让他很烦。太糟了。"

825 Washington Post, 10/6/99。文章引用尼克松1971夏季的录音带。筛分了这些磁带上同样的话。

826 Malek 致 Haldeman 的备忘录，7/27/71，按字母顺序排列的档案；Malek，霍尔德曼档案。

827 HRHD, 7/7/71。霍尔德曼不是汉学家。那天晚上，关于基辛格拜访毛和周的事，他写道："……他可能会见到那个老人，以及那个他原本就要去见的那个人。"

828 HRHD, 7/8/71。

829 HRHD, 7/9/71。这次谈话发生在尼克松与罗杰斯首次谈话次日。

830 Nixon《回忆录》，第553页；Kissinger《白宫岁月》，第756页。

831 参议院军事委员会听证会，2/20 - 21/74，"从国家安全委员会给参谋长联席会议传送文件"；Lukas《梦魇：尼克松年代的底面》，第105 - 106页；Isaacson《基辛格传》第348页。

832 Kissinger《白宫岁月》，第754 - 758页。Kissinger 致 RN 的备忘录，7/13/71；Nixon《回忆录》，第553 - 554页；HRHD，7/13 - 14/71。

833 Clark MacGregor 致 RN 的备忘录，关于两党领导人会议，7/19/71，POF Box 85。

834 致 RN 的备忘录（未署名），关于公布 RN 的中国之行的幕僚情况简报会，7/19/71，POF Box 85。

835 Colson 致 Haldeman 的备忘录，7/20/71，Colson Box 15；HRHD，7/20/71。

836 RN 致 Kissinger 的备忘录，7/19/71。

837 Colson 致 RN 的会议备忘录，7/21/71，POF Box 85。

838 Lukas《梦魇：尼克松年代的底面》，第72 - 80,86,87页；Krogh int；Ehrlichman int。

839 有人认为泄密者是负责跟踪亨利·杰克逊参议员幕僚成员的国家安全专家理查德·珀尔。Krogh int.。

840 NTY, 9/19/96.

841 这些经济数据和语录引自 Matusow《尼克松的经济》，第112 – 117,146 – 149页；John Connally, with Mickey Herskowitz《在历史的阴影中：美国的奥德赛》(New York: Hyperion, 1993)，第238 – 241页；Wyatt C. Wells《不确定的世界中的经济学家：亚瑟·F. 伯恩斯与美联储，1970 – 1978》(New York: Columbia University Press, 1994)，第73 – 76页；以及那个时期出版的《纽约时报》、《华尔街日报》，以及《新闻周刊》。

842 到1968年3月为止，政府、中央银行、公司以及个人都可以兑换诺克斯堡的黄金，但是从1968年3月18日开始，改变了这种做法。当时由于预计金价会上涨，公司和投机商取走了30亿美元的黄金。在此之后，只有政府及其中央银行真正有权向美国要黄金。

843 Krogh int.；Lukas《梦魇：尼克松年代的底面》，第93页。

844 同上，第94页。尼克松辩护人强调，埃里希曼说他在传达总统的命令，这可能是他一直在撒谎。

845 Krogh and Young 致 Ehrlichman 的备忘录，关于五角大楼文件，8/11/71，承蒙 Bud Krogh 提供。

846 Anatoliy Fedorovich Dobrynin《秘密：与美国六位冷战总统交往的莫斯科的大使，1962 – 1986》(New York: Times Books, 1995)，第226 – 233页。

847 Safire《倒台之前》，第491 – 496页。

848 Safire 文件，LC 手稿部；Safire《倒台之前》，第509 – 510页。

第22章

849 Safire 笔记，8/13/71；Safire 文件，LC 手稿部；Safire《倒台之前》，第510 – 518页；HRHD, 8/13/71。自第二次世界大战结束以来，全世界货币的稳定一直基于刚性的汇率。世界上其他主要货币的价值都是根据恒定的

注　释

美元以及自1934年以来恒定的官方黄金价格——每盎司35美元——来计算。大部分国家的中央银行持有巨额的美元作为储备资产——银行中的稳定货币——实际上是靠其他货币可以官方汇率兑换为美元，以及美元可以官价兑换为黄金来保障。这种情况持续了37年。世界上大部分货币围绕着稳定的、以黄金为支撑的美元。这个新的想法会使美元向任何其他货币一样浮动，美元的价值将根据持有马克、法郎或英镑的外国人愿意付多少马克、法郎或英镑买美元而上下浮动。

850 HRHD，8/13/71；Safire《倒台之前》，第518页。

851 HRHD，8/14/71；Safire《倒台之前》，第519－520页。

852 Life，12/72。

853 HRHD，8/14/71。萨菲尔在他的书里把这位官员所在的位置写错了，说是在游泳池。实际上他是在桑拿房，有霍尔德曼的日记和萨菲尔本人的笔记为证。

854 Safire 笔记，8/14/71；Safire 文件，LC 手稿部。

855 Safire《倒台之前》，第520页。

856 HRHD，8/14/71。

857 同上。

858 Safire 日记，8/11/71；Safire 文件，LC 手稿部。这篇日记上的日期年份是前一年的，但写的是当年的事情，因此可能是写错了日期。

859 Safire《倒台之前》，第523页。所谓的幽灵可定比尼克松所承认的要更复杂。美元贬值抑制了尽快，因为一些外国公司不再认为在美国市场上经营有利可图。就包括进口在内的任何市场而言，供给减少会使得国内商品价格上涨。

860 Safire《倒台之前》，第524页。

861 Stein and Dening 致 RN 的备忘录 "抗通胀政策的下一步骤，"3/24/71。

862 HRHD，8/14/71。

863 Nixon《回忆录》，第520页。

864 Time，8/30/71。除特别说明的之外，所有的反响和评论均引自

8/30/71的《新闻周刊》和《时代》杂志。

865 Wall Street Journal，8/17/71。

866 Newsweek，8/30/71。

第 23 章

867 NYT，8/18/71。

868 HRHD，8/18 – 19/71；Lukas《梦魇：尼克松年代的底面》，第17页；Safire《倒台之前》，第354 – 355页。

869 HRHD，8/23-24/71。

870 HRHD，9/8/71。

871 总统书桌，PPF Boxes 185 – 188。

872 HRHD，9/9/71。

873 NT 9/8/71, 3:36p.m.。

874 Lukas《梦魇：尼克松年代的底面》，第97 – 101页。

875 NT 9/10/71, 3:03p.m. 。

876 NT 9/18/71。

877 NT 9/13/71, 4:36p.m. 。

878 HRHD，2/1/72。格雷厄姆后来否认用过这句话。

879 NT 9/14/71，9/17/71，9/18/71。

880 Lukas《梦魇：尼克松年代的底面》，第83 – 84页。

881 Ehrlichman《权力见证人：尼克松时代》，第133 – 134页。

882 Ehrlichman《权力见证人：尼克松时代》，第165 – 167页；HRHD，4/13/71，7/12/71；Lukas《梦魇：尼克松年代的底面》，第60 – 62页。

883 HRHD，9/20/71。

884 Ehrlichman《权力见证人：尼克松时代》，第166 – 167页。

885 同上，第134 – 139页。

886 Andrews致行政秘书的备忘录"关于总统接见汽车赛名人的彩色报

告"，9/24/71（接见是在9/21），POF Box 86。

887 Haldeman 致 Chapin 的备忘录，关于汽车赛计划，9/20/71，Haldeman Box 197。

888 HRHD，10/12/71。

第 24 章

889 安德鲁斯于1973年12月辞职，4个月之后，他在《新闻周刊》上撰文（3/4/74）说："作为一名保守的共和党人和理查德·尼克松的长期崇拜者，我深深感谢他让我开始在华盛顿工作，在我一生中我不得不为之的最艰难和最悲哀的事就是，在总统遭受诚信危机的时候要公开与之决裂……然而，克制对这个人个人的谴责不是要去接受他所主持的恶政。由于没有任何迹象表明总统有通过改过自新或下台让位自愿承担其行为后果的意愿，因此弹劾必须继续下去。"

890 HRHD，9/24/71，10/2/71。

891 HRHD，10/2/71。

892 Stein 致 RN 的备忘录，10/5/71。

893 Colson 致 RN 的会议备忘录，7/21/71，POF Box 85；HRHD，7/21/71。

894 *NYT*，10/13/71。

895 *NYT*，10/5/71。

896 Matusow《尼克松的经济》，第159页。

897 HRHD，8/13/71。

898 NT 10/7/71。

899 Buchanan 致 RN 的备忘录，8/26/71，POF Box 13（有争议）。

900 Moynihan 致 RN 的备忘录，9/20/71，POF Box 13（有争议）。

901 HRHD，10/7/71。

902 Osborne《尼克松观察（第三年）》，第151—157页；*NYT*，10/9/71。

903 Price 致 RN 的备忘录，关于内阁会议，10/12/71。

711

904 Kissinger int.

905 ANS nd，10/71，POF Boxes 34 – 35.

906 Haldeman 致 Ziegler 的备忘录，关于《时代》杂志"年度人物，"10/12/71。

907 HRHD，10/20/71.

908 *NYT*，10/21/71.

909 HRHD，10/15/71.

910 Osborne《尼克松观察（第三年）》，第162-167页。

911 Ehrlichman《权力见证人：尼克松时代》，第275页。

912 HRHD，10/21/71；Dean《盲目的野心》，第42页。

913 *Washington Post*，10/30/71.

914 HRHD，10/21/71.

第25章

915 NT，10/25/71.

916 *NYT*，10/26/71.

917 *Life*，11/5/71.

918 HRHD，10/26/71.

919 *NYT*，10/26/71.

920 HRHD，10/26/71；NT 10/30/71.

921 HRHD, 10/30/71–11/10/71；为总统档案起草的备忘录，关于国会领导人会议，POF Box 86。

922 Safire《倒台之前》，第354 – 357页；HRHD，8/17 – 19/71。

923 RN 致 Burns 的备忘录，11/4/71。

924 Safire int.；Safire《倒台之前》，第492 – 496页。

925 Matusow《尼克松的经济》，第175页。

926 Sultan Khan int.

注 释

927 Hersh《权力的代价》，第444－445页。

928 Sultan M. Khan《一位巴基斯坦外交官的回忆与反思》(London: London Center for Pakistan Studies, 1997)，第268－269页。

929 Hersh《权力的代价》，第451－454页。

930 ANS，11/4/71.

931 Kissinger《白宫岁月》，第856页。

932 1972年1月5日，《华盛顿邮报》刊发了这次有关印巴问题的WSAG的记录备忘录。原始文件有被杰克·安德森获得，复印件被交给了几家报纸。安德森因这篇报道获得了普利策奖。

933 MemCon 为总统档案起草的备忘录，11/4/71；MemCon，11/5/71，POF Box 86。

934 Hersh《权力的代价》，第447页；Isaacson《基辛格传》，第374页；Kissinger int.。

935 Isaacson《基辛格传》，第374页。

936 Sultan Khan int.；Khan《一位巴基斯坦外交官的回忆与反思》，第360页。

937 Matusow《尼克松的经济》，第161－164页。

938 HRHD，11/17/71.

939 HRHD，11/19/71；NYT，11/20/71.

940 RN 致 Colson 的备忘录，11/20/71（有争议）。

941 HRHD，11/20/71.

942 HRHD，11/1/71.

943 Life，12/3/71.

944 Kissinger《白宫岁月》，第894,1488页。

945 HRHD，11/30/71.

946 Kissinger《白宫岁月》，第894－902页；Hersh《权力的代价》，第454－460页。

947 Sultan Khan int.

948 耶格尔是打破音障的第一人，1974年他在他的 Bell X-1 飞机中打击 Mach 1，后来因作为汤姆·沃尔夫《正确的东西》一书以及根据该书拍摄的电影中的一个人物而闻名。

949 *Washington Post*，1/5/72。

950 同上。

951 NBC 节目概要；Timmons 为总统档案起草的备忘录，关于会见国会领导人，12/6/71；HRHD；Ziegler int.。

952 Woods 致 Hoopes 的备忘录，关于为总统档案起草的报告，12/6/71。

953 *Washington Post*，1/5/72。

954 同上。

955 HRHD，12/7/71。

956 Washington Post，12/7/71。

957 WSAG 会议备忘录，12/8/71；NSC Box 572。

958 HRHD，12/8/71。

959 HRHD，12/9/71。

960 Kissinger 为总统档案起草的备忘录，关于12/9/71与马斯克维奇的会晤，POF Box 86。

961 Kissinger《白宫岁月》，第905－906页；Lord int.。

962 William Burr 编撰《基辛格笔录本：与北京和莫斯科回台的最高机密》（New York: New Press, 1998），第48－59页。

963 HRHD，12/12/71。

964 HRHD，12/13/71。

965 HRHD，12/14/71。

966 HRHD，12/14/71。

967 *Time*，12/27/71。

968 Safire 为总统档案起草的备忘录，关于两党领导人会议，12/15/71，POF Box 87。

969 该集团包括发达工业国家——美国、德国、日本、英国、加拿大、法国、意大利比利时、瑞典和荷兰——的财政部长和央行行长。

970 HRHD, 11/11/71.

971 Lukas《梦魇：尼克松年代的底面》，第104－105页。

972 *NYT*，12/17－19/71；Khan《一位巴基斯坦外交官的回忆与反思》，第386－395页。

973 黑格为总统档案起草的备忘录，关于总统与Z.A. 布托的会晤，12/8/71，POF Box 87。

974 Matusow《尼克松的经济》，第178－279页。通过将诺克斯堡的黄金价格从1934年以来的每盎司35美元提高到每盎司38美元完成了货币贬值——虽然美国不再以任何价格兑换黄金。

第26章

975 Isaacson《基辛格传》，第380－386页；Hersh《权力的代价》，第465－477页。

976 Ehrlichman《权力的见证人》，第306－308页；Ehrlichman int.。

977 Ehrlichman《权力的见证人》，第306－307页。

978 HRHD, 12/13/71.

979 这些新闻报道来自12月份的新闻摘要和报纸。

980 RN 口述，12/1/71。

981 黑格致RN的会议备忘录，12/28/71，POF Box 86。

982 Kissinger致RN的备忘录，12/21/71，"总统与英国首相爱德华·希思的秘密会晤，" POF Box 86。

983 黑格致RN的备忘录，12/28/71，POF Box 86。

984《美国总统公开文件——理查德·尼克松》(Washington, D.C.: U.S. Government Printing Office, 1971—1975)。

985 HRHD，1/3/72。

986 Osborne《尼克松观察（第三年）》，第204－208页。

987 Hallet致Colson的备忘录，1/3/72；Colson致RN的备忘录，1/6/72。Hallet致Colson的备忘录被转交给尼克松，其对它做了标记。

988 Stein致RN的备忘录，1/3/72。

第27章

989 RN"亲启"信函，1/28/72。

990 Garment int.。

991 Lukas《梦魇：尼克松年代的底面》，第14，86－87,162,170页。

992 Colson致RN的备忘录，1/12/72。

993 Carter《风靡一时的政见》，第412,423页。

994 同上，第412－413页。

995 HRHD，1/10/72，2/3/72.

996 Safire《倒台之前》，第398页；Safire int.。

997 RN致Safire的备忘录，1/6/72。

998 Safire《倒台之前》，第406页；Safire int.。

999 ANS nd，1/72，POF Box 38.

1000 HRHD，1/28/72.

1001 Lukas《梦魇：尼克松年代的底面》，第171－173页；Dean《盲目的野心》，第74－76页。

1002 奥布莱恩的名字常常出现在椭圆形办公室的谈话中。在1971年1月14日的一次会议之后，霍尔德曼给迪安发了个备忘录说："时间越来越近了，拉里·奥布莱恩应当对他从休斯公司拿到的定金负责……比贝有些这方面的情报，当然，尽管如此，也非一成不变。但是，毫无疑问，过去休斯公司的人的确为奥布莱恩'所提供的服务'付了很高的定金。我相信诺夫齐格一直在这里干某些事。请调查此事，给我提供一个报告。"

注释

1003 Dean《盲目的野心》，第76－79页。

1004 Colson致RN的会议备忘录，1/27/72，POF Box 87。在20世纪80年代的一次访谈中，尼克松也曾给我画过同样的图。

第28章

1005 Nixon《回忆录》，第559－560页；HRHD，2/17/72；Kissinger《白宫岁月》，第1053－1054页。

1006 Tom C. Korologos致RN的备忘录，MemCon，POF Box 87。

1007 Kissinger致RN的备忘录，2/14/72，4 p.m.—5:30 p.m.，POF Box 87；Kissinger致RN的备忘录，2/14/72，"招待M.安德烈·马尔罗的晚宴"，POF Box 87；John Scali致RN的备忘录，2/14/72，"M.安德烈·马尔罗意见摘要与分析"；Nixon《回忆录》，第557－558页；Sidy，《生活》杂志，2/25/72。马尔罗也对过去三年来破坏中国的"文化大革命"提出了他自己的见解："过去毛泽东就知道这个共产主义政党是由懂得如何表现的干部组成，他们不是他的朋友。他所想做的是，教年轻人理解谁会成为毛泽东主义的青年，而不像过去的青年人那样。而且毛泽东赢了。"马尔罗也说其实中国没有外交政策，中国人和毛泽东只在意中国。但是，基辛格和斯卡利的印象跟尼克松的不同，斯卡利在关于这次谈话的报告最后说："我觉得我听到了一个浪漫主义的、自负的老人的看法，他正在将过时的观点编制到一个他所希望的世界的特殊框架中。"

1008 Bull int.

1009 Ziegler int.；Haldeman笔记，2/17/72；Haldeman档案，SMOF。

1010 Ziegler int.

1011 总统笔记，2/15/72，中国笔记文件夹，PPF Box 7。尼克松在总统之行期间所做的笔记被单独存档，没有与他其他的笔记放在一起，因此它们会得到引用。

1012 Kissinger致RN的备忘录，"你将遇见的中国人" 2/5/72；"毛、周以

717

及最后的检验",2/19/72。

1013 总统笔记,2/18/72,中国笔记文件夹,PPF Box 7。

1014 Kissinger 致 RN 的备忘录,2/19/72。

1015 Kissinger《白宫岁月》,第1054 – 1056页;Nixon《回忆录》,第559 – 561页;Eisenhower《帕特·尼克松:不为人知的故事》第506 – 511页;HRHD,2/21/72;《总统的中国之行:图像记录……配美国媒体军团成员的原文》(New York: Bantam Books, 1972),第12 – 20页;Sidey,《生活》杂志,3/3/72,第12页。

1016 Harrison Salisbury《新皇帝》,第314页。

1017 Nixon《回忆录》,第559 – 564页;Kissinger《白宫岁月》,第1057 – 1063页;Winston Lord int.;MemCon,毛泽东与尼克松的会晤,2/21/72,POF Box 87。这份备忘录于1998年1月6日解密,后来由国家安全档案馆出版。有关两位领导人之间其他会晤的备忘录大部分在1999年、2000年、2001年才解密。

1018 Lord int.。

1019 MemCon,2/21/72,5:58 p.m.—6:55 p.m.。

1020 Nixon《回忆录》,第564 – 566页;HRHD,2/21/72;《总统的公开文件》,Richard Nixon,1972,第368 – 370页。

1021 MemCon,"人民大会堂",2/22/72,2:10 p.m.—6:00 p.m.,POF Box 87;Lord int.。

1022 事实上,经总统同意,基辛格已于1971年7月9日承诺,美国不会支持台湾地区独立运动。James Mann《中国的隐性武器》,*Los Angeles Times*,6/16/94,第1页。

1023 总统为其本人所做的笔记,2/15/72,中国笔记文件夹,PPF Box 7。

1024 但是,事实上,这个中国人的确试图对北越施加某种压力。北越的外交部长阮基石1982年3月6日与 De Volkescrant 在阿姆斯特丹面谈时说:"在尼克松访华之后,毛泽东告诉范文同总理,他的扫帚不够长,不能扫除台湾,我们的扫帚也不够长,不能让美国人滚出南越。他希望暂停重新统一活

注 释

动，迫使我们承认南部的傀儡政权。他为了美国而牺牲越南。"

1025 Sidey 发给《时代》杂志的电报，New York, 2/22/72。

1026 RN 笔记 2/23/72，中国笔记文件夹，PPF Box 7。

1027 MemCon, 2/23/72, "人民大会堂", 2 p.m.—6 p.m., POF Box 87。

1028 HRHD, 2/23/72。罗杰斯记录了体育表演中的一个小插曲：体育表演期间一名女子拿着一摞纸走到周恩来身边。总理看看那些纸，轻声说了几个字，点了点头。当这位部长问一位译员发生了什么事的时候，这位中国译员说，周恩来在审查次日早上发刊的《人民日报》的头条新闻。听了这件事，尼克松自言自语地小声说："我有时也想重新安排头版。"

1029 Sidey 发给《时代》杂志的电报，New York, 2/23/72。

1030 Kraft int.

1031 John Osborne《尼克松观察（第四年）》(New York: Liveright,1973)，第20–33页。

1032 MemCon, "人民大会堂", 2/24/72, 5:15 p.m.—8:05 p.m., POF Box 87。

1033 Nixon《回忆录》，第570 – 571页；Kissinger《白宫岁月》，第1077 – 1081页；HRHD, 2/25/72。

1034 MemCon, 2/25/72, "人民大会堂", 5:45 p.m.—6:45 p.m., POF Box 87。

1035 Nixon《回忆录》，第570 – 577页；HRHD, 2/25/72; Lord int.。

1036 Kissinger《白宫岁月》，第1080 – 1081页。

1037 Film by Haldeman，插入 CD 版 HRHD 2/26/72。MemCon, "北京机场", 9:20 a.m.—10:05 a.m., POF Box 87。

1038 后来的报道说明，Canucks 信件是伪造的，可能是在白宫。肯·克劳森在《华盛顿邮报》上告诉一个朋友，他写过这封信，这成了卡尔·伯恩斯坦和鲍勃·伍德沃德的一篇报道。其他人以为他们看到了查克·科尔森的手稿。

1039 HRHD, 2/27/72; Haldeman 为总统档案起草的备忘录，3/8/72。

1040 HRHD, 2/27/72.

1041 MemCon,"上海锦江饭店",2/28/72,8:30 a.m.—9:30 a.m., POF Box 88。

1042 Price 做的内阁会议记录,2/29/72,POF Box 88。

第29章

1043 Korologos 致 RN 的备忘录,2/29/72,10 a.m.,"会见两党领导人," POF Box 88;Price 致 RN 的备忘录,2/29/72,"内阁会议" POF Box 88;Safire 所做内阁会议笔记,2/29/72,Safire 文件,LC 手稿部。

1044 *NYT*, 3/1/72。

1045 *Life*, 3/3/72。美国地区法院法官小罗伯特·R.墨海吉裁定该城市"明显是"黑人的,而郊区"明显是"白人的,废除这两种制度是弗吉尼亚州的职责。

1046 Richard Reeves "佛罗里达沼泽中的十一条短吻鳄,"纽约《时代》杂志,3/12/72。

1047 1972年6月8日,以64赞成19票反对最后确定克兰丁斯特出任司法部长。一年后他承认他没有对参议院的质疑作出充分响应,被判入狱服刑一个月。前陆军中尉、加州州长埃德·赖内克,被发现犯有作伪证罪,被判15个月监禁。这两个判决都被延期宣判。

1048 Safire《倒台之前》,第481－485页;Safire int., Stanley Pottinger int.。

1049 Lukas《梦魇:尼克松年代的底面》,第182－184页。

1050 Lukas《梦魇:尼克松年代的底面》,第138－143页;*Life*, 4/72,社评:"说出来,共和党人";Sloan 在参议员选举委员会面前所做的关于水门事件的证词,LC。

1051 Liddy 给 Mitchell 的备忘录,3/15/72,"民主党全国大会财务调查。"该备忘录可以在参议员水门事件听证会录音以及 Bruce Oudes《来自总统:理查德·尼克松的秘密档案》(New York: Harper and Row,1989),第390－391页。

1052 Lukas《梦魇:尼克松年代的底面》,第145页。

1053 Ziegler int.;NT, 3/23/72,5:33 p.m. 1999年10月这次电话谈话的录

音带与其他一些以往因国家安全的原因被禁止公开的"权力滥用"录音带一起解密。

1054 RN 致 Haldeman and Ziegler 的备忘录，4/14/72；Edward Morgan 致 RN 的备忘录，3/6/72，"与内阁校车问题委员会的会议" POF Box 88。

第 30 章

1055 Jeffrey Kimball《尼克松的越南战争》(Lawrence: University Press of Kansas,1998)，第302－304页；Hersh《权力的代价》，第503－508页。

1056 HRH 笔记，4/4/72。Haldeman 档案，SMOF。

1057 Nixon《回忆录》，第588页。

1058 同上。

1059 Buchanan/Ken Khachigian 致 Mitchell and Haldeman 的备忘录，4/12/72。

1060 RN 致 Haldeman 的备忘录，4/11/72。

1061 同上。

1062 RN 致 Ehrichman 的备忘录，4/12/72。

1063 为总统档案起草的备忘录，关于国会领导人会议，4/12/72，POF Box 88。

1064 Kimball《尼克松的越南战争》，第304－305页；Hersh《权力的代价》，第508－512页。

1065 Nixon《回忆录》，第590页，HRHD，4/16/72。

1066 Isaacson《基辛格传》，第407－414页。

1067 Nixon《回忆录》，第592页，Isaacson《基辛格传》，第414页。

1068 Isaacson《基辛格传》，第415页。

1069 Nixon《回忆录》，第594页，Isaacson《基辛格传》，第416页。

1070 RN 致 Kissinger 的备忘录，4/30/72；Nixon《回忆录》，第593－594页。

1071 HRHD，5/2/72.

1072 Isaacson《基辛格传》，第417页。

1073 Haldeman 笔记，5/2/72。Haldeman 档案，SMOF；HRHD，5/2 – 3/72。

1074 Lukas《梦魇：尼克松年代的底面》，第193页。

1075 Nixon《回忆录》，第602页。

1076 HRHD，5/8/72。

1077 Life，"总统是如何下定决心的，"5/19/72。

1078 RN 致 Kissinger 的备忘录，"亲启，"5/9/72；Nixon《回忆录》，第606页；Kissinger《白宫岁月》，第1199页。

1079 RN 致 Kissinger and Haig 的备忘录，5/15/72。

1080 John Dean 每小时给 RN 的报告，5/15/72，11 a.m.。

1081 Colson 致 Dean 的备忘录，5/14/72。

1082 Kissinger《白宫岁月》，第1191页。

1083 同上。

1084 Dobrynin《秘密》，第256页。

第 31 章

1085 HRHD，5/18/72。

1086 RN 致 Haldeman 的备忘录，5/18/72。

1087 Haldeman 笔记，5/16/72。Haldeman 档案，SMOF。

1088 有关布雷默调查以及搜查其公寓的描述主要取自 Carter《风靡一时的政见》。该书第435 – 441页谈到该事件。还可以参见"枪击乔治·华莱士"，《生活》杂志，5/20/72。

1089 HRHD，5/16/72；Colson 起草的备忘录，5/16/72 档案，Colson Box 18，SMDF。

1090 NT 5/15/72，9:30 p.m.。

1091 Carter《风靡一时的政见》，第418 – 455页。

1092 HRHD，5/17/72。

1093 Nixon《回忆录》，第608页。

注 释

1094 RN 致 Kissinger 的备忘录，5/19/72。

1095 RN 致 Kissinger and Haig 的备忘录，5/19/72。

1096 RN 对 Haldeman 口授的内容，5/18/72。

1097 布坎南是利用总统对常春藤联盟院校的憎恶情绪的幕僚成员之一。布坎南发给他一份调查结果，其中包括65名美国驻各国（从阿富汗到摩洛哥）大使的母校，按字母顺序排列："常春藤联盟：哈佛9名，耶鲁8名，普林斯顿8名，布朗2名，卫斯理1名，阿默斯特1名，宾州大学2名，威廉斯3名，哥伦比亚1名，州及城市大学14名，私立非宗教13名，黑人1名，天主教徒1名。"

1098 RN 日记；Nixon《回忆录》，第608页。

1099 为总统档案起草的备忘录，5/19/72，国会领导人会议，POF Box 88。

1100 RN 对 Haldeman 口授的内容，5/20/72。

1101 RN 致 Haig，5/20/72。

1102 *Life*，5/19/72。

第 32 章

1103 Nixon《回忆录》，第609页。

1104 Small《理查德·尼克松的总统生涯》，第109 – 111页。

1105 Gerard C. Smith《双关语：第一次限制战略武器会谈的故事》（Garden City, New York: Doubleday, 1990），第376页。

1106 Nixon《回忆录》，第609页。

1107 Safire int.

1108 Safire《倒台之前》，第446页。

1109 Nixon《回忆录》，第611页。

1110 HRHD，5/23/72。

1111 J.V. Brennan 致 Haldeman 的备忘录，5/23/72；William Duncan，特工报告，5/23/72。

1112 Nixon《回忆录》，第613页；Harold Evans《美国世纪》（New York:

Knopf, 1998），第582页。

1113 Safire《倒台之前》，第450页；Safire int.；Nixon《回忆录》，第615页。

1114 Hersh《权力的代价》，第544－546页。

1115 Safire《倒台之前》，第454页；HRHD, 5/26/72。

1116 HRHD, 5/26/72。

1117 本章有关水门事件的描述主要来自Lukas《梦魇：尼克松年代的底面》，第197－224页。

1118 Hugh Sidey, Life, 6/72。

1119 Washington Post, 5/21/72，第1页。

1120 Nixon《回忆录》，第616页；Safire《倒台之前》，第454页。

1121 Nixon《回忆录》，第617页。

1122 Kissinger《白宫岁月》，第1215页。

1123 HRHD, 5/31/72。

1124 Safire《倒台之前》，第459页。

1125 Colson致Haldeman的备忘录，5/31/72。

1126 Osborne《尼克松观察（第四年）》（New York: Liveright, 1973），第88页。

1127 为总统档案起草的备忘录，6/2/72，国会领导人会议，POF Box 88。

1128 RN致Mitchell的备忘录，6/6/72。

1129 RN致Kissinger的备忘录，6/6/72。

1130 RN致Buchanan的备忘录，6/10/72。

1131 HRHD, 6/13/72。

1132 Buchanan为总统档案起草的GOP Leadership备忘录，6/13/72。

1133 NT, 6/13/72, 4:17 p.m.。

1134 HRHD, 6/17/72。

1135 Nixon《回忆录》，第609页。因时间太久远，不可能确定尼克松何时得知6月17日的入室盗窃活动——或者他是否知道这个计划。例如，亚历克斯·巴特菲尔德认为尼克松事先不知道——但是确实事先知道5月28日的

注　释

非法闯入活动，那次是首次安装窃听器但窃听器运转不灵。参见巴特菲尔德的杂文《尼克松：一部奥利弗·斯通的影片》(New York: Hyperion,1995)。

第33章

1136 根据 Lukas《梦魇：尼克松年代的底面》第211页的说法，亨特在凌晨时分打电话给一位名叫 C. 道格拉斯·卡迪的律师。该书第8章是本书有关亨特、利迪以及政府及总统再选举委员会其他人物在接下来几天里所进行的活动的描写的主要资料来源。

1137 Bob Woodward and Carl Bernstein《惊天大阴谋》(New York: Simon & Schuster, 1974)，第18 - 25页。

1138 同上，第22 - 24页。

1139 Dean《盲目的野心》，第108 - 117页。

1140 本章有关水门事件的报纸杂志及电视报道均取自总统的新闻摘要。

1141 NT，5/16/73；Washington Post，2/26/99，第 A - 9页。

1142 后来揭露，一次可能的非法闯入活动是1971年11月对位于马萨诸塞州的丹尼尔·埃尔斯伯格心理医生办公室的盗窃。

1143 NT，6/20/72。当日的语录来自尼克松录音带。

1144 NT，6/21/72.

1145 NT，6/22/72.

1146 Lukas《梦魇：尼克松年代的底面》第142，229 - 235页。

1147 NT，6/23/72.

1148 NT，6/26/72.

1149 Nixon《回忆录》，第684页。7月1日，录音带录下了尼克松称格雷厄姆为"可怕的老太太"。

1150 NT，6/28/72.

1151 NT，6/29/72.

1152 Nixon《回忆录》，第649页。

1153 NT, 6/29/72.

1154 Nixon《回忆录》, 第646页。

1155 Safire int.

1156 HRHD, 7/13/72.

1157 RN 口述, 7/19/72 和 7/20/72。

第 34 章

1158 NT, 7/19/72, 12:45 p.m..

1159 NT, 7/20/72, 3:16 p.m..

1160 Herb Sein 在 7/20/72 给总统的备忘录中写道: "6月份的 CPI 显示了祈祷的力量, 季节性调整也小有协助。""赫伯——非常棒!"尼克松在这些数字上写道。

1161 HRHD, 7/20/72.

1162 HRHD, 7/20/72.

1163 Haldeman 致 RN 的备忘录, 7/21/72, 关于与副总统和米切尔的会见。上有 RN 的批注。

1164 RN 致 Haldeman 的备忘录, 8/12/72。

1165 RN 致 Tricia and Julia 的备忘录, 7/24/72。

1166 NT, 7/25, 11:14 a.m..

1167 Nixon《回忆录》, 第633页; Ambrose《尼克松》vol.2, 第609页。

1168 HRHD, 7/25/72.

1169 Shultz 致 Haldeman 的备忘录, 关于与米尼打高尔夫, 7/28/72。

1170 Nixon《回忆录》, 第670页。

1171 Rumsfeld 致 RN 的备忘录, 8/10/72, 关于1973年汽车价格上涨。上有 RN 的批注。

1172 Woodward and Bernstein《惊天大阴谋》, 第41–47页。

1173 *Time*, 8/16/72.

注 释

1174 NT，8/1/72, 11:03 a.m.．

1175 NT，8/3/72, 9:44 a.m..

1176 Buchanan 致 Haldeman 的备忘录，8/16/72。

1177 NT，8/3/72, 9:44 a.m.，5 p.m.．

1178 NT，8/7/72, 11:24 a.m..

1179 Ambrose《尼克松》vol.2，第621页。

1180 *Life*，8/25/72.

1181 Ambrose《尼克松》vol.2，第615页。

1182 HRHD，8/29/72。这个不利于尼克松的选举惯例有利于皮特·麦戈文，这位来自加州的反战派国会议员。在官方记录中这被记为"其他人"。

1183 Nixon《回忆录》，第644页。1971年2月，在卡洛琳·肯尼迪及其兄弟约翰随其母亲一起造访白宫之后，尼克松也给他们写过慰问信。他对卡洛琳对一位历史教师的抱怨表示理解，但敦促她继续阅读历史和传记。说起年幼的约翰，他写道，他的狗是多么喜欢与这个小男孩玩。3月16日，杰奎琳·肯尼迪给总统写信说："我不好意思继续我们的通信。你得到很多来自第五大道1040号的信。但是我深深地为你给卡洛琳和约翰的信所感动。一个人最脆弱之处就是其对孩子的担心——因此，我必须对你如此非凡的善举表示感谢。你给每个孩子的信都写得如此娓娓动人，用他们这个年龄惯的语言，针对特殊日子最值得纪念的事情。他们感到激动不已。我们无法用语言表示对你和尼克松夫人的关怀体贴的感谢，所以，请原谅我只能再次说谢谢你。最诚挚的，杰奎琳。"

1184 NT，8/3/72, 9:44 a.m..

第35章

1185 NT，9/13/72, 11:40 a.m..

1186 White，致总统的信，总统书桌，PPF Box 185 – 188。

1187 White《总统大选，1972年》（New York: Atheneum, 1973），第209 –

727

234页。

1188 Lukas《梦魇：尼克松年代的底面》第142页；《生活》杂志披露这笔钱的来源是 Dwayne Andreas。

1189 NT，9/14/72，10:03 a.m.．

1190 1970年、1971年、1972年，里斯夫采访了洛克菲勒。

1191 Nixon《回忆录》，第686页。

1192 NT，9/15/72，9:12 a.m.．

1193 NT，9/15/72，5:27 p.m.．

1194 HRHD，9/16/72。

1195 Kissinger《白宫岁月》，第1331页。

1196 Hung and Schecter《宫内文件》，第65－67页。

1197 Isaacson《基辛格传》，第444页。

1198 Hung and Schecter《宫内文件》，第71－72页。

1199 RN 致阮文绍，10/6/72。Hung and Schecter《宫内文件》，附录A，第376页。

1200 Kissinger《白宫岁月》，第1141页。

1201 Lord int.

1202 Kissinger《白宫岁月》，第1357页。

1203 Isaacson《基辛格传》，第442页。

1204 Kissinger《白宫岁月》，第1357页。

1205 HRHD，10/10/72。

1206 NT，10/15/72，9:16 a.m.．

1207 HRHD，10/11/72；NT，10/17/72，3:03 p.m.．

1208 NT，10/19/72，1:48 p.m.．

1209 HRHD，10/12/72。

1210 Nixon《回忆录》，第691－693页；Isaacson《基辛格传》，第451－452页；Kissinger《白宫岁月》，第1361－1362页；HRHD，10/12/72。

1211 关于1972年10月基辛格与阮文绍会晤的最佳资料来源是 Hung and Schecter《宫内文件》，第85－90，98－106页。

1212 Isaacson《基辛格传》，第455页。

1213 Haig 致 RN 的备忘录，10/20/72，"与威斯特摩兰将军和黑格将军的会晤，"POF Box 40。

1214 Isaacson《基辛格传》，第454页。

1215 HRHD，10/22/72。

1216 Klein 致 RN 的备忘录，10/23/72。

1217 Hung and Schecter《宫内文件》，第101页。

1218 Isaacson《基辛格传》，第439，456页。

1219 同上，第457页。

1220 Hung and Schecter《宫内文件》，第105页。

1221 HRHD，10/25/72。

1222 NT，10/25/72，12:29 p.m.。

1223 Isaacson《基辛格传》，第459页。

1224 在简报会上总统的说的话，10/29/72。

1225 HRHD，11/7/72。

1226 HRHD，11/8/72；Klein《澄清事实》，第378页。

1227 HRHD，11/8/72。

第 36 章

1228 同上。

1229 HRHD，11/10/72。

1230 *Life*，12/1/72。

1231 Haldeman 行动备忘录，4/24/72，Haldeman Box 112。

1232 Haldeman《权力的终结》，第174页。

1233 RN 致阮文绍的信，11/8/72，Hung and Schecter《宫内文件》，附录 A，

第383页。

1234 Ehrlichman 笔记，11/14/72，Ehrlichman 档案，SMOF。

1235 Hung and Schecter《宫内文件》，第123页。

1236 Klein 的名单，11/27/72，Ehrlichman 档案，SMOF。

1237 Ehrlichman 笔记，11/20/72，Ehrlichman 档案，SMOF。

1238 HRHD，11/18/72。

1239 Ehrlichman 笔记，11/14/72，Ehrlichman 档案，SMOF。

1240 Ehrlichman 笔记，nd，Ehrlichman 档案，SMOF。

1241 Ehrlichman 笔记，11/14/72，Ehrlichman 档案，SMOF。

1242 Eisenhower《帕特·尼克松》，第363页。

1243 HRHD，11/29/72。

1244 Haldeman 笔记，11/20/72，Haldeman 档案，SMOF。

1245 HRHD，11/19/72。

1246 Haldeman 发给 Kissinger 的电报，11/22/72。

1247 Hersh《权力的代价》，第614页。

1248 RN 致 Kissinger 的备忘录，11/24/72，"幕后通道的信息"。

1249 HRHD，11/16/72。

1250 HRHD，11/17/72。

1251 HRHD，12/15/72。

1252 Haldeman 笔记，12/2/72，Haldeman 档案，SMOF。

1253 HRHD，12/8/72。

1254 Nixon《回忆录》，第731页。

1255 Lukas《梦魇》第260页。

1256 NT，12/12/72，11:07 a.m.。

1257 ANS，12/13/72，POF Box 46。

1258 Nixon《回忆录》，第733页。

1259 NT，12/13/72，5 p.m.。

1260 HRHD，12/14/72。

1261 Nixon《回忆录》，第734页。

1262 HRHD，12/14/72。

1263 HRHD，12/15/72。

1264 Nixon《回忆录》，第736–737页。

1265 Hung and Schecter《宫内文件》，第141页。

1266 Nixon《回忆录》，第739页。

1267 RN 致 Haldeman 的备忘录，12/27/72。

1268 Nixon《回忆录》，第741页。

1269 同上，第742页。

第37章

1270 NT，1/1/73, 9:40 a.m.。

1271 Hersh《权力的代价》，第630页。

1272 NT，1/2/73, 4:51 p.m.。

1273 NT，1/3/73, 11:30 a.m.。

1274 Lukas《梦魇》第263 – 264页。

1275 Kissinger 给 RN 的电报，1/9/73，PPF Box 82，福特图书馆。

1276 HRHD，1/9/73。

1277 HRHD，1/11/73。

1278 HRHD，1/25/73。

1279 *NYT*，1/12/73。

1280 HRHD，1/12/73。

1281 Kissinger《白宫岁月》，第1468页。

1282 Nixon《回忆录》，第741页，Kissinger int.。

1283 Hung and Schecter《宫内文件》，第148页。

1284 *NYT*，1/16/73。

1285 Lukas《梦魇》第265 – 269页。

1286 Hung and Schecter《宫内文件》，第145、149 – 155页。

1287 Nixon《回忆录》，第752页。

1288 *Newsweek*, 2/5/73; *Time*, 2/5/73.

1289 *NYT*, 1/24/73.

1290 说法是："根据其一贯政策，美国将继续帮助越南民主共和国以及整个印度支那愈合战争创伤和进行战后重建。"尼克松在最初提议中估计5年的重建成本为75亿美元，其中有25亿美元流向北越。在其1988年2月24日的口述历史中，杰罗德·谢克特谈到为他与 Nguyen Tien Hund 合写的《宫内文件》一书而进行的研究，他说："在我看来，我认为记录将证实这一点，尼克松比基辛格更关心南越的倒下。尼克松将它视为亚洲地缘政治观的一个组成部分。基辛格（我认为）更愿意让南越消失，这种适当间隔的想法……如果审视这个记录，尼克松和基辛格实行了一种秘密政策，其最后摧毁了我们与我们的盟友之间的关系，并且还不让我们吸取越南战争的经验……我们有这些我们全都收回了的秘密承诺。"

1291 Nixon《回忆录》，第756 – 757页；Kissinger《白宫岁月》，第1475页。

1292 *Life*, 9/1/72.

1293 *Newsweek*, 1/22/73.

1294 HRHD, 1/27/73, 1/30/73.

1295 HRHD, 1/30/73.

1296 RN 致 Haldeman 的备忘录, 1/25/73。

1297 HRHD, 12/7/72, 1/16/73; Dean int.

1298 Ehrlichman《权力的见证人》，第316页。

1299 Nixon《回忆录》，第758页。

1300 同上，第761 – 762页。

1301 *NYT*, 1/31/73；Lukas《梦魇》第269页。

1302 NT, 2/3/73, 11:05 a.m.。

注 释

1303 W. Richard Howard 致 RN 的备忘录，"会见阿尔伯特·辛德林格"，2/5/73，POF Box 91。

1304 *NYT*, 2/6/73；HRHD, 2/5/73, 2/8/73。

1305 总统蔑视苏兹贝格，称此人作"潘趣"，在1972年8月12日写给霍尔德曼的备忘录中说："即使对其最亲爱的朋友而言，潘趣就是潘趣——是个智力差不多也就14岁的老白痴。"

1306 NT, 2/7/73, 10:25 a.m.。

1307 Safire 笔记，2/8/73，Safire 文件，LC 手稿部；HRHD, 2/8/73。

1308 HRHD, 2/8/73。在 Haldeman Box179 中，有一份1973年2月12日的行动备忘录写道："总统希望以他的名义起草一封信给诺贝尔奖委员会，说实际上这是他一贯的想法，作为总统不能因为完成其应当应分的工作而接受荣誉和奖项。所以他要求不要考虑将他作为当年诺贝尔和平奖候选人，并且他希望该委员会知道，如果将这个奖颁给他的话，他将不能接受。他要普莱斯试着起草这样一份草稿。但是不要广泛讨论之。"

1309 HRHD, 2/9/73。

1310 HRHD, 2/12/73。

1311 *NYT*, 2/13/73。

1312 ANS nd, 2/73。

1313 *Time*, 2/26/73。有关战俘回国的描述取自2月26日的《时代》杂志和《新闻周刊》，以及那段时间总统写有批示的新闻摘要。

1314 Nixon《回忆录》，第861页。

1315 ANS（有争议），2/14/73。

1316 Brent Scowcroft 将军致 RN 的备忘录，"总统与约翰·斯卡利大使的会见"，2/13/73，POF Box 91。

1317 NT, 2/22/73, 4:04 p.m. 之后。

1318 Dean《盲目的野心》，第182 – 183页；NT, 2/28/73, 9:12 a.m.。

1319 其实，尼克松知道，5天后，也就是3月7日，他简单地对提供秘

733

密资金——25万美元——的人之一说过。据迪安所知，此人是托马斯·帕帕斯，一个希腊移民，他在波士顿做出口生意，是阿格纽的朋友，也是统治其母国的军政府将军们的朋友。"我知道你正在帮助默里的人以及其他被卷入其中的人从某些事里脱身，"尼克松说，"我不会多说什么话，但是人能找到像这样的一个朋友，非常难得，相信我。"帕帕斯也曾给1968年尼克松—阿格纽竞选提供过54.9万美元，据德高望重的持不同政见的希腊记者Elias Demetracopoulos 所说，这笔钱来自希腊军政府。这位记者，也是一名住在华盛顿的永久居民，将涉及这笔交易的记录交给了民主党全国委员会的拉里·奥斯本——有些人认为搜寻这些记录可能也是1972年非法进入水门饭店的原因。Demetracopoulos 说，默里·乔蒂纳告诉他："不要再说帕帕斯……否则你会惹祸上身。你可能会被驱逐出境。你知道汤姆·帕帕斯是总统的朋友。"据约翰·迪安的说法："到处都有现金。我们认为其来自希腊，帕帕斯。"采访迪安。1972年5月23日，尼克松对罗斯·玛丽·伍兹说："好一个老汤姆·帕帕斯，如你可能知道或听到的那样，如果你还没有听说，这是真的，他应米切尔的要求帮助未某些被告筹集资金。"

第 38 章

  1320 HRHD，3/9/73.

  1321 到1973年1月，拥有世界6%人口的美国消费着世界33%的能源，相当于人均每日消费46磅煤或者9.5加仑的石油产品。(《新闻周刊》，1/22/73)。美国地质调查局报告说，美国可开采的资源总储量为：石油,13年；天然气，11年；铀,13年，煤，500年。

  1322 HRHD，3/6/73.

  1323 Korogolos 给 RN 的会议备忘录，3/8/73，POF Box 91。

  1324 NT，3/7/73, 8:53 a.m..

  1325 NT，3/13/73, 12:42 p.m..

  1326 NT，3/21/73, 10:12 a.m..

注 释

1327 NT，3/21/73, 1:06 p.m..

1328 Lukas《梦魇》第299 – 300页。

1329 *NYT*，3/24/73.

1330 Nixon《回忆录》，第803页。

1331 HRHD，3/26/73.

1332 NT，3/27/73, 3:27 p.m..

1333 Hung and Schecter《宫内文件》，第161 – 164页。

1334 HRHD，4/10/73.

1335 HRHD，4/13/73.

1336 HRHD，4/11/73.

1337 HRHD，3/26/73.

1338 NT，4/10/73, 12:48 p.m..

1339 WHSF，Ehrlichman 文件，Box 8，福特图书馆；HRHD，4/14/73。

1340 NT，4/14/73, 8:55 a.m..

1341 NT，4/14/73, 8:55 a.m..

1342 NT，4/14/73, 12:02 p.m..

1343 HRHD，4/14/73.

1344 NT，4/14/73, 2:24 p.m..

1345 Safire int.

1346 Sussman《伟大的掩盖：尼克松与水门丑闻》第3版，（Arlington, Virginia: Seven Locks Press,1992），第182 – 183页。

1347 HRHD，4/14/73.

1348 Lukas《梦魇》第319 – 320页。

1349 NT，4/15/73, 1:12 p.m..

1350 Lukas《梦魇》第227 – 228页。

1351 NT，4/15/73, 8:14 p.m.，8:25 p.m.，9:39 p.m.，11:45 p.m..

1352 Dean《盲目的野心》，第260 – 264页。

1353 NT, 4/16/73, 10:00 a.m.; Dean《盲目的野心》, 第266 – 268页。

1354 NT, 4/16/73, 10:50 a.m..

1355 NT, 4/16/73, 4:07 p.m..

1356 HRHD, 4/17/73.

第 39 章

1357 NT, 4/17-18/73, 11:45 p.m..

1358 Kissinger《白宫岁月，激变岁月》(Boston: Little, Brown, 1982), 第90–91页。

1359 NT, 4/9/73, 9:47 a.m..

1360 NT, 4/9/73, 2:05 p.m..

1361 Lukas《梦魇》第329页; HRHD, 4/18/73。

1362 Lukas《梦魇》第331、333页。

1363 HRHD, 4/22/73.

1364 HRHD, 4/23/73.

1365 NT, 4/25/73, 3:14 p.m.; NT, 4/25/73, 3:35 p.m..

1366 NT, 4/25/73, 5:37 p.m..

1367 NT, 4/27/73, 6:04 p.m..

1368 NT, 4/26/73, 7:44 p.m.; NT, 4/27/73, 4:14 p.m.。"克林先生"的评论是在第二天下午与克兰丁斯特的另一次谈话中做出的。

1369 Washington Post, 4/28/73; ANS, 4/28/73.

1370 NT, 4/27/73, 8:22 p.m..

1371 NT, 4/28/73, 8:21 a.m..

1372 NT, 4/28/73, 8:43 a.m..

1373 Nixon《回忆录》, 第845 – 846页。

1374 HRHD, 4/29/73.

1375 HRHD, 4/29/73; Haldeman《权力的终结》, 第292 – 294页; Nixon《回

忆录》，第847页。

1376 Ehrlichman《权力的见证人》，第392页，Nixon《回忆录》，第847-848页。

1377 Nixon《回忆录》，第848页。

1378 Ziegler int.

1379 Price int.

1380 Nixon《回忆录》，第848页。

1381 Klein《澄清事实》，第354页；Klein int.；*NYT*，5/2/73；给联邦调查局下命令的是伦纳德·加门特，他取代迪安担任白宫法律顾问。

1382 NT，4/29/73，10:19 p.m..

1383 NT，4/30/73，10:16 p.m.；HRHD，4/30/73.

结束语

1384 Ziegler int.

1385 Fawn Brodie int. with Mel Elfin，Brodie 文件，UCLA。

1386 Isaacson《基辛格传》，第522页。

1387 Anthony Summers with Tobbyn Swan《权力的嚣张：理查德·尼克松的秘密世界》(New York: Viking, 2000)，第458页。

1388 同上，第463页。

1389 *Time*，4/1/74.

1390 Nixon《回忆录》，第1027-1034页；Time，6/24/74。

1391 Bull int.

1392 无标记的新闻摘要，8/9/74，POF Box76。

书目随笔

20多年来，具有讽刺意味的理查德·尼克松总统的文件和录音带令历史学家们备受嘲弄：如此浩瀚的记录竟是如此难以理解、令人沮丧。从其1974年辞职到1994年去世，尼克松在保护其任总统期间记录的4,000万页纸和3,700小时录音带的秘密方面，只遭受过一次重大失败，那就是1987年公开了特殊文件。对他而言，甚至这次公开最敏感的白宫文件，也不是一次全面的失败。他对公开这42,191页文件的做法提出异议，进行争辩，使公开这些文件的时间推迟了10年。

尼克松为保护他残存的名声而战，恰如他曾经紧紧抱住其江河日下的总统职务一样。在这两次战役中，他知道失败是不可避免的，但他仍然斗争了很久。与其他的成就一样，尼克松在保护他的文件方面的成功也是一次意志的胜利。随着他的去世，这种力量也消失了，这些文件也在渐渐浮出水面。

就美国历史上的大部分时间而言，机缘决定了总统文件的际遇。例如，亚伯拉罕·林肯的文件直到1949年都没有公开过。富兰克林·德拉诺·罗斯福于1939年将其记录资料以及其在海德公园的部分地产捐给了政府,他建立了一个模式,国会于1955年将这种模式编入法典。《总统图书馆法案》创建了私人建造、政府维护总统图书馆的制度。1974年《总统录音和资料保存法案》,作为国会对尼克松与美国总务管理局负责人一起签署的批准销毁其录音带的协议的临时响应,允许紧急、事后征用尼克松的记录资料。后来,1978年的《总统记录资料法案》确定了一种新政策,规定所有证明总统公务活动的记录资料均属政府财产。

1974年的法律要求国家档案馆承担"尼克松总统素材资料项目",尽快处理与"政府权力滥用"有关的资料,并将所有个人资料分离出来,归还给尼克松图书馆。最著名的权力滥用资料是用于水门事件审判的60个小时录音带。由于威斯康星大学斯坦利·库特勒教授和公共公民组织(Public Citizen)联合诉讼的和解,剩余204个小时权力滥用录音带于1996年被公开。这些新的录音带被库特勒转抄在其《权力的滥用》一书中,该书于1997年出版。(在权力滥用类录音带中,出于国家安全的原因事先删除了数十处的录音带于1999年解密并公之于世。)剩余的录音带被划为五个时间段,计划每一年发布一段。前两个时段由1971年2月至12月的870小时谈话构成,于1999年和2000年发布。这些资料有一个泛泛的指南,但是没有官方誊抄本。

全部录音带包括记录在3,700多小时磁带上的将近2,800小时的谈话。1971年2月开始用椭圆形办公室安装的几个麦克风进行录音,1973年7月在亚历山大·巴特菲尔德向参议院水门事件委员会揭发有录音系统时结束录音。作为尼克松这位孤独的历史学者的一种工具,这些录音带主要是用于帮助记录重要会议和谈话。但是,由于录音带数量巨大,使得要对其进行彻底探究成为不切实际的事情。

"这些录音带可能很有误导性,"亨利·基辛格告诉理查德·里斯夫,"尼克松是一个偏爱写东西的人。可以在纸上找到真正的尼克松。"录音带上记录的断断续续、语无伦次的尼克松——结结巴巴且破碎不全——似乎可以看作是深思熟虑的。录音中的尼克松几乎没有表现出其才华。而纸上的尼克松则是一个更为令人信服的人。

尼克松政府的4,000万页文件中，有700万页向公众开放。其中最重要的文件是"特别文件"，于1987年公之于众。这些文件由于内容敏感，于1972年9月从白宫核心文件中挑选出来，包括尼克松及关键的国内及政治助手的文件。尽管尼克松反对公开这些文件中的42,191页文件，但是在1996年还是公开了其中的28,035页。研究人员应当知道，这些有异议的文件没有重新与其余的特别文件存放在一起。相反，它们成了影子文件。鉴于它们被尼克松视为敏感文件中最敏感的，因此这些有异议的文件对人们具有极大的吸引力。它们包括，例如，1969年4月14日尼克松给约翰·米切尔和布莱斯·哈洛的备忘录，内容涉及参议院赞助："我注意到，霍华德·贝克担心他的那个联邦第六巡回上诉法院空缺职位田纳西州候选人会被库珀和库克所提名的肯塔基州候选人挤掉……除非我们能让库克转向在反弹道导弹计划上支持我们，否则这个任命就应该给贝克的人……"或者是1970年3月16日尼克松给彼得·弗拉尼根有关肉食协定售价的备忘录："我认为你们会发现那些总体控制全国这类价格的连锁店主要是被犹太人的利益左右的。当然，这些人有权赚取所有他们想赚的钱，但是他们在这一行以阴谋策划见长，臭名昭著。"

这类有异议的影子文件是寻找从特别文件夹中失踪文件的最明显的去处。然而，还有其他途径可以找到失踪文件。在寻找保密或失踪文件时，研究人员应查看所有相关的年代和主题文件以及所有党派的那些文件。也可以在意想不到的地方找到配套文件或者副本。例如，尼克松与周恩来谈话的国家安全委员会笔录本，2001年4月与媒体通告一起被公开。然而，相同谈话的笔录本早几年就已被解密，悄悄地出现在尼克松的例会文件中。此外，在公开的法庭记录中也能找到水门事件审讯所传讯的文件，尽管这些文件在国家档案馆里可能还是不完全对公众开放的。这类文件中包括约翰·埃里希曼那份批准巴德·克罗赫和戴维·杨去非法闯入丹尼尔·埃尔斯伯格的精神病医生办公室的备忘录，这份文件在国家档案馆查不到，但能在联邦法庭记录中看到。

书目随笔

特别文件中其他系列文件的重要性是显而易见的：H.R.霍尔德曼的文件，包括以行动备忘录形式下发的许多总统命令，以及霍尔德曼与总统会谈的数千页记录；约翰·埃里希曼的文件，其也充斥着备忘录和会议记录；办公厅文件；查尔斯·科尔森的文件；总统个人文件，从中可以找到他口授的备忘录；总统办公文件，其中包括他的会议备忘录以及新闻摘要。这些新闻摘要的重要性可能不是显而易见的，但是，数千个总统命令是根据尼克松在新闻摘要上的批注发出的。新闻摘要上的旁注也显露出锲而不舍地算计的心思。在读到一位武术家为一次失败的慈善募捐活动用手打砖头把手都打破了的消息之后，尼克松随手下了一道命令：给这个慈善事业寄100美元。这个反应因多愁善感而显得突出。更为典型的是，有一个报告称，某位住房与城市发展官员说政府在"鼓励"和保持种族歧视，尼克松在这份报告上写道："好。"

到现在为止，对尼克松外交政策的研究都主要是根据备忘录、访谈，偶尔会根据来自其他国家的文件。可以找到国务院文件，但是国务院并非尼克松外交政策的主要传播媒介，国家安全委员会才是。美国外交关系系列节目还没有报道尼克松政府，尽管要求其报道30年期间所有有关时间的完整研究。基辛格的文件存放在国会图书馆，大部分被封存，直到他去世五年之后才能开放。经得基辛格本人许可，非保密类基辛格文件可以查阅，但是，查阅保密类文件则需得到相关机构的许可以及基辛格本人的同意。在国家档案馆已开放一份基辛格文件副本的情况下，其原件可以在国会图书馆查到。在国家档案馆可以查到的少数几个国家安全委员会文件夹有涉及战俘问题以及，不知何故，与苏丹关系的文件。

由于1998年3月大批公开了国家安全委员会文件，结束了资料饥荒。紧接着，2000年4月公开了13万页文件，一年后又公开了10万页文件。这些文件包括处理印巴危机和入侵柬埔寨的电报和备忘录，还有期待已久的基辛格的巴黎谈判、中国以及莫斯科峰会的谈话备忘录。

国家档案馆是原始文件主要来源，但是其他的文献收藏也很有用。位于加利福尼亚约巴林达的尼克松图书馆和出生地基金会收藏了他任总统前后的

尼克松——孤独的白宫主人

资料。华盛顿特区的国家安全档案馆为研究人员、图书馆搜集了丰富的文献资料，同时其还有自己的出版物。密歇根大学的杰拉德·福特图书馆藏有一些对研究人员颇有帮助的文献资料，尤其是由詹姆斯·赖克利所完成的政府官员口述史实。富尔顿的加州大学也藏有有关尼克松早年间情况的口述史实文献资料。查克·科尔森将他的文件赠给了伊利诺伊州的威顿学院比利格雷厄姆中心。威廉·萨菲尔的文件在国会图书馆。斯坦利·波廷杰放在怀俄明大学的文件也很有用。斯坦福大学胡佛研究所藏有许多政府官方文件。尼克松图书馆有关于在哪里能找到其他政府官方文件的信息。

关于尼克松及其政治学、政策、丑闻以及时代，已经出版了数百种书。在进行项目研究工作的7年时间里，我阅读了其中大部分书，有的书整本都读了，有的只是阅读了其中的有关章节。本文将讨论其中最值得注意的著述。欲详尽了解所有资料来源，请参见梅尔文·斯莫尔审慎易懂的研究成果《理查德·尼克松的总统生涯》（Lawrence: University Press of Kansas, 1999）中的书目随笔。

霍尔德曼极其坦诚的日记——以书的形式出版，名为《霍尔德曼日记：尼克松白宫的内情》（New York: Putnam, 1994），以光盘的形式出版，名为《霍尔德曼日记多媒体完整版》（Santa Monica, California: Sony Electronic Publishing, 1994）——也许是有关尼克松总统生涯的最有价值的记录。霍尔德曼是一个行政渠道，同时也是一个传声筒，他的日记往往能反映出尼克松在思考某个主题时的想法。这些日记被大幅缩减后编成一本书，而光盘版则要完整得多。以往出于保护国家安全和隐私的原因而删除的部分内容首次在该书中得以出版。这些片段让我们看到了一个琢磨用一个号称"阿拉巴马黑人杀手的白人"取代华盛顿特区市长的尼克松，一个为庆祝阿波罗13号安全着陆而开怀畅饮以至于在午后烂醉不醒的尼克松。但是它们也增进了我们对政策的理解。在这些片段中，基辛格在1970年初就确定俄国人即将侵犯中国。我们还看到，在1970年8月以色列与叙利亚、埃及冲突期间，基辛格决心破坏国务卿威廉·罗杰斯的和平进程，以及尼克松提防的"以色列陷阱。"霍尔德曼在尼克松与基辛格之间的关系中具有独特的作用。在他们争吵时，他会斡旋；在他们互相猜疑时，他会努力修复信任。因为这一点，他所描绘的一个近乎歇斯底里的基辛格令人觉得十分可信。霍尔德曼的日记弥补了由约瑟夫·迪莫纳撰写的霍尔德曼回忆录《权力的终结》（New York: Times Books, 1978）一书之不足。

《RN: 理查德·尼克松回忆录》（New York: Grosset & Dunlap, 1978）基本上值得一读。有时它是坦诚的，提供了对重要事件的深入或深刻见解，例如，他的中国之行。但是，该书有许多内容有自我标榜之嫌或不可信，尤其是其中有些"日记"记录可能是在所述事件发生很久之后撰写或重写的。其对较小事件的叙述，其中有些是重要事件，非常简略。尼克松的《六次危机》（New York: Doubleday, 1962）这本书对深入了解尼克松这个人特别有价值，尽管我们也应当阅读他后来出版的八本书。

亨利·基辛格的回忆录《白宫岁月，激变岁月》（Boston: Little, Brown, 1979, 1982），以及《复兴岁月》（New York: Simon & Schuster, 1999）是必须要读的书。就这方面的研究而言，《白宫岁月》一书最为重要，因为它的内容囊括了从上台执政到水门事件。所有内容均属"回忆录历史"，自我标榜，但也提供了独一无二的语境。写作风格颇具文学性且注重离题的细节，如此不仅不能澄清事实反而令人迷惑不解。

尼克松行政三巨头的第三个成员，国内政策独裁者约翰·埃里希曼采取不同的思路撰写了他的回忆录。《权力见证人：尼克松时代》（New York: Simon & Schuster, 1982）在内容上更表现为小报风格———一个愤愤不平的人写下的八卦细节。基辛格可能是为达到他自己的目的和导演历史而说谎；而埃里希曼则好像是为了取乐而说谎。

研究尼克松的文献虽然卷帙浩繁，但是鲜有对尼克松职业生涯的全面研究。其中最著名的是由斯蒂芬·E. 安布罗斯撰写的三卷历史著作：《尼克松：一位政治家的培养，1913－1962》，《一位政治家的成功，1962－1972》，《毁灭与复苏，1973－1990》（New York: Simon & Schuster, 1987, 1989, 1991）。其中

第二卷很好地利用了白宫特别档案，当时这部分档案刚刚公开。安布罗斯意识到新闻摘要的重要性，并且还找到了许多新资料。在他撰写这三卷著作的时候，几乎找不到什么政府文件，因此对有些事件不能进行全面的论述。

尼克松同意接受乔纳森·艾特肯，英国前国防部长兼议员，为撰写《尼克松的一生》（Washington D.C.: Regnery, 1993）一书而对他进行采访。艾特肯声称该书是关于尼克松这个人的第一部客观的传记。该书对尼克松的性格小有见地，但是是一个赤裸裸的辩解，并且几乎没有论及其总统生涯。

除了斯莫尔的书之外，另一部值得一读的学术著作是米切尔·A. 杰诺维斯的《尼克松总统生涯：动荡时代的权力和政治》（Westport, Connecticu: Greenwood Press,1990）。该书的观点显然是认为美国的影响力在下降，而在撰写该书的时候这种观点还不太流行，因为杰诺维斯将尼克松学说看作是美国在世界上继续失去霸权地位的开端。在当代史著作中，最好的一部是由小罗兰·伊文斯与罗伯特·D. 诺瓦克撰写的《尼克松在白宫：权力的挫折》（New York: Random House, 1971）。该书是由一对最佳搭档撰写的一流的报告。作为一部当代史，其很少着墨于对话以及无关紧要的步骤，但还是对尼克松执政期上半期的情况进行了深入的描写。

威廉·萨菲尔的《倒台之前：内窥水门事件前的白宫》（Garden City, New York: Doubleday,1975）一书非常好，或许可以说是有关尼克松白宫的最佳回忆录。萨菲尔不可能每次重要会议都在场，但是他对场所和人物的描写非常到位。他的书中详细描写了一些关键时刻，同时生动讲述了一些有趣的掌故。他的文件也很有用。他的同事，演讲稿撰稿人雷蒙德·普莱斯在《跟尼克松在一起的日子》（New York: Viking Press, 1977）一书中详细叙述了从撰写林顿·约翰逊对《纽约先驱论坛报》的认可到撰写尼克松的辞职演说的历程，描述了其间的种种起伏。

约翰·奥斯本为《新共和》杂志撰写了影响广泛的"尼克松观察"专栏，事后看来，他是最富有洞察力的白宫编年史家。他所撰写的专栏文章每年汇编成册，取名为《尼克松观察》，《尼克松观察（第二年）》之类，（New York:

Liveright,1970－1975）。他拥有比大部分人更好的资料来源（包括埃里希曼），善于分析内心思想感情，并且有很强的氛围感。

研究外交政策以及政府对越南战争的行动应当从以下两部著作（除了基辛格本人撰写的书之外）开始。一部是西摩·M.赫什的《权力的代价：尼克松白宫中的基辛格》（New York: Summit Books,1983），另一部是沃尔特·艾萨克森的《基辛格传》（New York: Simon & Schuster,1992）。赫什披露了基辛格的很多情况，展示了现在人们所了解的基辛格。从语气上看，他的书是某种与基辛格回忆录相抗衡的东西。它是一部无情的否定的书，但是他的解释通常都是有理有据的。赫什细心留意他某些论点中的缺陷。而艾萨克森则表现得不偏不倚，书名取得讨巧。在基辛格的文件以及国家安全委员会的最后一批文件公开之前，他的作品应当算是权威著述。罗杰·莫里斯对其旧主加以攻击的书：《不确定的伟大：亨利·基辛格与美国外交政策》（New York: Harper & Row,1977）写得就像一篇漫长的散文，水平不及他所撰写的、受到好评的青年尼克松传记《理查德·米尔豪斯·尼克松：一位美国政治家的升起》（New York: Henry Holt,1990）。《不确定的伟大》一书中许多极佳的素材被后来的一些作品所采用，因此这本书是了解外交政策观点的最佳读物。伯纳德与马文·卡尔布的《基辛格》（Boston: Little, Brown, 1974）描绘了当时他自己所看到的基辛格。其中一些很有价值的报告也已经被后来的著述所采用。

小亚历山大·M.黑格与查尔斯·麦克雷合著的回忆录《核心集团：美国是如何改变世界的》（New York: Warner Books, 1992）充实了对某些历史事件的描述。关于约旦以及关于国家安全委员会活动的一些内容值得关注。而且，麦克雷给该书赋予了宜人的写作风格。

如果想更充分了解冷战，可以求助于苏联大使多勃雷宁的回忆录。安纳托利·费德里克·多勃雷宁撰写的《秘密：与美国六位冷战总统交往的莫斯科的大使，1962－1986》（New York: Times Books, 1995）一书阐释了使首次莫斯科峰会得以举行的不同凡响的途径。在与安德烈·葛罗米柯联系没有任何结果的情况下，尼克松与1971年8月5日给列昂尼德·勃涅日列夫发出了一封秘密试探信，5天之后得到了邀请他于1972年5月或6月访问莫斯科的邀请函。

Nguyen Tien Hung 和杰拉德·L. 谢克特撰写了一部值得一读的记述美越关系的书。《宫内文件》（New York, Harper & Row, 1986）详细记述了美国所做的和违背的承诺，以及尼克松与阮文绍总统之间的秘密通信和会晤。Hung 曾服务于阮文绍总统，并且后来曾对阮文绍以及几乎所有参与南越决策的其他人都进行过访谈。该书也提供了对海防圣诞轰炸和布雷的功效的新见解。

杰弗里·金博尔的《尼克松的越南战争》（Lawrence: University Press of Kansas, 1998）是唯一一部专门研究尼克松在越南战争方面的作为的重要著作。该书文字精美，大篇幅内容主要依赖第二手材料。这主要是因为直到1998年3月之前都几乎没有公开国家安全委员会的档案。这部分档案在该书写作末期才得以公开。然而，该书中还是有从国家安全委员会和外交档案中收集到的相当新的材料，其最终定稿的内容编排有序，便于理解。斯坦利·卡诺的《越南：历史》（New York: Viking Press, 1983）与电视纪录片相配合，值得一读。但是只有不到100页的篇幅涉及尼克松任上的越南战争。威廉·肖克罗斯的《附带事件：基辛格、尼克松与柬埔寨的毁灭》（New York: Simon & Schuster, 1979）是有关柬埔寨轰炸事件的最重要作品。

如果想了解萨尔瓦多·阿兰德被推翻的情况，可以看参议院选举委员会有关政府情报活动研究的报告《涉嫌涉及外国领导人的暗杀阴谋》（Washinton, D.C.:U.S.Government Printing Office,1975）。

最全面的评判抗议越战运动的书是汤姆·韦尔的《内部的战争：美国为越南而进行的争斗》（Berkeley: University of California Press, 1994）。该书写得很好，研究到位，只是有点片面。然而它抓住了时代精神，将抗议越战的动乱描述为一场低级内战。其中讲述了抗议者和政府官员双方的情况，有许多由访谈得来的新素材。

水门事件生成了大量的文献，足以自成一类。在数百种书刊中，有少数特别使用了直到1973年4月30日的一系列事件。约翰·W. 迪安的《盲目的野心：白宫岁月》（New York: Simon & Schuster, 1976）是由一个主要成员撰写的自我辩解的书，虽然不可或缺，但它与其他记述不相符合。查尔斯·W.科尔森的《重生》（Old Tappan, New Jersey: Chosen Books, 1976）是一部自相矛盾的作品，文如其人，既桀骜不驯，又悔悟不已。杰布·斯图加特·马格鲁德的书《一个美国人的生活：一个人的水门之路》（New York: Atheneum, 1974），也可一读，因为他也是该丑闻中的一个主要角色。

如果说"证明规则的例外"就是指人们认为它所做的事，那么J.安东尼·卢卡斯的书就是这个有关当代史的规则的例外。《梦魇：尼克松年代的底面》（New York: Viking Press, 1976）是迄今为止有关尼克松政府滥用权力这个主题的最佳著作。即使是一个习惯于长期研究丑闻的人也会对一个被遗忘的重要事件感到震惊。卢卡斯最初的报告是三个新闻报道，有几期《纽约时代杂志》整刊载这些报道。1976年他告诉所有的人，他阅读了所有他能看到的材料，掌握和确定了有关水门事件滥用权力的大量事实。另一部很好的书是由斯坦利·D.库特勒撰写的《水门之战：理查德·尼克松最后的危机》（New York: Alfred A. Knopf, 1990）。库特勒的《权力的滥用：尼克松的新录音带》（New York: Free Press, 1997）是证明尼克松"滥用政府权力"的录音带的文字版，库特勒通过诉讼赢得了这些录音带的公开。威廉·多伊尔的《椭圆形办公室之内：从富兰克林·德兰诺·罗斯福到克林顿的白宫秘密录音带》（New York: Kodansha International, 1999）是一部白宫录音活动史。其中没有很多关于尼克松的内容，但是有一些原始誊录文字。可以从《纽约时报》工作人员编撰的《白宫笔录》（New York: Viking Press, 1974）和《华盛顿邮报》编撰的《总统笔录》中看到大量的誊录内容。

莱恩·科洛德尼和罗伯特·盖特林的《无声的政变：一位总统的免职》（New York: St. Martin's Press, 1991）一书被解禁时，广泛受到摈弃。因该书出版而导致的诽谤诉讼仍然在通过法院发挥影响。也许该书作者的阴谋论确实有些道理，但是他们的论点很快就变得纠缠不清了。更糟糕的是，该书把由小题大做的演绎推理作为支持后面的论点的事实。要点是认为水门事件实际上是揭露牵涉约翰·迪安的妻子莫林·迪安的一个嫖娼团伙。顽固守旧的痛恨尼克松的人会欣赏安东尼·萨默斯和罗宾·斯万合著的《权力的嚣张：理查德·尼克松的秘密世界》(New York: Viking, 2000)，该书是一部描述真实的和想象的渎职行为的文集。

戴维·怀斯在《美国集权国家：反人民的政府》(New York: Random House, 1976)中披露了有关水门事件几次滥用权力的大量细节。其中许多内容被后来的著作所概括或忽略，因此该书值得一读。鲍勃·伍德沃德和卡尔·伯恩斯坦的经典之作《总统班底》(New York: Simon & Schuster, 1974)显然是不可不读的。该书提供了一种时代感，并且经过多年对20世纪70年中期的事件进行更为详细的报道，证明该书所报道的内容基本上都是站得住脚的。克拉克·R.莫伦霍夫在《对付灾难的诡计谋划：特派员关于尼克松时期的报告》(New York: W. W. Norton, 1976)一书中讲述了他在白宫的时光，是一部有关水门事件以及其他麻烦问题的好书。白宫武装部主任比尔·格利与玛丽·艾伦·里斯一起撰写了《打破掩盖》(New York: Simon & Schuster, 1980)，亦即他对白宫铺张浪费情况的报告。该书很有趣。杰克·安德森与詹姆斯·博伊德合著的《一个黑幕揭发者的自白：杜鲁门、艾森豪威尔、肯尼迪和约翰逊时期华盛顿生活内幕》(New York: Random House, 1979)讲述了那个时期的一个主要参与者所披露的一些丑闻。

由布鲁斯·欧迪斯编辑的《出自总统：理查德·尼克松的秘密档案》(New York: Harper & Row, 1989)是一部包罗各种主题的便于查阅的书，其收集了重要的和古怪的备忘录，能为读者节省大量的复印时间。

艾伦·J.马图索在《尼克松的经济：繁荣、泡沫破灭、美元与选票》(Lawrence: University Press of Kansas, 1998)一书中介绍了一个很有价值的研究成果。鲜有经济学方面的书读起来如此令人惬意。马图索卷起袖子，从国家档案馆抽出大量重要资料，并且搜集了相关经济研究成果和二手资料。他将政治与经济交织在一起，加深了对一个历史时期的许多理解。

关于家庭援助计划，应参考以下三部著作：丹尼尔·P.莫伊尼汉的

《保障收入政治学：尼克松政府与家庭援助计划》（New York: Random House, 1973）；文森特·J.伯克和威·伯克的开山之作《尼克松的善举：福利改革》（New York: Columbia University Press, 1974）；欧文·昂格尔的《最佳意图：肯尼迪、约翰逊以及尼克松治下的大社会的成败》（New York: Doubleday, 1996）。

关于五角大楼文件，参见戴维·鲁登斯坦的《新闻言路堵塞的日子：五角大楼文件案历史》（Berkeley: University of California Press, 1996），以及桑福德·J.昂加尔的《文件与文件：关于五角大楼文件的法律及政治斗争的报告》（New York: Columbia University Press, 1989）。汤姆·威尔斯在《极端分子：丹尼尔·埃尔斯伯格的生活和时代》（New York: St. Martin's Press, 2001）详细讲述了埃尔斯伯格本人的故事。

在与彼得·高尔合著的《让我们在一起：尼克松团队与民权撤退》（Philadelphia: J.B. Lippincott, 1971）中，利昂·帕内塔讲述了其在卫生教育与福利部实行民权执法的经历。这部杰出的民权斗争报告用第一手资料论证了尼克松在民权方面的模糊战略的效力。丹·T.卡特的《风靡一时的政见：乔治·华莱士，新保守主义的起源与美国政治的转型》（New York: Simon & Schuster, 1995）也属这个大类。这也是本人在多年进行项目研究的过程中见到的最好的书之一。读者可以利用其索引去查找特定的事实真相，在20分钟之后就能查到并意识到他不得不回去工作。

迈克尔·马辛的《应急措施》（New York: Simon & Schuster, 1998）一书对尼克松任上美国的药品政策的看法很有意思。在药品管理方面，尼克松难以形成固定的政策。虽然他对公然对毒品表现出心慈手软的政府官员感到非常愤怒，但是他注意到被人忽略的有关当时煽动者的细微差别。例如，在一篇备忘录中，他担心，一部严厉打击贩毒者的新法律对那些只是靠贩毒来维持自身毒瘾的人来说会是过于苛刻的。马辛的书表明，目前的决策者能从尼克松的现实政治中学到很多东西。

国家档案馆里被借阅最多的照片是尼克松与埃尔维斯·普雷斯利握手的照片。如果想完整了解负责安排那次会晤的助理所撰写的报道，可阅读埃吉尔"巴德"克罗赫的《尼克松会见埃尔维斯的日子》（Bellevue, Washington: Pejama Press, 1994）。

西奥多·H.怀特的《总统大选，1968年》（New York: Atheneum, 1969）并没有完全达到他起初为这种作品类型所确定的标准。伦敦《星期日时报》职员刘易斯·切斯特、戈德弗雷·霍奇森和布鲁斯·佩吉合著的《一部美国式传奇剧：1968年的美国总统竞选》（New York: Viking Press, 1969），乔·麦金尼斯的《总统的销售》（New York: Trident Press, 1969）以及朱尔斯·维特卡夫的《理查德·尼克松的复活》（New York: Putnam, 1970）对怀特的编年史提出了挑战。虽然怀特在1972年再次偏离靶心，但是他在1976年还是用他的《背信弃义：理查德·尼克松的秋天》（New York: Atheneum）一书弥补了他以往的判断失误。

关于尼克松与新闻媒体的关系有许多值得一读的作品。赫伯特·G.克莱恩曾与尼克松相处过30年，其在《澄清事实：一位知情人关于尼克松与媒体既爱又恨的关系的报告》（Garden City, New York: Doubleday, 1980）中提出了他的独特见解。若想了解个人方面的情况，可参见朱莉·尼克松·艾森豪威尔的《帕特·尼克松：不为人知的故事》（New York: Simon & Schuster, 1986），在该书中作者也讲述了许多有关其父亲的情况。

A.詹姆斯·赖克利不同凡响的《变革时代的保守派：尼克松和福特政府》（Washington, D.C.: Brookings Institution, 1981），根据对主要官员以及保守派思想家的广泛访谈，阐释了在尼克松和福特政府执政期间保守派的信念和作为。

乔纳森·卡西迪
2001年4月于华盛顿特区

致　谢

无论他还取得了别的什么成果，在文件和录音带方面，理查德·尼克松的产出都比以往历届总统要多。因此，我非常感谢那些帮助我整理所有那些信息的人。首先我要感谢乔纳森·卡西迪，他是在南加州大学安嫩伯格传播学院修我"新闻媒体与总统"课的一名学生。他放弃了一切，辛勤劳作在灰蒙蒙的华盛顿和马里兰科利奇帕克的第二国家档案馆。本书以及我本人都受益于他的工作。而我本人的工作则受到我的编辑，西蒙舒斯特出版社（Simon & Schuster）的艾丽斯·梅休的鼓励和促进。这是我们一起合作的第五部书。我不知道我是否会随着年龄的增长而变得越来越好，但是我对她充满感激之情。

其他和我一起为本书的写作而努力工作的人包括：彼得·基廷，他是我写作《肯尼迪——权力日记》时的主要助手，在他进入他自己的职业生涯成为目前最好的青年政治作家之前，他帮我开始了本书的写作；泰勒·林肯，梅甘·钱尼，柯尔斯顿·玛丽·弗里斯，朱莉·甘米尔·吉布森，马吉·劳里，肯·休斯，纳西姆·穆斯林，迈克尔·伊阿尼，以及戴维·许布纳。亚历山大·特鲁伊特帮我进行了图片研究。

我也非常感谢我在全国各地图书馆和档案馆所得到的帮助。国家档案馆的帕特·安德森、拜伦·帕勒姆、凯瑟琳·格兰特和比尔·乔伊纳；国会图书馆的约翰·厄尔·海恩斯；加州约巴林达尼克松图书馆的约翰·泰勒；国家安全档案馆的凯文·西蒙斯；伊利诺伊州惠顿学院比利格雷厄姆档案中心的韦恩·韦伯；安嫩伯格传播学院的斯特拉·洛佩兹；马里兰大学新闻学院的里斯·克莱格霍恩和克里斯托弗·卡拉汉为我提供了办公地点，并且为我介绍了一些人后来和我一起进行档案研究工作；密歇根安阿伯和大急流城的杰拉德·福特图书馆的工作人员，以及富勒顿的加州大学尼克松口述历史收藏品，对我也很有帮助。布鲁斯·斯塔克经常来跟我讨论和解决没完没了的计算机难题。

我本人还受惠于许多朋友，其中有些是尼克松总统的前助手，其中包括：亚瑟·克莱巴诺夫，约翰·普莱斯，雷蒙德·普莱斯，李·许布纳，威廉·萨菲尔，伦纳德·加门特，斯坦利·波廷杰，汤姆·威克，赛迪·赫尔曼，伊克巴尔·里扎，杰罗尔德·谢克特，劳伦斯·马尔金，司各特·阿姆斯特朗，鲍勃·伍德沃德，罗伯特·森普尔，沃尔特·艾萨克森，杰斯·库克，卡尔·伯恩斯坦，罗伯特·希尔，威廉·肖克罗斯以及斯特罗布·塔尔伯特。我还非常感谢已故的J.安东尼·卢卡斯，他1976年出版的《梦魇》一书仍旧是有关我们称作水门事件的事件的最佳单册作品。

我的律师罗伯特·巴尼特为本书的出版做了大量的工作。西蒙舒斯特出版社的罗杰·莱柏瑞同样也是如此。

最后我想说的是，第一次与一位名叫菲奥娜·奥尼尔·里夫斯的打字员，也就是我最小的女儿一起工作，我感到很快乐。我还想说，能娶凯瑟琳·奥尼尔为妻，我感到非常幸运，我生活中几乎所有美好的事都与这位女子息息相关。

理查德·里夫斯
2001年6月于华盛顿特区